マンキュー経済学 II 　マクロ編 （第4版）　　★は入門経済学所収

JN228856

マンキュー入門経済学

［第3版］

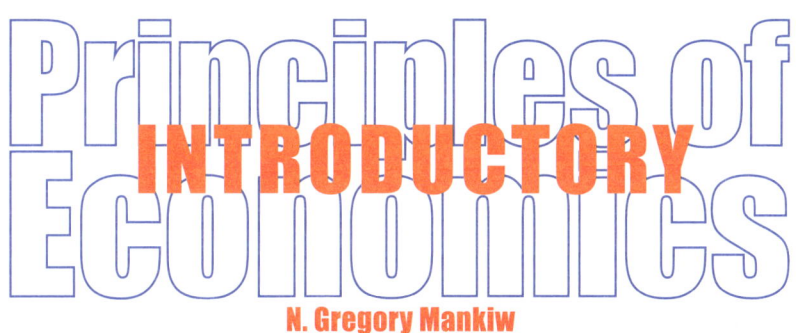

Principles of

INTRODUCTORY

Economics

N. Gregory Mankiw

N・グレゴリー・マンキュー ［著］

足立英之＋石川城太＋小川英治＋地主敏樹＋中馬宏之＋柳川 隆 ［訳］

東洋経済新報社

キャサリン，ニコラス，そしてピーターへ
私の次世代へのもう一つの贈りもの

Original Title
Principles of Economics, Eighth Edition
by N. Gregory Mankiw

学生への序文

「経済学は，日常生活における人々を研究するものである.」19世紀の偉大な経済学者であるアルフレッド・マーシャルは，『経済学原理』にこのように書いた．マーシャルの時代と比べると経済に関する研究は大いに進歩したが，経済学のこの定義は，いまもなおその初版が出版された1890年当時と同じくらい正しい.

21世紀のはじまりにおいて，学生であるあなたが，なぜ経済学を学ぶべきなのだろうか．それには，三つの理由があると思う.

経済学を学ぶ第1の理由は，自分が暮らしている世界を理解するのに役立つということである．あなたの好奇心をそそるような問題が，経済に関してもたくさんあるはずである．ニューヨークでアパートをみつけるのが，なぜそんなに難しいのか．航空会社は，土曜夜の一泊を含んだ往復旅行に対して，なぜ運賃を下げるのか．ロバート・ダウニー・ジュニアは，映画スターであることで，どうしてあれほど高い報酬を得られるのか．多くのアフリカ諸国の生活水準はどうして非常に低いのか．インフレ率の高い国々がある一方で，物価が安定している国々もあるのはなぜか．就職するのが容易な年と，困難な年とがあるのはなぜか．これらは，経済学の講義があなたの考察を助ける諸問題のごく一部にすぎない.

経済学を学習する第2の理由は，経済へのより機敏な参加者になるためである．あなたも生きていくにつれて，経済に関連する多くの決定を下さなければならなくなる．学生であるときには，何年間在学するかを決める．働きはじめれば，自分の所得のどれだけを消費に向け，どれだけを貯蓄し，そしてその貯蓄をどのように運用するかを決めることになる．自分で商売をはじめたり，大きな会社を経営するようになれば，自分の商品にどれだけの価格をつけるかを決めなければならない．本書の諸章で修得することになる洞察によって，そうした意思決定をどのように下せばよいかについて，新鮮な考え方ができるようになるだろう．経済学を学ぶだけで金持ちになれるわけではないが，そうなるのを手助けする道具のいくつかを身につけることはでき

るのである.

　経済学を学ぶ第3の理由は，経済政策の可能性と限界をよりよく理解でき
るようになるためである．経済に関する問題は，市長室，知事公邸やホワイ
トハウスにいる政策立案者たちの念頭につねにあるものなのである．課税方
法の違いによって，副作用はどのように異なるだろうか．他国との自由貿易
の効果はどのようなものだろうか．環境を保護するための最良の方法とはど
のようなものだろうか．財政赤字は経済にどのような影響を与えるのだろう
か．有権者として，あなたも，社会の諸資源の配分を左右する政策決定に関
わっている．経済学を理解していることは，あなたが投票に関する判断をす
るにあたって有用であろう．それに，あなた自身が政策立案者の一員になっ
ているかもしれない．

　このように，経済学の諸原理は，実際の生活のさまざまな局面に適用でき
るものなのである．将来，あなたがニュースを追いかけていようと，経営者
になっていようと，大統領執務室に座っていようと，経済学を勉強してよか
ったと思うことだろう．

　2016年12月

N・グレゴリー・マンキュー

謝辞

　本書を書くにあたり，多くの有能な人々の助力を得ることができた．本書を作成するプロジェクトに貢献してくれた人々のリストは大変に長いうえに，それはとても貴重な貢献なので，表紙に一人の名前のみが書かれているのが不当にも思えるほどである．

　まず，私と同業の経済学の教員の人々に感謝したい．本書と補助教材は8版目になるが，これまで彼らから大きな貢献を受けてきた．本書の試読や本書に関するアンケートにおいて，彼らはさまざまな提案をし，わかりにくい点を指摘し，自分たちの教室での経験に基づくアイディアを共有させてくれた．彼らが本書に提供してくれた，さまざまな視点にも助けられた．以前の版に貢献してくれた人々の洞察にも読者は助けられることになるが，彼らに感謝していると，残念ながらリストが長くなりすぎてしまう．

　このプロセスにおいて最も貴重な貢献をしてくれたのは，David Hakes（University of Northern Iowa）である．彼は献身的な教師であり，さまざまなアイディアに対して信頼できる相談役となってくれたし，優れた補助教材パッケージを組み立てるのを一生懸命手伝ってくれた．Ron Cronovichにも，あつく感謝しておきたい．彼は優れた教師かつ信頼できるアドバイザーであり，長い間相談役を務めてくれた．

　この版のテストバンク関連などで寄与してくれた経済学の教員のチームにも，格別の謝意を表したい．彼らの多くは，マンキューの諸テキストに初期から関わってくれている．Ken McCormick は，1万7000問のテストバンク全体を点検してくれた．Ken Brown, Sarah Cosgrove, Harold Elder, Michael Enz, Lisa Jepsen, Bryce Kanago, Daniel Marburger, Amanda Nguyen, Alicia Rosberg, Forrest Spence, Kelvin Wong は新しい設問を作ったり古い問題を更新してくれた．

　第7版のレビュワーのうち，以下の人々は，第8版のために内容，構成，アプローチなどを改善する提案をしてくれた．

Mark Abajian, *San Diego Mesa College*

Rahi Abouk, *University of Wisconsin Milwaukee*

Mathew Abraham, *Indiana University-Purdue University Indianapolis*

Nathanael Adams, *Cardinal Stritch University*

Seemi Ahmad, *Dutchess Community College*

May Akabogu-Collins, *Mira Costa College-Oceanside*

Ercument Aksoy, *Los Angeles Valley College*

Basil Al-Hashimi, *Mesa Community College*

Rashid Al-Hmoud, *Texas Tech University*

William Aldridge, *University of Alabama-Tuscaloosa*

Donald L. Alexander, *Western Michigan University*

Hassan Aly, *Ohio State University*

Michelle Amaral, *University of the Pacific*

Shahina Amin, *University of Northern Iowa*

Catalina Amuedo-Dorantes, *San Diego State University*

Vivette Ancona, *Hunter College-CUNY*

Aba Anil, *University of Utah*

Diane Anstine, *North Central College*

Carolyn Arcand, *University of Massachusetts Boston*

Becca Arnold, *San Diego Community College*

Ali Ataiifar, *Delaware County Community College*

Shannon Aucoin, *University of Louisiana Lafayette*

Lisa Augustyniak, *Lake Michigan College*

Wesley Austin, *University of Louisiana Lafayette*

Dennis Avola, *Framingham State University*

Regena M. Aye, *Allen Community College*

Sang Hoo Bae, *Clark University*

Karen Baehler, *Hutchinson Community College*

Sahar Bahmani, *University of Wisconsin-Parkside*

Mohsen Bahmani-Oskooee, *University of Wisconsin Milwaukee*

Richard Baker, *Copiah-Lincoln Community College*

Stephen Baker, *Capital University*

Tannista Banerjee, *Auburn University*

Bob Barnes, *DePaul University*

Hamid Bastin, *Shippensburg University*

James Bathgate, *Western Nevada College*

Leon Battista, *Albertus Magnus College*

Gerald Baumgardner, *Susquehanna University*

Christoph Bauner, *University of Massachusetts-Amherst*

Elizabeth Bayley, *University of Delaware*

Ergin Bayrak, *University of Southern California*

Nihal Bayraktar, *Pennsylvania State University*

Mike Bellman, *St. Clair County Community College*

Audrey Benavidez, *Del Mar College*

Cynthia Benelli, *University of California Santa Barbara*

Charles Bennett, *Gannon University*

Bettina Berch, *Borough of Manhattan Community College*

Stacey Bertke, *Owensboro Community & Technical College*

Tibor Besedes, *Georgia Institute of Technology*

Abhijeet Bhattacharya, *Illinois Valley Community College*

Ronald Bishop, *Lake Michigan College*

Thomas Bishop, *California State Channel Islands*

Nicole Bissessar, *Kent State University-Ashtabula*

Janet Blackburn, *San Jacinto South College*

Jeanne Boeh, *Augsburg College*

Natalia Boliari, *Manhattan College*

Antonio Bos, *Tusculum College*

Jennifer Bossard, *Doane College*

James Boudreau, *University of Texas-Pan American*

Mike Bowyer, *Montgomery Community College*

William Brennan, *Minnesota State University-Mankato*

Genevieve Briand, *Washington State University*

Scott Broadbent, *Western Kentucky University*

Greg Brock, *Georgia Southern University*

Ivy Broder, *American University*

Todd Broker, *Murray State University*

Stacey Brook, *University of Iowa*

Keith Brouhle, *Grinnell College*

Byron Brown, *Michigan State University*

Crystal Brown, *Anderson University*

Kris Bruckerhoff, *University of Minnesota-Crookston*

Christopher Brunt, *Lake Superior State University*

Laura Bucila, *Texas Christian University*

Donna Bueckman, *University of Tennessee-Knoxville*

Don Bumpass, *Sam Houston State University*

Joe Bunting, *St. Andrews University*

Benjamin Burden, *Temple College*

Mariya Burdina, *University of Central Oklahoma*

Rob Burrus, *University of North Carolina-Wilmington*

James Butkiewicz, *University of Delaware*

William Byrd, *Troy University*

Anna Cai, *University of Alabama-Tuscaloosa*

Samantha Cakir, *Macalester College*

Michael Carew, *Baruch College*

William Carner, *Westminster College*

Craig Carpenter, *Albion College*

John Carter, *California State University-Stanislaus*

Ginette Carvalho, *Fordham University*

Onur Celik, *Quinnipiac University*

Avik Chakrabarti, *University of Wisconsin-Milwaukee*

Kalyan Chakraborty, *Emporia State University*

Suparna Chakraborty, *Baruch College-CUNY*

Dustin Chambers, *Salisbury University*

Silvana Chambers, *Salisbury University*

Krishnamurti Chandrasekar, *New York Institute of Technology*

Yong Chao, *University of Louisville*

David Chaplin, *Northwest Nazarene University*

Xudong Chen, *Baldwin-Wallace College*

Yi-An Chen, *University of Washington, Seattle*

Kirill Chernomaz, *San Francisco State University*

Ron Cheung, *Oberlin College*

Hui-Chu Chiang, *University of Central Oklahoma*

Mainul Chowdhury, *Northern Illinois University*

Dmitriy Chulkov, *Indiana University Kokomo*

Lawrence Cima, *John Carroll University*

Cindy Clement, *University of Maryland*

Matthew Clements, *St. Edward's University*

Sondra Collins, *University of Southern Mississippi*

Tina Collins, *San Joaquin Valley College*

Scott Comparato, *Southern Illinois University*

Kathleen Conway, *Carnegie Mellon University*

Stephen Cotten, *University of Houston Clear Lake*

Jim Cox, *Georgia Perimeter College*

Michael Craig, *University of Tennessee-Knoxville*

Matt Critcher, *University of Arkansas Community College at Batesville*

George Crowley, *Troy University, Troy*

David Cullipher, *Arkansas State University-Mountain Home*

Dusan Curnic, *University of Virginia*

Norman Cure, *Macomb Community College*

Maria DaCosta, *University of Wisconsin-EauClaire*

Bruce Dalgaard, *St. Olaf College*

Anusua Datta, *Philadelphia University*

Earl Davis, *Nicholls State University*

Amanda Dawsey, *University of Montana*

Prabal De, *City College of New York*

Rooj Debasis, *Kishwaukee College*

Dennis Debrecht, *Carroll University*

William DeFrance, *University of Michigan-Flint*

Theresa J. Devine, *Brown University*

Paramita Dhar, *Central Connecticut State University*

Ahrash Dianat, *George Mason University*

Stephanie Dieringer, *University of South Florida St. Petersburg*

Du Ding, *Northern Arizona University*

Liang Ding, *Macalester College*

Parks Dodd, *Georgia Institute of Technology*

Veronika Dolar, *Long Island University*

Zachary Donohew, *University of Central Arkansas*

Kirk Doran, *University of Notre Dame*

Craig Dorsey, *College of DuPage*

Caf Dowlah, *Queensborough Community College-CUNY*

Tanya Downing, *Cuesta College*

Michael J. Driscoll, *Adelphi University*

Ding Du, *Northern Arizona University*

Kevin Dunagan, *Oakton Community College*

Nazif Durmaz, *University of Houston-Victoria*

Tomas Dvorak, *Union College*

Eva Dziadula, *Lake Forest College*

Dirk Early, *Southwestern University*

Anne Eike, *University of Kentucky*

Harold Elder, *University of Alabama-Tuscaloosa*

Lynne Elkes, *Loyola University Maryland*

Diantha Ellis, *Abraham Baldwin College*

Noha Emara, *Columbia University*

Michael Enz, *Framingham State University*

David Epstein, *The College of New Jersey*

Lee Erickson, *Taylor University*

Sarah Estelle, *Hope College*

Pat Euzent, *University of Central Florida-Orlando*

Timothy Ewest, *Wartburg College*

Yang Fan, *University of Washington*

Amir Farmanesh, *University of Maryland*

MohammadMahdi Farsiabi, *Wayne State University*

Julie Finnegan, *Mendocino College*

Ryan Finseth, *University of Montana*

Donna Fisher, *Georgia Southern University*

Nikki Follis, *Chadron State College*

Joseph Franklin, *Newberry College*

Matthew Freeman, *Mississippi State University*

Gary Frey, *City College of New York*

Ted Fu, *Shenandoah University*

Winnie Fung, *Wheaton College*

Marc Fusaro, *Arkansas Tech University*

Todd Gabe, *University of Maine*

Mary Gade, *Oklahoma State University*

Jonathan Gafford, *Columbia State Community College*

Iris Geisler, *Austin Community College*

Jacob Gelber, *University of Alabama at Birmingham*

Robert Gentenaar, *Pima Downtown Community College*

Soma Ghosh, *Albright College*

Edgar Ghossoub, *University of Texas at San Antonio*

Alex Gialanella, *Manhattanville College*

Bill Gibson, *University of Vermont*

Kenneth Gillingham, *Yale University*

Gregory Gilpin, *Montana State University*

Robert Godby, *University of Wyoming*

Jayendra Gokhale, *Oregon State University*

Joel Goldhar, *IIT/Stuart School of Business*

Michael Goode, *Central Piedmont Community College*

Michael J Gootzeit, *University of Memphis*

Jackson Grant, *US Air Force Academy*

Jeremy Groves, *Northern Illinois University*

Ilhami Gunduz, *Brooklyn College-CUNY*

Roberts Halsey, *Indiana University*

Michele Hampton, *Cuyahoga Community College Eastern*

James Hartley, *Mount Holyoke College*

Mike Haupert, *University Wisconsin LaCrosse*

David Hedrick, *Central Washington University*

Evert Van Der Heide, *Calvin College*

Sara Helms, *Samford University*

Jessica Hennessey, *Furman University*

Thomas Henry, *Mississippi State University*

Alexander Hill, *University of Colorado-Boulder*

Bob Holland, *Purdue University*

Paul Holmes, *Ashland University*

Kim Hoolda, *Fordham University*

Aaron Hoshide, *University of Maine*

Michael Hoyte, *York College*

Glenn Hsu, *University of Central Oklahoma*

Kuang-Chung Hsu, *University of Central Oklahoma*

Jim Hubert, Seattle *Central Community College*

George Hughes, *University of Hartford*

Andrew Hussey, *University of Memphis*

Christopher Hyer, *University of New Mexico*

Kent Hymel, *California State University-Northridge*

Miren Ivankovic, *Anderson University*

Eric Jacobson, *University of Delaware*

Bolormaa Jamiyansuren, *Augsburg College*

Justin Jarvis, *Orange Coast College*

Andres Jauregui, *Columbus State University*

Ricot Jean, *Valencia College*

Michael Jerzmanowski, *Clemson University*

Bonnie Johnson, *California Lutheran University*

Bruce Johnson, *Centre College*

Paul Johnson, *University of Alaska Anchorage*

Phillip Jonas, *KV Community College*

Adam Jones, *University of North Carolina-Wilmington*

Jason Jones, *Furman University*

Rodger Jordan, *Baker College*

James Jozefowicz, *Indiana University of Pennsylvania*

Sujana Kabiraj, *Louisiana State University*

Simran Kahai, *John Carroll University*

Leo Kahane, *Providence College*

Venoo Kakar, *San Francisco State University*

David Kalist, *Shippensburg University*

Lillian Kamal, *University of Hartford*

Willie Kamara, *North Lake College*

Robert Kane, *State University of New York-Fredonia*

David Karemera, *St. Cloud State University*

Logan Kelly, *University of Wisconsin*

Craig Kerr, *California State Polytechnic University-Pomona*

Wahhab Khandker, *University of Wisconsin-LaCrosse*

Jongsung Kim, *Bryant University*

Kihwan Kim, *Rutgers*

Elsy Kizhakethalackal, *Bowling Green State University*

Todd Knoop, *Cornell College*

Fred Kolb, *University of Wisconsin-EauClaire*

Oleg Korenok, *Virginia Commonwealth University*

Janet Koscianski, *Shippensburg University*

Kafui Kouakou, *York College*

Mikhail Kouliavtsev, *Stephen F. Austin State University*

Maria Kula, *Roger Williams University*

Nakul Kumar, *Bloomsburg University*

Ben Kyer, *Francis Marion University*

Yuexing Lan, *Auburn Montgomery*

Daniel Lawson, *Oakland Community College*

Elena Lazzari, *Marygrove College*

Quan Le, *Seattle University*

Chun Lee, *Loyola Marymount University*

Daniel Lee, *Shippensburg University*

Jihoon Lee, *Northeastern University*

Jim Lee, *Texas A&M-Corpus Christi*

Junghoon Lee, *Emory University*

Ryan Lee, *Indiana University*

Sang Lee, *Southeastern Louisiana University*

James Leggette, *Belhaven University*

Bozena Leven, *The College of New Jersey*

Oing Ki, *College of the Mainland*

Zhen Li, *Albion College*

Carlos Liard-Muriente, *Central Connecticut State University*

Larry Lichtenstein, *Canisius College*

Jenny Liu, *Portland State University*

Jialu Liu, *Allegheny College*

Sam Liu, *West Valley College*

Xuepeng Liu, *Kennesaw State University*

Jie Ma, *Indiana University*

Michael Machiorlatti, *Oklahoma City Community College*

Bruce Madariaga, *Montgomery College and Northwestern University*

Brinda Mahalingam, *University of Alabama-Huntsville*

C. Lucy Malakar, *Lorain County Community College*

Paula Manns, *Atlantic Cape Community College*

Gabriel Manrique, *Winona State University*

Dan Marburger, *Arizona State University*

Hardik Marfatia, *Northeastern Illinois University*

Christina Marsh, *Wake Forest University*

William McAndrew, *Gannon University*

Katherine McClain, *University of Georgia*

Michael McIlhon, *Century College*

Steven McMullen, *Hope College*

Jennifer McNiece, *Howard Payne University*

Robert Menafee, *Sinclair Community College*

Fabio Mendez, *Loyola University Maryland*

Charles Meyrick, *Housatonic Community College*

Heather Micelli, *Mira Costa College*

Laura Middlesworth, *University of Wisconsin-Eau Claire*

Meghan Mihal, *St. Thomas Aquinas College*

Eric Miller, *Oakton Community College*

Phillip Mixon, *Troy University-Troy*

Evan Moore, *Auburn University-Montgomery*

Francis Mummery, *California State University-Fullerton*

John Mundy, *St. Johns River State University*

Charles Murray, *The College of Saint Rose*

James Murray, *University of Wisconsin-LaCrosse*

Christopher Mushrush, *Illinois State University*

John Nader, *Davenport University*

Max Grunbaum Nagiel, *Daytona State College*

Mihai Nica, *University of Central Oklahoma*

Scott Niederjohn, *Lakeland College*

Mark Nixon, *Fordham University*

George Norman, *Tufts University*

David O'Hara, *Metropolitan State University*

Brian O'Roark, *Robert Morris University*

Yanira Ogrodnik, *Post University*

Wafa Orman, *University of Alabama in Huntsville*

Glenda Orosco, *Oklahoma State University Institute of Technology*

Orgul Ozturk, *University of South Carolina*

Jennifer Pakula, *Saddleback College*

Maria Papapavlou, *San Jacinto Central College*

Nitin Paranjpe, *Wayne State University*

Irene Parietti, *Felician College*

Jooyoun Park, *Kent State University*

Dodd Parks, *Georgia Institute of Technology*

Jason Patalinghug, *University of New Haven*

Michael Patton, *St. Louis Community College-Wildwood*

Wesley Pech, *Wofford College*

Josh Phillips, *Iowa Central Community College*

Germain Pichop, *Oklahoma City Community College*

Lodovico Pizzati, *University of Southern California*

Florenz Plassmann, *Binghamton University*

Lana Podolak, *Community College of Beaver County*

Gyan Pradhan, *Eastern Kentucky University*

Curtis Price, *University of Southern Indiana*

Silvia Prina, *Case Western Reserve University*

Thomas Prusa, *Rutgers University*

Conrad Puozaa, *University of Mississippi*

John Stuart Rabon, *Missouri State University*

Mark Reavis, *Arkansas Tech University*

Robert Rebelein, *Vassar College*

Agne Reizgeviciute, *California State University-Chico*

Matt Rendleman, *Southern Illinois University*

Judith Ricks, *Onondaga Community College*

Chaurey Ritam, *Binghamton University*

Jared Roberts, *North Carolina State University*

Josh Robinson, *University of Alabama-Birmingham*

Kristen Roche, *Mount Mary College*

Antonio Rodriguez, *Texas A&M International University*

Debasis Rooj, *Kishwaukee College*

Larry Ross, *University of Alaska*

Subhasree Basu Roy, *Missouri State University*

Jeff Rubin, *Rutgers University-New Brunswick*

Jason C. Rudbeck, *University of Georgia*

Jeff Ruggiero, *University of Dayton*

Robert Rycroft, *University of Mary Washington*

Allen Sanderson, *University of Chicago*

Malkiat Sandhu, *San Jose City College*

Lisle Sanna, *Ursinus College*

Nese Sara, *University of Cincinnati*

Naveen Sarna, *Northern Virginia Community College-Alexandria*

Eric Sartell, *Whitworth University*

Martin Schonger, *Princeton University*

Andy Schuchart, *Iowa Central Community College*

Michael Schultz, *Menlo College*

Jessica Schuring, *Central College*

Danielle Schwarzmann, *Towson University*

Gerald Scott, *Florida Atlantic University*

Elan Segarra, *San Francisco State University*

Bhaswati Sengupta, *Iona College*

Reshmi Sengupta, *Northern Illinois University*

Dan Settlage, *University of Arkansas-Fort Smith*

David Shankle, *Blue Mountain College*

Alex Shiu, *McLennan Community College*

Robert Shoffner, *Central Piedmont Community College*

Mark Showalter, *Brigham Yong University*

Sanchit Shrivastava, *University of Utah*

Johnny Shull, *Wake Tech Community College*

Suann Shumaker, *Las Positas College*

Nicholas Shunda, *University of Redlands*

Milan Sigetich, *Southern Oregon University*

Jonathan Silberman, *Oakland University*

Joe Silverman, *Mira Costa College-Oceanside*

Silva Simone, *Murray State University*

Harmeet Singh, *Texas A&M University-Kingsville*

Catherine Skura, *Sandhills Community College*

Gary Smith, *Canisius College*

Richard Smith, *University of South Florida-St. Petersburg*

Joe Sobieralski, *Southwestern Illinois College-Belleville*

Mario Solis-Garcia, *Macalester College*

Arjun Sondhi, *Wayne State University*

Soren Soumbatiants, *Franklin University*

Matt Souza, *Indiana University-Purdue University Columbus*

Nekeisha Spencer, *Binghamton University*

Dean Stansel, *Florida Gulf Coast University*

Sylwia Starnawska, *D'Youville College*

Keva Steadman, *Augustana College*

Rebecca Stein, *University of Pennsylvania*

Dale Steinreich, *Drury University*

Paul Stock, *University of Mary Hardin-Baylor*

Michael Stroup, *Stephen F. Austin State University*

Edward Stuart, *Northeastern Illinois University*

Yang Su, *University of Washington*

Yu-hsuan Su, *University of Washington*

Samantha Subarna, *The College of New Jersey*

Abdul Sukar, *Cameron University*

Burak Sungu, *Miami University*

John Susenburger, *Utica College*

James Swofford, *University of South Alabama*

Vera Tabakova, *East Carolina University*

Ariuna Taivan, *University of Minnesota-Duluth*

Eftila Tanellari, *Radford University*

Eric Taylor, *Central Piedmont Community College*

Erdal Tekin, *Georgia State University*

Noreen Templin, *Butler Community College*

Thomas Tenerelli, *Central Washington University*

Anna Terzyan, *California State University-Los Angeles*

Petros Tesfazion, *Ithaca College*

Charles Thompson, *Brunswick Community College*

Flint Thompson, *Chippewa Valley Technical College*

Deborah Thorsen, *Palm Beach State College-Central*

James Tierney, *University of California Irvine*

Julie Trivitt, *Arkansas Tech University*

Arja Turunen-Red, *University of New Orleans*

Mark Tuttle, *Sam Houston State University*

Jennifer VanGilder, *Ursinus College*

Ross vanWassenhove, *University of Houston*

Ben Vaughan, *Trinity University*

Roumen Vesselinov, *Queens College, City University of New York*

Rubina Vohra, *St. Peter's College*

Will Walsh, *Samford University*

Chih-Wei Wang, *Pacific Lutheran University*

Jingjing Wang, *University of New Mexico*

Chad Wassell, *Central Washington University*

Christine Wathen, *Middlesex Community College*

J. Douglas Wellington, *Husson University*

Adam Werner, *California Polytechnic State University*

Sarah West, *Macalester College*

Elizabeth Wheaton, *Southern Methodist Uni-*

versity

Oxana Wieland, *University of Minnesota, Crookston*

Christopher Wimer, *Bowling Green State University-Firelands College*

Do Youn Won, *University of Utah*

Kelvin Wong, *University of Minnesota*

Ken Woodward, *Saddleback College*

Irena Xhurxhi, *York College*

Xu Xu, *Mississippi State University*

Ying Yang, *University of Rhode Island*

Young-Ro Yoon, *Wayne State University*

Eric Zemjic, *Kent State University*

Yongchen Zhao, *Towson University*

Zhen Zhu, *University of Central Oklahoma*

Kent Zirlott, *University of Alabama-Tuscaloosa*

Joseph Zwiller, *Lake Michigan College*

本書に携わったエディター・チームも，大きな改善をもたらしてくれた．デベロップメンタル・エディターの Jane Tufts は，いつものようにまことに鮮やかな編集作業をしてくれた．Michael Parthenakis は，上級プロダクト・マネージャーとして，このような多数の人々が関わる大プロジェクトを見事に統括してくれた．上級内容デベロッパーの Anita Verma は，補助教材改訂のための優秀なチームを組み上げるとともに，過去の版に対するコメントを提供するために思慮深いレビュワーを大勢集めてくれた．上級内容プロジェクト・マネージャーの Colleen Farmer は，私の草稿を完成本にするために必要な忍耐と献身を示してくれた．デジタルコンテンツ・デザイナーでエコノミストでもある Kasie Jean は Mind Tap の中の貴重な学生向け教材をデザインしてくれた．上級アート・ディレクターの Michelle Kunkler は，本書にすっきりとした親しみやすい外観を与えてくれた．イラストレーターの Bruce Morser は，本書を視覚的に魅力あるものとするとともに，本書の経済学の抽象度を下げてくれた．コピー・エディターの Pamela Rockwell は私の文体を洗練してくれたし，Lumina Datamatics 社の索引専門家（indexer）は，注意深く丹念な索引を作成してくれた．上級マーケティング・マネージャーの John Carey は，本書の潜在的な読者に私の言葉が届くように，長時間働いてくれた．それ以外のセンゲージ社の担当者たちも，これまでどおり一貫してプロフェッショナルで，熱心でひたむきであった．

　二人の優秀なハーバード大学学部生，Denis Fedin と Nina Vendhan にも感謝したい．本書の草稿を手直しし，校正するのを手伝ってくれた．

　私の「家庭内」エディターである，妻デボラにも謝意を表さなければならない．私が書くほとんどのものの最初の読者として，彼女は適度な批判と励ましとを与えてくれた．

　最後に，私の子どもたち，キャサリンとニコラスとピーターに対しても，感謝しておきたい．彼らの本書への貢献は，父親が書斎に長時間こもってしまうのを我慢してくれたことである．われわれ4人には，（第4章で明らかになるように）アイスクリームが好きだということも含めて，多くの共通点がある．

　2016年12月

N・グレゴリー・マンキュー

目次

C O N T E N T S

PART I

第 I 部

イントロダクション

第1章

経済学の十大原理

Keywords

希少性 scarcity

経済学 economics

効率（性） efficiency

公平（性） equality

機会費用 opportunity cost

合理的な人々 rational people

限界的な変化 marginal changes

インセンティブ（誘因） incentive

市場経済 market economy

所有権 property rights

市場の失敗 market failure

外部性 externality

市場支配力 market power

生産性 productivity

インフレーション（インフレ） inflation

景気循環 business cycle

　「経済（economy）」という言葉は，「家計を管理する者」という意味のギリシャ語（oikonomos）に由来している．一見すると，この語源は奇妙に思えるかもしれない．しかし，本当のところ，家計と経済には多くの共通点がある．

　家計は数多くの選択をしなければならない．家族の誰にどの仕事をさせて，どれだけの報酬を与えるのかを決定しなければならない．誰が夕食をつくるのか．誰が洗濯をするのか．誰が夕食の後にデザートを余分にもらえるのか．誰が車を運転するのか．つまり，家計は保有している希少な資源（時間，デザート，車の走行距離）を，各構成員の能力・努力・欲求を考慮に入れながら配分しなければならない．

　家計と同様に，社会も数多くの選択をしなければならない．どういった仕事がなされ，それを誰が担当するのかを，社会はどうにかして決めなければならない．食料を生産する人も必要なら，衣服をつくる人も必要であるし，コンピュータのソフトウェアを設計する人もまた必要である．人々を（土地や建物や機械などとともに）さまざまな仕事に割り振った後に，社会は彼らが生産する財・サービスを配分しなければならない．誰がキャビアを食べ，誰がジャガイモを食べるのかを決めなければならないのである．誰がテスラを運転し，誰がバスを利用するのかも決めなければならない．

　資源には限りがあるため，社会が保有する資源を管理することは重要な問題である．社会には限られた資源しかなく，そのため人々が手に入れたいと思う財・サービスのすべてを生産できるわけではないことを希少性という．家計の構成員全員が望むもののすべてを手に入れることができないのと同様に，社会を構成するどの個人も自分の望みうる最高の生活水準を実現することはできないのである．

　経済学とは，社会がその希少な資源をいかに管理するのかを研究する学問である．ほとんどの社会では，資源配分は全権を握った 1 人の独裁者によって決められるのではなく，膨大な数の家計と企業の選択を総合した結果として決定されている．したがって，経済学者は，人々がどのように意思決定するのかを研究する．どれだけ働き，何を買い，どれだけ貯蓄し，その貯蓄を

希少性 scarcity：社会の資源に限りがあるという性質．
経済学 economics：社会が希少な資源をいかに管理するのかを扱う学問．

どのように投資するのか，といったことを研究するのである．経済学者はまた，人々が互いにどのように影響しあうのかも研究する．たとえば，多数の売り手と買い手がどのようにして品物の販売価格や販売数量を決めるのかを調べるのである．さらに，経済学者は，経済全体に影響するようなさまざまな要因や傾向も分析する．たとえば，平均所得の増大，就職できない人々の割合，物価が上昇する速度，といった事柄である．

このように，経済学の学習・研究はさまざまな側面を持っているが，経済学はいくつかの中心となる考え方によって統合されている．この章ではこれから，**経済学の十大原理**をみていこう．それらの原理を完全に理解できなかったり，納得できなかったりしても，心配する必要はない．後に続く章で，もっと詳しく吟味していくからである．経済学とはどのような学問であるかを把握してもらうために，ここで十大原理を紹介するのである．本章を「後のお楽しみの予告編」だと考えてもらえればいい．

① 人々はどのように意思決定するか

何が「経済」であるかは明確である．ロサンゼルスの経済，アメリカの経済，世界全体の経済のどれであっても，経済とは，生活において相互に関わりあっている人々の集団である．経済の動向はそれを構成する個々人の行動を反映するので，個々人の意思決定に関する四つの原理から学習することにしよう．

●第1原理：人々はトレードオフ（相反する関係）に直面している

「無料の昼食（フリーランチ）といったものはどこにもない（There ain't no such thing as a free lunch.）」ということわざを，聞いたことがあるだろう．このことわざの英語表現には文法上の難点があるものの，その内容にはうなずける点が多い．自分の好きな何かを得るためには，たいてい別の何か好きなものをあきらめなければならない．意思決定とは，一つの目標と別の目標との間のトレードオフを意味するのである．

時間という自分の持っている最も貴重な資源を，どのように配分するかを決めようとしている学生について考えてみよう．学生は，すべての時間を経

済学の学習に費やすこともできるし，すべての時間で心理学を勉強することも可能である．あるいは，二つの分野の学習に時間を分けることもできる．この場合は，一つの科目の学習に1時間費やすごとに，もう一つの科目の学習を1時間ずつ断念することになる．また，学習に1時間費やすごとに，昼寝，サイクリング，テレビをみることや小遣い稼ぎのアルバイトなどを1時間ずつあきらめることになる．

　家族の収入をどのように使うかを，親が決めようとしている場合を考えてみよう．家族の収入で食べ物や服を買うこともできるし，家族旅行に行くこともできる．また引退後の生活費や子どもの学費のために貯蓄しておくこともできる．どれか一つのものへの出費を1ドル増やすと決めたとき，他の何かへの支出を1ドル削っているのである．

　人々が集まって社会ができると，異なる種類のトレードオフに直面することになる．古典的なトレードオフの例として，「大砲かバターか」というものがある．外国からの侵略者に対して，自国の沿岸を守るために国防予算（大砲）を増やせば，国内の生活水準を高めるために個人的な消費（バター）へ使えるお金は少なくなってしまう．環境保護と高所得とのトレードオフも現代社会においては重要である．産業廃棄物の排出量を減少させる法律は，財・サービスの生産費用を高めてしまう．生産費用が高くなった企業は，利潤を減らすか，賃金を減らすか，価格を引き上げるか，あるいはその三つの組合せを選ぶことになる．したがって，廃棄物の排出規制は環境と健康の改善をもたらす一方で，企業の所有者，労働者，顧客などの所得を減らすという費用を伴うのである．

　社会は，効率と公平との間のトレードオフにも直面している．**効率（性）**とは，社会が希少な資源から得ることができるものを最大限獲得していることを意味する．**公平（性）**とは，それらの資源から獲得したものが，社会の構成員の間にバランスよく分配されていることを示す．言い換えると，効率性は経済のパイの大きさについての基準であり，公平性は経済のパイの分け方についての基準である．

効率（性） efficiency：社会が希少な資源から最大限のものを得ている状態．
公平（性） equality：経済的な繁栄が社会の構成員の間にバランスよく分配されている状態．

　政策立案において，この二つの目標はしばしば衝突することがある．たとえば，経済厚生のより平等な分配をめざした政策を政府が考えているとしよう．福祉制度や失業保険などは，社会のなかで最も救いが必要な人々を助けようとするものである．また，個人所得税のように，政府を維持するために，金銭的に成功した人々に対してより多くの貢献を要求するものもある．これらの政策はより高い公平性を実現するという利点を持っているが，効率性の低下という費用ももたらしてしまう．富裕層から貧困層へ政府が所得を再分配すると，厳しい労働に対する報酬を低下させてしまう．その結果，人々は労働に対する努力を怠るようになるので，財・サービスの生産も減少してしまうことになる．つまり，政府が経済のパイをより平等に切り分けようとすると，経済のパイそのものが小さくなってしまうのである．

　人々がトレードオフに直面しているということを認識するだけでは，人々がどのような決定を下すのか，あるいは下すべきかについてはわからない．経済学の学習にあてる時間を増やすことができるというだけの理由で，学生は心理学の学習を放棄すべきではない．環境保護規制が物質的な生活水準を低下させるというだけの理由で，社会は環境保護をやめるべきではない．労働へのインセンティブ（誘因）を弱めるというだけの理由で，貧困層は無視されるべきではない．しかしながら，可能な選択肢を理解したときにはじめて，よい意思決定を下すことができるだろう．したがって，われわれの経済学の学習を，生活のなかのトレードオフを認識することから始めたのである．

●第2原理：あるものの費用は，それを得るために放棄したものの価値である

　人々がトレードオフに直面している以上，意思決定にあたっては，さまざまな行動の費用と便益を比較することが必要である．しかしながら，たいていの場合，一つの行動に伴う費用は，想像以上に不明確である．

　たとえば，大学に進学するかどうかを決定する場合を考えてみよう．その便益は，知的向上と，一生を通じてより望ましい就職の機会を得られることである．では，その費用は何だろうか．学費，教科書代，下宿代や食費などの金銭的費用を足し合わせれば答えになると思うかもしれない．しかし，その合計金額は，大学で1年間過ごすために放棄したものを正確に表してはい

ないのである.

この計算には二つの問題点がある. この答えの第1の問題点は, 大学に在学しているために生じた費用ではないものも含んでいる点である. 大学に行かないとしても, 眠る場所は必要であり, 食べるものも必要である. したがって, 住居費や食費は, 大学に行くときのほうが行かないときよりも多くかかる場合にのみ, 大学在学の費用となる. この費用計算の第2の問題点は, 大学在学の最大の費用である学生の時間を無視している点である. 講義を聴き, 教科書を読み, レポートを書いている間, 学生はそれらの時間を労働にあてることはできない. ほとんどの学生にとっては, 大学に在学しているために得られなかった賃金が, 最大の教育費用項目なのである.

このように, あるものを獲得するために放棄したものを, そのものの**機会費用**と呼ぶ. 何らかの意思決定をする場合には, 意思決定者は可能な各選択肢に付随する機会費用を認識しなければならない. 実際のところ, たいていの人はよくわかっているようである. 大学生の年頃のスポーツ選手のなかには, 大学を中退してプロになれば何億ドルも稼ぐことができる者もいる. 彼らは大学在学の機会費用がきわめて高いことをよく知っている. 彼らのなかで大学教育の便益が費用に見合わないと考える者が少なくないのも, 無理のないことである.

●第3原理:合理的な人々は限界原理に基づいて考える

経済学者は通常, 人々は合理的であると想定している. **合理的な人々**は, 自分たちの目的を達成するために, 与えられた条件の下で, 手立てを整えてベストを尽くす. 経済学を学習していくと, 企業が利潤を最大にするために, どれだけの労働者を雇い, どれだけの製品を生産し, 販売するかを決めていることを, みることになる. また個々人も自分たちの満足度を最高にするように, 何時間働き, 稼いだ所得でどれだけの財やサービスを購入するかを決めていることも, みることになるだろう.

合理的な人々は, 人生における選択が, 白黒明瞭な場合はむしろ例外であ

機会費用 opportunity cost:あるものを手に入れるためにあきらめなければならないもの.
合理的な人々 rational people:自分たちの目的を達成するために, 与えられた条件の下で, 手立てを整えてベストを尽くす人々.

り，灰色がかっている場合が多いことを知っている．夕食時に直面する選択は，「断食すべきか，それとも豚のようにむさぼり食らうべきか」ではなく，「マッシュポテトをもうひとさじ食べるべきか」といったことである．試験期間が近づいたときの選択は，まったく無視するか24時間勉強するかではなく，テレビをみる時間を1時間減らしてノートを見返すかどうかといったことである．このように，既存のプランに対して微調整を加えることを，経済学者は限界的な変化と呼ぶ．「限界」とは「端」という意味であることに留意しよう．限界的な変化とは，あなたの行動の端における調整であることになる．合理的な人々は，限界的な便益と限界的な費用とを比較することで，選択をしていることが多い．

たとえば，あなたが携帯電話を使って，友人に電話しようかと考えているとしよう．彼女と10分間話すことが，自分にとって約7ドルの価値があると判断したとする．携帯電話の契約には，月額40ドルと各通話1分ごとに50セント（0.5ドル）がかかるものとする．平均的には1カ月で100分通話しているので，毎月の支払いは90ドルになっている（0.5ドル×100＋40ドル）．この状況で，あなたは電話をかけるべきだろうか．あなたは次のようなロジックで考えようとするかもしれない．「毎月100分の通話に90ドル支払っているのだから，1分間の通話費用は平均して90セントである．したがって，10分間の通話の費用は9ドルである．9ドルの費用は7ドルのメリット（便益）よりも大きいので，この通話はやめておこう．」しかしながら，この結論は間違っている．確かに10分間の通話の平均費用は9ドルだが，（この通話をすることによる支払額の増加分である）限界費用は5ドルでしかない．限界費用と限界便益とを比較しないと，正しい選択はできないのである．7ドルの限界便益は5ドルの限界費用よりも大きいのだから，電話をかけるべきなのである．人々は誰からも教わらなくともこの原理については理解している．時間無制限の通話（つまり限界費用はゼロ）付きの契約をしている携帯電話ユーザーは，長時間のつまらない通話を行うことが多い．

限界原理がビジネスにおける決定においてどう作用するかを考えてみよう．たとえば，航空会社が空席待ちの乗客にどれだけの運賃を支払ってもらうか

限界的な変化 marginal changes：行動計画に対する微調整．

を決定するケースを考える．200人乗りの旅客機を飛ばして国土を横断するのに，10万ドルかかるものとする．この場合，各席ごとの平均費用は10万ドル/200＝500ドルである．航空会社は500ドルより安い価格ではチケットを売るべきではないと考える人もいるかもしれない．だが，限界原理に基づいて考えることにより，合理的な航空会社は利益を増やすことができる．たとえば，飛行機が空席を10席残したまま出発しようとしているとしよう．搭乗口で待っている空席待ちの乗客は，300ドルなら支払ってもよいと考えているとする．航空会社はこの乗客にチケットを売るべきだろうか．答えはもちろん売るべきである．飛行機に空席が残っているのであれば，もう1人乗客を増やすことでかかる費用はわずかである．乗客1人当たりの平均費用が500ドルであっても，限界費用はこの乗客が機内で消費するであろう炭酸飲料1缶分の費用だけなのである．空席待ちの乗客が限界費用以上に支払ってくれるのであれば，その乗客にチケットを販売することは利益の増大になるのである．

　一見謎にみえるような経済現象も限界的な意思決定で説明できることもある．次のような古典的な問題を考えよう．水はとても安いのに，なぜダイヤモンドはとても高いのだろうか．水は生存に必要なものであるのに，ダイヤモンドはそうではない．それでも，なぜか，人々はコップ1杯の水よりもダイヤモンドにはるかに高い金額を支払おうとするのである．その理由は，人々が喜んで支払おうとする金額は，追加的な財1単位が提供する限界的な便益に依存するからである．その限界的な便益は，人々がすでにどれだけその財を持っているかにも依存する．水は必需品だが，水はふんだんにあるので，追加的な1杯分の限界的な便益は小さい．対照的に，ダイヤモンドは必需品ではないが，とても希少な財なので，ダイヤモンドの追加1個の限界的な便益はかなり高いと，人々は考えるのである．

　合理的な意思決定者は，行動の限界的な便益が限界的な費用を上回ったときにのみ，その行動を選択する．この原理は，なぜ人々は携帯電話をよく使うのかや，航空会社はなぜ平均費用以下でもチケットを売ろうとするのか，また人々はなぜ水よりもダイヤモンドに高い金額を支払おうとするのかを説明することができる．限界的な思考の論理に慣れるには少し時間がかかるかもしれないが，経済学を学習すれば，練習する機会は多く与えられるだろう．

●第4原理：人々はさまざまなインセンティブ（誘因）に反応する

インセンティブ（誘因）とは，懲罰や報酬のように，人々に何らかの行動を促す要因のことである．合理的な人々が費用と便益とを比較して意思決定するということは，彼らがインセンティブ（誘因）に反応することを意味する．経済学を学んでいくと，インセンティブが中心的な役割を果たしていることがわかるだろう．経済学の分野全体が，次のように要約できるとまで極言する経済学者もいるほどである．「人々はインセンティブに反応する．残りはすべて，その例証にすぎない．」

市場がどのように機能するかを分析するのに，インセンティブは重要である．たとえば，りんごの値段が上がると，人々はりんごを食べる量を減らすようになる．他方で，りんご農園の経営者は，りんごの販売の便益が高まるので，従業員を増やしてより多くのりんごを収穫しようとする．つまり，市場で価格が高くなると，買い手にはその消費を減らすインセンティブが生まれ，売り手にはその生産を増やすインセンティブが生まれるのである．後にみるように，価格が消費者と生産者の行動に及ぼす影響こそが，市場経済において希少資源がどのように配分されるかを左右するのである．

公共政策を立案する人々にとってインセンティブは重要である．公共政策は，しばしば費用と便益を変化させてしまうことによって，彼らの行動をも変化させてしまうからである．たとえば，ガソリンに課税すると，人々は小さくて燃費のいい車を運転するようになる．アメリカに比べてヨーロッパの人々が小型車を運転することが多い理由の一つは，ヨーロッパはガソリン税が高くアメリカはガソリン税が安いことにある．ガソリン税は，人々にカープール（訳注：通勤時に近所の人々などで相乗りすること）や公共交通機関を利用させたり，職住近接をもたらしたりする．税金がもっと上がればより多くの人々がハイブリッドカーに乗るようになり，さらに上がれば電気自動車に乗り替えるだろう．

政策によってインセンティブが変化することを政策立案者が考慮しなければ，意図せざる結果をもたらすことも多い．意図せざる副作用の例として，

インセンティブ（誘因）incentive：人々に何らかの行動を促す要因．

自動車の安全性に関する政策をとりあげてみよう．現在ではすべての車にシートベルトが装備されているが，50年前にはそうではなかった．1960年代に，ラルフ・ネーダーという消費者運動の指導者が書いた『どんなスピードでも危ない』という本がきっかけとなって，自動車の安全性に対する大きな社会的関心が生まれた．これを受けて，連邦議会はシートベルトをすべての新車に標準装備することを義務づける法律をつくった．

　シートベルト着用を義務づけた法律は，自動車の安全性にどのような影響を及ぼしただろうか．直接的な効果は明らかだろう．人々がシートベルトをするようになれば，自動車事故による死亡率は低下する．しかしながら，この法律の効果はこれだけではなかった．インセンティブを変えることで，人々の行動を変化させたからである．この変化した行動とは，ドライバーが運転するときのスピードと注意深さであった．ゆっくりとかつ慎重に運転することは，ドライバーの時間とエネルギーを消費するという費用がかかる．どれだけ安全に運転するかを決めるときに，合理的な人であれば安全運転の限界的便益と限界的費用とを，おそらく無意識のうちに比較する．そして安全性を高めた場合の便益が高ければ，スピードを落として安全に運転する．たとえば，道路が凍っているようなときには，道路がよい状態のときよりも，人々は安全運転をする．

　それでは，シートベルト法が，合理的なドライバーの費用-便益計算をどのように変えたかを考えてみよう．シートベルトは，負傷したり死亡したりする確率を下げるので，事故の費用を低下させる．したがって，シートベルトはゆっくりと注意深く運転することの便益を低下させるのである．人々のシートベルト法に対する反応は，道路状態が改善されたときの反応と同じで，スピードを上げてより軽率な運転をするようになることである．したがって，シートベルト法は事故件数の増大をもたらすのである．安全運転の減少は，歩行者に対しては明らかにマイナスの影響をもたらす．彼らは事故に遭う確率が高まっただけで，ドライバーと違って追加的な安全装置によって守られていないからである．

　一見したところでは，シートベルトとインセンティブに関するこの議論は，いい加減な推測にしかみえないかもしれない．しかし，サム・ペルツマンという経済学者が1975年に発表した古典的論文には，自動車の安全性に関する

さまざまな法律が，実際にこうした影響の多くをもたらしたことが示されている．ペルツマンの挙げた証拠によれば，これらの法律は，事故1件当たりの死亡者数を減少させたが，事故件数を増加させてしまった．総合的な結果としては，ドライバーの死亡者数はほとんど変わらなかったが，歩行者の死亡者数は増加したという．

　ペルツマンの自動車の安全性に関する分析は，人々がインセンティブに反応するという一般原則の，やや風変わりで論議を呼ぶ一例にすぎない．どのような政策を分析するときにも，直接的な効果だけではなく，インセンティブを通じて働くような間接的な効果も考慮に入れなければならない．政策がインセンティブを変えるのであれば，それは人々の行動を変更させることになるのである．

【小問】　● あなたが最近経験した重要なトレードオフを説明しなさい．

　　　　● 金銭的機会費用と非金銭的機会費用の両方を備えた行動の例を挙げなさい．

　　　　● あなたの行動を左右しようとして，両親が提示したインセンティブを説明しなさい．

② 人々はどのように影響しあうのか

　最初の四つの原理は，個人の意思決定方法に関するものであった．しかしわれわれの生活のなかでは，意思決定の多くは自分たちだけではなく他の人々にも影響を及ぼす．これから述べる三つの原理は，人々が相互に影響しあう方法に関するものである．

●第5原理：交易（取引）はすべての人々をより豊かにする

　ニュースを聞いていると，中国とアメリカが世界貿易における競争相手であると報道していることがある．これは，中国の企業とアメリカの企業が同じ種類の商品をたくさんつくっている以上，いくつかの点では正しい表現である．両国の企業はTシャツ，おもちゃ，ソーラーパネル，自動車のタイヤなどたくさんの市場で共通の顧客を相手に競っている．

　しかしながら，国と国との競争を考えるときには，誤った考え方に陥りや

すい．中国とアメリカとの間の貿易では，スポーツ競技のように一方が勝者になりもう一方が敗者になるわけではない．むしろ反対である．2 国間の貿易は，両方の国をより豊かにすることができるのである．

このことを理解するために，交易（取引）があなたの家族にどのような影響を与えるかを考えてみよう．あなたの家族の誰かが仕事を探しているとしよう．そのとき彼（彼女）は職探しをしている他の家族の人々と競合することになる．それぞれの家族は買物においても競合している．どの家族もいちばんよい品物をいちばん安い価格で買いたいと考えているからである．したがって，ある意味では，経済のなかの各家族は他のすべての家族と競合していることになる．

こうした競争関係にもかかわらず，あなたの家族の生活は，他の家族から離れて孤立することで，より豊かになるわけではない．もしも孤立すれば，衣食住すべてを自給しなければならない．他の家族と交易することによって，あなたの家族の生活水準が高まることは明らかであろう．交易は，人々が農耕，縫製，建築といった各自の得意分野の専門家になることを可能にする．他の人々と取引することにより，はるかに多様な財・サービスをより安く買えるようになるのである．

国も，家族と同様に，互いに取引できることから多くを得ている．貿易は，各国が得意分野に特化し，より多様な財・サービスを享受することを可能にしている．中国人も，フランス人やエジプト人やブラジル人と同様に，世界経済における競争相手であると同時に取引相手でもあるのである．

●第 6 原理：通常，市場は経済活動を組織する良策である

1980 年代後半と 1990 年代前半におけるソ連と東欧諸国における社会主義の崩壊は，前世紀における最も重要な変化であろう．社会主義諸国は，経済の希少な資源を配分するのに政府官僚が最適のポジションにいると考えていた．これらの中央の計画策定者たちは，どの財・サービスを誰がどれだけ生産し，誰がどれだけ消費するかを決定していたのである．中央集権的な計画の裏づけとなっていたのは，一国全体の経済厚生が向上するように経済活動を組織できるのは政府だけであるという理論であった．

かつて中央集権的な計画経済システムを採用していた国々のほとんどは，

今日ではそのシステムを放棄して，代わりに市場経済システムを構築しつつある．**市場経済**においては，中央の計画策定者による意思決定は，何百万もの企業や家計の意思決定によって代替されている．企業は，誰を雇い，何を生産するかを決めている．家計は，どの企業で働き，自分たちの所得で何を買うかを決めている．これらの企業や家計は市場で相互に影響しあっており，市場においては価格とみずからの利益が彼らの意思決定を導いているのである．

　一見したところ，市場経済の成功は不思議に思えることだろう．市場経済では，誰も社会全体の厚生を監視していない．自由な市場では，無数の財・サービスに多数の売り手と買い手がいて，全員が主に自分の厚生を中心に考えている．しかし，利己的な意思決定者たちによる分権的な意思決定にもかかわらず，市場経済は，全般的な経済厚生を高めるように経済活動を組織する点で，大きな成功を収めてきたのである．

　1776年に出版された『諸国民の富の性質と原因についての一研究』（『国富論』）において，経済学者であるアダム・スミスは，経済学のなかでも最も有名な考え方を提示した．市場において相互に影響しあっている家計や企業は，まるで「見えざる手」によって導かれているかのように，望ましい結果に到達しているというのである．本書におけるわれわれの目標の一つは，この見えざる手がどのようにその魔力を発揮するのかを理解することである．

　経済学を学習するにつれて，見えざる手が経済活動を導く際の手段が価格であることが理解できるようになるだろう．どの市場においても，買い手は価格をみてどれだけ需要するかを決め，売り手は価格をみてどれだけ供給するかを決める．買い手と売り手の意思決定の結果なので，価格は，各財の社会にとっての価値と，社会がその財を生産するための費用の両方を反映したものとなるのである．スミスの偉大な洞察は，価格が調整されることで，多くの場合，個々の意思決定主体を，社会全体の厚生を最大化するような結果へと導くという点にあった．

　スミスの洞察には重要な副次的定理（系）がある．それは，もし政府が，価格による需要と供給の自然な調整を妨害すると，経済を構成する家計と企

市場経済 market economy：市場において財・サービスをやりとりする多くの企業や家計による，分権的な意思決定を通じて資源が配分される経済．

コラム　アダム・スミスと見えざる手

　アダム・スミスの偉大な本『国富論』の出版された1776年が，アメリカの革命家たちが独立宣言に署名したのと同じ年であるのは，単なる偶然の一致かもしれない．しかし，二つの文書は，当時広まっていた一つの考え方を共有している．それは，「個人は，政府に自分たちの行動をいちいち強圧的に指示されることなく，個々の工夫に任せられるのが，通常は最良である」というものである．この政治哲学は，市場経済や，より広くには自由社会の知的な基礎を提供している．

　分権的な市場経済が非常にうまく機能するのはなぜだろうか．人々が互いに愛と親切さをもって関わりあうと期待できるからだろうか．それはまったく違う．市場経済において人々がどのように関わりあうかについて，アダム・スミスは以下のように述べている．

　「人間はほとんどいつでも他の人々からの助力を必要としているが，他の人々の利他心だけを頼りにしても無駄なことである．彼らの自己愛を自分に好都合な方向に惹きつけたり，自分がしてほしいとおりにすることが彼らにとっても得になるのだということを示したりすることができれば，思いどおりのことを実現できる可能性は高まるだろう．……『私のほしいものをくれたら，あなたもほしいものを入手できるだろう』というのが，そうした提案のどれもが意味していることである．そうした形で，われわれは，自分の必要とする助けのほとんどを，互いに入手しているのである．

　われわれの夕食は，肉屋や酒屋，パン屋の利他心に依存しているのではなく，彼ら自身の利己心の尊重に依存しているのである．われわれは，彼らの人間性にではなく利己心に訴えるのである．われわれの必要性について語るのではなく，彼らの利益について語りかける．まわりの市民たちの利他心に依存しているのは物乞いだけである．……

　どの個人も，……公共の利益を促進しようと意図してはいないし，自分たちがそれをどれだけ高めているのかも知らない……誰もが自分

> の利得のみを考えているのであり，そうすることで，他の多くの場合と同様に，見えざる手に導かれて，自分の意図していない目的を促進しているのである．公共の利益が利己心に入っていないことも，社会にとって悪いわけではない．利己心に突き動かされることで，本当に意図した場合よりも効果的に公共の利益を促進できることが多いのである．」
>
> スミスが言っているのは，経済への参加者は利己心に動機づけられているが，市場の「見えざる手」がそうした利己心を全般的な経済的福祉を促進する方向に導いているということである．
> スミスの洞察の多くは，いまなお，経済学の中心にあり続けている．本書の以下の章における分析は，スミスの結論をより厳密に表現し，市場の見えざる手の強みと弱みをより十分に検討することを可能にするのである．

業の意思決定を調整する見えざる手の力が弱まってしまうということである．この系は，税金が資源配分に対して悪影響を及ぼすことを説明できる．税金は価格体系を歪めるので，家計や企業の意思決定をも歪めてしまうのである．この系はまた，家賃規制のような直接的な価格規制が大きな悪影響をもたらすことも説明できる．さらに，この系は社会主義の失敗も説明できる．社会主義諸国では，価格は市場ではなく中央の計画策定者によって決められていた．そうした計画策定者たちは，消費者の選好や生産者の費用といった必要な情報を持っていなかった．そうした情報は，市場経済であれば，価格に反映されたはずのものである．中央の計画策定者たちが失敗したのは，彼らのもう一つの手，つまり市場という見えざる手が，後ろ手に縛られていたからである．

ケース・スタディ　アダム・スミスはウーバーを好きだっただろう

あなたはおそらく中央計画経済下で暮らした経験はないだろう．だが，大都市で一度でもタクシーを拾おうとしたことがあれば，非常に規制され

た市場を経験したといえるかもしれない．多くの都市において，役所はタクシー業界に対して厳重な規制を課している．規制は，保険や安全に関するものにとどまらない．たとえば，タクシーの許認可台数を定めて業界への参入を制限したり，タクシーが徴収できる料金を決めたりしている場合もある．役所は警察権力を用いて罰金や禁固刑を科することで，無認可運転手を追い出し，また公認されていない料金を運転手が課することを防いできた．

しかし最近，この強く規制されてきた業界は，ウーバーという破壊的な勢力によって侵略されるようになった．2009年に創業された同社は，スマートフォン向けのアプリを提供して，乗客と運転手とを結びつける．ウーバーの車はタクシー待ちの歩行者を探して街路を流すことをしないので，タクシーの定義にあてはまらず，そのため規制の対象とならないのである．しかし，両者はほぼ同じサービスを提供している．実際のところ，ウーバーの車に乗るほうが便利なことも多い．寒い雨の日など，道路脇に立って，空車が通りかかるのを待ちたい人がいるだろうか．家の中にいて，スマートフォンでウーバーの車を呼べば，車の到着まで暖かいまま濡れずに済むので好都合である．

ウーバーの車のほうがタクシーよりも安価なことが多いが，つねに安いというわけではない．ウーバーは，需要が急増するようなときに，運転手に価格を相当引き上げることを許している（特需型値上げ制度）．突然の土砂降りとか，大勢のほろ酔いパーティー参加者たちが安全な帰路を求める大晦日の晩などである．対照的に，規制されているタクシーは，価格を引き上げることを許されていないことが多い．

誰もがウーバーを好むわけではない．従来のタクシー運転手は，この新たな競争によって，彼らの所得源が侵食されていると，苦情を言う．このことは驚くには当たらない．財やサービスの供給者は，新たな競争相手を好まないものである．しかし，生産者間の活発な競争が，消費者にとって好都合な市場を生む．

だから，経済学者たちは，ウーバーを好む．2014年に実施されたアンケートは，数十人の有名な経済学者に，ウーバーなどの自動車サービスが消費者の厚生を高めているかをたずねた．全員がイエスと回答した．経済学

者たちは，特需型値上げ制度が，消費者の厚生を高めているかもたずねら
れたが，85％がイエスと回答した．特需型値上げのために消費者はときど
き多く支払わねばならないが，ウーバーの運転手がインセンティブに反応
するので，最も需要が高いときに自動車サービスの供給を増やすことにな
る．特需型値上げ制度は，自動車サービスを，その価値を最も高く評価す
る人々に配分することを容易にし，自動車を探したり待ったりするコスト
を低下させる．

アダム・スミスが今日生きていれば，自分のスマートフォンにウーバー
のアプリを搭載していたことは確実だろう．

●第7原理：政府が市場のもたらす成果を改善できることもある

市場の見えざる手がそれほどにすばらしいのなら，なぜ政府が必要なのだ
ろうか．経済学を学ぶ目的の一つは，公共政策の適切な役割と範囲に関して
学ぶことにある．

政府を必要とする理由の一つは，見えざる手がその魔法を実現するために
は，市場経済にとって重要な制度を政府が維持し，かつルールの番人となっ
ていることが必要だからである．なかでも，個々人が希少な資源を所有し自
由にできるための所有権を保護する制度を，市場経済は必要としている．自
分の作物が盗まれると予想すれば，農夫は土地を耕さないだろう．顧客が店
を出る前に支払いをすると保証されないかぎり，レストランは食事を提供し
ないだろう．映画会社は，あまりに多くの潜在的顧客が違法コピーをつくっ
て代金を支払わないなら，映画を作成しないだろう．誰もが，自分たちの作
成するものに関する権利を保護してくれる警察・裁判所を政府が提供してく
れることに依存しているのである．見えざる手も，われわれの権利が保護さ
れることを必要としている．

さらに，政府を必要とするもう一つの理由は，見えざる手は，強力だが全
能ではないということである．政府が経済に介入することによって，人々の
意思決定がもたらすであろう資源配分を変更すべき，二つの大きな理由があ

所有権 property rights：個人が希少な資源を所有し，自由にコントロールできるように
する権利．

る．一つは効率性を高めるためであり，もう一つは公平性を高めるためである．つまり，多くの政策は，経済のパイを大きくすることか，パイの分配方法を変更することを目的としているのである．

　まず，効率性という目標を考えてみよう．通常の場合，見えざる手は，市場を導いて経済のパイを最大にするような資源配分を実現するが，うまくいかないこともある．経済学者は，このように市場の力では効率的な資源配分を実現できない場合を市場の失敗と呼んでいる．後に学ぶように，市場の失敗を引き起こす原因の一つに外部性がある．外部性とは，1人の行動が無関係な人の厚生に及ぼす影響のことである．外部性の古典的な例として環境汚染がある．ある財の生産が大気汚染を生み出し工場周辺に住む住民の健康問題を引き起こす場合，市場に任せておくと，そうしたコストを勘案できないかもしれない．市場の失敗を引き起こすもう一つの原因としては，市場支配力が挙げられる．市場支配力とは，1人の個人（あるいは少人数のグループ）が市場価格を不当に左右できる能力のことである．たとえば，町中の人たちが水を必要としているが，井戸は一つしかないとしよう．井戸の所有者は厳しい競争に直面していないので，見えざる手は通常のようには彼女の自己利益を制限することができない．彼女は，この機会を利用して，水の産出量を制限することにより，高い価格をつけようとするかもしれない．外部効果や市場支配力が存在する場合には，適切な公共政策によって，経済効率を高めることができる．

　次に，公平性という目標について考えよう．見えざる手が効率的な結果をもたらしているような場合でも，経済厚生に関しては顕著な格差をもたらしやすい．市場経済システムにおける報酬は，人々が喜んでお金を支払うようなものを個々人がつくりだせるかどうかによって決まる．世界最高のバスケットボール選手が世界最高のチェス選手よりも所得が多いのは，チェスよりもバスケットボールを見るために人々がより多く支払うからにすぎない．すべての人が十分な食料とまともな衣服を持ち，適切な医療を受けられること

市場の失敗 market failure：市場が自分の力で資源を効率的に配分するのに失敗した状態．
外部性 externality：ある人の行動が周囲の人の経済厚生に与える影響．
市場支配力 market power：1人もしくは数人の小集団が市場価格に対して実質的に持っている影響力．

を見えざる手は保証しているわけではない．こうした不平等は，人々の政治哲学にもよるが，政府の介入を正当化しうるものである．現実には，所得税や社会福祉制度などの多くの公共政策は，経済厚生のより平等な分配を実現することを目的としている．

　政府が市場の成果を改善できることもあるということは，つねに改善されるだろうということではない．公共政策は天使が立案しているわけではなく，完璧からはほど遠い政治プロセスを通じて立案されている．そうした政策のなかには，政治的な影響力を持つ者に利益をもたらすためにだけ立案されるものもある．また，志は正しいが十分な情報を持っていない指導者によって政策が立案されることもある．経済学を学習することで，効率性か公平性を高めるか否かという観点からみて，公共政策の適切さをより良く判断できるようになるだろう．

【小問】　● 鎖国しないことで，国の厚生が高まるのはなぜか．
　　　　　● われわれが市場を持っているのはなぜか．また，市場のなかで政府はどのような役割を果たすべきだと，経済学者は主張しているか．

3 　経済は全体としてどのように動いているか

　ここまでは，各個人がどのように意思決定するのかから始めて，彼らがどのように相互に影響しあうのかを論じてきた．これらの意思決定や相互作用のすべてが一つになって「経済」を構成している．最後の三つの原理は，経済全体の機能に関するものである．

● 第8原理：一国の生活水準は，財・サービスの生産能力に依存している

　世界全体を見渡したとき，生活水準の格差には圧倒されるものがある．2014年のアメリカ人の平均所得は約5万5000ドルであった．同じ年，メキシコ人の平均所得は約1万7000ドルで，中国人の平均所得は約1万3000ドル，ナイジェリア人の平均所得は約6000ドルであった．平均所得に表れたこの大きな格差が，生活の質を測るさまざまな尺度に反映されているといっても驚

くには当たらないだろう．高所得国の国民は，低所得国の国民よりもたくさんのテレビや車を所有し，栄養状態もよく，よい医療を受けていて，より長い寿命を享受している．

生活水準の歴史的な変化も大きい．アメリカでは，歴史的にみて，（生活費の変化を調整した）所得の成長率はほぼ 2 ％であった．この成長率では，平均所得は35年ごとに 2 倍になる．20世紀のアメリカでは，平均所得は 8 倍にまで増大した．

国や時代の違いによって生活水準に大きな格差や変化があるのはなぜだろうか．その答えは驚くほど簡単である．生活水準の格差や変化のほとんどは，各国の**生産性**の相違によって説明できる．生産性とは，1 人の労働者が 1 時間当たりに生産する財・サービスの量のことである．労働者が 1 時間当たりに多く生産できる国においては，ほとんどの人が高い生活水準を享受している．労働者の生産性が低い国においては，ほとんどの人がより低い生活水準を甘受しなければならない．同様に，一国の生産性の成長率は，平均所得の成長率を決定するのである．

生産性と生活水準との間の基本的な関係は単純であるが，その意味するところは深いものがある．生産性が生活水準の基本的決定要因であるのであれば，他の要因は二義的な重要性しか持たないはずである．たとえば，20世紀のアメリカにおける労働者の生活水準の向上を，労働組合や最低賃金法の功績であると考える人もいるだろう．しかしながら，アメリカ人労働者にとっての本当のヒーローは，彼ら自身の生産性の上昇なのである．もう一つ例を挙げれば，アメリカの所得が1970年代と1980年代に低成長だったのは，日本をはじめとする国々との競争のせいであると主張する評論家たちがいる．しかし，本当の悪者は海外との競争ではなく，アメリカ国内における生産性成長率の低下なのである．

生産性と生活水準との関係は，公共政策にとっても重要な意味合いを持っている．政策が生活水準にどのような影響を与えるかを考えるときには，その政策が財・サービスの生産能力にどのように影響するかを考えることが大事である．生活水準を向上させるには，労働者がよく教育されていること，

生産性 productivity：労働者が 1 人 1 時間当たりに生産する財・サービスの量．

財・サービスを生産するのに必要な道具を持っていること，最高の生産技術を利用できること，などを政策立案者が保証し，生産性を向上させなければならない．

●第9原理：政府が紙幣を印刷しすぎると，物価が上昇する

ドイツでは，1921年1月における新聞の値段は0.3マルクであった．しかし2年も経たない1922年11月には，同じ新聞の値段が7000万マルクになっていた．その他の財の価格もすべて同じぐらい上昇していた．これは，インフレーション（インフレ）という経済の全般的な価格上昇の史上最も劇的な例の一つである．

アメリカは1920年代のドイツに匹敵するようなインフレを経験したことはないが，インフレが経済問題になることはたびたびあった．たとえば，1970年代には，一般物価水準が2倍以上に上昇し，ジェラルド・フォード大統領をして，インフレこそが「国民の最大の敵である」と言わしめた．対照的に，21世紀の最初の10年間には，インフレ率はほぼ年率2.5%となった．この上昇率であれば，物価水準が倍になるにはほぼ30年必要である．高率のインフレは社会にさまざまな費用を課するので，インフレを低率に保つことは，世界中の経済政策立案者にとって共通の目標の一つである．

インフレは何によって引き起こされるのだろうか．大幅で持続的なインフレのほとんどは，貨幣供給量の増大が原因である．政府がその国の貨幣供給量を大幅に増やすと，貨幣の価値は下落する．1920年代初期のドイツにおいて，物価が1カ月ごとに3倍になっていたころ，貨幣供給量もやはり毎月3倍に増えていた．それほど劇的ではないにせよ，アメリカ経済の歴史も同様の結論を示している．1970年代の高インフレは貨幣供給量の急激な増大につれて起こっており，1980年代の低インフレへの回帰は貨幣供給量のゆるやかな増大に伴っているのである．

インフレーション（インフレ）inflation：経済において価格が全体として上昇すること．

●第10原理：社会は，インフレと失業の短期的トレードオフに 直面している

　貨幣供給量増大の長期における主影響は価格水準の上昇であるが，短期においては話が少し複雑になるうえに，意見も分かれてくる．多くの経済学者は，貨幣量増大の短期的効果を次のように説明している．

● 経済の貨幣量の増大は，全体としての支出を刺激し，財・サービスへの需要を増大させる．
● 高水準の需要によって，しだいに企業は価格を引き上げていくが，その途上において企業は雇用を増やし，財・サービスの生産を増大する．
● 雇用の増加は，失業の減少をもたらす．

　このように考えると，経済全体に関する最後のトレードオフにつながっていく．インフレと失業との短期的トレードオフである．

　こうした考え方に懐疑的な経済学者も存在しているが，今日では大方の経済学者が，インフレと失業との間に短期的なトレードオフが存在するという考え方を受け入れている．このことは，1～2年という期間においては，多くの経済政策がインフレと失業とを逆方向に動かすということを意味する．（1980年代前半のように）インフレと失業が高水準であろうが，（1990年代後半のように）低水準であろうが，あるいは中間的な水準にあろうが関係なく，政策立案者はこのトレードオフに直面することになる．この短期のトレードオフは，景気循環の分析において重要な役割を果たしている．景気循環とは，財・サービスの生産や雇用者数で測られた経済活動水準の，不規則でかつ予測不能な変動のことである．

　政策立案者はさまざまな政策手段を用いて，このトレードオフを利用することができる．政府の支出を変化させ，税金を変更し，貨幣供給量を変化させることによって，政策立案者は財・サービスへの全体的な需要水準に影響を及ぼすことができる．そうした需要の変化は，経済が経験する失業とイン

景気循環 business cycle：雇用や生産といった経済活動の変動．

フレの組合せを短期的に左右できるのである．このように，経済政策のこうした手段は潜在的に非常に強い力を持っているので，政策立案者が経済をコントロールするにあたって，これらの政策手段をどのように用いるべきかは，つねに論争の対象となっている．

こうした論争が，バラク・オバマが大統領になった初期に，大きな焦点となった．2008年と2009年，アメリカ経済は，世界の他の多くの国々と同様に，深刻な景気後退を経験した．住宅市場における誤った投機によって引き起こされた金融システムの問題が，経済全体に波及して所得を低下させ，失業を急増させたのである．政策立案者たちは，対策としてさまざまな手段を用いて，財・サービスに対する全体的な需要水準を高めようとした．オバマ大統領の最初の本格的な政策行動は，減税と政府支出増加を組み合わせた景気刺激パッケージであった．同時に，アメリカの中央銀行である連邦準備も，貨幣量を増大させた．これらの政策の目的は，失業を減らすことであった．しかし，それらの政策が長期的には高インフレにつながるのではないかと懸念する人々もいた．

【小問】 ●経済が全体としてどのように動いているかを説明する三つの原理を列挙して，簡単に説明しなさい．

4 結論

これまでのところから，経済学がどういうものなのかをある程度把握できたと思う．これからの章では，人々や市場や経済に関する多くの具体的な洞察を展開していく．それらの洞察を修得するには努力が必要であるが，それほど大変な課題ではない．なぜならば，経済学は，いくつかの基本的な考え方を多様なケースに適用することが可能となる学問だからである．

本書全体を通して，本章で説明し表1-1にまとめてある経済学の十大原理に何度も立ち返ることとなる．これらの基礎的な原理をいつも頭に入れておこう．最先端の経済分析でさえも，ここで紹介した十大原理に基づいているのである．

表1-1 経済学の十大原理

人々はどのように意思決定するか

1　人々はトレードオフ（相反する関係）に直面している．
2　あるものの費用は，それを得るために放棄したものの価値である．
3　合理的な人々は限界原理に基づいて考える．
4　人々はさまざまなインセンティブ（誘因）に反応する．

人々はどのように影響しあうのか

5　交易（取引）はすべての人々をより豊かにする．
6　通常，市場は経済活動を組織する良策である．
7　政府が市場のもたらす成果を改善できることもある．

経済は全体としてどのように動いているか

8　一国の生活水準は，財・サービスの生産能力に依存している．
9　政府が紙幣を印刷しすぎると，物価が上昇する．
10　社会は，インフレと失業の短期的トレードオフに直面している．

要約

- 個人の意思決定に関する基本的な教訓は，人々がさまざまな目標の間のトレードオフに直面していること，どのような行動の費用も失われた機会によって測られること，合理的な人々は限界的な費用と限界的な便益とを比較することで意思決定すること，人々は直面するインセンティブに反応して行動を変化させること，である．

- 人々の間の相互作用に関する基本的な教訓は，交易と相互依存関係が相互に利得をもたらすこと，通常の場合は市場が人々の間の経済活動を組織する良策であること，政府には，市場の失敗を修復したり経済的公平性をより促進したりすることで市場のもたらす成果を改善できる可能性があること，である．

- 経済全体に関する基本的な教訓は，生産性が生活水準の最終的な決定要因であること，貨幣量の増大がインフレの根源的な原因であること，社会がインフレと失業の短期的なトレードオフに直面していること，である．

確認問題

1. 経済学は以下のどれを研究する学問と定義できるか.

   a. 社会の希少な資源の管理方法

   b. 企業の利潤を高めるような経営方法

   c. インフレ率・失業率・株価などの予測方法

   d. 無制限な自己利益追求による諸問題を防止する政策

2. 映画を見に行くことの機会費用は何か.

   a. （映画）チケット代金

   b. チケット代金＋映画館で買うソーダやポップコーンなどの代金

   c. 映画を見に行くことに関わるすべての支払額＋あなたの時間の価値

   d. 映画を楽しめて，自分の時間とお金を使うに値すると考える限り，ゼロ

3. 限界的な変化は,

   a. 公共政策にとって重要ではない.

   b. 既存のプランを少しずつ変化させる.

   c. 非効率的な成果をもたらす.

   d. インセンティブに影響しない.

4. アダム・スミスの「見えざる手」とは何について言及したものか. 次の中から選びなさい.

   a. 企業が消費者を犠牲にして儲けるために用いる，微妙で隠匿されがちな手法

   b. 市場参加者の自己利益追求にもかかわらず，望ましい結果をもたらす自由市場の能力

   c. 消費者が規制のことを認識していなくても，彼らに便益をもたらす公的規制の能力

   d. 規制されていない市場において，生産者や消費者が無知な第三者に費用を転嫁する方法

5. 政府は何をするために市場経済に介入するのか.

   a. 所有権を守るため.

b. 外部性に基づく市場の失敗を正すため.

c. より平等な所得分配を実現するため.

d. 以上のすべて.

6. ある国が高い，持続的なインフレーションに直面している場合，何が起きていると考えられるか.

a. 中央銀行が貨幣供給を大幅に増やしている.

b. 労働組合が高すぎる賃金を要求している.

c. 政府が高すぎる税金を課している.

d. 企業が独占力を利用して，価格を異常に引き上げている.

復習問題

1. 自分の生活のなかで重要なトレードオフを三つ挙げなさい.

2. 休暇にウォルト・ディズニー・ワールド・リゾートへ行くことの機会費用を計算する際に含めなければならない項目を挙げなさい.

3. 水は生きるために必要である．コップ1杯の水の限界的な便益は大きいだろうか，小さいだろうか.

4. なぜ政策立案者はインセンティブを考慮すべきなのだろうか.

5. なぜ諸国間の貿易は勝ち負けのあるゲームと異なるのだろうか.

6. 市場の「見えざる手」は何をしているのだろうか.

7. 市場の失敗の主要な原因を二つ説明し，それぞれの例を挙げなさい.

8. 生産性はなぜ重要なのだろうか.

9. インフレとはどのようなものだろうか．その原因は何か.

10. 短期において，インフレと失業との間にはどのような関係があるだろうか.

応用問題

1. 下記のケースに存在しているトレードオフを説明しなさい.

a. 新しい車を買うかどうかを決めようとしている家族

b. 国立公園への支出をどれだけにするかを決めようとしている国会議員

  c. 新しい工場を建設するかどうかを決めようとしている会社社長

  d. 授業の準備をどれだけするか決めようとしている教授

2. 休暇をとるかどうかを決めようとしているとしよう．休暇の費用のほとんど（交通費，宿泊費，失うことになる賃金）は金銭的なものであるが，休暇の便益は精神的なものである．この費用と便益をどのように比較すればよいだろうか．

3. 土曜日にアルバイトをしようと考えていたところへ，友達からスキーに誘われたとしよう．スキーに行くことの本当の費用は何か．次に，土曜日には図書館で勉強しようと考えていたとしよう．この場合，スキーに行くことの費用は何か．

4. バスケットボールくじで100ドルを手に入れたとしよう．すぐに使ってしまうこともできるが，5％の利子がつく預金口座に1年間預けておくこともできる．いま100ドルを使ってしまうことの機会費用は何か．

5. あなたが経営している会社が新製品開発に500万ドルを投入したが，新製品がまだ完成していないとしよう．最近の会議で，競合製品が現れたので新製品の予想販売額が300万ドルに減少したという営業部門の報告があった．新製品の完成までにあと100万ドルかかる場合に，開発を継続すべきだろうか．また新製品を完成させるのに最大いくらまでかけるべきだろうか．

6. 1996年に連邦政府の貧困対策プログラムが改革されて，生活保護を受けている人々の多くが，受給期間を2年間だけに限定された．

  a. この生活保護の改革は，働くことへのインセンティブにどのような影響を及ぼすだろうか．

  b. このような改革は，効率性と公平性との間のトレードオフにどのように関わっているだろうか．

7. 政府が以下に掲げるような政策を実施する場合，それが公平性のためか効率性のためかを説明しなさい．効率性を目的とする場合は，どのような市場の失敗が関わっているのかも論じなさい．

  a. ケーブルテレビの料金規制

  b. 貧困者にフードスタンプ（食料品購入にのみ使える引換券）を配給すること

   c. 公共の場所を禁煙にすること

   d. （石油精製施設の90％を所有していた）スタンダード石油を，いくつかのより小さな会社に分割したこと

   e. 高所得の人々により高率の所得税を課すこと

   f. 飲酒運転を禁止すること

8. 以下の各文章について，公平性と効率性の観点から議論しなさい．

   a. 社会のすべての構成員は，可能な限り最良の医療を保証されるべきである．

   b. 労働者が失業したとき，次の仕事がみつかるまで，失業保険給付を受けることが望ましい．

9. あなたの生活水準は，あなたの両親や祖父母があなたの年齢だったときと比べて，どのように異なっているか．またそうした変化が生じたのはなぜか．

10. アメリカ人が自分の所得からより多くを貯蓄することを選択したとしよう．その追加的な貯蓄を銀行が企業に貸し出して，企業がその資金で新規工場を建てるとする．このことは，どのようにして，生産性の伸び率を高めるだろうか．そのより高い生産性から便益を受けるのは誰だろうか．社会はフリーランチを受け取ることになるのだろうか．

11. 独立戦争中，アメリカの各植民地は戦争遂行に必要な資金に足るだけの税収を得ることができなかった．そこで，不足分を埋め合わせるために，各植民地は貨幣を増刷することにした．政府支出を賄うために貨幣を発行することは，しばしば「インフレ税」と呼ばれている．貨幣量が増えたとき，税金を負担することになるのは誰だろうか．またそれはなぜか．

経済学者らしく考える

Keywords　フロー循環図　circular-flow diagram
生産可能性フロンティア　production possibilities frontier
ミクロ経済学　microeconomics
マクロ経済学　macroeconomics
実証的な主張　positive statements
規範的な主張　normative statements

どの学問分野にも独特の用語があり，独特の考え方がある．数学者は，定理，積分，ベクトル空間といった用語を用いる．心理学者は自我，イド，認識的不協和といった用語を用いる．弁護士は，裁判地，不法死亡訴訟，約束的禁反言などの用語を用いる．

経済学も同じである．需要，供給，弾力性，比較優位，消費者余剰，死荷重といった用語を経済学者はよく用いる．以降の章では多くの新しい用語が出てくるし，使い慣れた言葉が経済学者によって特殊な意味に使われる場合もある．はじめのうちは，こうした新しい用語はあまりにも秘密主義的なものにみえるかもしれない．しかし，あなたの暮らしている世界について有益で新しい考え方を提供してくれるという価値があることを理解してほしい．

本書の最大の目標は，読者が経済学者の考え方を修得することを手助けすることである．数学者や心理学者，弁護士に一夜にしてなれないのと同様に，経済学者のような考え方ができるようになるにもある程度の時間がかかる．しかし，本書では，理論とケース・スタディを組み合わせることで，その技術を体験・訓練する機会が十分に提供されている．

経済学の中核や詳細に立ち入る前に，経済学者が現実世界にどのようにアプローチするのかをみておいたほうがいいだろう．そこで，本章では，経済学の方法論について論じることにする．経済学者が問題に対処する際に用いる方法にはどのような特徴があるだろうか．経済学者のように考えるとはどういうことなのだろうか．

 科学者としての経済学者

経済学者はみずからの研究テーマを科学者の客観性をもって取り扱おうとする．経済学者が経済を研究するときには，物理学者が物質を研究したり，生物学者が生命を研究するときとほぼ同じようなアプローチを用いる．経済学者は，理論を生み出し，データを集め，それを分析して理論を確かめたり棄却したりするのである．

初心者にとっては，経済学が科学であるという主張は奇妙なものに思えるかもしれない．経済学者は試験管も顕微鏡も用いないからである．しかしながら，科学の本質は科学的方法にある．科学的方法は世界の仕組みに関する

理論を冷静に構築し，それを検証することからなっている．この探究方法は，地球の重力や宇宙の進化の研究にも，一国の経済の研究にも同じように適用できる．アルバート・アインシュタインがかつて言ったように，「すべての科学は日常の考え方を洗練したものにすぎない」のである．

アインシュタインの言葉は，物理学のような自然科学にも経済学のような社会科学にも同じように当てはまる．しかし，多くの人々は社会を科学者の目でみることに慣れていない．経済の仕組みを調べるにあたって，経済学者が科学の論理を適用する方法をいくつかみてみよう．

●科学的方法：観察，理論，そしてまた観察

17世紀の有名な科学者であり数学者でもあるアイザック・ニュートンは，ある日りんごが木から落ちるのをみて興味をそそられたという．この観察に基づいて，ニュートンは重力の理論を構築した．重力の理論は，地面に落ちるりんごだけでなく，宇宙に存在するすべての対になった物体に適用できる．その後の検証作業によって，ニュートンの理論はさまざまな環境によく当てはまることが示された（ただし，すべての環境に当てはまるわけではないことが，後にアインシュタインによって示された）．ニュートンの理論は観察された事実を説明するのに大成功を収めたので，彼の理論はいまなお世界中の大学の学部生向け物理学の講義で教えられている．

このような理論と観察との相互作用は，経済学の分野でも起こる．1人の経済学者が物価が急上昇している国に生活していて，その見聞に基づいてインフレーションの理論を生み出したとしよう．彼の理論は，「政府が紙幣を印刷しすぎると，物価が上昇する」と主張するものだったとしよう．この理論を検証するには，その経済学者はさまざまな国の物価と貨幣に関するデータを集めて分析すればよい．もし貨幣量の増大と物価上昇率とがまったく無関係であれば，その経済学者はこのインフレ理論の有効性を疑いはじめるだろう．逆に国際比較をしたデータにおいて貨幣の成長とインフレ率とが強く相関していれば（実際その通りであるが），経済学者は自分の理論への自信を深めるだろう．

しかしながら，経済学者が他の科学者と同じように理論と観察とを用いて研究しようとする際にはきわめて困難な障害に直面する．経済学において，

実験することは多くの場合実行不可能である．重力を研究している物理学者は，実験室でたくさんの物質を落下させることによって，理論を検証するためのデータを集めることができる．対照的に，インフレーションを研究している経済学者には，役に立つデータを作成するだけのために，一国の金融政策を変えてしまうことは許されない．天文学者や進化生物学者と同様に，経済学者も偶然に世界が提供してくれたデータを，それがどのようなデータであれ用いるしかないのである．

実験室内での実験に代わるものとして，経済学者は歴史が提供する（非人為的な）自然実験に多大な注意を払っている．たとえば，中東で戦争が起こって原油の供給が途絶えれば，石油価格は世界中で急騰する．このような事件の発生は，石油と石油製品を消費する消費者の生活水準を引き下げる．経済政策の立案者にとっては，最適な対策を選択するという難しい問題が課せられる．しかし，経済学者にとっては，重要な天然資源の世界経済への影響を研究する機会が提供されることになるのである．こうしたことから，本書では随所に歴史的なエピソードを豊富にとりいれてある．これらのエピソードは二つの意味で重要である．一つは，こうしたエピソードが，過去の経済に対する洞察を与えてくれることである．もう一つのより重要な意義は，今日の経済理論に対する具体例として，理論を評価する際に役に立つことである．

●仮定の役割

物理学者に，ビー玉が10階建てのビルの屋上から地面に落下するまでにどれくらいの時間がかかるかを尋ねたとしよう．そのとき，物理学者はビー玉が真空中を落下するものと仮定して答えを出すに違いない．もちろん，この仮定は現実に反している．現実には，ビルのまわりには空気があり，落下するビー玉と空気との間に摩擦が生じてビー玉の落下速度は遅くなるからである．しかし，ビー玉に生じる摩擦はわずかなものなので，その影響は無視してよいと，物理学者は指摘するだろう．ビー玉が真空中を落下すると仮定することにより，答えが実質的に左右されることなく，問題を簡単化できるのである．

経済学者がさまざまな仮定を設けるのも同じ理由による．仮定を置くこと

によって，複雑な世界を単純化して，理解しやすくすることができる．たとえば，国際貿易の効果を研究する際には，世界には2カ国しか存在せず，両国は2種類の財のみを生産していると仮定できる．もちろん，現実の世界にははるかに多くの国が存在し，それぞれの国がたくさんの種類の財を生産している．しかし，2国2財の世界を仮定することで，問題の焦点に思考を集中させることができる．この単純化された架空の世界における国際貿易が理解できれば，自分たちの生活している複雑な世界における国際貿易を理解するのに一歩近づいたことになるのである．

どのような仮定を設けるかという判断は，物理学，生物学，経済学のどの分野においても，科学的に考える際の腕のみせどころである．たとえば，ビー玉の代わりに同じ重さのビーチボールをビルの屋上から落とす場合を考えてみよう．物理学者は，この場合は摩擦がないという仮定に問題があることに気づくだろう．ビー玉よりもビーチボールのほうが大きいので，摩擦による影響が大きいためである．重力が真空中で働いているという仮定は，ビー玉の落下の研究には妥当なものであるが，ビーチボールの落下には不適切である．

同様に，経済学者も異なる問題に答えるときには異なる仮定を設ける．流通紙幣の量を政府が変化させると経済に何が起こるのかを研究したいとしよう．この分析の重要な要素は，物価の反応の仕方であることがわかる．経済の諸価格の多くはたまにしか変化しない．たとえば，雑誌の定価は数年に1回しか変わらない．この事実を知っていると，政策の影響を対象期間を変えて調べるときには，異なる仮定を設けることができる．政策の短期の影響を調べるときには，物価はあまり変化しないと仮定することができる．すべての価格が完全に固定されているという，極端で非現実的な仮定を設けることすら可能かもしれない．一方，政策の長期の影響を分析するときには，すべての価格が完全に伸縮的であると仮定することができる．落下するビー玉とビーチボールに対して物理学者が異なる仮定を用いたように，経済学者も，貨幣量変化の短期の影響と長期の影響を分析する場合には，それぞれ別の仮定を用いるのである．

●経済モデル

高校の生物学の教師は，プラスティックの人体模型を使って，解剖学の基礎を教える．こうした模型は，心臓，肝臓，腎臓などといった主要臓器をすべて備えている．人体模型を使うことによって，教師は，人体の主要な臓器が体のなかにどのように配置されているかを学生にとても簡単に教えることができるのである．こうした模型は大まかなものでしかなく，細部はほとんど省略されているので，本物の人体だと誤解する者もいない．しかしながら，リアリズムの欠如にもかかわらず，あるいはリアリズムがないからこそ，こうした模型は人体の仕組みを学ぶのに役立つのである．

経済学者も，世界について学ぶために模型（モデル）を使う．ただし，経済学者が使うモデルはプラスティックの人体模型ではなく，主に図や式でできている．生物学教師のプラスティック模型と同じように，経済モデルも多くの細部を省略しており，本当に重要な部分をみることができるようになっている．生物学の教師が使う模型が人体の筋肉や血管をすべて備えているわけではないように，経済学者の使うモデルも経済のすべての特徴を備えているわけではない．

本書のなかでさまざまな経済問題を吟味していくにつれて，どのモデルも仮定を用いてつくられていることがわかっていくだろう．ビー玉の落下を研究するにあたって，物理学者がまず摩擦を捨象したように，経済学者もいま取り組んでいる問題と無関係な細部を捨象する．物理学であれ，生物学であれ，経済学であれ，すべてのモデルは，現実を単純化することによって，現実への理解を深めるために存在する．

●第１のモデル：フロー循環図

経済は，購入，販売，労働，雇用，製造などといった多様な活動に従事するたくさんの人々によって構成されている．経済の仕組みを理解するためには，こうした活動のすべてに関する思考を簡単化できる方法を見つけなければならない．つまり，経済の構造やその参加者が相互にどう関わりあうのかを，おおまかに説明するモデルが必要なのである．

図2-1は，フロー循環図という視覚的な経済モデルを示している．このモ

図2-1 フロー循環図

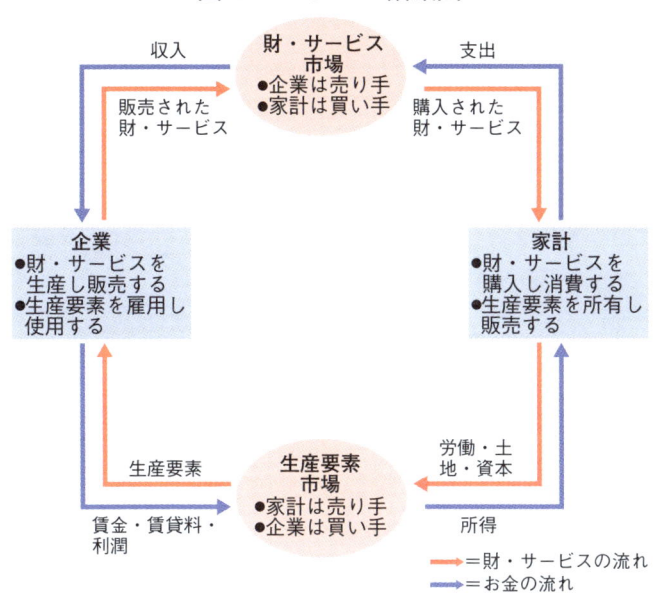

この図は，経済の構造を図式的に表したものである．意思決定をするのは家計と企業である．家計と企業は，（家計が買い手で企業が売り手である）財・サービス市場と，（企業が買い手で家計が売り手である）生産要素市場において相互に関わりあう．外側の矢印はお金の流れを表し，内側の矢印は対応する投入・産出の流れを表す．

デルの経済は単純化されており，企業と家計という2種類の意思決定者しかいない．企業は，労働，土地，資本（建造物と機械）といったさまざまな投入物を用いて，財・サービスを生産する．それらの投入物は生産要素と呼ばれる．家計は生産要素を所有し，企業の生産する財・サービスをすべて消費するものとする．

　家計と企業は，2種類の市場において関わりあう．財・サービス市場では，家計が買い手で，企業が売り手である．より具体的にいうと，企業が生産した財・サービスを家計が購入する．生産要素市場では，家計が売り手であり，企業が買い手となる．家計は，財・サービスの生産にあたって使用する投入

フロー循環図 circular-flow diagram：家計と企業の間で，市場を通じてお金がどのように流れるかを示した視覚的な経済モデル．

物を企業に提供する．フロー循環図は，経済のなかで家計と企業との間に生じるすべての経済的取引を整理する簡単な方法である．

フロー循環図の二つのループは，相互に異なるものだが，関係している．内側のループは，投入と産出のフロー（流れ）を表している．家計は，所有する労働，土地，資本の使用権を，生産要素市場で企業に販売する．企業はそれらの生産要素を用いて財・サービスを生産し，財・サービス市場で家計に販売する．外側のループは，対応するお金のフロー（流れ）を表している．家計は，企業から財・サービスを購入するためにお金を支払う．企業は，それらの販売によって得た収入の一部を，労働者の賃金などの生産要素に対する支払いにあてる．後に残るものが企業の所有者の利潤となるが，企業所有者も家計のなかに含まれる．

お金（紙幣）が経済のなかを人から人へと流れていくのに従って，フロー循環図のツアーをしてみよう．当初，紙幣は家計の手元，すなわちあなたの財布のなかにあるものとしよう．あなたがコーヒーを1杯飲みたければ，経済の財・サービス市場の一つ（たとえば，地元のスターバックス コーヒー）に紙幣（いくつかの硬貨もいっしょに）を持っていく．そこで，気に入った飲みものの代金として，その紙幣を支払う．紙幣がスターバックスのレジに入ると，それは企業の収入となる．しかし，紙幣はスターバックスにいつまでもあるわけではない．企業は紙幣を使って，生産要素市場で投入物を買い入れるからである．スターバックスの例でいえば，店の家主への家賃の支払いや，働いている人への賃金の支払いなどである．どちらの場合も，紙幣はどこかの家計の所得となり，また誰かの財布に入ることになる．そこからもう一度，フロー循環図をめぐる旅が始まることになる．

このフロー循環図は，経済を表すきわめて簡単なモデルである．より複雑で現実的なフロー循環図には，たとえば，政府や国際貿易が登場するだろう（あなたがスターバックスに支払ったお金の一部は，税金として政府に支払われたり，ブラジルの農家からコーヒー豆を買うのに使われるかもしれない）．しかし，そうした詳細は，経済の基本的な仕組みを理解するときには必要ではない．単純であるからこそ，経済の各部分がどのような機能を果たしているかを考えるときに，フロー循環図を念頭に置いておくことが有益なのである．

●第2のモデル：生産可能性フロンティア

　ほとんどの経済モデルは，フロー循環図とは異なり，数学のツールを使ってつくられている．ここでは，そうしたモデルのなかでも最も単純なモデルの一つである生産可能性フロンティアについて考察しよう．そして，生産可能性フロンティアが，いくつかの経済学の基本的な考え方を例示していることもみていこう．

　現実の経済は多くの種類の財・サービスを生産しているが，ここでは二つの財だけを生産している経済を想定することにしよう．その二つの財は自動車とコンピュータとする．自動車産業とコンピュータ産業は，経済のすべての生産要素を使用している．利用可能な生産要素と，その生産要素を用いて生産物を生み出すのに利用可能な生産技術とを所与とした場合に，経済が生産できる生産物（この例では，自動車とコンピュータ）のさまざまな組合せを示すグラフを生産可能性フロンティアと呼ぶ．

　図2-2は，この経済の生産可能性フロンティアを示している．この経済では，すべての資源が自動車産業で使用された場合，自動車1000台を生産できるがコンピュータを生産できない．反対に，すべての資源がコンピュータ産業で使用された場合，経済はコンピュータ3000台を生産できるが自動車を生産できない．生産可能性フロンティアの両端の点は，これらの極端なケースを表している．

　より現実的なのは，経済の資源が二つの産業に振り分けられて，自動車とコンピュータをいくらかずつ生産するケースだろう．たとえば，A点で示されるように，自動車600台とコンピュータ2200台を生産することができる．あるいは，生産要素を少しコンピュータ産業から自動車産業に移すことで，B点で示されるように，自動車700台とコンピュータ2000台を生産することもできる．

　資源が希少なので，考えうるすべての組合せを実現することはできない．たとえば，生産要素を2産業の間にどのように配分しようと，C点で表され

生産可能性フロンティア production possibilities frontier：利用可能な生産要素と生産技術が与えられている場合に，その経済が生産可能な生産物のさまざまな組合せを描いたグラフ．

図2-2　生産可能性フロンティア

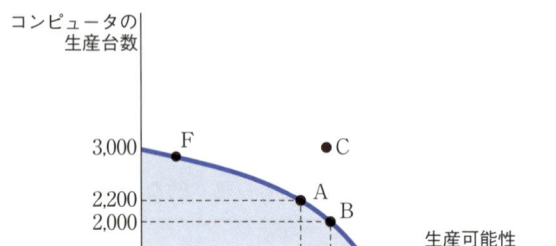

生産可能性フロンティアは，経済が生産することのできる生産物の組合せ（この例では自動車とコンピュータ）を示している．このフロンティアの線上または内部のどの組合せでも，経済は生産することができる．フロンティアの外側の点は，経済の保有している資源では実現不可能である．生産可能性フロンティアの傾きはコンピュータで測った自動車1台の機会費用を表している．この機会費用は，経済がこの2財をどれだけ生産しているかによって変わる．

るような自動車とコンピュータの生産量を実現することはできない．自動車とコンピュータを生産するための技術が一定の下で，そうした生産水準を達成するだけの生産要素を，経済は持っていないのである．経済は保有している資源を使って，生産可能性フロンティア上の点や（原点からみて）内側の点であればすべて実現できるが，生産可能性フロンティアの外側の点は実現できない．

　利用可能な希少な資源から最大限のものを経済が得ている場合，その状態は効率的であると呼ばれる．生産可能性フロンティア上の点（内側の点ではない）は，効率的な生産水準を示している．経済がA点のような効率的な水準で生産している場合には，片方の生産を減らすことなくもう片方の生産を増やすことはできない．また，D点は非効率的な状態を表している．大量失業などの何らかの理由で，経済が利用可能な資源から生産できるはずの生産量を生産していないからである．自動車300台とコンピュータ1000台しか生産していない．非効率をもたらしている原因が取り除かれれば，経済は両方の財の生産を増やすことができる．たとえば，経済がD点からA点へ

と移ると，自動車生産を300台から600台に，コンピュータ生産を1000台から2200台に増やすことができる．

　第1章で議論した経済学の十大原理の一つは，「人々はトレードオフに直面している」であった．生産可能性フロンティアは，社会が直面しているトレードオフの一つを示している．フロンティア上の効率的な点に到達してしまうと，一つの財をより多く入手するには他方の財を減らすしかない．たとえば，経済がA点からB点へと移る場合には，自動車の生産を100台増やしているが，コンピュータの生産を200台減らすという犠牲を払っているのである．

　このトレードオフは，もう一つの十大原理を理解するのに役立つ．「あるものの費用は，それを得るために放棄したものの価値である」ということも，経済学の十大原理の一つであった．この考え方は機会費用と呼ばれている．生産可能性フロンティアは，一つの財の機会費用を他方の財の数量で示したものである．経済がA点からB点へと移るとき，コンピュータを200台放棄することで自動車を追加的に100台獲得することになる．つまり，このときの自動車1台の機会費用は，コンピュータ2台である．自動車の機会費用が生産フロンティアの傾きに等しいことに気づいてほしい（傾きが何か思い出せなければ，本章の補論「グラフの用法」で勉強し直すことができる）．

　コンピュータの台数で測った自動車の機会費用は，この経済においては一定ではなく，どれだけの自動車とコンピュータが生産されているかに依存している．このことは，生産可能性フロンティアの形状に反映されている．図2-2において，生産可能性フロンティアが（原点からみて）外側に膨らんでいるので，E点のように経済がほとんどの資源を自動車の生産に投入していてコンピュータをあまりつくっていないときには，傾きが大きくなっており，自動車の機会費用はきわめて高い．経済がコンピュータを多く生産し自動車をあまりつくっていないときには，F点のように傾きが小さくなっており，自動車の機会費用は小さい．

　経済学者は，生産可能性フロンティアがこのように曲がった形状をしていると考えている．経済がほとんどの資源をコンピュータの生産に使用している場合，自動車生産の熟練工のような，自動車の生産に最も適した資源までもがコンピュータの生産に投入されている．そうした労働者はおそらくコン

ピュータの生産があまり上手くないので，自動車生産を1台増やしてもコンピュータの生産はあまり減らさずに済む．このため，F点ではコンピュータで測った自動車の機会費用は小さく，曲線の傾きはかなりフラットである．逆に，E点のように，経済がほとんどの資源を自動車の生産に使用しているときには，自動車の生産に最も適した労働者や機械はすでに自動車の生産に投入されている．このとき自動車の生産量を追加するには，最良のコンピュータ技師をコンピュータ産業から自動車産業に移して，自動車生産の工具にしなければならない．その結果として，自動車を追加的に生産するには，コンピュータの生産量を大きく減少させなければならない．自動車の機会費用は高く，曲線の傾きは急である．

　生産可能性フロンティアは，ある一時点における，異なる財の生産の間のトレードオフを示している．しかし，このトレードオフは，時間とともに変化することもある．たとえば，コンピュータ産業に技術進歩が起こって，1人の労働者が1週間当たりに生産できるコンピュータの台数が増えたとしよう．この技術進歩は，社会の機会集合を拡張する．自動車の生産がどのような水準にあっても，今までよりも多くのコンピュータを生産できる．経済でまったくコンピュータを生産しないとしても，自動車は前と同じく1000台しか生産できないので，フロンティアの端点の一つは動かない．しかし，その資源の一部をコンピュータ生産に振り向ければ，これまでより多くのコンピュータを生産できるようになる．その結果として生産可能性フロンティアの他の点はすべて，図2-3のように外側にシフトする．

　この図は，経済が成長するときに何が起こるかを表している．社会は生産内容を変えて，古いフロンティア上の点から新しいフロンティア上の点へと動く．このとき社会がどの点を選ぶかは，二つの財の間の選好次第である．この例では，A点からG点へと移動することで，社会はより多くのコンピュータ（2200台の代わりに2300台）とより多くの自動車（600台の代わりに650台）を享受できるようになった．

　生産可能性フロンティアは，複雑な経済を単純化することで，いくつかの基本的だが強力なアイディアに焦点を当てる．希少性，効率性，トレードオフ，機会費用，経済成長である．経済学の学習を進めていくにつれて，これらのアイディアにはさまざまな形で繰り返し出会うことになる．生産可能性

図2-3　生産可能性フロンティアのシフト

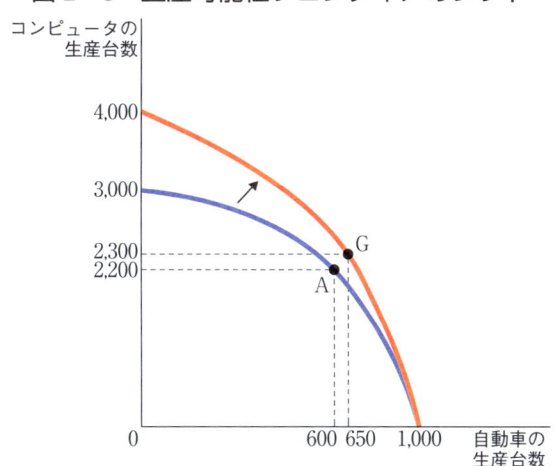

コンピュータ産業の技術進歩は，経済が生産できる自動車とコンピュータの台数を増加させるので，生産可能性フロンティアを外側にシフトさせる．経済がA点からG点へと移動すると，自動車の生産台数もコンピュータの生産台数もともに増加する．

フロンティアは，それらのアイディアについて考えるときの一つの単純な方法を示している．

●ミクロ経済学とマクロ経済学

　多くの研究分野では，さまざまなレベルでの研究が可能である．生物学を例にとってみよう．分子生物学者は，生物を形づくっている化学合成物を研究している．細胞生物学者は細胞を研究している．細胞は，多くの化学合成物からつくられているとともに，生命体を形づくる最小の単位でもある．進化生物学者は，動植物の多様な種を調べ，長い年月を通じた種のゆるやかな変化を研究している．

　経済学もさまざまなレベルで研究されている．個々の家計や企業の意思決定を研究することもできる．特定の財・サービス市場における家計と企業の相互作用を調べることもできる．あるいは，経済全体がどのような動きをするか研究することもできる．経済全体の動きは，すべての市場におけるすべての意思決定主体の活動を足し合わせたものである．

　経済学は，伝統的に二つの研究分野に分けられてきた．ミクロ経済学は，

家計や企業の意思決定と，特定の市場におけるそれらの相互作用を研究する．**マクロ経済学**は，経済全体に関わる現象を研究する．ミクロ経済学者は，ニューヨーク市における家賃規制の効果や，国際競争がアメリカの自動車産業に与える影響，義務教育が労働者の賃金に与える影響，といった問題を研究する．マクロ経済学者は，連邦政府（中央政府）による借入れの影響，失業率の変遷，一国の生活水準を向上させる経済成長を促進する諸政策といったテーマを研究する．

　ミクロ経済学とマクロ経済学は密接に関連している．経済全体の変化がたくさんの人々の意思決定から生じている以上，関連するミクロの意思決定を考慮せずにマクロ経済の発展を理解することは不可能である．たとえば，マクロ経済学者が，連邦所得税減税が財・サービスの生産全体に与える影響を調べるとしよう．この問題を分析するには，家計の財・サービスへの支出決定に減税がどのような影響を及ぼすかを考えなければならない．

　ミクロ経済学とマクロ経済学が関連せざるをえないものであるにもかかわらず，この二つは独立した研究分野である．両者は異なる問題を対象としているので，それぞれ独自のモデル群を持っており，別々の講義で教えられることが多い．

【小問】　●経済学は，どのような意味で科学的か．
　　　　　●食料と衣服をつくっている経済の生産可能性フロンティアを描きなさい．効率的な点，非効率的な点，実現不可能な点を示しなさい．また干ばつが起こったとき，この生産可能性フロンティアはどうなるか，示しなさい．
　　　　　●ミクロ経済学とマクロ経済学を定義しなさい．

② 政策アドバイザーとしての経済学者

　経済学者は，しばしば経済事象の原因の説明を求められる．たとえば，10

ミクロ経済学 microeconomics：家計や企業がどのように意思決定を行い，それらが相互にどのように関わりあうかを研究する学問．
マクロ経済学 macroeconomics：インフレーション，失業，経済成長など，経済全体に関わる現象を研究する学問．

代の若者が他の年長の労働者よりも高い失業率にさらされている理由を問われることがある．またあるときには，経済状況を改善するための政策提案を求められることもある．たとえば，10代の若者の経済的福祉を改善するために，政府は何をすべきかを問われる．経済学者は，経済を説明しようとするときには科学者となり，経済を改善しようとするときには政策アドバイザーとなる．

●実証的分析と規範的分析

経済学者が果たすべき二つの役割を明らかにするために，まず言葉の使い方を検討しよう．科学者と政策アドバイザーとは異なる目標を持っているので，言葉の使い方も異なってくるのである．

たとえば，最低賃金法について議論している2人がいるとしよう．2人の次のような主張が聞こえてきた．

ポーシャ：「最低賃金法は失業が増える原因になるわ」
ノア：「政府は最低賃金を引き上げるべきだよ」

2人の意見に賛成するかどうかは別として，ポーシャとノアが違うことを言おうとしている点に注意しよう．まず，ポーシャは科学者のように話している．彼女は，社会の仕組みについて意見を述べているのである．一方，ノアは政策アドバイザーのように話している．彼は，社会をどう変えたいかについて意見を述べているのである．

一般的に，社会についての意見は2種類に分けることができる．ポーシャのような主張の仕方は実証的といわれる．実証的な主張は説明的であり，社会がどのようになっているかについての主張である．ノアのような主張の仕方は規範的といわれる．規範的な主張は処方的であり，社会がどうあるべきかについての主張である．

実証的な主張 positive statements：世界がどのようなものであるかを叙述しようとする主張．
規範的な主張 normative statements：世界がどのようにあるべきかを規定しようという主張．

　実証的な主張と規範的な主張との根本的な違いは，その正しさをどのようにして判定できるかにある．実証的な主張は，原則として，証拠を吟味することで肯定したり否定したりできる．経済学者であれば，最低賃金の変化と失業率の変化の時系列データを分析することにより，ポーシャの主張を評価することができるだろう．対照的に，規範的な主張を評価するには，事実だけでなく価値観も必要である．ノアの主張が正しいかどうかを判定することは，データだけではできない．よい政策と悪い政策とを判別することは，科学だけではできないのである．それには，倫理，宗教，政治哲学などに対する考え方も必要になってくる．

　当然，実証的な主張と規範的な主張とは，根本的に異なるものであるが，人々の信念のなかでは，しばしば相互に結びついている．とくに，社会の仕組みについての実証的な見方は，どの政策が望ましいかという規範的な見方に影響を与える．もしポーシャが言うように，最低賃金法が失業を増やすのであれば，最低賃金を引き上げるべきだというノアの主張には反対することになるかもしれない．しかしながら，規範的な結論は，実証的な分析のみによって導き出されるものではない．規範的な主張には，実証的な分析に加えて価値判断が必要なのである．

　経済学を学習するにあたっては，実証的な主張と規範的な主張との区別を忘れないようにしよう．経済学の多くの部分は実証的であり，経済の仕組みを説明しようとするものである．しかしながら，経済学を使う人々は，多くの場合，規範的な目標を持っている．どうすれば社会を改善できるのか，知りたいのである．経済学者が規範的な主張をしているときには，彼らは科学者としてではなく，政策アドバイザーとして話しているのである．

●ワシントンの経済学者やエコノミストたち

　アメリカの第33代大統領ハリー・トルーマンは，隻腕（one-armed）の経済学者を見つけたいと言ったことがあるという．彼がブレーンの経済学者たちにアドバイスを求めると，経済学者たちはいつも次のように答えたからである．「一方では（on the one hand）……ですが，他方では（on the other hand）……となります．」

　経済学者のアドバイスがしばしばどっちつかずのものになることに気づい

たトルーマンは，正しかった．このような傾向がみられるのは，経済学の十大原理の一つである「人々はトレードオフに直面している」がその原因である．ほとんどの政策決定にトレードオフが絡んでいることを，経済学者は認識している．公平性を犠牲にして，効率性を高める政策もあるだろう．現役世代を犠牲にして，将来世代を救済する政策もあるだろう．すべての政策判断が容易で明快だなどという経済学者はかえって信頼できない．

経済学者（エコノミスト）の助言を求めた大統領は，トルーマン１人ではない．1946年以降の歴代のアメリカ大統領は，経済諮問委員会（CEA：Council of Economic Advisers）のアドバイスを受けている．経済諮問委員会は，３人の委員と数十人のエコノミストで構成されている．経済諮問委員会はホワイトハウスのすぐ傍にあり，大統領に助言を行うことと『大統領経済報告』を書くことだけが任務である．この『大統領経済報告』は，経済の最近の状況を論じ，現在の政策課題に関する委員会の分析を提示している．[1]

大統領はまた，行政府のなかの多くの部署にいるエコノミストたちにも支えられている．予算管理局のエコノミストたちは，支出計画や規制政策の立案を助けている．財務省のエコノミストたちは，税制の設計を補助している．労働省のエコノミストたちは，労働者と求職者たちのデータを分析し，労働市場に関する政策形成を助けている．司法省のエコノミストたちは，反トラスト法の施行を助けている．

行政府以外でもエコノミストは働いている．政策案に対する第三者的な評価として，連邦議会は議会予算局（CBO：Congressional Budget Office）のアドバイスに信頼を置いている．議会予算局はエコノミストの集団である．また連邦準備（アメリカの中央銀行）は金融政策のかじ取りを行う組織であり，アメリカをはじめとする世界中の経済の状況を分析するために，数百人のエコノミストを雇っている．

経済学者が経済政策に及ぼす影響力は，アドバイザーとしての役割を超えることさえもある．経済学者の研究や著作は，しばしば間接的に政策に影響を与えているからである．経済学者ジョン・メイナード・ケインズは，つぎ

---

1) 本書の著者であるマンキューは，2003年5月〜2005年2月にCEAの委員長を務めた．

のような見方を述べている.

　「経済学者や政治思想家の考えは，正しいものであれ誤ったものであれ，一般に考えられているよりもはるかに強力である．実際のところ，それらが世界を支配しているのである．知識の影響を受けていないと自任しているような現実的な人々も，過去の経済学者の奴隷であることが普通である．権力を握った狂人たちも，天の声を聞いていると自分では考えているが，何年も前のアカデミックな三文文士から彼らの狂気を蒸留しているのである.」

　この文章は1935年に書かれたものだが，その内容は今日でも正しい．ケインズ自身も，現在の公共政策に大きな影響を及ぼす「アカデミックな三文文士」にしばしばなっている.

● 経済学者のアドバイスが必ずしも聞き入れられないのはなぜか

　大統領など選出されたリーダーたちのアドバイザーを務める経済学者はみな，自分たちのアドバイスがつねに受け入れられるとは限らないことを知っている．悔しいことだが，その理由はよくわかる．経済政策がつくられるプロセスが，経済学の教科書が想定しているような理想的な政治プロセスから，多くの点で乖離しているからである.

　本書を通じて，経済政策について論じるとき，われわれは一つの問題に焦点を合わせている．政府が採用すべき最良の政策は何かというものである．われわれは，親切な王様が政策を決めているかのように，振る舞っている．王が正しい政策を見出しさえすれば，その考えを実施に移すのに何も問題はないかのように.

　だが，現実の世界においては，正しい政策を考案することはリーダーの仕事の一部，なかでも最も容易な部分でしかない．大統領は，経済顧問からベストの政策を説明された後，関連する情報を他の顧問たちに尋ねる．コミュニケーション関係の顧問は，提案された政策を大衆にどう説明すればよいかを教え，この課題を難しくするような誤解を予想しようとする．報道関係顧

問は，彼の提案をメディアがどのように報道するか，諸紙の社説にどのような意見が載りそうかを，教えるだろう．議会関係顧問は，議会がその提案をどのように受け止めるか，議員たちが提案するであろう修正案，大統領の提案が何らかの形で法律になる確率について，教えるだろう．政治顧問たちは，提案される政策に対して，どんなグループが賛成にまわるか反対にまわるかを伝え，選挙民の諸グループのなかでの彼のポジションにどのように影響するか，大統領の他の政策方針への支持がどう変化するかを教えるだろう．そうしたアドバイスを聞いて，秤にかけた後で，大統領はどのように進んでいくかを決定するのである．

　間接民主主義における経済政策立案は，厄介なものなのである．エコノミストが提案した政策を，大統領などの政治家が推進しない理由も立派にあることがしばしばなのである．エコノミストは政策プロセスに必須の投入物を提供するわけだが，彼らのアドバイスは，複雑なレシピのなかの材料の一つにすぎないのである．

【小問】 ●あなたの生活に何らかの関連性があるような，実証的な主張と規範的な主張の例を挙げなさい．

●経済学者（エコノミスト）のアドバイスに頼ることが通例となっている政府の部署を三つ挙げなさい．また，日本ではどうか，調べなさい．

③ なぜ経済学者の意見は一致しないのか

　「経済学者をぐるりと順に並べて横たえたら，その端と端とは，結び合わない[2]（合意に達しない）だろう」という，バーナード・ショーの警句は，示唆に富んでいる．経済学者という職業集団は，対立するさまざまなアドバイスを政策立案者に提示することで知られている．ロナルド・レーガン元大統領も，経済学者向けのトリビア・ゲームには100の問題と3000の解答があるだろうというジョークを飛ばしたことがある．

　なぜ経済学者が政策立案者に提示するアドバイスはしばしば対立するのだ

---

2) 原語の conclusion には，結び目という意味と，結論という意味とがあり，ここでは両方の意味をかけている．

ろうか．これには二つの基本的な理由がある．

● 世界の仕組みに対する見方が実証的諸理論のなかで分かれていて，どれが妥当性を持つかについて意見が一致しない可能性．
● 価値観が異なるために，政策が達成すべき目標について規範的な考え方が異なっている可能性．

それぞれの理由について論じてみよう．

● 科学的判断における相違

　何世紀も前には，天文学者たちが地球と太陽のどちらが太陽系の中心であるかについて論争していた．最近では，気象学者たちが「地球温暖化」が進行しつつあるのか，また，もしそうであればその理由は何かについて論争している．科学とは，われわれを取り巻く世界を理解するための進行中の探究である．この探究が続いている間は，何が真実なのかについて科学者たちの意見が一致しないときがあるのも当然だろう．

　経済学者の意見が一致しないのも，これと同じ理由であることが多い．経済学は若い学問であり，未解決の問題が数多く残っている．経済学者たちは，対立する理論の有効性や（経済諸変数の相互依存関係を測る）重要なパラメーターの大きさに関して異なる推測をしているために，意見が一致しないこともある．

　たとえば，経済学者は，家計の所得と消費（支出）のどちらに課税すべきかについて意見が一致していない．現行の所得税制から消費税制へ移行することを提唱している人たちは，貯蓄された所得には課税されないので，この移行によって家計がもっと貯蓄をするようになると考えている．そして，貯蓄が増えると資本蓄積に資源が使えるようになるので，生産性と生活水準はより急速に成長すると主張している．一方，現行の所得税制がよいと思っている人たちは，家計貯蓄は税制の変更にあまり反応しないと考えている．この二つの経済学者の集団は，税制の変更に対して貯蓄がどう反応するかについて異なる実証的な見方をしているので，税制について異なる規範的な意見を持つようになったのである．

●価値観の相違

ピーターとポーラは，町営の井戸から同じ量の水を汲んでいる．井戸の維持費にあてるため，町は住民に税金を課している．ピーターの所得は15万ドルで，その10%に当たる1万5000ドルの税金を払っている．ポーラの所得は3万ドルで，その20%に当たる6000ドルの税金を払っている．

この政策は公平だろうか．公平でないとしたら，支払いすぎているのはどちらで，支払いが足りないのはどちらだろうか．ポーラの所得が少ないことが，身体的な障害によるものなのか，役者になろうとしているためなのかを考慮すべきだろうか．ピーターの所得が多いことが，多額の遺産を相続したからなのか，人の嫌がる仕事に長時間携わっているためなのかも勘案すべきだろうか．

これらは難しい問題であり，なかなか意見は一致しないだろう．町が2人の専門家を雇って，井戸を維持するためには住民にどのように課税したらよいかを研究させて，その2人が相反する助言を行ったとしても不思議ではない．

この単純な例は，公共政策に関して経済学者の意見が一致しない理由を示している．規範的な分析と実証的な分析を扱った節で学んだように，科学的な理由だけでは政策は決定できない．価値観が異なっているときには，経済学者は対立するようなアドバイスを提示してしまう．科学としての経済学がどれだけ精緻なものになっても，ピーターとポーラのどちらが支払いすぎているのかを教えてはくれないのである．

●認識と現実

科学的判定の相違と価値観の相違があるために，経済学者の間にある程度の意見の不一致が生まれることは避けられない．しかしながら，意見の分裂を強調しすぎることは慎まなければならない．しばしば考えられているよりも多くの点について，経済学者は共通の意見を示しているからである．

表2-1は，経済政策に関する20個の提言を並べたものである．経済学者を職業とする人々にアンケートを行ったところ，これらの政策提言は回答者の圧倒的多数に支持された．もし，このアンケートが一般の人々の間で行われたものであれば，これらの政策提言の多くは，これほどのコンセンサスを得

ることはできなかっただろう.

　第1の政策提言は，家賃規制に関するものであり，家主が自分の保有する賃貸アパートに設定する家賃に上限を設ける政策である．ほとんどの経済学者は家賃規制が住宅供給の量と質に悪影響を及ぼしており，公的補助が必要な人たちへの諸施策のなかでも，非常に費用のかかる方法であると信じている．それにもかかわらず，多くの自治体が経済学者の助言を無視して，家主が借家人に貸すときの家賃に上限を設けている.

　第2の提言は，関税と輸入割当てという，ともに国際貿易を制限する政策に関するものである．後の章で詳述するいろいろな理由に基づいて，ほとんどの経済学者が，自由貿易を妨げるそれらの障害に反対している．それにもかかわらず，長年の間，大統領と連邦議会は特定の財の輸入を制限してきた.

　専門家が揃って反対しているのに，なぜ家賃規制や輸入割当てといった政策が続けられているのだろうか．政治プロセスの現実が動かしがたい障害となっているということもあるだろう．だが，これらの政策が望ましくないということを一般の人々に納得させることに経済学者が成功していないのも一因だろう．こういった問題に関する経済学者の見方を理解してもらい，それが正しい見方であることを納得してもらうことも本書の目的の一つである.

　本書を読んでいくと，ときどき，「専門家にきく」というコラムがあるのに気づくだろう．これらは，IGM 経済専門家パネルという世界的に著名な数十名の経済学者に実施されているアンケート結果に基づいている．数週間ごとに，彼らには一つの命題が提示され，それに対する「同意する」「同意しない」あるいは「どちらとも言えない」かをたずねられる．このコラムをみると，どのようなときに経済学者の意見が一致して，どのようなときに分かれるのか，また，どのようなときに答えにたどり着けないのかが，ある程度分かるだろう.

　ここでは，エンターテインメントやスポーツのイベントのチケット転売（ダフ屋と呼ばれる）に関する例を示そう．議会はしばしばチケット転売を禁止しようとしている．多くの経済学者は議員たちよりもダフ屋の味方であることを，アンケート結果は示している.

【小問】　●大統領の経済アドバイザーたちが，政策問題に関して異なる意見を持つことがあるのはなぜだろうか.

表2-1　政策提言と経済学者の賛同率

1	家賃の上限規制は住宅供給の量・質ともに低下させる	93%
2	関税と輸入割当ては一般的な経済厚生を低下させる	93%
3	変動為替相場制度は有効な国際通貨制度である	90%
4	不完全雇用状態の経済では，財政政策（減税や財政支出拡大）には顕著な景気刺激効果がある	90%
5	アメリカは企業が外国へのアウトソーシングをするのを制限すべきでない	90%
6	アメリカのような先進国における経済成長は，経済厚生のさらなる改善につながる	88%
7	アメリカは農業への補助金を撤廃すべきである	85%
8	適切に設計された財政政策は長期の資本蓄積率を増加させる	85%
9	地方および州政府はプロのスポーツチームへの補助金を撤廃すべきである	85%
10	連邦予算を均衡させるためには，毎年の値ではなく景気循環を通じての値を均衡させるべきである	85%
11	今の政策が変更されなければ，社会保障基金とその支出のギャップは今後50年以内に持続不可能なほど広まる	85%
12	生活保護受給者への現金給付は，同額の現物給付よりも受給者の厚生を高める	84%
13	巨額の財政赤字は経済に悪影響をもたらす	83%
14	アメリカにおいて，所得再分配は政府の正当な役割である	83%
15	インフレは主にマネーサプライの過剰な増大によって生じる	83%
16	アメリカは遺伝子組み換え作物を禁止すべきでない	82%
17	最低賃金の引上げは，若年労働者と未熟練労働者の失業率を引き上げる	79%
18	政府は社会福祉制度を「負の所得税」形式に改革すべきである	79%
19	環境汚染規制のアプローチとしては，矯正税や売買可能な排出権のほうが，総量規制の導入よりもすぐれている	78%
20	アメリカ政府によるエタノールへの補助金は削減あるいは撤廃すべきである	78%

（出所）　Richard M. Alston, J. R. Kearl, and Michael B. Vaughn, "Is There Consensus among Economists in the 1990s?" *American Economic Review*, May 1992, pp. 203-209; Dan Fuller and Doris Geide-Stevenson, "Consensus among Economists Revisited," *Journal of Economics Education*, Fall 2003, pp. 369-387; Robert Whaples, "Do Economists Agree on Anything? Yes!" *Economists' Voice*, November 2006, pp. 1-6; Robert Whaples, "The Policy Views of American Economic Association Members: The Results of a New Survey, *Econ Journal Watch*, September 2009, pp. 337-348.

専門家にきく　チケット転売

　「エンターテインメントやスポーツのイベントのチケット転売を制限する法律は，そうしたイベントの潜在的な参加者の厚生を，平均的には低下させる.」

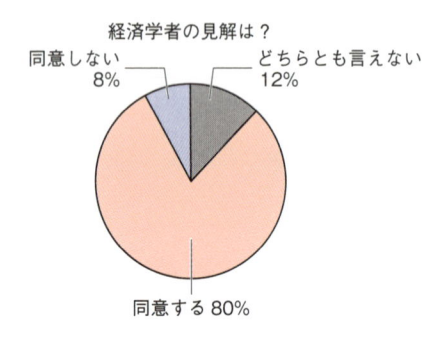

経済学者の見解は？

同意しない 8%　　どちらとも言えない 12%

同意する 80%

（出所）　IGM Economic Experts Panel, April 16, 2012.

4　やってみよう

　ここまでの二つの章では，経済学の考え方と方法論を紹介してきた. ようやく本格的に取り組む準備ができた. 次の章では，経済行動と経済政策の原理をより詳しく学び始める.

　本書を読み進んでいくなかで，さまざまな知的技能を使うことが要求される. そこで，偉大な経済学者であったジョン・メイナード・ケインズのアドバイスを覚えておくと役に立つかもしれない.

　「経済学の研究に，めったにないほど高い水準の特別な才能は必要ないように思える. しかし……高等な哲学や純粋科学などと比べても，それほど簡単な科目ではないのではないだろうか. あるいは，容易な科目なのに，なぜ，ほんのわずかの人しか熟達しないのだろうか. このパラドックスに対する答えは，おそらく，一流の経済学者になるには，複数の才能の稀代

な組合せが必要なことにある．一流の経済学者は，数学者，歴史家，政治家，哲学者といった才能を，ある程度ずつ持っていなければならない．記号を十分に理解するとともに，言葉にも巧みでなければならない．特殊な内容を一般的な言葉で説明しなければならないし，一続きの思考の流れのなかで抽象と具象の両方を扱わなければならない．過去を認識しつつ，将来のために現在を研究しなければならない．人類の特性や制度のうちで，経済学者にとって完全に対象外であるものはない．目的意識を持つと同時に，時代の風潮からは離れていなければならない．芸術家と同じくらい独立不羈であらねばならない一方で，ときにはほとんど政治家のようにもならねばならない．」

これは大変に高い要求水準である．しかし，学習を重ねるにつれて，しだいにより経済学者らしく考えるようになっていくだろう．

- 経済学者は，科学者の客観性をもって研究テーマに取り組む．すべての科学者と同じく，適切な仮定を置き，単純なモデルを構築して，自分たちを取り巻く世界を理解しようとする．二つの単純な経済モデルとして，フロー循環図と生産可能性フロンティアがある．
- 経済学はミクロ経済学とマクロ経済学という二つの分野に分けることができる．ミクロ経済学者は，家計や企業の意思決定と，市場における家計や企業の相互作用を研究する．マクロ経済学者は，経済全体に影響する要因や趨勢を研究する．
- 実証的な主張とは，世界がどうあるかについての主張である．規範的な主張とは，世界がどうあるべきかについての主張である．経済学者が規範的な主張を述べる場合，それは科学者というよりも政策アドバイザーとしての行為である．
- 経済学者たちが政策立案者に対立するアドバイスをするのは，科学的判定の相違か，価値観の相違からである．また，経済学者が一致してアドバイ

スしても，政治プロセスに起因する多くの要因や制約のために，政策立案者がそれを無視してしまう可能性もある．

確認問題

1. 経済のモデルとは何か．
   a. 経済の機能を詳細に複製するような機構を備えた装置
   b. 経済を詳細かつ現実的に説明するもの
   c. 経済の何らかの側面を簡単化して表したもの
   d. 将来の経済を予測するようなコンピュータ・プログラム
2. フロー循環図において，生産要素市場はどのように描かれるか．
   a. 家計は売り手で，企業は買い手
   b. 家計は買い手で，企業は売り手
   c. 家計と企業はともに買い手
   d. 家計と企業はともに売り手
3. 生産可能性フロンティアの内側の点は，
   a. 効率的だが，実現不能である．
   b. 実現可能だが，効率的ではない．
   c. 効率的であり，かつ実現可能である．
   d. 効率的でも実現可能でもない．
4. ある経済では，ホットドッグとハンバーガーを生産している．いま，ホットドッグに顕著な健康増進効果が発見されて，消費者の選好が変化した．この変化は，
   a. 生産可能性フロンティアを拡大させる．
   b. 生産可能性フロンティアを縮小させる．
   c. 経済を，生産可能性フロンティアに沿って移動させる．
   d. 経済を，生産可能性フロンティアの内側に移動させる．
5. 以下の中でミクロ経済学の研究分野に属さないのはどれか．
   a. 10代の喫煙行動に対するたばこ課税の影響
   b. ソフトウェアの価格付けに関するマイクロソフトの市場力の役割
   c. ホームレスを減らす上での貧困対策の有効性

d. 経済成長に対する財政赤字の影響

6. 以下の文章のうち，規範的ではなく，実証的な主張はどれか.

a. 法律 X は，国民所得を低下させる.

b. 法律 X は，良い立法である.

c. 国会は，法律 X を成立させるべきである.

d. 大統領は法律 X に対して拒否権を発動すべきである.

復習問題

1. 経済学はどういう点で科学的なのか.

2. なぜ，経済学者は仮定を置くのか.

3. 経済モデルは現実をそのまま描写すべきか.

4. あなたの家族が生産要素市場や財市場で，他の人々とどのように関わっているか，説明しなさい.

5. 単純なフロー循環図で扱われていない，経済的な相互関係を挙げなさい.

6. 牛乳とクッキーをつくっている経済の生産可能性フロンティアを図示し，説明しなさい. この経済で飼われている牛の半数が病気によって死ぬと，フロンティアはどうなるか.

7. 生産可能性フロンティアを用いて，「効率性」の概念を説明しなさい.

8. 経済学を構成する二つの分野は何か. それぞれの分野は何を研究しているか.

9. 実証的主張と規範的主張の違いは何か. それぞれの例も挙げなさい.

10. 経済学者たちが政策立案者に対立する内容のアドバイスを提示するのはなぜか.

応用問題

1. フロー循環図を描きなさい. 下記の各取引は，財・サービスのフローとお金のフローのどの部分にあたるだろうか.

a. セレナは，1/4ガロンのミルクを買い，店の人に 1 ドル支払った.

b. スチュアートは，ファストフードの店で働き，時給 8 ドルをもらって

　　　いる．

　　c.　シャナは，散髪代に40ドル支払った．

　　d.　サルマは，アクミー工業の所有権の10%を保有していることによって，2万ドルの所得がある．

2.　武器と消費財とをつくっている社会を想定しよう．武器を大砲，消費財をバターと呼ぶことにしよう．

　　a.　大砲とバターに関する生産可能性フロンティアを描きなさい．機会費用の概念を使って，それが外側に膨らんだ形となる理由を説明しなさい．

　　b.　この経済にとって実現不可能な点を示しなさい．実現可能ではあるが非効率な点も示しなさい．

　　c.　この社会に二つの政党があるものとしよう．タカ党は巨大な軍隊をめざしており，ハト党は小さな軍隊を望んでいる．生産可能性フロンティア上に，タカ党が選びそうな点と，ハト党が選びそうな点を示しなさい．

　　d.　近隣のある敵対的な国が軍備を縮小したとしよう．その結果，ハト党もタカ党も，大砲の生産についてのそれぞれの目標を，同じ量だけ減らした．どちらの政党が，より大きな「平和の配当」を得ることができるだろうか（平和の配当は，対応するバターの生産量の増加によって測られる）．その理由も説明しなさい．

3.　第1章で論じられた経済学の第1原理は，「人々はトレードオフに直面している」であった．生産可能性フロンティアを用いて，きれいな環境と高い所得との間のトレードオフに社会が直面していることを説明しなさい．このフロンティアの形状や位置を決めている要因はどのようなものだと考えられるか．もし技術者が汚染物質を少ししか排出しない新しい発電方法を開発すると，このフロンティアはどうなるだろうか．

4.　ある経済が3人の労働者から構成されているとしよう．ラリー，モエとカーリーである．みな1日当たり10時間働いて，二つのサービスを生産することができる．芝刈りと洗車である．1時間で，ラリーは1区画の芝生を刈るか1台の洗車ができ，モエは1区画の芝生を刈るか2台の洗車ができ，カーリーは2区画の芝生を刈るか1台の洗車ができる．

　　a.　次のA，B，C，Dのそれぞれの状況において，それぞれのサービスがどれだけ生産されるかを計算しなさい．

（A）3人とも，すべての時間を使って芝生を刈る場合

（B）3人とも，すべての時間を使って洗車する場合

（C）3人とも，半々の時間を，それぞれの生産に使う場合

（D）ラリーは半々の時間をそれぞれの生産に使い，モエは洗車だけを，カーリーは芝刈りだけをする場合

b. この経済の生産可能性フロンティアを描きなさい．問 a に対するあなたの解答を用いて，点 A，B，C，D を図示しなさい．

c. 生産可能性フロンティアが図示したような形状となる理由を説明しなさい．

d. 問 a で計算した資源配分のなかに非効率なものはあるだろうか．説明しなさい．

5. 下記の事柄を，ミクロ経済学に関するものとマクロ経済学に関するものとに分類しなさい．

a. 家族の所得のうちどれだけ貯蓄するかという決定

b. 自動車の排気ガスに対する政府規制の影響

c. 貯蓄の増大が経済成長へ及ぼす影響

d. どれだけの労働者を雇うかについての企業の決定

e. インフレ率と貨幣供給量の変化との関係

6. 下記の各主張を実証的な主張と規範的な主張とに分類し，その理由を説明しなさい．

a. 社会はインフレと失業との間の短期的トレードオフに直面している．

b. 貨幣供給量の成長率の低下はインフレ率の低下をもたらす．

c. 連邦準備は貨幣供給量の成長率を低下させるべきである．

d. 社会は生活保護の受給者に職探しを義務づけるべきである．

e. 税率の引下げは労働と貯蓄を促進する．

補論　グラフの用法：概観

　経済学者が研究する概念の多くは数量化することができる．バナナの価格，バナナの販売量，バナナの生産費用などはその一例である．こうした経済変数は相互に関わりあっていることも多い．たとえば，バナナの価格が上がると，人々はバナナの購入量を減らす．こうした諸変数間の関係を表示する方法の一つがグラフである．

　グラフは二つの役割を持っている．第 1 に，経済理論を展開する場合には，数式や言葉ではうまく説明できないアイディアを視覚的に表現する手段となる．第 2 に，経済データを分析するときには，パターンを発見し，解釈するための強力な手段となる．理論とデータどちらの分析においても，グラフはたんなる樹木のかたまりから森林の形を浮かび上がらせるレンズの役割を果たしているのである．

　数量的な情報はさまざまな形のグラフにできる．思考がさまざまな言葉で表現できるのと同じである．上手な語り手であれば，議論を明確に，叙述を軽快に，場面をドラマティックにするような言葉を選ぶであろう．優れた経済学者は，当面の目的に最適なグラフを選択するのである．

　この補論では，諸変数間の数学的関係を調べるにあたって，経済学者がグラフをどのように使うかを説明しよう．グラフの用法に潜むいくつかの落とし穴についても言及する．

●単一変数のグラフ

　図 2A-1 には，三つの一般的なグラフが描かれている．パネル (a) の円グラフは，アメリカの総所得が，雇用者所得，企業利益などの所得の源泉にどのように分配されているのかを図示したものである．円グラフの各部分は，各所得源泉の総所得に占める割合を表している．パネル (b) の棒グラフは，四つの国の所得を比較したものである．それぞれの棒（バー）の高さは，各国の平均所得を表している．パネル (c) の時系列グラフ（折れ線グラフ）は，

アメリカの企業部門における生産性の時系列的な上昇を表したものである．線の高さは各年における1時間当たりの生産量を表している．似たようなグラフは，新聞や雑誌で見かけることができる．

● 2変数のグラフ

図2A-1の三つのグラフは，一つの変数が時間の経過や個人間でどう変わっているかを示すには有益である．しかし，それらのグラフが教えてくれることは限られている．なぜなら，これらのグラフは単一の変数に関する情報しか示していないからである．経済学者はしばしば変数間の関係に興味を持つ．そこで，一つのグラフに2変数を表示することが必要となる．それを可能にするのが座標系である．

図2A-1 グラフの種類

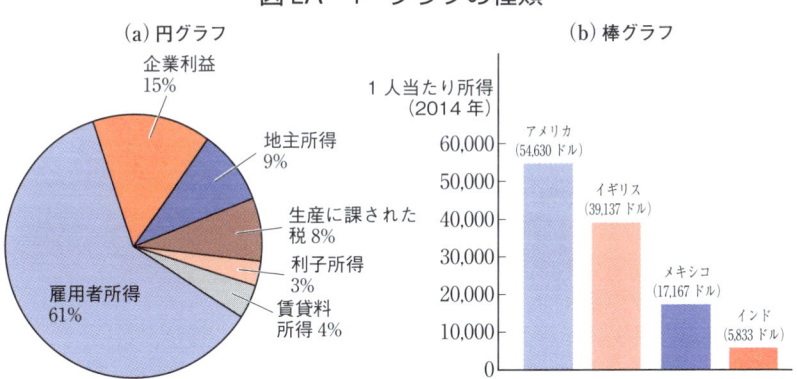

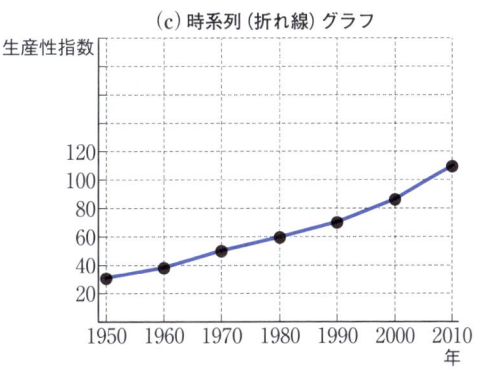

パネル(a)の円グラフは，アメリカの所得がさまざまな源泉にどのように分配されているかを表している．パネル(b)の棒グラフは，2014年の4カ国の平均所得を比較している．パネル(c)は，アメリカのビジネス部門における労働生産性の伸びを示している．

　勉強時間と個人の成績平均点（GPA）との関係を調べたいとしよう．クラスのそれぞれの学生について，1週間当たりの勉強時間と個人の成績平均点（GPA）という一対のデータを記録することができる．これらの数値は，順序づけされたペア（ベクトル）として括弧書きにすることができ，グラフ上の一つの点で表される．たとえば，アルバートは（週当たり25時間，3.5点）というベクトルで表され，「のんき者の」クラスメートであるアルフレッドは（週当たり5時間，2.0点）というベクトルで表される．

　これらのベクトルは，2次元の座標を用いてグラフ化できる．各ベクトルの第1要素はx座標と呼ばれ，水平方向の位置を教えてくれる．ベクトルの第2要素はy座標と呼ばれ，垂直方向の位置を教えてくれる．x座標もy座標もゼロの点を原点という．ベクトルの二つの座標は，ベクトルを表す点が原点からみてどこに位置するのかを教えてくれる．ベクトルを表す点は，原点から右方向にx単位，原点から上方向にy単位進んだ位置にある．

　図2A-2は，アルバートやアルフレッドと彼らのクラスメートについて，成績平均点と勉強時間の関係をグラフにしたものである．こうしたタイプのグラフは，散らばった点を図示しているので，散布図と呼ばれている．この

図2A-2　座標系の利用

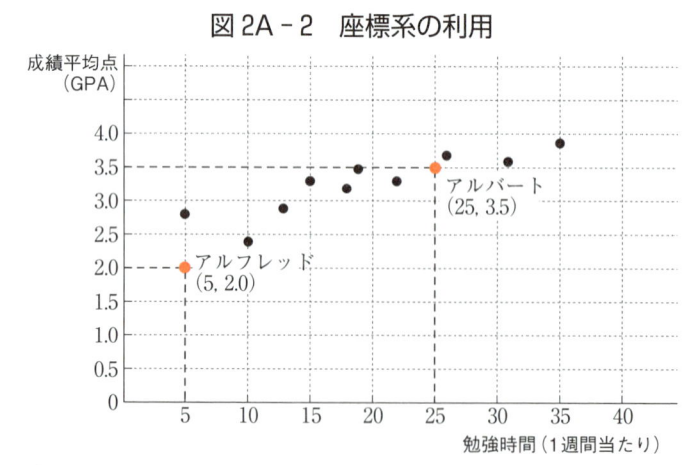

　各人の平均点を縦軸にとり，勉強時間を横軸にとる．アルバート，アルフレッド，そして彼らのクラスメートたちは，個々の点によって表されている．このグラフから，長時間勉強した人ほど高い平均点を獲得する傾向を読み取ることができる．

グラフをみると，グラフの右側にある点（勉強時間が長い）ほど高い位置にある（成績平均点がよい）ことがわかる．このように，勉強時間と成績平均点とは同じ方向に動くことが普通なので，二つの変数は正の相関関係を持っているという．対照的に，パーティーに参加する時間と成績平均点とをグラフにすれば，パーティーに参加する時間が長いほど個人の成績平均点が低いことがわかるだろう．これらの変数は逆の方向に動くことが多いので，負の相関関係を持っているという．どちらの場合も，座標系によって二つの変数間の相関関係が容易に見分けられる．

●座標系のなかの曲線

　よく勉強する学生のほうが高得点をあげる傾向があるにしても，学生の成績に影響するのはそれだけではない．たとえば，試験準備も重要な要因であるし，才能，教師からの注目度などや，健康的な朝食をとっているかどうかですら重要な要因である．図2A-2のような散布図は，勉強が成績に与える影響を他の諸要因が与える影響と分離していない．経済学者は，他の諸要因を一定に保ったうえで，一つの変数のもう一つの変数への影響をみたいと考える．

　このことを理解するために，経済学における最も重要なグラフの一つである需要曲線について考察してみよう．需要曲線は，ある財に対する消費者の希望購入量に，その財の価格がどのように影響するかを表したものである．需要曲線そのものを示す前に，表2A-1をみてみよう．そこには，エンマが買う小説の冊数が，彼女の所得と小説の価格にどのように依存しているかを示してある．小説の価格が安いと，エンマはたくさんの小説を買う．小説が高くなるにつれて，彼女は小説を買う代わりに図書館で借りるようになったり，小説を読む代わりに映画をみにいくようになったりするだろう．また小説の価格が一定であれば，所得が高くなるにつれて彼女はより多くの小説を買うようになる．つまり，自分の所得が増加すると，彼女は，増加した所得の一部を小説の購入にあて，一部を他の財に支出するのである．

　ここには，小説の価格，所得，小説の購入冊数という三つの変数があるので，変数が多すぎて2次元の平面には描き表せない．表2A-1の情報をグラフにするには，三つの変数のうち一つの変数を一定に保っておいて，残りの

表2A-1 エンマが購入する小説冊数

小説の価格 (ドル)	所得		
	3万ドル	4万ドル	5万ドル
10	2冊	5冊	8冊
9	6	9	12
8	10	13	16
7	14	17	20
6	18	21	24
5	22	25	28
需要曲線	D_3	D_1	D_2

この表は，さまざまな所得と価格の下で，エンマが購入する小説の冊数を示している．図2A-3や2A-4のように，どの所得水準を選んでも，価格と需要量のデータから，エンマの小説に対する需要曲線をグラフにすることができる．

二つの変数の関係を描き表すことが必要となる．需要曲線は価格と需要量との関係を表すものなので，エンマの所得を一定に保っておいて，彼女の購入する小説の冊数が小説の価格の変化に応じてどう変化するかを示すことになる．

　エンマの収入が4万ドルだとしよう．エンマの小説の購入冊数を x 軸に，小説の価格を y 軸にとると，表2A-1の中央の列をグラフに表すことができる．表のなかの（5冊，10ドル），（9冊，9ドル）といった各要素を表す点を結ぶと，線が出来上がる．図2A-3に描かれているこの線が，小説に対するエンマの需要曲線である．この線は，エンマの所得を一定として，小説がある価格のときに，エンマが何冊購入するかを教えてくれる．需要曲線は右下がりになっており，価格が上がると小説の需要量が減ることを示している．小説の需要量と価格は逆方向に動くことになるので，この二つの変数は負の関係を持っているという（反対に，二つの変数が同じ方向に動く場合は，両者を関係づける線は右上がりとなり，両者は正の関係を持っているという）．

　ここでエンマの年間所得が5万ドルに増えたとしよう．小説の価格がいくらであっても，エンマの小説の購入冊数は，以前の所得のときと比べて増加する．表2A-1の中央の列を使ってエンマの需要曲線を描いたときとまったく同様に，今度は表の右端の列の各要素を使って新しい需要曲線を描くことができる．図2A-4には，この新しい需要曲線（D_2）が，古い需要曲線

図 2A‑3　需要曲線

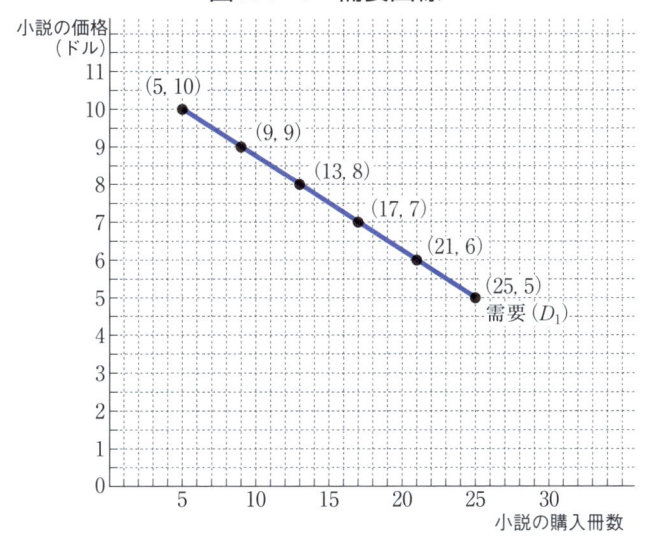

D_1 は，エンマの所得を一定とした場合に，彼女の小説購入冊数が小説の価格にどのように依存しているかを示している．価格と需要量とが負の相関関係にあるので，需要曲線は右下がりである．

(D_1) と並んで描かれている．新しい曲線は当初の曲線によく似た形をしているが，右横の位置に描かれている．したがって，エンマの小説需要曲線が，彼女の所得増加に伴って右方にシフトしたという言い方をする．エンマの年間所得が3万ドルに減少した場合にも，同じように考えることができる．小説の価格がいくらであっても，エンマが購入する冊数は少なくなるので，彼女の需要曲線は左方にシフトする（図中の D_3）．

　経済学においては，曲線上の動きと曲線のシフトとを区別することが重要である．図2A‑3から読み取れるように，エンマの年間所得が4万ドルで小説1冊が8ドルであれば，エンマは1年間に小説を13冊購入する．小説の値段が7ドルに低下すると，エンマは購入冊数を17冊に増やす．しかし，需要曲線の位置は変わらない．エンマはそれぞれの価格の下で一定の冊数の小説を購入しているのであり，小説の価格低下に応じて需要曲線上を左から右へと動いたにすぎない．逆に，小説の価格が8ドルで変わらなくても，年間所得が5万ドルに増加すれば，エンマは小説の購入冊数を年間13冊から16冊に

図2A-4　需要曲線のシフト

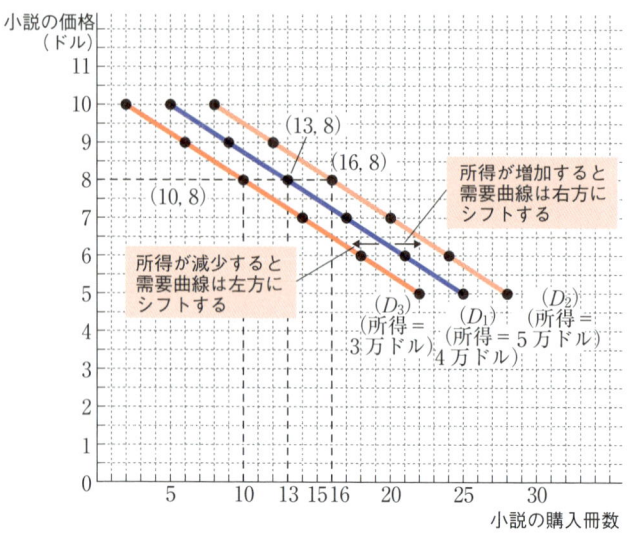

小説に対するエンマの需要曲線の位置は，彼女の稼いでいる所得に依存する．所得が高ければ，小説の価格が同じでも彼女はより多くの小説を購入するので，彼女の需要曲線はより右側に位置することになる．当初の需要曲線 D_1 は，エンマの年収が4万ドルのときの需要曲線である．彼女の所得が5万ドルに増加すれば，彼女の需要曲線は D_2 にシフトする．彼女の所得が3万ドルに減少すれば，彼女の需要曲線は D_3 にシフトする．

増やす．エンマはそれぞれの価格の下でより多くの小説を購入し，彼女の需要曲線は図2A-4に示されているように，右方にシフトする．

　曲線のシフトが必要なケースを知る簡単な方法がある．どちらの軸にも表されていない変数が変化した場合には，曲線はシフトする．所得は x 軸にも y 軸にも表されていないので，所得が変化したときには，エンマの需要曲線はシフトしなければならない．小説の価格以外の要因でエンマの消費行動に影響を与えるような何らかの変化が生じれば，彼女の小説需要曲線はシフトするのである．たとえば，公立図書館が閉鎖されて，読みたい本をすべて自分で買うしかなくなれば，それぞれの価格の下でのエンマの小説購入冊数は増加し，彼女の需要曲線も右方にシフトする．映画の価格が下がれば，エンマは映画をみる時間を増やして読書を減らすだろう．それぞれの小説の価格の下でのエンマの小説購入冊数は減少し，彼女の需要曲線は左方にシフ

トする．これらの場合と対照的に，グラフの軸にとられている変数が変化した場合には，曲線はシフトしない．この場合には，曲線上の動きとしての変化を読み取ればよいのである．

●傾き

エンマについて問うことができる問題の一つとして，彼女の購入行動が価格にどれだけ反応するかということがある．図2A-5に描かれている需要曲線をみてみよう．この曲線がほとんど垂直に立っていれば，小説の価格に関係なく，エンマはほぼ同じ冊数の小説を買っていることになる．この曲線がほとんど水平であれば，価格の変化に対してエンマの購入冊数は著しく変化する．一つの変数の変化に対してもう一つの変数がどれだけ反応するかに答えるには，傾きという概念が用いられる．

線の傾きとは，線上の2点間を移動するときの，垂直方向の距離と水平方向の距離との比率のことである．この定義は，数学の記号を用いて，下記の

図2A-5 傾きの計算

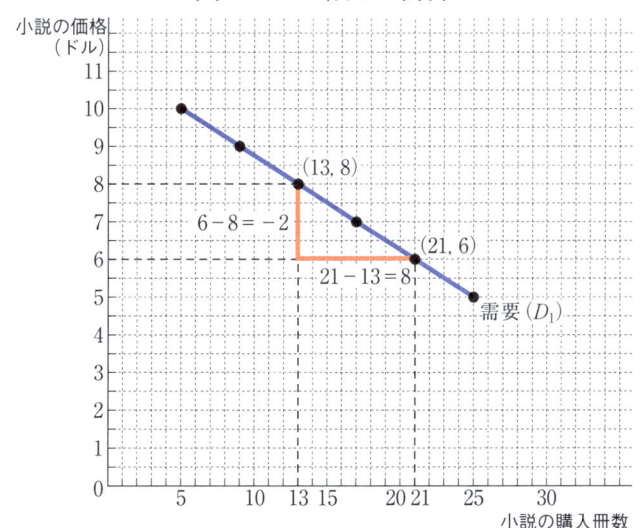

需要曲線の傾きを計算するには，一つの点（21冊，6ドル）から別の点（13冊，8ドル）へ移動する際の，x座標とy座標の変化をみればよい．傾きは，y座標の変化（−2）のx座標の変化（＋8）に対する比率（−1/4）である．

ように表されることが多い.

$$傾き = \frac{\Delta y}{\Delta x}$$

この式のギリシャ文字 Δ（デルタ）は，変数の変化分を示している．言い換えると，線の傾きは「高さ」（y の変化）を「幅」（x の変化）で割った値である．ゆるやかな右上がりの線の傾きは小さな正の数になり，きつい右上がりの線の傾きは大きな正の数になる．右下がりの線の場合，傾きは負の値になる．水平な線の傾きは，y 軸の変数の値が変わらないのでゼロである．また垂直な線の傾きは無限大である．x 軸の変数がまったく変わらないのに，y 軸の変数はどのような値でもとりうるからである．

エンマの小説需要曲線の傾きはどれくらいだろうか．まず第 1 に，曲線が右下がりなので，傾きが負の値になることがわかる．傾きの数値を計算するためには，線上の 2 点を選ばなければならない．エンマの所得が 4 万ドルのとき，小説の価格が 6 ドルであればエンマは21冊の小説を購入し，小説の価格が 8 ドルであれば13冊の小説を購入する．傾きの公式を適用するには，この 2 点間の変化を知ればよい．言い換えると，2 点間の差，つまり一方の組の数値を他方の組の数値から差し引かなければならない．

$$傾き = \frac{\Delta y}{\Delta x} = \frac{1組めの\,y\,座標 - 2組めの\,y\,座標}{1組めの\,x\,座標 - 2組めの\,x\,座標} = \frac{6-8}{21-13} = \frac{-2}{8}$$
$$= \frac{-1}{4}$$

図 2A-5 は，この計算の仕組みを図示したものである．エンマの需要曲線の傾きを，別の 2 点を使って計算してみよう．$-1/4$ という完全に同じ結果を得るはずである．直線の特徴の一つは，どこでも傾きが等しいということである．このことは，一部分が他の部分よりも急な傾きになっているような，他のタイプの曲線には当てはまらない．

エンマの需要曲線の傾きは，彼女の購買行動が価格に対してどれほど反応するかに関する情報を与えてくれる．小さな傾き（ゼロに近い数値）は，エンマの需要曲線が比較的水平であることを意味する．この場合，価格が少し変化しただけでも，彼女は小説購入冊数を著しく変化させる．大きな傾き（ゼロから離れた数値）は，エンマの需要曲線が相対的に傾きが急であるこ

とを意味する．この場合，価格が変化しても，彼女は小説購入冊数をわずかしか変化させない．

●因果関係

経済学者は，経済の仕組みに関する議論を進めるとき，ある出来事が別の出来事をどのように引き起こしたのかを論じるためにグラフをよく使う．需要曲線のようなグラフの場合には，因果関係に関して不明な点はない．他のすべての変数を一定に保ったうえで価格を変化させているので，小説の価格変化がエンマの需要量の変化を引き起こしていることは明らかである．しかし，この需要曲線が仮想的な例であることを忘れないようにしよう．現実の世界のデータをグラフ化するときには，ある変数が他の変数にどのように影響しているかを確定することははるかに難しい．

まず第1の問題は，二つの変数の関係を分析するときに，他のすべての変数を一定に保つことが難しい点である．他の変数を一定に保つことができなければ，図示されていない第3の捨象された変数が変化を引き起こしているのに，グラフ上の一方の変数がもう一つの変数の変化を生じさせていると見誤ってしまう可能性がある．たとえ注目すべき正当な2変数を選択できたとしても，第2の問題が存在する．それは逆因果関係であり，実際にはBがAを引き起こしているのに，AがBを引き起こしていると誤認してしまうことである．捨象された変数と逆因果関係という二つの落とし穴があるので，グラフを用いて因果関係に関する結論を導くときには慎重でなければならない．

捨象された変数 例を用いて，変数を捨象することであてにならないグラフができることをみてみよう．ガンによる死亡者数が多いので，政府はビッグ・ブラザー統計サービス社に徹底的な調査を依頼したとしよう．ビッグ・ブラザー社は住居のなかのさまざまなものを調べて，どれがガンの危険性と関係があるかを発見しようとした．ビッグ・ブラザー社は，二つの変数の間に強い相関関係があると報告した．その2変数とは，家のなかにあるライターの数とその家の住民がガンにかかる確率である．図2A-6はその関係を示している．

図 2A - 6　グラフと捨象された変数

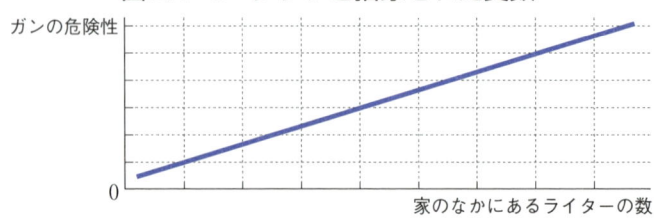

右上がりの曲線は，より多くのライターを保有している家族ほど，ガンになる確率が高いことを示している．しかし，ライターの保有がガン発生の原因であると結論づけるべきではない．このグラフでは喫煙量が無視されているからである．

　この結果に基づいて何をすべきだろうか．ビッグ・ブラザー社は，政府による迅速な対応を提案した．政府はライターの販売に課税して，ライターの所有を減らすべきだというのである．「ビッグ・ブラザー社はライターがあなたの健康に有害でありうると判定しました」という警告シールをライターに貼りつけることを義務づけることも同社は提案した．

　ビッグ・ブラザー社の分析の妥当性を判断するにあたっては，次の問題が決定的である．すなわち，注目している 2 変数以外の関係諸変数を，ビッグ・ブラザー社は一定に保ったかという問題である．答えが「ノー」であれば，結論も疑わしくなる．ライターをたくさん持っている人は，より多くのたばこを吸う可能性が高く，ライターではなくたばここそがガンの原因であるというのが，図 2A-6 の自然な解釈であろう．喫煙量が一定に保たれていなければ，ライター所有の真の影響を図 2A-6 は語ってくれないのである．

　このケースは重要な原則を例示している．因果関係の証拠としてグラフをみるときには，捨象された変数の動きが観察結果を説明できないかどうか考えてみることが大切なのである．

　逆因果関係　因果関係の方向を誤認するという過ちを経済学者が犯すこともある．この失敗がどのように起きるかを理解するために仮想例を使おう．アメリカ無政府主義者協会が，アメリカにおける犯罪の研究のスポンサーとなり，主要都市における住民1000人当たりの暴力犯罪件数と住民1000人当たりの警官数をプロットした図2A-7が得られたとしよう．無政府主義者た

図 2A-7　逆因果関係を示唆しているグラフ

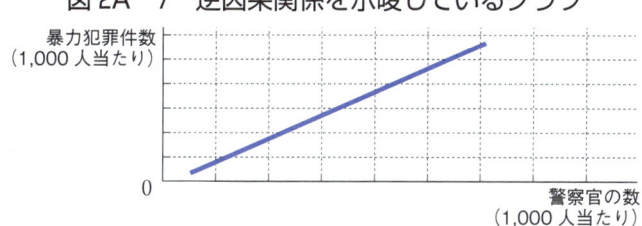

右上がりの曲線は，警察官がたくさんいる街のほうが危険であることを示唆している．しかし，警察官が犯罪の原因なのか，あるいは犯罪の多い街がより多くの警察官を雇っているのかについては，このグラフは答えることができない．

ちは，この曲線の右上がりの傾きに注目した．そして，警察が暴力犯罪を減らすのではなく増やしているのだから，警察を廃止すべきであると主張したのである．

　管理された実験が可能であれば，逆因果関係の危険を避けることができる．実験を実施するには，いくつかの都市の警察官の数を無作為に決めて，警察と犯罪との相関関係を調べればよい．しかし，図2A-7はそうした実験に基づいたものではない．危険な都市ほど多くの警察官がいるという事実が観察されたにすぎないのである．その説明としては，危険な都市ほど多くの警察官を雇っているということかもしれない．つまり，警察が犯罪を引き起こしているのではなく，犯罪が警察を大きくしているかもしれないのである．因果関係の方向を確定できるような情報は，このグラフのなかには存在していない．

　どちらの変数が先に動いたかを調べれば，因果関係を簡単に判定できると思えるかもしれない．たとえば，犯罪が増加した後に警察官が増加したことがわかれば，一つの結論が導かれる．逆に，警察官が増加した後に犯罪が増加したことがわかれば，逆の結論が導かれる．しかし，このアプローチにも欠点がある．現状の変化への対応だけではなく，将来の状態の変化を予想することによっても，人々の行動はよく変化するからである．たとえば，犯罪がこれから大幅に増加することを予想した都市は，警察官の雇用数を前もって増やすかもしれない．この問題点は，赤ちゃんとミニバンのケースのほうがもっとわかりやすいであろう．赤ちゃんの誕生が予定されるカップルは，ミニバンを買うことが多い．その場合，ミニバンの購入が赤ちゃんの誕生よ

りも先になるが，ミニバンの販売量が人口成長の原因であると結論づけよう
とは考えないだろう．

　どのような場合にグラフから因果関係を結論づけることができるかを，完
璧に特定化したルールはない．しかし，ライターがガンの原因ではないこと
（捨象された変数の問題），ミニバンが赤ちゃん誕生の原因ではないこと（逆
因果関係の問題）を覚えておくだけでも，誤った経済論議に陥ることをかな
り避けられるだろう．

第 3 章

相互依存と交易（貿易）からの利益

Keywords 絶対優位 absolute advantage
機会費用 opportunity cost
比較優位 comparative advantage
輸入（品） imports
輸出（品） exports

　ある典型的な 1 日を思い浮かべてみよう．あなたは朝起きると，フロリダ産のオレンジ・ジュースとブラジル産の豆を使ったコーヒーを飲む．朝食をとりながら，ニューヨークで執筆されている新聞をタブレットで読む．ジョージア産の木綿をタイの工場で縫製してつくったシャツを着る．世界中のたくさんの国でつくられた部品で出来ている車に乗って学校に行く．学校で使う経済学の教科書は，マサチューセッツに住む著者によって書かれ，オハイオの会社から出版され，オレゴンの木からつくられた紙に印刷されている．

　このように，あなたが毎日享受している財・サービスは，世界中の多くの人々が提供してくれているものである．そのほとんどの人たちを，あなたは知らない．そうした人たちに依存することによって，あなたの生活は成り立っているのである．このような相互依存が可能なのは，人々が互いに取引（交易）するからである．人々があなたに財・サービスを提供しているのは，気前がよいからではない．政府が彼らに命令して，あなたの欲求を満足させているわけでもない．彼らがあなたや他の消費者に自分たちのつくった財・サービスを提供しているのは，何らかの見返りがあるからなのである．

　ここからの諸章では，異なる好みや能力を持ったたくさんの人々の活動を，経済がどのように調整していくのかを検討する．その分析の出発点として，本章では経済的な相互依存関係の原理について考察しよう．第 1 章でみた経済学の十大原理の一つは，「交易（取引）はすべての人々をより豊かにする」というものであった．本章では，この原理をより詳細に検討する．互いに取引することで人々が得ている利益とは，もう少し正確にいうとどのようなものなのだろうか．なぜ人々は互いに依存することを選ぶのだろうか．

　これらの疑問への解答は，近代のグローバル経済を理解する鍵となる．今日，ほとんどの国では消費される財・サービスの多くは外国から輸入されたものであり，生産される財・サービスの多くは外国の消費者に向けて輸出されている．この章で分析することは個人間の相互依存だけでなく，国家間の相互依存も説明する．これからみていくように，取引から得られる利益は，近所の理容店で髪を切る場合と地球の反対側の労働者がつくった T シャツを買う場合と，まったく同じなのである．

 **現代経済の寓話**

　人々が財・サービスの供給を他の人々に依存することを選ぶのはなぜなのか，またその選択が人々の生活をどのように改善するのか，ということを理解するために，単純な経済を考えてみよう．牛肉とジャガイモという二つの財しかない世界を想定する．そこに住んでいるのはルビーという名の牛飼と（ジャガイモをつくる）フランクという名の農夫だけで，ルビーもフランクも，牛肉とジャガイモの両方を食べたいものとしよう．

　交易による利益が最も明瞭なのは，ルビーが牛肉しかつくることができず，フランクはジャガイモしかつくることができない場合である．一つのシナリオとして，ルビーとフランクが互いに何の取引もしないことを選ぶケースが考えられる．しかし，何カ月もの間，ロースト・ビーフ，煮込み，網焼き，バーベキューと牛肉を食べ続ければ，自給自足以外にも手があるのではないかとルビーも考えるだろう．マッシュド・ポテト，フライド・ポテト，ベイクド・ポテト，ポテトグラタンとジャガイモを食べ続けたフランクも賛成してくれるだろう．この場合，交易することによって，2人ともより多様なものを享受できることが容易にわかるだろう．2人とも，ベイクド・ポテト付きのステーキや，フライド・ポテト付きのハンバーガーを食べることができるからである．

　この事例は，交易がすべての人々に利益をもたらすことを，最も簡潔に示している．しかし，ルビーとフランクがともに相手の生産物をつくることが可能であっても，それが難しい場合には，交易によって同じような利益がもたらされる．たとえば，ルビーはジャガイモを栽培することができるが，彼女の土地はジャガイモの栽培にあまり適していないとしよう．同様に，フランクも牛を飼って牛肉を生産することができるが，あまり上手ではないとしよう．この場合にも，ルビーとフランクがそれぞれの特技に特化したあと，互いに交易することによって，双方に利益がもたらされる．

　ところが，一方の人がもう1人よりもあらゆる財を上手につくれる場合には，交易によってどのような利益がもたらされるのかがわかりにくい．たとえば，牛の飼育とジャガイモの栽培の両方において，ルビーのほうがフラン

クよりも上手であるとしよう．この場合，ルビーは自給自足のままでいることを選ぶべきだろうか．それとも，このような場合でも，ルビーにフランクと交易すべき理由が残っているだろうか．この問題に答えるには，ルビーとフランクの意思決定に影響する要因をより詳しく検討しなければならない．

●生産可能性

　フランクとルビーはそれぞれ 1 日に 8 時間働くものとしよう．ジャガイモを栽培してもいいし，牛を飼育してもいいし，その両方を行ってもいいものとする．図3-1のパネル(a)の表の左半分は，各人が各財を 1 オンス（約28グラム）つくるのにかかる時間を示している．フランクは，1 オンスのジャガイモをつくるのに15分かかり，1 オンスの牛肉をつくるのに60分かかる．ルビーは，どちらの作業も上手（生産性が高い）なので，1 オンスのジャガイモをつくるのに10分，1 オンスの牛肉をつくるのに20分しかかからない．表の右半分は，フランクとルビーが 1 日に 8 時間働き，一つの財だけを生産したときにできるジャガイモと牛肉の量を示している．

　図3-1のパネル(b)は，フランクが生産することのできる牛肉とジャガイモの量を示している．フランクが 8 時間をすべてジャガイモの栽培にあてれば，ジャガイモ（横軸で測られる）32オンスをつくることができる．すべての時間を牛の飼育にあてれば，牛肉（縦軸で測られる）8 オンスをつくることができる．時間を半分ずつ使って各財の生産に 4 時間ずつあてれば，16オンスのジャガイモと 4 オンスの牛肉をつくることができる．図には，これら三つの可能な結果と，それらの中間にある他のすべての可能性が示されている．

　このグラフは，フランクの生産可能性フロンティアである．第 2 章で論じたように，生産可能性フロンティアは経済がつくることのできる生産物のさまざまな組合せを示している．これは，第 1 章で紹介した<u>経済学の十大原理</u>の一つ，「人々はトレードオフに直面している」の説明にもなっている．ここでフランクは，牛肉の生産とジャガイモの生産との間のトレードオフに直面している．

　第 2 章で説明した生産可能性フロンティアが外側に膨らんでいたことを覚えているだろうか．あのケースでは，2 財を交換できる比率は，それらの生

図3-1　生産可能性フロンティア

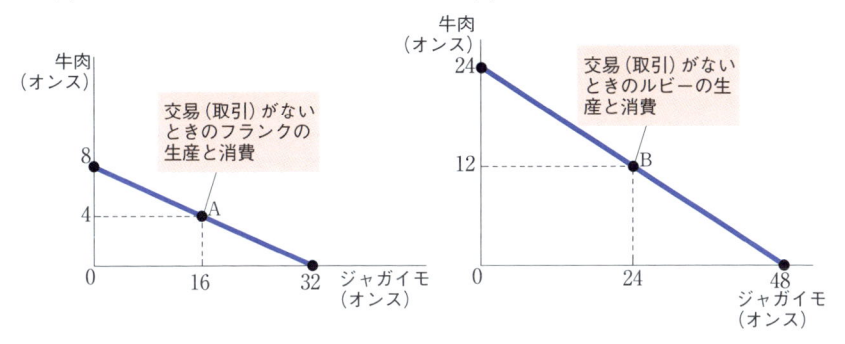

(a)フランクとルビーの生産機会

	1 オンスの生産に必要な時間 (分)		8 時間の生産でできる牛肉とジャガイモの量 (オンス)	
	牛肉	ジャガイモ	牛肉	ジャガイモ
フランク	60	15	8	32
ルビー	20	10	24	48

(b)フランクの生産可能性フロンティア

交易（取引）がないときのフランクの生産と消費

(c)ルビーの生産可能性フロンティア

交易（取引）がないときのルビーの生産と消費

パネル(a)の表はフランクとルビーの生産機会を表している．パネル(b)は，フランクが生産することのできる牛肉とジャガイモの組合せを示している．パネル(c)は，ルビーが生産することのできる牛肉とジャガイモの組合せを示している．どちらの生産可能性フロンティアも，フランクもルビーもそれぞれ1日当たり8時間働くことを前提として描かれている．取引が行われない場合，各人の生産可能性フロンティアは消費の可能性フロンティアにもなる．

産量に依存していた．しかし，（図3-1パネル(a)に要約されている）牛肉とジャガイモに関するフランクの生産技術では，2財を一定の比率で入れ換えることができる．彼が牛肉生産の労働を1時間減らしてジャガイモ生産の労働を1時間増やせば，いつでも牛肉の生産量は1オンス減ってジャガイモの生産量は4オンス増える．このことは，彼がすでにどれだけ生産していようと不変なのである．その結果として，生産可能性フロンティアは直線になる．

図3-1のパネル(c)は，ルビーの生産可能性フロンティアを示している．ルビーが8時間をすべてジャガイモの栽培にあてれば，ジャガイモ48オンスをつくることができる．すべての時間を牛の飼育にあてれば，牛肉24オンス

をつくることができる．時間を半分ずつ使って各財の生産に4時間ずつあて
れば，ジャガイモ24オンスと牛肉12オンスをつくることができる．パネル
(c)の生産可能性フロンティアは，こうしたすべての可能性を図示している．

　もしフランクとルビーが交換取引（交易）をするのではなく，それぞれに
自給自足することを選べば，2人は正確に自分たちの生産した分だけを消費
することになる．その場合，生産可能性フロンティアは消費の可能性フロン
ティアにもなる．交易をしない場合には，図3-1パネル(b)とパネル(c)は，
フランクとルビーがそれぞれ生産し消費することのできる牛肉とジャガイモ
の組合せを示していることになるのである．

　これらの生産可能性フロンティアは，フランクとルビーが直面している卜
レードオフを図示するには有用であるが，彼らが実際にどうするかまでは教
えてくれない．彼らがどのような選択を行うかを決めるためには，フランク
とルビーの好みを知る必要がある．たとえば，彼らが図3-1のA点とB点
で示される組合せを選んだとしよう．フランクは彼の生産可能性フロンティ
アと消費の好みに基づき，ジャガイモ16オンスと牛肉4オンスを生産・消費
することを決定し，ルビーはジャガイモ24オンスと牛肉12オンスを生産・消
費することを決定するのである．

●特化と交易

　数年にわたってB点の組合せの牛肉とジャガイモを食べ続けたあと，ル
ビーはあるアイディアを思いついて，フランクに話をした．

ルビー：フランク，あなたにいい取引の話があるの．私たち両方の暮らしを
　よくする方法を思いついたわ．あなたは牛肉をつくることをきっぱりとや
　めて，全部の時間を使ってジャガイモを栽培するの．私の計算では，あな
　たが1日に8時間働くとすると，ジャガイモを1日に32オンスつくること
　ができるわ．その32オンスのうちの15オンスを私にくれれば，そのお返し
　に，私は5オンスの牛肉をあなたにあげる．そうすれば，あなたは毎日17
　オンスのジャガイモと5オンスの牛肉を食べることができるようになるわ．
　いまはジャガイモ16オンスと牛肉4オンスでしょ．あなたが私の言う通り
　にすれば，あなたはどちらの食べ物もいまよりも多く食べることができる

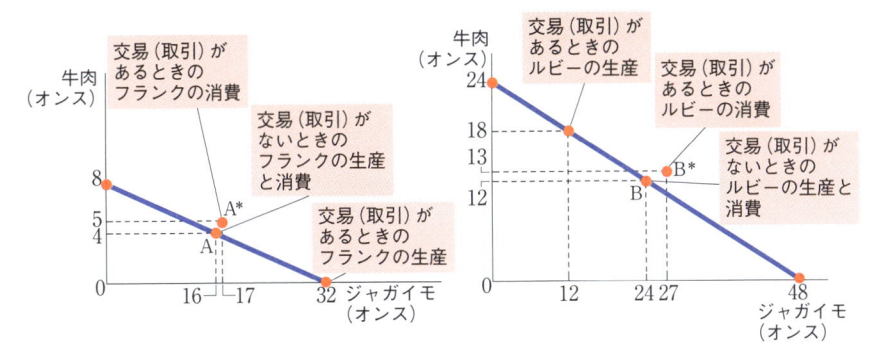

図3-2　交易（取引）による消費機会の拡張

(c)取引による利益（まとめ）

| | フランク | | ルビー | |
	牛肉 (オンス)	ジャガイモ (オンス)	牛肉 (オンス)	ジャガイモ (オンス)
取引がないケース				
生産および消費	4	16	12	24
取引があるケース				
生産	0	32	18	12
取引	+5	−15	−5	+15
消費	5	17	13	27
取引からの利益	+1	+1	+1	+3

(注)　取引の＋，−は，それぞれ受取，提供を表す.

フランクとルビーとが取引をすることによって，取引がなければ不可能であった牛肉とジャガイモの組合せをどちらも享受できる．パネル(a)では，フランクはA点ではなくA*点の消費が可能となっている．パネル(b)では，ルビーはB点ではなくB*点の消費が可能となっている．取引によって，2人とも取引をしないときよりも多くの牛肉とジャガイモを消費することが可能になったのである.

わよ（このことをはっきりと示すために，ルビーは図3-2のパネル(a)をフランクにみせた）.

フランク：（疑わしそうに）それはとってもいい話みたいだな．だけど，どうして，君はそんな話をもちかけてきたんだい．その取引がそんなに僕にいい話なら，君にもいい話であるはずがないからね.

ルビー：ところがそうじゃないのよ．私にもいい話なの．毎日6時間を牛の

飼育に使って，2時間をジャガイモの栽培に使うと，私は牛肉18オンスとジャガイモ12オンスをつくることができるわ．ジャガイモ15オンスと交換にあなたに牛肉5オンスをあげると，私は牛肉13オンスとジャガイモ27オンスを手にすることができるの．いま手にしている，牛肉12オンスとジャガイモ24オンスの代わりにね．私も両方の食べ物をいまよりもたくさん食べることができるのよ（ルビーは図3-2のパネル(b)をフランクにみせた）．

フランク：わからないな……話があまりにもうますぎるよ．

ルビー：そんなにややこしい話じゃないのよ．ほらね．あなたへの提案を簡単な表にまとめたの（ルビーはフランクに図3-2パネル(c)の表のコピーを手渡す）．

フランク：（表をしばらく調べた後で）計算は正しいみたいだけど，不思議だね．どうして，この取引で僕たち2人の生活がどちらもよくなるんだろう．

ルビー：私たちがどちらも得するのは，それぞれの得意なことに特化することが交換（交易）によって可能になるからよ．あなたはジャガイモの栽培に使う時間を増やし，牛の飼育に使う時間を減らす．私は牛の飼育に使う時間を増やして，ジャガイモの栽培に使う時間を減らす．特化と交換（交易）の結果として，私たち2人がどちらも働く時間を増やさずに，より多くの牛肉とジャガイモを消費することができるのよ．

【小問】 ●ロビンソン・クルーソーは難破船の船乗りで，ココナッツ拾いと魚釣りとに時間を使っている．彼の生産可能性フロンティアを描きなさい．彼が独りきりで暮らしている場合，このフロンティアはクルーソーのココナッツと魚の消費の上限となるだろうか．彼が島の人々と交易できる場合には，彼の消費の上限は変化するだろうか．

② 比較優位：特化をもたらす力

ルビーによる交易の利益の説明は正しいものではあるが，次のような謎が浮かんでくる．ルビーのほうが牛の飼育においてもジャガイモの栽培におい

ても優れているのに，フランクの特化すべき得意な作業がどうやってわかるのだろうか．フランクには特化すべき得意な作業は何もないようにみえる．この謎を解決するためには，比較優位の原理を検討する必要がある．

　この原理を解明していく第1段階として，次のような質問を考えよう．われわれの例において，ルビーとフランクのどちらがジャガイモをより低い費用で生産することができるだろうか．この問題には二つの解答が可能である．われわれの謎の解決も，交易の利益の理解への鍵も，この二つの解答のなかに含まれている．

●絶対優位

　ジャガイモの生産費用に関する問題への一つの解答方法は，2人の生産者が必要とする投入量を比較することである．経済学者は，人や企業や国の生産性を互いに比較するときに，絶対優位という用語を使う．ある財を生産するときに，より少ない投入量しか必要としない生産者は，その財の生産に関して絶対優位を持っているという．

　われわれの例では，時間が唯一の投入要素なので，それぞれの生産にかかる所要時間をみるだけで，絶対優位を判断することができる．ルビーはジャガイモと牛肉の両方の生産に関して絶対優位を持っている．ルビーはどちらの財を生産するにも，フランクほど時間がかからないからである．ルビーはたった20分で1オンスの牛肉をつくることができるが，フランクは60分かかる．ルビーはたった10分で1オンスのジャガイモをつくることができるが，フランクは15分かかる．つまり，投入量で費用を測る限り，ルビーのほうがジャガイモの生産費用が低いという結論になる．

●機会費用と比較優位

　ジャガイモの生産費用を吟味するには，もう一つの方法がある．必要な投入量を比較する代わりに，機会費用を比較するのである．第1章でみたように，あるものの機会費用とは，そのものを獲得するために放棄したもののことである．われわれの例では，フランクとルビーはともに1日に8時間働く

絶対優位 absolute advantage：ある財の生産性に基づく生産者間の比較．
機会費用 opportunity cost：あるものを手に入れるためにあきらめなければならないもの．

と仮定していた．したがって，ジャガイモの栽培に時間を使った分，牛の飼育に使える時間が減っているのである．2財の生産の時間配分を変更するたびに，ルビーとフランクは一方の財を生産するために，もう一方の財を放棄しているのである．つまり，自分たちの生産可能性フロンティア上を移動している．ここでの機会費用は，それぞれが直面している，2財の間のトレードオフを測ることになる．

　まず，ルビーの機会費用を考えよう．図3-1のパネル(a)の表によれば，ジャガイモ1オンスの生産には，10分間の労働が必要である．ルビーがその10分間をジャガイモの栽培にあてるとき，彼女は牛の飼育にあてる時間を10分間減らすことになる．ルビーが牛肉1オンスを生産するのには20分間必要なので，10分間の労働は1/2オンスの牛肉を生産したはずである．したがって，ルビーにとってジャガイモ1オンスの機会費用は牛肉1/2オンスである．

　次に，フランクの機会費用を考えよう．フランクの場合，ジャガイモ1オンスを生産するのに15分かかる．牛肉1オンスを生産するのには60分かかるので，15分間の労働は1/4オンスの牛肉を生産したはずである．したがって，フランクにとってジャガイモ1オンスの機会費用は牛肉1/4オンスである．

　表3-1は，2人の生産者の牛肉とジャガイモの機会費用を示している．牛肉の機会費用がジャガイモの機会費用の逆数になっていることに注意しよう．ルビーにとって，ジャガイモ1オンスは牛肉1/2オンスを失うことになるから，ルビーにとっての牛肉1オンスの費用は，ジャガイモ2オンスになる．同様に，フランクにとって，ジャガイモ1オンスは牛肉1/4オンスを失うことになるから，フランクにとっての牛肉1オンスの費用はジャガイモ4オンスである．

　経済学者は，2人の生産者の機会費用を説明するときに，比較優位という専門用語を使う．ある財Xを生産するのに他の財を少ししか放棄しない生産者は，その財Xの生産における機会費用が小さいことになり，その財Xの生産に関して比較優位を持つという．われわれの例では，フランクはジャガイモの生産においてルビーよりも機会費用が小さい（フランクにとって，1オンスのジャガイモの費用は牛肉1/4オンスだが，ルビーにとっては牛肉

比較優位 comparative advantage：ある財の機会費用に基づく生産者間の比較．

表3-1　牛肉とジャガイモの機会費用

	機会費用	
	牛肉1オンス	ジャガイモ1オンス
フランク	ジャガイモ4オンス	牛肉1/4オンス
ルビー	ジャガイモ2オンス	牛肉1/2オンス

1/2オンスである）．反対に，ルビーは牛肉の生産においてフランクよりも機会費用が小さい（ルビーにとって，1オンスの牛肉の費用はジャガイモ2オンスだが，フランクにとってはジャガイモ4オンスである）．したがって，フランクはジャガイモの生産に比較優位を持ち，ルビーは牛肉の生産に比較優位を持っている．

　（われわれの例におけるルビーのように）一方の人が両方の財に対して絶対優位を持つことはできるが，一人で両方の財に比較優位を持つことは不可能である．一つの財の機会費用はもう一つの財の機会費用と逆数の関係にあるので，一つの財の機会費用が相対的に高い人は，必ずもう一つの財に関して相対的に低い機会費用を持つ．比較優位は相対的な機会費用を反映している．2人が同じ機会費用を持っていない限り，1人が一つの財に比較優位を持ち，もう1人がもう一つの財に比較優位を持つことになる．

●比較優位と交易

　特化と交易による利益は，絶対優位ではなく，比較優位に基づくものである．各人が比較優位を持っている財の生産に特化すれば，経済の総生産は増加し，この経済のパイの規模が拡大して，すべての人の生活水準の向上に役立つ．

　われわれの例では，フランクはジャガイモ栽培により多くの時間を使い，ルビーは牛肉の生産により多くの時間を使っている．その結果として，ジャガイモの総生産は40オンスから44オンスに増えて，牛肉の総生産は16オンスから18オンスに増えている．フランクとルビーは，生産量増大の成果を2人で分け合っている．

　われわれは，取引からの利益を，それぞれが相手に支払っている価格でみることもできる．フランクとルビーは異なる機会費用に直面しているので，

ともにより安価に入手できるのである．つまり，2人とも，自分の機会費用よりも低い価格で財を入手することができるので，各人が交易によって便益を得るのである．

ルビーが提案した取引を，フランクの立場から検討してみよう．フランクは15オンスのジャガイモと引換えに5オンスの牛肉を手に入れる．つまり，フランクは牛肉1オンスをジャガイモ3オンスという価格で買っている．この（ジャガイモ3オンスという）牛肉の価格は，フランクにとっての牛肉1オンスの機会費用であるジャガイモ4オンスよりも低い．このように，フランクは牛肉を都合のよい価格で買うことができるので，利益を得るのである．

次に，ルビーの立場からこの取引を検討しよう．ルビーは，ジャガイモ15オンスを牛肉5オンスという価格で買うことになる．つまり，ジャガイモ1オンスの価格は，牛肉1/3オンスである．このジャガイモの価格は，ルビーにとってのジャガイモ1オンスの機会費用である牛肉1/2オンスよりも低い．このように，ルビーはジャガイモを都合のよい価格で買うことができるので，利益を得るのである．

農夫フランクと牛飼ルビーの話の教訓はいまや明らかであろう．交易が社会のすべての人々に利益をもたらしうるのは，交易によって各人が比較優位を持っている活動に特化できるからである．

●取引（交易）の値段

比較優位の原理は特化と取引による利益の存在を明らかにしてくれるが，いくつかの疑問が生まれる．取引が行われる価格はどのように決まるのだろうか．取引の利益は，取引関係者の間でどのように分配されるのだろうか．こうした疑問への正確な解答は，本章の範囲を超えているが，一つの一般的な原則を説明することはできる．取引をする両者が利益を得るためには，取引の価格は両者の機会費用の中間になければならない．

われわれの例において，フランクとルビーは，ジャガイモ3オンスと牛肉1オンスを交換することで，合意していた．この値段は，ルビーの機会費用（牛肉1オンス当たりジャガイモ2オンス）とフランクの機会費用（牛肉1オンス当たりジャガイモ4オンス）との間にある．両者が利益を得るためには，価格は両者の機会費用の正確な真中にある必要はないが，2オンスと4

コラム　アダム・スミスとデービッド・リカードの遺産

　経済学者が取引による利益を知ったのは遠い昔である．偉大な経済学者であるアダム・スミスは次のように論じた．

　「買うよりも自分でつくるほうが高くつくものを自家生産しようとしないことは，すべての賢い家長の行動原理である．仕立て屋は靴を自分でつくろうとはせずに靴屋から買う．靴屋は洋服を自分でつくろうとはせずに仕立て屋を雇う．農夫は，洋服にしても靴にしても，自分ではつくらずにそれぞれの専門家に注文するであろう．彼らはみな，周囲の人よりも長けている分野に全力を投入し，その生産物の一部によって，すなわち，その生産物の一部を支払って，自分たちの必要なものを買うことが自分の得になると知っているのである．」

　これは，スミスが1776年に書いた『諸国民の富の性質と原因についての一研究』(『国富論』)からの引用である．この本は，交易と経済的相互依存関係の分析に大きな貢献をした．

　スミスの本に刺激されて，大金持ちの株式ブローカーであったデービッド・リカードは経済学者になった．1817年に書いた『経済学及び課税の原理』において，リカードは，比較優位の原理を今日のわれわれが知っている形に仕上げた．彼は，2財(ワインと布)と2国(イギリスとポルトガル)の例について，検討した．彼は，貿易を進めて，比較優位に基づいた特化をすることで，両国が利益を得ることを示した．

　リカードの理論は，現在の国際経済学の出発点となった．さらに，彼の自由貿易擁護は，たんなる学術上の演習ではなかった．リカードは，彼の信念をイギリス国会議員としての活動に生かした．リカードは穀物の輸入を制限しようとする穀物条例に反対した．

　貿易の利益に関するアダム・スミスとデービッド・リカードの結論は，時代を超えて支持されてきた．政策問題に関して経済学者の意見は分裂しがちであるが，自由貿易支持に関してはまとまるのである．そのうえ，

> 自由貿易を支持する議論の中核は，この2世紀もの間ほとんど変化していない．スミスやリカードの時代と比べると経済学の範囲は広がり，理論は洗練されてきたが，貿易規制に対する経済学者の反対意見は基本的には比較優位の原理に基づいているのである．

オンスの間になければならない．

　価格がなぜこの範囲になければならないかを理解するには，そうでない場合に何が起こるかを考えればよい．牛肉の価格がジャガイモ2オンスよりも低ければ，フランクとルビーの両者が牛肉を買おうとするだろう．どちらの機会費用よりも低いからである．同様に，牛肉の価格がジャガイモ4オンスよりも高ければ，フランクとルビーの両者が牛肉を売ろうとするだろう．どちらの機会費用よりも高いからである．しかし，この社会にはこの2人しか構成員がいないので，両者がともに牛肉の買い手になったり，ともに売り手になったりすることはできない．どちらかが，取引の相手方にならざるをえないのである．

　相互にメリットのある取引が，2オンスと4オンスの間の価格で実現できる．この価格の範囲であれば，ルビーは牛肉を売ってジャガイモを買おうとするし，フランクはジャガイモを売って牛肉を買おうとするからである．それぞれが，自分の機会費用よりも安い価格で財を買うことができる．結局，自分が比較優位を持つ財の生産にそれぞれが特化することとなって，生活水準が高まるのである．

【小問】　●ロビンソン・クルーソーは，1時間当たりココナッツ10個を集めるか，魚を1匹釣ることができる．彼の友であるフライデーは，1時間当たりココナッツ30個を集めるか，魚を2匹釣ることができる．クルーソーにとって，魚を1匹釣ることの機会費用はいくらか．フライデーにとって，魚を1匹釣ることの機会費用はいくらか．魚釣りに絶対優位を持っているのはどちらか．魚釣りに比較優位を持っているのはどちらか．

3 比較優位の応用例

　比較優位の原理は，相互依存の関係と交易の利益を説明する．相互依存関係は現代社会においてきわめて広範に行き渡っているので，比較優位の原理の適用例には事欠かない．ここでは二つの例を挙げる．一つは想像上の事例であり，もう一つは現実的にきわめて重要な事例である．

●セリーナ・ウィリアムズは庭の芝刈りを自分ですべきか

　セリーナ・ウィリアムズがウィンブルドン選手権でプレーをするとき，彼女は芝生の上を長い時間走り回っている．史上最高のテニス・プレーヤーの1人であり，彼女の打つ速く正確なショットは，たいていの運動選手たちには夢のようなレベルである．おそらく，他の運動をさせても上手にこなすだろう．たとえば，他の誰よりも速く庭の芝を刈ることができるかもしれない．しかし，彼女が芝刈りを上手にできるというだけで，彼女が自分の庭の芝刈りをすべきだということになるだろうか．

　機会費用と比較優位の概念を使うと，この問題に答えることができる．セリーナは2時間で芝刈りをすませられるとしよう．同じ2時間をテレビ・コマーシャルの撮影に使えば，彼女は3万ドルを稼ぐことができる．一方，隣に住むフォレスト・ガンプという男の子は，セリーナの庭の芝を刈るのに4時間かかり，その4時間をマクドナルドで働くと50ドル稼ぐことができる．

　この例では，セリーナは，芝刈りをより短い投入時間で片付けることができるので，芝刈りに関して絶対優位を持っている．しかし，セリーナにとっての芝刈りの機会費用は3万ドルであり，フォレストにとっての芝刈りの機会費用は50ドルであるから，フォレストが芝刈りに関して比較優位を持っているのである．

　この場合の交易の利益は巨大である．セリーナは，自分で芝刈りをする代わりにコマーシャル撮影に行き，フォレストを雇って芝刈りをさせるべきである．セリーナがフォレストに対して50ドル以上3万ドル以下の手間賃を支払う限り，2人はどちらも得をする．

●アメリカは他の国々と貿易すべきか

　人は特化と交換によって利益を得ることができる．異なる国同士の国民も
まったく同様である．アメリカ人が享受している多くの財は外国製品であり，
また多くのアメリカ製品が海外で販売されている．外国で生産されて国内で
販売される財のことを輸入品と呼び，国内で生産されて外国で販売される財
のことを輸出品と呼ぶ．

　国々が交易（貿易）によって利益を得られることを理解するために，日本
とアメリカの2国と，食料と自動車の2財だけがある世界を考えよう．自動
車生産に関して，両国の技量は同じだとしよう．日本の労働者もアメリカの
労働者も，1人当たり1カ月に1台の自動車を生産することができる．一方，
食料の生産には，広くて肥沃な土地を持つアメリカのほうが適しているとし
よう．アメリカの労働者は1人当たり1カ月に2トンの食料を生産できるが，
日本の労働者は1人当たり1カ月に1トンの食料しか生産できない．

　比較優位の原理によれば，ある財の生産に関して機会費用が低いほうの国
が，その財を生産すべきである．アメリカにおける自動車の機会費用は食料
2トンであり，日本における自動車の機会費用は食料1トンなので，日本は
自動車の生産において比較優位を持っている．日本は国内で必要とする以上
に自動車を生産し，その一部をアメリカに輸出すべきである．同様に，日本
における食料の機会費用は自動車1台であり，アメリカにおける食料の機会
費用は自動車1/2台なので，アメリカは食料の生産において比較優位を持っ
ている．アメリカは国内で消費する量以上に食料を生産し，その一部を日本
へ輸出すべきである．特化と貿易を通じて，両国ともにより多くの食料と自
動車を得ることができるのである．

　もちろん，現実においては，国際貿易に関わる問題はこの例で示されたよ
りも複雑である．国際貿易の問題のなかで最も重要なのは，どの国も異なる
利害関係を持つ多様な国民から構成されているということである．国際貿易
は，一国全体をより豊かにすると同時に，国民の一部分を貧しくすることが
ある．アメリカが食料を輸出して自動車を輸入する場合，アメリカのフラン

輸入（品）imports：海外で生産され，国内で販売される財・サービス．
輸出（品）exports：国内で生産され，海外で販売される財・サービス．

クへの影響とアメリカの自動車産業の労働者への影響は違うものになる．しかしながら，政治家や評論家がしばしば述べる意見とはまったく反対に，国際貿易は戦争ではない．戦争は勝利する国と敗北する国を生み出すが，国際貿易はすべての国々をより繁栄させるのである．

【小問】 ● 世界で最もタイプを速く打てるタイピストが，熟練した脳外科医でもあったとしよう．彼女は自分でタイプを打つべきか，それとも秘書を雇うべきか．説明しなさい．

専門家にきく　中国とアメリカの貿易

「中国との貿易は多くのアメリカ人に利益をもたらす．とくに，中国で製造されたり組み立てられたより安い製品を買うことができるためである．」

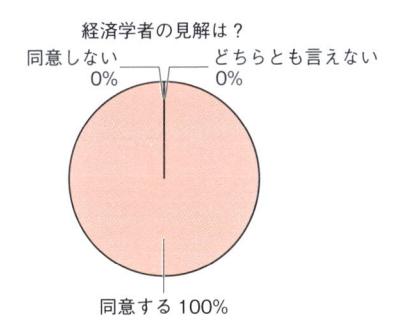

「衣服や家具のような，中国の企業との競争に直面している製品の製造にたずさわっているアメリカ人は，中国との貿易によって不利益をこうむっている．」

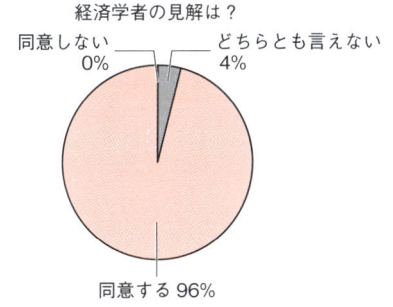

（出所）IGM Economic Experts Panel, June 19, 2012.

4 結論

　いまやあなたは，相互に依存しあう経済に暮らしていることのメリットを
かなりしっかりと理解することができるはずだ．アメリカ人が靴下を中国か
ら買うとき，メイン州の住民がフロリダ州でつくられたオレンジジュースを
飲むとき，家の持ち主が隣家の子どもを雇って芝刈りをさせるとき，いつも
同じ経済的な力が作用しているのである．比較優位の原理は，交易（貿易）
がすべての人々をより豊かにできることを示している．

　相互依存が望ましいものであることがわかると，どのようにすれば相互依
存が可能なのかという疑問が自然に浮かんでくることだろう．自由な社会は，
その経済に関わるすべての人々の多様な活動をどのようにして調整するのだ
ろうか．財やサービスは，どのようにしてそれらをつくるべき人々からそれ
らを消費すべき人々へと確実に渡されるのだろうか．牛飼ルビーと農夫フラ
ンクの例のような2人だけの社会であれば，答えは簡単である．2人のとき
には，直接交渉によって資源を配分することができる．しかし，何十億もの
人々が暮らしている現実の世界においては，答えはそれほど簡単ではない．
この問題を次章で取り上げよう．自由な社会では，需要と供給という市場の
力によって資源が配分されることを次章では学習する．

- 人は，国内のみならず世界中の多くの人々によって生産された財やサービ
  スを消費している．相互依存と交易（貿易）は，より多くて多様な財・サー
  ビスをすべての人々が享受できるようになるので，望ましいことである．
- 一つの財を生産する能力を2人の間で比較するときには二つの方法がある．
  より少ない投入量で生産することのできる人は，絶対優位を持っていると
  いう．より小さい機会費用で生産することのできる人は，比較優位を持っ
  ているという．交易（貿易）の利益は，絶対優位ではなく比較優位に基づ
  いている．

● 交換(貿易)が人々をより豊かにするのは,それぞれが比較優位を持っている活動に特化することを可能にするからである.

● 比較優位の原理は,国の場合にも,人の場合と同様にあてはまる.経済学者が自由な国際貿易を提唱するときには,比較優位の原理に基づいている.

確認問題

1. 1時間で,マテオは,2台の車の洗車をするか1軒分の庭の芝刈りをすることができる.同じ1時間で,タイラーは,3台の洗車と1軒分の庭の芝刈りをすることができる.洗車に関する絶対優位を持っているのは誰か.芝刈りに関する絶対優位を持っているのは誰か.

   a. 洗車はマテオ,芝刈りはタイラー.

   b. 洗車はタイラー,芝刈りはマテオ.

   c. 洗車はマテオ,芝刈りはどちらでもない.

   d. 洗車はタイラー,芝刈りはどちらでもない.

2. 1時間で,マテオは,2台の車の洗車をするか1軒分の庭の芝刈りをすることができる.同じ1時間で,タイラーは,3台の洗車と1軒分の庭の芝刈りをすることができる.洗車に関する比較優位を持っているのは誰か.芝刈りに関する比較優位を持っているのは誰か.

   a. 洗車はマテオ,芝刈りはタイラー.

   b. 洗車はタイラー,芝刈りはマテオ.

   c. 洗車はマテオ,芝刈りはどちらでもない.

   d. 洗車はタイラー,芝刈りはどちらでもない.

3. 2人の個人が効率的に生産した後,比較優位に基づいて,相互にメリットがある取引を行っているものとしよう.このとき,2人の消費はどうなっているか.

   a. 2人とも,自分たちの生産可能性フロンティアの外側にある消費をしている.

   b. 2人とも,自分たちの生産可能性フロンティアの内側にある消費をしている.

   c. それぞれの生産可能性フロンティアに対して,1人は内側の消費をし,

もう 1 人は外側の消費をしている.

d.　2 人とも，自分たちの生産可能性フロンティアの線上にある消費をしている.

4.　各国は，どのような財を輸入することが多いだろうか.

a.　自国が絶対優位を持っている財

b.　自国が比較優位を持っている財

c.　他国が絶対優位を持っている財

d.　他国が比較優位を持っている財

5.　アメリカでは，労働者 1 人で飛行機を 1 機作るのに 1 万時間，シャツを 1 枚作るのに 2 時間かかるとしよう. 中国では，飛行機 1 機を作るのに 4 万時間，シャツを 1 枚作るのに 4 時間かかるとしよう. このとき，両国の間では何を貿易するか.

a.　中国は飛行機を輸出し，アメリカはシャツを輸出する.

b.　中国はシャツを輸出し，アメリカは飛行機を輸出する.

c.　両国ともにシャツを輸出する.

d.　このケースでは，貿易の利益は発生しない.

6.　カイラは，夕食の調理に30分，洗濯に20分かかるとしよう. 彼女のルームメイトは，どちらも半分の時間でできるものとしよう. この 2 人は，どのように時間を使うべきだろうか.

a.　自分の比較優位に基づいて，カイラは調理の時間を増やすべきである.

b.　自分の比較優位に基づいて，カイラは洗濯の時間を増やすべきである.

c.　自分の絶対優位に基づいて，カイラは洗濯の時間を増やすべきである.

d.　このケースでは，取引の利益は発生しない.

復習問題

1.　どのような場合に，生産可能性フロンティアは，外向きに膨らまずに，直線になるのだろうか.

2.　絶対優位と比較優位の違いを説明しなさい.

3.　一方の人がある活動において絶対優位を持っているが，比較優位はもう一方の人にあるような例を挙げなさい.

4. 絶対優位と比較優位のどちらが交換（貿易）にとって重要だろうか．問題3で挙げた例を用いて説明しなさい．

5. 取引が比較優位に基づいており，双方が利益を得る場合，取引の価格はどのような範囲になければならないか．

6. 国は，比較優位を持つ財を輸出するのと輸入するのとどちらの傾向があるか．説明しなさい．

7. なぜ経済学者は国際貿易を制限する政策に反対するのか．

応用問題

1. マリアは，経済学の本を1時間に20ページ読むことができる．社会学の本であれば1時間に50ページ読むことができる．彼女の1日の勉強時間は5時間であるとしよう．

   a. 経済学の勉強と社会学の勉強に関して，マリアの生産可能性フロンティアを描きなさい．

   b. マリアにとって，社会学の本を100ページ読むことの機会費用は何か．

2. アメリカの労働者と日本の労働者は，ともに1人当たり1年に4台の自動車を生産することができる．一方，アメリカの労働者は1人当たり1年に10トンの穀物を生産できるが，日本の労働者は1人当たり1年に5トンの穀物しか生産できない．簡単化のために，それぞれの国の労働者はともに1億人であるとしよう．

   a. この数値例をもとに，図3-1パネル(a)の表に対応する表をつくりなさい．

   b. アメリカ経済と日本経済の生産可能性フロンティアを描きなさい．

   c. アメリカにとって，自動車1台の機会費用はいくらだろうか．また，穀物1トンの機会費用はいくらだろうか．日本にとって，自動車1台の機会費用はいくらだろうか．また，穀物1トンの機会費用はいくらだろうか．これらの情報を表3-1のような表にしなさい．

   d. 自動車の生産に関して絶対優位を持っているのはどちらの国だろうか．穀物生産に関してはどちらだろうか．

   e. 自動車の生産に関して比較優位を持っているのはどちらの国だろうか．

穀物生産に関してはどちらだろうか.

f.　貿易がない場合には，どちらの国も自動車の生産と穀物の生産に半々の労働者が従事しているものとしよう．それぞれの国における自動車と穀物の生産量はいくらだろうか.

g.　貿易のない状態を出発点として，貿易が両方の国を豊かにする例を考えなさい.

3.　パットとクリスはルームメイトである．彼女たちは（もちろん）よく勉強するが，自分たちの好きなことをするのにも時間を使う．それはピザとノンアルコールビールをつくることである．パットはノンアルコールビールを 1 ガロンつくるのに 4 時間かかり，ピザを 1 枚つくるのに 2 時間かかる．クリスはノンアルコールビールを 1 ガロンつくるのに 6 時間かかり，ピザを 1 枚つくるのに 4 時間かかる.

a.　ピザを 1 枚つくることの機会費用は，2 人のルームメイトそれぞれにとっていくらか．ピザをつくるのに絶対優位を持っているのはどちらか．ピザをつくるのに比較優位を持っているのはどちらか.

b.　パットとクリスが互いに食べ物を交換するとしたら，ピザを渡してノンアルコールビールを受け取るのはどちらか.

c.　ピザの価格をノンアルコールビールのガロン数で表すこともできる．両方のルームメイトをより満足させるピザの価格のうち，最も高い価格はいくらか．また，最も低い価格はいくらか．説明しなさい.

4.　カナダには1000万人の労働者がいて，1 人当たり 1 年間に自動車 2 台か小麦30ブッシェルを生産できるものとしよう.

a.　カナダにおいて，自動車を 1 台生産することの機会費用はいくらか．小麦を 1 ブッシェル生産することの機会費用はいくらか．二つの財の機会費用の関係を説明しなさい.

b.　カナダの生産可能性フロンティアを描きなさい．カナダでは自動車が1000万台消費されるとすると，貿易がない場合には小麦はどれだけ消費できるだろうか．生産可能性フロンティア上にその点を描き入れなさい.

c.　今度は，アメリカがカナダに対して，1 台当たり小麦20ブッシェルという価格で自動車を1000万台買いたいと提案したとしよう．カナダが1000万台の自動車を消費し続けるとすると，カナダはアメリカとの取引

によってどれだけの小麦を消費することができるだろうか．生産可能性フロンティア上にその点を描き入れなさい．カナダはこの取引に応じるべきだろうか．

5. イングランドとスコットランドは，どちらもスコーンとセーターを生産している．イングランドの労働者は，1時間当たりスコーン50個かセーター1枚を生産できる．一方，スコットランドの労働者は，1時間当たりスコーン40個かセーター2枚を生産できる．

   a. それぞれの財の生産に絶対優位を持っているのはどちらの国だろうか．比較優位を持っているのはどちらだろうか．

   b. イングランドとスコットランドとの間で貿易が行われるとすれば，スコットランドがイングランドに輸出するのはどちらの財だろうか．

   c. スコットランドの労働者が，1時間当たり1枚のセーターしか生産できない場合，スコットランドは貿易によって豊かになるだろうか．イングランドはどうだろうか．説明しなさい．

6. 下の表は，ベースボーリアという国にある二つの都市の生産可能性を示している．

	レッドソックス 赤靴下	ホワイトソックス 白靴下
ボストン	3	2
シカゴ	2	1

(注) 労働者1人1時間当たり生産量．

   a. 二つの都市の間で交易がない場合，ボストンにおける白靴下の（赤靴下で測った）価格はいくらか．シカゴではいくらか．

   b. それぞれの色の靴下の生産に関して，どちらの都市が絶対優位を持っているだろうか．比較優位を持っているのはどちらだろうか．

   c. 二つの都市が交易を始めた場合，それぞれの都市が輸出するのはどの色の靴下だろうか．

   d. 交易が生じたとき，それぞれの靴下の価格はどれくらいの範囲に収まるだろうか．

7. ドイツでは，労働者1人で自動車を1台作るのに400時間，ワインを1ケース分作るのに2時間かかる．フランスでは，労働者1人で自動車を1

台作るのに600時間，ワインを 1 ケース分作るのに x 時間かかる．

- a.　x がどのような値をとれば，貿易による利益が得られるか，説明しな
  さい．
- b.　x がどのような値をとると，ドイツが自動車を輸出しワインを輸入す
  ることになるか，説明しなさい．

8.　1 年間で，アメリカ人労働者が100枚のシャツか20台のコンピュータを
つくることができる一方で，中国人労働者は100枚のシャツか10台のコン
ピュータをつくることができるものとしよう．

- a.　両国の生産可能性フロンティアを描きなさい．貿易がない場合，どち
  らの国の労働者も半分ずつの時間を二つの財の生産に使うものとしよう．
  生産可能性フロンティア上にその点を描き入れなさい．
- b.　両国が貿易を始める場合，シャツを輸出するのはどちらの国だろうか．
  具体的な数値例を挙げて，図のなかに示しなさい．どちらの国が貿易か
  ら利益を得るか．説明しなさい．
- c.　コンピュータの（シャツの枚数で測った）価格がどれぐらいならば，
  両国は貿易するだろうか．
- d.　中国の生産性がアメリカに追いついて，中国人労働者が100枚のシャ
  ツか20台のコンピュータをつくることができるようになったとしよう．
  どのようなパターンの貿易が起こると予想できるか．この中国の生産性
  向上は，両国の国民たちの経済厚生にどのように影響するだろうか．

9.　次の文章は正しいか，誤りか．それぞれ説明しなさい．

- a.　二つの国のうち，一方の国がすべての財の生産に関して絶対優位を持
  っているとしても，貿易によって両方の国がより豊かになれる．
- b.　才能に非常に恵まれた人々のなかには，すべてのことに関して比較優
  位を持った人がいる．
- c.　ある交換（取引）が一方にとって有利なものである場合，その交換が
  相手側にとっても有利であるということはありえない．
- d.　ある交換（取引）が一方にとって有利なものである場合，その交換は
  相手側にとっても必ず有利である．
- e.　ある貿易取引が一国にとって有利なものである場合，その貿易取引は
  国内のすべての国民にとっても有利である．

PART II

第 II 部

ミクロ経済学

第 4 章

市場における需要と供給の作用

Keywords

市場 market

競争市場 competitive market

需要量 quantity demanded

需要法則 law of demand

需要表 demand schedule

需要曲線 demand curve

正常財 normal good

劣等財 inferior good

代替財 substitutes

補完財 complements

供給量 quantity supplied

供給法則 law of supply

供給表 supply schedule

供給曲線 supply curve

均衡 equilibrium

均衡価格 equilibrium price

均衡取引量 equilibrium quantity

余剰（超過供給） surplus（excess supply）

不足（超過需要） shortage（excess demand）

需要と供給の法則 law of supply and demand

　フロリダに寒気団がやってくると，アメリカ中のスーパーマーケットでオレンジジュースの値段が上がる．夏にニューイングランドの気温が上昇すると，カリブ海のホテルの料金が急落する．中東で戦争が起こると，アメリカでガソリンの価格が上昇し，キャデラックの中古車価格が下がる．こうした出来事に共通していることは何だろうか．実はこれらの出来事は，すべて需要と供給の働きを示している．

　需要と供給は，経済学者が最も頻繁に使う言葉である．それも当然だろう．需要と供給は，市場経済を機能させる力である．需要と供給は，一つ一つの財の生産量と販売価格とを決定する．ある政策や出来事が市場にどのような影響を与えるかを知りたければ，まずその政策や出来事が需要と供給にどのように影響を及ぼすかを考えなければならない．

　本章では，需要と供給の理論を紹介する．売り手と買い手がどのように行動し，彼らが互いにどのように影響しあうのかを考察する．需要と供給の理論を用いることによって，市場経済において需要と供給がどのように財の価格を決定するのか，またその価格が経済の希少な資源をどのように配分するのかが明らかになる．

1　市場と競争

　需要と供給という用語は，競争的な市場において互いに影響しあうときの人々の行動を指している．売り手と買い手がどのように行動するかを論じる前に，市場と競争という用語の意味についてもう少し考察してみよう．

●市場とは何か

　市場とは，一つ一つの財・サービスにおける売り手と買い手の集まりのことである．買い手全体で生産物の需要が決まり，売り手全体で生産物の供給が決まる．

　市場はさまざまな形態をとる．多くの農産物市場のように，高度に組織化された市場も存在する．そのような市場では，売り手と買い手が決まった日

市場 market：特定の財・サービスを扱う売り手と買い手の集まり．

時に決まった場所に集まり，そこで競売人によって競りが行われて，価格が決まり，売買が成立する.

しかしながら，たいていの市場はそれほど組織化されていない. 例として，どこかの町のアイスクリームの市場について考えてみよう. アイスクリームの買い手は，決められた時間に集合することはない. アイスクリームの売り手は，別々の場所に店を構えて，少しずつ異なるアイスクリームを売っている. アイスクリームの競り値を叫ぶ競売人はどこにもいない. それぞれの売り手は，自分の店のアイスクリームの値段を掲示しており，個々の買い手はどの店でどれだけのアイスクリームを買うかを決めるのである. 組織化されていないにもかかわらず，アイスクリームの生産者と消費者は，密接に関連している. アイスクリームの買い手はさまざまな店のなかから選択して，自分たちの望みを満足させようとする. アイスクリームの売り手も共通の買い手たちにアピールして，自分たちの商売を成功させようとする. あまり組織化されてはいないが，アイスクリームの売り手と買い手のグループは，市場を形成しているのである.

●競争とは何か

アイスクリームの市場は，経済に存在する多くの市場と同様に，きわめて競争的な市場である. それぞれの買い手は，自分が選択すべき複数の売り手がいることを知っており，それぞれの売り手も自分たちの商品が他の店の商品と似ていることを認識している. その結果として，アイスクリームの価格や販売量は，1人の売り手や買い手によって決定されることはない. 価格や販売量は，すべての売り手と買い手が市場において相互に影響しあうことを通して決定される.

競争市場とは，多くの売り手と買い手が存在していて，1人の売り手や買い手が市場価格に影響を及ぼさないような市場のことをいう. それぞれのアイスクリームの売り手は，他の売り手が同じような商品を販売しているので，アイスクリームの価格に対して限定された支配力しか持たない. 現在の相場よりも安く売る理由はないし，高く売ろうとすれば買い手は他の店でアイス

競争市場 competitive market：多数の売り手と買い手が存在し，特定の売り手や買い手が市場価格に与える影響が無視できる市場.

クリームを買うからである．同様に，どのアイスクリームの買い手も，アイスクリームの価格を左右することはできない．個々の買い手が購入するのはわずかな量だからである．

本章では，市場が完全競争的であると想定する．この競争状態の最高水準に到達するには，市場は二つの特徴を持っていなければならない．(1)販売されている財はすべてまったく同じである．(2)売り手と買い手が多数存在するので，市場価格に影響を及ぼすような単独の売り手や買い手は存在しない．完全競争市場においては，売り手も買い手も市場で決まった価格を受け入れるしかないので，彼らは価格受容者（プライス・テイカー）と呼ばれる．市場価格において，買い手は好きなだけの量を買うことができ，売り手も好きなだけの量を売ることができる．

完全競争の想定が完全に当てはまる市場も存在する．たとえば，小麦の市場では，多くの農家が小麦を売っており，非常に多くの消費者が小麦および小麦製品を買っている．どの売り手も買い手も単独では小麦の価格を左右できないので，価格を所与のものとして受け入れている．

しかしながら，財やサービスのすべてが完全競争市場で販売されているわけではない．売り手が一つしか存在せず，その売り手が価格を決めている市場もある．そのような売り手のことを独占企業という．たとえば，あなたの住んでいる町では，ケーブルテレビ局は独占企業かもしれない．その場合，町の住人にとって契約できるケーブルテレビ会社は一つしかない．そのほかに，完全競争と独占という両極端の中間にあたるような市場もある．

現実にはさまざまな種類の市場が存在するが，完全競争を想定することは有益な単純化であり，学習の出発点に適している．完全競争市場は，分析が最も容易である．市場の参加者全員が，市場価格を市場の諸条件によって決められたものとみなしているからである．そのうえ，ほとんどの市場にはある程度の競争があるので，完全競争市場における需要と供給の学習で得られた結果の多くは，より複雑な市場においても適用できる．

【小問】 ●市場とは何か．

●完全競争市場の特徴は何か．

2 需要

　まず，買い手の行動を調べることから市場についての学習を始めよう．焦点をはっきりさせるために，特定の財（アイスクリーム）の例を念頭に置いておこう．

●需要曲線：価格と需要量との関係

　何かの財の需要量とは，買い手が買いたいと思い，かつ買うことのできる量のことである．これからみていくように，個人のアイスクリーム需要量に影響する要因（変数）は数多く存在する．しかし，市場の機能の分析においては，一つの要因が中心的な役割を果たす．それは財の価格である．アイスクリームの価格が1個20ドルに上昇したとしよう．そうなれば，あなたは代わりにフローズン・ヨーグルトを買ったりして，アイスクリームをあまり買わなくなるだろう．逆に価格が1個0.2ドル（20セント）に下がれば，アイスクリームをたくさん買うようになるだろう．価格と需要量との間の相関関係は，経済にあるほとんどの財について成立する．かなり一般的なので，経済学者はこの関係のことを需要法則と呼ぶほどである．他の要因が一定であれば，財の価格が上昇すると財の需要量は減少し，価格が低下すると需要量は増加する．

　図4-1の上の表は，さまざまな価格の下で，キャサリンが1カ月に買うアイスクリームの数を示している．アイスクリームが無料であれば，キャサリンは12個のアイスクリームを買う．1個0.5ドルであれば，キャサリンは10個のアイスクリームを買う．価格が上昇するにつれて，キャサリンが買うアイスクリームの数は減少していく．価格が3ドルに達すると，キャサリンはアイスクリームを買わなくなる．この表を需要表と呼ぶ．需要表は，消費者の購入希望量に影響する他のすべての要因を一定にしたときの，財の価格と

需要量 quantity demanded：買い手が買いたいと思い，かつ買うことのできる財の量．
需要法則 law of demand：他の条件が一定であれば，ある財の価格が上昇するときに需要量が減少すること．
需要表 demand schedule：ある財の価格と需要量の関係を表す表．

図4-1　キャサリンの需要表と需要曲線

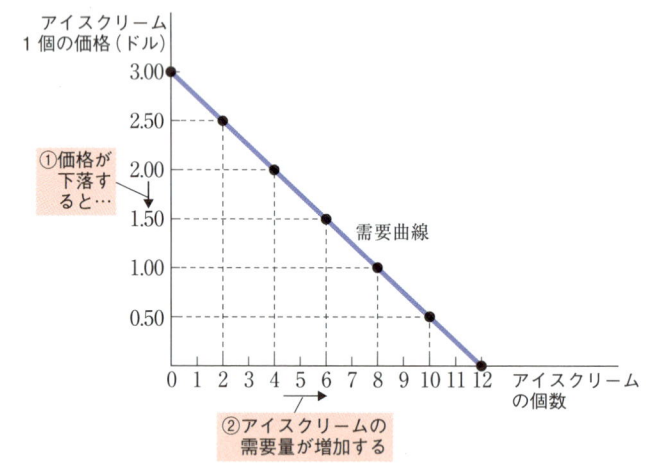

アイスクリームの価格 （ドル）	アイスクリームの需要量 （個）
0.00	12
0.50	10
1.00	8
1.50	6
2.00	4
2.50	2
3.00	0

需要表はそれぞれの価格における需要量を示している．需要表を図にした需要曲線は，財の需要量が価格の変化に応じてどのように変化するかを表している．価格が下がると需要量が増えるので，需要曲線は右下がりとなる．

需要量との関係を示している．

　図4-1のグラフは，表の数字を用いて，需要法則を図示したものである．慣習に従って，アイスクリームの価格を縦軸に，需要量を横軸にとってある．価格と需要量の関係を表した右下がりの曲線のことを**需要曲線**という．他の要因が一定であれば，価格が下がると需要量が増えるので，需要曲線は右下がりとなる．

需要曲線 demand curve：ある財の価格と需要量の関係を表す図．

●市場の需要と個人の需要

図4-1の需要曲線は，財に対する個人の需要を示している．市場がどのように機能するかを分析するには，**市場の需要**を決定する必要がある．市場の需要とは，当該の財・サービスに関する個人の需要をすべて足し合わせたものである．

図4-2の上の表は，この市場における2人の個人，キャサリンとニコラスのアイスクリーム需要表を示したものである．キャサリンの需要表はそれぞれの価格の下で彼女が買うアイスクリームの個数を示し，ニコラスの需要表は彼が買うアイスクリームの個数を示している．このとき，それぞれの価格

図4-2 個人の需要量の合計としての市場需要量

アイスクリームの価格 (ドル)	キャサリンの需要量(個)		ニコラスの需要量(個)		市場需要量 (個)
0.00	12	+	7	=	19
0.50	10		6		16
1.00	8		5		13
1.50	6		4		10
2.00	4		3		7
2.50	2		2		4
3.00	0		1		1

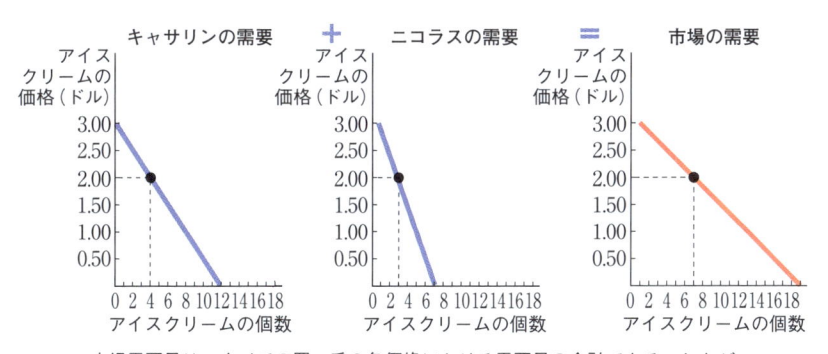

市場需要量は，すべての買い手の各価格における需要量の合計である．したがって，市場需要曲線は，個人の需要曲線を水平方向に足し合わせることによって求めることができる．アイスクリームの価格が2ドルのときには，キャサリンのアイスクリームの需要量は4個であり，ニコラスの需要量は3個である．したがって，価格が2ドルのときのアイスクリームの市場需要量は7個である．

における市場の需要は，2人の需要の合計である．

　図4-2のグラフには，これらの需要表に対応する需要曲線が描かれている．市場需要曲線が個人の需要曲線を水平に足し合わせて描かれていることに注意しよう．それぞれの価格における総需要量を見つけるには，個別の需要曲線上において，その価格に対応する横軸の値を読み取り，合計すればよい．われわれの関心は市場がどのように機能するかということにあるので，市場需要曲線は頻繁に用いられる．市場需要曲線は，消費者の購入希望量に影響する他のすべての要因を一定に保った場合に，財の価格の変化に応じて，財の総需要量がどのように変化するかを表している．

●需要曲線のシフト

　市場需要曲線は，消費者の購入決定に影響する（価格以外の）多くの変数を一定としているので，需要曲線はいつも安定的であるとは限らない．それぞれの価格における需要量を変化させるような出来事が生じれば，需要曲線はシフトする．たとえば，アメリカ医学協会が，習慣的にアイスクリームを食べている人は，そうでない人よりも長寿で健康的な生活を送っているということを突然発見したとしよう．この発見は，アイスクリームの需要を高めるだろう．どの価格においても，買い手は以前よりも多くのアイスクリームを買おうとすると考えられるので，アイスクリームの需要曲線はシフトする．

　図4-3は，需要のシフトを例示したものである．上述のアメリカ医学協会による発見の仮想例のような，どの価格においても需要量を増やすような変化は，需要曲線を右方にシフトさせることになり，需要の増大と呼ばれる．どの価格においても需要量を減らすような変化は，需要曲線を左方にシフトさせることになり，需要の減少と呼ばれる．

　需要曲線をシフトさせる変数は数多くある．ここで最も重要なものについて考えてみよう．

　所得　ある夏にアルバイトをくびになったとしよう．そのときあなたのアイスクリームへの需要はどう変わるだろうか．おそらく減少するだろう．所得の減少は支出可能な金額が減少することを意味するので，いくつかの財への支出を削らなければならない．おそらくは，ほとんどの財への支出を削る

図4-3　需要曲線のシフト

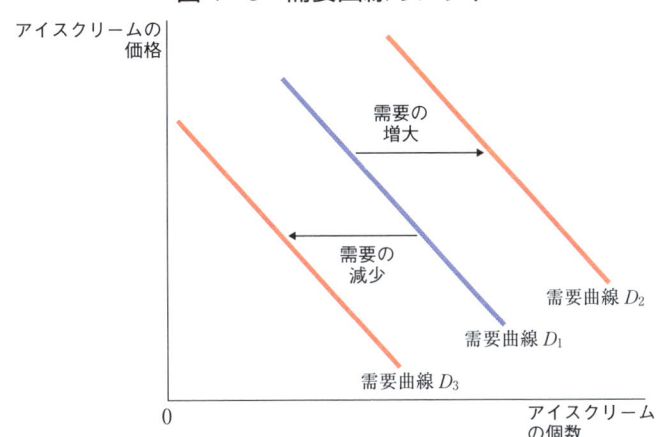

それぞれの価格の下で買い手が買いたいと思う量を増大させるような変化は，需要曲線を右方にシフトさせる．逆に，それぞれの価格の下で買い手が買いたいと思う量を減少させるような変化は，需要曲線を左方にシフトさせる．

ことになるだろう．このように，所得が減少したときに需要が減少する財のことを**正常財**という．

　正常財が標準的であるが，すべての財が正常財であるわけではない．所得が減少したときに需要が増大する財のことを**劣等財**という．劣等財の例としては，バスの利用が挙げられる．所得が減少すると，車の購入やタクシーの利用を控えるようになるので，バスを利用することが増えるのである．

　　関連する財の価格　フローズン・ヨーグルトの価格が低下したとしよう．需要法則によれば，あなたはフローズン・ヨーグルトの購入量を増やすことになる．そのとき，おそらくアイスクリームの購入量は減少するだろう．アイスクリームとフローズン・ヨーグルトは，どちらも冷たくて甘くてクリーミーなデザートであり，同じような欲求を満たすことができるからである．このように，一つの財の価格が下落すると別の財への需要が減少するとき，その二つの財は**代替財**であるという．代替財は，互いに代用できる財のペアであることが多い．ホットドッグとハンバーガー，セーターとスウェットシ

正常財 normal good：他の条件が一定のときに，所得の増加によって需要量が増加する財．
劣等財 inferior good：他の条件が一定のときに，所得の増加によって需要量が減少する財．

ャツ，映画のチケットと動画配信サービスなどが挙げられる．

　今度は，ファッジの価格が下落したとしよう．需要法則によれば，あなた
はファッジの需要を増やすことになる．しかし，この場合はアイスクリーム
の需要も増えることになるだろう．アイスクリームと熱いファッジは一緒に
食べることが多いからである．このように，一つの財の価格が下落すると別
の財への需要が増大するとき，その二つの財は補完財であるという．補完財
は，一緒に使われる財のペアであることが多い．その例として，ガソリンと
自動車，コンピュータとソフトウェア，ピーナッツ・バターとジャム（ピー
ナッツ・バター＆ジェリーサンドはアメリカで定番のサンドウィッチ）な
どが挙げられる．

　嗜好（好み）　あなたの需要を決定するいちばん明白な要因は，あなたの
嗜好だろう．もしあなたがアイスクリームを好きならば，アイスクリームを
たくさん買うだろう．普通，経済学者が人々の嗜好を説明しようとすること
はない．嗜好は歴史的な要因や心理的な影響に基づいているが，それらの要
因は経済学の領域から外れるからである．ただし，嗜好が変化したときに何
が起こるかということは，経済学者の取り扱う問題である．

　期待（予想）　将来に関するあなたの予想が，現在の財・サービスへの需
要に影響することもあるだろう．来月に多額の収入を得られると予想してい
れば，現在貯蓄するのを減らし，現在の所得をより多く使ってアイスクリー
ムを買おうとすることもあるだろう．また，アイスクリームの値段が明日下
がると予想すれば，今日の価格でアイスクリームを買おうとはしないかもし
れない．

　買い手の数　個人の行動に影響するこれらの諸要因に加えて，市場の需要
は，買い手の数にも依存する．もし，もう１人のアイスクリーム消費者とし

代替財 substitutes：片方の財の価格が上昇すると，もう片方の財の需要が増大する関係
にある二つの財．
補完財 complements：片方の財の価格が上昇すると，もう片方の財の需要が減少する関
係にある二つの財．

表4-1 買い手に影響する諸変数

変数	この変数の変化は…
財の価格	需要曲線上の動き
所得	需要曲線のシフト
関連する財の価格	需要曲線のシフト
嗜好	需要曲線のシフト
期待	需要曲線のシフト
買い手の数	需要曲線のシフト

この表は，消費者の財の購入量に影響する諸変数のリストである．その財の価格が果たす特別な役割に注意しよう．当該財の価格の変化は需要曲線上の動きに対応するが，他の諸変数の変化は需要曲線をシフトさせる．

てピーターがキャサリンとニコラスに加われば，市場の需要量はどの価格においても増加し，市場の需要は増大する．

まとめ 需要曲線は，買い手に影響を与える他のすべての要因を一定として，当該の財の価格だけを変化させたときに，その需要量がどのように変化するかを示している．財の価格以外の要因が一つでも変化すれば，需要曲線はシフトする．表4-1は，消費者による財の購入に影響を与える諸要因をリストにしたものである．

需要曲線のシフトなのか，需要曲線に沿った動きなのかを覚えるのが難しい場合，第2章の補論の学習を思い出すとよい．曲線がシフトするのは，二つの軸のどちらにも測られていない，関連する変数が変化したときである．価格は縦軸に測られているので，価格の変化は需要曲線に沿った動きを生じる．対照的に，関連する財の価格や嗜好，期待，買い手の数などは，どちらの軸にも測られていない．したがって，これらの変数の変化は需要曲線をシフトさせるのである．

ケース・スタディ たばこの需要量を減らす二つの方法

喫煙は健康を害するため，公共政策の立案者たちは，しばしば人々の喫煙量を減らしたいと願う．この目標を実現するために，政策で対応可能な方法は二つある．

　喫煙を減らす一つの方法は，紙巻たばこ（シガレット）とたばこ製品の需要曲線をシフトさせることである．政府による広報，たばこの箱に警告文を印刷することの義務づけ，たばこのテレビコマーシャルの禁止などは，どれもそれぞれの価格の下でのたばこ需要量を減らすことをめざした政策である．こうした政策が成功すれば，図4-4のパネル(a)のように，たばこの需要曲線は左方にシフトする．

　もう一つの方法として，政策立案者はたばこの価格を引き上げることもできる．たとえば，政府がたばこの製造に課税すれば，たばこ会社はたばこの価格を引き上げて，その税金のほとんどを消費者に転嫁するだろう．たばこの価格が上昇すれば，喫煙者は喫煙量を減らすようになる．この場合の喫煙量減少は，たばこの需要曲線のシフトを反映したものではない．図4-4のパネル(b)のように，たばこの需要曲線上をより高価格・少需要の点へと移動したことを反映したものである．

　たばこの価格が変化すると，たばこの消費量はどれぐらい反応するのだろうか．経済学者は，たばこの税金が変更されたときに何が起こるかを研

図4-4　需要曲線のシフトと需要曲線上の動き

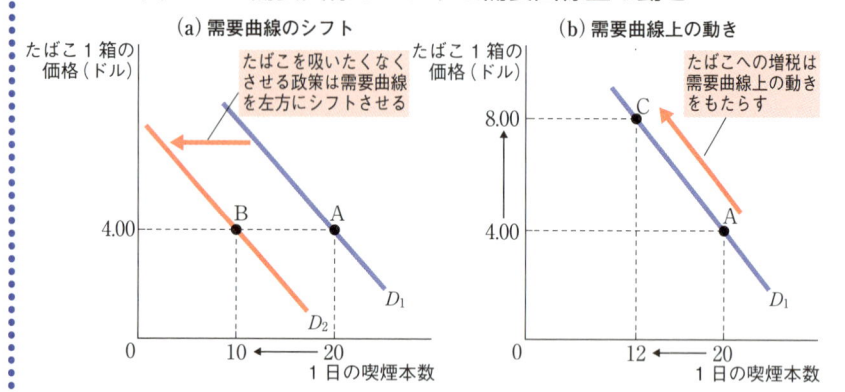

たばこの箱に警告文が書かれることで喫煙者の喫煙量が減ると，需要曲線は左方にシフトする．パネル(a)では，需要曲線が D_1 から D_2 にシフトしている．たばこ1箱が4ドルのとき，たばこの需要量はA点からB点へのシフトを反映して，1日20本から10本に減少する．一方，たばこの税率が上昇したときには，需要曲線はシフトしない．その代わりに，需要曲線上の動きがみられる．パネル(b)では，たばこ1箱の価格が4ドルから8ドルに上昇している．このとき，A点からC点への需要曲線上の動きを反映して，たばこの需要量は1日20本から12本に減少する．

究して，この問題に答えようとしてきた．それによると，たばこの価格が10％上昇すると，需要量は4％減少するという結果が報告されている．なかでも，10代の若者がとくに価格の変化に鋭敏に反応することもわかった．10代の若者については，価格が10％上昇すると，需要量は12％も減少する．

　関連する疑問は，たばこの価格が，マリファナのような違法ドラッグの需要にどう影響するかである．たばこ税の反対者たちは，たばことマリファナは代替財であり，たばこの価格が高くなると，マリファナの使用を増やすと主張する．他方で，多くの薬物乱用の専門家たちは，たばこは若者たちがさまざまな有害薬物を試すようになる「玄関口」であると，みなしている．データに基づく検討のほとんどは，後者の見方を支持している．たばこの価格が低いほうが，マリファナの使用が増えるというのである．つまり，たばことマリファナは代替財というよりも補完財のように思われる．

【小問】　● 1カ月のピザの需要表をつくり，それに基づいて需要曲線を描きなさい．
　　　　　● ピザの需要曲線をシフトさせる要因の例を挙げなさい．
　　　　　● ピザの価格の変化は，この需要曲線をシフトさせるか．

3　供給

　今度は市場の反対側に目を向けて，売り手の行動を調べてみよう．焦点をはっきりさせるために，ここでもアイスクリームの市場を例にして考えていこう．

●供給曲線：価格と供給量との関係

　財やサービスの**供給量**とは，売り手が売りたいと思いかつ売ることのできる量のことである．供給量を規定する要因（変数）は数多く存在するが，ここでも分析の中心的な役割を果たすのは価格である．アイスクリームの価格が高いときには，アイスクリームの販売は儲かるので，供給量は多くなる．

――――――――――――――――

供給量 quantity supplied：売り手が売りたいと思い，かつ売ることのできる財の量．

アイスクリームの売り手は，勤務時間を延ばしたり，アイスクリーム製造機を買い増したり，新しく人を雇い入れたりするだろう．逆に，アイスクリームの価格が低いときには，そのビジネスは儲からないので，供給量は少なくなる．価格が低いと，店を閉めて，供給量をゼロにする売り手も出てくるだろう．価格と供給量との間のこの相関関係は，供給法則と呼ばれる．他の要因が一定であれば，財の価格が上昇すると財の供給量は増加し，価格が下落すると供給量は減少する．

図4-5の上の表は，さまざまな価格の下で，アイスクリームの売り手であるベンが毎月どれだけのアイスクリームを供給するかを示している．1ドルを下回る価格では，ベンはアイスクリームをまったく販売しない．価格が上昇するにつれて，ベンが売るアイスクリームの数は増加する．この表を供給表と呼ぶ．供給表は，生産者が売りたい量に影響する他のすべての要因を一定にした場合の，財の価格と供給量との関係を示している．

図4-5のグラフは，表の数字を用いて，供給法則を図示したものである．価格と供給量の関係を表した曲線のことを供給曲線という．他の諸要因を一定にした場合，価格が上昇すると供給量は増加するので，供給曲線は右上がりである．

●市場の供給と個人の供給

市場の需要がすべての買い手の需要を合計したものであったのとまったく同じように，市場の供給もすべての売り手の供給を合計したものである．図4-6の表は，市場の2人のアイスクリーム業者，ベンとジェリーの供給表を示したものである．ベンの供給表はそれぞれの価格の下でベンが供給するアイスクリームの個数を示し，ジェリーの供給表はそれぞれの価格の下でジェリーが供給するアイスクリームの個数を示している．このとき，市場の供給は2人の供給の合計である．

図4-6のグラフには，この供給表に対応する供給曲線が描かれている．需

供給法則 law of supply：他の条件が一定であれば，ある財の価格が上昇するときに供給量が増加すること．
供給表 supply schedule：ある財の価格と供給量の関係を表す表．
供給曲線 supply curve：ある財の価格と供給量の関係を表す図．

図4-5　ベンの供給表と供給曲線

アイスクリームの価格 （ドル）	アイスクリームの供給 （個）
0.00	0
0.50	0
1.00	1
1.50	2
2.00	3
2.50	4
3.00	5

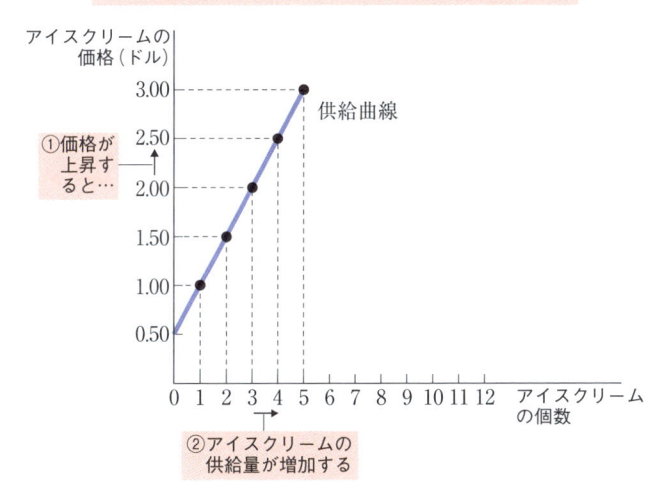

供給表は，それぞれの価格における供給量を示している．供給曲線はその供給表を図にしたものであり，価格が変化すると供給量がどのように変化するかを示している．価格が上昇すると供給量は増加するので，供給曲線は右上がりである．

要曲線の場合と同じように，市場供給曲線は個別の供給曲線を水平に足し合わせることによって得られる．すなわち，それぞれの価格における総供給量を見つけるには，個別の供給曲線上において，その価格に対応する横軸の値を読み取り，合計すればよい．市場供給曲線は，価格以外で生産者の販売量に関する意思決定に影響を及ぼす諸要因をすべて固定した場合に，財の価格の変化に応じて，財の総供給量の合計がどのように変化するかを表している．

図4-6　個人の供給量の合計としての市場供給量

アイスクリームの価格 （ドル）	ベンの供給量 （個）		ジェリーの供給量 （個）		市場供給量 （個）
0.00	0	+	0	=	0
0.50	0		0		0
1.00	1		0		1
1.50	2		2		4
2.00	3		4		7
2.50	4		6		10
3.00	5		8		13

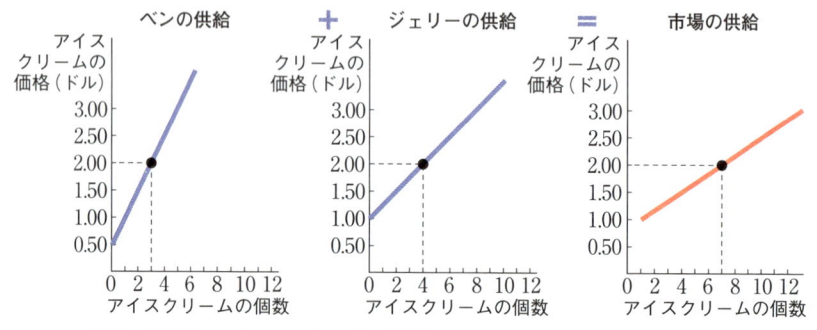

市場の供給量は，すべての売り手の各価格における供給量の合計である．したがって，市場供給曲線は，個人の供給曲線を水平に足し合わせることによって求めることができる．アイスクリームの価格が2ドルのとき，ベンは3個，ジェリーは4個のアイスクリームを供給する．アイスクリームの市場供給量は，価格が2ドルのときには7個である．

●供給曲線のシフト

　市場供給曲線は，生産者の販売希望量の決定に影響する（価格以外の）多くの変数を一定としているので，そうした要因が一つでも変化すれば，供給曲線はシフトする．たとえば，砂糖の価格が下落したとしよう．砂糖は，アイスクリーム生産に用いる投入物の一つなので，砂糖の価格が下落するとアイスクリーム販売の儲けは増える．したがって，アイスクリームの供給は増大する．どの価格においても，売り手は以前よりも多くのアイスクリームを生産しようとするだろう．その結果，供給曲線は右方にシフトする．

　図4-7は，供給曲線のシフトを図示している．砂糖の価格の下落のように，

図4-7 供給曲線のシフト

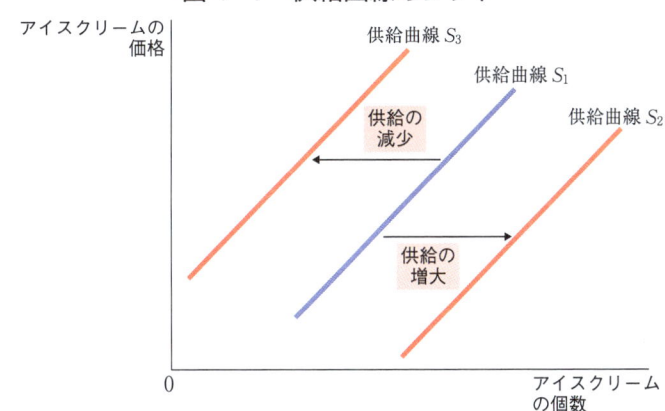

それぞれの価格の下で売り手が生産したいと思う量を増加させるような変化が発生すると，供給曲線は右方にシフトする．逆に，それぞれの価格の下で売り手が生産したいと思う量を減少させるような変化が発生したときには，供給曲線は左方にシフトする．

すべての価格において供給量を増やすような変化は，供給曲線を右方にシフトさせることになり，供給の増大と呼ばれる．同じように，すべての価格において供給量を減らすような変化は，供給曲線を左方にシフトさせることになり，供給の減少と呼ばれる．

　供給曲線をシフトさせる要因は数多い．ここで最も重要なものについて考えてみよう．

　投入価格　アイスクリームを生産するために，メーカーはさまざまなもの（投入物）を使用する．クリーム，砂糖，香料，アイスクリーム製造機，アイスクリーム工場の建物，機械を動かして原料を混ぜ合わせる人手，といったものである．こうしたものの価格がどれか一つでも上昇すると，アイスクリーム製造による儲けは減ってしまうので，アイスクリーム会社は供給を減らすようになる．投入価格が大幅に上昇すれば，会社を閉鎖してアイスクリームの供給量をゼロにしてしまうこともあるだろう．このように，財の供給は，その財の生産に必要な投入物の価格と負の相関関係を持っている．

技術 投入物をアイスクリームに変化させるための技術も，供給を決定する要因の一つである．たとえば，アイスクリーム自動製造機が発明されたことで，アイスクリームの製造に必要な人数は減少した．企業の費用を減少させることによって，技術進歩はアイスクリームの供給を増大させたのである．

期待（予想） メーカーが現在供給するアイスクリームの量が，将来に対するメーカーの予想に依存することもある．たとえば，将来アイスクリームの価格が上昇するとメーカーが予想すれば，生産したものの一部を保存しておくことにして，現在の市場への供給を減らすだろう．

売り手の数 個々の売り手の行動に影響するこれらの諸要因に加えて，市場の供給は売り手の数にも依存する．もし，ベンやジェリーがアイスクリームのビジネスから撤退すれば，アイスクリーム市場の供給は減少する．

まとめ 供給曲線は，売り手に影響を及ぼす他のすべての要因を一定として，当該の財の価格だけを変化させたときに，その供給量がどのように変化するかを示している．財の価格以外の変数が一つでも変化すれば，供給曲線はシフトする．表4-2は，売り手による財の販売量に影響を与える諸要因をリストにしたものである．

供給曲線のシフトなのか，供給曲線に沿った動きなのかを判断しなければならないとき，次の教訓を思い出してほしい．曲線がシフトするのは，二つ

表4-2 売り手に影響する諸変数

変数	この変数の変化は…
財の価格	供給曲線上の動き
投入価格	供給曲線のシフト
技術	供給曲線のシフト
期待	供給曲線のシフト
売り手の数	供給曲線のシフト

この表は，生産者の財の販売量に影響する諸変数のリストである．その財の価格が果たす特別な役割に注意しよう．当該財の価格の変化は供給曲線上の動きに対応するが，他の諸変数の変化は供給曲線をシフトさせる．

の軸のどちらにも測られていない，関連する変数が変化したときである．価格は縦軸に測られているので，価格の変化は供給曲線に沿った動きを生じる．対照的に，投入財の価格，技術，期待，売り手の数などは，どちらの軸にも測られていないので，そうした変数の変化は供給曲線をシフトさせる．

【小問】　● ピザの月間供給表の例をつくり，それに基づいて供給曲線を描きなさい．

　　　　● ピザの供給曲線をシフトさせる要因の例を挙げて，簡単に説明しなさい．

　　　　● ピザの価格の変化は，この供給曲線をシフトさせるか．

4　需要と供給を組み合わせる

　これまでは，需要と供給とを別々に分析してきた．ここでは，二つを組み合わせることによって，需要と供給がどのように市場の販売量と価格を決定するのかをみていこう．

● 均衡

　図4-8は，市場需要曲線と市場供給曲線を一つの図に描いたものである．需要曲線と供給曲線とが1点で交差していることに注意しよう．この2本の曲線の交点のことを市場均衡点という．市場均衡点における価格を均衡価格といい，数量を均衡取引量という．この図では，均衡価格はアイスクリーム1個が2ドルであり，均衡取引量はアイスクリーム7個である．

　辞書によれば，「均衡」という言葉は，さまざまな力が釣り合っている状態と定義されている．この定義は市場の均衡についても同じようにあてはまる．均衡価格においては，買い手が買いたいと思いかつ買うことのできる財の量と，売り手が売りたいと思いかつ売ることのできる財の量とが，正確に釣り合っている．均衡価格は，市場清算価格（マーケット・クリアリング・プライス）と呼ばれることもある．この価格の下では，市場参加者全員が満

均衡 equilibrium：需要量と供給量が等しくなる水準に価格が到達した状況．
均衡価格 equilibrium price：需要量と供給量が釣り合っているときの価格．
均衡取引量 equilibrium quantity：均衡価格における需要量と供給量．

図4-8　需要と供給の均衡

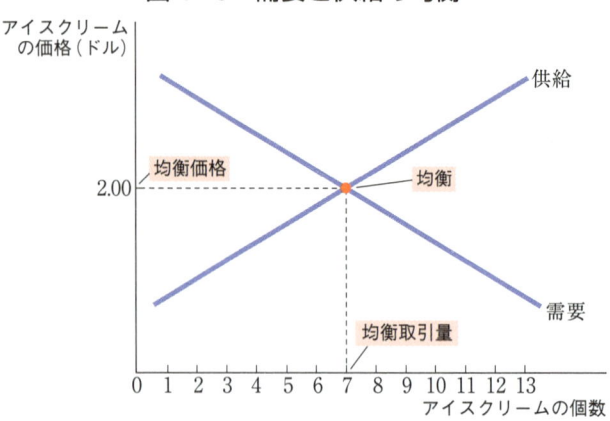

需要曲線と供給曲線が交差する点が均衡である．均衡価格の下では，需要量と供給量は等しい．この図では，均衡価格は2ドルであり，アイスクリームの需要量と供給量は7個になる．

足しており，不満足な者は残されていない（クリアされた）からである．買い手は買いたいと思う量を買い，売り手は売りたいと思う量を売っている．

　売り手と買い手の行動は，市場を需要と供給の均衡点へと自然に導いていく．なぜそうなるかを理解するために，市場価格と均衡価格とが異なる場合を考えてみよう．

　まず，図4-9のパネル(a)のように，市場価格が均衡価格を上回っているケースを考えよう．アイスクリームの価格が1個2.5ドルのときには，供給量（10個）が需要量（4個）を上回っている．つまり，財が余っている（余剰）状態である．売り手は，現在の価格では売りたいと思うだけの量を売り切ることができない．この余剰の状態を超過供給とも呼ぶ．アイスクリームの市場に余剰が存在する場合，売りたいのに売れないアイスクリームが売り手の冷凍庫にどんどん貯まっていくことになる．売り手は，価格を引き下げることでこの超過供給状態を解消しようとするだろう．価格が下落すると，需要量は増加し供給量は減少する．こうした変化は，需要・供給曲線に沿った動きであり，曲線のシフトではない．価格は市場が均衡に到達するまで下

余剰（超過供給）surplus（excess supply）：供給量が需要量よりも多い状況．

図4-9 均衡でない市場

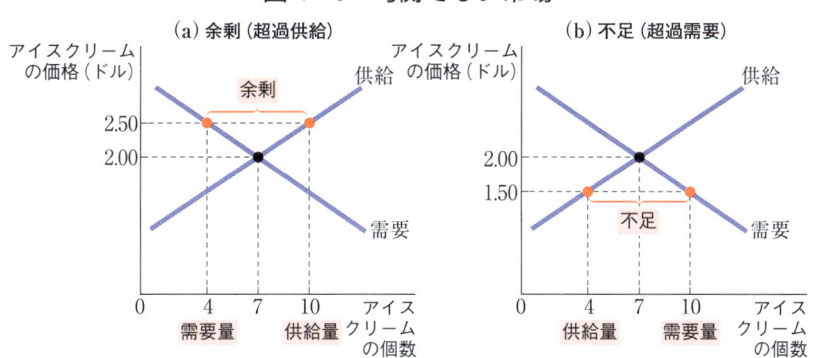

パネル(a)は余剰（超過供給）のケースである．2.5ドルという市場価格は均衡価格よりも高いので，供給量（10個）は需要量（4個）を上回っている．このとき，売り手が売上げを増やすためにアイスクリームの価格を引き下げることによって，価格は均衡水準に向かう．パネル(b)は不足（超過需要）のケースである．1.5ドルという市場価格は均衡価格よりも低いので，需要量（10個）は供給量（4個）を上回っている．少ない財に多くの人が群がるので，売り手は品不足を利用して価格を引き上げることができる．したがって，どちらのケースにおいても，価格は需要と供給の均衡へと調整される．

落し続ける．

　今度は，図4-9のパネル(b)のように，市場価格が均衡価格を下回っている場合を考えよう．この場合には，市場価格はアイスクリームが1個1.5ドルであり，需要量が供給量を上回っている．つまり，財が不足している状態である．買い手は，現在の価格では買いたいと思うだけの量を買うことができない．この不足の状態を超過需要とも呼ぶ．市場においてアイスクリームが不足している場合，残っているアイスクリームを買うチャンスを求めて，買い手は長い行列をつくって待たなければならない．多すぎる買い手がほんの少ししかない財を求めているので，不足しているときには，売り手は売上げを減らすことなく価格を引き上げることができる．価格が上昇するにつれて，需要量は減少し供給量は増加する．こうした変化は，やはり需要・供給曲線に沿った動きであり，市場が均衡に到達するまで動き続ける．

　このように，はじめの価格が高すぎても低すぎても，多数の売り手と買い

不足（超過需要）shortage（excess demand）：需要量が供給量よりも多い状況．

手の行動は，市場価格を自動的に均衡価格に導いていく．市場が均衡に到達すると，すべての売り手と買い手は満足するので，価格には上昇圧力も下降圧力もかからない．均衡に到達する速さは価格調整の速度に依存しており，市場によって異なる．ほとんどの自由な市場において，余剰や不足は一時的な現象にすぎない．価格は最終的には均衡価格に向かっていくからである．この価格調整による均衡化という現象は，とても一般的に普及しているので，需要と供給の法則と呼ばれることもある．どの財の価格も，その財の需要量と供給量が釣り合うように調整されるのである．

●均衡の変化を分析する3段階アプローチ

これまでは，市場の均衡が需要と供給の組合せによって決まり，市場均衡において，売り手と買い手が売買する財の価格と数量とが決定されることをみてきた．均衡価格と均衡取引量は，需要曲線と供給曲線の位置に依存する．ある出来事がどちらかの曲線をシフトさせると，市場均衡も変化し，売り手と買い手の間の新しい取引価格と取引量をもたらす．

ある出来事が市場にどのような影響を与えるかを分析するときには，3段階でみる必要がある．第1に，その出来事が，需要曲線をシフトさせるのか，供給曲線をシフトさせるのか，両方の曲線をシフトさせるのかを判断する．第2に，その曲線が左方にシフトするのか右方にシフトするのかを判断する．第3に，需要と供給の図を用いて新旧の均衡点を比較することで，曲線のシフトが均衡価格と均衡取引量にどのような影響を及ぼすのかを調べる．この3段階アプローチをまとめたものが表4-3である．この手法を理解するために，さまざまな出来事がアイスクリームの市場にどのような影響を及ぼすかを，3段階アプローチに基づいてみていこう．

例：需要のシフトによる市場均衡の変化　ある年の夏が猛暑だったとしよう．このことはアイスクリームの市場にどのような影響を与えるだろうか．3段階アプローチをこの問題に適用してみよう．

1．猛暑は人々のアイスクリームに対する嗜好を変化させることで需要曲

需要と供給の法則 law of supply and demand：ある財の需要量と供給量が釣り合うようにその財の価格が調整されるという主張．

表4-3　均衡の変化を分析するための3段階アプローチ

1 需要曲線と供給曲線のどちらがシフトするかを決定する（両方がシフトすることもある）.
2 曲線のシフトの方向を決定する.
3 需要と供給の図を用いて，曲線のシフトが均衡価格と均衡取引量をどのように変化させたかをみる.

　線をシフトさせる. つまり，気候の変化は，それぞれの価格の下で人々が買いたいと思うアイスクリームの量を変化させる. アイスクリームを販売する企業にとって，気候は直接には影響がないので，供給曲線には変化が生じない.

2. 猛暑は人々により多くのアイスクリームを食べたいと思わせるので，需要曲線は右方にシフトする. 図4-10では，この需要の増大を需要曲線の D_1 から D_2 へのシフトとして表している. このシフトは，アイスクリームの需要量がそれぞれの価格の下で増えたことを意味している.

3. 価格が2ドルのままでは，いまやアイスクリームに対して超過需要が発生しており，不足状況に対応して企業は価格を引き上げる. 図4-10に示されているように，需要の増大は均衡価格を2ドルから2.5ドルに引き上げ，均衡取引量をアイスクリーム7個から10個に増やす. つまり，猛暑はアイスクリームの価格を引き上げ，販売量を増加させる.

　曲線のシフトと曲線上の動き　猛暑がアイスクリームの需要を増やして価格を押し上げるとき，供給曲線がシフトしていないのにアイスクリームの販売量が増加したことに注意しよう. この場合，経済学者は，「供給量」は増加したというが，「供給」が変化（シフト）したとはいわない.

　「供給」とは供給曲線の位置を意味し，「供給量」とは供給者が売りたい量を指す. 上の例では，気候はそれぞれの価格水準において企業の販売したいアイスクリームの量に対して影響を与えないので，「供給」は変わらない. 一方，猛暑は消費者がそれぞれの価格において買いたいと考える量を変化させるので，需要曲線を右方にシフトさせる. 需要の増大は，均衡価格を上昇

図4-10 需要の増大が均衡に与える影響

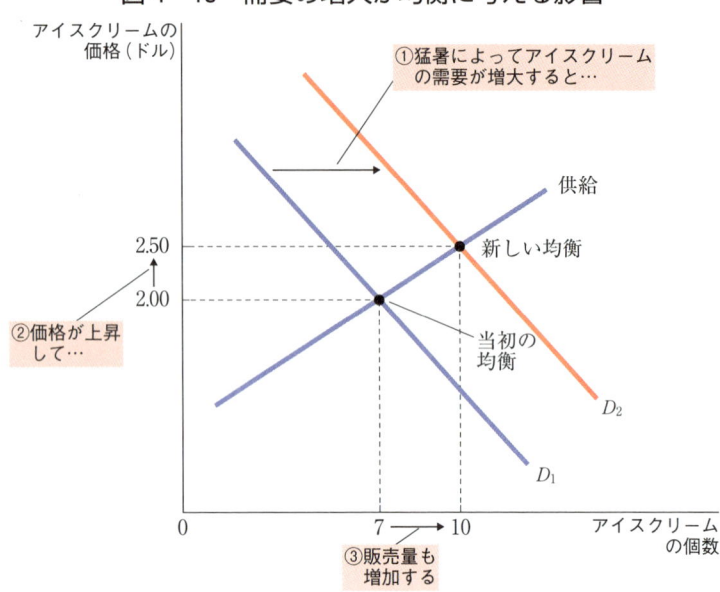

それぞれの価格の下で，需要量を増加させるような何らかの出来事が起こった場合，需要曲線は右方にシフトする．このとき，均衡価格は上昇し，均衡取引量は増加する．異常な猛暑によってアイスクリームの需要が増大したとしよう．このとき，需要曲線は D_1 から D_2 へとシフトする．アイスクリームの均衡価格は2ドルから2.5ドルへと上昇し，均衡取引量は7個から10個に増加する．

させる．価格が上昇すると，供給量も増える．この供給量の増加は，供給曲線上の動きによって表される．

　まとめると，供給曲線のシフトは「供給の変化」と呼ばれ，需要曲線のシフトは「需要の変化」と呼ばれる．固定している供給曲線上の動きは「供給量の変化」であり，固定している需要曲線上の動きは「需要量の変化」である．

　例：供給のシフトによる市場均衡の変化　別の年の夏に，ハリケーンによってサトウキビの収穫が被害を受けて，砂糖価格が上昇したとしよう．この事件はアイスクリームの市場にどう影響するだろうか．この問題に答えるために，ここでも3段階アプローチを適用しよう．

　1．アイスクリームの生産への投入物である砂糖の価格が変化すると，供

図4-11　供給の減少が均衡に与える影響

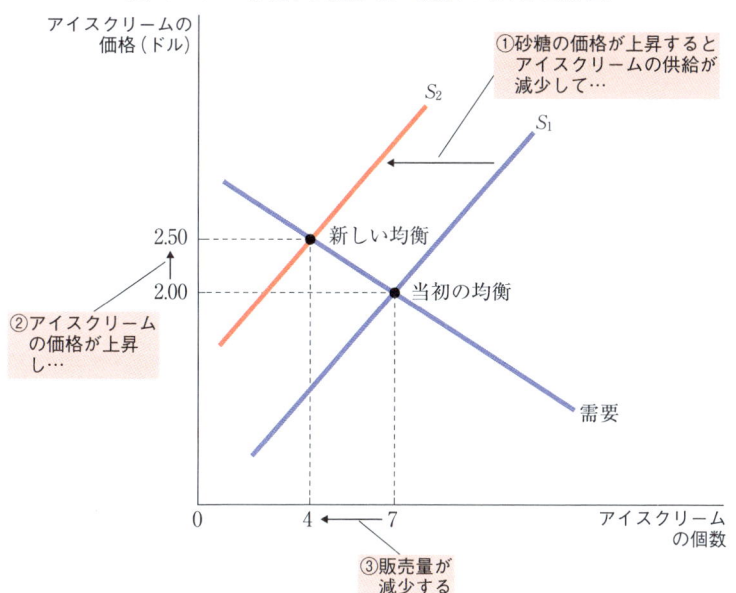

それぞれの価格の下で，供給量を減少させるような何らかの出来事が起こった場合，供給曲線は左方にシフトする．均衡価格は上昇し，均衡取引量は減少する．（投入物である）砂糖の価格上昇によってアイスクリームの供給が減少したとしよう．このとき，供給曲線は S_1 から S_2 へとシフトする．アイスクリームの均衡価格は2ドルから2.5ドルへと上昇し，均衡取引量は7個から4個へと減少する．

給曲線に影響が生じる．生産費用が上昇するので，それぞれの価格の下で企業が製造・販売しようとするアイスクリームの量は減少する．投入物の価格の上昇は，家計が買いたいと思うアイスクリームの量に直接の影響を与えないので，需要曲線には変化は生じない．

2.　供給曲線は左方にシフトする．企業が売りたいと考えかつ売ることのできる合計量が，すべての価格の下で減少するからである．図4-11では，この供給の減少は供給曲線の S_1 から S_2 へのシフトとして表されている．

3.　価格が2ドルのままでは，いまやアイスクリームに対して超過需要が発生しており，不足状況に対応して企業は価格を引き上げる．図4-11に示されているように，供給曲線のシフトは，均衡価格を2ド

ルから2.5ドルに引き上げ，均衡取引量をアイスクリーム7個から4個へと減少させる．砂糖の価格が上昇した結果，アイスクリームの価格は上昇し，アイスクリームの販売量は減少する．

例：需要と供給がともにシフトした場合　今度は，猛暑とハリケーンが同じ年の夏に生じたとしよう．この事件の組合せを分析するために，ここでも3段階アプローチに従おう．

1. 両方の曲線がシフトすることは間違いないだろう．猛暑はそれぞれの価格の下で人々が買いたいと思うアイスクリームの量を変化させるので，需要曲線に影響する．同時に，ハリケーンによる砂糖価格の上昇は，それぞれの価格の下で企業が製造・販売しようとするアイスクリームの量を変化させるので，供給曲線を変化させる．

2. 二つの曲線は，先述の分析と同じ方向にシフトする．つまり，需要曲線は右方にシフトし，供給曲線は左方にシフトする．図4-12には，これらのシフトが描かれている．

3. 図4-12に示されているように，需要曲線のシフトと供給曲線のシフトの相対的な大きさに応じて，2種類の結果が考えられる．どちらの

図4-12　需要と供給が両方ともシフトした場合

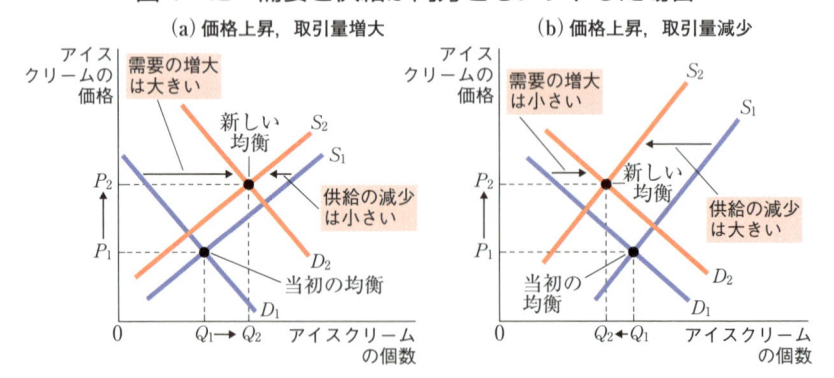

需要の増大と供給の減少が同時に起こったとしよう．2通りの結果が考えられる．パネル(a)では，均衡価格は P_1 から P_2 へと上昇し，均衡取引量は Q_1 から Q_2 へと増大する．パネル(b)では均衡価格はやはり P_1 から P_2 へと上昇するが，均衡取引量は Q_1 から Q_2 へと減少する．

場合も均衡価格は上昇する．パネル(a)は，需要曲線のシフトが大きくて供給曲線のシフトが小さい場合であり，均衡取引量は増大する．パネル(b)は，供給曲線のシフトが大きくて需要曲線のシフトが小さい場合であり，均衡取引量は減少する．したがって，これらの出来事が同時に起これば，アイスクリームの価格は確実に上昇するが，アイスクリームの販売量への影響ははっきりとは定まらない（つまり，どちらも起こりうる）．

まとめ 均衡の変化を分析するために需要・供給曲線を使う方法に関して，三つの例を学んだ．ある出来事が需要曲線や供給曲線，あるいはその両方をシフトさせるとき，これらの手法を用いて，均衡における販売量や販売価格をどのように変化させるかを予測することができる．表4-4は，二つの曲線のシフトのすべての組合せに対して，予想される結果をまとめている．需要と供給という分析用具の使い方を理解したことを確かめるために，この表のいくつかの部分を選んで，その部分の予測を説明できるか確認してみよう．

【小問】 ● トマトの価格が上昇したときに，ピザの市場はどうなるか，適切な図を用いて分析しなさい．
● 別の図を用いて，ハンバーガーの価格が下落したとき，ピザの市場がどうなるか分析しなさい．

表4-4 供給や需要がシフトしたときに価格と取引量はどうなるか

	供給は不変	供給は増加	供給は減少
需要は不変	P 不変 Q 不変	P 下落 Q 増加	P 上昇 Q 減少
需要は増加	P 上昇 Q 増加	P は確定しない Q 増加	P 上昇 Q は確定しない
需要は減少	P 下落 Q 減少	P 下落 Q は確定しない	P は確定しない Q 減少

小問で尋ねたように，需要と供給の図を用いて，少なくともこの表の各項目を説明できるようになりなさい．

価格つり上げ

「コネチカット州の上院議会は，異常気象の間に消費財を法外な価格で販売・あっせんすることを禁じた法律（Senate Bill 60）を通過させるべきである.」

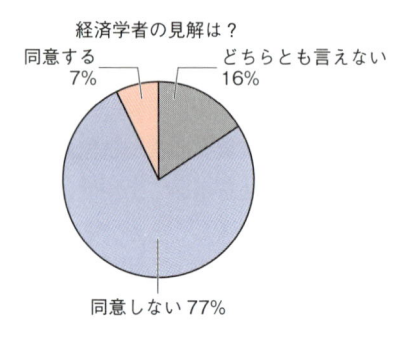

経済学者の見解は？

同意する 7%

どちらとも言えない 16%

同意しない 77%

（出所）　IGM Economic Experts Panel, May 2, 2012.

5 結論：価格はどのようにして資源を配分するか

　本章では，一つの財の市場における需要と供給を分析してきた．アイスクリームの市場に限定して議論を進めてきたが，ここで得られた教訓の多くは，ほとんどの他の市場にも当てはまるものである．店に何かを買いに行くときには，あなたはその財の需要者の一部となっており，何か仕事を探しているときには，あなたは労働サービスの供給者の一部となっているのである．需要と供給は普遍的な経済現象であるので，需要と供給のモデルは強力な分析ツールである．これからの諸章においても，このモデルは繰り返し使われることになる．

　第1章で論じた経済学の十大原理の一つは，「通常，市場は経済活動を組織する良策である」であった．市場のもたらす成果がよいものか悪いものかを判断するにはまだ早すぎるが，この章では市場がどのように機能するかについて，学びはじめたところである．どのような経済システムにおいても，

希少な資源を競合するさまざまな用途の間で配分しなければならない．市場経済は，需要と供給の作用を利用してその課題を果たしている．経済にある多数の財・サービスの価格は，需要と供給の組合せによって決定する．決定した価格は，資源配分を導くシグナルとなる．

　例として，浜辺沿いの土地の配分を考えてみよう．このような土地には限りがあるので，すべての人が浜辺沿いに住むという贅沢を享受できるわけではない．それでは，誰がこの資源を獲得するのだろうか．その答えは，誰であろうとその価格を支払う意思がありかつ支払える人である．浜辺沿いの土地の価格は，需要量と供給量が正確に一致するまで調整される．このように，市場経済においては，価格が希少な資源を配分するメカニズムとなるのである．

　同様に，価格は，それぞれの財を誰が生産するのか，またそれぞれの財がどれだけ生産されるのかを決定する．例として農業を考えよう．われわれが生きていくためには食料が必要なので，誰かが農場で働くことが絶対に必要である．それでは，誰が農夫になり，誰が農夫にならないのかを決めるものは何だろうか．自由社会においては，政府の計画部門がそれを決定し，適切な食料の供給を保証しているわけではない．その代わりに，膨大な数の労働者の職業に関する意思決定が基礎となって，農場で働く労働者が決められているのである．この分権システムがうまく機能するのは，意思決定が価格に依存しているからである．農夫になることを選ぶ人が十分な数に達するように，食料の価格と農場労働者の賃金（彼らの労働の価格）が調整されるのである．

　市場経済が機能している様子をみたことのない人には，すべてが途方もなく馬鹿げた考え方にみえるかもしれない．経済とは，相互に依存した多様な活動に携わる人々の大きな集まりである．分権化された意思決定によって混乱状態に陥ってしまうことを防いでいるものは何だろうか．多様な能力と欲求を持った膨大な数の人々の行動を整合的にしているものは何だろうか．満たされるべきニーズが本当に実現されることを保証しているものは何だろうか．これらの問いへの答えは，一言でいうと価格である．アダム・スミスが示唆したように，市場経済が「見えざる手」によって導かれているとするならば，価格システムはその有名な「見えざる手」が経済というオーケストラ

を指揮するのに用いる指揮棒である.

要約

- 経済学者は需要と供給のモデルを用いて競争市場を分析する.競争市場には多くの売り手と買い手がいるので,1人1人は市場価格に対してほとんど影響力を持たない.

- 需要曲線は,需要量が価格にどのように依存するかを表している.需要法則によると,財の価格が下落するにつれて需要量は増加する.したがって,需要曲線は右下がりである.

- 需要量の決定要因には,価格以外にも,所得,代替財および補完財の価格,嗜好,予想,買い手の数などがある.こうした価格以外の決定要因が一つでも変化すると,需要曲線はシフトする.

- 供給曲線は,供給量が価格にどのように依存するかを表している.供給法則によると,財の価格が上昇するにつれて供給量は増加する.したがって,供給曲線は右上がりである.

- 供給量の決定要因には,価格以外にも,投入価格,技術,予想,売り手の数などがある.こうした価格以外の決定要因が一つでも変化すると,供給曲線はシフトする.

- 需要曲線と供給曲線の交点で市場均衡が決まる.均衡価格では,需要量と供給量とが等しくなる.

- 売り手と買い手の行動によって,市場は均衡へと自然に導かれる.市場価格が均衡価格を上回ると,余剰(超過供給)が発生して市場価格を下落させる.市場価格が均衡価格を下回ると,不足(超過需要)が発生して市場価格を上昇させる.

- ある出来事が市場にどのような影響を与えるかを分析するには,需要と供給の図を用いて,その出来事が均衡価格と均衡取引量をどう動かすかを調べる.分析にあたっては3段階アプローチを用いる.第1に,その出来事が需要曲線と供給曲線のどちら(あるいは両方)をシフトさせるかを判断する.第2に,曲線がどちらにシフトするかを判断する.第3に,新しい

均衡と当初の均衡とを比較する.

● 市場経済において，価格は経済的意思決定を導くシグナルであり，希少な資源は価格を通して配分される．経済のすべての財について，価格は需要と供給とが釣り合うことを保証している．それゆえ，均衡価格は，買い手がどれだけの量を購入し，売り手がどれだけの量を販売するかを決定する.

確認問題

1. 以下のうち，ハンバーガーの需要曲線をシフトさせないのはどの動きか.
   a. ホットドッグの価格の変化
   b. ハンバーガーの価格の変化
   c. ハンバーガーのバンズ（パン）の価格の変化
   d. ハンバーガーの消費者の所得の変化

2. 「（　　　）の増加は需要曲線上の移動を引き起こす．この需要曲線上の移動は（　　　）の変化と呼ばれる.」
   a. 供給，需要
   b. 供給，需要量
   c. 需要，供給
   d. 需要，供給量

3. 映画チケットと動画配信サービスは代替財である．動画配信サービスの価格が上昇すれば，映画チケットの市場で何が起こるだろうか.
   a. 供給曲線が左にシフトする.
   b. 供給曲線が右にシフトする.
   c. 需要曲線が左にシフトする.
   d. 需要曲線が右にシフトする.

4. 「大規模な油田が新たに発見されたら，ガソリンの（　　　）曲線がシフトし，より（　　　）均衡価格がもたらされる.」
   a. 供給，高い
   b. 供給，低い
   c. 需要，高い
   d. 需要，低い

5. 経済が景気後退に陥って所得が低下したら，劣等財の市場では何が起こるだろうか．

  a. 価格は上昇し，取引量も増加する．

  b. 価格は低下し，取引量も減少する．

  c. 価格は上昇し，取引量は減少する．

  d. 価格は低下し，取引量は増加する．

6. ゼリーの均衡価格が上昇し，均衡販売量が減少するのは，何が起きたときか．以下より選びなさい．

  a. ゼリーの補完財である，ピーナッツバターの価格上昇

  b. ゼリーの代替財である，マシュマロ・スプレッドの価格上昇

  c. ゼリーの材料である，グレープの価格上昇

  d. ゼリーが正常財である場合の，消費者の所得増大

復習問題

1. 競争市場とはどのような市場か．完全競争でないタイプの市場について簡単に説明しなさい．

2. 需要表と需要曲線とは何か．その二つはどのような関係にあるか．なぜ需要曲線は右下がりになるのか．

3. 消費者の嗜好の変化は，需要曲線上の動きと需要曲線そのもののシフトのどちらを引き起こすか．価格の変化は，需要曲線上の動きと需要曲線そのもののシフトのどちらを引き起こすか．あなたの考えを説明しなさい．

4. ハリーは所得が減ったので，パンプキン・ジュースの購入量を増やした．パンプキン・ジュースは正常財と劣等財のどちらか．ハリーのパンプキン・ジュースに対する需要曲線はどのような形か．

5. 供給表と供給曲線とは何か．その二つはどのような関係にあるか．なぜ供給曲線は右上がりになるのか．

6. 生産者の技術の変化は，供給曲線上の動きと供給曲線そのもののシフトのどちらを引き起こすか．価格の変化は，供給曲線上の動きと供給曲線そのもののシフトのどちらを引き起こすか．

7. 市場の均衡を定義しなさい．市場を均衡に向けて動かしていく力を説明

しなさい.

8. ビールとピザは，一緒に食べることが多いので補完財である．ビールの価格が上昇すると，ピザの市場における需要，供給，需要量，供給量，価格はどのように変化するか.

9. 市場経済における価格の役割を説明しなさい.

応用問題

1. 需要と供給の図を用いて，以下の各文を説明しなさい.

   a. フロリダを突然の寒波が襲うと，アメリカ中のスーパーマーケットでオレンジジュースの価格が上昇する.

   b. 夏にニューイングランドの気温が上昇すると，カリブ海のリゾート地のホテル代が安くなる.

   c. 中東で戦争が勃発すると，アメリカでガソリンの価格は上昇し，キャデラックの中古車価格は下落する.

2. 「ノートの需要が増大すると，ノートの需要量は増加するが，ノートの供給量は変化しない.」この文章は正しいだろうか，それとも間違っているだろうか．説明しなさい.

3. ミニバンの市場について，以下のような出来事が発生したときに，需要と供給のどちらの決定要因が影響を受けるだろうか．需要と供給が増大するか減少するかも示しなさい．そして，ミニバンの価格と販売量への影響を，図示しなさい.

   a. 人々が子どもの数を増やそうと決めた.

   b. 鉄鋼労働者のストライキによって，鉄鋼価格が上昇した.

   c. エンジニアがミニバン製造用の新しい自動機械を開発した.

   d. SUV タイプの車の価格が上昇した.

   e. 株式市場が暴落して，人々の資産が減少した.

4. 動画配信サービス，テレビおよび映画チケットの諸市場について，検討しよう.

   a. 次のそれぞれの組合せに関して，それらが代替財か補完財かを判断しなさい.

- ●動画配信サービスとテレビ
- ●動画配信サービスと映画チケット
- ●テレビと映画チケット

   b. 技術進歩によって，テレビの製造費用が低下したとしよう．テレビの市場がどうなるか，図示しなさい．

   c. 問 b のテレビ市場の変化は，動画配信サービスの市場と映画チケットの市場にどう影響するだろうか．個別に二つの図を描いて示しなさい．

5. 過去40年間にわたって，技術進歩によってコンピュータ・チップの生産費用が低下してきた．このことはコンピュータ市場にどのように影響したと考えられるか．コンピュータ・ソフトウェアの市場はどうだろうか．タイプライターの市場はどうだろうか．

6. 需要と供給の図を用いて，以下の出来事のスウェットシャツ市場への影響を示しなさい．

   a. ハリケーンがサウス・カロライナ州の綿花収穫に被害をもたらした．

   b. 革のジャケットの価格が下落した．

   c. すべての大学が，適切な服装で朝の体操をすることを学生に義務づけた．

   d. 新しい機織り機が発明された．

7. ケチャップは，ホットドッグの（薬味であり）補完財である．ホットドッグの価格が上昇すると，ケチャップの市場では何が起こるだろうか．トマトの市場はどうだろうか．トマトジュースの市場はどうだろうか．オレンジジュースの市場ではどうだろうか．

8. ピザの市場の需要表と供給表が下のようになっているとしよう．

価格 （ドル）	需要量	供給量
4	135	26
5	104	53
6	81	81
7	68	98
8	53	110
9	39	121

   a. この表をもとに，需要曲線と供給曲線を描きなさい．この市場の均衡

価格と均衡取引量はいくらだろうか.

b. 現実の市場価格が均衡価格よりも高いときに, 市場を均衡へ動かしていくのは何だろうか.

c. 現実の市場価格が均衡価格よりも低いときに, 市場を均衡へ動かしていくのは何だろうか.

9. 次のような出来事を想定してみよう. オレンジを食べると下痢になる危険が低下することが, 科学者の研究によって判明した. 同時に, 農家が, オレンジの樹の実なりがよくなる肥料を使いはじめた. これらの変化が, オレンジの均衡価格と均衡取引量に及ぼす影響を図を用いて説明しなさい.

10. ベーグルにはクリームチーズを塗って食べることが多いので, この2財は補完財である.

a. クリームチーズの均衡価格が上昇し, ベーグルの均衡取引量が増加したとしよう. このような変化を引き起こす原因として何が考えられるだろうか. 小麦粉（ベーグルの原料）の価格の下落だろうか, それとも牛乳（クリームチーズの原料）の価格の下落だろうか. 図を用いて答え, 説明も加えなさい.

b. 今度は, クリームチーズの均衡価格は上昇したが, ベーグルの均衡取引量は減少したとしよう. このような変化を引き起こす原因として何が考えられるだろうか. 小麦粉の価格上昇だろうか, それとも牛乳の価格上昇だろうか. 図を用いて答え, 説明も加えなさい.

11. 大学で行われるバスケットボールの試合のチケットの価格が, 市場の作用によって決まるものとしよう. 現在の需要表と供給表は以下のとおりである.

価格 （ドル）	需要量	供給量
4	10,000	8,000
8	8,000	8,000
12	6,000	8,000
16	4,000	8,000
20	2,000	8,000

a. 需要曲線と供給曲線を描きなさい. この供給曲線の特殊な点はどこだ

ろうか．そのようなことが起こる理由は何か．

b. チケットの均衡価格と均衡取引量を答えなさい．

c. 大学は来年の新入生の数を5000人増やそうとしている．その5000人の学生のバスケットボールの試合のチケットに対する需要表が，以下のとおりだとしよう．

価格 （ドル）	需要量
4	4,000
8	3,000
12	2,000
16	1,000
20	0

現在の需要表にこの新規学生の需要表を足し合わせて，大学全体における新しい需要表を作成し，新しい均衡価格と均衡取引量を答えなさい．

第 5 章

需要，供給，および政府の政策

Keywords　価格の上限（規制）price ceiling
価格の下限（規制）price floor
税の帰着 tax incidence

　経済学者は二つの役割を持っている．一つは，科学者として，自分たちの
まわりの世界を説明するための理論を構築し，検証する．もう一つは，政策
顧問として，自分たちの理論を用いて世界をよりよいものに変えようとする．
第4章では，科学的側面に焦点を当て，需要と供給が財の価格と販売量をど
のように決定するかをみた．また，さまざまな出来事が需要と供給をどのよ
うにシフトさせ，均衡価格と均衡取引量を変化させるかを明らかにした（こ
うした変化の量を測るために第5章付論で弾力性の概念を展開する）．

　この章では，はじめて政策の問題を取り扱う．需要と供給という分析用具
のみを用いて，さまざまなタイプの政府の政策を分析する．やがてわかるよ
うに，分析の結果，いくつかの驚くべき洞察が得られる．さまざまな政策は，
しばしばその設計者が意図あるいは予想しなかったような効果をもたらすこ
とがある．

　最初に，価格を直接規制する政策について考えてみよう．たとえば，家賃
規制法は家主が借家人に請求できる家賃の最高額を定める．最低賃金法は企
業が労働者に支払わなければならない賃金の最低額を定める．価格規制は，
通常，財・サービスの市場価格が買い手または売り手に不公正であると政策
立案者がみなしたときに実施される．しかし，後に明らかになるように，こ
れらの政策はそれ自体が不公平を生み出すことがある．

　価格規制の議論に続いて，税の効果を考察する．政策立案者は，税を用い
て公共目的のための収入を得るとともに，市場の成果に影響を及ぼす．税が
経済で広く実施されていることは明らかだが，その効果は明らかではない．
たとえば，政府が企業から労働者に支払われる額に課税すると，企業と労働
者のどちらが税を負担することになるのだろうか．需要と供給という強力な
分析用具を適用しない限り，その答えは決して明確にはならないのである．

1　価格規制

　価格規制が市場の成果にどのように影響するかを調べるために，もう一度
アイスクリームの市場をみることにしよう．第4章で明らかにしたように，
アイスクリームが政府による規制のない競争市場で販売されるのであれば，
アイスクリームの価格は需要と供給が釣り合うように調整される．均衡価格

においては, 買い手が購入したいと思うアイスクリームの量は, 売り手が販売したいと思う量にちょうど等しい. ここでは具体的に, 均衡価格を1個3ドルとしよう.

この自由市場過程の結果について, 満足しない人もいるかもしれない. 仮に全米アイスクリーム愛好者協会という組織が存在し, すべての人々が1日1個のアイスクリーム (協会の推奨する1日の割り当て量) を食べるには, 3ドルという価格は高すぎると不満を言ったとしよう. またそれとは別に, 全国アイスクリーム製造業者協会という組織が存在し, 3ドルという価格は「激烈な競争」の結果として成立したもので, あまりにも低すぎ, 協会の構成員の所得を押し下げていると不満を言ったとしよう. これらのグループはそれぞれ政府に働きかけて, アイスクリームの価格を直接規制することで市場の成果を変える法律を通過させようとするだろう.

財の買い手はつねにより低い価格を望み, 売り手はより高い価格を望むので, 二つのグループの利害は衝突する. もしアイスクリーム愛好者協会の運動が成功すれば, 政府はアイスクリームを販売できる価格の法定最高限度を定める. このとき, 価格をこの水準以上に上げることは認められないので, 法律で決められた最高限度は価格の上限と呼ばれる. 反対に, もしアイスクリーム製造業者協会の運動が成功すれば, 政府は価格の法定最低限度を定める. このとき, 価格をこの水準以下に下げることはできないので, 法律で決められた最低限度は価格の下限と呼ばれる. これらの政策の効果を順次考察していこう.

●価格の上限は市場の成果にどのような影響を及ぼすか

政府がアイスクリーム愛好者協会の不満と運動に動かされて, アイスクリームの市場において価格の上限を設定した場合, 結果として, 二つの可能性が考えられる. 図5-1のパネル(a)では, 政府は1個4ドルという価格の上限を設定している. この場合, 需要と供給が釣り合う価格はその上限よりも低いので, 価格の上限は拘束力を持たない. 市場の作用は当然経済を均衡へと移動させるので, 価格の上限は価格と販売量に影響を及ぼさない.

価格の上限 (規制) price ceiling:ある財を販売できる価格の法的最高限度の設定.
価格の下限 (規制) price floor:ある財を販売できる価格の法的最低限度の設定.

図5-1　価格の上限がある市場

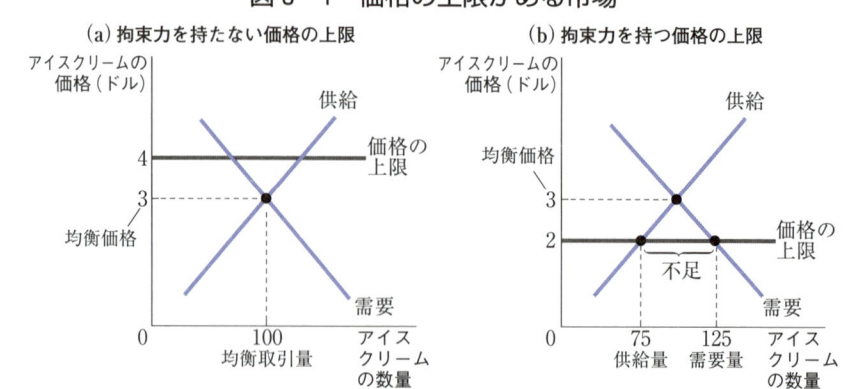

（a）拘束力を持たない価格の上限

（b）拘束力を持つ価格の上限

パネル（a）では，政府は価格の上限を4ドルに設定している．価格の上限は均衡価格の3ドルを上回っているので，何の効果も持たず，市場は需要と供給の均衡に到達することができる．均衡においては，需要量と供給量はともに100個である．パネル（b）では，政府は価格の上限を2ドルに設定している．価格の上限は均衡価格の3ドルを下回っているので，市場価格は2ドルになる．この価格では，125個が需要されるが，75個しか供給されないため，50個の不足が生じる．

　図5-1のパネル（b）は，より興味深いもう一つの可能性を示している．このケースでは，政府は1個2ドルという価格の上限を設定している．均衡価格である3ドルは価格の上限よりも高いので，上限は市場に対して拘束力を持つ制約となる．需要と供給の作用は，価格を均衡に向かって動かしていくが，市場価格が価格の上限に突き当たると，価格は法律によりそれ以上上がらない．したがって，市場価格は上限価格に等しくなる．この価格において，アイスクリームの需要量（図では125個）は供給量（75個）を上回っている．この50個の超過需要により，現行の価格でアイスクリームを買いたいと思っている人のうち買うことができない人もいる．つまり，アイスクリームの不足が生じている．

　この不足に反応して，アイスクリームを割り当てる何らかのメカニズムが自然に発生する．そのメカニズムとは長い行列かもしれない．その場合には，先に到着して行列に並ぼうと思う買い手がアイスクリームを獲得し，そうしたくない買い手は獲得できない．あるいは，売り手自身の個人的偏見によってアイスクリームを割り当て，友人，親族，あるいは自分が属する人種的・

民族的なグループのメンバーにのみ販売するかもしれない. ここで注意すべきことは, 価格の上限がアイスクリームの買い手を助けたいという願望から生まれたものであるにもかかわらず, すべての買い手がその政策によって利益を得られるわけではないということである. 一部の買い手は, 並んで待たなければならないかもしれないが, 低い価格でアイスクリームを手に入れることができる. しかし他の買い手はアイスクリームをまったく手に入れられないのである.

アイスクリーム市場のこの例は, 一般的な結果を示している. すなわち, **政府が競争市場で拘束力を持つ価格の上限を設定すると, 財の不足が生じ, 売り手は多数の潜在的な買い手に対して希少な財を割り当てなければならない**. 価格の上限の下で現れる割当てメカニズムが望ましいことはめったにない. 長い行列は買い手の時間を浪費させるので, 非効率的である. 売り手の偏見に基づく差別は, 非効率的である (財が最も高い評価を与える買い手に届かないため) だけでなくしばしば不公正でもある. 対照的に, 自由競争市場における割当てメカニズムは, 効率的であるとともに非人為的である. アイスクリームの市場が均衡に到達したとき, 誰でも市場価格を支払えばアイスクリームを得ることができるからである. 自由市場は価格で財を割り当てるのである.

ケース・スタディ ガソリン・スタンドの行列

1973年に石油輸出国機構 (OPEC) は原油の供給を減らし, 世界の石油市場で原油の価格を引き上げた. 原油はガソリンを製造する際の主要な投入物なので, 原油価格の上昇はガソリンの供給の減少をもたらした. ガソリン・スタンドでは長い行列が当たり前となり, 車の利用者はわずか数ガロンのガソリンを買うためにしばしば何時間も待たなければならなかった.

この長い行列をつくった責任はどこにあったのだろうか. 大多数の人々はOPECを非難する. 確かに, もしOPECが原油の供給を減らさなければ, ガソリン不足は起こらなかっただろう. しかし, 経済学者は, 石油会社がガソリン代として請求できる価格を制限した政府の規制を非難する.

図5-2では何が起こったかが示されている. パネル(a)に示されている

図5-2　価格の上限があるガソリン市場

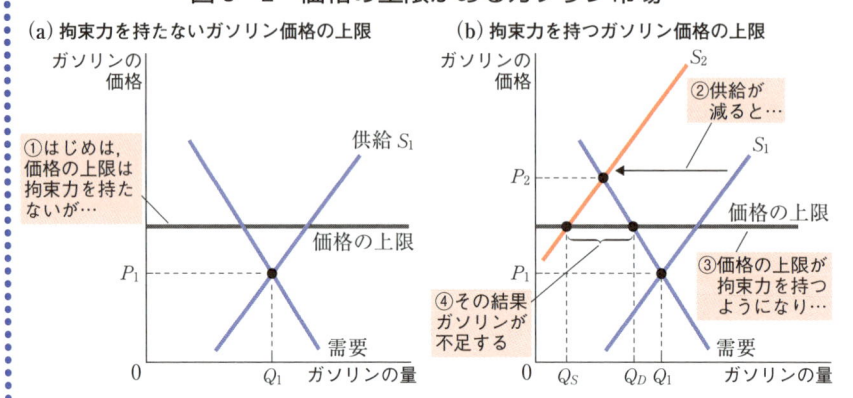

（a）拘束力を持たないガソリン価格の上限

①はじめは，価格の上限は拘束力を持たないが…

（b）拘束力を持つガソリン価格の上限

②供給が減ると…

③価格の上限が拘束力を持つようになり…

④その結果ガソリンが不足する

パネル（a）は，均衡価格 P_1 が価格の上限を下回っているために，価格の上限が拘束力を持たないときのガソリン市場を示している．パネル（b）は，原油（ガソリンをつくるための投入物）の価格の上昇によって，供給曲線が S_1 から S_2 へと左方にシフトした後のガソリン市場を示している．規制が存在しない市場であれば，価格は P_1 から P_2 へと上昇したはずである．しかしながら，価格の上限が存在するためにそのようにはならない．価格の上限が拘束力を持つときには，消費者は Q_D の量を買いたいと思っているが，ガソリンの生産者は Q_S の量しか売りたいと思わない．需要量と供給量の差 Q_D-Q_S は，ガソリンの不足を示している．

ように，OPEC が原油の価格を引き上げるまでは，ガソリンの均衡価格は P_1 であり，価格の上限を下回っていた．したがって，価格規制は何の効果もなかった．しかしながら，原油価格が上昇すると状況は変わった．原油価格の上昇はガソリンの生産費用を引き上げ，それによってガソリンの供給が減少した．パネル（b）が示すように，供給曲線は S_1 から S_2 へと左方にシフトした．規制のない市場であれば，供給のシフトはガソリンの均衡価格を P_1 から P_2 へと引き上げるので，ガソリン不足はまったく起こらなかっただろう．ところが，価格の上限が設定されていたために，価格は均衡水準まで上昇しなかった．価格の上限において，生産者はガソリンを Q_S 販売したいと思い，消費者は Q_D 購入したいと思っていた．このようにして，供給のシフトは価格規制の下で深刻なガソリン不足をもたらしたのである．

やがて，ガソリン価格を規制する法律は廃止された．その法律の立案者は，アメリカ人がガソリンを買うために行列をつくって多くの時間を浪費

していることについて, 自分たちにも部分的に責任があることを理解するようになったのである. 今日では, 原油価格が変化したときには, ガソリン価格は需要と供給が均衡するように調整される.

ケース・スタディ 短期と長期における家賃規制

　価格の上限のよく知られた例として家賃規制がある. 多くの都市では, 地方政府は家主が借家人に請求できる家賃に対して上限を設定している. この政策の目的は, 住宅を手に入れやすくして貧困層を援助することにある. 経済学者はしばしば家賃規制について, 貧困層の生活水準を高めるための援助方法としてはきわめて非効率的であると批判している. ある経済学者は, 家賃規制のことを「爆撃以外で都市を破壊する最善の方法」と言った.

　家賃規制の好ましくない影響は, 一般の人々にはあまりはっきりとわからない. その効果が表れるまで何年もかかるからである. 短期においては, 家主が所有している賃貸アパートの数は一定であり, 市場の条件の変化に応じてすばやく増減させることはできない. そのうえ, 都市で住宅を探している人々の数は, 短期的には家賃に対してあまり感応的でないかもしれない. 人々が住宅を移るためのさまざまな手配には時間がかかるからである. したがって, 住宅に対する短期の需要と供給は比較的非弾力的である.

　図5-3のパネル(a)は, 家賃規制が住宅市場に及ぼす短期の効果を示している. 他の拘束力のある価格の上限と同様に, 家賃規制は住宅不足を引き起こす. ただし, 需要と供給は短期においては非弾力的なので, 最初は家賃規制が行われても住宅はあまり不足しない. 短期における主な効果は家賃が下がることである.

　ところが長期になると話はまったく変わってくる. なぜなら賃貸住宅の借り手と貸し手は, 時間が経過するにつれて市場の条件により強く反応するようになるからである. 供給側では, 家主は家賃が下がったことで, 新しいアパートを建てなくなったり, また既存のアパートの補修を怠るようになる. 需要側では, 家賃が下がると, 人々は(両親と一緒に住んだり,

図5-3 短期と長期における家賃の規制

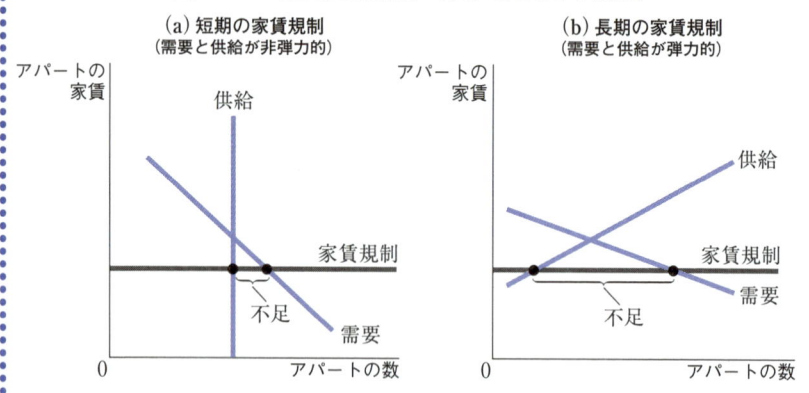

(a) 短期の家賃規制
（需要と供給が非弾力的）

(b) 長期の家賃規制
（需要と供給が弾力的）

パネル(a)は，家賃規制の短期的な効果を示している．アパートの需要曲線と供給曲線は比較的非弾力的なので，家賃規制法によって設定された価格の上限は，住宅不足をわずかしかもたらさない．一方，パネル(b)は，家賃規制の長期的な効果を示している．アパートの需要曲線と供給曲線はより弾力的になるので，家賃規制は大量の住宅不足をもたらす．

ルームメイトとアパートを共有したりする代わりに）自分自身のアパートを探す気になり，またより多くの人々が都市に移り住むインセンティブを持つようになる．したがって，需要と供給はどちらも長期のほうが弾力的になる．

　図5-3のパネル(b)は，長期における住宅市場の例を示している．家賃規制によって家賃が均衡水準以下に押し下げられると，アパートの供給量は大幅に減少し，アパートの需要量は大幅に増加する．その結果，住宅不足が拡大する．

　家賃規制を行っている都市では，家主は住宅の割当てを行うためにさまざまなメカニズムを用いる．一部の家主は入居希望者を長い空家待ちリストに登録する．他の家主は子どものいない借家人を優先する．さらに別の家主は人種によって差別する．ときには，アパートの管理人に進んで賄賂を渡す人に部屋が割り当てられることもある．実際，こうした賄賂はアパートの総価格を均衡価格の水準に近づける．

　家賃規制の影響を完全に理解するためには，第1章の経済学の十大原理の一つを思い出さなければならない．すなわち「人々はさまざまなインセンティブに反応する」のである．自由市場では，家主は自分のアパートを

清潔で安全にしておこうと努力する. 魅力的なアパートにはより高い価格がつくからである. 対照的に, 家賃規制によって住宅不足と空家待ちのリストが発生するときには, 家主は借家人の関心に反応するインセンティブを失う. 現状のままでも入居するのを待っている人がいるのに, なぜ家主が建物を維持改良するためにお金を使わなければならないのだろうか. 結局, 借家人にとって家賃は安くなるが, 同時に住宅の質も下がるのである.

　政策立案者は, 家賃規制のそのような影響に対して, しばしばさらに規制を課すことで対処しようとする. たとえば, 住宅供給における人種差別を違法とし, また最低限の適切な居住条件を提供することを家主に義務づけるようなさまざまな法律がある. しかしながら, これらの法律は執行が困難なうえにコストもかかる. 対照的に, 家賃規制が廃止され, 住宅市場が競争の作用によって調整されるときには, そのような法律の必要性は少なくなる. 自由市場においては, 家主の望ましくない行動を引き起こすような住宅不足がなくなるよう, 家賃が調整されるからである.

専門家にきく 家賃規制

　「ニューヨークやサンフランシスコなどで実施されている一部の賃貸住宅の家賃引き上げを制限する地方条例は, それを実施してきた都市における手頃な家賃の賃貸住宅の量と質に対して, 過去30年にわたってプラスの影響を与えてきた.」

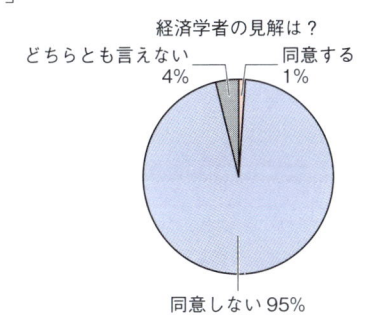

経済学者の見解は？

どちらとも言えない 4%
同意する 1%
同意しない 95%

（出所）IGM Economic Experts Panel, February 7, 2012.

●価格の下限は市場の成果にどのような影響を及ぼすか

　政府によるもう一つの価格規制の影響を調べるために，アイスクリームの市場に戻って考えよう．全国アイスクリーム製造業者協会のメンバーが，1個3ドルの均衡価格は低すぎるとして行った請願に，政府が説得されたと想像してみよう．この場合，政府は価格の下限を設けるだろう．価格の下限は，価格の上限と同様，政府が価格を均衡水準以外のところに維持しようとする試みである．価格の上限は法定最高価格を設定するのに対して，価格の下限は法定最低価格を設定する．

　政府がアイスクリームの市場に価格の下限を設定するとき，二つの可能性が考えられる．均衡価格が3ドルのときに，政府が1個2ドルという価格の下限を設定すると，図5-4のパネル(a)のような結果が得られる．この場合，均衡価格は価格の下限よりも高いので，価格の下限は拘束力を持たない．市場の作用は当然経済を均衡へと移動させるので，価格の下限は何の影響も及ぼさない．

　図5-4のパネル(b)は，政府が1個4ドルという価格の下限を設定したと

図5-4　価格の下限がある市場

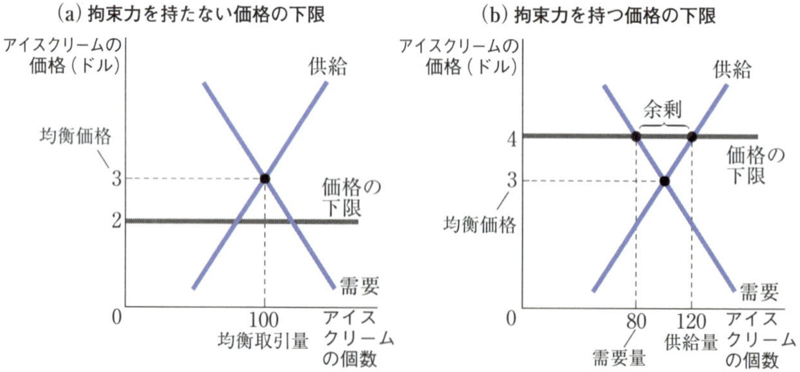

(a) 拘束力を持たない価格の下限　　　　　**(b) 拘束力を持つ価格の下限**

パネル(a)では，政府は価格の下限を2ドルに設定している．価格の下限は均衡価格の3ドルを下回っているので，価格の下限は何の効果も持たない．市場価格は需要と供給が釣り合うように調整される．均衡においては，需要量と供給量はともに100個である．パネル(b)では，政府が価格の下限を4ドルに設定している．価格の下限は均衡価格の3ドルを上回っている．したがって，市場価格は4ドルになる．この価格では，120個が供給されるが，80個しか需要されないので，40個の余剰が生じる．

きに何が起こるかを示している．この場合，均衡価格３ドルは価格の下限より低いので，価格の下限は市場に対して拘束力を持つ制約となる．需要と供給の作用は価格を均衡価格へ移動させようとするが，市場価格が価格の下限に突き当たると，価格はそれ以下には下がらない．このとき，市場価格は価格の下限に等しくなる．価格の下限において，アイスクリームの供給量（120個）は需要量（80個）を上回っている．この40個の超過供給が存在するため，アイスクリームを現行の価格で販売したいと思っている人々のうちの一部は，アイスクリームを販売することができない．**このように，拘束力を持つ価格の下限は余剰をもたらす．**

　価格の上限から生じる不足が望ましくない割当てメカニズムをもたらす可能性があるのとちょうど同じように，価格の下限から生じる余剰も望ましくない結果をもたらす可能性がある．人種的または家族的なつながりなど，買い手の個人的な偏見に訴える売り手は，おそらくそうしない売り手よりも商品を多く売ることができるだろう．対照的に，自由市場では価格が割当てメカニズムとして作用し，売り手は均衡価格において販売したいと思う量をすべて販売することができる．

 ## 最低賃金

　価格の下限の重要な例として最低賃金がある．最低賃金法は，どのような雇用主でも支払わなければならない労働の最低価格を指定するものである．アメリカの議会は，労働者に最低限の適切な生活水準を保障するために，1938年の公正労働基準法ではじめて最低賃金を制定した．2015年において，連邦法では最低賃金は時給7.25ドルである（一部の州は連邦の水準を上回る最低賃金を義務づけている）．多くのヨーロッパ諸国もまた最低賃金法を制定しており，ときにはアメリカよりもかなり高い．たとえば，フランスの平均所得はアメリカの平均所得よりも30％近く低いにもかかわらず，フランスの最低賃金はアメリカの最低賃金よりも30％以上高い．

　最低賃金の効果を調べるには，労働市場を考察しなければならない．図5-5のパネル(a)は自由労働市場を示している．他のすべての市場と同じように，労働市場も需要と供給の作用に従う．企業は労働の需要を決定し，

図5-5　最低賃金は労働市場にどのような影響を及ぼすか

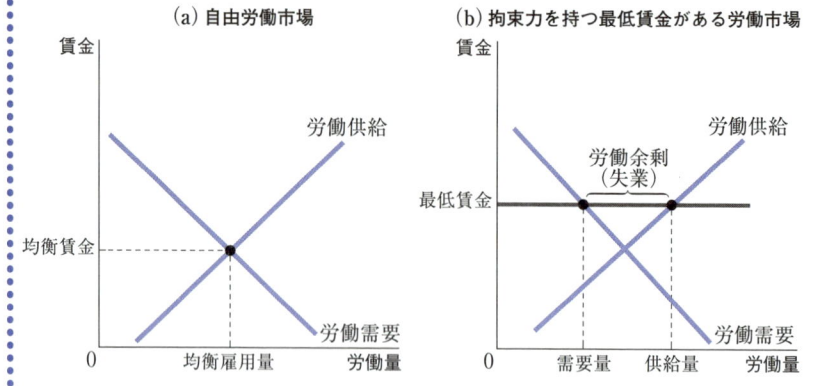

パネル(a)は労働需要と労働供給が釣り合うように賃金が調整される自由労働市場を示している．パネル(b)は，拘束力を持つ最低賃金の影響を示している．最低賃金は価格の下限なので余剰をもたらす．すなわち，労働供給量は労働需要量を上回る．その結果，失業が生じる．

労働者は労働の供給を決定する．政府の介入がなければ，賃金は労働需要と労働供給が釣り合うように調整される．

　図5-5のパネル(b)は，最低賃金が存在するときの労働市場を示している．もし最低賃金がこの図で示されているように均衡水準よりも高ければ，労働の供給量は需要量を上回る．その結果，失業が生じる．このように，最低賃金が存在すると，仕事を持っている労働者の所得は増加するが，仕事を見つけることができない労働者の所得は減少する．

　最低賃金について十分に理解するために，経済は単一の労働市場からなるのでなく，さまざまなタイプの労働者に対応する多くの労働市場からなることを覚えておこう．最低賃金の影響は労働者の熟練度と経験に依存する．熟練度が高くて経験豊富な労働者は，均衡賃金が最低賃金よりもはるかに高いので影響を受けない．こうした労働者に対して，最低賃金は拘束力を持たない．

　最低賃金は10代の若者の労働市場に対して最も大きい影響を与える．10代の若者は労働力のなかでも熟練と経験が最も乏しいので，均衡賃金が低くなりやすい．そのうえ，10代の若者は，しばしば実地訓練（オン・ザ・ジョブ・トレーニング）と引換えに低い賃金を進んで受け入れようとする

（多くの大学生も含む10代の若者のなかにはまったく給与を受け取らずに「研修生（インターン）」として進んで働く者もいる．研修生制度（インターンシップ）は無給なので，最低賃金が適用されない．もし彼らに最低賃金が適用されれば，研修生制度の機会は存在しなくなるだろう）．その結果，最低賃金は10代の若者の多くに対しては拘束力を持つが，その他の労働者に対してはそれほど拘束力を持たない．

多くの経済学者が，最低賃金法は10代の労働市場にどのような影響を及ぼすかを調べてきた．これらの研究者は，最低賃金の変化と10代の雇用の変化とを比較している．最低賃金が雇用にどのような影響を及ぼすかについてはいくつかの論争があるが，代表的な研究が明らかにしたところによれば，最低賃金が10％上昇すると10代の雇用は1～3％減少する．この推定結果を解釈する際には，最低賃金の10％の上昇が10代の若者の平均賃金を10％上昇させるわけではないことに注意しよう．最低賃金を十分に上回る賃金をすでに得ている10代の若者には，法律が変わっても直接の影響はない．そのうえ，最低賃金法は完璧に守られるとは限らない．したがって，推定された1～3％の雇用の減少は重要な意味を持つのである．

最低賃金は，労働需要量を変化させるのみならず，労働供給量も変化させる．最低賃金は10代の若者が稼ぐことのできる賃金を上昇させるので，仕事を探そうとする10代の若者の数を増加させる．いくつかの研究から明らかになったところによれば，最低賃金の上昇は，どのような10代の若者が雇用されるかに影響を与える．最低賃金が上昇すると，まだ高校に通っている若者の一部が中退して仕事に就くことを選ぶようになる．すると就職口をめぐってよりたくさんの人が競うことになり，こうした新しい中退者の中には，すでに学校を中退していた他の若者に取って代わる人も現れるため，今度は後者が失業者となる．

最低賃金はしばしば論争のトピックとなる．最低賃金政策に賛成する人たちは，その政策が貧しい労働者の所得を引き上げる一つの方法だと考えている．最低賃金を得ている労働者は貧しい生活水準しか達成できないという彼らの指摘は正しい．たとえば2015年の最低賃金は時給7.25ドルであり，2人の大人が最低賃金で1年間毎週40時間働いても，3万160ドルの年間総所得しか得られなかったことになる．この額はアメリカの4人家族

の公式貧困ラインより24%高いが，アメリカの家族所得の中位値（メディアン）の半分にも満たない．最低賃金政策に賛成する多くの人々は，最低賃金には失業を含むいくつかの悪い副作用が存在することを認めている．しかし彼らは，こうした影響は小さく，すべての事柄を考慮しても，最低賃金を引き上げることで貧しい人たちの暮らし向きが改善すると信じている．

　最低賃金政策に反対する人たちは，それが貧困と闘う最善の方法ではないと主張する．彼らによれば，高い最低賃金は失業をもたらし，10代の若者が学校を中退することを促し，一部の未熟練労働者が必要な実地訓練（オン・ザ・ジョブ・トレーニング）を受けることを妨げるという．さらに最低賃金政策に反対する人たちは，それが対象者のはっきりしない政策であるという点を指摘している．最低賃金労働者のすべてが，家族を貧困から脱出させようと努力している所帯主であるわけではない．実際，最低賃金で働いている人のうち，所得が貧困ラインを下回る家庭の人間は3分の1未満である．彼らの多くは，余分に支出するお金が欲しくてパートタイムの仕事で働いている中流階級の家庭の若者なのである．

専門家にきく ## 最低賃金

「もし連邦政府の決める最低賃金が2020年までに時給15ドルで徐々に引き上げられると，低賃金のアメリカの労働者の雇用率は，現状維持の場合よりもかなり低くなるだろう．」

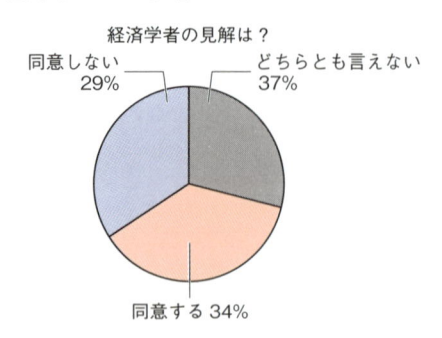

経済学者の見解は？

同意しない 29%　どちらとも言えない 37%　同意する 34%

（出所）　IGM Economic Experts Panel, September 22, 2015.

●価格規制の評価

第1章で論じた経済学の十大原理の一つによれば，「通常，市場は経済活動を組織する良策である」．この原理は，なぜ経済学者が通常，価格の上限と下限に反対するかを説明している．経済学者にとって，価格は何らかの偶然的な過程の結果ではない．経済学者は，価格は需要曲線と供給曲線の背後にある何百万もの企業と消費者の決定の結果であると主張する．価格は需要と供給を釣り合わせ，それによって経済活動を調整するという重要な仕事を果たしている．政策立案者が法令によって価格を設定することは，社会のさまざまな資源の配分を正常に導くシグナルを不明確にすることになる．

経済学の十大原理にはほかにも，「政府が市場のもたらす成果を改善できることもある」というものがある．実際，政策立案者は市場の成果を不公平とみなすために，価格規制を行う気になる．価格規制は貧しい人を助けることを目的とすることが多い．たとえば，家賃規制法はすべての人が手ごろな家賃の住宅に住めるようにと考え，最低賃金法は人々が貧困から脱出するのを助けようと考えている．

ところが，価格規制は彼らが助けようとしている人々に損害を与えることがよくある．家賃規制によって家賃は低い水準に抑えられるかもしれないが，同時に家主は自分のアパートを維持・補修しようとしなくなり，また住宅が見つけにくくなる．最低賃金法は一部の労働者の所得を増加させるかもしれないが，同時に他の労働者を失業させる原因にもなる．

助けを必要としている人を助けることは，価格を規制する方法以外でも達成できる．たとえば，政府は貧しい家族の家賃の一部を補助することによって，住宅を入手しやすくすることができる．家賃規制とは異なり，家賃補助は住宅の供給量を減少させないので，住宅不足を起こさない．同様に，賃金補助は貧しい労働者の生活水準を高めるが，企業が彼らを雇う意欲を低下させない．賃金補助の例としては，勤労所得税額控除（EITC：earned income tax credit）という低賃金労働者の所得を補助する政府の政策がある．

これらの代替的な政策は，価格規制よりも優れていることが多いが，それでも完全ではない．家賃補助や賃金補助は，政府からみるとお金がかかり，したがってより多くの税金を必要とする．次節でみるように，課税にはそれ

自体の費用がかかるのである.

【小問】 ● 価格の上限と価格の下限を定義し，それぞれの例を挙げなさい. 不足をもたらすのはどちらか. 余剰をもたらすのはどちらか. その理由も説明しなさい.

② 税金

　世界中の国の政府から小さい町の地方政府に至るまで，あらゆるレベルの政府は，道路，学校，国防など公共事業のための収入を税金によって調達している. 税金は重要な政策手段であり，われわれの生活にさまざまな形で影響を及ぼすので，本書では税金については何度も繰り返して考えていく. 本節では，まず税金が経済にどのような影響を与えるかを検討することから始めよう.

　分析のお膳立てをするために，ある地方政府が毎年アイスクリーム祭を開催し，パレード，花火大会，町の役員によるスピーチなどを行うことにしたとしよう. そのイベントをまかなう収入源として，アイスクリーム1個の売上げに対して0.50ドル（50セント）の税金を課すことを決定したとする. その計画が発表されると，前述の二つの陳情団体が行動を起こした. 全米アイスクリーム愛好者協会は，アイスクリームの消費者が家計のやりくりに困っていると喧伝し，アイスクリームの売り手がその税金を支払うべきだと主張した. 全国アイスクリーム製造業者協会は，そのメンバーが競争市場で生き残るためにいかに苦闘しているかを喧伝し，アイスクリームの買い手がその税金を支払うべきだと主張した. 町長は，妥協案として，税金の半分を買い手が支払い，残りの半分を売り手が支払うことを提案した.

　これらの提案を分析するためには，単純だが微妙な問題を提起する必要がある. 政府がある財に課税するとき，その税を実際に負担するのは誰なのだろうか. その財を買う人だろうか. それともその財を売る人だろうか. あるいは，売り手と買い手が税を分担して負担するとすれば，負担の割り振りは何によって決まるのだろうか. 政府は，町長が提案しているように，負担の割り振りを単純に法律によって決めることができるだろうか. それとも，その割り振りはより根本的な市場の諸力によって決まるのだろうか. **税の帰着**

という用語は，税の負担が経済を構成するさまざまな人々の間にどのように割り振られるかを表すものである．後に明らかになるように，需要と供給という分析用具を適用することによって，税の帰着に関するいくつかの驚くべき教訓を学ぶことができる．

●売り手に対する課税は市場の成果にどのような影響を及ぼすか

　ある財の売り手に課税される場合を考察することから始めよう．地方政府が法案を通過させて，アイスクリームの売り手に対してアイスクリーム1個を販売するごとに0.50ドルを政府に納めるように義務づけたとしよう．この法律はアイスクリームの売り手と買い手にどのような影響を及ぼすだろうか．この疑問に答えるために，第4章で述べた均衡の変化を分析する3段階アプローチに基づいて考える．すなわち，(1)その法律が需要曲線または は供給曲線に影響を及ぼすかどうかを決定する．(2)曲線がどちらにシフトするかを決定する．(3)曲線のシフトが均衡価格と均衡取引量にどのような影響を及ぼすかを調べる．

　第1段階　課税はアイスクリームの売り手に直接影響を及ぼす．買い手は課税されていないので，どの価格においてもアイスクリームの需要量は以前と同じである．したがって，需要曲線は変化しない．反対に，売り手に対する課税は，どの価格においてもアイスクリーム事業の収益を低下させるので，供給曲線をシフトさせる．

　第2段階　売り手に対する課税はアイスクリームの生産・販売の費用を高めるので，どの価格においても供給量を減少させる．供給曲線は左方（あるいは同じことだが上方）にシフトする．

　供給曲線がどちらの方向に移動するかを決めるだけでなく，シフトの大きさについても正確なことがいえる．アイスクリームの市場価格がいくらであっても，売り手にとっての実効価格（税を支払った後に手元に残すことので

税の帰着 tax incidence：税の負担が市場の参加者に割り振られる方法．

図5-6 売り手への課税

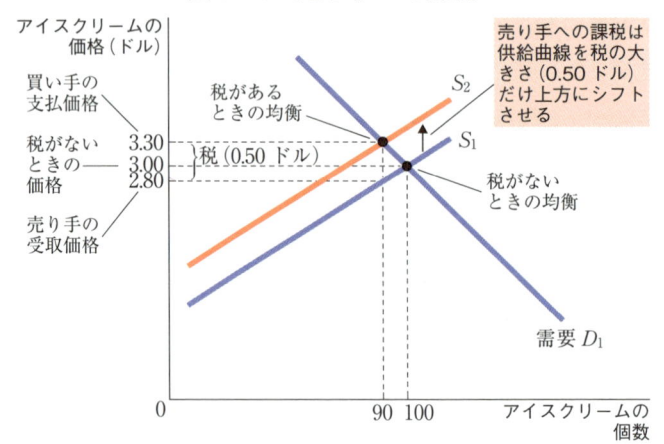

アイスクリームの
価格（ドル）

売り手への課税は
供給曲線を税の大
きさ（0.50ドル）
だけ上方にシフト
させる

買い手の
支払価格

税がある
ときの均衡

S_2

税がない
ときの ── 3.30
価格 3.00
2.80

S_1

税（0.50ドル）

税がない
ときの均衡

売り手の
受取価格

需要 D_1

0　　　　　90 100　アイスクリームの
　　　　　　　　　　　　個数

0.50ドルの税が売り手に課されると，供給曲線は S_1 から S_2 へと0.50ドルだけ
上方にシフトする．アイスクリームの均衡取引量は100個から90個へと減少す
る．買い手が支払う価格は3.00ドルから3.30ドルへと上昇する．売り手が受け
取る（税引き後の）価格は，3.00ドルから2.80ドルへと下落する．税は売り手
に課されるが，売り手と買い手は税を分担して負担することになる．

きる額）は0.50ドルだけ低い．たとえば，アイスクリーム1個の市場価格が
2.00ドルであったとすると，売り手が受け取る実効価格は1.50ドルとなる．
市場価格がいくらであっても，売り手はそれより0.50ドルだけ低い価格であ
るかのようにアイスクリームの供給量を決めるだろう．言い換えると，与え
られたある量を供給するように売り手を誘導するためには，市場価格は税の
影響を埋め合わせるために0.50ドルだけ高くなければならない．したがって，
図5-6に示されているように，供給曲線は S_1 から S_2 へと，ちょうど税の大
きさ（0.50ドル）だけ上方にシフトする．

　第3段階　供給曲線がどのようにシフトするか決まったので，当初の均衡
と新しい均衡を比較することができる．図5-6で示されているように，アイ
スクリームの均衡価格は3.00ドルから3.30ドルへと上昇し，均衡取引量は
100個から90個へと減少する．新しい均衡において，売り手の販売量と買い
手の購入量はともに減少するので，課税はアイスクリーム市場の規模を縮小
する．

結果の意味　さて，税の帰着の問題に立ち返ろう．税を支払うのは誰だろうか．税金はすべて売り手が納めるが，税の負担は売り手と買い手が分担する．税が課されると，市場価格は3ドルから3.30ドルに上昇するので，買い手の支払金額は，税がないときに比べてアイスクリーム1個につき0.30ドル多い．したがって，税は買い手の厚生を悪化させる．売り手は買い手から以前よりも高い価格（3.30ドル）を受け取るが，税を支払った後に保持できるのは，課税前の3ドルに比較して課税後には2.80ドル（3.30ドル−0.50ドル＝2.80ドル）へと下落する．したがって，税は売り手の厚生も悪化させる．

これらをまとめると以下の二つの教訓が導き出せる．

● 税は市場の活動水準を低下させる．ある財に対して課税されると，その財の販売量は新しい均衡では少なくなる．
● 売り手と買い手は税の負担を分担する．新しい均衡においては，買い手の財への支払額は増加し，売り手の受取額は減少する．

● 買い手に対する課税は市場の成果にどのような影響を及ぼすか

今度は財の買い手に対して課税した場合を考えよう．地方政府が法案を通過させ，アイスクリームの買い手に対してアイスクリームを1個買うごとに0.50ドルを政府に納めるよう義務づけたとしよう．この法律の影響はどのようなものだろうか．再び3段階アプローチを適用して考えよう．

第1段階　課税はまずアイスクリームの需要に影響を及ぼす．供給曲線は影響を受けない．アイスクリームのどの所与の価格においても，売り手がアイスクリームを市場へ供給するインセンティブは変わらないからである．対照的に，買い手はアイスクリームを買うたびに，（売り手に支払う価格に加えて）政府に税金を支払わなければならない．したがって，課税はアイスクリームの需要曲線をシフトさせる．

第2段階　次にシフトの方向を明らかにしよう．買い手への課税によって

図5-7　買い手への課税

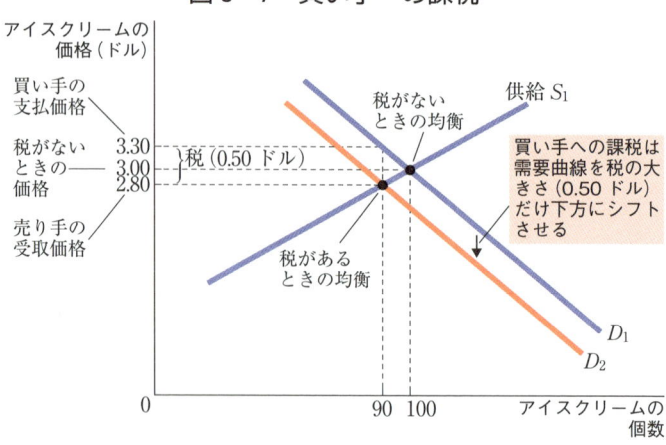

0.50ドルの税が買い手に課されると，需要曲線は D_1 から D_2 へと0.50ドルだけ下方にシフトする．アイスクリームの均衡取引量は100個から90個へと減少する．売り手が受け取る価格は3.00ドルから2.80ドルへと下落する．買い手が支払う（税込の）価格は3.00ドルから3.30ドルへと上昇する．税は買い手に課されるが，売り手と買い手は税を分担して負担することになる．

アイスクリームを購入する魅力は低下するので，買い手はどの価格においても以前よりも少ない量のアイスクリームを需要する．その結果，図5-7に示されているように，需要曲線は左方に（あるいは同じことだが下方に）シフトする．

　この場合も，シフトの大きさについても正確なことがいえる．買い手に0.50ドルが課税されるので，買い手にとっての実効価格は（市場価格がいくらであっても）市場価格よりも0.50ドルだけ高い．たとえば，アイスクリームの市場価格が1個2ドルであれば，買い手にとっての実効価格は2.50ドルとなる．買い手は税金を含む総費用をみているので，あたかも市場価格が実際よりも0.50ドル高いかのように考えてアイスクリームの需要量を決める．言い換えれば，どのような量であれ，それを需要する気持ちを買い手に起こさせるためには，市場価格は税の影響を埋め合わせるために0.50ドル低くなければならない．したがって，買い手への課税は，需要曲線を D_1 から D_2 へと，ちょうど税の大きさ（0.50ドル）に相当する分だけ下方にシフトさせる．

第3段階　需要曲線がどのようにシフトするか決まったので，当初の均衡と新しい均衡とを比較することによって課税の影響がわかる．図5-7から明らかなように，アイスクリームの均衡価格は3ドルから2.80ドルへと下落し，均衡取引量は100個から90個へと減少する．この場合も，アイスクリームへの課税はアイスクリーム市場の規模を縮小し，また売り手と買い手は税の負担を分担するのである．課税前に比べて，売り手が生産物に対して受け取る価格は低くなり，買い手が売り手に対して支払う市場価格は低くなる．しかし，（買い手が支払わなければならない税を含む）実効価格は，3ドルから3.30ドルに上昇する．

結果の意味　図5-6と図5-7を比較すると，驚くべき結論が導かれる．売り手への課税と買い手への課税は同等である．どちらの場合も，課税によって買い手が支払う価格と売り手が受け取る価格に差額が出る．買い手の価格と売り手の価格の差額は，税が売り手と買い手のどちらに課されるかに関係なく同一である．どちらの場合も，その差額は需要曲線と供給曲線の相対的な位置をシフトさせる．新しい均衡において，売り手と買い手は税を分担して負担する．売り手に対する課税と買い手に対する課税の唯一の違いは，政府にお金を納めるのが誰かという点だけである．

　この二つの税が同等であるということは，政府がすべてのアイスクリーム店のカウンターに鉢を置いて0.50ドルのアイスクリーム税を集めることを想像してみれば，おそらく容易にわかるだろう．政府が売り手に課税したときには，売り手はアイスクリームを1個販売した後にその鉢に0.50ドル入れることを要求される．政府が買い手に課税したときには，買い手はアイスクリームを1個買うたびにその鉢に0.50ドルを入れることを要求される．0.50ドルが買い手のポケットから直接鉢に入ろうが，買い手のポケットから売り手の手を経て間接的に鉢に入ろうが関係ない．ひとたび市場が新しい均衡に到達すると，税が誰に課されるかに関係なく，売り手と買い手は分担してそれを負担するのである．

ケース・スタディ 議会は給与税の負担を割り振れるか

　もしあなたがアメリカで給料を受け取ったことがあれば，あなたが稼いだ金額から税が控除されていることにおそらく気づくだろう．この税は連邦保険分担法令（Federal Insurance Contribution Act）の頭文字をとってFICAと呼ばれる．連邦政府はFICAからの収入を用いて，社会保障と医療保険（メディケア），すなわち高齢者に対する所得扶助と健康保険プログラムの支払いを行う．FICAは給与税の一種であり，企業が労働者に支払う賃金に課される税である．2010年において，典型的な労働者がFICAとして支払う総額は所得の15.3%であった．

　この給与税を負担するのは誰だろうか．企業だろうか，それとも労働者だろうか．議会はこの法案を通過させたとき，税負担の割合を指定しようとした．その法律では，税の半分は企業が支払い，半分は労働者が支払うとされている．すなわち，税金の半分は企業の収入から支払われ，半分は労働者の給料から控除されるのである．給料支払いの明細書に控除として示されている金額が労働者の負担額である．

　しかしながら，税の帰着に関する分析が示しているように，立法者は税の負担をそれほど簡単には割り振れない．これを例示するために，給与税は一つの財への課税にすぎないと考えて分析してみよう．財は労働であり，価格は賃金である．給与税の重要な特徴は，それが企業の支払う賃金と労働者の受け取る賃金との間に差額をつけることである．図5-8はその結果を示している．給与税が実施されると，労働者の受け取る賃金は下落し，企業が支払う賃金は上昇する．結局，労働者と企業は法律が命じるように税を分担して負担する．しかしながら，労働者と企業への税負担の割り振りは，立法化されたものとはまったく関係がない．図5-8における負担の割り振りは必ずしも半々とは限らず，法律がすべての税を労働者に課しても，企業に課しても，結果は同じである．

　この例は，税の帰着の最も基本的な教訓が公の議論でしばしば見逃されることを示している．立法者は，税を買い手のポケットからとるのか，それとも売り手のポケットからとるのかを決めることはできるが，税の真の

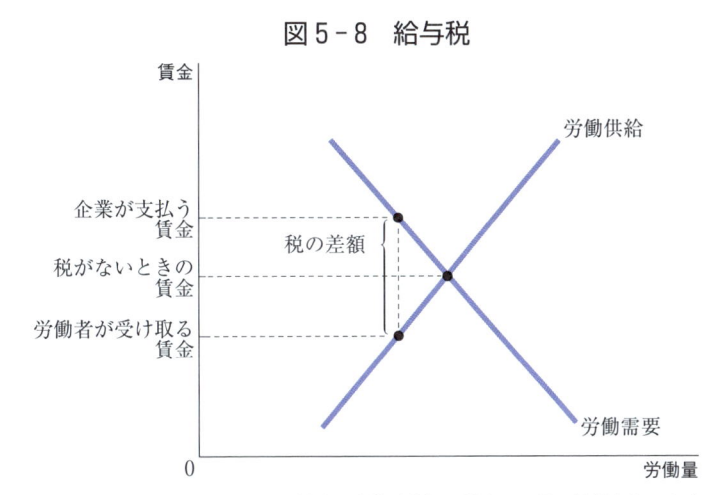

図 5 - 8　給与税

給与税は, 労働者が受け取る賃金と企業が支払う賃金との間に差額をもたらす. 税があるときの賃金とないときの賃金を比較すると, 労働者と企業が税を分担して負担していることがわかる. 労働者と企業の間のこのような税の負担の割り振りは, 政府がその税を労働者に課すか, 企業に課すか, それとも両方に均等に課すかに依存しない.

負担を法律で決めることはできない. 税の帰着は需要と供給の作用に依存するのである.

●弾力性と税の帰着

　ある財に税が課されると, その財の売り手と買い手は税を分担して負担する. それでは, 税は正確にはどのように負担されるのだろうか. 均等に負担することはめったにないだろう. 負担がどのように割り振られるかをみるため, 図5-9の二つの市場における課税の影響を考察しよう. どちらの場合も, 当初の需要曲線, 当初の供給曲線, そして買い手の支払額と売り手の受取額の間に差額をもたらす税が図示されている (新しい需要曲線と供給曲線はこの図のどちらのパネルにも描かれていない. どちらの曲線がシフトするかは, 税が売り手と買い手のどちらに課されるかに依存する. すでにみたように, このことは税の帰着には無関係である). 二つのパネルの違いは, 需要と供給の相対的な弾力性である.

　図5-9のパネル(a)は, 供給が非常に弾力的で, 需要がそれに比べると非

図5-9　税の負担はどのように割り振られるか

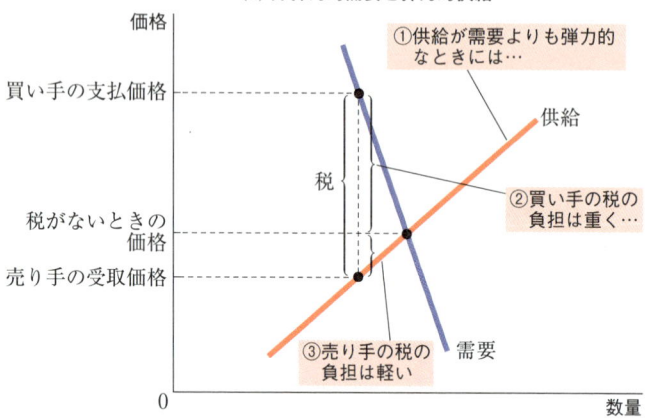

(a) 非弾力的需要と弾力的供給

(b) 弾力的需要と非弾力的供給

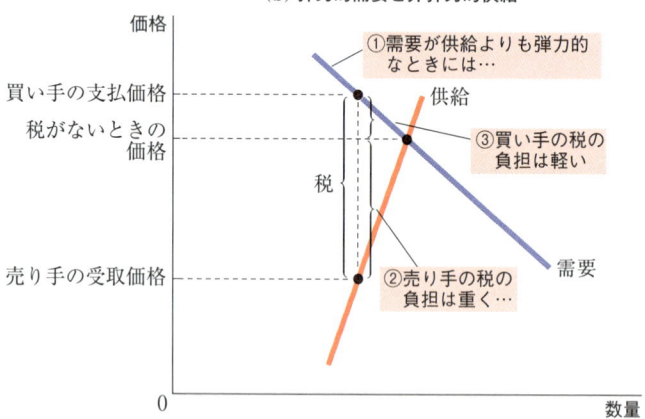

パネル(a)では，供給曲線は弾力的であり，需要曲線は非弾力的である．この場合，売り手が受け取る価格はわずかしか下落しないが，買い手が支払う価格はかなり上昇する．したがって，税の大部分は買い手が負担することになる．パネル(b)では，供給曲線は非弾力的であり，需要曲線は弾力的である．この場合，売り手が受け取る価格はかなり下落するが，買い手が支払う価格はわずかしか上昇しない．したがって，税の大部分は売り手が負担することになる．

弾力的な市場における税を示している. 売り手は財の価格に非常に敏感であり（したがって供給曲線の傾きは比較的平らである），買い手はあまり敏感ではない（したがって需要曲線の傾きは比較的急である）. このような弾力性を持つ市場に税が課されると，売り手が受け取る価格はあまり下落せず，したがって売り手はわずかしか負担しない. 対照的に，買い手が支払う価格はかなり上昇する. このことは税の大部分を買い手が負担することを示している.

図5-9のパネル(b)は，供給が比較的非弾力的で需要が非常に弾力的な市場における税を示している. この場合，売り手は価格の変化にあまり敏感ではなく（したがって供給曲線の傾きは急である），買い手は非常に敏感である（したがって需要曲線の傾きは平らである）. この図は，税が課されたとき，買い手が支払う価格はあまり上昇せず，売り手が受け取る価格はかなり下落することを示している. したがって，税の大部分は売り手が負担することになる.

図5-9の二つのパネルは，税の負担がどのように割り振られるかについて一般的な教訓を示している. すなわち，**税の負担は，市場のなかで弾力性が小さい側に重く割り振られる**. なぜそうなるのだろうか. 本質的に，弾力性は，状況が悪化したときに，売り手や買い手が市場を離れたいと思う度合いを測る尺度である. 需要の弾力性が小さいということは，買い手が特定の財を消費するにあたって適切な代替的選択肢を持たないことを意味する. 供給の弾力性が小さいということは，売り手が特定の財を生産するにあたって適切な代替的選択肢を持たないことを意味する. その財が課税されると，市場のなかで適切な代替的選択肢を少ししか持っていない側は，市場を離れようと思う度合いがより小さく，したがって税をより多く負担することになるのである.

この論理は，前のケース・スタディで論じた給与税に適用することができる. ほとんどの労働経済学者は，労働供給は労働需要よりもはるかに弾力性が小さいと信じている. このことは，企業よりも労働者のほうが給与税を負担する割合が非常に高いことを意味している. 言い換えれば，税の負担の割り振りは，立法者の意図に反して五分五分とは大きく異なることになるのである.

奢侈税を支払うのは誰か

　1990年に，アメリカの議会はヨット，自家用飛行機，毛皮，宝石，高級車といった品目に対する奢侈税を新たに採択した．新しい奢侈税の目的は，税を最も容易に支払うことができる人たちから収入を調達することにあった．そのような贅沢品を買うことができるのは金持ちのみなので，贅沢品への課税は金持ちに課税する論理的な方法であると考えられた．

　しかしながら，需要と供給の作用が働きはじめると，その結果は議会が意図したものとまったく異なるものとなった．たとえば，ヨットの市場を考えてみよう．ヨットに対する需要はきわめて弾力的である．百万長者はヨットを買わなくても全然構わない．そのお金でもっと大きい家を買ったり，ヨーロッパでバカンスを楽しんだり，あるいは相続人に巨額の遺産を残すこともできるのである．対照的に，ヨットの供給は，少なくとも短期においては比較的非弾力的である．ヨットの工場は代替的な用途に簡単に転換できないし，ヨットを製造する労働者は市場状態の変化に対応して進んで転職しようとはしない．

　このケースでは，われわれの分析は明確な予測ができる．需要が弾力的で供給が非弾力的であれば，税の負担は主として供給者にかかる．すなわち，ヨットへの課税は主としてヨットを製造する企業と労働者に負担をかける．なぜなら，彼らが受け取る生産物価格が大幅に下落するという結果に終わるからである．しかしながら，労働者は豊かではない．したがって，奢侈税は金持ちよりも中流階級により大きな負担をかける．

　奢侈税の帰着に関する想定が間違っていたことは，税が施行されるとすぐに明らかになった．贅沢品の供給者は，いかに経済的な困難を経験したかを議員たちに十分に認識させた．その結果，議会は奢侈税の大部分を1993年に廃止した．

【小問】　●自動車の買い手に対して1台当たり1000ドル課税するとき，自動車の販売量と価格にどのような影響を与えるかを需要と供給の図を用いて示しなさい．次に，自動車の売り手に対して1台当たり1000ドル課税するとき，自動車の販売量と価格にどのような影響

を与えるかを別の図で示しなさい．どちらの図にも，自動車の買い手が支払う価格の変化と自動車の売り手が受け取る価格の変化を示しなさい．

3 結論

経済は2種類の法（law）によって支配されている．一つは需要と供給の法則であり，もう一つは政府によって施行される法律である．この章では，これらの法がどのように相互作用するかについてはじめて調べた．価格規制も税も経済のさまざまな市場でよく見かけるものであり，その影響についてはしばしば新聞紙上や政策立案者の間で論争されている．経済に関する知識がわずかでもあれば，それらの政策を理解し，評価することがかなりできるようになる．

第6章では，この章の考察よりもさらに広範囲の政策を考える．しかしながら，この章で学んだ基本的な教訓は変わらない．すなわち，政府の政策を分析するときには，需要と供給が最初の，かつ最も有用な分析用具であるということである．

要約

- 価格の上限とは，法律で定められた財・サービスの最高価格である．その一例は家賃規制である．もし価格の上限が均衡価格を下回っていれば，価格の上限は拘束的であり，需要量は供給量を上回る．その結果不足が生じるため，売り手は何らかの方法で財・サービスを買い手に割り当てなければならない．
- 価格の下限とは，法律で定められた財・サービスの最低価格である．その一例は最低賃金である．もし価格の下限が均衡価格を上回っていれば，価格の下限は拘束的であり，供給量は需要量を上回る．その結果余剰が生じるため，財・サービスに対する買い手の需要は何らかの方法で売り手に割り当てられなければならない．

● 政府がある財に課税すると，その財の均衡取引量は減少する．すなわち，ある市場への課税はその市場の規模を縮小する．

● ある財への課税は買い手が支払う価格と売り手が受け取る価格に差額をもたらす．市場が新しい均衡に移動すると，買い手がその財に支払う額は増加し，売り手が受け取る額は減少する．その意味で，売り手と買い手は税を分担して負担する．税の帰着（すなわち税負担の割り振り）は，その税が売り手に課税されるか，買い手に課税されるかに依存しない．

● 税の帰着は需要と供給の価格弾力性に依存する．その負担の大部分は，市場のなかで弾力性が小さい側にかかる．なぜならば，弾力性の小さい側は，税に反応して売買の量を変えることが簡単にはできないからである．

確認問題

1. 政府が拘束力を持つ価格の下限を課すとき，何が生じるか．
   a. 供給曲線が左方にシフトする．
   b. 需要曲線が右方にシフトする．
   c. 財の不足が生じる．
   d. 財の過剰が生じる．

2. 拘束力を持つ価格の上限がある市場では，上限の上昇は供給量を（　　）させ，需要量を（　　）させ，そして（　　）を減少させる．
   a. 増加，減少，余剰
   b. 減少，増加，余剰
   c. 増加，減少，不足
   d. 減少，増加，不足

3. ある財の消費者に課せられる単位当たり1ドルの税に等しいのは，次のうちどれか．
   a. 財の生産者に課される単位当たり1ドルの税
   b. 財の生産者に支払われる単位当たり1ドルの補助金
   c. 単位当たり1ドルだけ財の価格を引き上げる価格の下限
   d. 単位当たり1ドルだけ財の価格を引き上げる価格の上限

4. 供給量を増加させ，需要量を減少させ，消費者が支払う価格を上昇させるのは，次のうちどれか.
   a. 拘束力を持つ価格の下限の設定
   b. 拘束力を持つ価格の下限の撤廃
   c. 生産者への新たな課税
   d. 生産者への課税の廃止
5. 供給量を増加させ，需要量を増加させ，消費者が支払う価格を低下させるのは，次のうちどれか.
   a. 拘束力を持つ価格の下限の設定
   b. 拘束力を持つ価格の下限の撤廃
   c. 生産者への新たな課税
   d. 生産者への課税の廃止
6. ある財が課税されたとき，主として消費者に税の負担がかかるのはどの場合か.
   a. 消費者に課税される場合
   b. 生産者に課税される場合
   c. 供給が非弾力的で，需要が弾力的である場合
   d. 供給が弾力的で，需要が非弾力的である場合

復習問題

1. 価格の上限と価格の下限の例を挙げなさい.
2. 価格の上限と価格の下限では，どちらが財の不足をもたらすか. 図を用いてあなたの解答の根拠を説明しなさい.
3. ある財の価格が需要と供給の均衡をもたらすことができないとき，どのようなメカニズムで資源は配分されるか.
4. 経済学者が，通常，価格規制に反対する理由を説明しなさい.
5. 政府がある財の買い手に対する税を免除し，同じ額の税をその財の売り手にかけるものと仮定する. この課税政策の変化は，この財の買い手が売り手に支払う価格，買い手が支払う額（税負担を含む），売り手が受け取る額（税負担を除く），および財の販売量にそれぞれどのような影響を与

えるだろうか.

6. ある財への課税は買い手が支払う価格，売り手が受け取る価格，財の販売量にどのような影響を与えるか.

7. 税の負担が売り手と買い手の間にどのように割り振られるかを決めるものは何か．その理由も説明しなさい.

応用問題

1. クラシック音楽の愛好者が議会に働きかけてコンサートのチケットの価格に40ドルの上限を課した．この結果，クラシック音楽のコンサートを聴きに来る人は多くなるだろうか，少なくなるだろうか．説明しなさい.

2. 政府は自由市場におけるチーズの価格が低すぎると判断した.

　a. 政府がチーズ市場で拘束力を持つ価格の下限を設定するとしよう．需要と供給の図を描いて，この政策がチーズの価格と量に及ぼす影響を示しなさい．チーズは不足するだろうか，それとも余剰が生じるだろうか.

　b. チーズ農家は価格の下限のせいで総収入が減少したと不満を言っている．そういうことは起こりうるだろうか．説明しなさい.

　c. チーズ農家の不満への対応として，政府が余ったチーズを価格の下限ですべて引き取ることに同意したとしよう．当初の価格の下限と比較して，この新しい政策によって利益を受けるのは誰だろうか，損をするのは誰だろうか.

3. 最近の研究が明らかにしたところによると，フリスビーに対する需要表と供給表は以下のとおりである.

フリスビーの価格 （ドル）	需要量 （万枚）	供給量 （万枚）
11	100	1,500
10	200	1,200
9	400	900
8	600	600
7	800	300
6	1,000	100

　a. フリスビーの均衡価格と均衡取引量を求めなさい.

b. フリスビーの製造業者が，フリスビーの生産は空気力学に関する科学者の理解を深めるので，国防のため重要であると政府を説得したとする．関心を持った議会は均衡価格を2ドル上回る価格の下限を設定した．新しい市場価格はいくらになるだろうか．そのときフリスビーは何枚売れるだろうか．

c. 怒った大学生がワシントンで行進し，フリスビーの価格の引下げを要求したとする．事態を憂慮した議会は，価格の下限を廃止し，当初の価格の下限よりも1ドル低い水準に価格の上限を設定したとする．新しい市場価格はいくらになるだろうか．フリスビーは何枚売れるだろうか．

4. 連邦政府が，ビールを飲む人に対して，ビール1ケースにつき2ドルの税を支払うことを義務づけたとしよう（実際，連邦政府と州政府はともに，何らかの形でビール税を課している）．

a. 税がないときのビール市場の需要と供給の図を描きなさい．消費者が支払う価格，生産者が受け取る価格，ビールの販売量を示しなさい．消費者が支払う価格と生産者が受け取る価格の差はいくらだろうか．

b. 次に，課税されたあとのビール市場の需要と供給の図を描きなさい．消費者が支払う価格，生産者が受け取る価格，ビールの販売量を示しなさい．消費者が支払う価格と生産者が受け取る価格の差はいくらだろうか．ビールの販売量は増えただろうか，それとも減っただろうか．

5. ある上院議員は，税収を引き上げて労働者の福祉を向上させたいと思っている．彼のスタッフの1人が企業の支払う給与税を引き上げ，増収分の一部を用いて労働者の支払う給与税を引き下げることを提案した．この政策は上院議員の目的を達成するだろうか．説明しなさい．

6. もし政府が高級車に500ドルの税を課すと，消費者が支払う価格の上昇分は500ドル以上になるだろうか，500ドル以下になるだろうか，それともちょうど500ドルになるだろうか．説明しなさい．

7. 議会と大統領が，アメリカはガソリンの使用量を削減して大気汚染を減らすべきだという決定を行ったとする．そのためガソリン1ガロンにつき0.50ドルの税が課された．

a. この税は生産者に課されるべきだろうか，それとも消費者に課されるべきだろうか．需要と供給の図を用いて注意深く説明しなさい．

b. ガソリンの需要がより弾力的であるとすると，この税がガソリンの消費量を減らす効果はより大きいだろうか，それともより小さいだろうか．言葉と図で説明しなさい．

c. ガソリンの消費者はこの税によって助かるだろうか，それとも損をするだろうか．その理由も説明しなさい．

d. 石油産業の労働者はこの税によって助かるだろうか，それとも損をするだろうか．その理由も説明しなさい．

8. この章のケース・スタディは，連邦最低賃金法について論じている．

a. 最低賃金が未熟練労働の市場の均衡賃金を上回っているとしよう．未熟練労働の市場における需要と供給の図を用いて，市場賃金，雇用される労働者数，失業者数を示しなさい．また，未熟練労働に支払われる賃金の総額を示しなさい．

b. 労働長官が最低賃金の引上げを提案したとする．この引上げは雇用にどのような影響を与えるだろうか．雇用の変化は需要の弾力性に依存するだろうか，供給の弾力性に依存するだろうか，その両方に依存するだろうか，それともどちらにも依存しないだろうか．

c. 最低賃金の引上げは失業にどのような影響を及ぼすだろうか．失業の変化は需要の弾力性に依存するだろうか，供給の弾力性に依存するだろうか，その両方に依存するだろうか，それともどちらにも依存しないだろうか．

d. もし未熟練労働の需要が非弾力的であれば，最低賃金引上げの提案は未熟練労働に支払われる賃金の総額を増大させるだろうか，それとも減少させるだろうか．逆に未熟練労働に対する需要が弾力的であれば，その答えは変わるだろうか．

9. ボストン・レッドソックスのホームであるフェンウェイ球場には，座席が3万9000席しかない．したがって，発売されるチケットの枚数はこの数字に固定されている．収入をあげる絶好の機会ととらえたボストン市は，チケット1枚につき5ドルの税を買い手に課すことにしたとしよう．ボストンのスポーツファンは，よく知られているように公共心があるので，チケットに対する5ドルの税を忠実に支払うものとする．税の影響を示す図（図の線の名称を正しく付して）を描きなさい．税を負担するのは誰か．

チームのオーナーか, ファンか, それとも両方か.

10. ある市場が次のような供給曲線と需要曲線で表されるとしよう.

$$Q^S = 2P$$

$$Q^D = 300 - P$$

a. 均衡価格と均衡数量を導出しなさい.

b. もし政府が90ドルの価格の上限を設定すれば, 不足または余剰が発生するだろうか, 発生しないだろうか. 価格, 供給量, 需要量, および不足または余剰の大きさはいくらだろうか.

c. もし政府が90ドルの価格の下限を設定すれば, 不足または余剰が発生するだろうか, 発生しないだろうか. 価格, 供給量, 需要量, および不足または余剰の大きさはいくらだろうか.

d. 価格規制の代わりに, 政府が生産者に30ドルの課税を行うとする. その結果, 新しい供給曲線は,

$$Q^S = 2(P - 30)$$

となる. 不足または余剰が発生するだろうか, 発生しないだろうか. 価格, 供給量, 需要量, および不足または余剰の大きさはいくらだろうか.

第 5 章 付論

弾力性

Keywords　弾力性　elasticity
需要の価格弾力性　price elasticity of demand
供給の価格弾力性　price elasticity of supply

　ある出来事が起こってアメリカのガソリン価格が上昇したと想像してみよう．その出来事とは，たとえば中東で戦争が起こって石油の供給が途絶えるとか，中国経済の好況によって石油に対する世界需要が増加するとか，あるいはガソリンへの増税が議会を通過するというようなことである．そのとき，アメリカの消費者はその価格上昇に対してどのように反応するだろうか．

　この問題に対して一般的な形で答えるのは簡単である．消費者は購入を減らすだろう．この結論は，前章で学んだ需要の法則から導き出される．では，より正確に，ガソリンの消費はどれほど減るかという質問に答えるにはどうすればいいだろうか．この質問に対しては，本章で展開する弾力性と呼ばれる概念を用いて答えることができる．

　弾力性とは，売り手と買い手が市場の状態の変化に対してどれだけ反応するかを示す尺度である．ある出来事や政策が市場にどのような影響を及ぼすかを調べるとき，その効果の方向だけでなく，その大きさも論じることができる．本章の最後のほうでみるように，弾力性はさまざまな問題への応用に役立つ．

　しかしながら，先へ進む前に，前述のガソリンの問題への疑問に答えておこう．ガソリン価格の変化に対する消費者の反応について調べた研究は多数あるが，それらによると，需要量は短期よりも長期においてより大きく反応するということがわかっている．ガソリン価格の10%の上昇は，ガソリン消費を1年後には約2.5%，5年後には約6%減少させる．需要量の長期的な減少のうち約半分は，人々が自動車の利用を減らすことによって生じ，半分は燃費効率のよりよい自動車へと乗り替えるために生じる．そしてこれらの反応は両方とも，需要曲線とその弾力性に反映されているのである．

① 需要の弾力性

　第4章で需要の決定要因を論じたときに明らかにしたように，通常消費者がある財をより多く需要するのは，以下のような場合，すなわち，その財の価格が下がったとき，消費者の所得が増えたとき，その財の代替財の価格が上がったとき，あるいは補完財の価格が下がったときである．需要に関する前章の議論は質に関するものであり，量に関するものではなかった．つまり，

前章の議論の対象は，需要量の変化の方向であり，変化の大きさではなかった．需要がその決定要因の変化に対してどれくらい反応するかを測定するのに，経済学者は弾力性の概念を用いる．

●需要の価格弾力性とその決定要因

需要法則とは，ある財の価格が下落すると，その財の需要量が増加するというものである．需要の価格弾力性とは，価格の変化に対して需要量がどれだけ反応するかを測る尺度である．需要量が価格の変化に対して大きく反応するとき，その財の需要は弾力的であるという．需要量が価格の変化に対してわずかしか反応しないときには，その財の需要は非弾力的であるという．

ある財の需要の価格弾力性は，その財の価格が上昇するにつれて消費者がその財の購入をどれほど減らそうとするかを測定する．需要の価格弾力性は消費者の嗜好を形成するさまざまな経済的，社会的，心理的な力を反映するので，何が需要曲線の弾力性を決定するかについての単純で普遍的な規則はない．しかしながら，需要の価格弾力性に影響を及ぼす要因は何かについて，経験に基づいて若干の一般則を述べることは可能である．

密接な代替財の利用可能性　密接な代替財を持つ財ほど，需要の弾力性が大きくなる傾向がある．消費者は簡単にその財から他の財へと切り替えることができるからである．たとえば，バターとマーガリンは簡単に切り替えられる（代替できる）．マーガリンの価格が一定であれば，バターの価格がほんの少し上昇しただけでも，バターの売上げは大幅に減少する．対照的に，卵は密接な代替財のない食品なので，卵への需要はバターへの需要と比べるとおそらく弾力性は小さいだろう．卵の価格のわずかな上昇が卵の売上げを大きく減らすことはない．

必需品と贅沢品　必需品への需要は非弾力的であり，贅沢品への需要は弾

弾力性 elasticity：需要量あるいは供給量が，その決定要因の一つの変化に反応する度合いを測る尺度．
需要の価格弾力性 price elasticity of demand：ある財の需要量がその財の価格の変化に対してどれくらい反応するかを測る尺度であり，需要量の変化率を価格の変化率で割ることによって計算される．

力的であるという傾向がある．医師の診察料が上がったとしよう．人々は病院に行く回数を多少は減らすかもしれないが，大幅に減らすことはないだろう．対照的に，ヨットの価格が上昇すると，ヨットの需要量は大幅に落ち込む．たいていの人の考えでは，医師の診察は必需品だが，ヨットは贅沢品だからである．ある財が必需品であるか贅沢品であるかは，その財自身の性質によるのではなく，買い手の選好による．自分の健康にほとんど関心のない熱心なヨット愛好者にとっては，ヨットは非弾力的な需要を持つ必需品で，医師の診察は弾力的な需要を持つ贅沢品かもしれない．

　　市場の定義　どの市場の需要の弾力性も，市場の境界をどのように引くかに依存する．狭く定義された市場は，広く定義された市場よりも需要の弾力性が大きくなる傾向がある．狭く定義された財の密接な代替財は，簡単に見つかるからである．たとえば，広い分類である食品には，適当な代替財が存在しないので，需要はかなり非弾力的である．より狭い分類であるアイスクリームは，他のデザートで簡単に代替できるので，需要はより弾力的である．非常に狭い分類であるバニラのアイスクリームは，他の風味のアイスクリームがバニラのほぼ完全な代替財なので，需要はきわめて弾力的である．

　　時間的視野　一般的に，時間的視野が長いほど，財に対する需要は弾力的になる傾向がある．ガソリンの価格が上昇したとしよう．最初の数カ月は，ガソリンの需要量はほとんど減少しないであろう．しかしながら，時間が経過するにしたがって，人々は燃費のよい車を買ったり，公共交通機関を利用したり，さらには職場により近いところに移り住むようになる．数年のうちには，ガソリンの需要量はかなり減少する．

●需要の価格弾力性の計算

　　これまでは，需要の価格弾力性について一般的な形で議論してきた．次に，需要の価格弾力性の測定方法について，より厳密にみていこう．経済学者は，需要の価格弾力性を，需要量の変化率を価格の変化率で割って算出する．すなわち，

$$需要の価格弾力性 = \frac{需要量の変化率}{価格の変化率}$$

である．たとえば，アイスクリームの価格が10%上昇したために，あなたはアイスクリームの購買量を20%減らしたとしよう．このとき，あなたの需要の弾力性は次のように計算される．

$$需要の価格弾力性 = \frac{20\%}{10\%} = 2$$

この例において，弾力性が2であるということは，需要量の変化の割合が価格の変化の割合の2倍であることを表している．

　財の需要量は，価格に対して負の関係を持つので，数量の変化率は価格の変化率とつねに反対の符号となる．この例では，価格の変化率は（上昇を反映して）正の10%であり，需要量の変化率は（減少を反映して）負の20%である．そのため，需要の価格弾力性を負の数値で表すこともある．本書では，慣例に従って，負の符号（−）を落として，すべての需要の価格弾力性を正の数値として表す（数学者はこれを絶対値という）．この慣例の下では，価格弾力性が大きいほど，価格の変化に対する需要量の反応が大きいことを意味する．

●中間点の方法：変化率と弾力性のよりすぐれた計算方法

　需要曲線上の2点間で需要の価格弾力性を計算しようとすると，すぐに困った問題があることに気づく．A点からB点への弾力性と，B点からA点への弾力性とが異なるように計算されてしまうのである．以下のような例で考えてみよう．

　　　A点：価格 = 4ドル，数量 = 120
　　　B点：価格 = 6ドル，数量 = 80

A点からB点に移動するときには，価格は50%上昇し，数量は33%減少するので，これは需要の価格弾力性が33/50すなわち0.66であることを示している．B点からA点に移動するときには，価格は33%下落し，数量は50%増加するので，これは需要の価格弾力性が50/33すなわち1.5であることを示している．このような違いが生じるのは，変化率がそれぞれ異なる基準点で計算されているからである．

　この問題をうまく回避する一つの方法は，弾力性を計算する際に中間点の方法を用いることである．変化率を計算する標準的な方法は，変化分を元の

水準で割るというものである．中間点の方法はそれと異なり，変化分を元の水準と後の水準の中間点（平均）で割ることによって変化率を計算する．たとえば，4ドルと6ドルの中間値は5ドルである．したがって，中間点の方法によれば，4ドルから6ドルへの変化は40%の上昇と考えられる．なぜなら，$(6-4)/5 \times 100 = 40$だからである．同様に，6ドルから4ドルへの変化は40%の下落と考えられる．

　中間点の方法を用いると，変化の方向に関係なく同じ答えが得られるので，2点間の需要の価格弾力性を計算するときにこの方法がしばしば用いられる．上記の例では，A点とB点の間の中間点は，

　　　　中間点：価格 = 5ドル，数量 = 100

である．中間点の方法によれば，A点からB点に移動するときには，価格は40%上昇し，数量は40%減少する．同様に，B点からA点に移動するときには価格は40%下落し，数量は40%増加する．どちらの方向でみても，需要の価格弾力性は1である．

　(Q_1, P_1) と (Q_2, P_2) で示される2点間の需要の価格弾力性を計算する中間点の方法は，次の公式で表される．

$$需要の価格弾力性 = \frac{(Q_2 - Q_1)/[(Q_2 + Q_1)/2]}{(P_2 - P_1)/[(P_2 + P_1)/2]}$$

分子は中間点の方法を用いて計算された数量の変化率であり，分母は中間点の方法を用いて計算された価格の変化率である．弾力性を計算する必要のあるときには，この公式を用いるとよい．

　しかしながら，本書では，このような計算を行うことはめったにない．本書の目的にとっては，弾力性が価格の変化に対する需要量の感応性を表すのだということのほうが，それがどのように計算されるかということよりも重要だからである．

●さまざまな需要曲線

　経済学者は，弾力性によって需要曲線を分類する．弾力性が1よりも大きいとき，需要は弾力的であると考えられる．これが意味することは，量のほうが価格よりも大きい割合で変化するということである．弾力性が1よりも小さいとき，需要は非弾力的であると考えられる．これが意味することは，

量のほうが価格よりも小さい割合で変化するということである．弾力性がちょうど1の場合には，数量の変化率と価格の変化率が等しく，需要は**単位弾力的**であるという．

　需要の価格弾力性は，需要量が価格の変化に対してどれくらい反応するかを測定するものなので，需要曲線の傾きと密接な関係がある．次のように直観的に理解しておくと有益だろう．所与の点における需要曲線の傾きが平らであればあるほど，需要の価格弾力性は大きい．所与の点における需要曲線の傾きが急なほど，需要の価格弾力性は小さい．

　図5A-1は五つのケースを示している．パネル(a)に示されているように，弾力性がゼロという極端な場合には，需要は**完全に非弾力的**であり，需要曲線は垂直である．この場合には，価格がどの水準にあっても需要量は変わらない．パネル(b)，(c)，(d)に示されているように，弾力性が上昇するにつれて需要曲線の傾きは平らになっていく．パネル(e)に示されているように，(a)と反対の極端な場合では，需要は**完全に弾力的**である．このケースは，需要の価格弾力性が無限大に近づき，需要曲線が水平になるときに起こり，価格の変化が非常に小さくても需要量が非常に大きく変化することを表している．

　最後に，もし「弾力的」，「非弾力的」という用語を正しく覚えるのに混乱が生じる場合には，覚え方の秘訣がある．非弾力的（Inelastic）な曲線は，図5A-1のパネル(a)のように，アルファベットのIの形をしている．これは深い洞察を要する議論ではないが，次の試験には役立つかもしれない．

【小問】　●需要の価格弾力性を定義しなさい．

２　供給の弾力性

　第4章で供給を導入したときに示したことは，ある財の生産者はその財価格が上昇するとより多く売りに出すということである．供給量についても質に関する議論から量に関する議論へと移るために，再び弾力性の概念を用いよう．

図5A-1　需要の価格弾力性

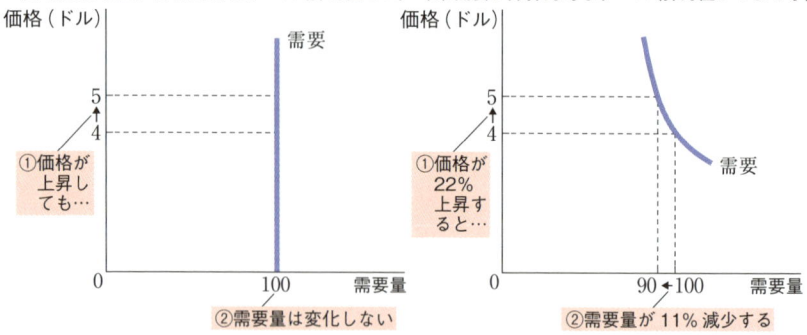

(a) 需要が完全に非弾力的なケース (弾力性ゼロ)

(b) 需要が非弾力的なケース (弾力性が1より小)

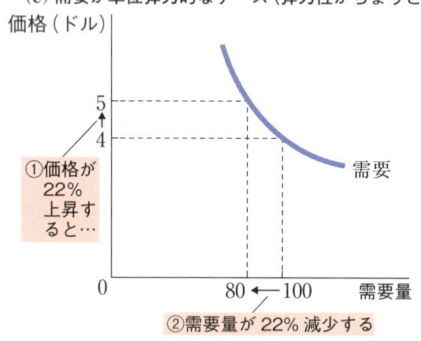

(c) 需要が単位弾力的なケース (弾力性がちょうど1)

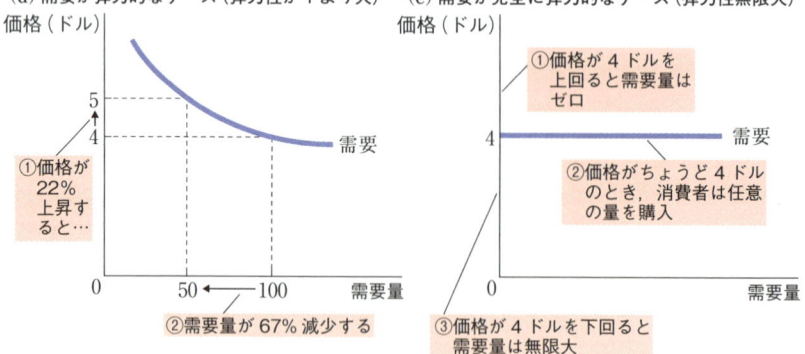

(d) 需要が弾力的なケース (弾力性が1より大)

(e) 需要が完全に弾力的なケース (弾力性無限大)

需要の価格弾力性は需要曲線の傾きが急かゆるやかかを決定する．すべての変
化率は中間点の方法を用いて計算されていることに注意しよう．

コラム　現実世界での弾力性の実例

　以上で論じてきたことは，弾力性が何を意味するか，それを決定するものは何か，それはどのように計算されるかということである．これらの一般的な考え方を超えて，具体的な数値を知りたいと思うかもしれない．個別の財の価格は，需要量に対して正確にはどれほどの影響を与えるのだろうか．

　このような疑問に答えるため，経済学者は市場が示すデータを集め，統計的手法を適用して需要の価格弾力性を推計している．以下は，いくつかの財について，さまざまな研究から得られた需要の価格弾力性である．

卵	0.1
医療	0.2
たばこ	0.4
米	0.5
住居	0.7
牛肉	1.6
ピーナッツ・バター	1.7
レストランの食事	2.3
マウンテンデュー	4.4

この種の数字について考えるのは面白いし，市場を比較するときに有用であるかもしれない．

　しかしながら，これらの推定値を額面通りに受け取るべきではない．その理由の一つは，それを得るために用いられた統計的手法は，想定する世界についていくつかの仮定を必要とし，これらの仮定が実際には妥当でないかもしれないからである（これらの手法の詳細は本書の範囲を超えているが，計量経済学のコースをとれば学習するだろう）．もう一つの理由は，このすぐあとに出てくる線形需要曲線の場合でみるように，需要の価格弾力性は需要曲線上のすべての点で同一とは限らないからである．これら二つの理由によって，同じ財について異なる研究で異なる需要の価格弾力性が報告されていても不思議ではない．

●供給の価格弾力性とその決定要因

供給法則とは，ある財の価格が上昇するにつれてその財の供給量が増加するというものである．**供給の価格弾力性**は，価格の変化に対して供給量がどれくらい反応するかを測る尺度である．供給量が価格の変化に対して大きく反応するとき，その財の供給は**弾力的**であるという．供給量が価格の変化に対してわずかしか反応しないときには，供給は**非弾力的**であるという．

供給の価格弾力性は，売り手が財の生産量をどれだけ柔軟に変更できるかに依存する．たとえば，浜辺沿いの土地の供給は非弾力的である．その生産を増やすことはほとんど不可能だからである．本，自動車，テレビなどの製造品の供給は弾力的である．製造品を生産する企業は，価格の上昇に反応してその工場の稼働時間を長くすることができるからである．

たいていの市場においては，どのくらいの期間を考えるかということが，供給の価格弾力性の重要な決定要因の一つとなる．通常，供給は短期よりも長期のほうが弾力的となる．短期においては，企業は工場の規模を簡単に変更できないため，ある財の生産を増やしたり減らしたりすることも簡単にはできない．したがって，短期においては，供給量は価格に対してあまり反応しない．長期においては，企業は新しい工場を建設したり，古い工場を閉鎖したりすることができる．そのうえ，新しい企業が市場に参入できるし，古い企業は退出することもできる．したがって，長期においては，供給量は価格に対して大きく反応する．

●供給の価格弾力性の計算

以上で供給の価格弾力性について一般的な理解を得たので，以下ではより詳しくみていくことにしよう．経済学者が供給の価格弾力性を計算するときには，供給量の変化率を価格の変化率で割る．すなわち，

$$供給の価格弾力性 = \frac{供給量の変化率}{価格の変化率}$$

供給の価格弾力性 price elasticity of supply：ある財の供給量がその財の価格の変化にどれくらい反応するかを測る尺度であり，供給量の変化率を価格の変化率で割ることによって計算される．

である．たとえば，牛乳の価格が1ガロン当たり2.85ドルから3.15ドルに上昇したことによって，酪農家の牛乳の生産量が1カ月当たり9000ガロンから1万1000ガロンに増加したとしよう．中間点の方法を用いると，価格の変化率は次のように計算される．

$$価格の変化率＝\frac{(3.15-2.85)}{3.00}\times100＝10\%$$

同様に，供給量の変化率は次のように計算される．

$$供給量の変化率＝\frac{(11,000-9,000)}{10,000}\times100＝20\%$$

この場合，供給の価格弾力性は，

$$供給の価格弾力性＝\frac{20\%}{10\%}＝2.0$$

となる．この例では，弾力性が2ということは，供給量が価格の2倍の割合で変化することを表している．

●さまざまな供給曲線

　供給の価格弾力性は，価格変化に対する供給量の反応の大きさを測る尺度なので，供給曲線の形状は価格弾力性を反映したものとなる．図5A-2は五つのケースを示している．パネル(a)に示されているように，弾力性がゼロという極端な場合には，供給は完全に非弾力的であり，供給曲線は垂直である．この場合には，供給量は価格に関係なく一定である．パネル(b)から(d)のように弾力性が上昇するにつれて，供給曲線は平らになっていく．このことは，供給量が価格の変化に対してより大きく反応することを示している．パネル(e)で示されているようなもう一方の極端な場合には，供給は完全に弾力的である．このようになるのは，供給の価格弾力性が無限大に近づき，供給曲線が水平になるときである．このことは，価格がほんのわずか変化しただけでも，供給量が非常に大きく変化することを表している．

【小問】　●供給の価格弾力性を定義しなさい．
　　　　　●供給の価格弾力性が短期と長期で異なる理由を説明しなさい．

図5A-2　供給の価格弾力性

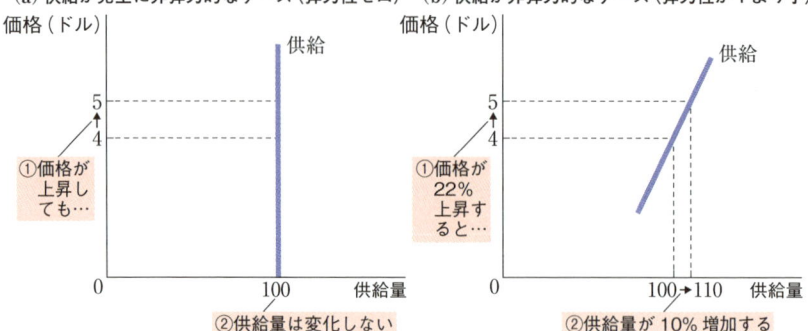

(a) 供給が完全に非弾力的なケース（弾力性ゼロ）　(b) 供給が非弾力的なケース（弾力性が1より小）

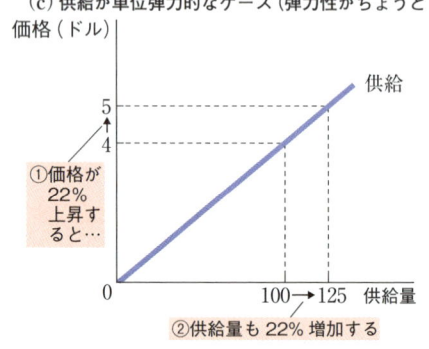

(c) 供給が単位弾力的なケース（弾力性がちょうど1）

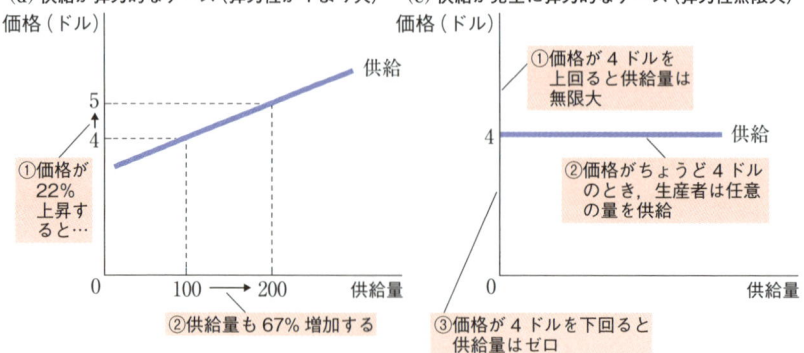

(d) 供給が弾力的なケース（弾力性が1より大）　(e) 供給が完全に弾力的なケース（弾力性無限大）

供給の価格弾力性は，供給曲線の傾きが急かゆるやかかを決定する．すべての
変化率が中間点の方法を用いて計算されていることに注意しよう．

消費者，生産者，市場の効率性

Keywords

厚生経済学 welfare economics
支払許容額 willingness to pay
消費者余剰 consumer surplus
費用 cost
生産者余剰 producer surplus
効率（性）efficiency
公平（性）equality

　感謝祭のディナーのために食料品店に買い物に行った消費者は，七面鳥の価格が高くてがっかりすることがある．一方で，自分の育てた七面鳥を市場に持ち込んだ農家は，七面鳥の価格がもっと高ければよいのにと思うことがある．こうしたことは驚くようなことではない．買い手はつねに支払額を少なくしたいと考え，売り手はつねに受取額を多くしたいと考えているものだ．しかし，社会全体の観点からみて，七面鳥の「適正価格」は存在するのだろうか．

　これまでの章では，市場経済において需要と供給の作用がどのように財やサービスの価格と数量を決めるかをみてきた．しかし，そこでの分析は，市場による希少資源の配分方法が望ましいものかどうかということを問わないものであった．言い換えれば，われわれの分析は規範的（どうあるべきか）ではなく，実証的（どうなっているか）であった．七面鳥の価格が需要量と供給量が等しくなるように調整されることはわかった．しかし，この均衡において生産・消費される七面鳥の数は，多すぎたり少なすぎたりすることはないのだろうか．本当に適正なのだろうか．

　この章では，厚生経済学のトピック，すなわち，資源配分が経済厚生にどのような影響を及ぼすかを考える．まず，売り手と買い手が市場に参加することによって得られる便益を調べ，次に社会がどうすればそれらの便益をできるだけ大きくすることができるかを調べる．これらの分析により，意義深い結論を得ることができる．どの市場においても，需要と供給の均衡は，売り手と買い手が得る総便益を最大にしているのである．

　第1章で説明した経済学の十大原理の一つ，「通常，市場は経済活動を組織する良策である」は，厚生経済学を学ぶことによってより深く理解できる．また，それによって七面鳥の適正価格もわかる．すなわち，七面鳥の需要と供給が釣り合うような価格が実際に最もよい価格なのである．なぜならば，そのとき七面鳥の生産者と消費者の総厚生が最大になるからである．七面鳥の生産者も消費者も総厚生の最大化をめざしているわけではないが，市場価格に基づいた消費者と生産者の行動が，あたかも見えざる手に導かれたかのように厚生最大化の結果をもたらすのである．

厚生経済学 welfare economics：資源配分が経済厚生に与える影響を研究する分野．

1 消費者余剰

　厚生経済学の学習にあたって，買い手が市場に参加することから得られる便益をまずみてみよう．

●支払許容額

　あなたがエルヴィス・プレスリーの未使用のファーストアルバムを持っているとしよう．あなたはエルヴィスのファンではないので，それを売ることにした．売却の一つの方法は競売を開くことである．

　テイラー，キャリー，リアーナ，ガガの4人のエルヴィス・ファンが競売に現れたとする．4人ともそのアルバムを欲しがっているが，支払ってもよいと思っている金額にはそれぞれ上限がある．表6-1は，それぞれが支払ってもよいと思っている最高価格を示している．それぞれの買い手の最高額をその人の**支払許容額**と呼ぶ．支払許容額は，買い手の財に対する評価額を測ったものである．それぞれの買い手は，アルバムの価格が自分の支払許容額よりも低ければ購入しようとし，高ければ購入を見送る．アルバムの価格が自分の支払許容額に等しければ，購入するしないは無差別となる．すなわち，アルバムを購入することと購入しないでお金を手元に残すことは，同じ満足度を買い手にもたらすのである．

　アルバムを売るにあたって，競売を低い価格，たとえば10ドルから始めたとしよう．4人とももっと支払ってもよいと思っているので，価格はすぐに

表6-1　4人の潜在的な
買い手の支払許容額

買い手	支払許容額 （ドル）
テイラー	100
キャリー	80
リアーナ	70
ガガ	50

支払許容額 willingness to pay：買い手が財に対して支払ってもよいと思う最大額．

つり上がる．競売は，テイラーが80ドル（あるいはそれよりも少しだけ高い価格）をつけたときに終わる．キャリー，リアーナ，ガガは80ドルを超える金額を支払う気はないので，この時点までに競売から脱落する．テイラーは，あなたに80ドル支払うのと引換えにアルバムを手に入れる．アルバムを最も高く評価した買い手がそれを購入することに注意しよう．

テイラーはエルヴィス・プレスリーのアルバムを手に入れることでどのような便益を得るのだろうか．ある意味，テイラーは安い買い物をしたといえる．彼女は100ドル支払う意思があったにもかかわらず，80ドルの支払いですんだからである．このとき，テイラーは20ドルの消費者余剰を得たという．消費者余剰とは，ある財に対して買い手が支払ってもよいと思っている金額から，実際に買い手が支払った金額を差し引いたものである．

消費者余剰は，買い手が市場に参加することで得られる便益を測る尺度である．この例では，テイラーは100ドルの評価をした財に80ドルしか支払わなかったので，競売に参加することによって20ドルの便益を得た．キャリー，リアーナ，ガガは競売から消費者余剰をまったく得ていない．彼女たちはアルバムを入手できず，何の支払いもしていないからである．

ここで，やや異なる例を考えてみよう．あなたが同一のエルヴィス・プレスリーのアルバムを2枚売りに出すとどうなるだろうか．ここでも，4人の買い手に対して競売をするとしよう．簡単化のために，どちらのアルバムも同じ価格で売られ，2枚とも購入したいと思っている人はいないとする．そうすると，買い手が2人になるまで価格は上昇する．

このケースでは，テイラーとキャリーが70ドル（あるいはそれよりも少しだけ高い価格）をつけたときに競売が終わりになる．テイラーとキャリーはこの価格で喜んでアルバムを購入しようとし，リアーナとガガはそれ以上の価格をつけるつもりはない．テイラーとキャリーはそれぞれ，支払許容額から実際の価格を差し引いた金額に等しい消費者余剰を得ている．テイラーの消費者余剰は30ドルであり，キャリーの消費者余剰は10ドルである．テイラーの消費者余剰は，アルバムが1枚しかないケースよりも大きくなる．なぜなら同じものに対して少ない金額しか支払っていないためである．市場にお

消費者余剰 consumer surplus：買い手の支払許容額から実際に支払った金額を差し引いた額．

ける総消費者余剰は40ドルである．

●需要曲線を用いた消費者余剰の測定

　消費者余剰はその製品に対する需要曲線と密接なつながりがある．どのようなつながりがあるかをみるために，引き続き希少なエルヴィス・プレスリーのアルバムを取り上げ，その需要曲線を考えてみよう．

　まず，4人の潜在的な買い手の支払許容額を用いて，アルバムに対する需要表をみてみよう．図6-1の表は，表6-1に対応する需要表を表している．もし価格が100ドルを超えていれば，それまで支払おうという人はいないので，市場における需要量はゼロとなる．価格が80ドルから100ドルの間では，テイラーだけがその高価格を支払う意思を持っているので需要量は1となる．価格が70ドルから80ドルの間であれば，テイラーとキャリーの2人がその価格を支払う意思を持っているので需要量は2となる．他の価格についても同じように調べることができる．このようにして，4人の潜在的な買い手の支払許容額から需要表を導くことができる．

　図6-1のグラフは，この需要表に対応する需要曲線を描いたものである．需要曲線の高さと買い手の支払許容額との関係に注意しよう．どのような量においても，需要曲線で表された価格は限界的な買い手の支払許容額を示している．限界的な買い手とは，価格がそれよりも高くなったときに真っ先に市場から退出する買い手のことである．たとえば，アルバムが4枚のときの需要曲線の高さは，（限界的な買い手である）ガガのアルバムに対する支払許容額の50ドルである．アルバムが3枚のときの需要曲線の高さは，（新たに限界的な買い手となる）リアーナの支払許容額の70ドルである．

　需要曲線は買い手の支払許容額を表しているので，需要曲線を用いて消費者余剰を測ることもできる．図6-2では，需要曲線を用いて消費者余剰を測っている．パネル(a)では，価格は80ドル（あるいはわずかにそれよりも上）であり，需要量は1である．需要曲線と価格に囲まれた部分（価格よりも上で需要曲線よりも下の部分）の面積が20ドルになることに注意しよう．この金額はちょうど先ほどアルバムが1枚だけ売れたときに計算した消費者余剰である．

　図6-2のパネル(b)は，価格が70ドル（あるいはわずかにそれよりも上）

図6-1　需要表と需要曲線

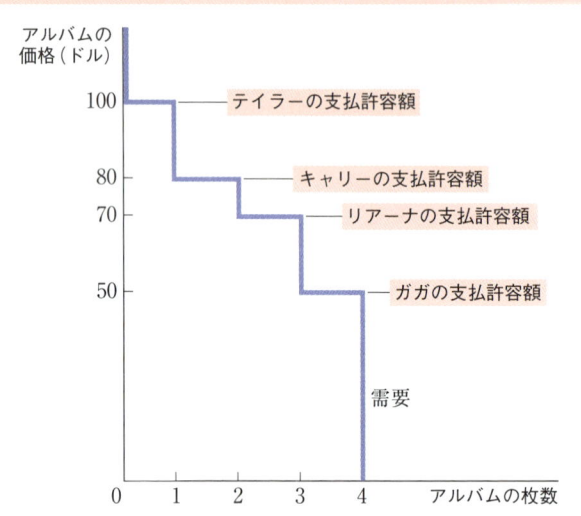

価格 （ドル）	買　　い　　手	需要量
100〜	なし	0
80〜100	テイラー	1
70〜80	テイラー，キャリー	2
50〜70	テイラー，キャリー，リアーナ	3
〜50	テイラー，キャリー，リアーナ，ガガ	4

上の需要表は表6-1の買い手の需要表を表し，また下の図はその需要表から需要曲線を描いたものである．需要曲線の高さが買い手の支払許容額を表していることに注意しよう．

のときの消費者余剰を示している．このケースでは，価格よりも上で需要曲線よりも下の部分の面積は，二つの長方形の総面積に等しくなる．この価格におけるテイラーの消費者余剰は30ドルであり，キャリーの消費者余剰は10ドルなので，面積は合計で40ドルとなる．ここでもまた，この金額は先に計算した消費者余剰になっている．

　この例から得られる教訓は，すべての需要曲線に当てはまる．すなわち，価格よりも上で需要曲線よりも下の部分の面積は，市場の消費者余剰になる．なぜならば，需要曲線の高さは支払許容額を表し，買い手が財にどれだけの価値をつけるかを示しているからである．支払許容額と市場価格との差はそ

図6-2 需要曲線を用いた消費者余剰の計測

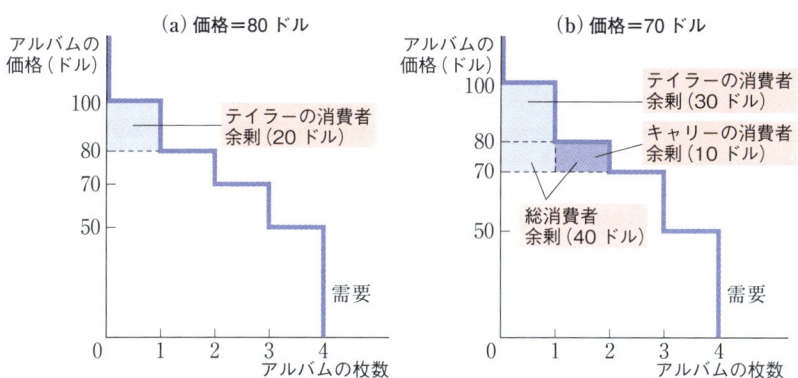

パネル(a)では，財の価格は80ドルであり，消費者余剰は20ドルである．パネル(b)では，財の価格は70ドルであり，消費者余剰は40ドルである．

れぞれの買い手の消費者余剰である．したがって，需要曲線よりも下で価格よりも上の部分の総面積は，ある財・サービスに対する市場におけるすべての買い手の消費者余剰の合計となる．

●価格の下落はどのように消費者余剰を増加させるか

買い手はつねに少ない支払いで財を購入したいと考えているので，価格の下落は買い手の厚生を改善する．しかし価格の下落によって買い手の厚生はどの程度増加するのだろうか．消費者余剰の概念を用いてこの疑問に答えよう．

図6-3は典型的な需要曲線を表している．この曲線は，階段状になっている図6-1と違って，スムーズな右下がりとなっている．買い手がたくさんいる市場では，1人の買い手が市場から退出することによる階段状の形状は無視できるほど小さくなるため，スムーズな曲線となる．この需要曲線は前の二つの階段状の需要曲線とは形が異なるが，いままでの分析を適用することができる．消費者余剰は，価格よりも上で需要曲線よりも下の部分の面積である．パネル(a)において，価格が P_1 のときの消費者余剰は三角形 ABC の面積である．

ここで，パネル(b)に示されているように，価格が P_1 から P_2 に下落した

図6-3　価格が消費者余剰に与える影響

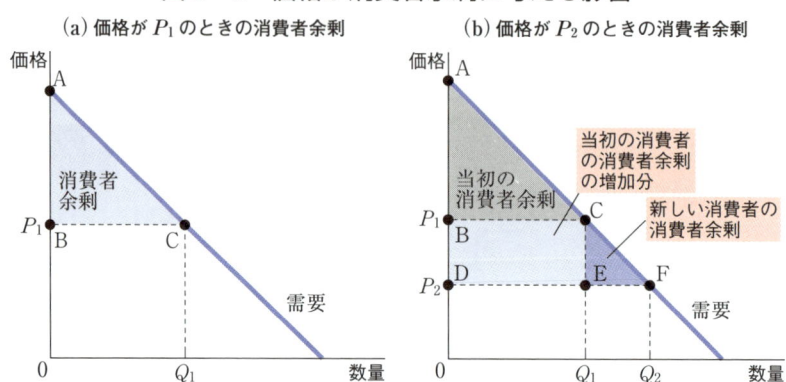

(a) 価格が P_1 のときの消費者余剰　　　　(b) 価格が P_2 のときの消費者余剰

パネル(a)では価格は P_1，需要量は Q_1 であり，消費者余剰は三角形 ABC の面積にあたる．パネル(b)のように価格が P_1 から P_2 に下落すると，需要量は Q_1 から Q_2 へ増加し，消費者余剰は三角形 ADF の面積に拡大する．消費者余剰の増加分（BCFD の面積）は，すでに市場に参加していた消費者の支払額が減少する部分（BCED の面積）と新たに市場に参加する消費者が以前よりも低い価格で購入する部分（CEF の面積）からなる．

としよう．このとき消費者余剰は ADF となる．価格の下落によって，消費者余剰は BCFD の面積の分だけ増加している．

　この消費者余剰の増加分は，二つの部分からなる．まず，すでに P_1 という高い価格で Q_1 の量の財を買っていた買い手は，支払額が減少するので厚生が改善する．すでに市場に参加していた買い手の消費者余剰の増加分は，支払額の減少分であり，長方形 BCED の面積にあたる．そして，価格が下落したため，その財を購入する気になった買い手が新たに市場に参入する．その結果，市場における需要量は Q_1 から Q_2 へと増加する．新規参入者が受け取る消費者余剰は三角形 CEF の面積にあたる．

●消費者余剰は何を測っているか

　消費者余剰の概念を導入した目的は，市場の成果の望ましさについての判断を行うことにある．ここまでは消費者余剰が何であるかをみてきたので，次にそれが経済厚生のよい尺度かどうかを考えてみよう．

　あなたは政策立案者であり，よい経済システムを計画しようとしているとしよう．あなたは消費者余剰の量を気にかけるだろうか．消費者余剰は支払

許容額から実際の価格を差し引いた金額であり，買い手自身が認識する財から得られる便益を測る尺度である．したがって消費者余剰は，政策立案者が買い手の嗜好を重視するのであれば，経済厚生のよい指標だといえる．

ある状況の下では，政策立案者が買い手の行動のもととなる買い手の嗜好に問題があると考え，消費者余剰を無視する可能性もある．たとえば，麻薬中毒者はヘロインの価格が高くてもお金を支払おうとするだろう．しかし，われわれは，麻薬中毒者がヘロインを安く買えることから大きな便益を得ているとは考えないだろう（たとえ麻薬中毒者がそう言ったとしてもである）．社会的観点からは，この例における支払許容額は買い手の便益を測るよい指標ではなく，消費者余剰は経済厚生のよい指標ではない．なぜなら，麻薬中毒者は自分の利益の最大化をしていないからである．

しかしながら，ほとんどの市場においては，消費者余剰は経済厚生を反映している．通常，経済学者は，買い手が購入の判断をするとき，合理的であると仮定する．合理的な人々は，与えられた機会のもとで，目的を達成するために最善を尽くす．また経済学者は通常，人々の選好は尊重されるとも仮定する．この場合，消費者は購入する財からどれだけの便益を得るかを判断する最良の審判者である．

【小問】 ● 七面鳥の需要曲線を描き，七面鳥の価格とその価格の下での消費者余剰を示しなさい．また，この消費者余剰が何を測っているかを説明しなさい．

2 生産者余剰

今度は市場のもう一つの側面に目を向けて，売り手が市場に参加することから得られる便益を考えてみよう．後で明らかになるように，売り手の厚生分析は買い手の厚生分析とよく似ている．

●費用と受取許容額

所有している家のペンキを塗り替えたいとあなたは思っているとしよう．ヴィンセント，クロード，パブロ，アンディという4人の塗装業者がいて，どの塗装業者も価格が折り合えば，あなたのために仕事をしたいと思ってい

る．あなたは仕事を競売にかけ，4人の塗装業者のなかで最も低い価格をつけた人に仕事を頼むことにする．

どの塗装業者も，価格が仕事に要する費用を上回るのであれば仕事を引き受けたいと思っている．ここで，**費用**という言葉は塗装業者の機会費用と解釈すべきである．すなわち，その費用は（ペンキ，ブラシなどといった）塗装業者自身の経費と，塗装業者が自分の時間につける価値の両方が含まれている．表6-2はそれぞれの塗装業者の費用を表している．塗装業者の費用は仕事を引き受ける際の最低価格なので，費用は塗装業者のサービスを提供する意思を測る尺度となる．それぞれの塗装業者は，価格が費用よりも高ければサービスを提供しようとし，低ければ提供するつもりはない．価格が費用と等しいときには，塗装業者にとっては，サービスを提供することとしないことは無差別である．すなわち，仕事を引き受けても，仕事を引き受けないでその労力と時間を他のことに使っても全く同じ満足を得る．

塗装業者を選ぶにあたって，競売は高い価格から始まるかもしれないが，塗装業者が競争するのですぐに価格は下落する．アンディが600ドル（あるいはそれよりも少しだけ低い価格）をつけると彼だけが競売に残ることになる．アンディの費用は500ドルなので，アンディはこの価格で喜んで仕事を引き受ける．ヴィンセント，クロード，パブロは600ドルよりも低い価格では仕事を引き受けようとしない．最も低い費用で働くことができる塗装業者が仕事を請け負うことに注意しよう．

アンディは仕事を引き受けることからどのような便益を得るのだろうか．

表6-2　4人の潜在的な売り手の費用

売り手	費用 （ドル）
ヴィンセント	900
クロード	800
パブロ	600
アンディ	500

費用 cost：財を生産するために売り手が放棄しなければならないすべてのものの価値．

彼は500ドルでも喜んで仕事を引き受けるつもりだったが，実際は600ドルを得るので，100ドルの**生産者余剰**を得るという．**生産者余剰**とは，売り手に支払われた金額から生産に要する費用を差し引いたものである．生産者余剰は，生産者が市場に参加することから得られる便益を測る尺度である．

　ここで，やや異なる例を考えてみよう．あなたは塗装が必要な2軒の家を所有しているとする．ここでも，4人の塗装業者の誰に依頼するかを競売で決めるとする．話を簡単にするために，どの塗装業者も両方の家を塗装することはできないとし，あなたはそれぞれの家の塗装に対して同じ金額を支払うとする．したがって，2人の塗装業者が残るまで価格は下落することになる．

　このケースでは，パブロとアンディそれぞれが800ドル（あるいはそれよりもわずかに少ない金額）をつけたときに競売が終わる．この価格で，パブロとアンディは喜んで仕事を引き受け，ヴィンセントとクロードはそれよりも低い価格をつけるつもりはない．価格が800ドルのときに，アンディは300ドルの生産者余剰を得て，パブロは200ドルの生産者余剰を得る．市場における総生産者余剰は500ドルである．

●供給曲線を用いた生産者余剰の測定

　消費者余剰が需要曲線と密接に関係していたように，生産者余剰は供給曲線と密接に関係している．引き続き塗装業者の例で考えてみよう．

　まず，4人の費用をもとに，塗装サービスの供給表をつくってみよう．図6-4の表は，表6-2の費用に対応した供給表を表している．もし価格が500ドル未満であれば，誰も仕事を引き受けないので，供給量はゼロとなる．価格が500ドル以上600ドル未満であれば，アンディのみが仕事を引き受けるので，供給量は1になる．600ドル以上800ドル未満であれば，アンディとパブロが仕事を引き受けるので，供給量は2となる．以下同じように続くので，4人の塗装業者の費用から供給表を導くことができる．

　図6-4のグラフは，この供給表に対応する供給曲線を描いたものである．供給曲線の高さが売り手の費用に関係していることに注意しよう．どのよう

生産者余剰 producer surplus：売り手が受け取った金額から売り手の費用を差し引いた額．

図6-4 供給表と供給曲線

価格 (ドル)	売 り 手	供給量
900〜	ヴィンセント, クロード, パブロ, アンディ	4
800〜900	クロード, パブロ, アンディ	3
600〜800	パブロ, アンディ	2
500〜600	アンディ	1
〜500	なし	0

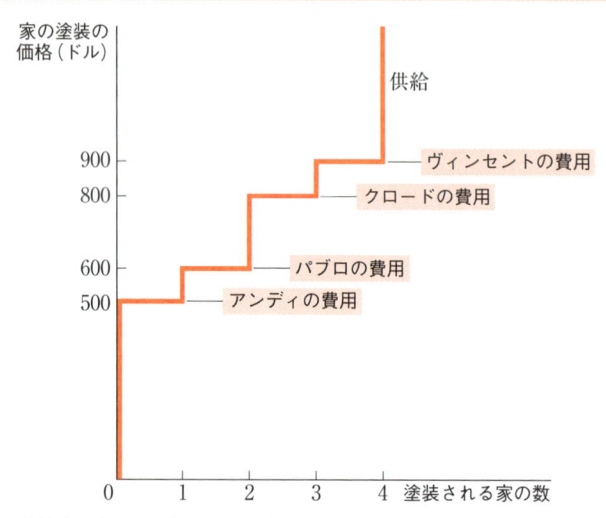

上の供給表は表6-2の売り手の供給表を表し，また下の図はその供給表から供給曲線を描いたものである．供給曲線の高さが売り手の費用を表していることに注意しよう．

な数量においても，供給曲線によって与えられる価格は**限界的な売り手**の費用を表している．限界的な売り手とは，価格がそれよりも低くなったときに真っ先に市場から退出する売り手のことである．たとえば，家が4軒のときの供給曲線の高さは900ドルであり，（限界的な売り手である）ヴィンセントが仕事を請け負う費用である．家が3軒のときには供給曲線の高さは800ドルであり，（新たに限界的な売り手となった）クロードが仕事を請け負う費用である．

　供給曲線は売り手の費用を反映しているので，供給曲線を用いて生産者余剰を測ることができる．図6-5は供給曲線を用いて上の二つの例における生

図6-5 供給曲線を用いた生産者余剰の計測

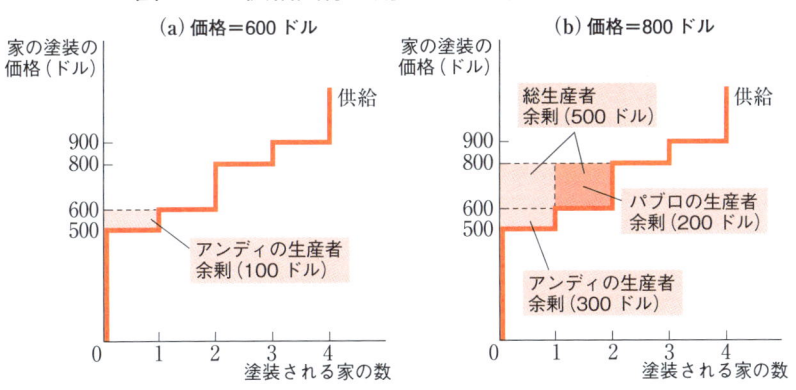

パネル(a)では，財の価格は600ドルであり，生産者余剰は100ドルである．パネル(b)では，財の価格は800ドルであり，生産者余剰は500ドルである．

産者余剰を計算している．パネル(a)では，価格が600ドル（あるいはそれよりわずかに下）と仮定されている．このケースでは供給量は1である．供給曲線と価格で囲まれた部分（価格よりも下で供給曲線よりも上の部分）の面積が100ドルであることに注意しよう．この金額は，先ほど計算したアンディの生産者余剰とちょうど等しい．

図6-5のパネル(b)は，価格が800ドル（あるいはそれよりわずかに下）のときの生産者余剰を示している．このケースでは，価格よりも下で供給曲線よりも上の部分の面積は，二つの長方形の総面積と等しい．その面積は500ドルであり，2軒の家の塗装が必要な際に計算したパブロとアンディの生産者余剰に等しい．

この例から得られる教訓はすべての供給曲線に当てはまる．すなわち，**価格よりも下で供給曲線よりも上の部分の面積は，市場の生産者余剰を表している**．その論理は明らかである．供給曲線の高さは売り手の費用を表し，価格と生産費用の差は各売り手の生産者余剰である．したがって，総面積はすべての売り手の生産者余剰の合計である．

● 価格の上昇はどのように生産者余剰を増加させるか

売り手はつねに財を販売するときの受取価格を高くしたいと思っていると

図6-6 価格が生産者余剰に与える影響

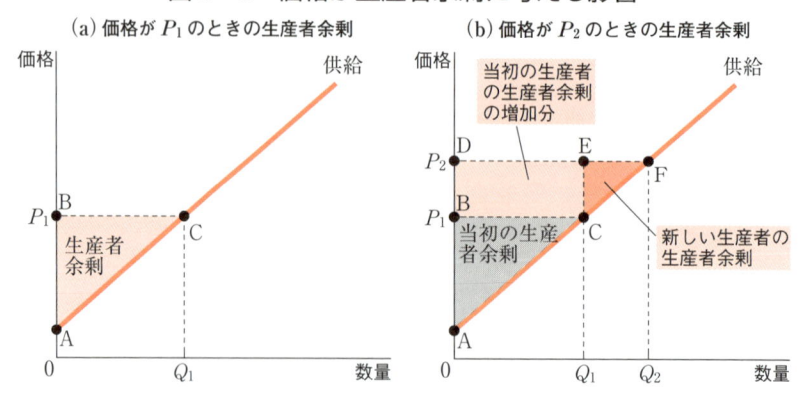

パネル(a)では価格は P_1，供給量は Q_1 であり，生産者余剰は三角形 ABC にあたる．パネル(b)のように価格が P_1 から P_2 に上昇すると，供給量は Q_1 から Q_2 へと増加し，生産者余剰は三角形 ADF の面積に拡大する．生産者余剰の増加分（BCFD の面積）は，すでに市場に参加していた生産者の受取額が増加する部分（BCED の面積）と新たに市場に参加する生産者が以前に比べて高い価格で販売する部分（CEF の面積）から生じる．

聞いても驚かないだろう．しかし，価格の上昇によって売り手の厚生はどれくらい増加するのだろうか．生産者余剰の概念は，この疑問に対する適切な解答を提供してくれる．

　図6-6は市場にたくさんの売り手がいる場合に描ける典型的な右上がりの供給曲線である．この供給曲線は前の図の供給曲線とは形が異なるが，同じように生産者余剰を測ることができる．生産者余剰は，価格よりも下で供給曲線よりも上の部分の面積である．パネル(a)では，価格は P_1 であり，生産者余剰は三角形 ABC の面積である．

　パネル(b)は，価格が P_1 から P_2 へ上昇するとどのようなことが起こるかを示している．生産者余剰は三角形 ADF の面積にあたる．生産者余剰の増加は二つの部分からなる．まず，すでに P_1 という低い価格で Q_1 の量の財を売っていた売り手は，受取額が増加するので，厚生が改善する．すでに市場に参加していた売り手の生産者余剰の増加分は，長方形 BCED の面積にあたる．そして，価格が上昇したために，その財を生産する気になった売り手が新しく市場に参入することにより，供給量は Q_1 から Q_2 へと増加する．新規参入者の生産者余剰は三角形 CEF の面積である．

　この分析が示すように，生産者余剰を用いて売り手の経済厚生を測ることと，消費者余剰を用いて買い手の経済厚生を測ることの間には多くの共通点がある．この二つの経済厚生の測定はきわめてよく似ているので，ひとまとめにして用いてもおかしくはない．実際，次節ではまさにそれを行うのである．

【小問】 ●七面鳥の供給曲線を描き，七面鳥の価格とその価格の下での生産者余剰を示しなさい．また，この生産者余剰が何を測っているかを説明しなさい．

③ 市場の効率性

　消費者余剰と生産者余剰は，市場の買い手と売り手の厚生を分析する際に用いられる基本的な分析用具である．これらの分析用具は，基本的な経済問題を考える際に役立つ．それは，自由市場によって決定された資源配分は望ましいものだろうかという問題である．

●博愛的統治者

　市場の成果を評価するために，博愛的統治者という新しい仮想的な人物を分析に導入しよう．博愛的統治者は全知全能で強力な意志を持った独裁者である．博愛的統治者は，社会のすべての人の経済厚生を最大にしたいと願っている．そのためには，博愛的統治者は何をすべきだろうか．売り手や買い手が自然に到達した均衡をそのまま放置すべきだろうか．あるいは何らかの手段を用いて市場の成果を変えることによって，経済厚生を高めることができるだろうか．

　この問題に答えるために，博愛的統治者はまず社会の経済厚生の測り方を決めなければならない．一つの方法は，消費者余剰と生産者余剰の合計を測ることである．この合計は総余剰と呼ばれる．消費者余剰は買い手が市場に参加することから得られる便益であり，生産者余剰は売り手が市場に参加することから得られる便益である．したがって，総余剰を社会の経済厚生の尺度として用いることは自然である．

　この経済厚生の尺度をより深く理解するために，どのように消費者余剰や

生産者余剰を測るかを思い出してみよう．消費者余剰は次のように定義される．

　　　消費者余剰 ＝ 買い手にとっての価値 － 買い手が支払った金額

同様に，生産者余剰は次のように定義される．

　　　生産者余剰 ＝ 売り手が受け取った金額 － 売り手の費用

消費者余剰と生産者余剰を加えると，以下のようになる．

　　　総余剰 ＝（買い手にとっての価値 － 買い手が支払った金額）
　　　　　　　　＋（売り手が受け取った金額 － 売り手の費用）

買い手が支払った金額と売り手が受け取った金額は等しいので，この式の右辺の真ん中の二つの項は相殺される．結果として総余剰は次のようになる．

　　　総余剰 ＝ 買い手にとっての価値 － 売り手の費用

市場における総余剰は，支払許容額で測った買い手にとっての財の価値から財を供給する売り手の総費用を差し引いたものである．

　ある資源配分が総余剰を最大化しているとき，その配分は効率的であるという．ある配分が効率的でなければ，売り手と買い手の間の取引で実現していない潜在的利益があることになる．たとえば，最も費用の低い売り手が財を生産していなければ，その配分は非効率的である．このような場合には，費用が高い生産者から費用が低い生産者に財の生産を移すことによって，総費用は減少し，総余剰は増加するだろう．同様に，財に最も高い価値をつける消費者がその財を消費していなければ，その配分は非効率的である．このような場合，低い価値をつける買い手から高い価値をつける買い手に財の消費を移すことによって，総余剰は増加するだろう．

　博愛的統治者は，効率に加えて公平にも気を遣うかもしれない．公平とは，市場におけるさまざまな売り手と買い手が同じような水準の経済厚生を享受しているということである．本質的には，市場での取引からの利益は，市場参加者の間で分けられるパイのようなものである．効率の問題はパイが最大の大きさになっているかどうかの問題であり，公平の問題はパイがどのように切り分けられ，それらが社会の構成メンバーにどのように配分されるかに

効率（性）efficiency：社会のすべての構成員が享受する総余剰を最大にするような資源配分の状態．
公平（性）equality：経済的繁栄が社会の構成員の間に均一的に享受されること．

関わる問題である. この章では, 効率を博愛的統治者の目的とする. ただし, 実際の政策立案者は公平もしばしば気にかけていることは覚えておこう.

●市場均衡の評価

図6-7は, 市場で需要と供給が均衡したときの消費者余剰と生産者余剰を示している. 消費者余剰は価格よりも上で需要曲線よりも下の部分の面積に等しく, 生産者余剰は価格よりも下で供給曲線より上の面積に等しいことを思い出そう. したがって, この市場からの総余剰は, 均衡点までの供給曲線と需要曲線に囲まれた総面積で表される.

この均衡における資源配分は効率的だろうか. 言い換えれば, 総余剰は最大になっているだろうか. この問題に答えるために, 市場が均衡にあるときには, どの売り手とどの買い手が市場に参加するかは価格によって決まることを思い出そう. 価格よりも財を高く評価している買い手 (需要曲線の AE の部分で表される) は財を買おうとし, 価格よりも財を低く評価している買い手 (需要曲線の EB の部分で表される) は財を買おうとしない. 同様に, 価格よりも費用が低い (供給曲線の CE の部分で表される) 売り手は財を売

図6-7 市場均衡における消費者余剰と生産者余剰

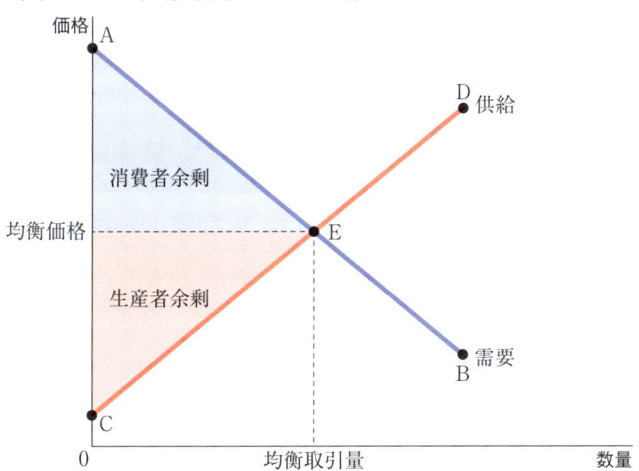

消費者余剰と生産者余剰の合計である総余剰は, 均衡取引量までの需要曲線と供給曲線との間の面積である.

ろうとし，価格よりも費用が高い（供給曲線の ED の部分で表される）売り手は財を売ろうとしない．

　これらの観察結果から，市場の成果について二つの洞察が得られる．

1.　自由市場は，支払許容額で測ったときに最も高い価値をつける買い手に財の供給を配分する．
2.　自由市場は，最も低い費用で生産できる売り手に財の需要を配分する．

したがって，市場均衡で生産・販売される量の下では，博愛的統治者は買い手の間での消費の配分や売り手の間での生産の配分を変えることによって，経済厚生を増加させることはできない．

　それでは，財の量を増減させれば経済厚生を増加させることはできるだろうか．答えは否である．その理由は市場の成果に関する第3の洞察として以下のように述べることができる．

3.　自由市場は，消費者余剰と生産者余剰の合計を最大にするような財の量を生産する．

　図6-8はこれが正しいことを示している．この図を見るにあたっては，需要曲線は買い手にとっての価値を表し，供給曲線は売り手の費用を表していることを思い出そう．Q_1 のように財の量が均衡水準を下回るときには，限界的な買い手にとっての価値が限界的な売り手の費用を上回っている．その結果，生産量と消費量が増加するにつれて総余剰が増加し，均衡水準に到達するまでその状態が続く．同様に，Q_2 のように財の量が均衡水準を上回るときには，限界的な買い手にとっての価値が限界的な売り手の費用を下回っている．この場合，数量が減少するにつれて総余剰が増加し，均衡水準に到達するまでその状態が続く．総余剰を最大化するために，博愛的統治者は，需要曲線と供給曲線が交わる数量を選択する．

　以上の三つの市場の成果についての洞察から，市場の結果が消費者余剰と生産者余剰の合計を最大にしていることがわかる．言い換えれば，均衡での結果は資源の効率的配分を達成している．したがって，博愛的統治者はただ

図6-8 均衡取引量の効率性

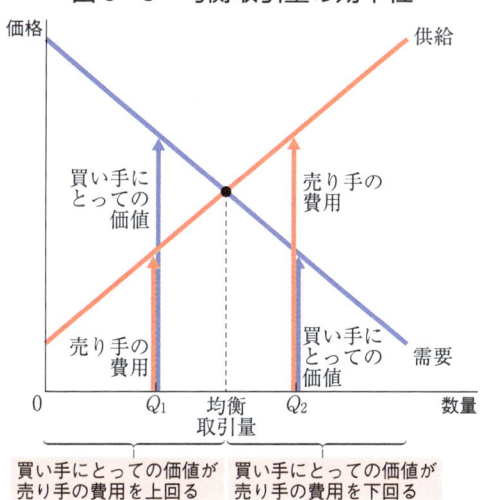

Q_1 のように均衡取引量を下回る量においては, 買い手にとっての価値が売り手の費用を上回っている. Q_2 のように均衡取引量を上回る量では, 売り手の費用が買い手にとっての価値を上回っている. したがって, 市場均衡は消費者余剰と生産者余剰の合計を最大化している.

市場の均衡をそのまま放っておけばよい. このそのまま放っておくという政策は, 直訳すれば「自由放任」だが, より広い意味では「人々が望むようにさせる」と解釈されるレッセフェールというフランス語で呼ばれている.

　統治者が介入する必要がないというのは, 社会にとって幸運である. 全知全能の賢い独裁者が何をなすのかを想像することは有益な思考実験だが, その前によく考えてみよう. 独裁者がそのようにすばらしいことはまれである. 独裁者は, ほとんどの場合博愛的ではないし, たとえ徳があったとしても, 重要な情報を持っていないだろう.

　いま統治者が市場に頼ることなく, 自分で効率的な資源配分を選ぼうとしているとしよう. そのためには, 市場におけるすべての潜在的な消費者の財に対する価値とすべての潜在的な生産者の費用を知る必要がある. しかも一つの市場だけではなく, 経済に存在する何千もの市場一つ一つについてこの情報が必要なのである. このような情報収集は不可能であり, なぜ中央計画経済がうまく機能しないのかを説明している.

　しかし, 統治者の仕事は, 市場におけるアダム・スミスの見えざる手を借

りれば，簡単である．見えざる手は，売り手と買い手のすべての情報を考慮して，市場に参加するすべての者を経済効率という判断基準で最もよい結果に導いてくれるのである．それは，真にすばらしいことである．このことから，なぜ経済学者が経済活動を組織する最もよい方法として自由市場がよいとしばしば主張するかがわかる．

ケース・スタディ　臓器市場は存在すべきか

　以前，『ボストン・グローブ』紙の1面に「母の愛がどのようにして2人の命を救ったか」という見出しが躍った．同紙は，腎臓移植が必要な息子を持つスーザン・ステファンという名の女性の話を伝えた．彼女の腎臓が息子とは適合しないことが判明したとき，医師は彼女に奇抜な提案をした．もし，まったく赤の他人のために彼女が腎臓を提供してくれるのであれば，彼女の息子を臓器移植待ちのリストの1番めに載せようと提案したのである．彼女はその提案を受諾し，直ちに彼女の腎臓を別の人物に移植する手術と，彼女の息子に第三者提供の腎臓を移植するという二つの手術が執り行われた．

　医師の提案の巧妙さと，母親の行動の崇高さは疑う余地がない．しかしこの話はいくつかの興味深い問題をわれわれに投げかける．もし母親が自分の腎臓と他人の腎臓を交換することが可能なら，病院は，たとえば腎臓を提供しなければとても受けられないような実験段階の高価なガン治療といった他のものと腎臓を交換することも認めるだろうか．あるいは，息子がその病院のメディカル・スクールに無料で通えるようにするために自分の腎臓を提供することも許されるだろうか．腎臓を売って得たお金で古いシボレーからレクサスの新車に乗り換えられるようにもすべきなのだろうか．

　公共政策では，人々が自分の臓器を売ることは合法ではない．つまり，臓器市場では，政府がゼロという価格の上限を課している．そのため，上限価格に縛られている他の財の場合と同様に，臓器市場は供給不足に陥っている．ステファンのケースは，公共政策に反していない．なぜなら，そこではお金のやりとりがあったわけではないからである．

　多くの経済学者は，臓器の自由売買を認めることには大きな恩恵があると信じている．人々は二つの腎臓を持って生まれてくるが，通常一つあれば日常生活に支障はない．その一方で，世間にはきちんと機能する腎臓を持たないために病に苦しむ人々もいる．市場での取引が明らかに利益をもたらすにもかかわらず，取引が許されていない現状は悲惨である．腎臓移植を受けるためには，何年か待たなければならず，腎臓提供者が見つからないために死んでいくアメリカ人は毎年数千人にのぼる．もし，腎臓が必要な人たちが，二つ腎臓を持つ人から一つを買うことができたなら，価格は需要と供給が均衡するように上昇するだろう．臓器市場が自由化されれば，売り手側は新たな現金を手にすることができ，買い手は自分の命を救う臓器を買うことができるため，両者ともよりよい暮らしが送れるだろう．そして，腎臓の供給不足も解消されるだろう．

　このような市場が存在することは効率的な資源配分につながるが，公平性を懸念する声もある．すなわち，臓器市場が自由化されると，臓器を最も欲し，かつ支払能力のある人から順に臓器が配分されるので，貧しい人の犠牲の上に裕福な人が恩恵を受けるという主張である．しかし，現在のシステムもまた公平といえるのだろうか．機能する腎臓を一つも手に入れることができずに死んでいく人々がいる一方で，ほとんどの人は絶対に必要なわけではない余分な臓器を持って生活している．これで公平といえるだろうか．

【小問】●七面鳥の需要曲線と供給曲線を描き，均衡における生産者余剰と消費者余剰を示しなさい．均衡取引量以上に七面鳥を生産すると，なぜ総余剰が減少するのかを説明しなさい．

④ 結論：市場の効率性と市場の失敗

　この章では，厚生経済学の基本的な分析用具である消費者余剰と生産者余剰を紹介し，それらを用いて自由市場の効率性を評価した．そこで示したように，需要と供給の作用は資源を効率的に配分する．すなわち，市場のそれぞれの売り手や買い手が自分自身の厚生にしか関心がなくても，彼らはともに見えざる手によって売り手と買い手の総便益を最大にするような均衡に導

専門家にきく 腎臓の供給

「腎臓病の患者の延命のために人間の腎臓への支払いを認める市場を試行的に確立すべきである.」

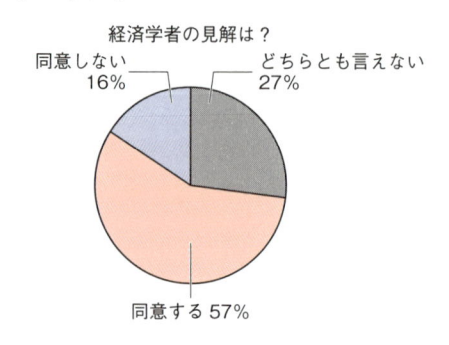

経済学者の見解は？

同意しない 16%

どちらとも言えない 27%

同意する 57%

（出所）　IGM Economic Experts Panel, March 11, 2014.

かれるのである.

　ここで，注意すべき事柄を挙げておこう．市場が効率的であると結論するにあたって，われわれは市場がどのように機能するかについていくつかの仮定を置いた．それらの仮定が成り立たない場合，市場均衡が効率的であるという結論は成立しない可能性がある．この章を終えるにあたり，それらの仮定のなかでも最も重要なもののうちの二つについて簡単に考察しておこう.

　まず，われわれは分析にあたって市場は完全に競争的であると仮定した．しかし現実の経済では，競争は完全な状態からかけ離れていることがある．いくつかの市場では，1人の売り手や買い手（あるいは少数の売り手や買い手）が市場価格をコントロールしている．こうした価格に影響を及ぼす能力のことを市場支配力という．市場支配力は，価格や数量を需要と供給の均衡水準から乖離させるので，市場を非効率的にすることがある.

　次に，市場の成果は市場に参加している売り手と買い手にとってのみ問題となると仮定した．しかし，売り手と買い手の意思決定は，市場にまったく参加していない人々にも影響を与えることがある．環境汚染はその古典的な例である．たとえば，農薬の使用は，それを製造する生産者やそれを使用す

る農家のみならず，農薬によって汚染された空気や水を吸ったり飲んだりする多くの人にも影響を及ぼす．市場に**外部性**と呼ばれるそのような副作用が存在するとき，市場の厚生は買い手にとっての価値と売り手の費用以外のものにも依存することになる．売り手と買い手がどれだけ消費や生産をするかを決めるときには，そのような副作用を考慮しないかもしれないので，市場の均衡は社会全体からみると非効率になる可能性がある．

市場支配力や外部性は，**市場の失敗**というよくみかける現象の例である．市場の失敗とは，規制されていない市場が資源を効率的に配分できないことを指す．市場の失敗が存在するときには，公共政策によって問題を解決し，経済効率を上げることが潜在的に可能である．ミクロ経済学者は，市場の失敗がどのようなときに起こりやすく，その失敗をどのようにして最適に補正するかといった研究に多大な労力をつぎ込んできた．経済学の勉強を続けていくにつれて，ここで紹介した厚生経済学の分析用具がそのような努力に用いられていることがわかるだろう．

市場の失敗の可能性はあるものの，それでも市場における見えざる手は大変重要である．この章で置いた仮定は多くの市場で当てはまり，市場の効率性に関する結論が直接当てはまる．さらに，厚生経済学と市場の効率性の分析は，政府によるさまざまな政策の影響を考察する際にも用いることができる．

要約

- 消費者余剰とは，財に対する買い手の支払許容額から実際に支払った金額を差し引いたものであり，買い手が市場に参加することから得られる便益を測る尺度である．消費者余剰を求めるには，需要曲線よりも下で価格よりも上の部分の面積を計算すればよい．
- 生産者余剰とは，売り手の受け取った金額から生産に要した費用を差し引いたものであり，売り手が市場に参加することから得られる便益を測る尺度である．生産者余剰を求めるには，価格よりも下で供給曲線よりも上の部分の面積を計算すればよい．

● 総余剰（消費者余剰と生産者余剰の合計）を最大にするような資源配分を効率的という。政策立案者は経済的成果の効率ばかりでなく、公平にもしばしば関心を持つ。

● 需要と供給の均衡は、総余剰を最大にする。すなわち、市場の見えざる手により、売り手と買い手は資源を効率的に配分する。

● 市場支配力や外部性などの市場の失敗が存在すると、市場では資源が効率的に配分されない。

確認問題

1. ジェンは、自分にとって1時間の価値が60ドルだと考えている。彼女がコリーンにマッサージを施すと2時間かかる。コリーンはマッサージに300ドル支払ってもよいと思っていたが、交渉の結果、200ドルになった。この取引において、
   a. 消費者余剰は、生産者余剰より20ドル多い。
   b. 消費者余剰は、生産者余剰より40ドル多い。
   c. 生産者余剰は、消費者余剰より20ドル多い。
   d. 生産者余剰は、消費者余剰より40ドル多い。

2. クッキーの需要曲線は右下がりで、クッキーの価格が2ドルのときに需要量は100である。価格が3ドルになったら消費者余剰はどうなるか。
   a. 減少するが、減少額は100ドルより小さい。
   b. 減少するが、減少額は100ドルより大きい。
   c. 増加するが、増加額は100ドルより小さい。
   d. 増加するが、増加額は100ドルより大きい。

3. ジョンはティーチングアシスタント（TA）として学期当たり300ドルの収入を得ている。大学がTAに支払う金額を400ドルに引き上げたとき、ジャスミンが新たにTAの仕事を始めた。この支払い金額の引上げによって、生産者余剰はどれだけ増えたか。
   a. 100ドルより少ない。
   b. 100ドルと200ドルの間。
   c. 200ドルと300ドルの間。

d. 300ドルより多い.

4. 資源の効率的な配分によって最大化されるのは，以下のどれか.
   a. 消費者余剰
   b. 生産者余剰
   c. 消費者余剰と生産者余剰を足し合わせたもの
   d. 消費者余剰から生産者余剰を差し引いたもの

5. 市場均衡においては，買い手の支払い許容額は（　　　）となり，売り手の費用は（　　　）となる.
   a. 最大，最大
   b. 最大，最小
   c. 最小，最大
   d. 最小，最小

6. 需給均衡よりも多くの量を生産すると，限界的な買い手の支払い許容額が（　　　）なるので，非効率的である.
   a. 負と
   b. ゼロと
   c. 正だが，限界的な売り手の費用よりも小さく
   d. 正だが，限界的な売り手の費用よりも大きく

復習問題

1. 買い手の支払許容額，消費者余剰，需要曲線がどのように関連しているかを説明しなさい.
2. 売り手の費用，生産者余剰，供給曲線がどのように関連しているかを説明しなさい.
3. 需要と供給の図において，市場均衡における消費者余剰と生産者余剰を示しなさい.
4. 効率とは何か．効率は政策立案者の唯一の目標だろうか.
5. 市場の失敗の種類を二つ答えなさい．また，なぜそれが市場の成果を非効率にしてしまうのかを説明しなさい.

応用問題

1. メリッサは，iPhone を240ドルで購入し，160ドルの消費者余剰を得るとする．

   a. 彼女の支払許容額はいくらか．

   b. もし彼女が180ドルのセール価格で iPhone を購入したとすれば，彼女の消費者余剰はいくらか．

   c. もし iPhone の価格が500ドルだとしたら，彼女の消費者余剰はいくらか．

2. カリフォルニアに早霜があると，レモンは不作になる．このとき，レモン市場における消費者余剰に何が起こるか．また，レモネード市場における消費者余剰に何が起こるか．図を用いて説明しなさい．

3. フランスパンの需要が増加したとしよう．このとき，フランスパン市場における生産者余剰には何が起こるか説明しなさい．小麦市場における生産者余剰には何が起こるだろうか．図を用いて答えなさい．

4. 今日はとても暑く，バートは喉がからからである．彼はペットボトルの水に以下のような価値をつけている．

1本めの価値	7ドル
2本めの価値	5ドル
3本めの価値	3ドル
4本めの価値	1ドル

   a. 上の情報をもとにバートの需要表をつくりなさい．またペットボトルの水の需要曲線を描きなさい．

   b. ペットボトルの水1本の価格が4ドルのとき，バートはペットボトルの水を何本購入するだろうか．そのとき，バートの消費者余剰はどれくらいになるだろうか．バートの消費者余剰を図で示しなさい．

   c. ペットボトルの水1本の価格が2ドルに下落すると，バートの需要量と消費者余剰はどのように変わるだろうか．変化を図で示しなさい．

5. アーニーは水を汲むためのポンプを持っている．大量の水を汲むのは少量の水を汲むよりも大変なので，ペットボトルの水1本の生産に要する費

用は，水をたくさん汲めば汲むほど増加する．ペットボトルの水 1 本の生産にかかる費用は以下のとおりである．

> 1 本めの費用　1 ドル
> 2 本めの費用　3 ドル
> 3 本めの費用　5 ドル
> 4 本めの費用　7 ドル

a. 上の情報をもとにアーニーの供給表をつくりなさい．またペットボトルの水の供給曲線を描きなさい．

b. ペットボトルの水 1 本の価格が 4 ドルのとき，アーニーは何本生産して売るだろうか．そのとき，アーニーの生産者余剰はどれくらいになるだろうか．アーニーの生産者余剰を図で示しなさい．

c. ペットボトルの水 1 本の価格が 6 ドルに上昇すると，供給量と生産者余剰はどのように変わるだろうか．変化を図で示しなさい．

6. 問 4 のバートが買い手，問 5 のアーニーが売り手である市場を考えなさい．

a. アーニーの供給表とバートの需要表を用いて，価格が 2 ドル，4 ドル，6 ドルのときの需要量と供給量をそれぞれ求めなさい．需要と供給が均衡するのはどの価格のときだろうか．

b. この均衡における消費者余剰，生産者余剰，総余剰を求めなさい．

c. アーニーとバートが生産と消費をそれぞれ 1 本ずつ減らすと，総余剰はどうなるだろうか．

d. アーニーとバートが生産と消費をそれぞれ 1 本ずつ増やすと，総余剰はどうなるだろうか．

7. 薄型テレビの生産費用は過去 10 年間で大幅に低下した．このことがどのような意味を持つかを考えてみよう．

a. 需要と供給の図を用いて，生産費用の低下が薄型テレビの価格と販売量にどのような影響を及ぼすかを示しなさい．

b. 問 a の図において，消費者余剰と生産者余剰に何が起こっているかを示しなさい．

c. 薄型テレビの供給が非常に弾力的だとする．生産費用の低下によって便益を得るのは，消費者と生産者のどちらだろうか．

8. ヘアカットに対する 4 人の消費者の支払許容額が以下のようになっているとしよう.

消費者	支払許容額（ドル）
グロリア	35
ジェイ	10
クレール	40
フィル	25

他方，ヘアカットを行う 4 軒の美容室の費用は以下のようになっている.

美容室	費用（ドル）
A	15
B	30
C	20
D	10

なお，どの美容室も 1 人しかヘアカットできないものとする．効率性の観点からみたとき，何人がヘアカットされるべきだろうか．どの美容室がヘアカットを行い，どの消費者がヘアカットをしてもらうべきだろうか．そのとき，総余剰は最大どれくらいの大きさになるか.

9. 最近数十年の経済における最大の変化の 1 つは，技術進歩によってコンピュータの生産費用が下がったことである.

a. 需要と供給の図を用いて，コンピュータ市場における価格，販売量，消費者余剰，生産者余剰がどう変化したかを示しなさい.

b. 40年前，学生たちは講義で提出する論文をタイプライターで書いたが，今日では学生はコンピュータを使っている．このとき，コンピュータとタイプライターは補完財だろうか，それとも代替財だろうか．需要と供給の図を用いて，タイプライター市場における価格，販売量，消費者余剰，生産者余剰がどうなったかを示しなさい．タイプライターの生産者は，コンピュータ生産における技術進歩を喜ぶべきだろうか，それとも悲しむべきだろうか.

c. コンピュータとソフトウェアは補完財だろうか，それとも代替財だろうか．需要と供給の図を用いて，ソフトウェア市場における価格，販売量，消費者余剰，生産者余剰がどうなったかを示しなさい．ソフトウェアの生産者は，コンピュータ生産における技術進歩を喜ぶべきだろうか，それとも悲しむべきだろうか．

d. 以上の分析は，ソフトウェアの生産者であるビル・ゲイツが世界の大富豪の１人である理由を説明しているだろうか．

10. あなたの友人は，二つの携帯電話会社のうちどちらにするか迷っている．A社は，電話をかけた回数にかかわらず月120ドルの固定料金がかかる．B社は，固定料金ではなく，通話１分１ドルの料金である．友人の１カ月当たりの通話時間は，$Q^D = 150 - 50P$（Pは１分当たりの料金）で与えられる．

a. それぞれの携帯電話会社で，友人が１分余計に話すことによって，彼女の費用はいくら増えるか．

b. 問aへの答えを考慮すると，友人が話す時間は，それぞれの携帯電話会社で何分となるか．

c. 結局，彼女は毎月それぞれの携帯電話会社にいくら支払うことになるか．

d. それぞれの携帯電話会社と契約したときに，消費者余剰はいくらとなるか（ヒント：需要曲線を描き，三角形の面積を求めなさい）．

e. あなたはどちらの携帯電話会社を友人に勧めるか．その理由も答えなさい．

11. 健康保険が医療サービスの量にどのような影響を与えるかを考えてみよう．典型的な医療サービス（診察）には100ドルかかるが，健康保険の加入者は診察を受けるたびに自分では20ドルを支払い，残りの80ドルを保険会社が支払うとする（保険会社は保険料によってこの80ドルを取り戻すだろう．ただし，その場合の個々人が支払う保険料は個々人が受ける診察の回数に依存しない）．

a. 診察の市場における需要曲線を描きなさい（図を描く際に，横軸に診察回数をとること）．診察の価格が100ドルのとき，需要される診察回数はどれほどになるか．

b. 診察に消費者が20ドル支払う場合の需要量を図のなかに示しなさい.
社会にとっての診察の費用が本当は100ドルであり，個々人が上記のよ
うな健康保険に加入しているとき，行われている診察の回数は総余剰を
最大にしているだろうか. 説明しなさい.

c. 経済学者はしばしば，健康保険制度は医療の過剰利用につながると批
判している. 上の分析をもとにして，なぜ医療の利用が「過剰」とみな
されるのかを答えなさい.

d. この過剰利用をやめさせるためにはどのような政策が必要だろうか.

第 **6** 章 付論

税と効率・公平

Keywords

平均税率　average tax rate

限界税率　marginal tax rate

一括税　lump-sum tax

応益原則　benefits principle

応能原則　ability-to-pay principle

垂直的公平　vertical equity

水平的公平　horizontal equity

比例税　proportional tax

逆進税　regressive tax

累進税　progressive tax

　これまでの章で行ってきた課税の勉強では，ある財への課税がその財の需要と供給にどのような影響を及ぼすかをみてきた．第5章では，課税によって市場における販売量が減少することをみて，売り手と買い手の間の税の負担が需要と供給の弾力性に依存してどのように割り振られるかを検討した．

　この付論では，こうした教訓をもとに税制の設計を議論しよう．社会にとって，税の費用はできるだけ小さいほうがよく，税の負担は公平になされるべきであるということには，ほとんどの人が合意している．すなわち，税制は効率的であり，かつ公平であるべきである．しかしながら，後でみるように，こうした目標を述べることは簡単だが，成し遂げることは難しいのである．

1 　税と効率

　税制の主要な目的は政府収入を得ることであるが，目標とする金額を調達するにはさまざまな方法がある．代替的な税が多くあるなかからある税を選択するにあたって，政策立案者は効率と公平という二つの目的を持つ．

　同じ額の収入を調達する場合，納税者にかかる費用が小さければ小さいほど，税制は効率的である．それでは納税者にとっての税の費用とは何だろうか．いちばんはっきりとした費用は税の支払いそのものである．納税者から政府へのお金の移転は，どの税制においても不可欠な特徴である．しかし，税には他にも以下のような二つの費用がかかる．うまく立案された租税政策は，この二つの費用をなくしたり，あるいは少なくとも最小化したりしようとする．

● 税が人々の意思決定を歪めるときに生じる死荷重
● 納税者が税法に従うときに負う管理負担

　効率的な税制とは，死荷重と管理負担が小さいものである．

● 死荷重

　経済学の十大原理の一つ，「人々はさまざまなインセンティブ（誘因）に

反応する」ということには，税制によって生じるインセンティブも含まれる．政府がアイスクリームに課税すると，人々はアイスクリームをあまり食べなくなり，フローズン・ヨーグルトを多く食べるようになる．政府が家に課税すると，人々は小さな家に住むようになり，所得のなかから他の用途に使う割合を増やすようになる．もし政府が労働所得に課税すると，人々はあまり働かなくなり，余暇をもっと楽しむようになる．

　税はインセンティブを歪めるので，死荷重を発生させる．課税による死荷重とは，納税者の経済厚生の減少分が政府の収入額を上回ることである．死荷重は，人々が売買する財・サービスの真の費用や便益ではなく，税のインセンティブに応じて資源を配分するようになるために，税によって生み出される非効率である．

　課税によってどのように死荷重が発生するかを思い出すために，一つの例を考えてみよう．ジェイクはピザに8ドルの価値を見出し，ジェーンは6ドルの価値を見出しているとしよう．ピザが課税されていなければ，ピザの価格は生産費用を反映する．ピザの価格を5ドルとすると，ジェイクとジェーンはともにピザを買うことを選択する．2人の消費者にとっては支払額を上回る分の価値が余剰となる．ジェイクは3ドルの消費者余剰を得て，ジェーンは1ドルの消費者余剰を得る．消費者余剰の合計は4ドルである．

　ここで，政府がピザに2ドルの税を課し，ピザの価格が7ドルに上昇するとしよう（これは供給が完全に弾力的なときに生じる）．ジェイクはそれでもピザを買うが，消費者余剰は1ドルだけになる．ジェーンは，ピザの価格が自分にとっての価値よりも高くなるため，ピザを買わない．政府はジェイクのピザから2ドルの税を徴収するが，消費者余剰の合計は（4ドルから1ドルへと）3ドル減少する．消費者余剰の合計が税収以上に落ち込むため，この税は死荷重を発生させる．このケースでは，死荷重は1ドルである．

　死荷重が，税を支払うジェイクからではなく，税を支払わないジェーンから発生することに注意しよう．2ドルというジェイクの余剰の減少は，政府が徴収する税収の額と相殺される．死荷重は，税によってジェーンの行動が変わるために生じる．課税によってピザの価格が上昇すると，ジェーンの厚生は悪化し，それを相殺する政府収入は生じない．このジェーンの厚生の悪化は，課税による死荷重である．

所得と消費のどちらに課税すべきか

　ジェーンがピザを買わなくなったように，税が人々の行動を変えるとき，税は死荷重を発生させ，資源配分を非効率にする．これまでみてきたように，政府収入の多くは所得税からもたらされる．また所得税は，人々が貯蓄を抑制するというもう一つの非効率も生み出す．

　ある25歳の人が1000ドルの貯蓄をすることを考えているとしよう．もしこのお金を8％の利子のつく銀行口座に預金しておけば，65歳で退職するときには2万1720ドルを手にする．しかし，もし政府が毎年利子所得に4分の1の税を課せば，事実上の利子率は6％となり，1000ドルは40年経っても1万290ドルにしかならず，課税されなかったときの半分以下となる．したがって，金利収入に課税されると，貯蓄の魅力は低下する．

　経済学者のなかには，現行の税制が持つ貯蓄を抑制するインセンティブを取り除くため，課税ベースを変更することを提唱する人たちがいる．その主張によると，政府は人々が稼ぐ所得の額に課税するよりは，人々が使う額に課税するほうがよい．この提案では，貯蓄される所得はすべて，その貯蓄が後になって使われるときまで課税されない．この消費税と呼ばれる代替的な制度は，人々の貯蓄決定を歪めないだろう．

　現行税法のなかのさまざまな条項によって，税制はすでに消費税に近づいている．納税者は所得のなかからある範囲内の額に限って，個人退職勘定（IRA：Individual Retirement Accounts）や401(k)プラン（従業員のための確定拠出型年金）などの特別の勘定に貯蓄することができる．その所得分とそれが生み出す利子は退職時に引き出されるまで課税されない．貯蓄のほとんどをこうした退職口座に入れている人にとっては，課税は実際には所得ではなく消費に対してなされている．

　ヨーロッパ諸国はアメリカよりも消費税に大きく依存する傾向がある．ヨーロッパのほとんどの国では政府収入の相当額を付加価値税（VAT）から得ている．VAT は多くのアメリカの州が用いている小売りの売上税のようなものであるが，政府は，消費者が最終財を購入するときに小売段階ですべての税を集めるのではなく，財が生産される段階で（すなわち，

生産のそれぞれの段階において企業によって価値が付加されたときに）税を集める．

さまざまなアメリカの政策立案者は，所得への課税から消費への課税という方向にさらに税法を動かすべく提案してきた．2005年には当時 FRB（連邦準備制度理事会）議長のエコノミストであったアラン・グリーンスパンは税制改革の諮問委員会に次のような助言を行った．「ご承知のように，多くの経済学者は，経済成長を促すという観点から消費税が最善であると信じている．とくに，もし税制をゼロから設計しようとしているならそうである．なぜなら，消費税は貯蓄と資本形成を助長するからである．しかしながら，現行の税制から消費税に変わるには，一連の解決すべき取引上の面倒な問題がある．」

●管理負担

4月15日に普通のアメリカ人に税制について意見を求めると，納税申告書の作成が，どんなに頭痛の種となっているかについてたっぷり聞かされる（おそらくののしりの言葉も浴びせかけられる）だろう．どのような税制の管理負担も，税制の生み出す非効率の一部である．この負担には，4月上旬に用紙に記入するために費やす時間だけでなく，1年を通じて納税に備えて記録をとり続ける時間や，政府が税法を施行するために使わなければならない資源を含んでいる．

多くの納税者，とくに高額納税者層は，税理士や会計士を雇って納税の手続きを助けてもらう．複雑な税法の専門家たちは，依頼人のために納税申告書に記入し，依頼人が支払う税額が少なくてすむように手配する．この行動は合法的な節税であり，非合法的な脱税とは異なる．

現行の税制を批判する人たちは，こうしたアドバイザーを指して，「抜け穴」と呼ばれることの多い税法の詳細な条項のいくつかを悪用して，依頼者が税金から逃れることを手伝っているという．場合によっては，抜け穴は議会の誤りから生じることもある．すなわち，税法にあいまいさや遺漏があるのである．しかし多くの場合，そうした抜け穴は議会が特定のタイプの行動に対して，特別扱いをしたために生じる．たとえばアメリカ連邦税法では，州政府や地方自治体が借金をしやすいようにするため，地方債の投資家に特

別な取り計らいを与えている．この条項はある程度は州と地方に便益を与え，またある程度は高所得の納税者に便益を与えるものである．租税政策を扱う議会の人たちはこうした抜け穴のほとんどをよくわかっているが，ある納税者からみれば抜け穴にみえるものでも，他の納税者には合法的な節税にみえるかもしれない．

　税法に従うために費やされる資源は，一種の死荷重である．政府が手にするのは支払われる税額のみである．一方，納税者は税額だけではなく，記録や計算，または節税に要する時間とお金を失っている．

　税制の管理負担は，税法を単純化することによって減らすことができる．しかし，単純化はしばしば政治的に困難である．ほとんどの人は他人に便益を与える抜け穴を潰して税法を単純化することには賛成するが，自分が便益を得ている抜け穴を手放したいと思う人は少ない．結局，税法の複雑さは，さまざまな納税者が特別な利害を持ち，利益を求めて陳情活動をする政治的プロセスから生じるのである．

●限界税率と平均税率

　所得税の効率と公平について議論する際には，経済学者は平均と限界の二つの税率概念を区別する．平均税率とは，税金の総額を総所得で割ったものである．限界税率とは，所得が1ドル増加したときの税の増加分である．

　たとえば，政府が最初の5万ドルの所得に対して20%の課税をし，5万ドルを超える所得に対して50%の課税をするとしよう．この税制の下では，6万ドル稼ぐ人は1万5000ドルの税を支払う（最初の5万ドルの20%（$50,000×0.20＝$10,000）と，残りの1万ドルの50%（$10,000×0.50）の合計）．この人の平均税率は1万5000ドルを6万ドルで割った25%である．しかし，限界税率は50%である．この納税者が1ドル多く稼ぐと，50%の税率に従うため，政府に支払う税額は0.5ドル増加するからである．

　限界税率と平均税率はそれぞれ有益な情報を含んでいる．納税者がどれだけ犠牲になっているかを測りたいときには，所得に占める税の支払いの割合を測る平均税率がより適している．一方，税制がどれだけインセンティブを

平均税率 average tax rate：支払われる総税額を総所得で割ったもの．
限界税率 marginal tax rate：1ドルの所得の増加に対する税の増加分．

歪めるかを測りたいときには，限界税率のほうが意味を持つ．第1章の経済学の十大原理の一つは，「合理的な人々は限界原理に基づいて考える」ということである．この原理の帰結によると，限界税率は税制によってどれだけ人々の働く意欲が歪められるかを測るものである．もしあなたが余分に数時間働くことを考えているならば，それによって得られる収入のうち，どれだけを政府がとるかを決めるのは限界税率である．したがって，所得税の死荷重を決めるのは限界税率である．

●一括税

　政府がすべての人に一律4000ドルの税を課したとしよう．すなわち，すべての人が収入や自分のとる行動に関係なく同じ額を税金として支払うのである．このような税を一括税という．

　一括税は平均税率と限界税率の違いを明らかにする．所得が2万ドルの納税者にとって，4000ドルの一括税は20%の平均税率になる．所得が4万ドルの納税者にとっては，平均税率は10%となる．所得が増えても支払う税額は変化しないので，どちらの納税者も限界税率はゼロである．

　一括税は考えられる限りにおいて最も効率的な税である．人々の意思決定によって支払金額が変わることがないので，課税によってインセンティブが歪められることはなく，したがって死荷重は発生しない．誰もが簡単に支払金額を計算でき，税理士や会計士を雇う必要もないので，一括税は納税者の管理負担が最小になる．

　しかし，一括税がそれほど効率的であるのならば，なぜ現実の世界ではめったにみられないのであろうか．その理由は，効率は税制の一つの目的にすぎないからである．一括税は，貧しい人からも豊かな人からも同一額を徴収することになるが，その結果をほとんどの人々は不公平だと考えるだろう．したがって，われわれが観察している税制を理解するために，租税政策のもう一つの主要な目的である公平について考察する．

【小問】　● 税制の効率とは何を意味するか．
　　　　　● 税制を非効率なものにするのは何か．

────────────

一括税 lump-sum tax：すべての人が同額を支払う税.

2 税と公平

アメリカへの入植者がイギリスの高い税金に抗議するために輸入紅茶をボストン湾へ捨てて以来，租税政策はアメリカの政治史上において最も白熱した議論のいくつかを生み出してきた．しかし，効率の問題によって議論が白熱したことはほとんどない．それは税の負担をどのように分担すべきかについての意見の不一致から生じている．ラッセル・ロング上院議員はかつて，つぎのような短い歌で大衆の議論をからかったことがある．

お前に課税するな．
俺に課税するな．
その木の陰に隠れているやつに課税しろ．

もちろん，必要な財・サービスの一部の供給を政府に頼るのであれば，その財やサービスを支払うために誰かが税を負担しなければならない．この節では，税制の公平について考えてみよう．税の負担はどのように人々の間に割り振られるべきだろうか．税制が公平であるかどうかはどのようにして評価すればよいのだろうか．税制が公平であるべきだということにはすべての人が合意しているが，税制の公平はどのようにすれば判断できるのかということについては，意見がかなり分かれている．

●応益原則

応益原則と呼ばれる課税原理の一つは，人々が政府サービスから受ける便益に基づいて税を支払うべきであるというものである．この原則は，公共財を私的財に近づけて考えようとするものである．よく映画をみる人は，あまり映画をみない人よりも映画のチケットに支払う総額が大きいのが公正だろう．同様に，公共財から大きな便益を受ける人は，あまり便益を受けない人よりも多く税を支払うべきだというのがこの考え方である．

応益原則 benefits principle：政府によるサービスから受ける便益に応じて税を支払うべきだという考え方．

　たとえば，ガソリン税は応益原則を用いて正当化されることがある．いくつかの州では，ガソリン税の収入は道路の建設・維持にあてられる．ガソリンを買う人は道路を使用する人でもあるので，ガソリン税はこの政府サービスへの支払いとして公平な方法であるとみなすことができるだろう．

　応益原則はまた，裕福な市民は貧しい市民よりも高い税を支払うべきであるという議論にも用いられる．その理由は，単純に，裕福な人のほうが公共サービスから大きな便益を受けるからである．たとえば，警察が泥棒を捕まえることの便益を考えてみよう．守るものがたくさんある市民のほうが，あまり守るものがない人よりも多くの便益を得る．したがって，応益原則によれば，裕福な人のほうが貧しい人よりも警察力を維持する費用を多く負担すべきであるということになる．同じ議論は，消防，国家防衛，裁判所制度など他の多くの公共サービスにも当てはまる．

　応益原則を用いて，裕福な人への課税を基金とする貧困撲滅プログラムを支持することさえ可能である．人々は貧困のない社会に住みたいと思うだろうが，このことは貧困撲滅プログラムが公共財であることを示唆している．もし裕福な人のほうが，まさに使えるお金が多いという理由で中流層よりもこの公共財に大きな価値を持つのであれば，応益原則によって，裕福な人々のほうがこの事業に対して多く負担すべきである．

●応能原則

　税制の公平を評価するもう一つの方法は応能原則と呼ばれ，どれだけの負担ができるかに応じて課税されるべきであるというものである．この原理は，すべての市民が政府を支えるために「均等な犠牲」を払うべきであるという主張によって正当化されることがある．しかし，人々の犠牲の大きさは，税額だけでなく，その人の所得やその他の状況にも依存する．貧しい人の支払う1000ドルの税は，豊かな人の支払う1万ドルの税よりも大きな犠牲を強いるかもしれない．

　応能原則は，垂直的公平と水平的公平という公平の概念の二つの系につながっている．垂直的公平とは，高い支払能力（担税力）を持つ納税者は，多

応能原則 ability-to-pay principle：各人が税をどれだけ負担できるかに応じて課税されるべきだという考え方．

表6A-1　三つの税制

	比　例　税			逆　進　税		累　進　税	
所得 (ドル)	税額 (ドル)	所得の割合 (%)	税額 (ドル)	所得の割合 (%)	税額 (ドル)	所得の割合 (%)
50,000	12,500	25	15,000	30	10,000	20
100,000	25,000	25	25,000	25	25,000	25
200,000	50,000	25	40,000	20	60,000	30

くの金額を供出すべきだということである．**水平的公平**とは，同じような担税力を持つ納税者は，同じ金額を供出すべきだということである．こうした公平の概念は広く受け入れられているが，それを税制の評価に適用することはかなり難しい．

　垂直的公平　もし税が担税力に基づくのであれば，豊かな納税者は貧しい納税者よりも多く支払うべきである．しかし，豊かな人はどれくらい多く支払うべきなのだろうか．租税政策をめぐる議論の多くはこの問題に焦点を当てたものとなっている．

　表6A-1の三つの税制について考察してみよう．どの税制においても，高所得の納税者ほど支払金額が多い．しかし，制度によって，所得の増加につれてどれくらい急速に税が増えるかという点が異なる．第1の制度は，すべての納税者が所得の一定割合を支払うために**比例税**といわれる．第2の制度は，高所得の納税者のほうが高額の税金を支払うが，所得に占める割合が小さくなるために**逆進税**といわれる．第3の制度は，高所得の納税者ほど税金が所得に占める割合が大きくなるために**累進税**といわれる．

垂直的公平 vertical equity：高い支払能力を持つ納税者ほど多くの金額を支払うべきだという考え方．
水平的公平 horizontal equity：同じような支払能力を持つ納税者は同じ金額を支払うべきだという考え方．
比例税 proportional tax：高所得の納税者も低所得の納税者も所得の同じ割合を支払う税．
逆進税 regressive tax：高所得の納税者のほうが低所得の納税者よりも税が所得に占める割合が小さい税．
累進税 progressive tax：高所得の納税者のほうが低所得の納税者よりも税が所得に占める割合が大きい税．

この三つの制度のなかで，最も公正なものはどれだろうか．明白な答えはなく，また答えを見つけるのに経済理論は役立たない．美しさと同様，公平はそれをみる人の目によるのである．

ケース・スタディ　税の負担はどのように分担されるのか

　租税政策をめぐる議論の多くは，裕福な人が公正な割合の税金を支払っているかどうかに関わっている．この判断を下すための客観的な方法はない．しかしながら，あなた自身がこの問題を評価するときには，現行の税制の下で所得の異なる家庭がどれだけの税金を支払っているかを知っておいたほうがいいだろう．

　表6A-2は，所得階層間で連邦税がどのように割り当てられているかを示している．この数字は本書が印刷される時点で利用可能な最新の2011年のものであり，議会予算局（CBO）が作成したものである．そこにはすべての連邦税（所得税，給与税，法人税，消費税）が含まれているが，州税や地方税は含まれていない．家計の税負担を計算するときには，議会予算局は法人税を資本の所有者に，給与税を労働者に割り当てている．

　この表を作成するにあたって，各家計は五分位階層と呼ばれる，所得で分けた五つの同じ大きさのグループに分けられている．この表はまた最も豊かなアメリカ人1％のデータも載せている．表の第2列は，各グループ

表6A－2　連邦税の負担

五分位階層	平均所得 （ドル）	所得に占める 税の比率 （%）	所得の 構成比 （%）	租税の 構成比 （%）
最下位層	24,600	1.9	5.3	0.6
第2下位層	45,300	7.0	9.6	3.8
中位層	66,400	11.2	14.1	8.9
第2上位層	97,500	15.2	20.4	17.6
最上位層	245,700	23.4	51.9	68.7
最上位1％	1,453,100	29.0	14.6	24.0

（注）　数値は2011年のもの．
（出所）　アメリカ議会予算局．

の平均所得を示している．所得には市場で得られる所得（家計が労働と貯蓄から稼いだもの）と社会保障や福祉のように政府のプログラムからの移転支払いが含まれる．五つのグループ中，最も貧しいグループの平均所得は2万4600ドルであり，最も豊かなグループの平均所得は24万5700ドルであった．最富裕層の1％の平均所得は140万ドルを超えている．

　表の第3列は，税の総額が所得に占める割合を示している．これをみると，アメリカの連邦税制が累進的であることがわかる．五つのグループ中，最も貧しい5分の1の家計は所得の1.9％を税として支払い，最も豊かな5分の1の家計は23.4％を支払っている．また最上位1％の人々は所得の29.0％を支払っている．

　第4列と第5列は，五つのグループ間における所得の分配と税の割当ての比較である．最も貧しい所得階層の稼いだ所得は，国民全体の総所得の5.3％を占め，総税額の0.6％を支払っている．最も豊かな階層は総所得の51.9％を稼ぎ，総税額の68.7％を支払っている．最富裕層の1％は，（一つの階層の20分の1のサイズしかないが）総所得の14.6％を稼ぎ，総税額の24.0％を支払っている．

　これらの数値は，政府の負担を理解するためのよい出発点ではあるが，全体像としては不完全なものである．お金は税金の形で家計から政府に流れるだけでなく，移転支払いの形で政府から家計に戻る．いくつかの点で移転支払いは税金の逆である．負の税金としての移転を含めると，税負担の分配は大きく変わる．移転支払いを差し引いた後でも，最上位層の世帯は所得の約4分の1を政府に支払っているし，最上位1％は所得の約30％も支払っている．対照的に，最下位層の平均所得はかなり大きなマイナスの数値となっている．つまり，貧しい世帯は，平均してみると税金として支払った分よりも多くの額を移転支出として受け取っている．この教訓は明白である．政府の政策の累進性を十分に理解するためには，人々が支払うものと受け取るものの両方を考慮に入れなければならないのである．

　最後に，表6A-2の数字は少し古いことを指摘しておく必要がある．2012年の後半にアメリカ議会が可決し，オバマ大統領が署名した租税法案がある．それにより，特に所得分配の頂点の人にとって税は過去のものから大きく増えた．結果として，2013年以降の税制は表に示されるよりも累

進的である．議会予算局は，最上位１％の所得に対する税の比率を29.0%から33.3%に引き上げた．

水平的公平　もし税が支払能力に基づくのであれば，同じような納税者は同じような額の税を支払うべきである．しかし，２人の納税者が同じかどうかは何によって決まるのだろうか．各家庭は多くの点で異なる．税法が水平的に公平であるかどうかを評価するには，どの違いが世帯の支払能力と関係があり，どの違いが関係ないのかを決めなければならない．

スミス家とジョーンズ家がそれぞれ10万ドルの所得を得ているとしよう．スミス家には子どもがいないが，スミス氏は４万ドルの医療費を要する病気を患っている．ジョーンズ家の人々は健康だが４人の子どもがいる．ジョーンズ家の子どものうち２人は大学生で，授業料に６万ドルかかる．所得が同じだからといって，この二つの家庭が同額の税を支払うことは公平だろうか．高額の医療費補助としてスミス家に減税するほうが公平だろうか．それとも授業料支出の補助としてジョーンズ家に減税するほうが公平だろうか．

こうした問題に対する簡単な答えはない．実際，アメリカの税法は，家庭の置かれている状況に基づいてその税額を変える特別な条項がたくさんある．

●税の帰着と税の公平

誰が税を負担するかという税の帰着を研究することは，税の公平を評価する際の中心的課題である．第５章で最初にみたように，税を負担するのは必ずしも政府から納税書を渡される人ではない．税は需要と供給を変化させるので，均衡価格も変化する．そのため，税は法令に従って実際に税金を支払う人だけではなく，それ以外の人々にも影響を与える．いかなる税についても，垂直的公平と水平的公平を評価するときには，こうした間接的な影響を考慮に入れることが重要である．

税の公平についての多くの議論は，税の間接的な影響を無視し，経済学者が税の帰着の蠅取り紙理論と嘲笑的に呼ぶものに基づいている．この理論によると，税の負担は，蠅取り紙についた蠅のように，最初に対象とした人にくっついて離れないことになる．しかしながら，その仮定が当てはまることはほとんどない．

たとえば，経済学の訓練を受けていない人は，高価な毛皮のコートに対する課税は垂直的公平であると主張するかもしれない．なぜならば，ほとんどの毛皮の買い手は裕福な人だからである．しかし，もしこうした買い手が簡単に他の贅沢品に切り替えることができるのであれば，毛皮への課税はたんに毛皮の販売を減らすだけになる．結局，この税の負担は毛皮を購入する人よりも，毛皮を生産・販売する人にかかることになる．毛皮を生産する人のほとんどは裕福ではないため，毛皮への課税の公平性は蠅取り紙理論の指摘とはまったく異なるものになるのである．

ケース・スタディ　法人税を支払うのは誰か

　法人税は，租税政策における税の帰着の重要性を示すよい例である．法人税は有権者には好評である．結局のところ，法人は人間ではない．有権者は自分の税を減らしてもらい，人間ではない法人に勘定を支払ってもらうことに熱心である．

　しかし，法人税は政府が収入を得るよい方法であると決める前に，誰が法人税を負担するのかを考えるべきである．これは難しい問題で経済学者の意見も一致しないところであるが，一つのことだけは確かである．それは，すべての税を支払うのは人間である，ということである．政府が法人に課税するとき，法人は納税者というよりも徴税人になる．税の負担は究極的にはその法人の所有者，顧客，労働者といった人々にかかるのである．

　多くの経済学者は，法人税の大部分は労働者と顧客が負担すると考えている．その理由をみるために，一つの例を考えてみよう．アメリカ政府が自動車会社の所得への課税を引き上げることにしたとしよう．最初に，この税は自動車会社の所有者の受け取る利潤を減少させる．しかし，時間が経つにつれて，所有者はこの税に対応するだろう．自動車の生産の収益性が落ちるために，彼らは新しい自動車工場の建設にあまり投資しなくなる．その代わりに，たとえばより大きな住宅を購入したり，他の産業や他の国々で工場を建設するというように，資産を他の用途に投資するようになる．自動車工場が少なくなると車の供給は減少し，自動車産業の労働者への需要も減少する．このように，自動車を生産する法人に課税すると，自

動車の価格は上昇し，自動車産業の労働者の賃金は下落する．

　法人税は，税の帰着の蝿取り紙理論がどれほど危険であるかを示している．法人税の評判がよいのは，豊かな法人によって支払われるようにみえるという理由も一部にはある．しかし，顧客や労働者といった究極的に税を負担する人々は，豊かではないことが多い．もし法人税の真の帰着がもっと人々に知られていれば，この税が有権者の間でこれほど人気を得ることはなくなるだろう．

【小問】　●応益原則と応能原則を説明しなさい．

　　　　●垂直的公平と水平的公平とは何か．

　　　　●税の帰着の研究はなぜ税の公平性を判断するうえで重要なのか．

3　結論：効率と公平のトレードオフ

　ほとんどの人は，効率と公平が税制の最も重要な二つの目標であることに合意している．しかし，公平が税制の累進性によって判断されるようなときにはとりわけこの二つの目標はしばしば対立する．租税政策について人々の意見が一致しないのは，この二つの目標に置くウエイトが異なることが多いからである．

　経済学だけでは，効率と公平という目的のバランスをとる最善の方法を決めることはできない．この問題は経済学だけでなく政治哲学をも含んでいる．しかし，経済学者はこの論争において重要な役割を果たしている．すなわち，税制を設計する際に社会が不可避的に直面するトレードオフに光を当て，効率が犠牲になるにもかかわらず，公平の観点から便益がもたらされないような政策を避けるのに役立つのである．

CHAPTER 7

第 **7** 章

外部性

　紙を生産・販売する企業は，製造過程における副産物としてダイオキシンと呼ばれる化学物質を生み出す．科学者は，ダイオキシンが環境に取り込まれると，住民のガンや出産障害，あるいはその他の健康問題を引き起こす危険性が増大すると信じている．

　ダイオキシンを生み出し，撒き散らすことは社会にとって問題だろうか．第4章から第6章までででは，希少な資源が市場の需要と供給の作用によってどのように配分されるかを調べ，需要と供給の均衡は，典型的には効率的な資源配分になることをみた．アダム・スミスの有名な隠喩を用いるならば，市場における利己的な売り手と買い手は，市場の「見えざる手」に導かれて，社会が市場から引き出せる総便益を最大化する．この洞察は，第1章における経済学の十大原理の一つ，すなわち，「通常，市場は経済活動を組織する良策である」ということの基礎になる．そうだとすると，紙市場の企業がダイオキシンを過剰に排出することは，見えざる手によって防がれるという結論になるのだろうか．

　市場は多くのことをうまく処理するが，すべてのことがうまくいくわけではない．この章では，経済学の十大原理のもう一つの原理である「政府が市場のもたらす成果を改善できることもある」ということについて学習を始める．なぜ市場が効率的な資源配分に失敗することがあるのか，またどのようにすれば政府の政策は市場における配分を潜在的に改善しうるのか，さらにどのような種類の政策が最適に機能すると考えられるのかを調べていこう．

　この章で検討する市場の失敗は，一般的な分類では外部性と呼ばれるものに該当する．外部性は，ある活動に従事する人が周囲の人の厚生に影響を与えるが，その影響に対する補償を支払うことも受け取ることもないときに生じる．周囲の人に対する悪影響を負の外部性といい，好影響を正の外部性という．外部性が存在する場合には，市場の成果に対する社会的関心は，市場に参加する売り手と買い手の厚生を超えて，間接的に影響を受ける周囲の人々の厚生にまで及ぶ．売り手と買い手は，需要量と供給量を決めるにあたって，自分たちの及ぼす外部効果を無視する．そのため，外部性が存在するときには，市場均衡は効率的ではない．すなわち，均衡は社会全体の総利益

外部性 externality：ある人の行動が周囲の人の経済厚生に，金銭の補償なく影響を及ぼすこと．

を最大化できない．たとえば，ダイオキシンを環境に撒き散らすことは負の
外部性である．利己的な製紙会社は生産過程において自分たちが発生させる
汚染の総費用を考慮に入れようとせず，紙を消費する人も紙を購入すること
を決める際に，生み出す汚染の総費用を考慮に入れようとしないだろう．し
たがって，政府がそれを禁止したり抑制したりしない限り，企業は汚染を過
剰に排出し続けるだろう．

　外部性にはさまざまな種類があり，市場の失敗に対処する政府の対応にも
さまざまな種類がある．若干の例を挙げてみよう．

● 自動車の排気ガスはスモッグを生み出し，他の人々がそれを吸ってしまう
ため負の外部性である．ドライバーはどの車を買いどれぐらい運転するか
を決定する際にこの外部性を無視するため，ドライバーが発生させる汚染
は過剰になる．連邦政府は車の排気基準を設定したり，ガソリンに課税し
て走行距離を減らすことによって，この問題に対処している．

● 修復された歴史的建造物は正の外部性をもたらす．建造物の周囲を徒歩や
乗り物で巡る人たちが，建造物の美しさやその醸し出す歴史的雰囲気を楽
しめるからである．建物の所有者は修復による便益のすべてを手にするこ
とができるわけではないので，古い建造物を早めに取り壊しがちである．
この問題に対して多くの地方自治体は，歴史的建造物の取り壊しを規制し
たり，所有者による修復に税金面で優遇措置を講じたりすることで対応し
ている．

● よく吠える犬は，近所の人々が騒音に悩まされるので負の外部性を生み出
す．飼い主は騒音によって生じるすべての費用を負担するわけではないの
で，犬が吠えることにあまり注意を払わなくなる．地方自治体はこの問題
への対処として，「静穏を妨げる」ことを違法としている．

● 新しい技術を研究することは，他の人々も利用できる知識を創造するので
正の外部性をもたらす．もし個人の発明家や企業，大学が自分の発明によ
る便益を獲得できなければ，研究にあまり資源を振り向けなくなるだろう．
連邦政府はこの問題に対して，不十分ではあるが特許制度で対応している．
特許制度によって，発明者は一定期間，発明を排他的に利用することがで
きる．

いずれの場合も，意思決定者は自分の行動が及ぼす外部効果を考慮に入れないことがある．政府は周囲の人々の利益を守るため，そうした行動に影響を与えることで対応する．

 # 外部性と市場の非効率性

この節では，第6章で説明した厚生経済学の分析用具を用いて，外部性がどのように経済厚生に影響を与えるかを検討する．この分析によって，なぜ外部性があると市場において資源の配分が非効率的になるのかを厳密に示すことができる．この章の後半では，民間の経済主体や公共政策の立案者がこのタイプの市場の失敗を矯正するさまざまな方法について検討する．

●厚生経済学：要約

まず第6章で学んだ厚生経済学に関する重要な教訓を思い出そう．分析を具体的にするため，アルミニウム市場という特定の市場を考察対象としよう．図7-1は，アルミニウム市場の需要曲線と供給曲線を示している．

図7-1 アルミニウムの市場

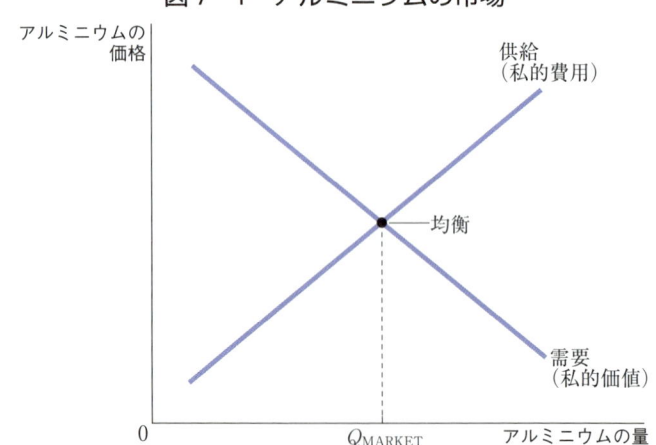

需要曲線は買い手にとっての価値を表し，供給曲線は売り手の費用を表す．均衡生産量 Q_{MARKET} は買い手にとっての総価値から売り手の総費用を差し引いたものを最大化する．したがって，外部性が存在しない場合には，市場均衡は効率的である．

　需要曲線と供給曲線は費用と便益に関する重要な情報を含んでいるという第6章の話を思い出そう．アルミニウムの需要曲線は消費者にとってのアルミニウムの価値を反映しており，その価値は消費者が支払ってもよいと思う価格で表される．アルミニウムのそれぞれの量において，需要曲線の高さは限界的な買い手の支払許容額を示している．言い換えれば，消費者が最後に購入するアルミニウム1単位が持つ価値を表しているのである．同様に，供給曲線はアルミニウムを生産する費用を反映している．アルミニウムのそれぞれの量において，供給曲線の高さは限界的な売り手にかかる費用を示している．言い換えれば，最後に販売されるアルミニウム1単位の生産者の費用を表している．

　政府の介入がない場合には，アルミニウムの価格はアルミニウムの需要と供給が釣り合うように調整される．市場均衡における生産量と消費量は，図7-1の Q_{MARKET} で表され，生産者余剰と消費者余剰の合計を最大にするという意味で効率的である．すなわち，市場における資源配分は，アルミニウムを購入・使用する消費者にとっての総価値から，アルミニウムを製造・販売する生産者の総費用を差し引いたものを最大化する．

●負の外部性

　さて，アルミニウム工場が汚染物を排出しているとしよう．アルミニウムが1単位生産されるごとに，ある一定量の煙が大気中に流れ込んでいく．この煙は，その空気を吸う人の健康に危害を及ぼす可能性があるので負の外部性となる．この外部性は市場の結果の効率性にどのような影響を及ぼすだろうか．

　外部性がある場合には，アルミニウムの生産に要する社会にとっての費用は，アルミニウム生産者にとっての費用よりも大きい．アルミニウム1単位の生産に要する社会的費用は，アルミニウム生産者の私的費用に加えて，汚染の悪影響を受ける周囲の人々にかける費用を含んだものである．図7-2はアルミニウムの生産に要する社会的費用を示している．社会的費用曲線は，アルミニウム生産者が社会に負わせる外部性の費用が入るため，供給曲線よりも上方に位置する．この二つの曲線の差は排出される汚染の費用を表している．

図7-2　汚染と社会的最適

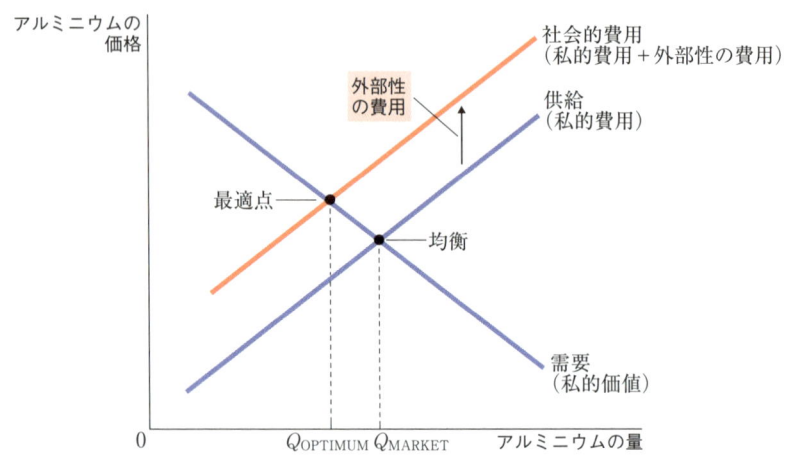

アルミニウムの
価格

**外部性
の費用**

社会的費用
（私的費用＋外部性の費用）

供給
（私的費用）

最適点

均衡

需要
（私的価値）

0　　　　$Q_{OPTIMUM}$　Q_{MARKET}　アルミニウムの量

汚染のような負の外部性があるときには，財の社会的費用は私的費用を上回る．
したがって，最適生産量 $Q_{OPTIMUM}$ は均衡生産量 Q_{MARKET} よりも少ない．

　アルミニウムの生産量はどのようになるだろうか．この問題に答えるために，もう一度，博愛的統治者が何をするかを考えてみよう．博愛的統治者は市場から得られる総余剰を最大化したいと考える．すなわち，アルミニウムの消費者にとっての価値からアルミニウムを生産する費用を差し引いたものを最大化することを考えるのである．ただし，博愛的統治者はアルミニウムを生産する費用に汚染の外部性の費用が含まれることを理解している．

　博愛的統治者は，アルミニウムの生産水準として，需要曲線と社会的費用曲線が交わるところを選ぶだろう．この交点は，社会全体の観点からみたときの最適なアルミニウムの生産量だからである．これを下回る生産水準では，（需要曲線の高さで測られる）消費者にとってのアルミニウムの価値が，（社会的費用曲線の高さで測られる）アルミニウムの社会的生産費用を上回る．またこれを上回る生産水準では，アルミニウムを追加的に1単位生産するための社会的生産費用が消費者にとっての価値を上回る．

　アルミニウムの均衡生産量 Q_{MARKET} が社会的に最適な生産量 $Q_{OPTIMUM}$ よりも大きいことに注意しよう．こうした非効率性が生じるのは，市場均衡が私的な生産費用のみを反映しているためである．市場均衡では，限界的な消費者にとってのアルミニウムの価値は社会的生産費用を下回る．すなわち，

Q_{MARKET}において，需要曲線は社会的費用曲線よりも下方に位置する．したがって，アルミニウムの生産と消費を減少させて均衡水準以下にすることは，全体的な経済厚生を増大させる．

　博愛的統治者はどのようにすればこの最適な結果に到達できるだろうか．一つの方法は，アルミニウムが1トン販売されるごとに，アルミニウム生産者に課税することだろう．アルミニウムへの課税により，アルミニウムの供給曲線は税の大きさの分だけ上方にシフトする．もしこの税が，大気中に撒き散らされる煙の社会的費用を正確に反映したものとなっていれば，新しい供給曲線は社会的費用曲線と一致するだろう．新しい市場均衡では，アルミニウム生産者は社会的に最適な量のアルミニウムを生産する．

　そのような税の活用の仕方を**外部性の内部化**という．課税によって，市場の売り手と買い手に自らの行動の外部効果を考慮に入れるインセンティブが生まれるからである．つまり，アルミニウム生産者は，外部費用に対して税金を支払わなければならないために，アルミニウムをどれだけ供給するかを決める際に汚染の費用を考慮に入れるだろう．そして，市場価格は生産者への税を反映するだろうから，アルミニウムの消費者は使用量を減らすインセンティブを持つことになる．この政策は，**経済学の十大原理**の一つ，「人々はさまざまなインセンティブ（誘因）に反応する」に基づいている．この章の後半では，政策立案者が外部性を扱う別の方法についてより詳しく考察する．

●正の外部性

　さまざまな活動のなかには，第三者に費用を強いるものもあるが，恩恵を与えるものもある．たとえば，教育について考えてみよう．教育からの便益は大部分，私的なものである．教育の消費者は生産性の高い労働者となり，便益の多くを高賃金の形で受け取る．しかしながら，こうした私的な便益に加えて，教育は正の外部性を生み出す．外部性の一つは，高い教育を受けた人が，学識の豊かな有権者となり，すべての人にとってすぐれた政府をつくることである．二つめの外部性は，高い教育を受けた人の犯罪率が低くなる

外部性の内部化 internalizing the externality：人々が自分の行動の及ぼす外部効果を考慮に入れるように，インセンティブを変えること．

図7-3　教育と社会的最適

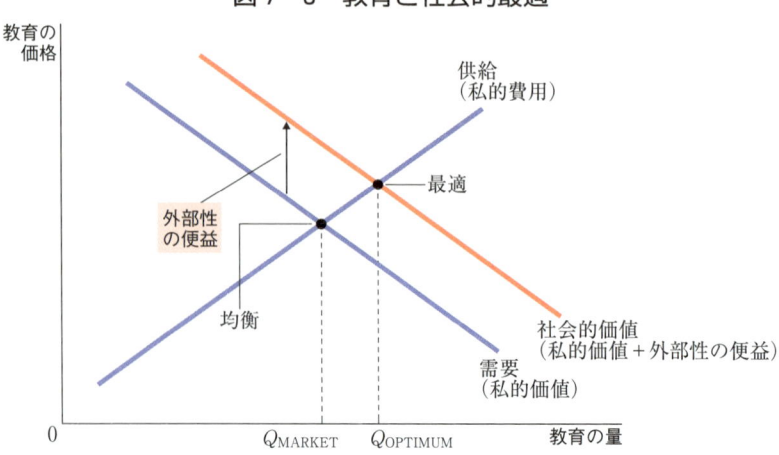

正の外部性があるときには，財の社会的価値は私的価値を上回る．したがって，最適生産量 Q_{OPTIMUM} は均衡生産量 Q_{MARKET} よりも多い．

傾向があることである．三つめの外部性は，高い教育を受けた人が技術進歩の開発や普及を促進し，すべての人に高い生産性と高い賃金をもたらすことである．こうした三つの外部性があるため，高い教育を受けた同胞がいることは好ましいと思われるだろう．

　正の外部性の分析は負の外部性の分析とよく似ている．図7-3に示されるように，需要曲線はその財の社会的価値を表していない．社会的価値は私的な価値よりも大きいので，社会的価値曲線は需要曲線よりも上方に位置する．最適な生産量は，社会的価値曲線と供給曲線の交点で与えられる．したがって，社会的に最適な生産量は，私的な市場で自然に実現する生産量よりも大きい．

　ここでもまた，政府は市場参加者に外部性を内部化するよう促すことにより，市場の失敗を矯正することができる．正の外部性の場合の適切な対応は，負の外部性の場合のちょうど逆である．市場均衡を社会的最適に近づけるためには，正の外部性に補助をすることが必要となる．実際，それはまさに政府がとっている政策であり，たとえば教育については公立学校と政府奨学金を通じて手厚く補助されている．

　要約すると，負の外部性によって，生産量は社会的に最適な生産量よりも

多くなり，正の外部性によって，生産量は社会的に最適な生産量よりも少なくなる．この問題を改善するために，政府は負の外部性を持つ財に課税し，正の外部性を持つ財に補助金を支給することで，外部性を内部化することができる．

ケース・スタディ　技術の外部波及と産業政策および特許保護

　正の外部性で潜在的に重要なものの一つは技術の外部波及（スピルオーバー）である．技術の外部波及とは，ある企業の研究や生産における努力の成果が，他の企業の技術進歩の増大に与える影響である．たとえば，産業用ロボットの市場を考えてみよう．ロボットは急速に変化する技術のなかでも最先端のものである．企業がロボットを製造する過程には，新しくてよりよい設計を発見するチャンスが必ずある．その新しい設計は技術知識として社会に蓄積されるので，その企業だけでなく社会全体にとっても役立つだろう．すなわち，その新しい設計は他の生産者に正の外部性をもたらすのである．

　このケースでは，政府はロボットの生産に補助金を与えることによって，外部性を内部化することができる．もし政府がロボットを1単位生産するごとに企業に補助金を支払うならば，供給曲線は補助金の分だけ下方にシフトするだろう．そして，このシフトによりロボットの均衡生産量は増加するだろう．市場均衡と社会的最適が等しくなるためには，補助金は技術の外部波及の価値と等しくなければならない．

　技術の外部波及はどれくらいの大きさなのだろうか．またそれは公共政策にとってどのような意味を持つのだろうか．これは重要な問題である．というのは，技術進歩は，なぜ世代を経るにつれて生活水準が向上するのかを解く鍵となるからである．しかしまた，それは経済学者の意見がしばしば分かれる難しい問題でもある．

　経済学者のなかには，技術の外部波及の範囲は広いので，政府は最大の外部波及を引き起こすような産業を奨励すべきだと考える人たちがいる．こうした経済学者は，たとえば，もしコンピュータ・チップをつくるほうがポテト・チップをつくるよりも大きな外部波及を生み出すのであれば，

政府はポテト・チップの生産よりもコンピュータ・チップの生産を奨励すべきだと主張する．アメリカの税法では，限られたものではあるが，研究開発への支出に対する非課税措置がある．他の国々のなかには，大きな技術の外部波及をもたらすと考えられる特別な産業に対してさらに補助金を出しているところがある．政府が技術力を強化する産業の促進をめざして介入することは，産業政策と呼ばれることがある．

経済学者のなかには，産業政策の効果を疑問視している人たちもいる．たとえ技術の外部波及が共有できるとしても，産業政策を実践するためには，政府が異なる市場からの外部波及の大きさを測定できなければならない．その測定はどうみても困難である．もし正確に測定することができなければ，政府は最大の正の外部性を生み出す産業ではなく，最も政治的影響力の強い産業に補助金を与えてしまうかもしれない．

技術の外部波及に対処するもう一つの方法として特許保護がある．特許法は，発明者に対して発明を一定期間排他的に利用する権利を与えることによって，発明者の権利を保護するものである．ある企業が新しい技術を発見し，そのアイディアで特許を取得すれば，かなりの経済的便益を獲得することができる．特許は発明をした企業に発明の所有権を与えることで，外部性の内部化を果たす．もし他の企業がその新技術を利用したければ，特許使用料を支払って発明した企業の許可を得なければならない．こうして，特許制度は企業に対し，技術進歩をもたらす研究やその他の活動に従事する大きなインセンティブを与えるのである．

【小問】　●負の外部性と正の外部性の例を一つずつ挙げなさい．
　　　　　●外部性が存在すると市場の成果がなぜ非効率となるのか説明しなさい．

2　外部性に対する公共政策

これまでは，外部性があるとなぜ市場における資源の配分が非効率になるかについて議論してきた．しかし，非効率性がどのように改善されるかについてはごく簡潔にしか述べてこなかった．実際，公共部門の政策決定者も民間部門の個々人も，どちらもさまざまな方法で外部性に対処しており，どの

改善策も資源配分を社会的最適に近づけることを目的としている.

　この節では，政府による解決法を考察する．一般的に，外部性に対して政府が対応できる方法は二つある．**指導・監督政策**は行動を直接規制するものであり，**市場重視政策**は，民間の意思決定者が自分で問題を解決するインセンティブを与えるものである.

●指導・監督政策：規制

　政府は，ある種の行動を要求したり禁止したりすることによって外部性を改善することができる．たとえば，有害な化学物質を上水道に投棄することは犯罪である．この場合，社会が被る外部費用は汚染者の利益をはるかに上回る．したがって，政府はこうした行動を絶対に禁止する指導・監督政策を実施する.

　しかしながら，ほとんどの汚染のケースにおいては，状況はそれほど単純ではない．すべての汚染行動を禁止することは環境保護主義者の目標ではあるが，実際には不可能だろう．たとえば，実際上すべての輸送手段は，（馬でさえも）望ましくない汚染物を副産物として生み出す．しかし政府があらゆる交通を禁止するのは賢明ではない．その結果，汚染を完全に取り除くことはできないが，社会は費用と便益とを比較考量し，許容される汚染の種類と量を決めなければならない．アメリカには，環境保護庁（EPA：Environmental Protection Agency）という環境保護を目的とした規制を計画・実施する政府機関が存在する.

　環境規制はさまざまな形をとりうる．環境保護庁は工場が排出できる汚染の最大水準を決めることもあれば，排出を減らすような特定の技術の採用を企業に要求することもある．いずれの場合にせよ，よいルールを設計するためには，政府の規制当局者は特定の産業やその産業で使用できる代替的な技術について詳しく知っておく必要がある．こうした情報を政府の規制当局者が得ることはなかなか難しい.

専門家にきく　ワクチン

　「はしかなどの伝染病に対する予防接種を拒否することは，他の人々に費用を負わせることになるが，それは負の外部性である.」

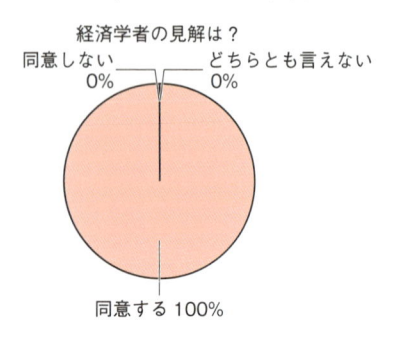

経済学者の見解は？

同意しない 0%
どちらとも言えない 0%
同意する 100%

　「自由な選択を制限することの費用，および子どもにはしかの予防接種をしないことを選択するアメリカ人の割合を考えると，（やむを得ぬ医学的な理由のある人を除く）すべてのアメリカ人にはしかのワクチン接種を義務づけることの社会的利益は社会的費用を超えるだろう.」

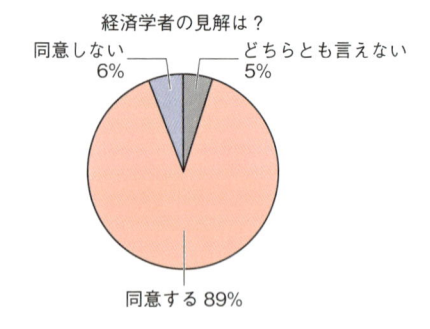

経済学者の見解は？

同意しない 6%
どちらとも言えない 5%
同意する 89%

（出所）　IGM Economic Experts Panel, March 10, 2015.

●市場重視政策1：矯正税と補助

　政府は外部性への対応として，行動を規制するのではなく，市場重視政策を用いて私的インセンティブと社会的効率性を整合的にすることもできる.

たとえば，すでにみたように，政府は負の外部性を持つ活動に課税し，正の外部性を持つ活動に補助を与えることによって，外部性を内部化することができる．負の外部性の影響を矯正するための課税は矯正税と呼ばれる．それはまた，早くからその利用を提唱していた経済学者アーサー・ピグー（1877〜1959年）の名前にちなんで，ピグー税とも呼ばれる．理想的な矯正税は負の外部性を有する活動から生じる外部性の費用に等しく，理想的な矯正補助金は正の外部性を有する活動から生じる外部性の便益に等しい．

　矯正税は規制よりも小さな社会的費用で汚染を減少させることができるため，経済学者は汚染に対処する方法として規制よりも矯正税がよいと考えている．その理由を理解するために，一つの例を考えてみよう．

　製紙工場と製鉄工場の二つの工場がそれぞれ毎年500トンの汚水を川に垂れ流しているとしよう．環境保護庁は汚水の量を減少させる方針を定め，二つの解決法を検討する．

● 規制：環境保護庁は，それぞれの工場に汚水の排出量を年間300トンまで減少させるように命じることができる．
● 矯正税：環境保護庁は，それぞれの工場に汚水の排出1トンにつき5万ドルの税を課すことができる．

　規制は汚水の量の水準を指示するのに対し，矯正税は工場所有者に汚染を減少させる経済的インセンティブを与える．どちらの解決法がよいだろうか．

　ほとんどの経済学者は矯正税がよいと考えるだろう．この選択を説明するために，彼らはまず，汚染の全般的水準を減少させる方法として，税は規制とほぼ同じくらい有効だということを指摘するだろう．環境保護庁は税率を適切な水準に設定することにより，汚染をどのような水準にでも減らすことができる．税率が高いほど汚染は減少する．もし税率が非常に高ければ，工場は完全に閉鎖され，汚染はゼロになるだろう．

　規制と矯正税はともに汚染を減らすことができるが，税はその目的をより効率的に達成することができる．規制では各工場に汚染を同じ量だけ減らす

矯正税 corrective tax：民間の意思決定者が，負の外部性から生じる社会的費用を考慮に入れるよう促すことを意図する税．

ことを要求するが，一律に減らすことは水をきれいにするための最も安価な方法であるとは限らない．製紙工場のほうが製鉄工場よりも汚染を減らす費用が小さい可能性もある．もしそうであれば，製紙工場は矯正税への対応として，税を避けるために汚染をかなり減少させるだろう．それに対して，製鉄工場は汚染をあまり減らさず，税金を支払う形で対応するだろう．

　本質において，矯正税とは汚染する権利に価格をつけることである．市場がある財を最も高く評価する買い手にその財を配分するように，矯正税は汚染を減少させる費用が最も高い工場に汚染を配分するのである．したがって，環境保護庁は矯正税を用いることで最も小さい総費用でどのような汚染水準にも到達できるのである．

　経済学者はまた，矯正税のほうが環境にもよいと主張する．規制の指導・監督政策では，工場は300トンという汚水の目標に到達してしまうと，それ以上汚染の排出を減らそうとする理由がなくなる．これに対して，課税では，工場は汚染の排出をさらに減らす技術を開発するインセンティブを持つ．汚染をあまり排出しない技術があれば，工場が支払わなければならない税額が減少するからである．

　矯正税は他の税とはあまり似ていない．ほとんどの税はインセンティブを歪め，資源配分を社会的に最適な状態から乖離させる．消費者余剰と生産者余剰の減少による経済厚生の減少は，政府が得る収入を上回り，死荷重を発生させる．対照的に，外部性が存在する場合，社会はその影響を受ける人々の厚生にも配慮する必要がある．矯正税は，外部性が存在する原因となる，市場参加者が直面するインセンティブを修正し，資源配分を社会的に最適な状態に近づける．このように，矯正税は政府に収入をもたらしながら，経済効率も高めるのである．

 ## なぜガソリンには重税が課せられるのか

　多くの国において，ガソリンは経済のなかで最も重い税が課せられる財の一つである．ガソリン税は車の運転に伴う三つの負の外部性を矯正しようとする矯正税であるとみることができる．

● **渋滞**：もしあなたが数珠つなぎの渋滞に巻き込まれた経験があるならば，おそらくもっと車が少なければいいのにと思ったことだろう．ガソリン税により，人々は公共交通機関を利用したり，車への相乗りを増やしたり，職場に近いところに住むようになるので，渋滞が緩和される．

● **事故**：人々が大型車やSUV（スポーツタイプ四輪駆動車）を購入する場合，購入者の安全性は高まるが，周囲の人が危険にさらされるようになることは確かである．アメリカの高速道路交通安全局によると，普通の車を運転している人がSUVに衝突された場合，他の車に衝突された場合と比べて，死亡率が5倍になる．ガソリン税は，大型で燃費の悪い車が，他の人々に対して危険をもたらすとき，その車の持ち主により多く支払いをさせる間接的な手段である．それにより，人々はどの車を買うか決めるときに，結果としてこの危険性を考慮に入れるようになる．

● **汚染**：自動車はスモッグを生み出す．さらに，ガソリンなどの化石燃料は，燃焼することによって地球温暖化の主な原因となると広く信じられている．専門家の間では，この脅威がどれほど危険であるかについて意見が分かれているが，ガソリン税がガソリンの使用を抑止し，その脅威を低下させることは間違いない．

ほとんどの税が死荷重を発生させるのとは異なり，ガソリン税は実際に経済をよりよい状態に導く．ガソリン税によって，交通渋滞が減り，道路はより安全になり，環境汚染が減るからである．

では，ガソリン税はどれほどの高さにすべきだろうか．ほとんどのヨーロッパ諸国ではガソリン税はアメリカよりもかなり高い．多くの論者はアメリカもガソリン税をもっと重くすべきであると主張している．学術誌『ジャーナル・オブ・エコノミック・リテラチャー』に掲載された2007年の研究では，自動車運転に関連するさまざまな外部性の大きさについての研究結果を要約している．そこでは，ガソリンへの最適な矯正税は1ガロン（3.7854リットル）当たり2.28ドル（2005年ドル価格，インフレ調整済み）であると結論している（2015年価格では2.78ドルに相当）．これに対し，アメリカでの2015年の実際の税率は1ガロン当たりわずか約50セントにすぎない．

　　ガソリン税から得られる収入は，インセンティブを歪め，死荷重を生む所得税のような税を引き下げるために用いることができる．加えて，自動車メーカーに対して燃費のよい車を生産するように義務づける煩わしい政府規制は不要になるだろう．しかしながら，このアイディアはこれまで政治的には不人気であった．

●市場重視政策2:売買可能な排出権取引

　　製紙工場と製鉄工場の例に戻ろう．経済学者のアドバイスにもかかわらず，環境保護庁が規制を採用し，各企業に汚水を毎年300トンまで減少させるように命じたとしよう．規制が実施され，二つの企業が規制に従った後のある日，両社がある提案を持って環境保護庁を訪れた．製鉄工場は汚水の排出を300トンから400トンへ増やすことを望んでいる．製紙工場は，もし製鉄工場が500万ドルを支払ってくれるならば，汚水の排出を300トンから200トンへ減らすことに同意している．汚水の合計量は600トンのままである．環境保護庁は二つの工場がこのような取引をすることを許可するべきだろうか．

　　経済の効率性の観点からは，この取引を認めることはよい政策である．それぞれの工場の所有者は自発的にその取引に合意しているので，取引は両者の厚生を改善するはずである．そのうえ，総排出量は同じなので，その取引による新たな外部効果は生まれない．したがって，製紙工場が製鉄工場に排出権を販売するのを認めることは社会的厚生を高める．

　　同じ論理は，排出権をある企業から他の企業へと自発的に移転させるすべての場合に当てはまる．もし環境保護庁がこうした取引を企業に認めるならば，それは本質的に，排出権という一つの新しい希少な資源を創出することになる．排出権を取引する市場がゆくゆくは発達し，その市場は需要と供給の作用に左右されるだろう．見えざる手は，この新しい市場が排出権を効率的に配分することを保証するだろう．すなわち，排出権は支払許容額で測って最も高く評価する企業の手に入ることになる．そして，排出権に対する支払許容額は排出を減らす際にかかる費用によって決まる．すなわち，企業にとって排出を削減するための費用が大きいほど許可証に対してより多く支払ってもよいと考えるだろう．

　　排出権の市場を認める一つの利点は，排出権が最初にどの企業に配分され

専門家にきく 炭素税

「ブルッキングス研究所の最近の公表では，アメリカで二酸化炭素排出量1トン当たり20ドルとし，年間4％ずつ引き上げられていく炭素税が導入されると，以後10年間に，年間推計1500億ドルの連邦税収になるという．二酸化炭素排出による負の外部性があるとすれば，この税率の連邦炭素税は，労働所得への限界税率を全面的に引き上げることにより同額の収入を生み出す増税よりもアメリカ経済への有害な正味のゆがみは小さくなる．」

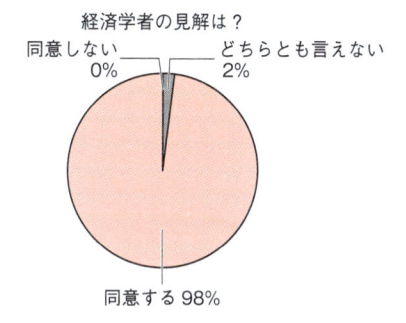

経済学者の見解は？
同意しない 0%　どちらとも言えない 2%
同意する 98%

「燃料中の炭素含有量への課税は，全社平均の自動車の燃費要件といったような政策の寄せ集めよりも二酸化炭素排出を削減するために安上がりとなる．」

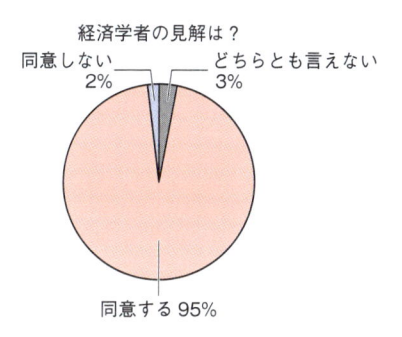

経済学者の見解は？
同意しない 2%　どちらとも言えない 3%
同意する 95%

（出所）　IGM Economic Experts Panel, December 4, 2012 and December 20, 2011.

ていても，経済効率性の観点からは問題にならないことである．汚染を低費用で削減できる企業は，手に入る許可証をすべて販売しようとするだろうし，高い費用をかけないと排出を削減できない企業は，必要なだけの権利を購入しようとするだろう．排出権の自由な市場がある限り，初期の配分にかかわらず最終的な配分は効率的になるだろう．

　排出権取引を用いて汚染を減少させる方法は，矯正税を用いる方法と大きく異なるようにみえるかもしれないが，二つの政策は多くの共通点を持っている．どちらのケースも，企業は汚染を排出するために支払いをするということである．矯正税の場合には，汚染を排出する企業は政府に税金を支払わなければならない．排出権取引の場合には，汚染を排出する企業は排出権を手に入れるために支払いをしなければならない（すでに排出権を持っている企業も，排出するためには支払いをしなければならない．なぜなら排出の機会費用は，その権利を公開市場で販売していれば得られたはずの金額だからである）．矯正税と排出権取引は，どちらも企業が汚染を排出するのに費用がかかるようにすることで，汚染排出の外部性を内部化するのである．

　二つの政策の類似性は汚染排出の市場を考察するとよくわかる．図7-4の二つのパネルには，排出権の需要曲線が示されている．この曲線は，排出の価格が低いほど，汚染を排出する企業が増えることを示している．パネル(a)では，環境保護庁は排出価格を設定するのに矯正税を用いている．この場合，排出権の供給曲線は完全に弾力的であり（企業は税金さえ支払えばどのような量でも排出することができる），需要曲線の位置が排出量を決定する．パネル(b)では，環境保護庁は排出権を発行することで排出量を設定する．この場合，排出権の供給曲線は完全に非弾力的であり（排出の量は排出権の数で固定される），需要曲線の位置が排出権の価格を決定する．したがって，環境保護庁は矯正税によって排出権の価格を設定するか，排出権によって排出の量を設定することで，所与の需要曲線上のどのような点にでも到達することができる．

　しかしながら，状況によっては排出権を販売するほうが矯正税を課すよりもよいかもしれない．環境保護庁は600トン以上の汚水が川へ放出されることを望まないとしよう．しかし，環境保護庁は汚染の需要曲線がわからないので，どれくらいの税率にすればその目的を達成できるか確信を持てない．

図7-4　矯正税と排出権取引の同等性

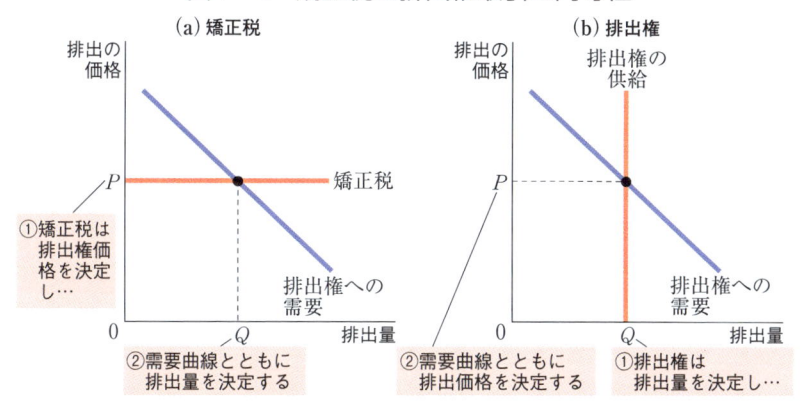

パネル(a)では，環境保護庁は矯正税を課すことで排出の価格を設定し，需要曲線により排出量が決定する．パネル(b)では，環境保護庁は限定数の排出権を発行することで汚染の量を限定し，需要曲線により排出権価格が決定する．排出権価格と量はどちらの場合も同じである．

このような場合，環境保護庁はたんに600トンの排出権を競売にかければよい．その競売価格は矯正税の適切な大きさになるだろう．

　政府が排出権を競売するという考えは，一見，経済学者の想像の産物のようにみえるかもしれない．実際，この考えは経済学者の頭のなかから生まれたものである．しかし，しだいに環境保護庁は汚染の排出を制御する方法として，このシステムを用いるようになってきた．顕著な成功例の一つは，酸性雨の主要な原因である二酸化硫黄（SO_2）の事例である．1990年の改正大気浄化法では，発電所に対してSO_2を大幅に削減するよう義務づけた．同時に，改正法では発電所がSO_2の割当量を取引することを認めるシステムを立ち上げた．当初は産業界も環境保護主義者もこの法案に懐疑的であったが，時間が経つにつれて，このシステムは最小限の混乱で汚染を減らすようになった．いまでは排出権取引は，矯正税と同様，費用をかけずにきれいな環境を維持できる方法だと広く考えられている．

●公害の経済分析への反論

　「われわれは，代金を払わせて汚染を排出する権利を与えることはできない．」故エドモンド・マスキー元上院議員によるこのコメントは，一部の環

境保護主義者の見解を代表している．きれいな空気ときれいな水を入手することは人間の基本的な権利であり，経済的な面から考えることによって価値を下げられるべきではない．きれいな空気ときれいな水にどのように価格をつけろというのか．環境は非常に重要であり，費用に関係なく最大限に守られるべきだというのが彼らの主張である．

　経済学者はこの種の議論にはほとんど共感を持たない．経済学者にとってよい環境政策は，第1章で述べた経済学の十大原理の第1原理，すなわち，「人々はトレードオフ（相反する関係）に直面している」ということを理解することから始まる．確かに，きれいな空気やきれいな水には価値がある．しかし，その価値は機会費用と比較されなければならない．すなわち，それらを手に入れる代わりにあきらめなければならないものと比較されなければならないのである．すべての汚染をなくすのは不可能である．すべての汚染を取り除こうとすれば，高い生活水準を享受することを可能にしてくれた多くの技術進歩に逆行してしまう．ほとんどの人は，環境をできるだけきれいにするためだといっても，貧弱な栄養や不十分な医療，みすぼらしい家で我慢しようとはしないだろう．

　経済学者は，環境活動家が経済学的な思考をしないために，かえって環境保護が進まなくなっているという．経済学的に考えれば，きれいな環境は単純にもう一つの財であるとみることができる．すべての正常財と同様に，きれいな環境への需要の所得弾力性は正である．豊かな国は貧しい国よりもきれいな環境を供給することができ，そのため通常はより厳しい環境保護を行っている．加えて他の財の需要と同様，きれいな空気と水は需要法則に従う．つまり，環境保護の価格が低いほど，人々は多くの環境保護を望む．したがって，汚染許可証や矯正税といった経済学的アプローチによって環境保護の費用が減少すると，きれいな環境への人々の需要は増加するのである．

【小問】　● 接着剤工場と製鉄工場は，大量に吸引すると健康を害するような化学物質を含む煙を排出する．この外部性に対して地方自治体が対応できる三つの方法を述べなさい．それぞれの解答に対する賛成論や反対論にはどのようなものがあるか．

3 外部性に対する当事者間による解決法

外部性は市場を非効率的にする傾向があるが，問題の解決にあたって政府の働きかけがいつも必要となるわけではない．状況によっては，当事者間による解決も可能である．

●当事者間による解決法のタイプ

まず，外部性の問題は道徳律や社会常識の拘束力によって解決される場合がある．たとえば，なぜほとんどの人がごみを散らかさないのかを考えてみよう．ごみを散らかすことを禁止する法律は存在するが，こうした法律は厳しくは施行されない．ほとんどの人は，ごみを散らかすことが悪いことだからしないのである．子どもたちはたいてい，（聖書のなかの）黄金律で「おのれの欲するところを人に施せ」と教えられる．この道徳的な命令は，自分の行動が他の人々にどのような影響を与えるかを考慮に入れよと述べている．経済学の言葉でいえば，外部性を内部化せよということである．

当事者間による外部性のもう一つの解決法は慈善事業である．たとえば，環境を保護することを目的とするシエラ・クラブは，民間からの寄附を基金とする非営利団体である．もう一つの例として，大学は同窓生や企業や財団から寄附を受けるが，その一つの理由は教育が社会に対して正の外部性を持っているからである．政府は慈善事業への寄附金の課税所得控除を認めることで，税制を通じて外部性に対する当事者間による解決法を奨励しているのである．

民間市場ではしばしば，利害関係者の利己心に依拠して外部性の問題が解決される．解決法として，異なるタイプの事業統合という形をとることがある．たとえば，隣り合っているりんご農家と養蜂家を考えてみよう．蜂はりんごの花に授粉するので，果樹園のりんご生産を助けており，蜂はりんごの花の蜜から蜂蜜をつくる．したがって，それぞれの事業は相手に対して正の外部性を与えている．ところが，りんご農家が何本の木を植えるかを決め，養蜂家が何匹の蜂を飼うかを決めるときには，彼らはこの正の外部性を考慮していない．その結果，りんご農家が植える木の数も養蜂家が飼う蜂の数も，

最適な数よりも少なくなる．こうした外部性は，養蜂家がりんご果樹園を買収するか，りんご農家が蜂の巣を購入すれば内部化できる．一つの企業が両方の事業を行うので，その企業は最適な木の数と蜂の数を選択できるだろう．このように，外部性を内部化することは，複数のタイプの事業を兼営する企業が存在する理由の一つとなる．

　外部効果を民間の市場が取り入れるもう一つの方法は，利害関係者が契約を結ぶことである．この例では，りんご農家と養蜂家が契約を結ぶことにより，木と蜂の数が少ないという問題を解決することができる．契約にあたっては，木の数と蜂の数を明記し，そしておそらく片方から他方への支払いが生じるのでそれも明記するとよい．木と蜂の数を適切に設定することで，外部性から通常生じる非効率性を契約によって解決することができ，両者とも厚生が改善される．

●コースの定理

　民間市場は外部性への対処方法としてどれくらい有効なのだろうか．経済学者ロナルド・コースにちなんでコースの定理と名づけられた有名な結果は，状況によっては民間市場が非常に有効となりうることを示唆した．コースの定理によると，民間の当事者たちが資源の配分について費用をかけずに交渉することができれば，外部性の問題はつねに民間市場で解決することができ，資源は効率的に配分される．

　コースの定理がどのように機能するかをみるために，一つの例を考えよう．ディックはスポットという名の犬を飼っている．スポットはよく吠えるので，ディックの隣人であるジェーンは騒音に悩まされている．ディックは犬を飼うことで便益を得るが，犬はジェーンに負の外部性をもたらす．この場合，ディックは強制的に愛犬を動物収容所に入れさせられることになるのだろうか．あるいはジェーンが犬の鳴き声に悩まされながら眠れぬ夜を過ごさなければならないのだろうか．

　まず，どのような結果が社会的に効率的であるかを考えよう．博愛的統治者は二つの選択肢を考慮するにあたって，ディックが犬から得る便益とジェ

コースの定理 Coase theorem：もし民間の当事者たちが資源の配分について費用をかけることなく交渉できるならば，外部性の問題を自分たちで解決できるという命題．

ーンが鳴き声によって被る費用とを比較するだろう．もし便益が費用を上回るならば，ディックが犬を飼い，ジェーンが犬の鳴き声に悩まされながら生活することが効率的となる．逆にもし費用が便益を上回るならば，ディックは犬を処分すべきである．

コースの定理によると，民間市場は自分たちの力で効率的な結果に到達する．このケースでは，ジェーンはお金を支払うから犬を処分してほしいとディックに申し入れるだけでよい．もしジェーンの提示する金額が犬を飼うことの便益よりも大きければ，ディックはその取引を受け入れるだろう．

価格の交渉さえできれば，ディックとジェーンはつねに効率的な結果に到達することができる．たとえば，ディックが犬を飼うことによって500ドルの便益を得る一方で，ジェーンが鳴き声によって800ドルの費用を被るとしよう．この場合，ジェーンはディックに対して600ドルを支払うから犬を処分してくれと頼めば，ディックは喜んで受け入れるだろう．両者の厚生は改善し，効率的な結果が達成される．

もちろん，ディックが受け入れられる価格をジェーンが提示しようとしないこともある．たとえば，ディックが犬を飼うことで1000ドルの便益を得る一方で，ジェーンが鳴き声によって800ドルの費用を被るとしよう．この場合，ディックは1000ドル未満の提示をすべて断るだろうし，ジェーンは800ドルよりも高い価格を提示しないだろう．したがって，ディックは犬を飼い続けることになる．しかし，このような費用と便益のときには，この結果は効率的である．

これまでは，ディックが吠える犬を飼う法的な権利を持っていると仮定してきた．言い換えれば，ジェーンがディックに対して補償金を支払い，自発的に犬を飼うことをあきらめてもらわない限り，ディックは犬を飼い続けることができると仮定してきた．しかし反対に，もしジェーンが静かな環境で平穏に暮らす法的な権利を持っているとすると，結果はどのように変わるのだろうか．

コースの定理によると，最初にどちらが権利を持っているかということは，市場が効率的な結果を導く能力にとっては重要ではない．たとえば，ジェーンがディックに犬を処分させることが法的に可能だとしよう．この権利はジェーンに有利に働くが，おそらく結果は変わらない．この場合，ディックは

お金を支払うので犬を飼うことを認めてほしいとジェーンに申し入れることができる．もし犬を飼うことによるディックの便益が犬の鳴き声で苦しむジェーンの費用を上回るのであれば，ディックとジェーンは，ディックが犬を飼える契約を結ぶだろう．

当初の権利の帰属がどのようになっていようと，ディックとジェーンは効率的な結果に到達することができる．しかしながら，権利をどちらが持っているかということは無意味ではない．権利の帰属は，経済厚生の分配を決定する．ディックが吠える犬を飼う権利を持っているのと，ジェーンが静かで平穏に暮らす権利を持っているのとでは，最終的な契約でどちらがどちらに支払いをするかが変わってくるのである．しかしいずれの場合においても，両当事者間で交渉をすることによって，外部性の問題を解決することができる．便益が費用を上回るときにのみ，ディックは犬を飼い続けることになるだろう．

要約すると，コースの定理によれば，潜在的には民間の経済主体は自分たちの力で外部性の問題を解決することができる．当初誰が権利を持っていても，利害関係のある当事者たちは，全員の厚生が改善されて効率的な結果を生み出すような契約に到達することができる．

●なぜ当事者間による解決法は必ずしも機能しないのか

コースの定理という説得力のある論理にもかかわらず，民間人は外部性によって引き起こされる問題を自分たちの力で解決することにしばしば失敗する．コースの定理が当てはまるのは，利害関係を有する当事者たちが問題なく契約に到達し，執行できる場合のみである．しかしながら，世の中ではお互いにとって有益な契約ができるときでさえ，交渉が必ずしもうまく機能しないことがある．

ときには，利害関係を有する当事者たちは，取引費用のために外部性の問題の解決に失敗する．取引費用とは，当事者たちが契約に合意し，それを遂行する過程で負担する費用のことである．たとえば，ディックとジェーンの話す言葉が異なるために，合意に達するには通訳を雇わなければならない場

取引費用 transaction costs：当事者たちが契約に合意し，それを遂行する過程で負担する費用．

合を考えよう．もし犬が吠えるという問題を解決することによる便益よりも通訳の費用が高くつくようであれば，ディックとジェーンはその問題を未解決のままにしておくかもしれない．より現実的な取引費用の例としては，通訳への支出ではなく，契約書をつくり，契約を実行する際に必要な弁護士への支出がある．

　その他にも，交渉が簡単に失敗することがある．戦争やストライキが繰り返し起こることは，合意に達することが困難であり，合意に失敗すると巨額の費用がかかることを示している．よくみられるのが，お互いがより有利な取引を最後まで要求しようとするケースである．たとえば，ディックが犬から500ドルの便益を得て，ジェーンが鳴き声によって800ドルの費用を被るとしよう．この場合，ジェーンがディックにお金を支払って犬を他の人に引きとってもらうのが効率的だが，そのような結果をもたらす価格はいろいろとある．ディックは750ドル要求するかもしれないし，ジェーンは550ドルしか提示しないかもしれない．彼らが価格に関して押し問答をしている限り，鳴き声に関する非効率的な結果が持続するのである．

　利害関係のある当事者の数が多いと，全員の調整に費用がかかるため，効率的な契約に到達することはきわめて難しくなる．たとえば，近隣の湖を汚染する工場を考えてみよう．汚染は地元の漁師たちに負の外部性をもたらす．コースの定理によると，汚染が非効率であれば，工場と漁師は，漁師が工場にお金を支払って汚染しないでもらうという契約に至るだろう．しかしながら，漁師の数が多ければ，工場と交渉を始めるために全員の意見を調整することはほとんど不可能である．

　民間での契約が機能しないとき，政府がその役割を果たすこともある．政府は，集団的な行動を設計する組織である．この例では，たとえ漁師が自分たちのために行動することが現実的でないとしても，政府は漁師たちのために行動することができる．

【小問】　●当事者間による外部性の解決法の例を一つ挙げなさい．

　　　　　●コースの定理とは何か．

　　　　　●外部性によって生じる問題を，経済活動に携わる民間の当事者が解決できないことがあるのはなぜか．

 4 結論

　見えざる手は強力ではあるが全能ではない．ある市場均衡は消費者余剰と生産者余剰の合計を最大化する．すなわち，市場の売り手と買い手だけが利害関係者である場合には，市場の成果は社会全体の観点からみて効率的である．しかし，汚染などの外部効果があるときには，市場の成果を評価するには第三者の厚生も考慮に入れる必要がある．このような場合には，市場における見えざる手は資源を効率的に配分することに失敗するかもしれない．

　状況によっては，人々は自分たちの力で外部性の問題を解決することができる．コースの定理によると，利害関係者は当事者間で交渉し，効率的な解決に到達することができる．しかしながら，数多くの利害関係者がいて交渉が困難なときなどには，効率的な結果に到達できないこともある．

　人々が当事者間で外部性の問題を解決できないときには，政府がしばしば介入する．しかし，政府の介入があるからといって社会は市場の力を完全に放棄すべきではない．政府は，意思決定者に対して，自らの行動の費用をすべて負担することを要求することによって，外部性の問題を処理できる．たとえば，排出権取引や排出物への矯正税は，汚染の外部性を内部化することを意図している．それらは環境を保護することに関心を持つ人たちにとっても政策の選択肢となる．適切な方向づけさえなされれば，市場の力はしばしば市場の失敗に対処する最適な方法となる．

- 売り手と買い手の間の取引が第三者に直接影響を与えるとき，その影響を外部性と呼ぶ．ある活動が汚染排出のような負の外部性を生じると，市場における社会的に最適な取引量は均衡取引量よりも少なくなる．ある活動が技術の外部波及のような正の外部性を生じると，社会的に最適な取引量は均衡取引量よりも多くなる．
- 政府は，外部性によって生み出される非効率を改善するためにさまざまな

政策を実行する．場合によっては，政府が規制を課して，社会的に非効率的な行動をさせないことがある．あるいは，矯正税を課して外部性を内部化することもある．もう一つの公共政策は排出権を発行することである．たとえば，政府が限定数の排出権を発行すれば，政府は環境を保護することができるだろう．この政策の結果は，汚染排出者に矯正税を課すこととほとんど変わらない．

● 外部性の影響を受ける人たちがその問題を当事者間で解決できることがある．たとえば，ある企業が他の企業に対して外部性をもたらすとき，二つの企業は合併によって外部性を内部化することができる．あるいは，利害関係者たちは契約を結ぶことによって問題を解決することもできる．コースの定理によると，交渉に伴う費用がなければ，資源が効率的に配分される契約に必ず到達できる．しかしながら多くの場合，多数の利害関係者の間で契約に達するのは困難であり，コースの定理は当てはまらない．

確認問題

1.　正の外部性の例となるのは次のうちどれか．
　a.　デヴはヒラリー邸の芝刈りをし，そのサービスの対価として100ドルを受け取る．
　b.　芝刈りの間にデヴの芝刈り機が煙を出して，ヒラリーの近所に住むクリスティンがそれを吸うことになる．
　c.　ヒラリー邸の芝生が新しく刈られたことで，近所がより魅力的になる．
　d.　ヒラリーの近所の住民は，ヒラリーが定期的に芝を刈ると約束するならヒラリーにお金を払う．

2.　もしある財の生産が負の外部性を生み出すなら，社会的費用曲線は供給曲線の（　　　）に位置し，社会的に最適な生産量は均衡生産量よりも（　　　）．
　a.　上方，多い
　b.　上方，少ない
　c.　下方，多い
　d.　下方，少ない

3. 政府が財の生産に関連する外部費用に等しい大きさの課税をすると，消費者が支払う価格は（　　　）し，市場の結果の効率性は（　　　）.

   a. 上昇，高くなる

   b. 上昇，低くなる

   c. 下落，高くなる

   d. 下落，低くなる

4. 矯正税についての以下の文のうち正しくないものはどれか.

   a. 経済学者は指導・監督といった規制よりも矯正税を好む.

   b. 矯正税は政府収入を増やす.

   c. 矯正税は死荷重を生む.

   d. 矯正税は市場での販売量を減らす.

5. 政府は500単位の汚染権を競売にかけた. 政府は1単位当たり50ドルで販売し，合計で2万5000ドルの収入を得た. この政策は汚染量1単位当たり（　　　）ドルの矯正税と同等である.

   a. 10

   b. 50

   c. 450

   d. 500

6. コースの定理が当てはまらないのはどのようなときか.

   a. 両当事者の間に大きな外部性があるとき

   b. 裁判所が熱心にすべての契約の執行を強いるとき

   c. 取引費用のために交渉が困難であるとき

   d. 両当事者が外部性をよく理解するとき

復習問題

1. 負の外部性と正の外部性の例を一つずつ挙げなさい.

2. 需要と供給の図を描き，企業の生産プロセスの結果として生じる負の外部性の影響を説明しなさい.

3. 特許制度は，社会が外部性の問題を解決するのにどのように役立つか.

4. 矯正税とは何か. 汚染から環境を保護する方法として，経済学者はなぜ

規制よりも矯正税が望ましいと考えるのか.

5. 外部性によって生じる問題を政府の介入なしに解決できる方法をいくつか挙げなさい.

6. あなたは非喫煙者であり,喫煙者と同居しているとしよう. コースの定理によれば,あなたのルームメイトが部屋で喫煙するかどうかは何によって決まるか. この結果は効率的か. どうすればあなたとあなたのルームメイトはこの問題を解決できるか.

応用問題

1. あなたの車を盗難から守るための二つの方法を考えよう. ザ・クラブ（ハンドルロック）は,車の窃盗団があなたの車を盗むのを難しくする. ロージャック（盗難追跡システム）は,警察が車を盗んだ窃盗団を捕まえやすくする. 他の車の持ち主に対して負の外部性をもたらすのはどちらの方法だろうか. 正の外部性をもたらすのはどちらの方法だろうか. あなたの分析が政策にとって持つ意味は何か.

2. 消火器の市場について考えよう.
   a. 消火器はなぜ正の外部性を生み出すのだろうか.
   b. 消火器市場を図示し,需要曲線,社会的価値曲線,供給曲線,社会的費用曲線を描き入れなさい.
   c. 市場均衡における生産水準と最適な生産水準を示しなさい. なぜこの二つの水準が異なるかについて直観的に説明しなさい.
   d. 外部性に対する便益が消火器1個につき10ドルであるときに,効率的な結果をもたらす政策を述べなさい.

3. アルコールの消費が増えると交通事故が増加し,飲酒や運転をしない人に費用を負担させることになる.
   a. アルコール市場を図示し,需要曲線,社会的価値曲線,供給曲線,社会的費用曲線,市場均衡における生産水準,最適な生産水準を描きなさい.
   b. 図上で,市場均衡における死荷重に相当する領域を示し,その理由を説明しなさい（ヒント：死荷重は,社会的費用が社会的価値を上回る量のアルコールが消費されるために生じる）.

4. 多くの人は，われわれの経済における汚染の水準が高すぎると考えている．

　　a. 社会が汚染の総量をある量だけ減らしたいと考えるとき，なぜそれぞれの企業で削減量が異なることが効率的となるのだろうか．

　　b. 指導・監督政策は，すべての企業が一律に汚染を削減することに頼ることが多い．なぜこの政策では削減量を増やすべき企業を選ぶことが一般的にできないのだろうか．

　　c. 経済学者は，適切な矯正税や排出権取引が効率的な汚染の減少につながると主張している．これらのアプローチは，どのようにして削減量を増やすべき企業を選ぶのだろうか．

5. ホールビルに住む同じ嗜好を持つ多くの住民はズラープというお酒を好む．各住民は，このお酒を飲むことに対して次のような支払許容額を持っている．

1 杯め	5（ドル）
2 本め	4
3 本め	3
4 本め	2
5 本め	1
6 本め以上	0

　　a. ズラープの生産費用は1.5ドルであり，競争的な供給者はこの価格で販売する（供給曲線は水平である）．ホールビルの住民はそれぞれ何本のお酒を消費するだろうか．また，それぞれの人の消費者余剰はいくらか．

　　b. ズラープの生産から汚染が生み出され，1本当たり1ドルの外部性の費用がかかる．この追加的な費用を考慮に入れると，あなたが問aで記述した配分では1人当たりの総余剰はどれだけになるか．

　　c. ホールビルの住民の1人であるシンディ・ルー・フーは自らズラープの消費を1本減らすことを決めた．シンディの経済厚生（彼女の消費者余剰 − 彼女が被る汚染の費用）はどうなるか．シンディの決断はホールビルの総余剰にどのような影響を与えるか．

   d.　グリンチ市長はズラープに1ドル課税する．すると1人当たりの消費はどうなるか．消費者余剰，外部性の費用，政府収入，総余剰の1人当たりの大きさを計算しなさい．

   e.　あなたの計算によると，あなたは市長の政策を支持することになるだろうか．またそれはなぜか．

6.　ブルーノはロックンロールの音楽を大音量で演奏するのが好きである．プラシドはオペラが好きで，ロックンロールは嫌いである．不幸なことに，2人は紙のように薄い壁でできたアパートで隣り合わせに住んでいる．

   a.　ここでの外部性は何か．

   b.　家主はどのような指導・監督政策を行うことができるだろうか．その方策は非効率的な結果をもたらすだろうか．

   c.　家主は借家人たちに何でもしたいことをさせているとしよう．コースの定理によれば，ブルーノとプラシドはどのようにして当事者間で最適な結果にたどりつくだろうか．彼らが最適な結果にたどりつくことを妨げるのは何か．

7.　図7-4は，排出権の需要曲線が与えられているときに，政府が矯正税によって価格を設定しても，排出権の量を設定しても同じ結果に到達できることを示している．ここで汚染排出を抑制する技術進歩が急速に起こったとしよう．

   a.　図7-4と同じような図を用いて，この技術進歩が排出権の需要に及ぼす影響を示しなさい．

   b.　それぞれの規制システムのもとにおいて，この技術進歩が排出権の価格と量にどのような影響を及ぼすか説明しなさい．

8.　政府がある種の汚染の排出について，排出権を発行するとしよう．

   a.　政府が排出権を割り当てるのと競売にかけるのとでは，経済効率の面で違いはあるだろうか．また，それは他の点で問題となるだろうか．理由も述べなさい．

   b.　もし政府が排出権を割り当てるとすると，企業間での排出権の配分の仕方は効率性にとって問題となるだろうか．またそれは他の点で問題となるかについて説明しなさい．

9.　ハッピー渓谷には三つの工場がある．

企業	初期の汚染排出水準	汚染排出を1単位減少させる費用
A	30単位	20ドル
B	40単位	30ドル
C	20単位	10ドル

政府は汚染排出を60単位まで減らしたいと考えており，それぞれの企業に20単位の売買可能な排出権を与える．

a. どの工場がどれだけの排出権を販売し，どの工場がどれだけの排出権を購入するだろうか．また，売り手と買い手がそれぞれなぜそうするのかを簡潔に説明しなさい．このケースにおいて，排出を減少させる総費用はいくらになるだろうか．

b. もし排出権が売買できないと，排出を減少させる費用はどれだけ増加するだろうか．

第 III 部

マクロ経済学

第 8 章

国民所得の測定

Keywords

- ミクロ経済学　microeconomics
- マクロ経済学　macroeconomics
- 国内総生産　gross domestic product, GDP
- 消費　consumption
- 投資　investment
- 政府支出　government purchases
- 純輸出　net exports
- 名目 GDP　nominal GDP
- 実質 GDP　real GDP
- GDP デフレーター　GDP deflator

　学校を卒業して定職を探しはじめるとき，あなたが経験することはほとんどそのときの経済状態で決まるだろう．ある年には，経済全体のどの企業も財・サービスの生産を拡大しており，雇用は増加しているので，仕事は簡単に見つかる．また別の年には，企業は生産を削減しており，雇用は減少しているので，よい仕事を見つけるには長い時間を要する．当然ながら，大学生なら誰でも，経済が縮小している年よりも経済が拡大している年に労働市場に参入したいと思うだろう．

　経済全体の状態はすべての人々に深刻な影響を与えるので，経済状態の変化はメディアを通じて広く報道される．実際，新聞やインターネットやテレビでニュースをみると，経済に関する統計が新たに発表されているのを必ずといってよいほど目にするだろう．そうした統計のなかには，経済を構成するすべての人の総所得（国内総生産，GDP），平均物価の上昇率や下落率（インフレーション，デフレーション），職を持たない労働力の比率（失業），商店での総支出額（小売販売高），アメリカと他の世界諸国との貿易の不均衡（貿易赤字），などを測ったものがある．これらの統計はいずれもマ・ク・ロ・経・済・的なもので，個別の家計や企業，あるいは市場について明らかにするものではなく，経済全体についての事柄を明らかにするものである．

　第2章にあるように，経済学はミクロ経済学とマクロ経済学の二つの分野に分かれている．ミクロ経済学は，個別の家計や企業がさまざまな決定をどのように行うか，そしてそれらが市場でどのように相互作用しあうのかを研究する．マクロ経済学は，経済全体を研究する．マクロ経済学の目的は，多くの家計，企業，市場に同時に影響を及ぼすさまざまな経済的変化を説明することである．マクロ経済学者は幅広い問題に取り組む．たとえば，なぜ平均所得はある国では高く，他の国では低いのだろうか．なぜ物価は急激に上昇するときがあったり，安定しているときがあったりするのだろうか．なぜ生産や雇用はある年には拡大し，他の年には縮小するのだろうか．政府は急速な所得の成長，低いインフレ率，安定的な雇用を促進するために，何かで

ミクロ経済学 microeconomics：家計や企業がどのように意思決定を行い，それらが相互にどのように関わりあうかを研究する学問．

マクロ経済学 macroeconomics：インフレーション，失業，経済成長など，経済全体に関わる現象を研究する学問．

きることがあるだろうか．これらの質問は，すべて本質的にマクロ経済学に関わるものである．というのは，それらは経済全体の働きに関するものだからである．

　全体としての経済は，多くの市場で相互に作用しあう多くの家計と企業の集合であるから，ミクロ経済学とマクロ経済学は密接な関係にある．たとえば，需要と供給という基本的な分析用具は，ミクロ経済分析と同様に，マクロ経済分析においても中心的なものである．しかし，経済を全体として研究することは，何か新しくて興味をそそる挑戦を呼び起こす．

　本章と次章では，経済学者や政策立案者が経済全体の動きを監視するときに用いるいくつかのデータについて論じる．それらのデータは，マクロ経済学者が説明しようとする経済的変化を反映するものである．この章では，一国の総所得を測る尺度である**国内総生産（GDP）**について考察する．GDPは最も厳密に観察される経済統計である．なぜならば，GDPは社会の経済厚生を測定する単一の尺度として最善のものと考えられているからである．

 ## 経済の所得と支出

　ある人が経済的にどのような暮らしを立てているかを判断するときには，まず，その人の所得をみればよい．高い所得を得ている人は，生活必需品や贅沢品を容易に買うことができる．高所得の人のほうが，快適な住居，すぐれた健康管理，高級車，贅沢な休暇などといったより高い生活水準を享受することは驚くにはあたらない．

　同じ論理は一国の経済全体にもあてはまる．経済がうまくいっているかいないかを判断するときには，その経済のすべての人が稼いでいる総所得をみるのが自然である．それが国内総生産（GDP）の役割である．

　GDPは一度に二つのものを測定する．一つは，経済の全員の総所得であり，もう一つは，経済の産出する財・サービスへの総支出である．GDPが総所得と総支出の両方を測るという芸当を演じることができるのは，この二つが実は同じものだからである．**経済全体において，所得と支出は等しくなければならない**．

　なぜそうなるのだろうか．経済の所得と支出が同一になるのは，あらゆる

図8-1 フロー循環図

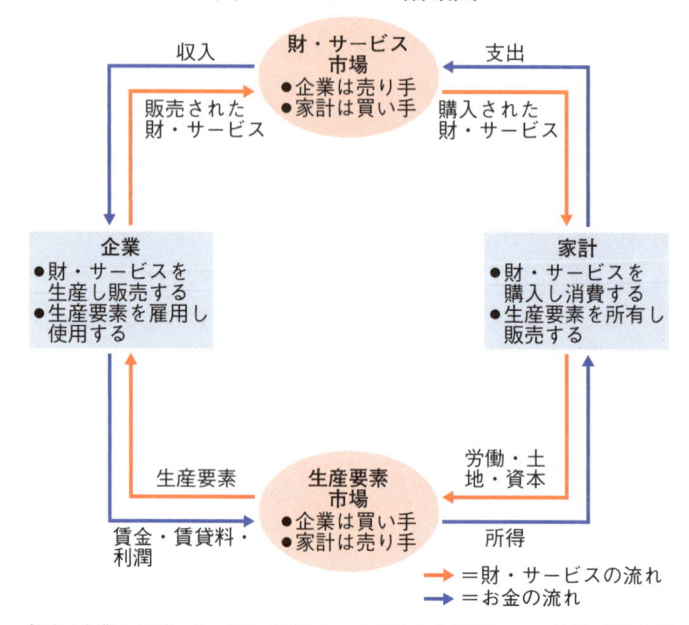

家計は企業から財・サービスを購入し，企業はその販売によって得た収入を用いて労働者への賃金，土地所有者への賃貸料および企業の所有者への利潤を支払う．GDP は家計が財・サービスの市場において支出した総額に等しい．GDP はまた企業が生産要素市場において支払った賃金，賃貸料，利潤の総額に等しい．

取引は売り手と買い手という二つの当事者集団の間で行われるからである．ある買い手が支払うお金は，すべてある売り手の所得となるお金である．たとえば，カレンがダグに100ドル支払って芝を刈ってもらうとしよう．この場合，ダグはサービスの売り手であり，カレンは買い手である．ダグは100ドルを稼ぎ，カレンは100ドルを支出する．このように，取引は経済の所得と支出に等しく貢献する．GDP は，総所得で測っても総支出で測っても100ドル増加する．

　所得と支出の同等性を理解するもう一つの方法は，図8-1のフロー循環図を用いることである．第2章を思い出すと，この図は単純な経済における家計と企業の間のすべての取引を記述している．この図では事実を単純化して，家計がすべての財・サービスを買い，そしてすべての所得を支出すると仮定

している．この経済では，家計が企業から財・サービスを購入すると，それらの支出は財・サービス市場を通じて流れていく．企業が販売によって得たお金を，労働者への賃金，土地所有者への賃貸料，企業所有者への利潤の支払いに用いると，この所得は生産要素市場を通じて流れていく．お金は絶えず家計から企業へ流れ，そしてまた家計へ戻っている．

GDP はこのお金の流れを測定したものである．この経済の GDP は，家計の総支出を足し合わせるか，もしくは企業が支払った総所得（賃金，地代，利潤）を足し合わせるという二つの方法のどちらかで計算することができる．経済の支出はすべて，結局のところ誰かの所得となるので，GDP はどのように計算しても同じなのである．

もちろん，実際の経済は図8-1 に示されているものよりも複雑である．家計は所得をすべて支出するわけではなく，その所得の一部を政府に税金として支払い，一部を将来に使うために貯蓄する．さらに，家計は経済で生産された財・サービスをすべて購入するわけではなく，財・サービスの一部は政府によって購入され，一部は将来それを用いて自社の生産物を生産することを計画している企業によって購入される．しかしながら，基本的な教訓は変わらない．家計，政府，企業のうちのどこが財・サービスを購入する際にも，取引にはいつも売り手と買い手がいる．したがって，経済全体でみると，支出と所得は同じになる．

【小問】 ●GDP が測定する二つのものとは何か．二つのものを同時に測定することはどのようにしてできるのか．

② 国内総生産の測定

これまでは，一般的な用語としての国内総生産（GDP）の意味を論じてきたが，次にこの統計がどのように測定されるかについてもう少し詳しく説明しよう．総支出の尺度としての GDP に焦点を合わせると，その定義は以下のとおりである．

● 国内総生産（GDP）は，一定期間において，一国内で生産されるすべての最終的な財・サービスの市場価値である．

この定義はとても単純にみえるかもしれない．しかし，実際には，ある経済の GDP を計算するときには，多くの微妙な問題が生じる．そこで，この定義の一つ一つの文言を注意深く考察しよう．

●「国内総生産（GDP）は……市場価値である」の意味

あなたはたぶん「りんごとみかんは比べられない」という言葉を聞いたことがあるだろう．しかしながら，GDP はまさにその比較を行うのである．GDP は，多くの異なる種類の生産物を，経済活動の価値という単一の尺度で足し合わせたものである．それには市場価格を用いる．市場価格は，異なる財に対する人々の支払許容額を表したものなので，それらの財の価値を反映している．もし，りんご1個の価格がみかん1個の価格の2倍であれば，りんご1個はみかん1個の2倍分 GDP に貢献する．

●「一定期間において」の意味

GDP はある特定の期間内に行われた生産の価値を測定する．通常，その期間は1年あるいは1四半期（3カ月）である．GDP は，その期間における経済の所得と支出のフロー（流れ）である．

政府が1四半期の GDP を発表するときには，通常「年率の」GDP を発表している．このことは，四半期の GDP として報告される数値が，その四半期の所得と支出の額を4倍したものであることを意味している．政府がこの慣習を用いるのは，GDP に関する四半期の数値と年間の数値をより簡単に比較できるようにするためである．

さらに，政府が四半期の GDP を発表するときには，季節調整と呼ばれる統計的な手続きによって修正された後のデータを発表している．未調整のデータをみると，経済で生産される財・サービスが，1年のある時期には他の時期よりも多いということがはっきりと示されている（12月の休暇の買い物シーズンが高水準になることは容易に推測できるだろう）．経済状態を監視するにあたって，経済学者や政策立案者は多くの場合，このような規則的な季節変動を超えたところで観察を行いたいと考えている．したがって，政府

国内総生産 gross domestic product, GDP：一定期間において，一国で生産されるすべての最終的な財・サービスの市場価値．

の統計担当者は季節変動を取り除くために四半期のデータを調整する．ニュースで発表される GDP のデータはつねに季節調整を施されたものである．

●「一国内で」の意味

GDP は一国の地理的境界内における生産の価値を測定するものである．カナダの国民が一時的にアメリカで働いた場合，その人の生産物はアメリカの GDP の一部である．アメリカの国民がハイチに工場を所有している場合，その工場の生産物はアメリカの GDP の一部とはならない（それはハイチの GDP の一部である）．このように，国内で生産された品目は，生産者の国籍に関係なく，その国の GDP に含まれる．

●「生産される」の意味

GDP は今期に生産される財・サービスを含むが，過去に生産された品目に関係する取引は含まない．フォードが新車を生産・販売すると，その新車の価値は GDP に含まれるが，ある人が他の人に中古車を販売しても，その中古車の価値は GDP に含まれない．

●「すべての」の意味

GDP は包括的であることを旨とする．そのため，GDP には，経済で生産され，市場で合法的に販売されるすべての品目が含まれている．GDP は，りんごやみかんだけでなく，梨やグレープフルーツ，本や映画，散髪や健康管理なども測定する．

GDP にはまた，経済の住宅ストックによって提供される住宅サービスの市場価値も含まれる．貸家に関しては，その価値は容易に計算できる．家賃は借家人の支出であり、かつ家主の所得でもあるからだ．しかしながら，多くの人々は自分の家を持っており，したがって家賃を払わない．政府は，所有者が住んでいる住宅に関しては，その家賃評価額を推定して GDP に含める．実際，GDP は，所有者が自分の住宅を自分自身に貸しているという仮定の下に計算される．帰属家賃は住宅所有者の支出と所得の両方に含まれており，したがって GDP に加算される．

しかし，測定が難しいために GDP から除外される生産物もある．非合法

の薬物のように，不法に生産・販売される品目は GDP から除外されている．また，家庭で生産・消費されるために市場に出てこない大部分の品目も GDP から除かれる．青果店で購入する野菜は GDP の一部であるが，家庭菜園でつくる野菜はそうではない．

これらのものを GDP から除外することは，時には逆説的な結果をもたらす．たとえば，カレンがダグにお金を支払って芝刈りをしてもらうとき，その取引は GDP の一部である．しかし，仮にカレンがダグと結婚すると考えよう．この場合，結婚後にダグがカレンの芝を刈り続けるとしても，芝刈りの価値は GDP から除外される．ダグのサービスはもはや市場で販売されていないからである．したがって，ふたりが結婚すると GDP は減少する．

●「最終的な」の意味

国際製紙株式会社が紙をつくり，それを用いてホールマーク株式会社がグリーティング・カードをつくるとき，その紙のことを中間財と呼び，カードを最終財と呼ぶ．GDP は最終財の価値のみを含む．その理由は，中間財の価値はすでに最終財の価格のなかに含まれているからである．紙の市場価値をカードの市場価値に加えることは，二重計算になる．すなわち，（間違って）紙の価値を 2 回計算していることになるのである．

この原則の重要な例外は，生産された中間財がすぐに使用されず，後日に使用あるいは販売するために企業の在庫に加えられるときに生じる．この場合，中間財は当面「最終財」とされ，その価値は在庫投資として GDP の一部に加えられる．したがって，在庫への追加は GDP に加えられ，そして在庫となった財が後日使用あるいは販売されると，在庫の減少として GDP から差し引かれる．

●「財・サービスの」の意味

GDP は有形の財（食料品，衣服，自動車など）と無形のサービス（散髪，住宅の清掃，医者の訪問診療など）の両方を含む．好きなバンドの CD を買うことは財を買うことであり，その購入価格は GDP の一部となる．同じバンドのコンサートを聴くためにお金を支払うことはサービスを買うことであり，そのチケットの価格もまた GDP の一部となる．

ここで GDP の定義をもう一度述べておこう.

● 国内総生産（GDP）は，一定期間において，一国内で生産されるすべて
の最終的な財・サービスの市場価値である.

この定義は，経済における総支出としての GDP に焦点を合わせている.
しかし，財・サービスの買い手が支出するすべてのお金は，その財・サービ
スの売り手の所得のお金になることを忘れてはならない. したがって，上記
の定義を適用するほかに，政府は経済の総所得を合計して算出する. GDP
を計算するこれら二つの方法からは，ほぼ正確に同じ答えが出される（なぜ
「ほぼ」なのだろうか. 二つの尺度は正確に同じでなければならないのだが，
データの出所は完全でないのである. この二つの GDP の計算の差は統計的
不突合と呼ばれる）.

GDP が経済活動の価値の精巧な尺度であることは明らかだろう. マクロ
経済学の上級コースでは，その計算の際に生じる細かい問題についてもっと
多くを学ぶことになる. しかし，これまで学んだことからもわかるように，
その定義の一つ一つの文言には意味があるのである.

【小問】 ●GDP により多く貢献するのは，ハンバーガー 1 ポンドとキャビ
ア 1 ポンドのどちらか. またその理由は何か.

 ## 3 GDP の構成要素

経済における支出は多くの形態をとる. ある時点において，スミス家の家
族はバーガー・キングで昼食をとっているかもしれない. フォードは自動車
工場を建設しているかもしれない. アメリカ海軍は潜水艦を入手しているか
もしれない. ブリティッシュ航空はボーイングから航空機を購入しているか
もしれない. GDP は，国内で生産された財・サービスに対する，このよう
なさまざまな形の支出をすべて含んでいる.

経済が希少資源をどのように利用しているかを理解するために，経済学者
は，さまざまな支出形態からみた GDP の構成について調べる. その際，

コラム　他の所得の尺度

アメリカ商務省は，GDP を計算するにあたって，経済で起こっていることのより完全な全体像を得るために，他のさまざまな所得の尺度もあわせて計算する．そうした他の尺度は，ある範疇の所得を除いたり含めたりするため，GDP とは異なるものとなる．以下では，それらの所得の尺度のうち五つについて大きいものから順に簡単に説明する．

● **国民総生産（GNP：gross national product）** は，一国の永住者（国民と呼ばれる）が稼ぐ総所得である．GNP は，自国の国民が外国で稼いだ所得を算入し，外国人が国内で稼いだ所得を除外する点で GDP と異なる．たとえば，カナダの一国民が一時的にアメリカで働いた場合，その人の生産はアメリカの GDP の一部であるが，アメリカの GNP の一部ではない（カナダの GNP の一部である）．アメリカを含むほとんどの国では，国内の居住者が国内生産の大部分に対して貢献している．そのため，GDP と GNP はほとんど差がない．

● **国民純生産（NNP：net national product）** は，一国の居住者の総所得（GNP）から減価償却による損失額を差し引いたものである．**減価償却**とは，経済の設備や建造物のストックの減耗であり，たとえばトラックにさびがきたり，コンピュータが陳腐化することがそれにあたる．アメリカ商務省が作成する所得勘定では，減価償却は「固定資本減耗」と呼ばれている．

● **国民所得**は，一国の居住者が財・サービスの生産で稼いだ総所得であり，国民純生産とほとんど同じである．これら二つの尺度が異なるのは，データ収集の際に「統計上の不突合」が生じるためである．

● **個人所得**は，家計および非法人企業が受け取る所得である．国民所得とは異なり，個人所得は**留保収益**を除去している．留保収益とは，法人が稼いでいながら，配当の形でその所有者に支払われていない所得である．個人所得は，また，（売上税のような）間接事業税，法人所得税および社会保険の保険料（大部分は社会保障税）を差し引いている．さら

に，個人所得は，家計が国債を保有することによって受け取る利子所得や，福祉手当・社会保障のような政府による所得移転プログラムから家計が受け取る所得を含んでいる．

●**個人可処分所得**は，家計や非法人企業が政府に対する義務を果たした後に残った所得である．個人可処分所得は，個人所得から個人税および何らかの税外支払（たとえば道路通行券）を差し引いたものに等しい．

これらのさまざまな所得の尺度は細かい点では異なるが，経済状態について物語ることはほとんどつねに同じである．GDP が急速に成長しているときには，これらの所得の尺度も通常は急速に成長している．そしてGDP が減少しているときには，これらの尺度も通常は同じように減少している．全体としての経済の変動を監視するにあたって，どの所得の尺度を用いるかは大した問題ではない．

GDP（Y で表す）は四つの構成要素に分けられる．それらは，消費（C），投資（I），政府支出（G），純輸出（NX）であり，したがって，以下の式となる．

$$Y = C + I + G + NX$$

この式は**恒等式**である．恒等式とは，その式における諸変数を定義したものであるため，必ず真でなければならない式のことを言う．この場合，GDP に含まれる支出の各1ドルは，GDP の四つの構成要素のどれか一つに配分されるので，四つの構成要素の総計は GDP に等しくなければならない．以下で構成要素を詳しくみていこう．

●消費

消費とは，家計による財・サービスへの支出である．ただし，新しい住宅の購入は除いている．財は，自動車や電化製品のような耐久財，食料品や衣服のような非耐久財への支出を含む．サービスは，散髪や医療のような無形の品目を含む．教育への家計の支出もサービスの消費に含まれる（もっとも，

消費 consumption：新築住宅の購入を除く，家計の財・サービスへの支出．

それは次の項目，すなわち投資に含めるべきだと論じる人もいる）．

●投資

投資とは，より多くの財・サービスを生産するために将来使用される財（資本財と呼ぶ）の購入であり，企業資本，住宅資本，および在庫の購入の合計である．企業資本には企業の建造物（工場やオフィスビルなど），設備（労働者が用いるコンピュータなど），知的財産製品（コンピュータを動かすソフトウェアなど）が含まれる．住宅資本には家主のアパートビル，自宅所有者の住宅などが含まれる．新築住宅への支出は家計支出の一形態であるが，慣例により，消費ではなく投資に分類される．

前述したように，在庫の蓄積の取扱いは注意を要する．アップルがコンピュータを生産し，それを販売せずに在庫に加えたときには，アップルはコンピュータを自ら「購入した」ものと想定される．換言すれば，国民所得勘定では，コンピュータをアップルの投資支出の一部として取り扱う（もしアップルがあとで在庫のなかからコンピュータを販売すれば，そのときアップルの在庫投資はマイナスとなり，買い手のプラスの支出と相殺されることになる）．投資がこのように取り扱われるのは，GDP の目的の一つが経済の生産の価値を測ることにあり，在庫に加えられる財はその期の生産の一部だからである．

GDP の計算では，投資という用語は日常会話で耳にするのとは異なる意味で用いられる．投資という言葉を聞いたときには，株式，債券，投資信託といった，後の章で説明する金融投資のことを思い浮かべるかもしれない．それとは異なり，GDP は財・サービスへの支出を測るのであるから，ここでは投資とは将来において他の財・サービスの生産に用いられる（企業資本，住宅建造物，在庫のような）財の購入を意味する．

●政府支出

政府支出は，地方自治体，州政府，連邦政府による財・サービスへの支出

投資 investment：企業資本，住宅資本，在庫への支出．
政府支出 government purchases：地方自治体，州政府，連邦政府による財・サービスへの支出．

であり，政府職員の給料や公共事業への支出などで構成される．最近，アメリカの国民所得勘定では，「政府の消費支出および粗投資」という長ったらしい用語に変わった．しかし本書では，「政府支出」という伝統的でより簡潔な用語を用いる．

政府支出の意味について，もう少し明確にする必要がある．政府が軍司令官や学校教師の給料を支払うとき，その給料は政府支出の一部である．しかし，政府が高齢者への社会保障給付金や最近解雇された労働者への失業手当を支払うときには、話はまったく違ってくる．そのような政府支出は移転支払と呼ばれる．なぜなら、それらの支出はその期に生産される財・サービスと交換に行われたものでないからである．移転支払は家計の所得を変化させるが，経済の生産を反映したものではない（マクロ経済学的観点からは，移転支払は負の税金のようなものである）．GDP は財・サービスの生産からの所得やそれへの支出を測定することを意図しているので，移転支払は政府支出の一部には算入されないのである．

●純輸出

純輸出は，国内で生産された財の外国による購入（輸出）から，外国の財の自国による購入（輸入）を差し引いたものである．ボーイングが航空機をブリティッシュ航空に販売するといったように，国内企業による外国の買い手への販売は，純輸出を増加させる．

「純輸出」における「純」とは，輸出から輸入が差し引かれるという事実を表すものである．このような差引きを行うのは，財・サービスの輸入がGDP の他の構成要素に含まれているからである．たとえば，家計がスウェーデンの自動車メーカーであるボルボから４万ドルの自動車を購入するとしよう．この取引は，消費を４万ドル増やす．自動車の購入は消費支出の一部だからである．また，それは純輸出を４万ドル減らす．その自動車は輸入品だからである．言い換えれば，純輸出は外国で生産された財・サービスを（マイナスの符号で）含む．なぜならば，そうした財・サービスは，消費，投資，政府支出のどれかに（プラスの符号で）含まれるからである．このよ

純輸出 net exports：外国人による国内生産財への支出（輸出）から，国内居住者による外国財への支出（輸入）を差し引いたもの．貿易収支とも呼ばれる．

うに，自国の家計，企業，政府が外国から財・サービスを購入すると，純輸出を減らす．しかし，それはまた消費，投資，政府支出のどれかを増やすので，GDP には影響を与えない．

 **アメリカの GDP の構成要素**

　表8-1 は，2015年におけるアメリカの GDP の構成を示している．この年には，アメリカの GDP は約18兆ドルあった．この数字を2015年のアメリカの人口３億2100万人で割ると，１人当たりの GDP が出てくる．2015

表8-1　アメリカの GDP とその構成要素（2015年）

	総額 （10億ドル）	1人当たり （ドル）	GDP に占める割合 （%）
国内総生産(GDP)，Y	17,938	55,882	100
消費，C	12,268	38,218	68
投資，I	3,018	9,402	17
政府支出，G	3,184	9,919	18
純輸出，NX	−532	−1,657	−3

（注）　四捨五入により各項目の合計は総額に一致しない場合がある．
（出所）　アメリカ商務省．

　この表は2015年におけるアメリカ経済の GDP の総額と，それを四つの構成要素に分解したものを示している．この表を読むときには，恒等式 $Y=C+I+G+NX$ を思い出そう．

表8-1′　日本の GDP とその構成要素（2017年度）

	総額 （10億円）	1人当たり （円）	GDP に占める割合 （%）
国内総生産(GDP)，Y	547,409	4,320,850	100
消費，C	303,205	2,393,280	55
投資，I	131,722	1,039,720	24
政府支出，G	107,565	849,040	20
純輸出，NX	4,917	38,810	1

（出所）　内閣府「国民経済計算」，総務省統計局．

　2017年度における日本経済の GDP の総額と，それを四つの構成要素に分解したものを示している．

年における平均的なアメリカ人の所得と支出は5万5882ドルであった（日本のGDPとその構成要素は表8-1′参照）.

消費は1人当たり3万8218ドルで，GDPの68%を占めていた．投資は1人当たり9402ドル，政府支出は1人当たり9919ドル，純輸出は1人当たり−1657ドルであった．純輸出がマイナスだったのは，アメリカ人が外国の財に支出した額のほうが，外国人がアメリカの財に支出した額よりも多かったからである.

以上のデータは，アメリカ商務省の一部局で，国民所得勘定を作成している経済分析局からとられたものである．より最近のGDPのデータはウェブサイト（http://www.bea.doc.gov）で見つけることができる（日本のデータは総務省統計局，https://www.stat.go.jp/ で見つけることができる）.

【小問】 ● 支出の項目を四つ挙げなさい．そのうち最も大きいのはどれか.

4 実質 GDP と名目 GDP

これまでみてきたように，GDPは経済のすべての市場での財・サービスへの総支出を測定したものである．もし総支出がある年から次の年にかけて増加したのであれば，少なくとも次の二つのうちどちらかがあてはまらなければならない．すなわち，(1)その経済における財・サービスの生産が増加したか，(2)財・サービスの販売価格が上昇したか，のどちらかである．時間を通じた経済の変化を研究するにあたって，経済学者はこの二つの効果を分離するのが望ましいと考える．とくに経済学者が望むのは，経済で生産される財・サービスの総量の尺度が，財・サービスの価格の変化による影響を受けないようにすることである.

そのため，経済学者は実質GDPと呼ばれる尺度を使う．実質GDPは，今年生産された財・サービスの価値を，もし過去のある特定の年に支配的であった価格で評価するとどうなるだろうか，という仮想的な質問に答えるものである．過去の水準で固定した価格を用いて今期の生産を評価することによって，実質GDPは経済の全体的な財・サービスの生産が時間を通じてどのように変化したかを示すことになるのである.

実質GDPがどのように算出されるかをもっと詳しく調べるため，例を用いて考えよう．

●数値例

表8-2は，ホットドッグとハンバーガーの2財のみを生産している経済について，若干のデータを示している．この表では，2財の生産量と価格が

表8-2　実質GDPと名目GDP

年	ホットドッグの価格（ドル）	ホットドッグの量（個）	ハンバーガーの価格（ドル）	ハンバーガーの量（個）
2016	1	100	2	50
2017	2	150	3	100
2018	3	200	4	150

年	名目GDPの計算
2016	（ホットドッグ1個1ドル ×100個）+（ハンバーガー1個2ドル ×50個）＝200ドル
2017	（ホットドッグ1個2ドル ×150個）+（ハンバーガー1個3ドル ×100個）＝600ドル
2018	（ホットドッグ1個3ドル ×200個）+（ハンバーガー1個4ドル ×150個）＝1,200ドル

年	実質GDPの計算（基準年＝2016年）
2016	（ホットドッグ1個1ドル ×100個）+（ハンバーガー1個2ドル ×50個）＝200ドル
2017	（ホットドッグ1個1ドル ×150個）+（ハンバーガー1個2ドル ×100個）＝350ドル
2018	（ホットドッグ1個1ドル ×200個）+（ハンバーガー1個2ドル ×150個）＝500ドル

年	GDPデフレーターの計算
2016	（200ドル/200ドル）×100＝100
2017	（600ドル/350ドル）×100＝171
2018	（1,200ドル/500ドル）×100＝240

この表はホットドッグとハンバーガーのみを生産するある仮想的な経済における実質GDP，名目GDP，GDPデフレーターの計算の仕方を示している．

2016年，2017年，2018年について示されている．

　この経済の総支出を計算するには，ホットドッグとハンバーガーの生産量にそれらの価格を掛ければよい．2016年には，100個のホットドッグが1個1ドルで売られているので，ホットドッグへの支出は100ドルである．同じ年に，50個のハンバーガーが1個2ドルで売られているので，ハンバーガーへの支出も100ドルである．経済の総支出（ホットドッグへの支出とハンバーガーへの支出の合計）は200ドルである．この額は，財・サービスの生産をその期の価格で評価したものであり，**名目GDP**と呼ばれる．

　表8-2では，この三つの年における名目GDPの計算が示されている．総支出は2016年の200ドルから2017年には600ドルに増加し，さらに2018年には1200ドルに増加している．この増加の一部はホットドッグとハンバーガーの生産量の増加に帰せられ，一部はホットドッグとハンバーガーの価格の上昇に帰せられる．

　価格の変化に影響されない生産量の尺度を得るには，一定の価格で評価された財・サービスの生産を表す**実質GDP**が用いられる．実質GDPを計算するには，まず，ある年を**基準年**として指定する．次に，基準年のホットドッグとハンバーガーの価格を用いて，すべての年の財・サービスの価値を計算する．言い換えれば，基準年の価格は異なる年の量を比較するための基準を提供する．

　例で示されているように，2016年を基準年として選ぶとしよう．そうすると，2016年のホットドッグとハンバーガーの価格を用いて2016年，2017年，2018年に生産された財・サービスの価値を計算することができる．表5-2にはこの計算が示されている．2016年の実質GDPを計算するには，2016年（基準年）のホットドッグとハンバーガーの価格と生産量が用いられる（したがって，基準年においては，実質GDPはつねに名目GDPに等しい）．2017年の実質GDPを計算するには，2016年（基準年）のホットドッグとハンバーガーの価格と，2017年のホットドッグとハンバーガーの生産量が用いられる．同様に，2018年の実質GDPを計算するには，2016年の価格と2018年の生産量が用いられる．実質GDPが2016年の200ドルから2017年の350ド

名目GDP nominal GDP：その期の価格で評価した財・サービスの生産．
実質GDP real GDP：一定価格で評価した財・サービスの生産．

ルへ，さらに2018年の500ドルへと増加しているのは，生産量の増加に起因していることがわかる．価格は基準年の水準に固定されているからである．

要約すると，**名目 GDP は，経済の財・サービスの生産を評価するのにその期の価格を用いる．実質 GDP は，経済の財・サービスの生産を評価するのに特定の基準年の価格を用いる．**実質 GDP は価格の変化の影響を受けないので，実質 GDP の変化は生産量の変化のみを反映する．したがって，実質 GDP は経済の財・サービスの生産の尺度である．

GDP を計算することの目的は，全体としての経済がどれだけよい成果を上げているかを測定することにある．実質 GDP は経済の財・サービスの生産を測定したものなので，人々の必要性と欲望を満たす経済の能力を反映していると考えられる．したがって，実質 GDP は名目 GDP よりもすぐれた経済厚生の尺度である．経済学者がある経済の GDP について語るときには，通常は名目 GDP ではなく実質 GDP を意味している．また，経済の成長について語るときには，ある期間から次の期間にかけての実質 GDP の変化率で成長を測定する．

● GDP デフレーター

これまでみてきたように，名目 GDP は経済が生産する財・サービスの数量とそれらの価格の両方を反映する．対照的に，実質 GDP は，価格を基準年の水準で一定にしておくため，生産量のみを反映する．この二つの統計から，GDP デフレーターと呼ばれる第3の統計を算出することができる．GDP デフレーターは財・サービスの価格のみを反映する．

GDP デフレーターは次のように計算される．

$$\text{GDP デフレーター} = \frac{\text{名目 GDP}}{\text{実質 GDP}} \times 100$$

名目 GDP と実質 GDP は基準年には等しくなければならないので，基準年の GDP デフレーターはつねに100である．それ以降の年の GDP デフレーターは，基準年からの名目 GDP の変化のなかで，実質 GDP の変化に起因すると考えられない部分である．

GDP デフレーター GDP deflator：名目 GDP と実質 GDP の比率を100倍して計算した物価水準の尺度．

GDP デフレーターは，基準年の物価水準に対する今期の物価水準である．なぜそうなるのかを考えるため，いくつかの簡単な例をみてみよう．最初に，経済の生産量は時間を通じて増加するが，価格は変わらないと想定してみよう．この場合，名目 GDP と実質 GDP は同じ割合で増加し，したがってGDP デフレーターは一定である．次に，それとは反対に，価格は時間を通じて上昇するが，生産量の水準は変わらないと想定してみよう．この2番目の場合には，名目 GDP は増加するが，実質 GDP は同じ水準にとどまり，したがって GDP デフレーターは上昇する．どちらの場合においても，GDPデフレーターは価格に生じた変化を反映するのであって，数量の変化は反映していないことに注意しよう．

表8-2の数値例に戻ろう．GDP デフレーターは表の最下段で計算されている．2016年に関しては，名目 GDP は200ドルであり，実質 GDP も200ドルなので，GDP デフレーターは100である（基準年のデフレーターはつねに100である）．2017年に関しては，名目 GDP は600ドルであり，実質 GDP は350ドルなので，GDP デフレーターは171である．

経済の全般的な物価水準が上昇している状態を表すのに，経済学者はインフレーションという用語を用いる．インフレ率は，ある期間から次の期間にかけての物価水準の尺度の変化である．GDP デフレーターを用いると，連続する2年の間のインフレ率は，次のように計算される．

第2年のインフレ率 ＝

$$\frac{（第2年の GDP デフレーター）-（第1年の GDP デフレーター）}{第1年の GDP デフレーター} \times 100$$

GDP デフレーターは2017年に100から171に上昇したので，インフレ率は$[(171-100)/100]\times100$，すなわち71％である．2018年には，GDP デフレーターは前年の171から240に上昇したので，インフレ率は$[(240-171)/171]\times100$，すなわち40％である．

GDP デフレーターは経済学者が経済の平均物価水準とともにインフレ率を監視するのに用いる一つの尺度である．GDP デフレーターと呼ばれるのは，名目 GDP からインフレーションを算出するために——すなわち，物価の上昇による名目 GDP の上昇を「デフレートする」ために——用いることができるからである．次章では，消費者物価指数と呼ばれるもう一つの経済

の物価水準の尺度について検討し，二つの尺度の相違についても述べる．

実質 GDP の半世紀

実質 GDP がどのように定義され，測定されるかがわかったので，この
マクロ経済変数からアメリカの近年の歴史について何がわかるのかみてみ
よう．図8-2は1965年以降のアメリカ経済における実質 GDP の四半期デー
タを示している（日本の実質 GDP は図8-2′ 参照）．

このデータの最も明確な特徴は，実質 GDP が時間を通じて成長してい
ることである．2015年におけるアメリカ経済の実質 GDP は，1965年の水
準の４倍を超えている．言い換えると，アメリカで生産された財・サービ
スの産出量は，平均して年率３％で成長してきた．実質 GDP のこの持続
的な成長は，多くのアメリカ人がその両親や祖父母よりも豊かな経済的繁
栄を享受することを可能にしている．

GDP データの第２の特徴は，成長が恒常的ではないことである．実質
GDP の増加は，景気後退と呼ばれる GDP 減少の期間によってしばしば
中断される．図8-2では，景気後退期はアミのかかった部分で示されてい

図 8-2 アメリカの実質 GDP

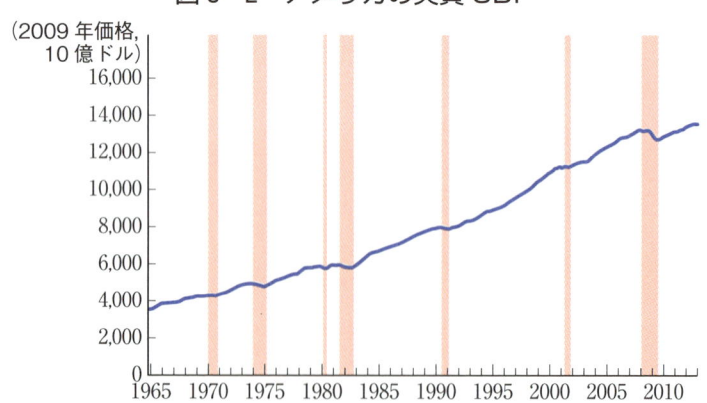

（出所） アメリカ商務省．

この図は1965年以降のアメリカ経済における四半期ベースの実質 GDP を表し
ている．景気後退期（実質 GDP が減少している時期）はアミのかかった部分
である．

図8-2′　日本の実質GDP

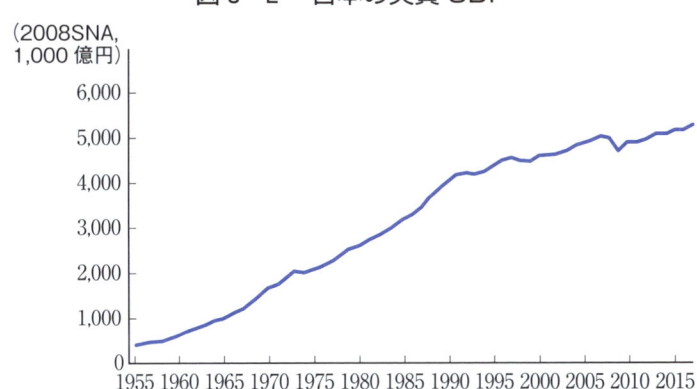

（2008SNA,
1,000億円）

（注）　1994〜2017年：SNA2008基準計算値．1980〜1993年：SNA2008基準計算による
　　　政府遡及計算値．1955〜1979年：SNA2008基準計算に即した筆者遡及計算値．
（出所）　内閣府「国民経済計算」．
この図は，1955年以降の日本経済における実質GDPを表している．1980年代
後半に実質GDPは比較的大きく成長したが，1990年代以降はその成長率が減
速した．

る（公式の景気循環日付委員会が景気後退の発生を宣告するときの厳格な
ルールはないが，昔からの経験的ルールは2四半期連続の実質GDPの減
少である）．景気後退は所得の減少のみならず，他の形の経済的困難とも
結びついている．すなわち，失業の増加，利潤の減少，倒産の増加などで
ある．

　マクロ経済学の大部分は，実質GDPの長期的成長と短期的変動を説明
することを目的としている．以下の諸章でみるように，二つの目的のため
にはそれぞれ異なるモデルが必要である．短期的変動は長期的趨勢からの
乖離を表しているので，最初に実質GDPを含む重要な経済変数の長期的
な動きを調べよう．その後の諸章において，その分析を足場にして，短期
的変動を説明しよう．

【小問】　●実質GDPと名目GDPを定義しなさい．経済厚生の尺度として
　　　　　はどちらがすぐれているか．その理由は何か．

5 GDP は経済厚生のよい尺度か

この章の初めのほうで，GDP は社会の経済厚生を測定する単一の尺度として最善のものと考えられていると述べた．GDP とは何かということがわかったので，この主張が正しいかどうかを見きわめることができる．

これまでみてきたように，GDP は経済の総所得と経済の財・サービスへの総支出の両方を測定したものである．したがって，1 人当たり GDP は経済の平均的な人の所得と支出を表す．ほとんどの人は，より高い所得を受け取り，より多い支出を楽しむことを好むと考えられるので，1 人当たり GDP は平均的な個人の経済厚生の自然な尺度であると思われる．

しかしながら，GDP が厚生の尺度として妥当であるという説に異議を唱える人もいる．ロバート・ケネディ上院議員は，1968年に大統領選挙に出馬したとき，この経済的尺度について感動的な批判を行った．

> 「（GDP は）われわれの子どもたちの健康や教育の質，あるいは遊ぶことの喜びなどを考慮していない．GDP は詩の美しさや夫婦の絆の強さ，公開討論での理知や公務員の清廉さなどを含まない．GDP はわれわれの勇気も英知も測らず，そして国家への忠誠心も測らない．要約すれば，GDP はすべてのものを測るが，人生に価値を与えるものは除外されており，またそれはアメリカに関するすべてのことを表しているが，われわれがアメリカ人であることを誇りに思う点は除外されているのである．」

ロバート・ケネディが言っていることの大部分は正しい．それでは，なぜわれわれは GDP に関心を持つのだろうか．

その答えは，GDP が大きいことは，実際にわれわれによい生活をもたらすのに役立つということである．GDP は子どもたちの健康を測定しないが，GDP が大きい国のほうが，子どもたちによりよい健康管理を施すことができる．GDP は教育の質を測定しないが，GDP が大きい国のほうが，よりよい教育システムを提供することができる．GDP は詩の美しさを測定しないが，GDP の大きい国のほうが，より多くの市民に詩を読み，楽しむことを

教えることができる．GDP は理知，清廉，勇気，英知，あるいは国家への忠誠心を考慮していないが，このような賞賛すべき属性はどれも，物質的な生活必需品を手に入れることをあまり心配しなくてもよいときに育成されやすい．要約すれば，GDP はわれわれの人生を価値あるものにする諸々のことを直接には測定しないが，価値ある人生を送るのに必要なものを獲得する能力を測定しているのである．

　しかしながら，GDP は厚生の完全な尺度ではない．よい生活に貢献するいくつかのものは GDP から除外されているからである．その一つは余暇である．たとえば，経済を構成するすべての人が突然，週末に余暇を楽しむのをやめ，1週間毎日働くようになったとしよう．財・サービスの生産は増え，GDP は増加するだろう．しかし，GDP が増加したからといって，すべての人の生活がよくなったと結論すべきではない．余暇の減少による損失は，より多くの財・サービスを生産・消費することから得られる利得を相殺するだろう．

　GDP は市場価格を用いて財・サービスを評価するので，市場の外部で行われる活動の価値はほとんど除外される．とくに，家庭で生産される財・サービスの価値は GDP に含まれない．料理人がおいしい食事を用意し，レストランで売るときには，その食事の価値は GDP の一部となる．しかし，その料理人が同じ食事を彼の家族のために準備すると，彼が自然のままの食材に付加した価値は GDP から除外される．同様に，保育所で行われる子育ては GDP の一部であるが，両親が家庭で行う子育ては GDP には含まれない．ボランティア活動は社会の人々の厚生に貢献するが，GDP にはこのような貢献は反映されない．

　他に GDP から除外されるものとして，環境の質がある．政府がすべての環境に関わる規制を取り除いたと想像してみよう．その場合，企業は汚染の発生を考慮せずに財・サービスを生産することができるので，GDP は増加するかもしれない．しかし，生活の質はおそらく悪化するだろう．空気と水の質の悪化は，生産の増加から得られる利得を相殺しておそらく余りあるからである．

　GDP はまた，所得分配について何も語らない．100人の人がそれぞれ5万ドルの年間所得を得ている社会では，GDP は500万ドルである．10人の人が

50万ドルを稼ぎ，90人の人が何も得ていない社会でも GDP は同じである．二つの状態をみて，それらが同等であるという人はほとんどいないだろう．1人当たりの GDP は平均的な人がどうなるかを表してはいるが，平均の背後には多種多様な個人的経験が存在するのである．

　結局，GDP は——すべてではないが——ほとんどの目的に対して経済厚生の良好な尺度であると結論できる．重要なことは，GDP に何が含まれ，そして何が除外されているかを心にとどめておくことである．

 ## GDP の国際的格差と生活の質

　経済厚生の尺度としての GDP の有用性を評価する一つの方法は，国際的なデータを調べることである．豊かな国と貧しい国では，1人当たりのGDP は大きく異なる．もし GDP の大きいことが生活水準を高めるのであれば，GDP は生活の質のさまざまな尺度と強い相関関係にあることが

表8-3　GDP と生活の質

国	1人当たり実質 GDP (2014年，ドル)	平均寿命 (年)	平均 通学年数 (年)	全般的 生活満足度 (0～10)
アメリカ	52,947	79	13	7.2
ドイツ	43,919	81	13	7.0
日本	36,927	83	12	5.9
ロシア	22,352	70	12	6.0
メキシコ	16,056	77	9	6.7
ブラジル	15,175	74	8	7.0
中国	12,547	76	8	5.2
インドネシア	9,788	69	8	5.6
インド	5,497	68	5	4.4
ナイジェリア	5,341	53	6	4.8
パキスタン	4,866	66	5	5.4
バングラデシュ	3,191	72	5	4.6

　(注)　実質 GDP は2014年のデータ（2011年ドルで表示）．平均通学年数は25歳以上．
　(出所)　*Human Development Report 2015*, United Nations.
　　この表は1人当たり GDP と生活の質を測る他の三つの尺度を，主要12カ国について示している．

観察されるだろう．そして事実，そうなのである．

表 8-3 は12の大国をとりあげて 1 人当たり GDP の大きい順に示したものである．この表はまた，出生時における期待余命（平均寿命），成人の平均教育期間，そして人々が自分の生活をどのように感じているかについて 0 から10まで（10が最高）の段階評価をするように求めた質問にもとづく生活満足度も示している．このデータは明確なパターンを示している．アメリカ，ドイツなどの豊かな国々では，人々は約80歳まで生きながらえるという期待をもつことができ，約13年間の教育を受け，生活満足度を約 7 と評価している．バングラデシュやパキスタンなどの貧しい国々では，人々は典型的には約10歳早く死に，半分以下の年数の教育を受け，生活満足度は10ポイントの段階評価のもとで約 2 ポイント低い．

生活の質の他の側面に関するデータも同じことを物語っている．1 人当たり GDP が小さい国のほうが，出生時の体重が低い幼児が多く，乳幼児死亡率が高く，妊産婦死亡率が高く，児童の栄養不良率が高い．また，電気，舗装された道路，清潔な飲料水の利用率は低い．これらの国々では，学齢児童で実際に通学している者はより少なく，通学している学齢児童が教わる 1 人当たり教師の数はより少なく，文字の読めない成人はより一般的に存在している．これらの国の国民は，保有するテレビや電話がより少なく，インターネットにアクセスする機会もより少ないという傾向がある．国際的なデータは，一国の 1 人当たり GDP が国民の生活水準と密接に結びついていることについて疑問の余地を残さない．

【小問】 ●政策立案者はなぜ GDP を気にするのか．

 ## 6　結論

この章では，経済学者が一国の総所得をどのように測定するかを学んだ．もちろん，測定は一つの出発点でしかない．マクロ経済学の大半は，一国のGDP の長期と短期の決定要因を明らかにすることを目的としている．たとえば，なぜアメリカや日本の GDP はインドやナイジェリアの GDP よりも大きいのだろうか．最貧国の政府は GDP の急速な成長を促進するために何ができるのだろうか．なぜアメリカの GDP は急速に増加する年もあれば減

少する年もあるのだろうか．アメリカの政策立案者は GDP のこうした激しい変動を緩和するために何ができるのだろうか．これらの問題は，このあとまもなくわれわれが取り上げようとしているものである．

　ここで重要なことは，GDP を測定することの重要性を認めることである．われわれは日常生活を送りながら，経済がどのように動いているかについて何らかの感覚を持ちあわせている．しかし，経済の変動を研究する経済学者や経済政策を策定する政策立案者には，このような漠然とした感覚以上のものが必要とされる．経済学者や政策立案者は，自分たちの判断の基礎となる具体的なデータを必要とするのである．したがって，GDP のような統計を用いて経済の動きを数量化することは，科学としてのマクロ経済学を展開するための第一歩なのである．

要約

- あらゆる取引には売り手と買い手がいるので，経済の総支出は経済の総所得と等しくなければならない．
- 国内総生産（GDP）は，新しく生産される財・サービスへの経済の総支出と，これらの財・サービスの生産から得られる総所得を測定する．より厳密にいえば，GDP は，一定期間において，一国内で生産されるすべての最終的な財・サービスの市場価値である．
- GDP は四つの支出項目，すなわち消費，投資，政府支出，純輸出に分けられる．消費は，家計による財・サービスへの支出である．ただし，新築住宅の購入は除かれる．投資は企業資本，住宅資本および在庫を含む．政府支出は地方自治体，州政府，連邦政府による財・サービスへの支出である．純輸出は，国内で生産され海外で販売された財・サービスの価値（輸出）から海外で生産され国内で販売された財・サービスの価値（輸入）を差し引いたものである．
- 名目 GDP はその期の価格を用いて経済の財・サービスの生産を評価する．実質 GDP は基準年の一定価格を用いて経済の財・サービスの生産を評価する．GDP デフレーターは名目 GDP と実質 GDP の比率を計算したもの

であり，経済の物価水準を測定する．

● GDP は経済厚生の良好な尺度である．なぜならば，人々は低い所得より
も高い所得を好むからである．しかし，それは厚生の完全な尺度ではない．
たとえば GDP には，余暇の価値やきれいな環境の価値は含まれない．

確認問題

1. ホットドッグの価格が 2 ドル，ハンバーガーの価格が 4 ドルであれば，
ホットドッグ30個の GDP への貢献度はハンバーガー何個分に相当するか．
   a. 5個分
   b. 15個分
   c. 30個分
   d. 60個分

2. 羊農家のアンガスは羊毛をメリヤス工のバーナビーに20ドルで売る．バ
ーナビーはセーターを 2 着作り，その市場価格は 1 着40ドルである．コレ
ットはそのうちの 1 着を買い，もう 1 着はバーナビーの店の棚に残ってお
り，後に売られる予定である．この場合，GDP はいくらか．
   a. 40ドル
   b. 60ドル
   c. 80ドル
   d. 100ドル

3. 下記のうちアメリカの GDP を増加させないものはどれか．
   a. エアフランス社がアメリカの航空機メーカーのボーイング社から航空
   機を 1 機買う．
   b. ゼネラルモーターズ社がカリフォルニア北部に新しい自動車工場を建
   設する．
   c. ニューヨーク市が警察官に給料を支払う．
   d. 連邦政府がアメリカに住む高齢の女性に社会保障給付金を支給する．

4. アメリカ人がイタリア製の靴を 1 足買うとする．アメリカの国民所得勘
定はこの取引をどのように取り扱うか．
   a. 純輸出と GDP はともに増加する．

b. 純輸出と GDP はともに減少する.

c. 純輸出は減少するが, GDP は不変である.

d. 純輸出は不変であるが, GDP は増加する.

5. GDP の構成要素のうち最も大きいのはどれか.

a. 消費

b. 投資

c. 政府支出

d. 純輸出

6. すべての生産量が10％増加し, すべての価格が10％下落した場合, 何が起こるか. 次から選びなさい.

a. 実質 GDP は10％増加するが, 名目 GDP は10％減少する.

b. 実質 GDP は10％増加するが, 名目 GDP は不変である.

c. 実質 GDP は不変であるが, 名目 GDP は10％増加する.

d. 実質 GDP は不変であるが, 名目 GDP は10％減少する.

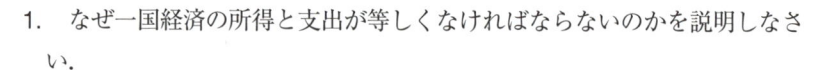

復習問題

1. なぜ一国経済の所得と支出が等しくなければならないのかを説明しなさい.

2. GDP への貢献が大きいのは, 大衆車1台と高級車1台のどちらか. 理由も説明しなさい.

3. 農家はパン屋に小麦を2ドルで販売し, パン屋はその小麦を用いてパンを生産し, 3ドルで販売するとしよう. この取引の GDP への貢献は全部でいくらになるか.

4. 何年か前に, ペギーはレコードのコレクションをまとめて買い, 500ドル支払った. 今日, 彼女はそのアルバムをガレージセール（中古品の安売り）に出し, 100ドルで販売した. この販売は今期の GDP にどのような影響を与えるか.

5. GDP の四つの構成要素を示し, 各項目の例を挙げなさい.

6. 経済学者は経済厚生を測るのになぜ名目 GDP でなく実質 GDP を用いるのか.

7.　ある経済では，2017年に100個のパンを生産し，1個2ドルで販売した．2018年には，この経済は200個のパンを生産し，1個3ドルで販売した．各年の名目GDP，実質GDP，GDPデフレーターを計算しなさい（2017年を基準年とすること）．この三つの統計は1年目から2年目にかけて，それぞれ何パーセント上昇しているか.

8.　なぜ一国のGDPは大きいことが望ましいのか．GDPを高めるにもかかわらず望ましくないものの例を挙げなさい.

応用問題

1.　以下の各取引は，GDPのどの項目（該当項目があれば）に影響を与えるか.

　　a.　伯父のヘンリーが家電製品メーカーから新しい冷蔵庫を買う.

　　b.　伯母のジェーンが地元の建築業者から新築の住宅を買う.

　　c.　ジャクソン家がウォーカー家からヴィクトリア風の中古住宅を買う.

　　d.　あなたが美容師に散髪代を払う.

　　e.　フォード社が在庫からムスタングをマーティス家に売る.

　　f.　フォード社がフォーカスを1台作り，レンタカー会社エイビス社に売る.

　　g.　カリフォルニア州が高速道路101号線を舗装し直す.

　　h.　連邦政府があなたの祖母に社会保障給付金を送る.

　　i.　あなたの両親がフランスのワインを1本買う.

　　j.　ホンダ社がオハイオ州の工場を拡張する.

2.　下線の部分を埋めなさい.

年	実質GDP （基準年2000年）	名目GDP	GDPデフレーター （基準年2000年）
1970	3,000	1,200	_____
1980	5,000		60
1990	_____	6,000	100
2000	_____	8,000	_____
2010	_____	15,000	200
2020	10,000		300
2030	20,000	50,000	

3. GDP の政府支出項目は，社会保障のような移転支払を含まない．GDP の定義について考え，なぜ移転支払が除外されるのか説明しなさい．

4. この章で述べられているように，GDP は再販売される中古品の価値を含まない．そのような取引を含めると，なぜ GDP は経済厚生の尺度としての情報が劣ることになるのか．

5. 以下に示されているのは，ある国のミルクと蜂蜜の価格と生産量データである．

年	ミルクの価格 （ドル）	ミルクの量 （クウォート）	蜂蜜の価格 （ドル）	蜂蜜の量 （クウォート）
2016	1	100	2	50
2017	1	200	2	100
2018	2	200	4	100

a. 2016年を基準年として，各年の名目 GDP，実質 GDP，GDP デフレーターを計算しなさい．

b. 名目 GDP，実質 GDP，GDP デフレーターについて，2017年と2018年における前年からの変化率を計算しなさい．各年において，変化しない変数はどれか確認しなさい．その解答がなぜ理屈に合っているか説明しなさい．

c. 経済厚生は，2017年と2018年のどちらのほうがより大きく上昇したか．その理由も説明しなさい．

6. チョコレートのみを生産している経済を考えよう．第1年の生産量は3個であり，価格は4ドルである．第2年の生産量は4個であり，価格は5ドルである．第3年の生産量は5個であり，価格は6ドルである．第1年を基準年とする．

a. これら3年間の各年の名目 GDP はいくらか．

b. 各年の実質 GDP はいくらか．

c. 各年の GDP デフレーターはいくらか．

d. 第2年から第3年にかけての実質 GDP の成長率はいくらか．

e. 第2年から第3年にかけての GDP デフレーターで測られたインフレ率はいくらか．

f. この1財経済では，問 b と問 c に解答しない場合，問 d と問 e にど

のように解答すればよいか.

7. アメリカの GDP に関する次のようなデータを考えよう.

年	名目 GDP (10億ドル)	GDP デフレーター (基準年2009年)
2014	17,419	108.3
1994	7,309	73.8

a. 1994年から2014年にかけての名目 GDP の成長率はいくらか（ヒント：N 年間にわたる変数 X の年率の成長率は，$100 \times [X_N / X_0^{1/N} - 1]$ と計算される）.

b. 1994年から2014年にかけての GDP デフレーターの成長率はいくらか.

c. 2009年の物価で測った1994年の実質 GDP はいくらか.

d. 2009年の物価で測った2014年の実質 GDP はいくらか.

e. 1994年から2014年にかけての実質 GDP の成長率はいくらか.

f. 名目 GDP の成長率は実質 GDP の成長率よりも高いか，それとも低いか. その理由も説明しなさい.

8. アメリカの GDP の改定推計値は，通常，毎月末ごろに政府から発表される. 最近の発表を報道した新聞記事を見つけなさい. あるいは，アメリカの経済分析局のウェブサイト（http://www.bea.doc.gov）で報道されているニュースを読みなさい. 実質 GDP，名目 GDP，GDP の構成要素の最近の変化について論じなさい（日本の GDP 統計については内閣府経済社会総合研究所，http://esri.cao.go.jp/ を参考のこと）.

9. 農家が小麦を生産し，製粉業者に100ドルで売る. 製粉業者は小麦を小麦粉に変え，150ドルでパン屋に売る. パン屋は小麦粉をパンに変え，180ドルで消費者に売る. 消費者はパンを食べる.

a. この経済の GDP はいくらか. その理由も説明しなさい.

b. 付加価値は，生産者の生産物の価値から生産者が生産物をつくるために購入する中間財の価値を差し引いた値と定義される. ここで説明したもの以外には中間財はないと仮定して，3 人の生産者それぞれの付加価値を計算しなさい.

c. この経済の 3 人の生産者の総付加価値はいくらか. この経済の GDP

と比べてどうなっているか. この例は, GDP を計算するもう一つの方法を示唆しているだろうか.

10. 家庭で生産されかつ消費される食料品のように, 市場で販売されない財・サービスは, 一般に GDP には含まれない. このことから, アメリカとインドの経済厚生を比較する場合に, 表8-3の第2列の数字が誤解を招く可能性について, どのように考えられるだろうか. 説明しなさい.

11. アメリカの労働力における女性の参加率（労働力率）は, 1970年以降劇的に上昇してきた.

a. この上昇は GDP にどのような影響を及ぼしたと考えられるか.

b. 家事労働に費やす時間や余暇に費やす時間も含んだ厚生の尺度があると想像してみよう. この厚生の尺度を用いた場合の変化は, GDP を尺度とした場合の変化と比較してどのように異なるだろうか.

c. 女性の労働力率の上昇と関連して生じる厚生の尺度の問題を他にも考えることはできるだろうか. そうした問題を考慮した厚生の尺度を構築することは実際的だろうか.

12. 理容会社を経営するバリーは, ある日散髪の料金として400ドルを徴収した. この日のうちに彼の設備は50ドル減価した. バリーは, 残りの350ドルのうち, 30ドルを売上税として政府に送金し, 220ドルを賃金として家に持ち帰り, 100ドルを将来新しい設備を追加するために会社に残した. バリーは家に持ち帰った220ドルから70ドルを所得税として支払った. この情報に基づいて下記の所得の尺度へのバリーの貢献を計算しなさい.

a. GDP

b. 国民純生産

c. 国民所得

d. 個人所得

e. 可処分所得

第 **9** 章

生計費の測定

Keywords

消費者物価指数 consumer price index, CPI

インフレ率 inflation rate

コア CPI core CPI

生産者物価指数 producer price index, PPI

物価スライド制 indexation

名目利子率 nominal interest rate

実質利子率 real interest rate

　アメリカ経済が大不況で悪化していた1931年に，ニューヨーク・ヤンキースは有名な野球選手ベーブ・ルースに8万ドルの給料を支払った．当時，この給料は野球のスター選手の間でさえ法外なものであった．こんな話がある．ある記者がルースに「あなたはハーバート・フーバー大統領より高い年俸をもらっていることを正当だと思うか」と尋ねた．大統領は7万5000ドルしか給料をもらっていなかったのである．ルースは答えた．「俺のほうがよくやった年だったからね．」

　2015年には，メジャーリーグで活躍する選手の稼ぐ平均年俸は400万ドルであり，ロサンゼルス・ドジャースのピッチャーであるクレイトン・カーショウは3100万ドルを受け取っている．この事実から，一見，野球がこの80年間にはるかによく儲かるようになったと考えられるかもしれない．しかし，周知のように，財・サービスの価格もまた上昇した．1931年には，5セント硬貨1枚あればアイスクリームを1個買うことができ，25セント硬貨1枚では地元の映画館の入場券を買えただろう．ベーブ・ルースの時代の物価は今日の物価よりもはるかに低いので，ルースが享受した生活水準が今日の野球選手の生活水準よりも高いか低いかは明らかでない．

　前章では，経済が生産している財・サービスの量を測るために，経済学者が国内総生産（GDP）をどのように用いるかをみた．この章では，経済学者が総合的な生計費をどのように測定するかを検討する．ベーブ・ルースの8万ドルの給料を今日の給料と比較するためには，その価格を意味のある購買力の尺度に変換する何らかの方法を見つける必要がある．それこそがまさに消費者物価指数（CPI）と呼ばれる統計の仕事である．まず，消費者物価指数がどのように作成されるかをみたあとで，異なる時点の価格を比較する際にその物価指数をどのように用いることができるのかを論じる．

　CPIは時間を通じた生計費の変化を監視するのに用いられる．CPIが上昇すると，家計は普通，同じ生活水準を維持するのにより多くのお金を支出しなければならない．経済学者は経済の一般物価水準が上昇している状態をインフレーションという用語で表す．インフレ率は前期からの物価水準の変化率である．前章では，経済学者がGDPデフレーターを用いてどのようにインフレーションを測定することができるかを示した．しかし，夜のニュースでよく耳にするインフレ率は，CPIから計算される．CPIのほうが消費

者の購入する財・サービスをよりよく反映しているからである.

　以下の諸章でみるように，インフレーションはマクロ経済的成果の一側面としてつねに注意深く監視され，マクロ経済政策の道しるべとなる重要な変数である．この章では，経済学者がCPIを使ってインフレ率をどのように測定するのか，また異なる時点の金額を比較するのにこの統計をどのように使うことができるかを示すことにより，インフレーション分析の背景を明らかにする.

1 消費者物価指数

　消費者物価指数（CPI）は消費者が購入する財・サービスの総合的な費用の尺度である．アメリカでは労働省の一部局である労働統計局（BLS：Bureau of Labor Statistics）がCPIを毎月算出し，公表している（日本では総務省統計局 http://www.stat.go.jp/）．この節では，CPIがどのように計算され，測定の際にどのような問題が生じるかについて論じる．また，この指数を一般物価水準のもう一つの尺度であるGDPデフレーター（GDPデフレーターについては前章で検討した）と比較して考察する.

●消費者物価指数（CPI）はどのように計算されるか

　労働統計局（BLS）は，CPIとインフレ率を計算するにあたって，何千もの財・サービスの価格に関するデータを用いる．これらの統計がどのように作成されるかを詳しくみるために，消費者がホットドッグとハンバーガーの2財しか買わない単純な経済を考えよう．表9-1は労働統計局がとる5段階の手続きを示したものである.

1. **財の組合せ（バスケット）を固定する**：どの価格が普通の消費者にとって最も重要な価格かを決定する．消費者がハンバーガーよりもホットドッグを多く購入するのであれば，ホットドッグの価格はハンバーガーの価格よりも重要であり，したがって生計費を測定するときにより大きなウエイトを与えなければならない．労働統計局はウエイトを設定するにあたって，

消費者物価指数 consumer price index, CPI：典型的な消費者が購入した財・サービスの総合的費用の尺度.

表9-1 消費者物価指数（CPI）とインフレ率の計算（例）

第1段階：消費者を調査して財の固定バスケットを決定する.

バスケット：ホットドッグ4個, ハンバーガー2個

第2段階：各財の各年における価格を見つける.

年	ホットドッグの価格 （ドル）	ハンバーガーの価格 （ドル）
2016	1	2
2017	2	3
2018	3	4

第3段階：各年の財のバスケットの費用を計算する.

年	バスケットの費用
2016	（ホットドッグ1個1ドル×4個）＋（ハンバーガー1個2ドル×2個）＝8ドル
2017	（ホットドッグ1個2ドル×4個）＋（ハンバーガー1個3ドル×2個）＝14ドル
2018	（ホットドッグ1個3ドル×4個）＋（ハンバーガー1個4ドル×2個）＝20ドル

第4段階：ある年（2016年）を基準年とし, 各年のCPIを計算する.

年	CPI
2016	（8ドル/8ドル）×100＝100
2017	（14ドル/8ドル）×100＝175
2018	（20ドル/8ドル）×100＝250

第5段階：CPIを用いて前年からのインフレ率を計算する.

年	インフレ率
2017	（175−100）/100×100＝75%
2018	（250−175）/175×100＝43%

この表は消費者がホットドッグとハンバーガーしか買わないという仮想的な経済におけるCPIとインフレ率の計算方法を示している.

消費者を調査し, 典型的な消費者が購入する財・サービスのバスケットを見つける. この表の例では, 消費者はホットドッグ4個とハンバーガー2個を購入する.

2. **価格を見つける**：バスケットに含まれる財・サービスのそれぞれの価格を各時点について見つける. この表では, 異なる三つの年におけるホットドッグとハンバーガーの価格が示されている.

3. **バスケットの費用を計算する**：価格に関するデータを用いて異なる時点の財・サービスのバスケットの費用を計算する．この表では，三つの年についてそれぞれ計算が示されている．この計算では価格だけが変化していることに注意しよう．財のバスケットを同一（ホットドッグ4個とハンバーガー2個）に保つことで，価格変化の効果を，それと同時に起こる可能性のある数量変化の効果から分離しているのである．

4. **基準年を選び指数を計算する**：ある年を基準年，すなわち他の年と比較する際の基準となる年に指定する（基準年は任意に選択してよい．指数は生計費の変化率を測定するのに用いられ，その変化率は基準年の選択とは無関係に同じである）．基準年が選択されると，指数は次のように計算される．

$$消費者物価指数 = \frac{当年の財・サービスのバスケットの価格}{基準年のバスケットの価格} \times 100$$

すなわち，各年の財・サービスのバスケットの価格を基準年のバスケットの価格で割り，100をかける．結果として得られる数字がCPIである．

　この表の例では，基準年は2016年である．2016年におけるホットドッグとハンバーガーのバスケットの価格は8ドルである．そこで，CPIを計算するには，すべての年のバスケットの価格を8ドルで割り，100をかける．そうすると，2016年のCPIは100である（基準年の指数は必ず100になる）．2017年のCPIは175である．このことは，2017年のバスケットの価格が基準年のバスケットの価格の175％であることを意味している．言い換えれば，財のバスケットの価格が基準年に100ドルであれば，2017年には175ドルになる．同様に，2018年のCPIは250であり，2018年の物価水準が基準年の物価水準の250％であることを示している．

5. **インフレ率を計算する**：CPIを用いて**インフレ率**を計算する．インフレ率は，前期からの物価指数の変化率である．すなわち，連続する年の間のインフレ率は以下のように計算される．

$$第2年のインフレ率（\%） = \frac{第2年のCPI － 第1年のCPI}{第1年のCPI} \times 100$$

インフレ率 inflation rate：物価指数の前期からの変化率．

表9-1の最下段に示されているように，この例のインフレ率は2017年には75％であり，2018年には43％である．

　この例は2財のみの経済で現実の世界を単純化してはいるが，労働統計局がどのようにしてCPIとインフレ率を算出するかが示されている．労働統計局は毎月何千もの財・サービスの価格に関するデータを収集・加工し，前述の5段階の手続きを経て，消費者の生計費がどれくらい急速に上昇しているかを確定するのである．労働統計局が発表する毎月のCPIは，通常，当日の夜のテレビ・ニュースや翌日の新聞でみることができる．

　労働統計局は，経済全体のCPI以外にも，いろいろな物価指数を計算している．労働統計局は，食料，衣類，エネルギーなど特定の種類の財・サービスの指数を発表している．また，食料とエネルギーを除くすべての財・サービスのCPIも計算され，その統計はコアCPIと呼ばれる．食料とエネルギーの価格はかなりの短期的変動を示すので，コアCPIのほうが現在進行中のインフレーションの趨勢をより適切に反映するからである．最後に，労働統計局はまた，生産者物価指数（PPI）も計算する．生産者物価指数は，消費者ではなく企業が購入する財・サービスのバスケットの費用を測るものである．最終的には，企業はその費用を消費者物価に上乗せする形で消費者に転嫁するので，PPIの変化は，CPIの変化を予測するのにしばしば有用であるとみなされている．

●生計費測定の諸問題

　消費者物価指数の目的は，生計費の変化を測定することである．言い換えれば，CPIは，一定の生活水準を維持するためには，所得がどれくらい増加しなければならないかを測ろうとするものである．しかしながら，CPIは生計費の完全な尺度ではない．CPIにはよく知られている三つの問題があり，いずれも解決は困難である．

コアCPI core CPI：食料とエネルギーを除く消費者財・サービスの全般的な費用（日本では，食料を除いたものをコアCPI，さらにエネルギーも除いたものをコアコアCPIと呼ぶこともある）．
生産者物価指数 producer price index, PPI：企業が購入した財・サービスのバスケットの費用の尺度．

コラム　CPIのバスケットの中身

　消費者物価指数を作成するにあたって，労働統計局は普通の消費者が購入するすべての財・サービスを含めるようにする．さらに，消費者が各品目をどれだけ購入するかにあわせて，これらの財・サービスにウエイトをつける．

　図9-1は，消費者支出を財・サービスの主要な項目に分類したものを示している（日本の分類は図9-1'）．飛びぬけて大きい項目は住居費であり，一般の消費者の予算の42%を占めている．住居費は家屋の費用（33%），燃料・電気・ガス・水道費（5%），家具の購入費と維持費（4%）で構成される．次に大きい項目は16%を占める交通費であり，自動車，ガソリン，バス，地下鉄などへの支出が含まれる．それに続く項目は，15%を占める飲食費であり，家庭での食費（8%），外食費

図9-1　一般的な財・サービスのバスケット（アメリカ）

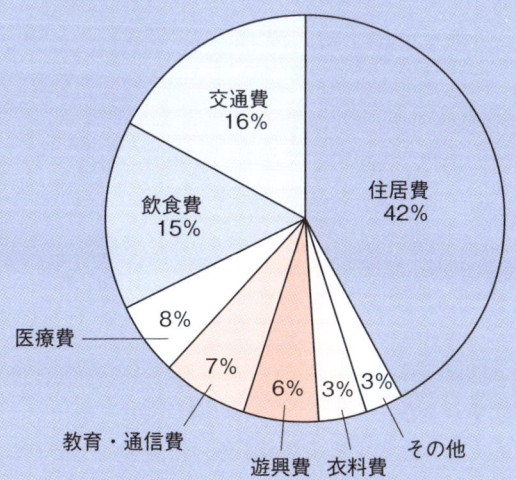

（出所）　アメリカ労働省労働統計局.

この図は，代表的な消費者がさまざまな財・サービスの項目にどのように支出を振り分けているかを示している．労働統計局は個々の比率をその項目の「相対的重要性」と呼んでいる．

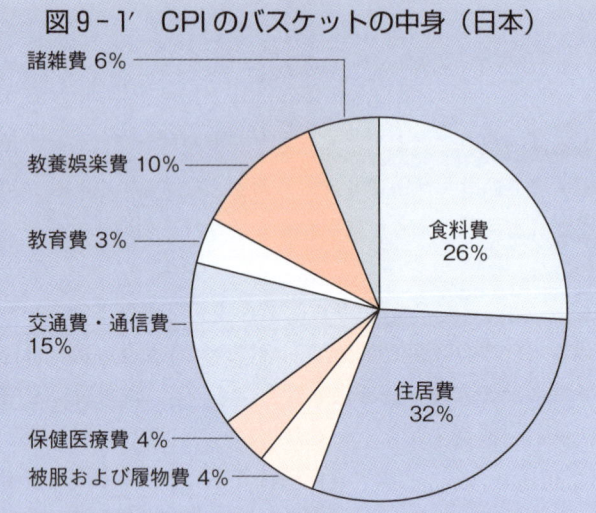

図9-1′ CPIのバスケットの中身（日本）

諸雑費 6%
教養娯楽費 10%
教育費 3%
交通費・通信費 15%
保健医療費 4%
被服および履物費 4%
食料費 26%
住居費 32%

(出所) 総務省統計局.
住居費には，家賃（18％），設備修繕・維持費（3％），光熱・水道費（7％），家具・家事用品（3％）が含まれる.

（6％），およびアルコール飲料費（1％）が含まれる．それに次ぐ項目は，医療費（8％），教育・通信費（7％），遊興費（6％）である．衣料費には，衣服，履物，装身具が含まれ，典型的な消費者の予算の3％を占める.

　この図には，また，支出の3％を占めるその他の財・サービスの項目が含まれている．この項目は消費者が購入するもののうち，他の項目にはうまく入らない雑費（たとえば，たばこ代，散髪代，葬儀費用など）である.

　第1の問題は**代替バイアス**と呼ばれるものである．価格がある年から次の年にかけて変化するとき，すべての価格が同じ割合で変化するわけではない．他の価格よりも大きく変化する価格もある．消費者は，このような価格変化の違いに反応して，価格が相対的に大きく上昇した財の購買量を減らし，価格が少ししか上昇しなかったかまたは下落した財の購買量を増やす．すなわち，消費者は相対的に安くなった財へと代替するのである．もし財のバスケットを固定して物価指数が算出されるならば，消費者の代替の可能性を無視

することになるので，ある年から次の年にかけての生計費の増大を過大に評価することになる．

　簡単な例を考えよう．基準年においてはりんごが梨よりも安く，消費者は梨よりもりんごを多く買うと想定しよう．したがって，労働統計局が作成する財のバスケットには，梨よりもりんごが多く含まれる．ところが，翌年には梨のほうがりんごよりも安くなったとしよう．消費者は当然，梨の購買量を増やし，りんごの購買量を減らす．しかしながら，CPI を算出するにあたって，労働統計局は固定したバスケットを用いる．要するに，消費者がすでに高くなったりんごを同量だけ買い続けることを仮定していることになる．このため，消費者物価指数で測られる生計費の増大は，消費者が実際に感じるよりもずっと大きくなる．

　CPI の第 2 の問題は，新しい財の導入である．新しい財が導入されると，消費者は財の種類の選択肢が増えることになり，これによって経済厚生を同一水準に維持するための費用が低下する．その理由を明らかにするため，仮説的な状況を考えよう．仮にさまざまな種類の財を売っている大きな店のギフト券と，価格は同じだがごく限られたものしか選ぶことができない小さな店のギフト券のどちらかを選択できる場合を想定しよう．あなたはどちらを選好するだろうか．たいていの人はより豊富な種類の財を持つ店を選ぶだろう．本質的に，可能な選択集合が増えると，1 ドルの価値は高くなる．同じことは，時間を通じての経済の発展にも当てはまる．新しい財が導入されるにつれて，消費者の選択の幅は広がり，1 ドルはより高い価値を持つようになる．しかしながら，CPI は固定された財のバスケットに基づいているので，新しい財の導入によって生じる 1 ドルの価値の上昇を反映していない．

　再び例を考えよう．2001年に iPod が発売されたとき，消費者は自分の好きな音楽を聴くのに iPod はとても便利であることに気づいた．音楽を聴くためのデバイスはそれ以前にもいろいろあったが，携帯性や用途多様性という意味では iPod のほうが格段にすぐれていた．iPod は，消費者の機会集合を増やす新しいオプションとなった．所与の金額に対して，iPod の導入は人々の暮らし向きをよくした．逆に言えば，同水準の経済厚生を達成するのに必要な金額はより少なくなった．完全な生計費指数であれば，iPod の導入による生計費の低下を反映しただろう．しかし，CPI は iPod が導入され

ても低下しなかった．やがて労働統計局は，財のバスケットを改定して iPod を含めるようになった．それ以後，CPI は iPod の価格の変化を反映するようになった．しかし，iPod の導入に伴う初期の生計費の低下は，CPI には決して表れなかった．

CPI に関する第 3 の問題は，測定されない品質の変化である．ある財の質がある年から次の年にかけて低下する一方で，その財の価格が同じままであれば，1 ドルの価値は減少する．なぜなら，同一の金額に対してより少ない財しか得ていないからである．同様に，その財の質がある年から次の年にかけて向上すると，1 ドルの価値は増加する．労働統計局は，品質の変化を考慮に入れるよう全力を尽くしている．バスケットのなかのある財の品質が変化したとしよう．たとえば，ある年から次の年にかけて，ある型の自動車の馬力が強くなったとか，あるいはガソリン 1 単位当たりの走行距離が改善されたという場合を考える．このとき労働統計局は品質の変化を考慮して財の価格を調整する．要するに，品質一定の財のバスケットの価格を算定しようとしているのである．そうした努力にもかかわらず，品質の変化の問題は残る．というのも，品質は測定するのが難しいからである．

経済学者の間では，このような測定の問題がいかに深刻かということ，そしてそれらをどうすべきかということについて，いまなお多くの論争がある．1990年代に行われたいくつかの研究では，CPI はインフレーションを年率で約 1 ％ポイント過大評価していると結論づけている．この批判に対して，労働統計局は CPI を改善するためのいくつかの技術的な変更を採用した．その結果，いまではその統計的な偏りは昔に比べると半分程度になっていると多くの経済学者は信じている．この問題が重要なのは，多くの政府プログラムにおいて，一般的な物価水準の変化を調整する際に CPI が用いられるからである．たとえば，社会保障の受給者が受け取る給付金は，CPI の上昇に連動して増加する．一部の経済学者は，たとえば自動的な給付金増加の程度を少なくするなど，測定問題を補正するために政府のプログラムを変更するよう提案している．

● GDP デフレーターと CPI

前章では，経済の一般物価水準に関するもう一つの尺度である GDP デフ

レーターについて調べた．GDP デフレーターは実質 GDP に対する名目
GDP の比率（名目 GDP/実質 GDP）である．名目 GDP は今期の価格で評
価した今期の産出量であり，実質 GDP は基準年の価格で評価した今期の産
出量であるので，GDP デフレーターは基準年の物価水準と比較した今期の
物価水準を反映している．

　経済学者や政策立案者は，物価がどれくらいの速度で上昇しているかを測
定するため，GDP デフレーターと CPI の両方を監視する．通常は，この二
つの統計は似たような傾向を示す．しかし，重要な相違点が二つあるため，
それらは乖離する可能性がある．

　第 1 の相違点は，GDP デフレーターが国内で生産されるすべての財・サー
ビスの価格を反映するのに対して，CPI は消費者によって購入されるすべ
ての財・サービスの価格を反映するという点である．たとえば，ボーイン
グが空軍に販売するために生産する航空機の価格が上昇したとしよう．その
航空機はアメリカの GDP の一部であるが，普通の消費者が購入する財・サー
ビスのバスケットの一部ではない．したがって，航空機の価格の上昇は，
GDP デフレーターには反映されるが，CPI には反映されない．

　もう一つの例として，ボルボが自社の自動車の価格を引き上げたとしよう．
ボルボはスウェーデンで製造しているので，その自動車はアメリカの GDP
の一部ではない．しかし，アメリカの消費者はボルボを買うので，その自動
車は消費者の財のバスケットの一部である．したがって，ボルボのような輸
入消費財の価格の上昇は，CPI には反映されるが，GDP デフレーターには
反映されない．

　この CPI と GDP デフレーターの第 1 の相違点がとくに重要になるのは，
石油価格が変化したときである．アメリカは石油をいくらかは生産している
ものの，使用している石油の大部分は中東から輸入している．その結果，石
油やガソリン，灯油などの石油製品が消費支出に占める割合は，それらが
GDP に占める割合よりも大きい．そのため，石油の価格が上昇すると，
CPI は GDP デフレーターよりも大幅に上昇する．

　GDP デフレーターと CPI の第 2 の相違点は，もう少し微妙なものではあ
るが，さまざまな価格にどのようなウエイトをかけて，一般物価水準という
単一の数字を引き出したかに関係している．CPI は，固定された財・サー

図 9-2 インフレーションの二つの尺度（アメリカ）

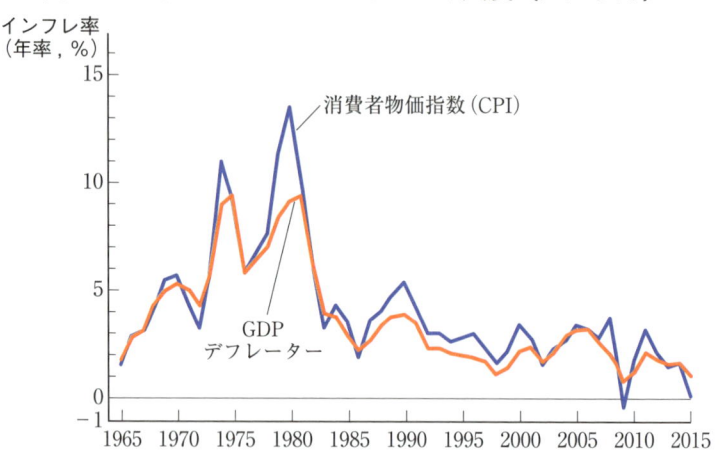

（出所） アメリカ労働省，アメリカ商務省．

この図は，1965年以降の年間データを用いて測定したインフレ率（物価水準の変化率）を示している．インフレ率は，GDP デフレーターと消費者物価指数（CPI）で測っている．二つのインフレの尺度がほぼ同じような動きをしていることに注意しよう．

ビスのバスケットの価格を基準年のバスケットの価格と比較する．労働統計局は財バスケットの変更をあまり頻繁には行わない．対照的に，GDP デフレーターは，今期に生産された財・サービスの価格を基準年における同じ財・サービスの価格と比較する．したがって，GDP デフレーターを算出するために用いられる財・サービスのグループは，時間を通じて自動的に変化する．この相違点は，すべての価格が同じ割合で変化しているときには重要ではない．しかしながら，異なる財・サービスの価格がさまざまな大きさで変化しているときには，さまざまな価格にウエイトをつける方法は，全般的なインフレ率に重要な関係を持つ．

図9-2は，1965年以降の各年について，GDP デフレーターと CPI で測ったインフレ率を示している（日本のインフレーションの尺度は図9-2′）．図をみると，この二つの尺度が乖離する年があることがわかる．乖離している部分については，これらの数字の背景を探り，上で論じた二つの相違点によって乖離を説明することができる．たとえば，1979年と1980年には，CPI のインフレ率は GDP デフレーターよりも急上昇しているが，これは石油価格

図9-2′ インフレーションの二つの尺度（日本）

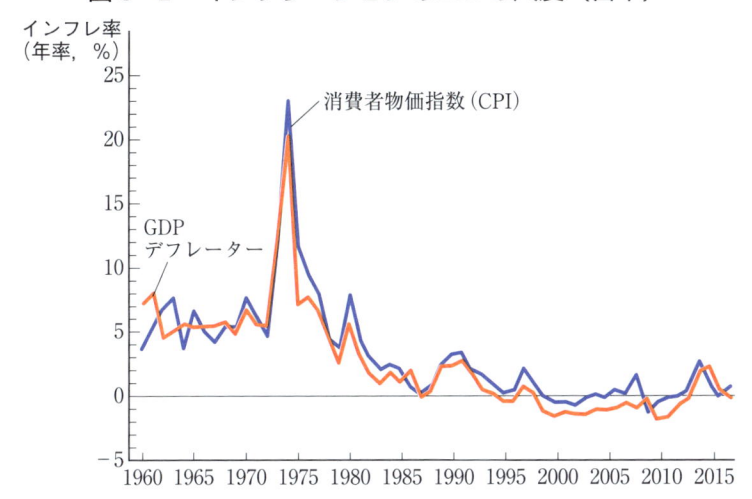

（出所） 内閣府「国民経済計算」，総務省統計局．

この図は，日本経済の GDP デフレーターと消費者物価指数（CPI）の1960年以降におけるインフレ率を示している．日本経済においても，GDP デフレーターと CPI はほぼ同じような動きをしている．1990年代にはインフレ率がそれ以前と比べてきわめて低くなっており，マイナスになっている時期もある．

がこの2年間に2倍以上に上昇したからである．しかし，この図をみると，二つの尺度の乖離は通常みられるわけではなく，例外的であることがわかる．1970年代には，GDP デフレーターと CPI はどちらも高いインフレ率を示している．1980年代後半，1990年代，および2000年に入ってからの最初の10年においては，どちらの尺度も低いインフレ率を示している．

【小問】 ●CPI が測ろうとしているものは何か，またそれはどのように作成されるかを簡単に説明しなさい．CPI が生計費の不完全な尺度である理由を一つ述べなさい．

② インフレーションの影響に対する経済変数の補正

経済の一般物価水準を測定する目的は，異なる時点の金額の比較を可能にすることである．物価指数がどのように計算されるかを理解したところで，今度は過去の金額と現在の金額を比較するにあたってそれらの指数をどのよ

うに用いるかを調べてみよう.

●異なる時点の金額

まずベーブ・ルースの給料の問題に立ち返ろう. 1931年における彼の給料8万ドルは,現在の選手の給料よりも高かったのだろうか,それとも低かったのだろうか.

この問題に答えるには,1931年の物価水準と現在の物価水準とを知る必要がある. 野球選手の給料の増加分の一部は,現在のより高い物価に対して選手を補償するものである. ルースの給料を現在の野球選手の給料と比較するには,1931年のドルの価値を現在のドルの価値に換算して,ルースの給料をインフレ調整する必要がある.

T年の金額を現在の金額に変換する公式は次のとおりである.

$$現在の貨幣価値 = T年の貨幣価値 \times \frac{現在の物価水準}{T年の物価水準}$$

CPIのような物価指数は物価水準の尺度であり,したがってインフレーションの補正の大きさを決定する.

この公式をルースの給料に適用しよう. 政府の統計によると,物価指数は1931年には15.2であり,2015年には237である. したがって,一般物価水準は15.6倍(237/15.2)に上昇した. この数字を用いると,ルースの給料を2015年の貨幣価値で測ることができる. その計算は以下のとおりである.

2009年の貨幣価値で測った給料

$$= 1931年の貨幣価値で測った給料 \times \frac{2015年の物価水準}{1931年の物価水準}$$

$$= 80,000ドル \times (237/15.2)$$

$$= 1,247,368ドル$$

ベーブ・ルースの1931年の給料は,現在の給料にすると120万ドルを若干上回る額に等しいことがわかった. この所得は悪くはないが,現在のメジャーリーグの選手の平均の給料の3分の1であり,ドジャースがクレイトン・カーショウに支払っている給料の4%にすぎない. 全般的な経済成長とスーパースターが稼ぐ所得割合の増加を含むさまざまな要因の作用によって,最もすぐれた運動選手の生活水準はかなり上昇した.

次に，フーバー大統領の1931年の給料7万5000ドルについても調べてみよう．この金額を2015年の貨幣価値に変換するために，もう一度二つの年の物価水準の比率をかけよう．2015年の貨幣価値に換算すると，フーバーの給料は7万5000×(237/15.2)ドル，すなわち116万9408ドルに等しい．これはバラク・オバマ大統領の給料40万ドルをかなり上回っている．この結果をみると，フーバー大統領がかなりよくやった年だったのかもしれない．

コラム ハリウッド映画への指数の適用

史上最も人気のあった映画は何だろうか．その答えを聞くと人は驚くかもしれない．

映画の人気は通常チケットの売上高で測られる．その尺度によると，『スター・ウォーズ フォースの覚醒』が史上第1位の映画であり，その国内の売上高は9億2300万ドルであった．続いて『アバター』（7億6100万ドル）そして『タイタニック』（6億5900万ドル）となる．しかし，このランキングは明白で重要な事実を無視している．それは，映画のチケットを含めて，物価が時間を通じて上昇してきたという事実である．インフレーションは新しい映画に有利に働く．

チケットの売上高についてもインフレーションの影響を補正すると，順位はまったく異なってくる．第1位の映画は，『風と共に去りぬ』（17億5800万ドル）になり，続いて初期の『スター・ウォーズ』（15億5000万ドル），そして『サウンド・オブ・ミュージック』（12億3900万ドル）となる．『スター・ウォーズ フォースの覚醒』は11位まで下がる．

『風と共に去りぬ』は1939年に封切られたが，その頃はまだテレビが家庭に普及していなかった．1930年代には約9000万人のアメリカ人が毎週映画を観に行ったが，それに対して今日のその数字は約2500万人である．当時の映画が人気ランキングのなかにほとんど現れないのは，チケットの値段がわずか25セントだったからである．実際に，チケットの名目売上高に基づくランキングでは，『風と共に去りぬ』はトップ100位までの映画のなかにも入らない．スカーレットとレットは，インフレーシ

ョンの影響を補正すると，もっと素晴らしい成功を収めていたというこ
とになるのである．

ケース・スタディ　生活費の地域格差

あなたが大学を卒業するとき，いくつかの仕事の求人があり，そのなか
から仕事を選ぶことになるだろう．驚くべきことではないが，ある仕事の
給料は他の仕事の給料よりも高いだろう．しかしながら，異なる場所の仕
事を比較するときには注意しなければならない．生活費は時代によって異
なるだけでなく，地域によっても異なる．給料が高いように見えても，
財・サービスの価格の地域格差を考慮に入れると，決して高くはないかも
しれない．

経済分析局はCPIのために収集されたデータを用いて，アメリカ中の
物価を比較してきた．その結果得られた統計は，地域格差パリティと呼ば
れる．CPIが年々の生活費の変化を測定するのとちょうど同じように，
地域格差パリティは州ごとの生活費の違いを測定する．

図9-3は2013年の地域格差パリティを示している．たとえばニューヨー
ク州に住むと，アメリカの代表的な場所に住む場合にかかる費用の
115.3％かかる（すなわち，ニューヨークは平均よりも15.3％高くつく）．
ミシシッピ州に住むと，代表的な場所に住むのにかかる費用の86.8％かか
る（すなわち，ミシシッピは13.2％安くなる）．

このような差はどのように説明できるだろうか．食料や衣服のような財
の価格では，地域格差のわずかな部分しか説明できない．ほとんどの財は
取引可能であり，一つの州から他の州へと容易に輸送できる．この地域間
取引の結果，大きな価格差が長期にわたって持続することは起こりそうに
ないのである．

このような地域格差の大部分を説明するのはサービスの価格である．た
とえばヘアカットは，ある州では他の州よりも高くつく．もし理容師がヘ
アカット料金の高い所へ進んで移動するならば，あるいは顧客が安いヘア
カット料金を求めて国のどこにでも進んで飛んでいくならば，ヘアカット

図9-3 生活費の地域格差

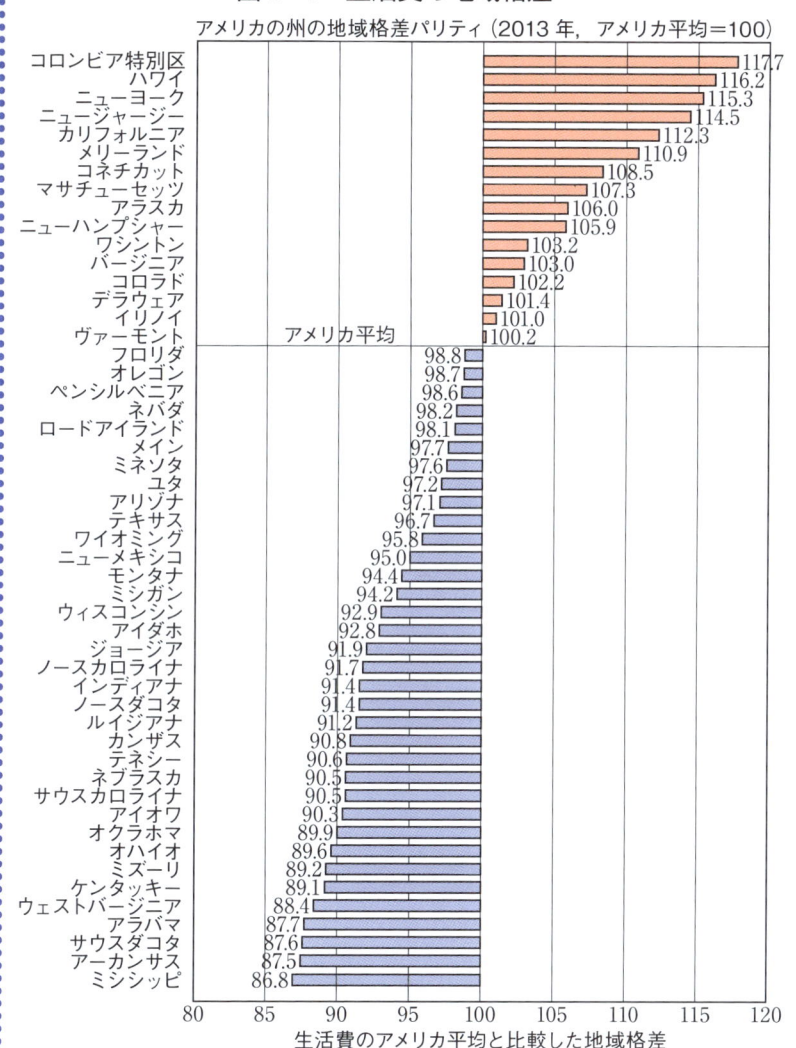

アメリカの州の地域格差パリティ（2013年，アメリカ平均＝100）

コロンビア特別区	117.7
ハワイ	116.2
ニューヨーク	115.3
ニュージャージー	114.5
カリフォルニア	112.3
メリーランド	110.9
コネチカット	108.5
マサチューセッツ	107.3
アラスカ	106.0
ニューハンプシャー	105.9
ワシントン	103.2
バージニア	103.0
コロラド	102.2
デラウェア	101.4
イリノイ	101.0
ヴァーモント	100.2
フロリダ	98.8
オレゴン	98.7
ペンシルベニア	98.6
ネバダ	98.2
ロードアイランド	98.1
メイン	97.7
ミネソタ	97.6
ユタ	97.2
アリゾナ	97.1
テキサス	96.7
ワイオミング	95.8
ニューメキシコ	95.0
モンタナ	94.4
ミシガン	94.2
ウィスコンシン	92.9
アイダホ	92.8
ジョージア	91.9
ノースカロライナ	91.7
インディアナ	91.4
ノースダコタ	91.4
ルイジアナ	91.2
カンザス	90.8
テネシー	90.6
ネブラスカ	90.5
サウスカロライナ	90.5
アイオワ	90.3
オクラホマ	89.9
オハイオ	89.6
ミズーリ	89.2
ケンタッキー	89.1
ウェストバージニア	88.4
アラバマ	87.7
サウスダコタ	87.6
アーカンサス	87.5
ミシシッピ	86.8

生活費のアメリカ平均と比較した地域格差

（注）データは2013年のもの．
（出所）アメリカ商務省．
この図は，アメリカの50州とコロンビア特別区（ワシントン D. C.）の生活費
がいかにアメリカ平均と異なっているかを示している．

料金はさまざまな地域を越えて収束するかもしれない．しかし，このようなヘアカットの「輸送費」は非常に高くつくので，大きな価格差が持続しうるのである．

とくに，住宅サービスは生活費の地域格差を理解するうえで重要である．このサービスは代表的な消費者の家計費の中で大きな割合を説明する．そのうえ，いったん建てられると，住宅やアパートの建物は容易に動かせないし，建物が建てられている土地は全く動かない．その結果，住宅費用の格差は大きいままであり続けることができる．たとえば，ニューヨーク州の家賃はミシシッピ州の家賃のほぼ2倍である．

仕事の求人を比較するときには，これらの事実を心にとめておこう．給料の金額を見るだけでなく，地域の財・サービスの価格，とりわけ住宅サービスの価格をも見るようにしよう．

●物価スライド制

いまみてきたように，物価指数は，異なる時点の金額を比較する際，インフレーションの影響を補正するのに用いられる．この種の補正は，経済の多くの場で見かけられる．法律や契約によって，ある金額が物価水準の変化に対して自動的に補正されるとき，その額はインフレーションに対して**物価スライド**（インデクセーション）するという．

たとえば，多くの企業と労働組合間の長期契約には，賃金について，CPIに対する部分的または完全な物価スライド制が含まれている．そのような支給のことを**生計費調整手当**（COLA：cost-of-living allowance）という．生計費調整手当は，CPIが上昇すると，自動的に賃金が上昇する仕組みになっている．

物価スライド制は多くの法律の特徴となっている．たとえば，社会保険の給付金は，高齢者に対して物価指数の上昇分を補償するために毎年調整される．連邦所得税の階層区分（税率が変化する所得水準）もまたインフレーションに対して物価スライドする．しかしながら，おそらくそうすることが必要なときでさえも，税体系は多くの点でインフレーションに対して物価スラ

物価スライド制 indexation：法律や契約により，インフレーションの影響に対して貨幣金額を自動的に修正すること．

イド化されていない．この問題については，後にインフレーションの費用を
取り上げるときにより詳しく論じる．

●実質利子率と名目利子率

　インフレーションのさまざまな影響に対して経済変数を補正するのがとく
に重要で，かつ注意を要するものとなるのは，利子率のデータをみるときで
ある．利子率の概念そのものが，異なる時点の貨幣額の比較に必然的に関わ
るからである．貯蓄を銀行口座に預金するときには，あなたはいくらかのお
金をいま銀行に預け，将来に銀行は利子を付けて預金を返す．同様に，銀行
から借り入れると，あなたはいくらかのお金をいま手にするが，将来に利子
を付けて貸付を返済しなければならない．いずれの場合にも，あなたと銀行
との取引を完全に理解するためには，将来の貨幣価値はいまの貨幣価値とは
異なる値を持つ可能性があることを認識することが重要である．すなわち，
インフレーションの影響を補正しなければならないのである．

　例を考えよう．サリー・セイバーが，年率10％の利子を支払う銀行口座に
1000ドル預金したとする．1年後，サリーは利子100ドルを預金に積み上げ
た後，1100ドルを引き出したとしよう．サリーは1年前に預金をしたときに
比べて100ドルだけより裕福になったといえるだろうか．

　その答えは，「より裕福」という言葉が何を意味するかによる．サリーは
確かに以前よりも100ドル多く持っている．言い換えれば，サリーが持って
いる金額は10％増加している．しかし，サリーは貨幣額自体には関心がなく，
それで何を買えるかに関心がある．もしサリーがお金を銀行に預けていた間
に物価が上昇していれば，1ドルの購買力は1年前よりも小さい．この場合，
サリーの購買力——購入できる財・サービスの量——は10％増加したことに
はならないのである．

　話を単純にするため，サリーは映画ファンであり，DVDのみを購入する
と想定しよう．サリーが預金をしたとき，DVDの値段は10ドルであったと
する．彼女の1000ドルの預金は100本のDVDと等価である．1年後，10％の
利子がつくと，1100ドルが彼女の手に入る．そのとき彼女はDVDを何本買
うことができるだろうか．それはDVDの価格がどうなったかに依存する．
以下でいくつかの例を示そう．

- インフレ率がゼロの場合：DVD の価格が10ドルのままならば，サリーが買える DVD の本数は100から110に増加する．手持ちの貨幣額が10%増加するということは，彼女の購買力が10%増加することを意味する．
- インフレ率が6%の場合：DVD の価格が10ドルから10.60ドルに上昇すると，サリーが買える DVD の本数は100から約104に増加する．彼女の購買力は約4%増加したことになる．
- インフレ率が10%の場合：DVD の価格が10ドルから11ドルに上昇すると，1年後にサリーが買うことのできる DVD は100本となる．サリーの資産の貨幣価値は上昇したが，彼女の購買力は1年前と同じなのである．
- インフレ率が12%の場合：DVD の価格が10ドルから11.20ドルに上昇すると，サリーが買える DVD の本数は100から約98に減少する．貨幣額は増加したが，購買力は約2%減少したことになる．

また，サリーがデフレーション──物価の下落──が起こっている経済に住んでいる場合には，もう一つの可能性が生じうる．

- デフレ率が2%の場合：DVD の価格が10ドルから9.80ドルに下落すると，サリーが買える DVD の本数は100から約112に増加する．彼女の購買力は約12%増加する．

これらの例が示しているように，インフレ率が高ければ高いほど，サリーの購買力の増加は小さくなる．インフレ率が利子率を超えれば，彼女の購買力は実際に減少する．また，デフレーション（すなわち負のインフレ率）になると，彼女の購買力は利子率よりも大きく上昇する．

　預金口座に貯蓄することでどれだけ稼げるかを理解するためには，利子率と物価の変化の両方を考慮する必要がある．貨幣額の変化を測る利子率のことを名目利子率と呼び，インフレーションを修正した利子率のことを実質利子率と呼ぶ．名目利子率，実質利子率，インフレ率の間には近似的に次のよ

名目利子率 nominal interest rate：インフレーションの影響を補正せずに日頃発表される利子率．
実質利子率 real interest rate：インフレーションの影響を補正した利子率．

うな関係がある.

実質利子率＝名目利子率－インフレ率

実質利子率は名目利子率とインフレ率との差である. 名目利子率は, 銀行口座の預金額が時間を通じてどのくらいの速さで増加するかを表す. 実質利子率は銀行に預けてある預金の購買力が時間を通じてどのくらいの速さで増加するかを表す.

 アメリカ経済の利子率

図9-4は, 1965年以降のアメリカにおける実質利子率と名目利子率を示している（日本の利子率は図9-4′）. この図における名目利子率は3カ月物財務省証券（TB）の利子率であるが, 他の利子率のデータも類似したものだろう. 実質利子率は名目利子率からインフレ率を差し引いて算出されている. ただし, インフレ率はCPIの変化率で測られている.

図9-4 実質利子率と名目利子率（アメリカ）

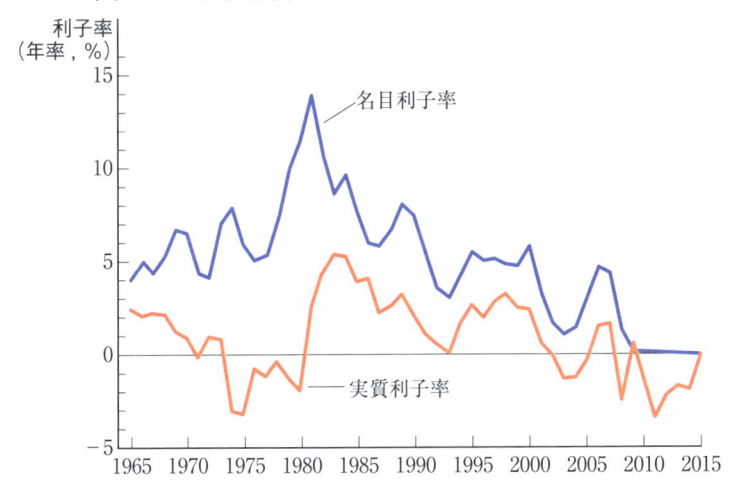

（出所）アメリカ労働省, アメリカ財務省.

この図は, 1965年以降の年間データを用いて計算した名目利子率と実質利子率を示している. 名目利子率は3カ月物財務省証券（TB）の利子率である. 実質利子率は名目利子率からCPIで測ったインフレ率を差し引いたものである. 名目利子率の動きと実質利子率の動きがしばしば一致しないことに注意しよう.

図9-4′ 実質利子率と名目利子率（日本）

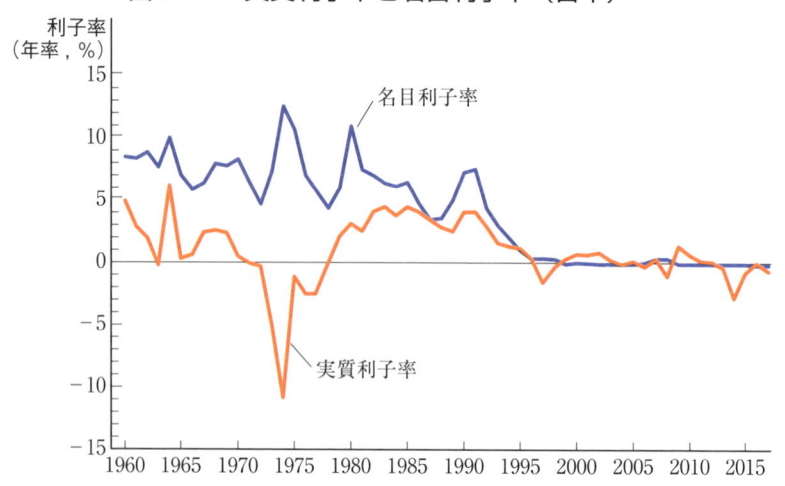

（出所）　日本銀行時系列統計データ検索サイト，総務省統計局.

この図は，1965年以降の日本経済における名目利子率と実質利子率を示している．名目利子率は短期金融市場金利である．実質利子率は，名目利子率からCPIで測ったインフレ率を差し引いたものである．インフレ率がきわめて低くなっていた1990年代以降においては，名目利子率と実質利子率の差は縮小している．

　この図の一つの特徴は，名目利子率が実質利子率をほとんどいつも上回っていることである．このことは，アメリカ経済がこの期間においてはほとんど毎年CPIの上昇を経験していたという事実を反映している．対照的に，19世紀後半のアメリカ経済や最近何年かの日本経済のデータをみると，デフレーションの期間がみられるだろう．デフレーションの間は，実質利子率は名目利子率を上回っている．

　さらにこの図が示していることは，インフレ率が変化するため，実質利子率と名目利子率は必ずしもつねに同じ動きをするわけではないということである．たとえば，1970年代末期には，名目利子率は高かったが，インフレ率が非常に高かったため実質利子率は低くなった．実際，1970年代の多くの間，実質利子率は負であったが，その理由は，インフレーションが人々の貯蓄を減らす速度が，名目の利子支払いが人々の貯蓄を増やす速度を上回ったからである．対照的に，1990年代には，名目利子率は20年前よりも低かったが，インフレ率はもっと低かったので，実質利子率はより高

くなった．実質利子率と名目利子率を決定する経済的諸力については後の
章で学ぶ．

【小問】　●1914年，ヘンリー・フォードは労働者に1日当たり5ドル支払っ
ていた．1914年のCPIは10であり，2015年には237であったとす
ると，フォードが支払っていた給料は2015年の貨幣価値ではいく
らになるだろうか．

3 結論

「ニッケル（5セント）硬貨がダイム（10セント）硬貨ほどの価値を持っ
ていたのは昔のことだよ（"A nickel ain't worth a dime anymore."）．」かつ
て偉大な野球選手であったヨギ・ベラはこのように論評した．実際，最近の
歴史を通じて，ニッケル硬貨，ダイム硬貨，ドル紙幣の実質価値は安定的な
ものではなかった．一般物価水準が持続的に上昇するのが標準となってきた．
こうしたインフレーションは，貨幣1単位の購買力を時間とともに減少させ
る．異なる時点の金額を比較するとき，今日の1ドルは20年前の1ドルと同
じではなく，またおそらくはいまから20年先の1ドルとも同じでないことを
覚えておくことが重要である．

　この章では，経済学者が経済の一般物価水準をどのように測定するか，そ
して経済変数に対してインフレーションの影響を補正するために物価指数を
どのように用いるかを論じた．物価指数は異なる時点の貨幣価値を比較する
ことを可能にし，したがって，経済がどのように変化しているかについてよ
り深い理解を得ることができる．

　本章の物価指数の議論は，前章のGDPの議論とともに，マクロ経済学を
学ぶ際の出発点にすぎない．われわれはまだ一国のGDPがどのように決定
されるかということや，インフレーションの原因や影響も調べていない．そ
れには，測定の問題の範囲を超えて進むことが必要である．実際，それが次
の課題である．前章と本章で経済学者がマクロ経済的な量や価格をどのよう
に測定するかを説明したので，これらの変数の長期的な動きと短期的な動き
を説明するモデルを展開する準備が整ったのである．

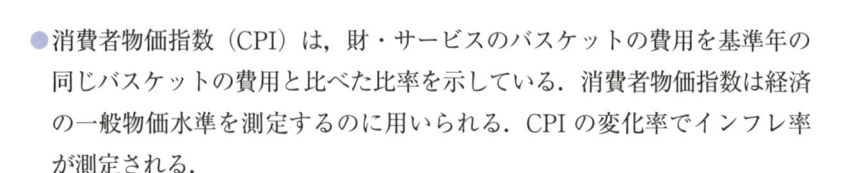

要約

● 消費者物価指数（CPI）は，財・サービスのバスケットの費用を基準年の同じバスケットの費用と比べた比率を示している．消費者物価指数は経済の一般物価水準を測定するのに用いられる．CPI の変化率でインフレ率が測定される．

● 消費者物価指数（CPI）は生計費の尺度としては三つの理由から不完全である．第1に，時間を通じて相対的に安くなる財へと代替する消費者の能力を考慮していない．第2に，新しい財の導入による1ドルの購買力の増大を考慮していない．第3に，測定されない財・サービスの質の変化によって歪みが生じる．これらの測定上の問題のため，CPI は年間のインフレーションを真の値よりも高めに評価する．

● 消費者物価指数（CPI）と同様に，GDP デフレーターも経済の一般物価水準を測定する．これら二つの指数は，通常は同じように変化するが，重要な違いがある．GDP デフレーターは，消費される財・サービスではなく生産される財・サービスを算入する点で，CPI と異なる．そのため，輸入財は CPI には影響を及ぼすが，GDP デフレーターには影響を及ぼさない．そのうえ，CPI は固定した財のバスケットを用いるが，GDP デフレーターでは，GDP の構成の変化に従って，財・サービスのグループが時間を通じて自動的に変化する．

● 異なる時点の貨幣金額を比較しても，購買力の正しい比較にはならない．過去の金額と今日の金額を比較するためには，物価指数を用いて過去の金額をインフレ調整しなければならない．

● さまざまな法律や私的な契約では，インフレーションの影響を補正するために物価指数を用いる．しかしながら，税法はインフレーションに対して部分的にしか物価スライドされていない．

● 利子率のデータをみる場合には，インフレーションの補正はとくに重要である．名目利子率は日常的に発表されている利子率であり，預金口座の預金額が時間を通じて増加する率である．対照的に，実質利子率は時間を通

じた貨幣価値の変化を考慮している．実質利子率は名目利子率からインフレ率を差し引いた値に等しい．

確認問題

1. CPI が測定するのとほぼ同じ経済現象を測定するのは何か．
   a. 名目 GDP
   b. 実質 GDP
   c. GDP デフレーター
   d. 失業率

2. CPI を計算するのに用いられる財・サービスのバスケットの中で最大の構成要素は何か．
   a. 食料と飲料
   b. 住宅
   c. 医療
   d. 衣服

3. ペンシルベニア州の銃器製造会社が，アメリカ軍に販売するライフル銃の価格を引き上げると，その価格引上げは，
   a. CPI と GDP デフレーターの両方を増加させる．
   b. CPI も GDP も増加させない．
   c. CPI を増加させるが，GDP デフレーターは増加させない．
   d. GDP デフレーターを増加させるが，CPI は増加させない．

4. 消費者はしばしば価格の上昇した財をより安い財で代替することができるので，
   a. CPI はインフレーションを過大評価する．
   b. CPI はインフレーションを過小評価する．
   c. GDP デフレーターはインフレーションを過大評価する．
   d. GDP デフレーターはインフレーションを過小評価する．

5. CPI が1980年には200であり，現在では300であるとすると，1980年における60ドルと同じ購買力を持つのは，現在何ドルか．
   a. 400ドル

  b.　500ドル

  c.　700ドル

  d.　900ドル

6.　あなたが2000ドルを貯蓄口座に預金し，1年後に2100ドルを受け取った
とする．その間にCPIは200から204に上昇したとする．この場合，名目
利子率と実質利子率はそれぞれ何パーセントか．

  a.　1％，5％

  b.　3％，5％

  c.　5％，1％

  d.　5％，3％

復習問題

1.　鶏肉の価格が10%上昇するのと，キャビアの価格が10%上昇するのとで
は，どちらがCPIにより大きな影響を及ぼすと考えられるか．その理由
も説明しなさい．

2.　CPIは三つの問題があるために生計費の完全な尺度にはならない．そ
の三つの問題点について述べなさい．

3.　輸入フランスワインの価格が上昇すると，CPIとGDPデフレーターの
どちらがより大きな影響を受けるか．その理由も述べなさい．

4.　長い期間を通じて，板チョコの価格は20セントから1ドル20セントに上
昇した．同じ期間に，CPIは150から300に上昇した．全般的なインフレー
ションを調整すると，板チョコの価格はどれくらい変化したことになるか．

5.　名目利子率と実質利子率の意味を説明しなさい．この二つはどのような
関係にあるか．

応用問題

1.　あなたが生まれた年に出産祝いのパーティーで贈り物をしたある人は，
その財を100ドルで買った．同じような財を買うのに現在ではどれほどか
かると推測されるか．CPIのデータを見つけ，それに基づいて答えを計

算して求めなさい．（労働省統計局のインフレーションの計算表については，http://www.bls.gov/data/inflation _calculataor.htm を参照．）

2. ヴェゴピアという国の住民は所得のすべてをカリフラワー，ブロッコリー，ニンジンに支出する．2016年には，彼らはカリフラワー100玉に200ドル，ブロッコリー50束に75ドル，ニンジン500本に50ドルを支払った．2017年には，彼らはカリフラワー75玉に225ドル，ブロッコリー80束に120ドル，ニンジン500本に100ドルを支払った．

a. 各年におけるそれぞれの野菜の価格を計算しなさい．

b. 基準年を2016年として各年の CPI を計算しなさい．

c. 2017年のインフレ率はいくらか．

3. 人々は，下の表に示されているように３財のみを消費するとする．

	テニスボール	ゴルフボール	ゲータレード（清涼飲料水）
2017年の価格	2ドル	4ドル	1ドル
2017年の数量	100	100	200
2018年の価格	2ドル	6ドル	2ドル
2018年の数量	100	100	200

a. 三つの財の価格の変化率はそれぞれいくらか．

b. CPI と同様の方法を用いて，一般物価水準の変化率を計算しなさい．

c. ゲータレードのビンが2017年から2018年にかけて大きくなったことがわかったとすると，その情報はインフレ率の計算に影響を及ぼすだろうか．もしそうだとすれば，どのような影響か．

d. ゲータレードが2018年に新しい風味を取り入れたことがわかったとすると，その情報はインフレ率の計算に影響を及ぼすだろうか．もしそうだとすれば，どのような影響か．

4. 労働統計局のウェブサイト（http://www.bls.gov）へ進み，CPI のデータを探しなさい（日本の消費者物価指数は総務省統計局 http://www.stat.go.jp/で調べなさい）．全品目を含む CPI は過去１年間にどれだけ上昇したか．価格がいちばん上昇したのはどの支出項目か．最も上昇率が低かったのはどれか．価格が下落した項目はあったか．あなたはこれらの事実を説明できるか．

5. 10人からなるある小国の国民がテレビ番組『ザ・ヴォイス』に熱中している. その国が生産し消費するものは, カラオケ装置とCDだけであり, その量は次のとおりである.

	カラオケ装置		CD	
	量	価格	量	価格
2017年	10	40ドル	30	10ドル
2018年	12	60ドル	50	12ドル

   a. CPIと同様の方法を用いて, 一般物価水準の変化率を計算しなさい. 2017年を基準年とし, 財のバスケットをカラオケ1台とCD 3枚に固定しなさい.

   b. GDPデフレーターと同様の方法を用いて, 一般物価水準の変化率を計算しなさい. 基準年は同じく2017年としなさい.

   c. 二つの方法による2018年のインフレ率は同じになるか. そうなる理由, あるいはならない理由を説明しなさい.

6. 以下の各状況は, CPIの作成において生じる問題のうちどれを例示するものだろうか. 説明も加えなさい.

   a. 携帯電話の発明

   b. 自動車へのエアバッグの導入

   c. パソコン価格の下落による購入量の増加

   d. レーズン・ブラン1袋に含まれるレーズンの量の増加

   e. ガソリン価格の上昇による低燃費自動車の使用の増加

7. 1980年1月には卵1ダースの価格は88セントだったが, 2015年1月には2ドル11セントになった. 製造業の平均賃金は1980年には時給7.58ドルだったが, 2015年1月には19.64ドルになった.

   a. 卵の価格は何パーセント上昇したか.

   b. 賃金は何パーセント上昇したか.

   c. それぞれの年について, 卵1ダースを買うお金を稼ぐために, 労働者は何分間働かなければならないか.

   d. 卵で測った労働者の購買力は増加したか, それとも減少したか.

8. この章では, ほとんどの経済学者がCPIは現実のインフレーションを

過大評価していると信じているにもかかわらず，社会保障の給付は CPI の上昇に比例して毎年増加すると説明している．

a. もし高齢者が他の人々と同じ市場バスケットを消費しているとすると，社会保険によって高齢者の生活水準は毎年改善するか．説明しなさい．

b. 実際には，高齢者は若年者に比べて医療サービスの消費が多く，医療費は全般的なインフレーションよりも上昇率が高い．高齢者の生活が実際に年々改善しているかどうかを判定するには，どうすればよいか．

9. あるローンに対して支払われる名目利子率について，貸し手と借り手が同意していたと考えよう．ところが，両者が予想したよりもインフレ率が高くなってしまった．

a. このローンに対する実質利子率は予想よりも高いか，それとも低いか．

b. この予想外に高いインフレ率によって，貸し手は得をするか，損をするか．借り手は得をするか，それとも損をするか．

c. 1970年代のインフレーションは，1970年代初めにほとんどの人が予想していたものよりもはるかに高かった．このことは，1960年代に固定金利の住宅ローンで家を手に入れた持ち家所有者にどのような影響を与えるか．お金を貸した銀行にはどのような影響を与えるか．

第10章

生産と成長

Keywords

生産性 productivity
物的資本 physical capital
人的資本 human capital
天然資源 natural resources
技術知識 technological knowledge
限界生産力逓減 diminishing returns
キャッチアップ効果 catch-up effect

　世界の国々を旅してまわると，生活水準に驚くほどの差があることがわかるだろう．アメリカ，日本，ドイツのような豊かな国の平均所得は，インド，ナイジェリア，ニカラグアのような貧しい国の平均所得の10倍以上もある．このような所得の大きな格差を反映して，生活の質にも大きな格差がみられる．豊かな国の人々は，多くの自動車，多くの電話，多くのコンピュータだけでなく，良質な栄養，安全な住居，高度な医療，そして長い平均寿命を得ている．

　一国のなかでも，生活水準は時間の経過とともに大きく変化する．アメリカでは過去1世紀において，1人当たり実質国内総生産（1人当たり実質GDP）で測った平均所得が年率約2％で成長した．2％という数字は小さくみえるかもしれないが，この成長率は平均所得が35年ごとに2倍になることを意味する．このような成長を経て，多くのアメリカ人は，その両親や祖父母，曾祖父母よりもはるかに高水準の経済的繁栄を享受している．

　成長率は国によってかなり異なる．2000年から2014年の間に，中国の1人当たりGDPは年率11％で成長し，平均所得はこの間に3.57倍になった．そのような急速な成長を経験している国は，1世代の間に，世界で最も貧しい国の仲間から世界で最も豊かな国の仲間へと移行することができる．対照的に，同時期にジンバブエの1人当たりGDPは13％も減少し，貧困の泥沼から抜け出せないでいる．

　このように，国によってさまざまに経験が異なることは何によって説明できるのだろうか．豊かな国々はどうすればその高い生活水準を維持できるのだろうか．貧しい国々は成長の速度を速めて先進的な世界に加わるために，どのような政策を追求すべきだろうか．これらはマクロ経済学のなかでも最も重要な問題に数えられるものである．ノーベル経済学賞を受賞した経済学者ロバート・ルーカスは，「人間の厚生に対するこれらの問題の重要性には，ただ呆然とさせられるのみである．いったんそのことについて考えはじめると，それ以外のことはなかなか考えられない」と述べている．

　前の二つの章では，経済学者がマクロ経済的な量と価格をどのように測定するかについて論じた．そこで次に，これらの変数を決定する諸力についての考察にとりかかることができる．すでにみたように，一国経済のGDPは，その経済が稼いだ総所得とその経済の財・サービスの産出に対する総支出の

両方を測定したものである．実質 GDP の水準は，経済的繁栄の適切な評価基準であり，実質 GDP の成長は経済的進歩の適切な評価基準である．本章では，実質 GDP の水準と成長を決定する長期的な要因に焦点を合わせる．後に，実質 GDP の長期趨勢を取り巻く短期的変動について考察する．

この章では3段階で議論を進める．最初に，1人当たり実質 GDP に関する国際的なデータを調べる．それらのデータから，生活水準のレベルと成長が世界の国々でどれほど異なるかについて，若干の認識が得られる．第2に，生産性の役割を調べる．生産性とは，1人の労働者が1時間当たりに生産する財・サービスの量のことである．とくにここでは，一国の生活水準が労働者の生産性によって決定されることをみたうえで，一国の生産性を決定する諸要因について考える．第3に，生産性と国家が追求する経済政策との関係を考える．

1 世界の国々の経済成長

長期的成長の考察の出発点として，世界のいくつかの国の経済が経験したことをみてみよう．表10-1は，13カ国の1人当たり実質 GDP のデータを示している．どの国のデータも約100年にわたっている．表の第1列は国を示し，第2列は期間を示している（データの利用可能性に差があるため，期間は国によって若干異なる）．第3列と第4列は，100年前と最近の年の1人当たり実質 GDP の推計値を示している．

1人当たり実質 GDP のデータは，生活水準が国によって大きく異なることを示している．たとえば，アメリカの1人当たり所得は，現在では，中国の1人当たり所得の約4倍であり，インドの約10倍である．最も貧しい国の平均所得は，先進国では過去何十年もの間みられなかったような水準である．2014年のパキスタン人の実質所得は，1870年のイギリス人の実質所得とほぼ同じであった．2014年のバングラデシュ人の実質所得は，1870年のアメリカ人の実質所得よりずっと少なかった．

表のいちばん右の列は各国の成長率を示している．各国の成長率は，標準的な年において，1人当たりの実質所得がどのくらいの速さで成長したかを測定している．たとえば，アメリカの1人当たり実質所得は，1870年には

表 10 - 1　さまざまな成長の経験

国	期間	期初の1人当たり実質 GDP*（ドル）	期末の1人当たり実質 GDP*（ドル）	成長率（年率, %）
ブラジル	1990～2014	828	15,590	2.61
日本	1890～2014	1,600	37,920	2.59
中国	1900～2014	762	13,170	2.53
メキシコ	1900～2014	1,233	16,640	2.31
ドイツ	1870～2014	2,324	46,850	2.11
インドネシア	1900～2014	948	10,190	2.10
カナダ	1870～2014	2,527	43,360	1.99
インド	1900～2014	718	5,630	1.82
アメリカ	1870～2014	4,264	55,860	1.80
パキスタン	1900～2014	785	5,090	1.65
アルゼンチン	1900～2014	2,440	12,510	1.44
バングラデシュ	1900～2014	663	3,330	1.43
イギリス	1870～2014	5,117	39,040	1.42

（注）　*実質 GDP は2014年のドルを基準とする．国際的な物価格差を考慮するため，データは利用可能な場合には購買力平価で調整されている．

（出所）　Robert J. Barro and Xavier Sala-i-Martin, *Economic Growth*, New York: McGraw-Hill, 1995, Table10.2, 10.3, および *World Bank* online data, および著者の計算による．

4264ドルであり，2014年には5万5860ドルであった．したがって，成長率は年率1.8%であった．このことは，もし1人当たり実質所得が4264ドルで始まって，年率1.8%で144年間増加すると，5万5860ドルになることを意味している．もちろん1人当たり実質所得は，実際には毎年ちょうど1.8%で増加したわけではない．ある年の成長率はそれよりも高く，他の年の成長率はそれよりも低く，また1人当たり所得が下落した年もあった．そこには長期趨勢を取り巻く短期的変動があるからである．年率1.8%という成長率は，長期趨勢を取り巻く短期的変動を無視して，長年にわたる1人当たり実質所得の平均成長率を表したものである．

　表 10-1 の国々は，成長率が最も高い国から最も低い国へと順に並べられている．ここには，非常に多様な成長の経験を見てとることができる．そのリストの上位に位置するブラジルと中国は，世界の最貧国の仲間から中位所得国の仲間へと移った．同じくそのリストの上位に位置する日本は，中位所

得国から最も豊かな国の仲間へと移った.

　リストの最下位近くに見られるパキスタンとバングラデシュは，19世紀末には最貧国の仲間であったが，今日でもそのままである．リストの最下位に位置するのはイギリスである．1870年には，イギリスは世界で最も豊かな国であり，平均所得はアメリカよりも約20％多く，カナダの２倍以上であった．現在では，イギリスの平均所得は，アメリカよりも30％以上低く，カナダよりも10％低い.

　これらのデータは，世界で最も豊かな国が最も豊かであり続ける保証もなければ，世界で最も貧しい国が永久に貧困であり続けるように運命づけられているわけでもないことを示している．しかしながら，このような時間を通じた変化を説明するものはいったい何だろうか．ある国が急成長する一方で，別の国が後れをとるのはなぜなのだろうか．これこそがまさに本書で次に取り上げる問題である.

【小問】 ● アメリカにおける長期の１人当たり実質 GDP 成長率はおよそどのくらいか．アメリカよりも成長が速かった国と遅かった国を一つずつ挙げなさい.

② 生産性：その役割と決定要因

　世界の国々の生活水準に大きな格差があるのはなぜかを説明するのは，ある意味できわめて簡単である．その説明は生産性というただ一つの言葉に要約される．しかし，別の意味では生活水準の国際的な格差は深い謎である．なぜある国の所得が他の国よりもはるかに高いのかを説明するには，一国の生産性を決定する多くの要因をみなければならない.

●なぜ生産性はそれほど重要なのか

　生産性と経済成長の検討を始めるにあたって，ダニエル・デフォーの有名な小説『ロビンソン・クルーソー』を少し参考にしながら簡単なモデルを展開してみよう．ロビンソン・クルーソーは無人島に漂着した船乗りである．クルーソーは１人きりで生活しているので，自分で魚を獲り，野菜を育て，衣服をつくらなければならない．魚，野菜，衣服の生産と消費というクルー

コラム　あなたは最も金持ちのアメリカ人より金持ちだろうか

　かつて『アメリカン・ヘリテージ（アメリカの遺産）』という雑誌が，歴史上最も富裕なアメリカ人のリストを掲載した．第1位は石油会社の経営者であるジョン・D・ロックフェラー（1839〜1937年）であった．同誌の計算によれば，彼の資産は今日の約2000億ドルに相当し，それは今日最も富裕なアメリカ人であるソフトウェア企業の経営者ビル・ゲイツの資産の3倍以上にあたる．

　ロックフェラーは，その巨万の富にもかかわらず，われわれがいまでは当然と考えているさまざまな文明の利器の恩恵を享受できなかった．彼はテレビをみることもできず，ビデオゲームをすることもできず，インターネットを使ってネット・サーフィンをすることもできず，またeメールを送ることもできなかった．夏の暑いときでも冷房のきいた涼しい部屋で過ごすこともできなかった．生涯の大部分の間，彼は自動車や飛行機で旅行することもできなかったし，友人や家族に電話をかけることもできなかった．病気になったとしても，今日では医者が日常的に使用する抗生剤のような，生命力を高めたり寿命を延ばしたりするような多くの薬を利用できなかった．

　次のような問題を考えてみよう．あなたはどれだけのお金をもらえば，残りの人生においてロックフェラーが生きていた時代には使えなかった現代の文明の利器を放棄することができるだろうか．2000億ドルもらえばあきらめられるだろうか．おそらくそうはしないだろう．そして，もしあきらめられないのであれば，歴史上最も富裕なアメリカ人といわれているジョン・D・ロックフェラーよりもあなたのほうが裕福であるというのは妥当だろうか．

　前章で論じたように，異時点間の金額を比較するのに用いられる標準的な物価指数は，経済への新しい財の導入を完全に反映することができない．その結果，インフレ率は高めに計測される．この観察結果を裏返せば，実質経済成長率は過小評価されていることになる．ロックフェラーの人生を考えてみると，この問題がいかに重要かがわかる．驚異的な

> 技術進歩のおかげで，今日の平均的なアメリカ人は，1世紀前の最も富裕なアメリカ人よりもほぼ間違いなく「裕福である」．しかし，標準的な経済統計では，その事実は見失われている．

ソーの活動は，単純な経済と考えることができる．クルーソーの経済を調べることによって，より複雑で現実的な経済にもあてはまるいくつかの教訓を学ぶことができる．

　クルーソーの生活水準を決定するものは何だろうか．一言でいえば，**生産性**，すなわち労働投入1単位から生産される財・サービスの量である．クルーソーが魚を獲り，野菜を育て，衣服をつくることが得意であれば，彼の暮らしはよくなる．逆に彼がこれらのことに不得意であれば，彼の暮らしは貧しくなる．クルーソーは自分が生産するものだけを消費するので，彼の生活水準は彼の生産性に直結しているのである．

　クルーソーの経済の場合，容易にわかるように，生産性は生活水準の重要な決定要因であり，生産性の成長は生活水準の向上の重要な決定要因である．クルーソーが1時間当たりに獲る魚の量が増えれば，夕食時により多くの魚を食べることができる．もしクルーソーが魚を獲るのにより適した場所を見つければ，彼の生産性は上昇する．この生産性の上昇はクルーソーの暮らしを裕福にする．彼は余分に獲った魚を食べることもできるだろうし，魚を獲るのに費やす時間を少なくして，彼が楽しめる他の財をつくることにより多くの時間を使うこともできるだろう．

　生活水準の決定における生産性の役割の重要性は，漂着した船乗り（ロビンソン・クルーソー）の場合だけでなく，国に対してもあてはまる．前述のように，経済のGDPは二つのものを同時に測定する．すなわち，経済を構成するすべての人々が稼いだ総所得と，経済の財・サービスの生産物への総支出である．GDPがこの二つを同時に測定できる理由は，経済全体では，その二つが等しくなければならないからである．簡単にいうと，経済の所得は経済の産出なのである．

　一国が高い生活水準を享受できるのは，クルーソーのケースと同じく，大

生産性 productivity：労働者が1人1時間当たりに生産する財・サービスの量．

コラム 写真には1000の統計の価値がある

　かつてジョージ・バーナード・ショーは言った.「真に教養のある人の証しは,統計に心を動かされることである」と. しかしながら,たいていの人にとって GDP の統計に心を動かされることは,この統計が何を表しているかを自分自身の目で理解するまでは難しいだろう.

　ここに掲載された3枚の写真は,それぞれ三つの国——イギリス,メキシコ,マリ——の典型的な家族を示している. それぞれの家族が自宅の外でその所有物と一緒に写真におさまっている.

　これらの国々は,これらの写真,GDP,あるいは他の統計から判断して生活水準に非常に差がある.

● イギリスは先進的経済である. 2014年の1人当たり所得は3万9040ドルであった. イギリスに生まれた赤ん坊は比較的健康な子どもであると期待できる. 1000人の子どものうち5歳に達する前に死亡するのは4人にすぎない. 全人口のほとんどが,バスルーム,下水システムのような衛生設備や,安全なゴミ処理設備を利用できる. 学歴は高く,大学生年齢の人々のうち60%が大学等の高等教育機関に進学している.

● メキシコは中位所得の国である. 2014年の1人当たり GDP は1万6640ドルであった. 1000人の子どものうち約13人が5歳以前に死亡す

イギリスの典型的な家族

© DAVID REED — FROM MATERIAL WORLD

る．約85％が近代的な衛生設備を利用できる．大学生年齢の人々のうち30％が進学している．

● マリは貧困国である．2014年の1人当たりGDPは1510ドルにすぎなかった．人生はしばしば短命に終わる．1000人の子どものうち115人が5歳以前に死亡する．近代的な衛生設備を利用できるのは全人口のうち25％にすぎない．大学生年齢の人々のうち進学しているのは7％にすぎない．

経済成長を研究する経済学者は，生活水準のこのように大きな格差をもたらすものは何かを理解しようとしている．

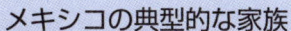

メキシコの典型的な家族

© Peter Menzel/ ユニフォトプレス

マリの典型的な家族

© Peter Menzel/ ユニフォトプレス

量の財・サービスを生産できる場合のみである．アメリカ人がナイジェリア人よりもよい生活ができるのは，アメリカの労働者がナイジェリアの労働者よりも生産性が高いからである．日本人がアルゼンチン人よりも生活水準の急速な成長を享受したのは，日本の労働者のほうが急速な生産性の成長を経験したからである．実際，第1章で述べた経済学の十大原理の一つは，「一国の生活水準は，財・サービスの生産能力に依存している」ということであった．

したがって，国々の間や時間を通じて観察される生活水準の大きな格差を理解するためには，財・サービスの生産に焦点をあわせなければならない．しかし，生活水準と生産性の関連をみることは第1段階にすぎない．そこから当然次のような質問が生まれる．なぜ，ある経済は他の経済よりも財・サービスを生産するのにすぐれているのだろうか．

●生産性はどのように決定されるか

生産性はロビンソン・クルーソーの生活水準を決定するのにとりわけ重要であるが，クルーソーの生産性を決定する要因は数多くある．たとえば次のような場合には，クルーソーの漁獲高は増えるだろう．釣り竿を多く持っている場合，最高の釣りの技術を修得した場合，彼のいる島の周囲がたくさんの魚に恵まれている場合，そして，よりすぐれた魚釣り用の餌を発明した場合である．クルーソーの生産性を決定するこれらの要因は，それぞれ物的資本，人的資本，天然資源，技術知識と呼ばれ，より複雑で現実的な経済にもそれに対応するものがある．これらの要因について，順に考察していこう．

労働者1人当たりの物的資本　労働者は，仕事の道具を多く持っているほうが生産性が高い．財・サービスを生産するために使われる設備や建造物のストックのことを物的資本と呼び，たんに資本ということもある．たとえば，家具職人が家具をつくるときには，のこぎり，旋盤，ボール盤を使う．多くの道具を使うことで，家具職人はより速く，より正確に家具をつくることができる．すなわち，基本的な工具しか持たない家具職人は，精巧で特殊な家

物的資本 physical capital：財・サービスの生産に用いられる設備と建造物のストック．

具用設備を持つ家具職人よりも，１週間当たりにつくれる家具が少ないのである．

すでに述べたように，財・サービスの生産に用いられる投入物（労働，資本等）は**生産要素**と呼ばれる．資本の重要な特徴は，生産された生産要素であるということである．すなわち，資本は生産過程への投入物であるとともに，過去においては生産過程からの産出物だったのである．家具職人はテーブルの脚をつくるのに旋盤を使うが，その旋盤は過去にさかのぼると旋盤を製造する企業の産出物であった．さらに，旋盤の製造者は旋盤を生産するのに他の設備を使っている．このように，資本は，資本それ自体も含むあらゆる種類の財・サービスを生産するために使われる生産要素である．

労働者１人当たりの人的資本　生産性の第２の決定要因は人的資本である．**人的資本**とは，労働者が教育，訓練，経験を通じて獲得する知識と熟練を意味する経済学の専門用語である．人的資本には，幼稚園，小学校，中学校，高等学校，大学で蓄積された技能や，成人の労働力に対する実地訓練（オン・ザ・ジョブ・トレーニング，OJT）で蓄積された技能などがある．

教育や訓練，経験は，旋盤やブルドーザー，建造物のような有形物ではないが，人的資本は多くの点で物的資本に似ている．物的資本と同様に，人的資本は一国が財・サービスを生産する能力を高める．また，物的資本と同様に，人的資本は生産された生産要素である．人的資本を生産するには，教師，図書館，学生としての時間といった形の投入が必要である．実際，学生は，将来の生産に使われる人的資本を生産するという意味で，重要な仕事を持つ「労働者」であるとみなすことができる．

労働者１人当たりの天然資源　生産性の第３の決定要因は**天然資源**である．天然資源とは，土地，河川，鉱床などのような，自然によって提供される生産への投入物である．天然資源は，再生可能資源と枯渇性資源という二つの形態をとる．森林は再生可能資源の一例である．木が１本切られると，その

人的資本 human capital：教育，訓練，経験を通じて労働者が獲得する知識と技能．
天然資源 natural resources：土地，河川，鉱床のように，自然が供給する財・サービスの生産への投入物．

場所には植樹がなされ，将来また伐採することができる．石油は枯渇性資源の一例である．石油は自然が非常に長い時間をかけて生産するものなので，供給量は有限である．石油の供給が枯渇すれば，それ以上つくりだすことは不可能である．

天然資源の差は，世界の生活水準に若干の差をもたらしている．アメリカの成功の歴史の一部は，農業に適した土地の大量の供給によっている．現在では，クウェートやサウジアラビアなどのいくつかの中東の国々は，世界で最も大きい油田のいくつかをたまたま持っているという理由だけで豊かになっている．

天然資源は重要ではあるが，一国経済が財・サービスの高い生産性を持つために必ずしも必要なわけではない．たとえば日本は，ほとんど天然資源を持たないにもかかわらず，世界で最も豊かな国の一つである．国際貿易が日本の成功を可能にしているのである．日本は石油などの必要な天然資源の多くを輸入し，加工した財を天然資源の豊かな経済に輸出しているのである．

技術知識　生産性の第4の決定要因は技術知識である．技術知識とは，財・サービスを生産する最善の方法に関する知識のことである．100年前には，大多数のアメリカ人は農場で働いていた．当時の農業技術では，全人口を養うのに大量の労働投入が必要だったからである．現在では，農業技術の進歩のおかげで，人口のごく一部で国全体を十分に養うことのできる食料を生産することができる．このような技術変化の結果，他の財・サービスを生産することに労働が利用できるようになった．

技術知識は多様な形態をとる．ある種の技術は共有の知識であり，1人の人がそれを使うようになると，誰もがそれを知るようになる．たとえば，ヘンリー・フォードが流れ作業の生産方式を導入して成功したときには，他の自動車メーカーもすぐにそれをまねた．一方，技術のなかには占有されていて，それを発見した会社のみが知っているものもある．たとえば，コカ・コーラ社以外の会社は，あの有名なソフトドリンクの秘密の製法を知らない．さらに，一定期間だけ占有される技術もある．ある製薬会社が新薬を発見す

技術知識 technological knowledge：財・サービスを生産する最善の方法に関する社会の知識．

コラム 生産関数

　経済学者はしばしば，生産に使われる投入物の量と生産によって得られる産出物の量との関係を表すのに生産関数を用いる．たとえば，Y は産出量，L は労働量，K は物的資本量，H は人的資本量，そして N は天然資源を表すとしよう．そうすると，

$$Y = AF(L, K, H, N)$$

と書き表すことができる．ここで，$F(\quad)$ は投入物がどのように結合されて産出物ができるかを示す関数である．A は利用可能な生産技術を反映する変数である．技術が向上するにつれて A は上昇し，したがって経済は投入物の所与の組合せからより多くの産出物を生産できるようになる．

　多くの場合，生産関数は，規模に関して収穫一定と呼ばれる性質を持っている．生産関数が規模に関して収穫一定のとき，すべての投入物を2倍にすると生産物も2倍になる．数学的には，任意の正の数 x に対して，

$$xY = AF(xL, xK, xH, xN)$$

であるならば，生産関数は規模に関して収穫一定であるという．この方程式では，すべての投入物を2倍にすることは，$x=2$ で表される．右辺は投入物が2倍になることを示し，左辺は生産物が2倍になることを示している．

　規模に関して収穫一定の生産関数は興味深く有用な含意を持つ．その含意をみるために，$x=1/L$ としてみよう．そうすると，上の方程式は，

$$\frac{Y}{L} = AF\left(1, \frac{K}{L}, \frac{H}{L}, \frac{N}{L}\right)$$

となる．Y/L は労働者1人当たりの産出量であり，生産性の尺度である．すなわち，この方程式は，生産性が労働者1人当たりの物的資本（K/L），労働者1人当たりの人的資本（H/L），労働者1人当たりの天然資源（N/L）に依存することを表している．生産性は技術の状態にも依存し，それは変数 A に反映される．したがって，この方程式はこ

こまでで論じた生産性の四つの決定要因を数学的に要約したものにほか
ならない.

ると，その会社は特許制度によってその薬の独占的な製造権を一時的に与え
られる．しかし，特許の期限が切れると，他の会社もその薬をつくることが
できるようになる．これらの形態の技術知識は，いずれも経済の財・サービ
スの生産にとって重要である．

　技術知識と人的資本とを区別するのは有用なことである．この二つは密接
に関連しているものの，重要な相違がある．技術知識とは，あらゆる物事が
どのような原理で動いているかに関して社会が理解していることである．人
的資本とは，社会が理解していることを労働力に伝えるために使われる資源
のことである．適切な比喩を使えば，技術知識は社会で使われている教科書
の質であり，人的資本は人々がそれを読むために使う時間である．労働者の
生産性は，彼らが利用できる教科書の質と，それを読むために彼らが使う時
間とに依存する．

ケース・スタディ　天然資源は成長の限界となるか

　今日では世界の人口はほぼ70億人であり，100年前の4倍以上である．
同時に，多くの人々が彼らの曽祖父よりもはるかに高い生活水準を享受し
ている．この人口と生活水準の成長が将来も続くかどうかは，絶えざる論
争の的になっている．

　天然資源は世界経済の成長の可能性にやがては限界を与えるだろうと多
くの評論家が論じてきた．一見，この議論は無視できないようにみえる．
世界の枯渇性天然資源の供給がある一定量までしかなければ，人口，生産，
そして生活水準はどうして持続的に成長できるのだろうか．石油や鉱物の
供給はいつかは枯渇しはじめるのではないだろうか．それらの資源が不足
しはじめると，経済成長は止まり，おそらく生活水準も低下せざるをえな
いのではないだろうか．

　このような議論は，一見人々に訴える力を持っているようにみえるが，
大部分の経済学者は，一般に考えられているほど成長の限界を気にかけて

いない．経済学者の議論によれば，技術進歩はしばしばそのような限界を回避する方法を生み出す．現在の経済と過去の経済を比較すると，さまざまな方法で天然資源の利用が改善されてきたことがわかる．最近の自動車は昔の自動車よりも燃費がよくなっている．新しい家屋は断熱性が高まっているので，暖房や冷房のために必要なエネルギーが少なくてすむ．石油掘削装置が効率的になったので，抽出の過程で浪費される石油は少なくなっている．リサイクルによって一部の枯渇性資源が再利用されるようになっている．ガソリンの代わりとなるエタノールのような代替燃料が開発されたため，枯渇性資源を再生可能資源で代替することが可能になっている．

70年前には，自然保護主義者は錫や銅の過剰な使用を心配していた．当時これらは重要な商品であった．錫は多くの食器に用いられ，銅は電話線に用いられた．一部の人々は，錫と銅の強制的なリサイクルや割当てを実施して，将来の世代にもそれらが供給されるようにすべきだと主張した．しかしながら，現在では，多くの食器の材料は錫からプラスティックに変わった．また，電話には光ファイバー・ケーブルが使われるようになったが，光ファイバー・ケーブルは石英からつくられる．技術進歩によって，かつて重要であった天然資源の必要性は低くなったのである．

しかし，こうした努力さえあれば，持続的な成長は十分に可能だろうか．この問題に答える一つの方法は，天然資源の価格をみることである．市場経済においては，希少性は市場価格に反映される．世界の天然資源が枯渇しつつあれば，それらの資源の価格は時間を通じて上昇しつつあるはずである．しかし実際には，その反対のほうが真実に近い．天然資源の価格は短期的にはかなりの変動を示しているが，長期の時間間隔でみると，（全般的なインフレーションを調整した）大部分の天然資源の価格は安定的であるか，あるいは下落している．これらの資源を保護する能力は，その供給が減少する速度を上回る速さで成長しているようにみえる．市場価格からは，天然資源が経済成長の限界をもたらすと信じるべき理由は得られない．

【小問】 ●一国の生産性の決定要因を四つ挙げ，説明しなさい．

3 経済成長と公共政策

以上で明らかにしたように，社会の生活水準は財・サービスを生産する能力に依存し，その生産性は労働者1人当たりの物的資本，労働者1人当たりの人的資本，労働者1人当たりの天然資源，そして技術知識に依存する．次に，世界各国の政策立案者が直面する問題を考えてみよう．生産性と生活水準を高めるために，政府の政策は何ができるだろうか．

●貯蓄と投資

資本は生産された生産要素なので，社会は自らが持つ資本量を変えることができる．今日，経済が新しい資本財を大量に生産すると，明日にはより多くの資本ストックを持つことになるので，財・サービスをより多く生産できる．したがって，将来の生産性を高める一つの方法は，より多くの現在の資源を資本の生産に投資することである．

第1章で示した経済学の十大原理の一つは，「人々はトレードオフに直面している」ということであった．この原理は資本の蓄積を考える場合にとくに重要である．資源は希少なので，資本の生産により多くの資源をあてることは，現在消費するための財・サービスの生産にあてる資源を少なくすることを意味する．すなわち，社会が資本への投資を増やすためには，現在の所得からの消費を減らし，貯蓄を増やさなければならない．資本蓄積から生じる成長は，無料の昼食（フリーランチ）ではない．将来享受する財・サービスの消費を高めるためには，社会は現在享受する財・サービスの消費を犠牲にしなければならないのである．

次章では，金融市場において，貯蓄と投資がどのように調整されるのかをより詳細に調べる．また，政府の政策が貯蓄と投資の量にどのような影響を及ぼすかを調べる．ここで注意すべき重要なことは，貯蓄と投資を促進することは，政府が成長を促進し，長期において経済の生活水準を高める一つの方法であるということである．

●限界生産力逓減とキャッチアップ効果

　政府が，その国の貯蓄率（消費せずに貯蓄に向けられる GDP の割合）を高める政策をとったとしよう．そのとき何が起こるだろうか．その国の貯蓄が増えると，消費財をつくるのに必要な資源は少なくなり，資本財をつくるのに利用可能な資源が多くなる．その結果，資本ストックは増加し，生産性の上昇と GDP のより急速な成長がもたらされる．しかし，この高い成長率はどれくらい長く続くだろうか．貯蓄率が新しい高水準にとどまると仮定した場合，GDP の成長率は永久に高い水準にとどまるのだろうか，それともそれは一定期間だけのことなのだろうか．

　生産過程に関する伝統的な見方では，資本は限界生産力逓減に従うとされている．すなわち，資本ストックが増加するにつれて，資本を 1 単位増やすことによる産出の増加分は減少する．言い換えれば，財・サービスの生産に用いる資本を労働者がすでに大量に持っているときには，資本をさらに 1 単位与えても労働者の生産性はわずかしか上昇しない．このことは図 10-1 で示されている．この図は，他のすべての産出量の決定要因（天然資源や技術知識など）を一定としたとき，労働者 1 人当たりの資本量が労働者 1 人当たりの産出量をどのように決定するかを示すものである．

　限界生産力逓減が働くために，貯蓄率の上昇が成長率を高めるのはしばらくの間だけである．貯蓄率が上昇すると，より多くの資本の蓄積が可能になるが，資本の追加によって得られる利益は時間が経つにつれて小さくなり，そのため成長は減速する．長期においては，貯蓄率の上昇によって，生産性と所得の水準は上昇するが，生産性と所得の成長率は上昇しない．しかしながら，このような長期の状態に到達するまでには，きわめて長い時間を要する可能性がある．経済成長に関する国際的なデータを使った研究によると，貯蓄率の上昇は数十年にもわたって，実際により高い成長率をもたらす可能性がある．

　資本の限界生産力逓減の性質にはもう一つの重要な意味合いがある．他の条件が一定であれば，相対的に貧しい状態から出発した国のほうが，成長は

限界生産力逓減 diminishing returns：投入量が増加するに従って，1 単位の投入の追加による便益が減少するという性質．

図 10-1　生産関数の図解

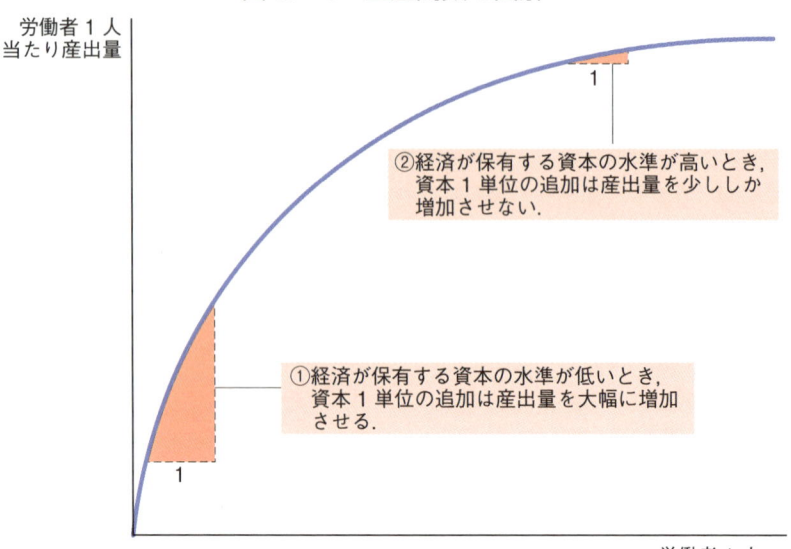

労働者 1 人
当たり産出量

②経済が保有する資本の水準が高いとき，資本 1 単位の追加は産出量を少ししか増加させない．

①経済が保有する資本の水準が低いとき，資本 1 単位の追加は産出量を大幅に増加させる．

労働者 1 人
当たり資本量

この図は，労働者 1 人当たりの資本量が労働者 1 人当たりの産出量にどのように影響を及ぼすかを示している．産出量の他の決定要因である人的資本，天然資源，技術などは一定としている．資本の限界生産力逓減のため，資本量が増加するに従ってこの曲線は平坦になる．

容易である，ということである．初期条件が成長に及ぼすこの効果は，しばしばキャッチアップ効果と呼ばれる．貧しい国では，労働者は最も基本的な道具さえ持っていないため，結果として生産性が低い．そのため，わずかな量の資本を投資しただけでも，労働者の生産性はかなり上昇する．対照的に，豊かな国の労働者は，すでに多くの量の資本を用いて働いており，これによって彼らの高い生産性の一部は説明される．しかし，労働者 1 人当たりの資本量がすでにかなり高いので，資本投資を追加しても，生産性には相対的に小さな効果しか生じない．キャッチアップ効果は，経済成長に関する国際的なデータを使った研究でも確認されている．すなわち，たとえば投資の対GDP 比率など，その他の変数をコントロールすると，貧しい国は豊かな国

キャッチアップ効果 catch-up effect：貧しい状態から出発した国のほうが，豊かな状態から出発した国よりも急速に成長するという性質．

よりも急速に成長する傾向を持つことがわかっている.

　このキャッチアップ効果を使えば，それなしでは不可解にみえる事実を説明することができる．一例を挙げよう．1960年から1990年にかけて，アメリカと韓国はGDPの同じくらいの割合を投資にあててきた．しかしながら，時間を通じてみると，アメリカが約２％というごく普通の成長しか経験しなかったのに対し，韓国は６％を超える驚異的な成長を経験した．それを説明するのはキャッチアップ効果である．1960年には，韓国の１人当たりのGDPは，アメリカの水準の10分の１以下であった．その理由の一部は，それまでの投資が非常に少なかったことで説明できる．初期の資本ストックが少なかったため，資本蓄積によってもたらされる利益は韓国のほうがはるかに大きかった．そしてこのことが，韓国にその後のより高い成長をもたらしたのである.

　このキャッチアップ効果は，日常生活の他の側面においてもみられる．学校において，学年末に「成績の上昇が最も著しい」学生が表彰される場合，その学生は学年の初めには比較的成績が悪かったのが普通である．その年の初めに勉強していなかった学生は，いつも一生懸命に勉強している学生よりも成績を上げるのが簡単だからである．出発点が与えられているときには，「成績の上昇が最も著しい」ことはよいことではあるが，「最も優秀な学生」であることのほうがもっとよいことに注意しよう．同様に，最近数十年間の経済成長は，アメリカよりも韓国のほうがはるかに急速であったが，１人当たりのGDPはまだアメリカのほうが大きい.

●外国からの投資

　これまでは，一国の貯蓄率を高めることを目的とした政策がどのように投資を増やし，その結果，長期の経済成長を促進するかを論じた．しかしながら，国内の居住者による貯蓄は，一国が新しい資本へ投資を行うための唯一の方法ではない．他の方法として外国人による投資がある.

　外国からの投資にはいくつかの形態がある．たとえば，フォード自動車は，メキシコに自動車工場を建設するかもしれない．このように，外国の事業体が所有・経営する資本投資のことを，対外直接投資と呼ぶ．もう一つの方法として，アメリカ人はメキシコの会社の株式を買う（すなわち，その会社の

所有権としての株式を買う）かもしれない．このとき，メキシコの会社は，株式の売却で得た収入を用いて新しい工場を建設することができる．このように，資金は外国のお金で調達されるが，経営は国内の居住者が行う投資のことを，対外証券投資と呼ぶ．どちらの場合も，アメリカ人はメキシコの資本ストックを増加させるのに必要な資源を提供する．すなわち，アメリカの貯蓄がメキシコの投資の資金調達に用いられるのである．

　外国人がある国に投資を行うのは，投資によって収益を得ることを期待するからである．フォードの自動車工場は，メキシコの資本ストックを増加させ，したがってメキシコの生産性を上昇させ，メキシコの GDP を増加させる．しかしフォードは，メキシコの所得の増加の一部を利潤の形でアメリカに取り戻す．同様に，アメリカの投資家がメキシコの株式を購入すると，その投資家はメキシコの会社が稼いだ利潤の一部に対する権利を得るのである．

　したがって，外国からの投資は経済的繁栄を測るすべての尺度に同じ影響を与えるわけではない．国内総生産（GDP）は一国内で居住者と非居住者の両方が稼いだ所得であるのに対し，国民総生産（GNP）は一国の居住者が国内と外国の両方で稼いだ所得であることを思い出そう．フォードが自動車工場をメキシコに建設すると，その工場が生み出す所得の一部はメキシコに居住していない人に帰属する．その結果，メキシコへの対外投資によってもたらされるメキシコ人の所得の増加（GNP で測られる）は，メキシコの生産の増加（GDP で測られる）よりも少ない．

　とはいうものの，外国からの投資は一国が成長するための一つの方法である．この投資による利益の一部は外国の所有者に還流するが，この投資は経済の資本ストックを増加させ，生産性と賃金の上昇をもたらす．そのうえ，外国からの投資は，貧しい国々が豊かな国々で開発・使用されている最新の技術を学ぶ一つの方法である．これらの理由から，発展途上経済の政府の顧問を務める経済学者の多くは，外国からの投資を奨励する政策を勧告する．具体的には，それは政府が外国人による国内資本の所有に課している制限の撤廃を意味することが多い．

　貧しい国々に投資が流入することを奨励している国際機関として，世界銀行（World Bank）がある．世界銀行は，アメリカなどの世界の先進国から資金を得て，その資源を使って発展途上国に融資を行い，道路，下水設備，

学校や他のいろいろな資本に投資ができるようにする．また，発展途上国に対して，どうすれば資金を最も有効に使うことができるかを助言する．世界銀行とその姉妹機関である国際通貨基金（IMF：International Monetary Fund）は，第2次世界大戦後に設立された．戦争の教訓の一つは，経済的貧困がしばしば政治的混乱，国際的緊張，そして軍事的対立をもたらすということであった．それゆえに，どの国も世界中の経済的繁栄を促進することに関心を持っている．世界銀行と国際通貨基金は，その共通の目的を達成するために設立された．

●教育

教育，すなわち人的資本への投資は，一国の長期的な経済的成功にとって，物的資本に劣らず重要である．アメリカでは，歴史的にみて，学校教育が1年伸びるごとに1人当たり賃金は平均して約10%上昇してきた．発展途上国では人的資本がとくに希少なので，教育を受けた労働者と教育を受けていない労働者の賃金の差はさらに大きい．したがって，政府の政策によって生活水準を高める一つの方法は，よい学校教育を提供し，人々がそれを利用するのを奨励することである．

人的資本への投資は，物的資本への投資と同様に機会費用を伴う．すなわち，学生が学校に在学している間は，労働力の構成員として彼らが稼げたはずの賃金を放棄することになる．発展途上国においては，児童はしばしば幼い年齢で学校をやめてしまうことがある．家族の生計を支えるのに彼らの労働が必要とされるというだけの理由で，学校教育延長の利益が非常に高いときでさえもやめてしまうのである．

一部の経済学者は，人的資本は正の外部性をもたらすので，経済成長にとってとくに重要だと主張する．外部性とは，ある人の行為が周囲の人の経済的状況に影響を与えることをいう．たとえば，教育を受けた人は，財・サービスを生産する最善の方法について，新しいアイディアを生み出すかもしれない．そのようなアイディアが社会の知識のプールに入り，誰でもそれを利用できるようになれば，そのアイディアは教育の外部的な便益となる．この場合には，社会にとっての学校教育の収益は，個人にとっての収益よりもはるかに大きい．公的教育にみられる人的資本投資への膨大な補助金は，この

理由から正当化できるだろう.

　いくつかの貧しい国々が直面している一つの問題は，頭脳流出である．頭脳流出とは，最も高度な教育を受けた労働者の多くが，より高い生活水準を享受できる豊かな国に移住することをいう．人的資本が正の外部性を持つとすれば，頭脳流出の発生は，あとに残された人々をより貧しくする．この問題は，政策立案者にジレンマをもたらす．アメリカや他の豊かな国々には高等教育の最もすぐれたシステムがあるので，当然，貧しい国々は最も優秀な学生を外国へ送り出し，より高い学位を取得させようとする．しかしその一方で，外国で一時期を過ごした学生は，帰国しないという選択をするかもしれず，そうなると，この頭脳流出によって貧しい国の人的資本のストックはさらに減少してしまうのである．

●健康と栄養

　人的資本という用語は，通常は教育のことをさすが，人々への別の種類の投資，すなわち人々をより健康にするような支出を表すのにも用いることができる．他の条件を一定とすると，より健康な労働者はより生産的である．人々の健康への適切な投資は，一国の生産性を高め，生活水準を上昇させる一つの方法である．

　経済史家ロバート・フォーゲルによれば，栄養の改善による健康の向上は長期の経済成長における重要な要因である．彼の推定によれば，1780年のイギリスでは，5人に1人が栄養不良で肉体労働ができない状態だった．働くことができた人も，カロリー摂取が不十分であることによって，提供できる仕事量はかなり少なかった．栄養が改善するにつれて，労働者の生産性も上昇した．

　この歴史的趨勢についてのフォーゲルの研究の一部は，人々の身長に注目したものである．低い身長は，とくに妊娠中と人生の初期の頃の栄養不良の指標であると考えられる．フォーゲルは，国が経済的に発展するにしたがって，人々はより多く食べるようになり，背が高くなるということを発見した．1775年から1975年にかけて，イギリスにおけるカロリー摂取量は26％上昇し，平均的な人の身長は3.6インチ高くなった．同様に，1962年から1995年にかけての韓国の驚異的経済成長の期間には，韓国人のカロリー消費は44％上昇

し，男子の平均身長は２インチ高くなった．もちろん，人の身長は遺伝と環境の組合せによって決まる．しかし，人々の遺伝的構造はゆっくりとしか変化しないので，平均身長のそのような上昇はおそらく環境の変化によるものであり，それは栄養状態によって明らかに説明される．

さらに，身長が生産性の指標であるということも研究によって明らかになった．一時点における多数の労働者のデータに注目すると，背の高い労働者のほうがより多く稼ぐということが，何人かの研究者によって発見された．賃金は労働者の生産性を反映するので，この発見が示唆することは，背の高い労働者ほど生産性が高くなる傾向があるということである．身長が賃金に及ぼす効果は，栄養不良が大きなリスクになっている貧しい国々においてとくに顕著である．

フォーゲルは経済史の業績に対して1993年にノーベル経済学賞を受賞した．彼の業績には，栄養に関する研究だけでなく，アメリカの奴隷制度とアメリカ経済の発展における鉄道の役割に関する研究も含まれている．ノーベル賞の受賞講演のなかで，フォーゲルは健康と経済成長に関する証拠について概説した．彼の結論は，「1790年から1980年までの間のイギリスにおける１人当たり所得の成長の約30％は，栄養の改善によって説明される」というものであった．

今日では，栄養不良はイギリスやアメリカのような先進国では幸いにもまれなことである（肥満のほうがより広範に及ぶ問題となっている）．しかし，発展途上国の人々にとっては，不十分な健康と栄養不良とが，依然として生産性の上昇と生活水準の改善に対する障害となっている．国連の推定によれば，サハラ以南のアフリカの人口のほぼ３分の１が栄養不良である．

健康と富との因果関係は，双方向的なものである．貧しい国々が貧しい理由の一部は，人々が健康でないからであり，人々が健康でない理由の一部は，彼らが貧しく十分な健康管理と栄養を与えられないからである．それは悪循環である．しかし，この事実は好循環の可能性を開くのである．すなわち，より急速な経済成長をもたらす諸政策が実施されれば，当然のことながら健康の成果は改善され，それによって経済成長もいっそう促進するだろう．

●所有権と政治的安定性

政策立案者が経済成長を促進できるもう一つの方法は，所有権を保護し，政治的安定性を高めることである．この論点は，市場経済がどのように機能するかのまさに核心に関わるものである．

市場経済における生産は非常に多くの個人と企業の相互作用から生じる．たとえば，自動車を買うときには，自動車販売会社，自動車メーカー，鉄鋼会社，鉱山会社など，さまざまな企業の生産物を買っている．このように多数の企業間での生産の分業によって，経済の生産要素を最大限有効に用いることが可能になる．それを達成するためには，経済は企業と消費者の間の取引の調整に加えて，こうした企業間の取引も調整しなければならない．市場経済は市場価格を通じてこの調整を達成する．言い換えれば，市場価格は，経済を構成する何千もの市場の一つ一つにおいて，市場の見えざる手が需要と供給を均衡させるのに用いられる手段なのである．

価格体系が作用するための重要な前提条件は，経済全体で所有権が尊重されていることである．所有権とは，人々が所有している資源に対してみずからの権限を行使できることをいう．鉱山会社は，もし盗まれるとわかっていれば，鉄鉱石を採掘しようとはしないだろう．鉱山会社が鉄鉱石を採掘するのは，そのあと鉄鉱石を販売することによって利益が得られると確信しているときのみである．このため，裁判所は市場経済において重要な役割を果たす．すなわち，裁判所は所有権を遵守させるのである．裁判所は，刑事裁判制度を通じて直接の窃盗を防ぐとともに，民事裁判制度を通じて，売り手と買い手が契約に従うことを保証する．

先進諸国にいるわれわれは，所有権を当然のこととして受け取りがちであるが，発展途上国に住んでいる人々は，所有権の欠如が大きな問題になりうることを理解している．多くの国々では，裁判制度はうまく機能していない．契約を履行させることは困難であり，しばしば詐欺行為が罰せられずにまかり通っている．もっと極端な場合には，政府は所有権を遵守させることができないどころか，現にそれを侵害することさえある．一部の国々では，事業を行うにあたって，企業は政府高官を買収するのが当然だと思われている．そのような汚職は市場の調整力を侵害し，また国内貯蓄や外国からの投資の

インセンティブを弱める.

　所有権に対する脅威の一つは，政治的不安定性である．革命やクーデター が頻繁に起こるような国は，所有権が将来尊重されるかどうか疑いを持たれ やすい．共産主義革命の後にしばしば起こったことだが，もし革命政府がい くつかの企業の資本を没収すれば，国内の居住者は，貯蓄・投資をしたり新 規事業を開始したりするインセンティブを失うだろう．同時に，外国人もそ の国に投資するインセンティブを失うだろう．革命のおそれがあるというだ けでも，一国の生活水準を引き下げるように作用する可能性がある．

　このように，経済的繁栄は政治的繁栄に部分的に依存する．効率的な裁判 制度，正直な官僚，安定的な国家組織を持っている国は，貧弱な裁判制度， 堕落した官僚，たび重なる革命とクーデターがある国よりも高い経済的生活 水準を享受するだろう．

●自由貿易

　世界のいくつかの最貧国は，**内向き志向の政策**を追求することによって急 速な経済成長を達成しようとしてきた．この政策は，世界の他の諸国との相 互作用を避けることによって，国内の生産性と生活水準を引き上げようとす るものである．国内企業は，しばしば幼稚産業保護論の推進者であり，繁栄 し成長するためには外国との競争から保護されることが必要だと主張する． この議論は，外国人に対する一般的な不信感と結びついて，発展途上国の政 策立案者が関税やその他の貿易制限を課す傾向を生み出した．

　現在では，大多数の経済学者は，世界経済に統合するような**外向き志向の 政策**を追求するほうが，最貧国をより裕福にすると考えている．財・サービ スの国際貿易は，一国の国民の経済厚生を改善することができる．貿易はあ る意味で一種の技術である．ある国が小麦を輸出して織物を輸入すると，そ の国は小麦を織物に変える技術を発明したのと同じ利益を得る．したがって， 貿易制限を取り除いた国は，大きな技術進歩の後に起こるのと同じような経 済成長を経験するだろう．

　内向き志向が好ましくない影響を及ぼすことは，多くの発展途上国の規模 が小さいことを考えれば明らかである．たとえば，アルゼンチンの GDP の 総額は，テキサス州ヒューストンの GDP とほぼ等しい．ヒューストンの市

議会が市の住民に対して，市の境界の外に住んでいる人々と交易することを禁じたらどうなるかを想像してみよう．交易による利益を利用することができないので，ヒューストンでは自分たちが消費する財をすべて生産しなければならなくなるだろう．また，他の市から最新技術の設備を輸入する代わりに，必要な資本財をすべて自分たちで生産しなければならなくなるだろう．ヒューストンの生活水準はたちどころに低下し，時間が経つにつれて問題はさらに悪化するだろう．このことは，アルゼンチンが20世紀の大半を通じて内向き志向の政策を追求してきたために起こったことにほかならない．対照的に，外向き志向の政策を追求してきた韓国，シンガポール，台湾などの国や地域は，高い経済成長率を享受してきた．

　一国と他の国々との貿易量は，政府の政策だけでなく地理的条件にも依存して決まる．良好な天然の港を持つ国は，そのような港を持たない国よりも容易に貿易できることは明らかである．ニューヨーク，サンフランシスコ，香港のような世界の大都市の多くが海洋に面しているのは偶然ではない．逆に，陸地に囲まれた国は，国際貿易が困難になるので，世界の水路を容易に利用できる国よりも所得水準が低い傾向がみられる．たとえば，海岸から100キロメートル以内に住んでいる人々が人口の80%を上回る国は，それが人口の20%を下回る国に比べて，1人当たりGDPが4倍以上になっている．海へのアクセスの決定的な重要性は，陸に閉じ込められた国の多いアフリカ大陸がなぜこれほどまでに貧しいのかを説明するのに役立つ．

●研究開発

　今日の生活水準が100年前よりも高い主な理由は，技術知識が進歩したためである．電話，トランジスタ，コンピュータ，内燃機関は，財・サービスを生産する能力を改善した数多くの技術革新の一部である．

　ほとんどの技術進歩は，企業や個人の発明家の私的な研究によって生まれるが，こうした努力を促進することには公的な利益もある．知識は大部分が公共財である．すなわち，ある人が一つのアイディアを発見すると，そのアイディアは社会の知識のプールに入り，他の人々は自由にそれを使うことができる．政府には，国家防衛のような公共財を提供する役割があるのと同様に，新技術の研究開発を奨励する役割がある．

　アメリカ政府は，技術知識の創造と普及において，長い間一定の役割を果たしてきた．100年前には，政府は農業の方法についての研究を支援し，土地の最善の利用方法について農家に助言していた．最近になると，アメリカ政府は，空軍と国立航空宇宙局（NASA：National Aeronautics and Space Administration）を通じて，航空宇宙の研究を援助してきた．その結果，アメリカはロケットと航空機の製造において世界をリードしている．政府は，国立科学財団（NSF：National Science Foundation）や国立衛生研究所（NIH：National Institutes of Health）を通じて研究に助成金を出したり，研究開発に従事している企業の税金を免除したりすることによって，知識の進歩を奨励している．

　政府の政策が研究を奨励する方法はもう一つある．それは特許制度である．一個人や一企業が新薬などの革新的な製品を発明すると，その発明者は特許を申請できる．その製品が本当に独創的であると認められれば，政府によって特許が与えられる．発明者は特許によって，決められた一定年数の間，その製品を独占的につくる権利を与えられる．要するに，特許は発明者に彼の発明に対する所有権を与え，彼の新しいアイディアを公共財から私的財へと転換するのである．一時的ではあるが，発明者がみずからの発明から利潤を得ることを認めることによって，特許制度は個人や企業が研究に従事するインセンティブを高める．

専門家にきく　イノベーションと成長

　「将来の世界中のイノベーションはあまり大きな変化をもたらすものでなく，これからの100年にわたるアメリカや西ヨーロッパの1人当たりの経済成長率が，過去150年のそれと同じほど高い水準に持続的に維持されることはないだろう．」

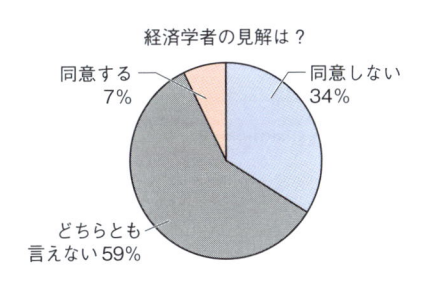

経済学者の見解は？

同意する 7%
同意しない 34%
どちらとも言えない 59%

（出所）IGM Economic Experts Panel, February 11, 2014.

●人口成長

　経済学者や他の社会科学者は，人口が社会にどのような影響を及ぼすかについて長らく議論をしてきた．その最も直接的な影響は労働力の規模に対する影響である．人口が多いことは，財・サービスを生産する労働者が多いことを意味する．中国の人口規模が巨大であることが，中国が世界経済であれほど重要な役割を演じている一つの理由である．

　しかしながら同時に，人口が多いことは，それらの財・サービスを消費する人も多いことを意味する．したがって，人口が多いことは，財・サービスの総産出量が多いことを意味するが，必ずしも平均的な国民の生活水準が高いことを意味するわけではない．事実，経済発展のどの段階をみても，大国もあれば小国もある．

　人口規模がこのように明らかな影響を持つほかに，人口成長は他の生産要素と相互に影響しあうが，その影響の仕方はもっと微妙で，議論の余地がある．

　天然資源の乱用　トマス・ロバート・マルサス（1766〜1834年）は，イギリス人の牧師で初期の経済思想家であるが，著書『人口論』によって有名である．その著書のなかで，マルサスは，歴史についての最も気の滅入る予言とでもいうべきものを示した．マルサスは人口の増加が続くことによって，社会の自給力に負担がかかり続け，その結果，人類は永久に貧困のなかで暮らし続ける運命にあると論じたのである．

　マルサスの論理は単純である．マルサスはまず，「食料が人間の生存に不可欠である」ということ，そして「異性の間の感情は不可欠であり，ほぼ現在の状態が続くと考えられる」ということに注目した．マルサスが下した結論は，「人口の増加率は，人間の生存手段を生産する土地の生産力の増加率よりも限りなく高い」というものであった．マルサスによれば，人口成長を抑制するのは，ただ「窮乏と悪徳」のみであった．マルサスは，慈善や政府による貧困救済の試みは，逆効果をもたらすと論じた．なぜなら，それらはたんに貧しい人々がより多くの子どもを持つことを可能にし，社会の潜在的な生産能力にさらに大きい負担をかけることになるからである．

マルサスは，彼が生きていた時代の世界を正しく記述していたかもしれないが，幸いなことに，マルサスの陰惨な予言はまったく的外れであった．世界の人口は過去2世紀の間に約6倍に増加したが，世界の生活水準は平均すると当時よりもはるかに高くなっている．経済成長の結果，慢性的な飢餓や栄養不良はマルサスの時代よりも今日のほうが少なくなった．現代的な飢饉がしばしば起こるが，それは食料生産の不足よりも不平等な所得分配や政治的不安定性の結果である場合のほうが多い．

マルサスはどこで間違ったのだろうか．本章の前出のケース・スタディ「天然資源は成長の限界となるか」で論じたように，人間の発明の能力の成長が人口増加の影響を打ち消したのである．マルサスがまったく想像しなかったような農薬，肥料，機械化された農業設備，新しい品種の作物，そしてその他の技術進歩によって，個々の農家は以前よりもはるかに多くの人口に食料を提供することが可能になった．食料を与えるべき口数，すなわち人口が増えているにもかかわらず，個々の農家の生産性がはるかに高くなったので，必要な農家の数はかえって少なくなったのである．

資本ストックの希薄化 マルサスは人口が天然資源の利用に及ぼす影響を憂慮したが，現代の成長理論のなかには，人口成長が資本蓄積に及ぼす影響を強調するものもある．それらの理論によれば，高い人口成長によって，労働者1人当たりのGDPが減少する．なぜならば，労働者数の急速な成長は，資本ストックが労働者の間に薄く広がることを余儀なくさせるからである．言い換えれば，人口成長が急速なときには，個々の労働者が装備できる資本は少なくなる．労働者1人当たりの資本量が少なくなると，生産性は低下し，労働者1人当たりのGDPは減少する．

この問題は，人的資本の場合に最も明白になる．人口成長率の高い国々は，就学年齢の子どもをたくさん抱えている．このことは教育システムに大きな負担をかける．したがって，人口成長率の高い国の教育達成度が低くなる傾向があることは，驚くべきことではない．

世界の国々の人口成長には大きな格差がある．アメリカや西ヨーロッパのような先進国では，ここ数十年，人口成長率は年率1%程度にすぎず，将来はさらに成長率が低下すると予想されている．対照的に，多くの貧しいアフ

リカの国々の人口成長率は年率約3％である．この成長率だと人口は約23年ごとに倍になる．このような急速な人口成長のため，高い生産性の水準を達成するのに必要な道具や技術を労働者に提供することがますます困難になっている．

急速な人口成長は発展途上国の貧困を説明する主たる理由ではないが，一部の専門家は人口成長率の低下が発展途上国の生活水準の上昇に役立つと信じている．いくつかの国々では，家族が持つことのできる子どもの数を規制する法律をつくり，この目標を直接的に達成している．たとえば，1980年から2015年の間，中国では一家族について1人だけ子どもを持つことを認めていた．この規則を破った夫婦には，かなり重い罰金が科せられる．もう少し自由な国では，それほど直接的な方法を用いず，産児制限の技術の認識を高めることを通じて，人口成長の減少という目標を達成している．

一国が人口成長に影響を及ぼすことのできるもう一つの方法は，経済学の十大原理の一つを適用することである．それは，「人々はさまざまなインセンティブに反応する」という原理である．子どもを産むことには，他の決定と同じく機会費用が生じる．子どもを持つことの機会費用が上昇すると，人々は家族の数を少なくするだろう．とくに，よい教育を受け，望ましい職に就いている女性は，家庭の外で働く機会が少ない女性に比べて，あまり子どもを持ちたがらない傾向がある．したがって，女性の待遇の均等化を促進する政策は，発展途上国が人口成長率を低下させ，そしておそらく生活水準を上昇させる一つの方法であるかもしれない．

技術進歩の促進　急速な人口成長は，個々の労働者が装備する資本量を減少させることによって経済的繁栄を後退させるかもしれないが，同時にいくらかの便益をもたらすかもしれない．一部の経済学者は，世界の人口成長が技術進歩と経済的繁栄の原動力であったと示唆している．そのメカニズムは簡単である．人口が多ければ，技術進歩に貢献する科学者，発明家，エンジニアも多くなり，その結果みんなが便益を受けるというのである．

経済学者マイケル・クレマーは，1993年の『クォータリー・ジャーナル・オブ・エコノミクス』に掲載された「人口成長と技術変化——紀元前100万年から1990年まで」と題する論文において，この仮説を支持する若干の証拠

を提供した．クレマーは，論文の冒頭において，人類の歴史の長い期間にわたって，世界の成長率は世界の人口とともに上昇したことを指摘している．たとえば，世界の成長は世界の人口が1億人しかいなかったとき（紀元前500年ごろ）よりも，世界の人口が10億人であったとき（1800年ごろ）のほうが急速であった．この事実は，人口が多いことがいっそう多くの技術進歩を誘発するという仮説と整合的である．

クレマーの第2の証拠は，世界のさまざまな地域を比較することから得られる．紀元前1万年ごろの氷河期の終わりに，地球の両極の氷山が溶けて大陸をつなぐ橋状の陸地が浸水し，世界はいくつかの別々の地域に分断され，何千年もの間互いに連絡をとることができなくなった．物事を発見する人々が多くいるほうが技術進歩が急速に生じるとすれば，大きな地域のほうが急速な成長を経験したはずである．

クレマーによれば，まさにそのようなことが起こったのである．1500年（コロンブスが接触を回復させたとき）において世界で最も成功を収めていた地域は，広大なユーラシア-アフリカ地域の「旧世界」の文明を形成していた．その次に技術的に発展していたのは，アメリカのアステカ文明とマヤ文明であり，それに続いてオーストラリアの狩猟採集民族，そしてタスマニアの未開人となる．タスマニアの人たちは火をおこすこともできず，石や骨でできた道具もほとんど持っていなかった．

最も小さくて孤立した地域は，タスマニアとオーストラリアの間にあるフリンダー島である．人口が最も少ないフリンダー島は，技術進歩の機会がほとんどなく，実際には退歩していたようである．紀元前3000年ごろに，フリンダー島の人間社会は完全に消滅した．人口が多いことは技術進歩の前提条件であるとクレマーは結論づけている．

【小問】 ●政府の政策立案者が社会の生活水準の成長を高めるために試すことのできる方法を三つ述べなさい．これらの政策に何か問題点はあるか．

4 結論：長期的成長の重要性

この章では，一国の生活水準を決定するのは何か，そして政策立案者は経

済成長を促進する諸政策を通じて生活水準を高めるためにどのような努力ができるかを論じた．この章の大部分は経済学の十大原理の一つに要約できる．すなわち，「一国の生活水準は，財・サービスの生産能力に依存している」．生活水準の成長を速めたい政策立案者は，生産要素の急速な蓄積を促進し，これらの要素が可能な限り有効に利用されることを保証することによって，自国の生産能力を増加させることを目標としなければならない．

　政府が経済成長の促進において果たす役割に関して，経済学者の意見は一致していない．少なくとも，政府は所有権と政治的安定性を維持することによって，見えざる手を支えることができる．論争の余地があるのは，技術進歩にとってとくに重要と思われる特定の産業に対して，政府が重点的に補助をすべきかどうかという点である．間違いなく，この問題は経済学において最も重要な問題に属する．ある世代の政策立案者が経済成長の基本的な教訓を学び，それに注意を払うことに成功すれば，次の世代がどのような世界を受け継ぐかも決まるのである．

要約

- １人当たりの GDP で測った経済的繁栄は，世界の国々の間でかなり差がみられる．世界の最も豊かな国々の平均所得は，世界の最も貧しい国々の平均所得の10倍以上である．実質 GDP の成長率もまたかなり差があるので，国々の相対的な地位は時間の経過とともに劇的に変化しうる．
- 一国経済の生活水準は，一国経済が財・サービスを生産する能力に依存する．そして生産性は，労働者に利用可能な物的資本，人的資本，天然資源および技術知識に依存する．
- 政府の政策は，経済の成長率にさまざまな方法で影響を与えることができる．具体的には，貯蓄と投資の促進，外国からの投資の促進，教育の助成，健康の増進，所有権と政治的安定性の維持，自由貿易の容認，新技術の研究開発の促進，などである．
- 資本が蓄積されるにつれて，資本の限界生産力は逓減する．経済がより多くの資本を持つほど，資本１単位の増加によって得られる産出量の増加分

は減少する．その結果，貯蓄の増加は，ある一定期間は成長の上昇をもたらすが，資本，生産性，所得が上昇するにつれて，成長はやがて減速する．同じく限界生産力逓減のために，資本の収益は貧しい国ではとくに高い．他の条件が等しければ，貧しい国はキャッチアップ効果によって，より急速に成長することができる．

● 人口の成長は経済成長にさまざまな効果を与える．より急速な人口成長は，供給される天然資源を乱用することになり，また各労働者に利用可能な資本量を減少させることになるため，生産性を低下させる．他方では，人口が多ければ，科学者や技術者も増えるため，技術進歩率は高まるかもしれない．

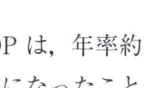

確認問題

1. 過去1世紀にわたって，アメリカの1人当たり実質 GDP は，年率約（　　　）％で成長したが，これは（　　　）年ごとに2倍になったことを意味する．

   a. 2, 14

   b. 2, 35

   c. 5, 14

   d. 5, 35

2. アメリカやドイツのような世界の豊かな国々の1人当たり所得は，パキスタンやインドのような世界の貧しい国々の1人当たり所得の約（　　　）倍である．

   a. 2

   b. 4

   c. 10

   d. 30

3. ほとんどの経済学者は，自然資源がやがて経済成長に限界をもたらすことを（　　　）．その証拠として彼らが注目するのは，全体としてのインフレーションで調整した自然資源の価格がほとんど（　　　）していることである．

- a. 懸念している，上昇
- b. 懸念している，下落
- c. 懸念していない，上昇
- d. 懸念していない，下落

4. 資本は収穫逓減に従うため，貯蓄と投資が増加しても増加しないのは，次のうちどれか.
   - a. 長期の所得
   - b. 短期の所得
   - c. 長期の成長
   - d. 短期の成長

5. 日本の自動車メーカーのトヨタがアメリカにある自動車工場の一つを拡張するとき，この出来事はアメリカの国内総生産（GDP）と国民総生産（GNP）に対してどのような影響を与えるか.
   - a. GDP は上昇し，GNP は低下する.
   - b. GNP は上昇し，GDP は下落する.
   - c. GDP は GNP より大幅に増加する.
   - d. GNP は GDP より大幅に増加する.

6. トマス・ロバート・マルサスが人口成長の影響について信じていたことは次のうちどれか.
   - a. 経済の食料生産能力を圧迫し，人類が貧困にとどまることを運命づける.
   - b. 資本ストックが労働力の間に薄く拡散するため，労働者1人当たりの生産性を低下させる.
   - c. 科学者や発明家が多くなるため，技術進歩が促進される.
   - d. 産児制限の改善によって人々が少人数の家族をもつようになるため，早晩持続可能な水準で停滞する.

復習問題

1. 一国の GDP の水準が測定するものは何か. GDP の成長率が測定するものは何か. あなたは，GDP の水準は高いが成長率は低い国と，GDP の

水準は低いが成長率は高い国とではどちらに住みたいと思うか.

2. 生産性の決定要因を四つ挙げ，説明しなさい.

3. 大学の学位はどのような意味で資本の一形態なのか.

4. 貯蓄の増加がどのようにして生活水準の上昇をもたらすのかを説明しなさい．政策立案者に貯蓄率を高めることを思いとどまらせるものがあるとすれば，それは何か.

5. 貯蓄率の上昇が成長率の上昇をもたらすのは一時的か，それとも永続的か.

6. 関税などの貿易制限を撤廃すると，より急速な経済成長がもたらされるのはなぜか.

7. 人口の成長率は，1人当たりGDPの水準にどのような影響を及ぼすか.

8. 技術知識の進歩を促進するために，アメリカ政府が試みることのできる方法を二つ述べなさい.

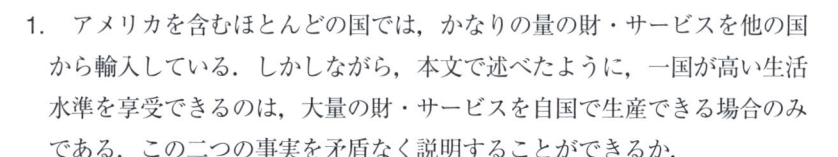

応用問題

1. アメリカを含むほとんどの国では，かなりの量の財・サービスを他の国から輸入している．しかしながら，本文で述べたように，一国が高い生活水準を享受できるのは，大量の財・サービスを自国で生産できる場合のみである．この二つの事実を矛盾なく説明することができるか.

2. 社会が消費を減らして投資を増やすことを決定したとしよう.

   a. この変化は経済成長にどのような影響を及ぼすだろうか.

   b. この変化によって利益を得るのは社会のどのグループだろうか．損失を被るのはどのグループだろうか.

3. 社会は資源のなかからどれだけの割合を消費にあて，どれだけの割合を投資にあてるかを選択する．この決定の一部は民間支出を伴い，他の部分は政府支出を伴う.

   a. 民間支出のうち消費の形態をとるものと投資の形態をとるものをそれぞれいくつか述べなさい．国民所得勘定では授業料は消費支出のなかに含められている．あなたが教育に振り向ける資源は，消費の一形態なのか，それとも投資の一形態なのか，あなたの意見を述べなさい.

b. 政府支出のうち消費の形態をとるものと投資の形態をとるものをそれ
ぞれいくつか述べなさい．保健プログラムへの政府支出は，消費の一形
態と投資の一形態のうちどちらに入るとみるべきだろうか．若者のため
の保健プログラムと老人のための保健プログラムは区別されるべきだろ
うか．あなたの意見を述べなさい．

4. 資本に投資をすることの機会費用は何か．一国が資本に「過剰投資」す
る可能性はあるだろうか．人的資本に投資をすることの機会費用は何か．
一国が人的資本に「過剰投資」する可能性はあるだろうか．説明しなさい．

5. 1990年代および2000年代の最初の10年には，日本や中国などアジア経済
からの投資家がアメリカに対してかなり多くの直接投資や証券投資を行っ
た．当時，多くのアメリカ人はこのような投資が行われていることに不満
であった．

a. アメリカがこのような外国投資を受け入れたことは，受け入れないよ
りもどのような点でよかっただろうか．

b. アメリカ人がこの投資を行っていれば，どのような点でさらによかっ
ただろうか．

6. 多くの発展途上国では，中学校への入学率は女子のほうが男子よりも低
い．女子の教育機会の増加がどのようにしてこれらの国の経済成長を速め
るかについて，いくつかの経路を挙げて説明しなさい．

7. 国際財産権指数（International Property Right Index）とは，法的・
政治的環境や，財産権がいかによく守られているかにもとづいて世界の
国々に評点をつけたものである．オンライン検索をして，最近のランキン
グを見つけなさい．評点の高い3カ国と，評点の低い3カ国を選びなさい．
次に，これら6カ国の1人当たりGDPの推定値を見つけなさい．どのよ
うなパターンが見いだされるだろうか．そのパターンの2つの可能な解釈
を述べなさい．

8. 国際比較のデータでは，1人当たり所得と人々の健康の間には正の相関
関係があることが示されている．

a. 所得が高いことは，どのようにして健康状態をよくするか，説明しな
さい．

b. 健康状態がよいことは，どのようにして高い所得をもたらすか，説明

しなさい.

c. これらの二つの仮説の相対的重要性は，公共政策にどのように関連するだろうか.

9. 18世紀の偉大な経済学者アダム・スミスは次のように書いている.「一国家を最低の未開状態から最高の富裕状態へと発展させるには，平和，安い課税，および許容できる司法以外に必要なものはほとんどない.それ以外のものはすべて自然の成り行きによってもたらされる.」スミスが挙げている三つの条件はそれぞれ経済成長をどのように促進するかを説明しなさい.

失業

Keywords

労働力 labor force
失業率 unemployment rate
労働力率 labor-force participation rate
自然失業率 natural rate of unemployment
循環的失業 cyclical unemployment
意欲喪失労働者 discouraged workers
摩擦的失業 frictional unemployment
構造的失業 structural unemployment
職探し job search
失業保険 unemployment insurance

　職を失うことは，人生のなかで最も悩ましい経済的な出来事だといえるかもしれない．ほとんどの人々が勤労所得に頼って生活水準を維持しているし，仕事から達成感も得ている．そのため，仕事を失うことは，現在の生活水準の低下，将来への不安，そして自尊心の低下を意味する．したがって，選挙運動中の政治家が，自分の提案している政策がどれほど新たな仕事を生み出すかをたびたび主張することは驚くことではない．

　これまでの章では，一国の生活水準と成長を決定するいくつかの要因についてみてきた．たとえば，所得を貯蓄・投資にまわす割合が高い国は，この割合が低い同じような国よりも，資本ストックとGDPの急速な成長を享受できる．一国の生活水準としてより明白な決定要因は，その国が典型的に経験する失業者の総数である．働きたいのに職が見つからない人々は，経済のなかで財・サービスの生産に貢献していない．何千もの企業や何百万人もの労働者を抱える複雑な経済においては，ある程度の失業は不可避であるが，失業者の総数は時代や国によってかなり異なっている．労働者の完全雇用をできるかぎり維持している国は，労働者を有効活用していない国よりも高いGDP水準を達成している．

　この付論では，失業に関して学習する．失業問題は，通常は長期と短期の2種類の問題に分かれる．経済の自然失業率とは，経済が通常の状態で経験する失業率を意味する．循環的失業とは，失業率が自然失業率の周りを年々変動することをさしており，したがって，経済活動の短期的な活況・沈滞と密接に関わっている．循環的失業が発生するにはそれなりの理由があるが，そのことについては，この本の後のほうで経済の短期的変動を学習するまで触れない．この章では，経済の自然失業率の決定要因について議論する．後でわかるように，「自然」という言葉は，この失業率が望ましいという意味ではない．また，この失業率が時間を通じて一定だとか，経済政策に左右されないという意味でもない．このような失業は長期的にさえもなくならないということを意味しているだけである．

　この付論では，失業を特徴づけるいくつかの有意義な要因を検討する．とくに，以下の三つの質問について検討する．政府は自国の失業率をどのようにして測定しているのか．失業データを解釈する際にどのような問題が発生するのか．失業者は典型的にはどのくらい長く無職のままなのか．次に，経

済にはつねにある程度の失業が存在する理由と，政策立案者が失業者を救済する方法を検討することになる．

 ## 失業を識別する

この章ではまず，**失業**という言葉が何を意味しているかをより正確に検討しよう．

●失業はどのようにして測定されているか

失業の測定は，労働省の一部局である労働統計局（BLS）の仕事である．労働統計局は，失業データに加えて，雇用形態，平均週労働時間，失業継続期間といった労働市場の別の側面を示すデータを毎月提供している．これらのデータは，人口動態調査（CPS：Current Population Survey）と呼ばれる約6万世帯に関する定期的な調査から得られる．[1]

労働統計局は，質問調査項目に対する回答に基づいて，調査世帯における16歳以上の成人を以下の三つに分類している．

●**雇用者**[2]：このカテゴリーには，給与所得者，自営業者や無給の家族従業者が含まれる．フルタイムとパートタイムの両方の労働者も含まれている．さらに，仕事はあるが休暇や病気，悪天候などの理由で一時的に欠勤していて調査時点には働いていなかった人々も含まれている．
●**失業者**：このカテゴリーには，仕事があれば働けるのに雇用されておらず，しかも調査時点の4週間にわたって仕事を探していた人々が含まれている．また，レイオフされていて仕事への復帰を待っている人々も含まれている．
●**非労働力**：このカテゴリーには，上記の二つのカテゴリーには当てはまらないフルタイムの学生，主婦（夫），退職者などの人々が含まれている．

図10A-1は，これらのカテゴリーに分類された2016年の状況を示してい

---

1) 日本の場合，国勢調査を母集団とする約4万世帯10万人に関する毎月の調査に基づいている．
2) 日本の場合，慣例により被雇用者を雇用者と呼ぶ．

図 10A-1　2016年の人口分類（アメリカ）

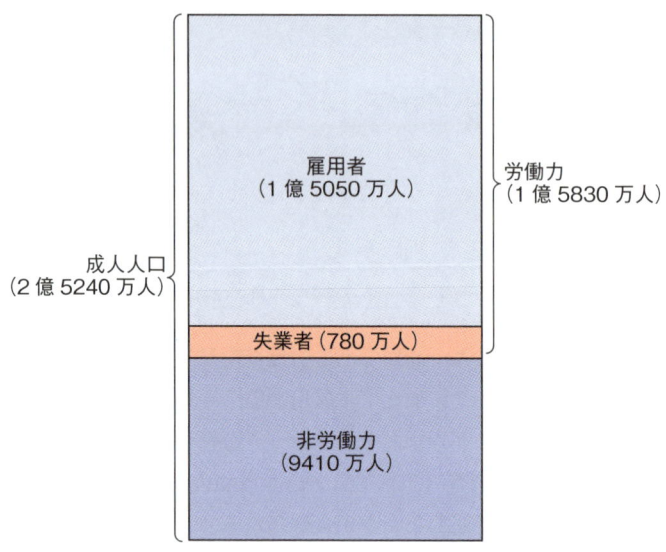

(出所)　アメリカ労働省労働統計局.
労働統計局は，成人人口を「雇用者」「失業者」「非労働力」の三つのカテゴリ
ーに分類している.

る（日本の2017年の状況は図10A-1′）.

　労働統計局が調査対象となるすべての人々を分類し終えると，労働市場の状態を表すさまざまな統計量を計算できる. 労働統計局の定義では，**労働力**とは雇用者と失業者の合計であり，

労働力＝雇用者数＋失業者数

となる. 労働統計局の定義では，**失業率**は労働力に占める失業者の割合（百分比）であり，

$$失業率＝\frac{失業者数}{労働力}\times100$$

となる. 労働統計局は，すべての成人人口における失業率だけでなく，人種や性別などによってより細かく分類されたグループについても失業率を計算している.

労働力 labor force：雇用者数と失業者数をあわせた総労働者数.
失業率 unemployment rate：労働力に占める失業者の割合.

図 10A-1′ 2017年の人口分類（日本）

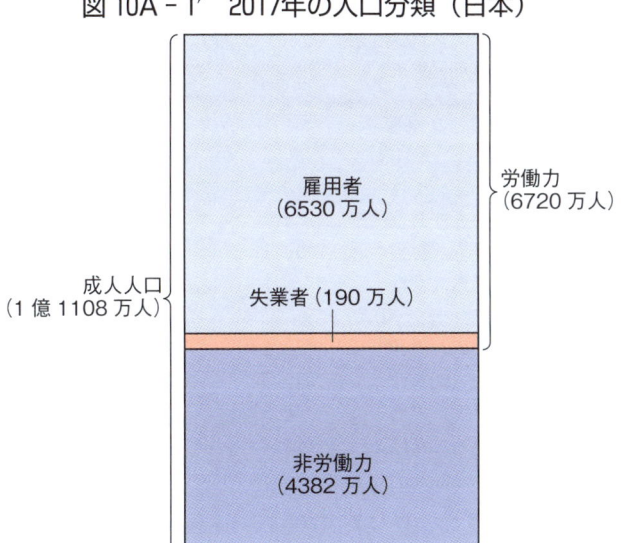

（出所）総務省統計局『労働力調査年報』.
ただし，日本の場合，成人人口は，15歳以上人口としている.

労働統計局は，同じ調査を用いて労働力率に関するデータも提供している.**労働力率**とは，アメリカのすべての成人人口のなかで労働力とみなされる人々が占める割合である.

$$\text{労働力率} = \frac{\text{労働力}}{\text{成人人口}} \times 100$$

この統計（労働力率）は，労働市場に参加している人々の割合を示している.失業率と同じように，労働力率は，すべての成人人口に対してだけではなく，特定のグループについても計算されている.

これらのデータがどのように計算されているかをみるために，2016年のデータを考察してみよう.この年には，1億5050万人が雇用され，780万人が失業していた.したがって，労働力は，

$$\text{労働力} = 1億5050万 + 780万 = 1億5830万（人）$$

である.失業率は，

労働力率 labor-force participation rate：成人人口に占める労働力の割合.

表10A-1　さまざまな人口グループの労働市場での経験（アメリカ）

人口グループ	失業率 （%）	労働力率 （%）
成人（25〜54歳）		
白人、男性	4.4	89.4
白人、女性	4.6	74.3
黒人、男性	10.1	80.7
黒人、女性	9.1	75.8
未成年（16〜19歳）		
白人、男性	19.2	35.6
白人、女性	15.5	36.8
黒人、男性	36.5	25.9
黒人、女性	29.7	28.4

（出所）　アメリカ労働省労働統計局。
この表は2014年のアメリカの人口におけるさまざまなグループの失業率と労働力率を示している。

$$失業率 = \frac{780万}{1億5830万} \times 100 = 4.9\%$$

となる。成人人口は2億5240万人なので、労働力率は、

$$労働力率 = \frac{1億5830万}{2億5240万} \times 100 = 62.7\%$$

となる。したがって、2016年においては、アメリカの成人人口のほぼ3分の2が労働市場に参加しており、それらの人々の4.9％が仕事のない状態だったことになる。

表10A-1は、アメリカの成人人口におけるさまざまグループの失業率と労働力率の統計を示している。ここには、三つの顕著な特徴が示されている。第1に、25〜54歳の女性は男性よりも労働力率が低いが、いったん労働市場に参加すると、男性も女性も失業率は同じくらいである。第2に、25〜54歳の黒人は白人と同じくらいの労働力率だが、失業率は白人に比べるとかなり高い。第3に、10代の若者は、年配世代より労働力率はかなり低いが、失業率はかなり高い。より一般的にいえば、これらのデータは、労働市場での状況が経済のさまざまなグループの間で大きく異なっていることを示している。

図 10A - 2　1960年以降の失業率（アメリカ）

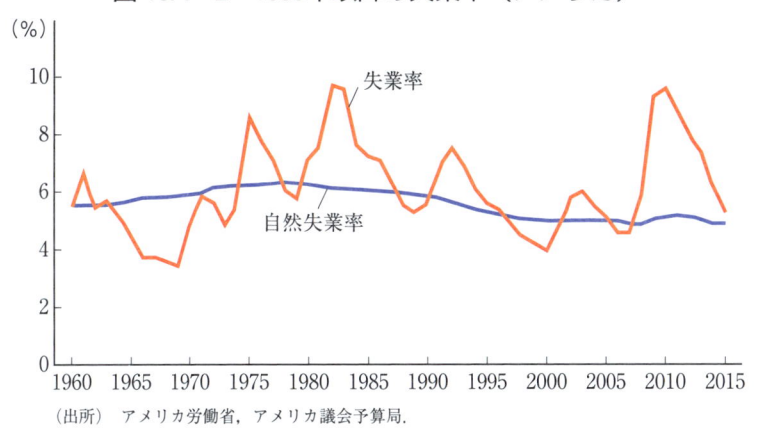

（出所）　アメリカ労働省，アメリカ議会予算局.

この図は，アメリカの失業率の年次データを用いて，失職中の労働力の百分比を示している．自然失業率は，実際の失業率がその周りを変動する際の基準水準となる失業率である．

図 10A - 2′　1960年以降の失業率（日本）

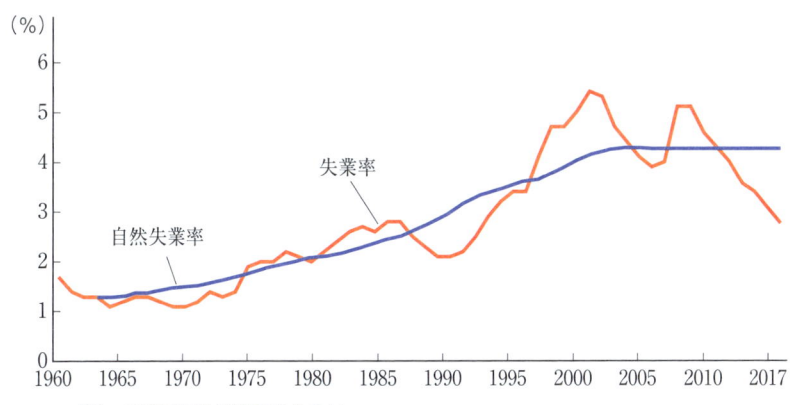

（注）　1972年以前は沖縄県を含まない.
（出所）　Datastream.

この図は，1960年以降の日本の失業率と，自然失業率を表している．各年の自然失業率は，当該年の10年前から10年後までの失業率の平均値として計算している（ただし，データがないので最近の10年間は一定値としている）.

している．

　経済学者や政策立案者は，労働市場に関する労働統計局のデータを用いて，時間を通じた経済の変化を監視することができる．図10A-2は，1960年以

降におけるアメリカの失業率を示している（日本の失業率は図10A-2′）．この図によれば，経済にはつねにある程度の失業者が存在し，その数が年々変化している．失業率が（上下に）変動する際の基準となっているような失業率を**自然失業率**と呼び，失業率の自然失業率からの乖離部分を**循環的失業**と呼ぶ．図中の自然失業率は，議会予算局のエコノミストによって推定された系列値である．2015年には，自然失業率が4.9％と推定されており，実際の5.3％という失業率にかなり近い．本書の後のほうでは，自然失業率の周りを変動する年々の失業率を含めた短期の経済変動を検討する．しかしながら，この章の残りの部分では，短期の経済変動は無視し，なぜ市場経済にはつねに失業が存在するのかを検討する．

ケース・スタディ　アメリカ経済における男女の労働力率

アメリカ社会における女性の役割は，この100年間で劇的に変化してきている．社会評論家は，この変化の数多くの原因を指摘している．一部には，この変化は，家庭内の日常的な雑事に必要な時間を軽減してきた洗濯機，衣類乾燥機，冷蔵庫，冷凍庫，自動食器洗機などの新しい技術のおかげである．また一部には，一般家庭に生まれる子どもの数を減らす産児制限方法の改善のおかげでもある．さらに，女性の役割の変化は，一部には政治的・社会的な環境変化にも起因する．一方，それらの変化は，技術の進歩や避妊の改善によっても進んだと考えられる．これらの要因が一緒になって，社会一般，とくに経済に対して深遠な影響を与えている．

そのような影響は，労働力率のデータほど顕著に出ているものはない．図10A-3は，1950年以降のアメリカにおける男女の労働力率の推移を示したものである（日本の男女別労働力率は図10A-3′）．第2次世界大戦直後には，男性と女性は，社会のなかでかなり異なる役割を担っていた．当時は，男性の約87％が仕事に就いていたり仕事を探したりしていたが，対応する女性比率は33％にすぎなかった．それ以降，労働市場に参入する女

自然失業率 natural rate of unemployment：その周辺を失業率が変動する正常な水準の失業率．
循環的失業 cyclical unemployment：自然失業率から乖離した失業部分．

図10A – 3　1950年以降の男女の労働力率（アメリカ）

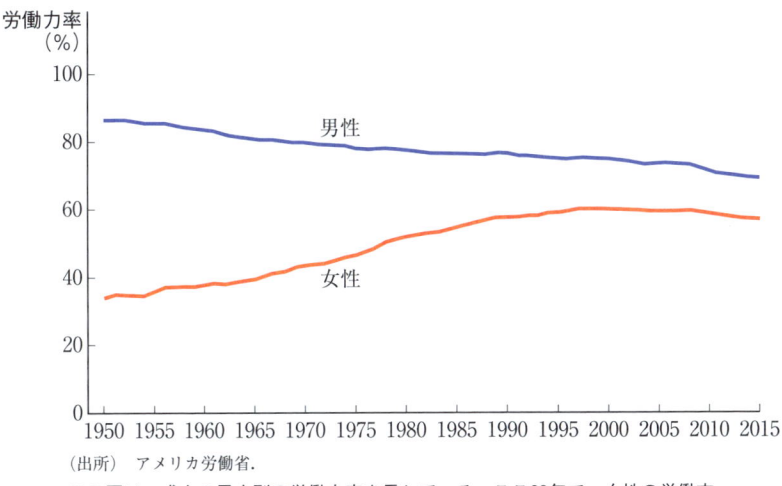

（出所）　アメリカ労働省.

この図は，成人の男女別の労働力率を示している．ここ69年で，女性の労働市場への参入と男性の労働市場からの退出が増えてきている．

図10A – 3′　1950年以降の男女の労働力率（日本）

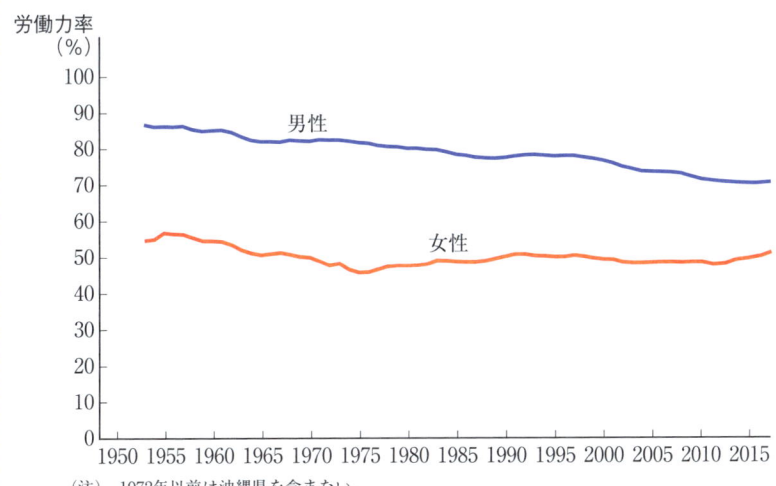

（注）　1972年以前は沖縄県を含まない.
（出所）　総務省統計局「労働力調査」.

性が増え，男性の一部が退出するにつれて，男女の労働力率の差は少しずつ縮まってきた．その結果，2015年のデータでは，女性の57％が労働力と

なり，一方男性の労働力率は69％であった．つまり，労働力率で測定するかぎり，男女は経済のなかでより平等な役割を果たすようになってきている．

　女性の労働力率の上昇は容易に理解できるが，男性の労働力率低下は謎にみえる．男性の労働力率低下要因は，いくつか考えられる．第1に，若年男性は，彼らの父親や祖父に比べると在学期間が長くなっている．第2に，高齢者が，以前よりも早く引退し，また長生きするようになってきている．第3に，女性の雇用が増えたことによって，家で子育てに励む男性が増えている．フルタイムの学生，定年退職者，そして主夫は，すべて非労働力とみなされる．

●失業率はわれわれの知りたいことを測定しているのか

　一国経済において失業者数を測定することは簡単そうにみえるが，実際はそうではない．フルタイムの仕事を持っている人とまったく働いていない人を区別することは簡単だが，失業者と非労働力化している人を区別することは難しい．

　事実，労働力への参入・退出は頻繁にみられる．失業者の3分の1以上は，最近になって労働市場に入ってきたばかりの人々である．このような人々のなかには，初めての職を探している若年労働者も含まれる．さらに多いのは，以前は非労働力化していたが最近職探しを始めた年配者である．さらに，すべての失業者が最終的に職にありつけるわけではない．事実，失業継続期間が終了する理由の約半分は，非労働力化によるものである．

　人々は労働力への参入・退出を頻繁に繰り返すので，失業に関する統計は解釈が難しい．失業していると答えている人々の一部は，実際には仕事を一生懸命探していないかもしれない．彼らが失業者と自称しているのは，失業者に金銭的な補助を行う政府のプログラムの対象者になるためや，あるいは，実際には仕事をしているが所得税を避けるためにこっそり賃金をもらっているためかもしれない．こういう人々は，非労働力と呼んだり，場合によっては雇用者と呼んだりするほうが的確だろう．その一方で，非労働力化していると答えている人々のなかには，働きたがっている人々もいるかもしれない．そのような人々は，職探しはしたが，失敗してあきらめてしまったのかもし

表10A－2　労働の過少利用に関するいくつかの指標

指標とその説明
U-1　15週以上失業している人々の民間労働力に占める割合（かなり長期に失業している人々のみが入っている）　2.0%
U-2　一時的な職を終えた失職者または人々の民間労働力に占める割合（離職者を除く）　2.3%
U-3　全失業者の民間労働力に占める割合（公表失業率）　4.9%
U-4　全失業者と「意欲喪失労働者」が民間労働力と意欲喪失労働者の合計に占める割合　5.3%
U-5　全失業者と全「縁辺求職者」が民間労働力と全縁辺求職者の合計に占める割合　6.2%
U-6　全失業者と全縁辺求職者ならびにすべての「経済的理由によってパートタイマーとして働いている人々」の合計が民間労働力と全縁辺求職者に占める割合　9.9%

（注）　労働統計局は，次のように定義している．
「縁辺求職者」とは，現在は働いてもいないし職探しもしていないが，働く意思があり，仕事があれば働くことが可能で，しかも最近まで職探しをしていた人々．
「意欲喪失労働者」とは，縁辺求職者の一部に相当し，現在職探しをしていない理由として対応する労働市場要因をあげている人々．
「経済的理由によってパートタイマーとして働いている人々」とは，フルタイムの仕事に就きたいと思っており，しかもフルタイムの仕事に就くことが可能であるが，やむなくパートタイマーとして働いている人々．
（出所）　アメリカ労働省．
表は，アメリカ経済にとってのさまざまな失職状況に関する指標を示している．
データは，2016年1月のものである．

れない．そのような人々は，意欲喪失労働者と呼ばれ，本当は働きたいが職がないため，失業統計には表れない．

　このほかにもいろいろと問題があるため，労働統計局は公式の失業率に加えて，いくつかの労働力の非活用度に関する測定を行っている．これらの代替的な指標は表10A-2にまとめられている．結局，公式の失業率は有益ではあるが，失職状態を表す指標としては不完全であると認識するのが最善である．

意欲喪失労働者 discouraged workers：働きたいにもかかわらず職を探すことをあきらめてしまった人々．

●失業者はどのくらい長く失業しているか

　失業問題がどれほど深刻かを判断する際に考えなければならない一つの問題は，失業（状態）が典型的には短期か長期かということである．もし失業が短期的であれば，それはたいした問題ではないとの判断もありうる．労働者が自分の好みや技能・技術に最善の就職口を見つけるには，現在の仕事と次の仕事との間に数週間を必要とするかもしれない．しかし，もし失業が長期にわたれば，それは深刻な問題だと判断するかもしれない．何カ月も失業状態にある労働者は，経済的にも心理的にも苦しんでいる可能性が高い．

　失業の継続期間は失業問題の深刻さの評価に影響を与えるので，経済学者は失業の継続期間のデータを分析することにかなりの力を注いでいる．こうした研究のなかから，次のような重要かつ微妙で一見矛盾するような事実が明らかになっている．すなわち，ほとんどの失業の継続期間は短期的なものであるが，どのような時期においても，観察される失業のほとんどが長期的なものであるという事実である．

　この文章がどのような意味で真実なのかを確認するために，一つの例を考えてみよう．あなたが1年間にわたって毎週政府の職業安定所を訪れ，失業者の調査を行ったとする．その結果，毎週4人の失業者がいることが明らかになった．そのうちの3人は同じ人物で1年中失業しており，残りの1人は毎週違う人物であった．この経験をもとに，失業が典型的に短期であるとか長期であるということがいえるだろうか．

　この質問に答えるために，簡単な計算をしてみよう．上記の例では，1年間で55人の失業者に会ったことになる．1週間だけ失業した人が52人で，残りの3人は1年中失業していた．したがって，失業の継続期間の95%（52/55）は1週間となる．しかし，あなたが職業安定所に行くと，そこで会う4名中の3名は1年中失業している．したがって，失業期間の95%は1週間だが，いつの時点でも観察される75%の失業者は1年中失業している人々である．この例では，世の中的にはほとんどの失業期間は短期であるが，いつの時点でも観察される失業者のほとんどが長期間にわたって無職状態のままである．

　このような微妙な結論からわかることは，経済学者（エコノミスト）や政

策担当者は失業データを解釈する際，および失業者を救済するための政策を立案する際には十分に注意しなければならないということである．ただし，失業問題のほとんどは，長期間にわたって職のない，相対的に数の少ない人々に起因している．

●なぜ失業している人々がつねに存在するのか

　これまでは，政府が失業者数を測定する方法，失業統計を解釈する際に発生するいろいろな問題，そして失業の継続期間に関する労働経済学者の発見について検討してきた．したがって，失業とは何かということはよく理解できたはずである．

　しかしながら，これまでの議論では，なぜ経済には失業が存在するのかが説明されていない．経済の多くの市場においては，需要量と供給量が均衡するように価格が調整される．理想的な労働市場では，労働需要量と労働供給量が均衡するように賃金も調整されるはずである．そして，このような賃金の調整によって，すべての労働者がつねに完全雇用されることが保証されるはずである．

　もちろん，現実はこのような理想状況とは異なっている．経済が活況を呈しているときでさえ，仕事のない労働者がつねに存在する．言い換えれば，失業率は決してゼロとはならない．むしろ，自然失業率の周りを変動する．このような自然失業率を理解するために，この章の残りの節では，なぜ現実の労働市場が理想的な労働市場からかけ離れてしまうのかを検討する．

　先に結論のあらましを説明すると，長期的な失業を説明するには四つの方法があることがわかっている．最初の説明は，自分に最適な仕事を探すには時間がかかるということである．労働者と仕事とをマッチさせる過程で生じる失業は，たびたび摩擦的失業と呼ばれ，比較的短い失業継続期間を説明する理由だと考えられている．

　失業に関する残りの三つの説明は，いくつかの労働市場で利用可能な仕事の数が，それらを望む労働者の数より少ないことを示唆している．このようなことが生じるのは，労働供給量が労働需要量を上回るときである．この種

摩擦的失業 frictional unemployment：労働者が自分たちの好みや熟練度に最も適合する職を探すのに時間がかかることによって発生する失業．

コラム　入職・離職者数

　労働統計局が各月の初めに失業率を発表する際には，（アメリカ）経済における入職者数と離職者数も発表している．短期の経済動向を示す指標として，この入職・離職者数は，失業率と同じ程度に注目されている．

　この入職・離職者数は，どこから得られているのだろうか．失業率の計算に貢献している6万世帯の調査から手に入れていると思うかもしれない．実際，この世帯調査からは，総雇用量のデータが得られる．ところが，大きな注目を集めている入職・離職者数の出所は，給与支払台帳上の4000万人を雇用している16万事業所に対する別の調査である．この事業所調査の結果は，先の世帯調査の結果と同じ時期に発表されている．

　二つの調査は，どちらも総雇用量に関する情報を提供しているが，結果はいつも同じとは限らない．一つの理由は，事業所調査の標本数がより大きいためである．このため，事業所調査のほうがより信頼できるものになっている．もう一つの理由は，二つの調査がまったく同じものを測定しているわけではないことである．たとえば，同じ人が2つの異なった企業でパートの仕事を始めたら，事業所調査では2名の入職者にカウントされる．また，自分自身で小さな事業を始めた人は，世帯調査ではカウントされるが，事業所調査には現れてこない．事業所調査では，給与支払台帳上の（被）雇用者だけがカウントされるためである．

　さらには，事業所調査は入職・離職者数に対しては綿密にみているが，失業者数に関しては何もわからない．失業者数を測定するためには，何人が職のない状態で職探しをしているかを知る必要がある．家計調査は，そのような情報を提供する唯一の情報源である．

の失業は，しばしば構造的失業と呼ばれ，長期の失業継続期間を説明する理

構造的失業 structural unemployment：ある労働市場における求人数が不十分なために，その職につきたいと思っているすべての労働者に不十分な数の職しか提供できないことによって発生する失業．

由だと考えられている．後でわかるように，この種の失業は，賃金が需要と供給が均衡する水準よりも高い水準に設定されるときに発生する．以下では，均衡賃金を上回る要因として，最低賃金法，労働組合，効率賃金の三つの理由について考察する．

【小問】　● 失業率はどのようにして測定されるか．

　　　　　● 失業率が仕事不足の状態を過大評価する可能性があるのはなぜか．また失業率が仕事不足の状態を過小評価する可能性があるのはなぜか．

2　職探し

　経済につねにある程度の失業が存在する一つの理由は，職探しである．**職探し**とは，労働者を適職にマッチングさせる過程である．もし，すべての労働者が同じ能力を持ち，仕事も同じであれば，すべての労働者がどの仕事にも同じ程度に適しているので，職探しは問題にならない．解雇された労働者は，すぐに自分に適した新しい仕事を見つけられるはずである．しかし，実際には，労働者の好みや技能・技術は異なっているし，仕事の属性もそれぞれ異なっているので，求職者や求人に関する情報は，経済の多くの企業や家計にゆっくりとしか広まらない．

●なぜ摩擦的失業が避けられないのか

　摩擦的失業は，異なる企業間で労働需要が変化した結果として発生することが多い．消費者が GM よりもフォードの自動車を買いたくなると，フォードは雇用を増加させ，GM は労働者を一時休業（レイオフ）にする．その結果，GM の元労働者は新しい仕事を探さなければならないし，フォードは新しく必要となるさまざまな仕事に対して，どのような労働者を雇い入れるかを決定しなければならない．このような移行過程が，失業期間となる．

　同様に，一国の異なる地域では異なる財が生産されているため，雇用はある地域では増加するが，別の地域では減少する．たとえば，石油の世界価格

職探し　job search：労働者が自分の好みや熟練度にふさわしい仕事を見つけるまでのプロセス．

が下落したときに何が起こるかを考えてみよう．テキサス州とノースダコタ州にある石油を生産する企業は，価格の下落に対応して，生産量と雇用量を削減する．同時に，ガソリン価格の下落は車の販売を刺激するので，ミシガン州とオハイオ州の自動車メーカーは，生産量と雇用量を増加させる．石油価格が上昇したときは，まったく反対のことが起こる．産業間や地域間における労働需要構成の変化のことを（雇用の）部門間シフトと呼ぶ．労働者が新しい部門で仕事を探すのには時間がかかるので，部門間シフトは一時的に失業を発生させる．

国際貿易パターンの変化も，摩擦的失業の原因である．第3章で，各国は自国が比較優位を持つ財を輸出し，他国が比較優位を持つ財を輸入すると学んだ．しかしながら，比較優位は必ずしも安定しているわけではない．世界経済が進化するにしたがって，どの国も，それまでとは異なる財を輸入したり輸出したりするようになるかもしれない．そのため，労働者は産業間を移動しなくてはならなくなる．このような変化の過程で，一時的に失業状態に陥ってしまう人々も出てくる．

摩擦的失業は，たんに経済が常に変化しているというだけで不可避となる．たとえば，2004年から2014年までのアメリカでは，建設業で88万8000人，製造業で210万人の雇用が失われた．同じ期間に，鉱業で32万1000人，コンピュータシステム設計で62万9000人，食品サービスで190万人，ヘルスケアサービスで260万人の雇用が増えた．このような労働力の激しい変化は，うまく機能しているダイナミックな経済では普通に起こる．労働者は，彼らを最も高く評価してくれる産業に移動していく傾向があるので，これは長期的には，より高い生産性とより高い生活水準につながる．しかしながら，その途中では，衰退産業の労働者は，職を失って新しい仕事を探すことになる．その結果，ある程度の摩擦的失業が発生する．

●公共政策と職探し

たとえ，ある程度の摩擦的失業が不可避だとしても，その細かい数まで不可避というわけではない．というのは，求人や労働者の利用状況に関する情報がより迅速に流布するようになれば，一国経済において労働者と企業とのマッチングがより迅速に行われることになるからである．たとえば，インタ

ーネットは，職探しを容易にするので，摩擦的失業を減らす．加えて，公共政策も効果的かもしれない．政策によって失業者が新しい職に就くまでの時間を短縮できれば，経済の自然失業率を低下させることもできる．

　政府のプログラムは，さまざまな方法で職探しを容易にする試みを行っている．一つの方法として，公共の職業安定所で求人情報を提供している．もう一つの方法として，公共の職業訓練計画を実施することにより，衰退産業から成長産業への労働者の移行を容易にしたり，社会的に不利な立場にいる人々が貧困から脱出できるように手助けしたりしている．これらの政策の支持者たちは，こうした方法は，労働力を完全雇用状態により近づけることで経済全体をより効率的に機能させるし，つねに変化している市場経済において不可避の不公平さを是正する，と信じている．

　他方，これらの政策に対して批判的な人々は，政府が職探しの過程に介入すべきだという意見に批判的である．彼らは，労働者と職をマッチングさせることは民間市場に委ねたほうがよいと主張する．実際，アメリカ経済におけるほとんどの職探しは，政府の介入なしに行われている．新聞広告，インターネットの求人サイト，大学の就職斡旋室，ヘッドハンター，口コミはすべて求人・求職情報の普及に役立っている．同様に，多くの労働者の教育訓練は，学校や職場での実地訓練（オン・ザ・ジョブ・トレーニング，OJT）を通じて民間で実施されている．政府の役割に関して批判的な人々は，適切な求人情報を適切な労働者に伝えたり，どのような教育訓練方法が最善であるかを決定したりするにあたって，政府は民間ほど的確ではなく，むしろ事態を悪化させがちであると主張している．彼らは，こうした決定は，労働者と雇用主が個々に行うのが最善だと主張している．

●失業保険

　摩擦的失業を増加させる政府の政策の一つは，意図的ではないが，**失業保険**[3]である．このプログラムは，労働者に対して失職への部分的な保障を提供するように設計されている．仕事を辞めた，しかるべき理由により解雇さ

失業保険 unemployment insurance：労働者が失業したときに部分的に所得を保障する政府のプログラム．

3)　日本では雇用保険と呼ぶ．

れた，あるいは労働市場に参入したばかりであるといった理由で失業している人々は，失業保険を受け取る資格がない．失業手当は，前の雇用主が彼らの技能・技術をもはや必要としなくなったという理由で一時休業（レイオフ）された失業者にのみ支払われる．支給要件は時代や州によって異なるが，典型的なアメリカの失業保険の適用を受ける労働者は，以前の賃金の50％を26週間にわたって受け取る．

失業保険は失業による苦難を軽減してくれるが，失業者数も増加させる．その理由は，第1章における経済学の十大原理の一つである「人々はさまざまなインセンティブに反応する」に基づいている．失業者は，新しい仕事に就くと失業手当をもらえなくなるので，職探しをあまり積極的にしなくなり，魅力的でない求人は断りがちになる．加えて，失業保険は失業の重荷を軽減してくれるので，労働者は雇用主と雇用条件を交渉する際に，安定雇用の保証をあまり求めなくなる．

労働経済学者による多くの研究は，失業保険が失業者のインセンティブに与える影響を分析している．一つの研究は，1985年にイリノイ州で行われた実験を検討したものである．イリノイ州では，失業した労働者が失業手当を請求してきた際に，彼らのなかから無作為に何人かを抽出し，新しい仕事を11週間以内に見つければ500ドルのボーナスを支給すると約束した．このグループとボーナスを支給されない一般の失業者のグループとを比較したところ，ボーナスを約束されたグループの平均的な失業継続期間は，支給されないグループの平均的な失業継続期間よりも7％短かった．この実験は，失業保険制度の設計が失業者の職探しの努力度に影響を与えることを示している．

他のいくつかの研究も，特定の労働者の集団を一定期間追跡することによって，職探しの努力度を調べている．失業保険手当は，いつまでも支給され続けるのではなく，通常は6カ月から1年で打ち切られる．これらの研究によると，失業者は，失業保険をもらえなくなると，新しい職を見つける確率が急速に上昇する．したがって，失業保険手当の支給は，失業者の職探しの努力度を減退させる．

失業保険は，職探しの努力度を減退させて失業を増加させるが，必ずしも失業保険を悪い政策であると結論づけるべきではない．実際，このプログラムは，労働者が直面する所得の不確実性を減少させるという本来の目的を達

成している．加えて，労働者が魅力的でない求人を断ることで，自分の好み
や技能・技術により適した仕事を見つける機会を持てる．一部の経済学者は，
失業保険は個々の労働者を最善の適職とマッチングさせるという経済の能力
を改善すると主張している．

　失業保険の研究は，失業率が一国全体の経済的福祉の水準を示す指標とし
ては不完全であることを示している．ほとんどの経済学者は，失業保険をな
くせば一国経済のなかの失業者数が減少するという点に合意する．しかし，
このような政策変更によって経済厚生を高められるか否かに関しては，経済
学者の意見は一致していない．

【小問】　●石油の世界価格の上昇は，摩擦的失業の量にどのような影響を与
　　　　　えるか．この種の失業は望ましくないものか．公共政策は，こう
　　　　　した価格変化によって発生する失業の量に影響を与えるか．

第11章

貯蓄，投資と金融システム

Keywords

金融システム　financial system
金融市場　financial markets
債券　bond
株式　stock
金融仲介機関　financial intermediaries
投資信託　mutual fund
国民貯蓄（貯蓄）　national saving（saving）
民間貯蓄　private saving
政府貯蓄　public saving
財政黒字　budget surplus
財政赤字　budget deficit
貸付資金市場　market for loanable funds
クラウディング・アウト　crowding out

あなたが大学を卒業したばかりだとしよう．もちろん専攻は経済学である．そして，自分自身でビジネス，つまり，経済予測の企業を始めることにするとしよう．予測を売ってお金を稼ぎはじめる前に，このビジネスを開始する段取りにあなたはかなりの費用を負担しなければならない．新しい事務所に備え付けるための机，椅子，書類整理棚を揃えるとともに，予測作業に必要なコンピュータを購入しなければならないからである．これらの備品は，どれもあなたの会社がサービスを生産・販売するために使用する資本の好例である．

これらの資本財への投資資金はどのようにすれば得られるだろうか．もしかしたら，これまでの貯蓄から捻出できるかもしれない．しかしながら，よりありがちなように，あなたも多くの起業家と同じく，このビジネスを始めるための資金を十分に持っていない．その結果，あなたは必要な資金を外部から調達しなければならない．

これらの資本投資のために必要な資金を調達するには，さまざまな方法がある．銀行や友人，親戚から資金提供を受けることができるかもしれない．この場合，あなたは，後日に借りた資金の返却を約束するはずだし，借りた資金に利子を支払うことも約束するはずである．別の方法として，将来の利潤がどのようなものになろうとも，それらの一定割合を提供するという条件で，誰かを説得してあなたのビジネスに必要な資金を提供してもらうこともできる．どちらの場合でも，コンピュータやオフィス用備品への投資は，他の人の貯蓄から融資されることになる．

金融システムは，ある人の貯蓄と別の人の投資を結びつけてくれる諸制度によって構成されている．前章で論じたように，貯蓄と投資は長期的な経済成長の重要な構成要素である．つまり，GDP の多くの部分を貯蓄にまわせる国ではより多くの資源が資本への投資に利用できるし，より高いレベルの資本は一国の生産性と生活水準を高める．しかし，前章では，どのようにして経済が貯蓄と投資とを一致させるかを説明しなかった．どのようなときでも，ある人たちは自分たちの将来に備えて所得の一部を貯蓄したいし，別の人たちは新しい成長ビジネスへの投資をまかなうための資金を借りたい．何

金融システム financial system：人々の貯蓄を他の人々の投資に結びつける手助けをする一連の経済制度．

がこの二つのグループの人たちを引き合わせているのだろうか. 貯蓄したい人々の資金供給と投資したい人々の資金需要は, どのようにしてバランスが図られているのだろうか.

本章では, 金融システムがどのように機能しているのかを検討する. 初めに, 経済において金融システムを構成する多くの各種制度を話題にする. 2番目に, 金融システムといくつかの重要なマクロ経済変数, とくに貯蓄と投資の関係を検証する. 3番目に, 金融市場における資金の需要・供給モデルを展開する. このモデルでは, 利子率が価格の役割を果たし, 資金の需要と供給をバランスさせるように調整される. このモデルは, さまざまな政府の政策が, 利子率, つまり社会における希少な資源の配分にどのような影響を与えるかを示す.

① アメリカ経済における金融機関

非常に広いレベルで考えると, 金融システムは, 貯蓄をする人（稼ぐよりも少なく消費する人々）から借り手（稼ぐよりも多く消費する人々）へ経済の希少な資源を移動させる. 貯蓄が行われる理由はさまざまである. 子どもを将来大学に数年間通わせるためであったり, あるいは退職後の数十年を快適に暮らすためであったりする. 同様に, 借り手が借りる理由もさまざまである. 住む家を買ったり, 生計を立てるためにビジネスを始めたりするためである. 貯蓄をする人々は, そのお金に将来利子がついて返ってくることを期待して, 資金を金融システムに供給する. 借り手は, そのお金に将来利子をつけて返さなければならないことを承知のうえで, 金融システムから資金を需要する.

金融システムは, 貯蓄をする人と借りる人の行動を調整するさまざまな金融制度によって成り立っている. 金融システムを動かしている経済の原動力を分析する手始めとして, それらの制度のなかで最も重要なものについて議論しよう. 金融制度は, 金融市場と金融仲介機関という二つのカテゴリーに分けられる. それぞれについて順に考察してみよう.

●金融市場

　金融市場とは，それらを介して貯蓄をする人が借りる人に対して直接資金を供給できる制度である．経済のなかで最も重要な金融市場は，債券市場と株式市場の二つである．

　債券市場　コンピュータ・チップの巨大メーカーであるインテルが新しい工場を建設する資金を借りたいとすると，インテルは，その資金を公衆から直接借りることができる．その際には，インテルは債券（社債）を発行する．**債券**とは，借り手が債券の保有者に対して果たさなければならない義務を明示した債務証書である．簡単にいえば，債券とは借用証明書（IOU）[1]である．そこには，ローンの償還時期である**満期**と，ローンが満期を迎えるまでに定期的に支払われるはずの利子率が明記されている．債券の購入者は，貸し付けた金額，つまり**元本**の返済と，この約定利子が支払われることを条件として，インテルに対して資金を提供する．購入者は，債券を満期まで保有することもできるし，満期の前に第三者に販売することもできる．

　アメリカ経済には，何百万もの異なった債券が存在している．大企業，連邦政府，あるいは州政府や地方自治体が，新しい工場やジェット戦闘機の購入あるいは学校設立のために資金繰りの必要があるときには，通常は債券を発行して資金を調達する．『ウォールストリート・ジャーナル』や地方新聞の経済面をみると，いくつかの最重要な債券発行に関する価格と利子率の一覧が示されている．これらの債券には，異なる三つの重要な特徴がある．

　第1の特徴は，債券の（約定）**期間**，つまり債券に満期が来るまでの期間である．2〜3カ月という短期間の債券がある一方で，30年もの長さを持つ債券もある（イギリス政府は，**永久債**（コンソル債）と呼ばれる満期のない債券さえ発行したことがある．この債券は永久に利子が支払われるが，元本は戻ってこない）．債券の利子率は，部分的にはその期間に依存する．実際，長期債の保有者は元本の払戻しまで長い間待たなければならないので，長期

金融市場 financial markets：預金者が借り手に資金を直接提供できるようにする金融制度．
債券 bond：債務証書．
1)　IOU とは "I owe you"（私はあなたにお金を借りている）の語呂あわせ．

債は短期債よりもリスクが高い．長期債の保有者は，はるか将来の満期日が来る前に資金が必要になるときには，おそらくは割り引かれた価格でその債券を誰かに販売せざるをえない．このようなリスクを補償するために，長期債は通常，短期債よりも利子率が高い．

　債券の第2の重要な特徴は，信用リスク，すなわち債券の発行者が利子や元本の一部を支払えなくなる可能性である．そのように支払いができなくなる状態を，債務不履行（デフォルト）と呼ぶ．債券の発行者は，破産を宣告することによって，自分の債務を不履行とすることができる（実際，そうする発行者もいる）．債券の購入者は，デフォルトの可能性が高いと感じるときには，そのリスクを補償するためにより高い利子率を要求する．アメリカ政府の信用リスクはかなり低いと考えられるので，政府債の利子率は一般的に低い．対照的に，資金繰りに窮している会社は，利子率が非常に高いジャンク債を発行して資金を集める．債券の購入者は，いろいろな債券の信用リスクの格付けを行っているさまざまな民間機関の評価を参考にして，信用リスクを判断する．たとえば，スタンダード・アンド・プアーズ社は債券をAAA（最も安全）からD（すでにデフォルト状態）まで格付けをしている．

　債券の第3の重要な特徴は，税法上の取扱い，すなわち債券が生み出す利子に対する税法上の取扱いである．たいていの債券の利子は，課税所得となる．つまり，債券保有者は，利子の一部を所得税として支払わなければならない．対照的に，州政府や地方自治体が発行する地方債と呼ばれる債券の保有者は，利子所得に対して連邦所得税を支払う必要はない．この税法上の優遇措置があるために，アメリカの州政府や地方自治体が発行する債券は，会社や連邦政府が発行する債券よりもたいてい利子率が低い．

　株式市場　インテルが半導体工場を建てるのに必要な資金を集めるもう一つの方法は，自社の株式を発行することである．株式とは，会社の所有権を表すものであり，したがって会社が稼ぐ利潤に対する請求権である．たとえば，インテルが100万株の株式を発行しているとすると，それぞれの株式は，インテルが行うビジネスの100万分の1の所有権を表している．

株式 stock：会社の部分的な所有権に対する請求権．

株式の発行による資金調達のことをエクイティ・ファイナンスと呼び，負債（債券の発行）による資金調達のことをデット・ファイナンスと呼ぶ．株式会社は，投資資金を新たに調達するにあたって，エクイティ・ファイナンスとデット・ファイナンスのどちらも使うが，株式と債券とは大きく異なっている．インテル株の保有者はインテルの部分的な所有者であるが，インテルの債券保有者はインテルへの債権者である．インテルが非常に収益性の高い会社であれば，インテル株の保有者は高収益による便益を享受するが，インテルの債券保有者は債券の利子を受け取るだけである．ただし，インテルが資金難に陥った場合，債券の保有者は，株主が何らかの補償を得る前に，前もって保証されている金額を受け取る．このように，株式は，債券に比べて，その保有者に高いリスクと（潜在的な）高い収益をもたらす．

株式会社が株式を大衆向けに発行する場合，それらは組織化された証券取引所において株主間で取引される．このような株主間の取引によって株の所有者が代わっても，その会社自体には何の利益ももたらさない．アメリカ経済において最も重要な証券取引所として，ニューヨーク証券取引所（NYSE：New York Stock Exchange），アメリカン証券取引所（AMEX：American Stock Exchange），ナスダック（NASDAQ：National Association of Securities Dealers Automated Quotation system）がある．世界のたいていの国は，独自の証券取引所を持っており，そこでそれぞれの国の会社の株式が取引されている．

証券取引所で取引される株式の価格は，これらの会社の株式に対する需要と供給によって決まる．株式はその会社の所有権を表しているので，株式に対する需要，すなわち株価は，その会社の将来の収益性に対する人々の認識を反映している．したがって，人々がその会社の将来について楽観的であれば，その会社の株式に対する需要が増えるので，1株当たりの価格は上昇する．反対に，人々のその会社への期待が低下すれば，その会社の株価は下落する．

株価の全般的な水準を監視するために，さまざまな株価指数が利用できる．株価指数は，いくつかの会社の株価の平均値で計算される．最も有名な株価指数は，1896年から計算されているダウ・ジョーンズ工業株平均である．現在のダウ平均は，ゼネラル・エレクトリック，マイクロソフト，コカ・コー

ラ, ボーイング, アップル, ウォルマートといったアメリカにおける主要な株式会社30社の株価に基づいている. もう一つのよく知られた株価指数として, スタンダード・アンド・プアーズ株価指数 (S&P500) と呼ばれる指数がある. この指数は, 主要企業500社の株価に基づいている. 株価は期待収益性を反映しているので, これらの株価指数は将来の経済状況を占う指標として子細に監視されている.

●金融仲介機関

金融仲介機関とは, 貯蓄をする人が借り手に対して間接的に資金を供給できる金融機関である. 「仲介」という言葉には, 貯蓄をする人と借り手との間に立つというこれらの機関の役割が反映されている. ここでは, 銀行と投資信託という二つの最も重要な金融仲介機関について考察する.

銀行 小さな食料品店のオーナーが, 事業を拡大する資金を必要としている場合, 彼はおそらくインテルとはかなり異なる戦略をとるはずである. インテルと違って, 小さな食料品店のオーナーは, 債券市場や株式市場で資金を集めることが難しいと知っている. 株式や債券の購入者の多くは, 大きくてなじみの深い会社が発行する株式や債券を購入したがる. したがって, 小さな食料品店が事業を拡大するときには, 地元の銀行から融資を受けるのが普通である.

銀行は, 人々にとって最もなじみのある金融仲介機関である. 銀行の主な仕事は, 貯蓄をしたい人々から預金を受け入れ, 借り受けたい人々にその預金を使って貸し付けることである. 銀行は預金者に利子を支払い, 借り手にはそのローンに対してわずかに高い利子を課す. これらの利子率の差は, 銀行の諸経費をカバーするとともに利益の一部は銀行の株主に配分される.

銀行は, 金融仲介機関であることに加えて, 経済においてもう一つの重要な役割を果たしている. つまり, 銀行は, 人々が預金を担保に小切手を切ったり, 銀行カードを使って預金にアクセスできるようにしたりして, 財・サービスの購入を容易にしている. 言い換えると, 銀行は人々が**交換手段**とし

金融仲介機関 financial intermediaries：預金者が借り手に間接的に資金を提供できるようにする金融機関.

コラム 株式ウォッチャーにとっての重要な数値

どのような会社の株式を追跡する場合でも，つねに三つの重要な数値に注力すべきである．これらの数値は，いくつかの新聞の金融欄には示されており，「Yahoo！ファイナンス」のようなオンライン・ニュースで簡単に手に入れることができる．

● **株価**：株式に関する情報のなかでいちばん重要なものは株価である．通常，ニュースサービスには数種類の株価が掲載されている．「直近価格（last price）」とは，その銘柄が最後（直近）に取引された価格である．「前日終値（previous close）」とは，前日に市場が閉まるまでに成約した最後の取引価格である．ニュースサービスには，直近の取引日や場合によっては過去1年間に成立した高値と底値も掲載されているかもしれない．ときには，当該日の前日の終値からの変化も報告されているかもしれない．

● **配当**：会社は利益の一部を株主に支払う．この支払い額は配当と呼ばれる（株主に支払われない利益は内部留保と呼ばれ，会社によって新しい投資に用いられる）．ニュースサービスには，しばしば前年に1株当たりに支払われた配当が掲載されている．ときには，株価に対する配当のパーセント比率である配当率が掲載されていることもある．

● **株価収益率**（PER：price-earnings ratio）：株式会社の収益ないし会計上の利益とは，会社の生産物販売による受取収入から会計係が計算した製造原価を差し引いたものである．1株当たり利益（EPS：earnings per share）とは，会社の総利益を発行済み株式数で割ったものである．株価収益率は，しばしばP/Eと呼ばれ，会社の株価を過去1年間の1株当たり利益で割った値である．歴史的にみると，典型的な株価収益率は約15である．株価収益率が高いということは，会社の株式が最近の利益に比較して割高になっていることを示唆している．このことは，この会社の利益が将来増加すると人々が期待しているか，あるいは株価が過大評価されているかのどちらかを示唆してい

る. 逆に, 株価収益率が低い場合は, 会社の株価が最近の収益に対して割安になっていることを意味する. このことは, この会社の利益が将来減少すると人々が予想しているか, あるいは株式が過小評価されているかのどちらかを示唆している.

なぜニュースサービスには, これらのデータが掲載されているのだろうか. 自分の貯蓄を株式で運用している多くの人々は, どの株式を売買するかを決断するために, これらの数値を注意深く見守っている. 対照的に, それ以外の株主はバイ・アンド・ホールド (購入・保有) 戦略に従っている. つまり, 彼らは, 業績のよい会社の株式を購入し, それを長期にわたって保有し続け, 日々の株価の変動には反応しない.

て利用できる特別の資産を創造する手助けをしている. 交換手段とは, 人々が取引に参加する際に簡単に使うことができるもののことである. 交換手段を提供するという銀行の役割は, その他の金融機関との違いを際立たせている. 株式や債券は, 銀行預金と同様に, 人々がこれまで貯蓄として蓄積してきた資産の価値保蔵手段であるが, その使い勝手は, 小切手を切ったり銀行カードを使ったりするほど簡単で安価で迅速ではない. ここでは, しばらくの間, 銀行のこの2番目の役割については無視するが, 後の章で貨幣システムについて考察する際に, その話題に戻ることにする.

　投資信託　アメリカ経済のなかで重要性が増してきている金融仲介機関が, 投資信託である. 投資信託[2]とは, 公衆に株式を売り, その売上げを使ってさまざまなタイプの株式や債券, あるいは株式と債券の組合せといった, いわゆるポートフォリオを購入する機関である. 投資信託の株主は, このようなポートフォリオに付随するすべてのリスクと収益を受け入れる. 株主は, もしポートフォリオの価値が増大すれば利益を得るし, 逆にポートフォリオ

投資信託 mutual fund：公衆に自社株式を販売し, その売上金を使って株式と債券のポートフォリオを購入する機関.

2)　日本における投資信託は, アメリカのように投資を行う会社の株式を購入する形 (会社型) ではなく, 投資を行う会社が発行する受益証券を購入する形 (契約型) になっている.

の価値が減少すると損失を被る.

投資信託の一番の利点は，人々がわずかなお金で多様な資産に投資できるということである. 株式や債券の購入者は，「すべての卵を一つのバスケットに入れてはならない」という格言に留意するようによくアドバイスされる. どれか一つの株式や債券の価値は，特定の会社に将来起こる事柄に結びついているので， 1種類だけの株式や債券を保有することはきわめてリスクが高い. 対照的に，さまざまな株式や債券のポートフォリオを保有している人は，それぞれの会社に対してわずかだけしか関与しないので，直面するリスクが小さい. 投資信託は，このような投資の分散化を簡単に行えるようにしている. 人々は，ほんの200～300ドルで投資信託の株式を買うことができるうえに，間接的だが，何百という大企業の部分的な所有者や債権者になることができる. 投資信託は，こうしたサービスを提供することと引換えに，通常，資産の0.25～2.0%の手数料を毎年株主に対して課している.

投資信託会社が主張する2番目の利点は，一般の人々が，専門的なファンドマネジャーの手腕を利用できるという点である. たいていの投資信託のファンドマネジャーは，株式を購入している会社の成果や将来性について，つねに細心の注意を払っている. これらのファンドマネジャーは，将来性が高いと判断した会社の株式を買い，将来性が低いと判断した会社の株式を売る. こうした専門的な資金管理がなされるため，投資信託の保有者は貯蓄の収益を高めることができるはずだと主張される.

しかしながら，金融経済学者は，しばしばこの2番目の主張に対して懐疑的である. 何千人ものファンドマネジャーが個々の会社の将来性について細心の注意を払っているのであれば，それぞれの会社の株価は，普段からその会社の真の価値をよく反映したものになっているはずである. そうすると，将来性の高い株式を買い将来性の低い株式を売ることによって「金融市場を出し抜く」ことは難しい. 実際，インデックス・ファンドと呼ばれる，特定の株価指数に含まれるすべての株式を購入するタイプの投資信託は，専門的なファンドマネジャーが積極的に運用した投資信託に比べて，平均すると収益率が少しばかり高い. インデックス・ファンドの収益性の高さの説明としては，売り買いをほとんど行わないし，専門的なファンドマネジャーに給料を支払う必要がないので費用を低く抑えられるということになる.

●まとめ

アメリカ経済は, 数多くの種類の金融機関と金融市場を抱えている. 債券市場, 株式市場, 銀行, 投資信託に加えて, 年金基金, 信用組合, 保険会社があるし, さらには高利貸しも含まれる. これらの金融機関はさまざまな点で異なっている. しかし, 金融システムのマクロ経済的な役割を分析する際には, 相違点があるにもかかわらず, これらの金融機関や市場はすべて同一の目的を果たしているということを頭に入れておくことが大切である. つまり, 預金者の資金を借り手のほうに向かわせているのである.

【小問】 ●株式とは何か. 債券とは何か. その二つはどのような点で異なっているか. またどのような点で似ているか.

2 国民所得勘定における貯蓄と投資

金融システムのなかで発生するさまざまな出来事は, 経済全体の発展を理解するうえで中心的なものである. これまでみてきたように, 債券市場, 株式市場, 銀行, 投資信託といった金融システムを構成するさまざまな制度は, 経済における貯蓄と投資を調整する役割を持っている. さらに, 前の章でみたように, 貯蓄と投資は GDP の長期的成長と生活水準を決定する重要な要因である. そのため, マクロ経済学者は, 金融市場がどのように機能するか, そしてさまざまな出来事や政策が金融市場にどのような影響を与えるかを理解する必要がある.

金融市場を分析する際の出発点として, 金融市場の活動を測定する重要なマクロ経済変数について論じる. ここでの強調点は, 市場のふるまいではなく会計勘定である. 会計勘定は, さまざまな数値がどのように定義され足し合わされているかに関係する. 個人を対象とする会計担当者は, 個々人に対して所得や支出の合計を算出するのを手助けしている. 国民所得の会計担当者は, 同じ作業を経済全体に対して行っている. 国民所得勘定は, とくに GDP とそれに関連する多くの統計を含んでいる.

国民所得勘定の規則には, いくつかの重要な恒等式が含まれている. 恒等式とは, 変数を定義した式であるため, つねに真でなければならない方程式

であったことを思い出そう．恒等式は異なる変数がお互いにどう関係しているかを明確にするものであるため，恒等式を覚えておくことは有用である．ここでは，金融市場のマクロ経済的な役割に光を当てるいくつかの会計上の恒等式について考察する．

●いくつかの重要な恒等式

国内総生産（GDP）は，経済における総所得であるとともに，経済全体の財・サービスの生産に対する総支出であったことを思い出そう．GDP（Y と表記される）は，四つの支出項目，すなわち消費（C），投資（I），政府支出（G），および純輸出（NX）に分けられる．これらの関係式は，

$$Y = C + I + G + NX$$

と書ける．この式は恒等式である．というのは，左辺で表された支出額は，右辺の四つの構成要素のどれか一つに表れるからである．それぞれの変数が定義・測定されている方法から，この式はつねに成立しなければならない．

本章では，分析を簡単にするために，閉鎖経済を仮定する．閉鎖経済とは，他の国との交流がない経済のことをいう．とくに，閉鎖経済は，国際的な財・サービスの取引に関与することもなければ，国際的な資金の貸し借りにも関与しない．実際の経済は開放経済である．したがって，世界中の国々と交易している．しかしながら，閉鎖経済を仮定することは，すべての経済に当てはまるいくつかの教訓を学ぶことができるので，有益な単純化である．さらに，この仮定は，（惑星間の貿易はまだ一般的ではないので）世界経済全体に対しては完全に当てはまる．

閉鎖経済は国際貿易に関与しないので，輸出と輸入はどちらもゼロである．したがって，純輸出（NX）もまたゼロである．このため，以下のように恒等式を簡単化することができる．

$$Y = C + I + G$$

この式は，GDP が消費と投資と政府支出の合計であることを示している．閉鎖経済のなかで販売される生産物はそれぞれ，消費されるか，投資されるか，あるいは政府によって購入される．

この恒等式から金融市場について何がわかるのかをみるために，上の式の両辺から C と G を差し引いてみよう．そうすると次の式が得られる．

$$Y-C-G=I$$

この式の左辺 ($Y-C-G$) は, 経済の総所得のなかで消費と政府支出を行ったあとに残る部分である. この量は, 国民貯蓄, あるいはたんに貯蓄と呼ばれ S で表される. $Y-C-G$ を S と書くと, 先の方程式は次のように表すことができる.

$$S=I$$

この方程式は, 貯蓄と投資が等しいことを示している.

国民貯蓄の意味を理解するには, この定義をもう少し変形したほうがわかりやすい. 政府部門が家計から集めた税金から, 社会保障や生活扶助として家計に支払われる移転支払を差し引いた額を T とする. このとき, 国民貯蓄は以下の二つの方法で表すことができる.

$$S=Y-C-G$$
$$S=(Y-T-C)+(T-G)$$

2番目の方程式の二つの T はお互いに打ち消しあうので, 二つの方程式は同じものである. しかし, それぞれの方程式は, 国民貯蓄についての異なった考え方を表現している. とくに, 2番目の方程式では, 国民貯蓄が民間貯蓄 ($Y-T-C$) と政府貯蓄 ($T-G$) の二つの部分に分けられている.

この二つの部分について考察してみよう. 民間貯蓄とは, 所得のうち, 税金を支払い, 消費したあとに家計部門に残る額である. 家計は Y の所得を受け取り, T の税金を支払い, C の消費支出を行うので, 民間貯蓄は $Y-T-C$ である. 政府貯蓄は, 政府が税収から政府支出を支払ったあとの残額である. 政府は T の税収を受け取り, 財・サービスに対して G の支払いをする. T が G を上回るときには, 政府は支出以上のお金を受け取るので財政黒字になる. 政府貯蓄は, $T-G$ という余剰部分で表される. 政府が税収として受け取る以上の支出を行うときには, G は T よりも大きい. この場合, 政府は財政赤字を発生させ, 政府貯蓄 $T-G$ はマイナスになる.

国民貯蓄 (貯蓄) national saving (saving):経済の総所得のうち, 消費と政府支出を差し引いた残りの部分.
民間貯蓄 private saving:家計の所得のうち, 税金支払いと消費に使ったあとに残る部分.
政府貯蓄 public saving:税収から政府支出を差し引いたあとに残る部分.
財政黒字 budget surplus:税収が政府支出を上回る部分.
財政赤字 budget deficit:税収が政府支出を下回る部分.

次に，これらの会計上の恒等式が，金融市場とどのような関係にあるかを考察してみよう．$S=I$ という式は，経済全体として，貯蓄と投資は等しくなければならない，という重要な事実を表している．しかし，この事実からは，いくつかの重要な疑問が生まれる．この恒等式の背後には，どのようなメカニズムが存在しているのだろうか．どの程度貯蓄するかを決めようとしている人々と，どの程度投資するかを決めようとしている人々を調整するものは何だろうか．その答えは，金融システムである．債券市場，株式市場，銀行，投資信託，そして他の金融市場ならびに金融仲介機関が，$S=I$ という式の両辺の間に位置している．これらの金融機関や市場は，国民の貯蓄を預かり，それを投資に振り向けているのである．

●貯蓄と投資の意味

貯蓄と投資という言葉は，場合によっては混乱を招く．多くの人々は，これらの用語を何気なく使い，場合によっては両方とも同じ意味に使う．対照的に，国民所得勘定を作成するマクロ経済学者は，これらの言葉を注意深く使い分けている．

一つの例を考えてみよう．ラリーには支出を上回る収入があり，使わなかった所得については銀行に預けるか，あるいは社債か株式を購入するとしよう．ラリーの所得は消費を上回っているので，彼は国民貯蓄を増やしている．ラリーは，自分ではお金を「投資」していると思っているかもしれないが，マクロ経済学者は，ラリーの行動を投資ではなく貯蓄だというはずである．

マクロ経済学の用語では，投資とは設備や建造物といった新しい資本を購入することを意味する．モーが，銀行からお金を借りて家を新築することは，一国の投資を増やしている（新しい家の購入は，消費ではなく投資という家計の支出形態であることを思い出そう）．同様に，カーリー・コーポレーションが株式を発行し，その売上代金で新しい工場を建設することもまた，一国の投資を増やしている．

$S=I$ という会計上の恒等式は，経済全体において貯蓄と投資が等しいことを示しているが，この関係が個々の家計や企業にとっても成立している必要はない．ラリーの貯蓄は投資よりも大きいが，余った分は銀行に預金することができる．モーの貯蓄は投資よりも少ないが，足りない分は銀行から借

りることができる．銀行やその他の金融機関は，ある人の貯蓄を他の人の投資に振り向けることによって，個人レベルにおいて貯蓄と投資に差が生じることを可能にしている．

【小問】 ●**民間貯蓄**，**政府貯蓄**，**国民貯蓄**，**投資**を定義しなさい．これらは，どのような関係にあるか．

③ 貸付資金市場

これまで経済において重要ないくつかの金融機関や金融市場とそれらのマクロ経済的な役割について論じてきたので，ここで金融市場のモデルを構築しよう．このようなモデルを構築するのは，どのようにして金融市場が経済全体の貯蓄と投資とを一致させているかを説明するためである．また，このモデルは，貯蓄と投資に影響を与えるさまざまな政府の政策を分析する道具を提供してくれる．

話を簡単にするために，経済には**貸付資金市場**と呼ばれるただ一つの金融市場しか存在しないと仮定する．すべての預金者はこの市場に貯蓄を提供し，すべての借り手はこの市場で貸付資金を獲得する．したがって，**貸付資金**という用語は，人々が自分自身の消費目的ではなく，貯蓄して貸付けにあてるすべての所得をさしており．また，投資主体が新しい投資プロジェクトをまかなうために借り入れた金額をさしている．貸付資金市場には，利子率は1種類しかなく，それは貯蓄に対する収益でもあり，借入れの費用でもある．

もちろん，単一の金融市場の仮定は現実的ではない．これまでみてきたように，経済には，さまざまなタイプの金融機関がある．しかし，第2章で論じたように，経済モデルを構築する際の腕の見せどころは，何かを説明するために世界を単純化することである．ここでは，その目的にあわせて，さまざまな金融機関があることを無視し，経済には一つしか金融市場がないと仮定する．

貸付資金市場 market for loanable funds：貯蓄したい人々が資金を供給し，投資したい人々が資金を需要する市場．

●貸付資金の需要と供給

　貸付資金市場は，経済のなかのその他の市場と同様に，需要と供給に支配されている．したがって貸付資金市場がどのように機能しているかを理解するために，この市場における需要と供給の源泉について，まずみてみよう．

　貸付資金の供給は，人々が貯蓄して貸し付けたいとする余分の所得から生じている．このような貸付けは，家計が社債を買うという形で直接的に実施されることもあれば，家計が銀行預金をし，その資金が貸付けにまわされるという形で間接的に実施されることもある．どちらの場合においても，貯蓄は貸付資金供給の源泉である．

　貸付資金の需要は，資金を借りて投資をしたいと思っている家計および企業から生じる．この需要には，家を買うために住宅ローンを利用する家計や，新しい設備を購入したり工場を建設したりするために融資を受けたい企業が含まれる．どちらの場合も，投資は貸付資金需要の源泉である．

　利子率は，貸付けの価格である．利子は，借り手が貸付けを受けることの対価であるとともに，貸し手が貯蓄に対して受け取る金額である．利子率が高いと，借入れの費用が高くなるので，利子率の上昇につれて貸付資金需要量は減少する．同様に，利子率が高いと貯蓄の魅力が増すので，利子率の上昇につれて貸付資金供給量は増大する．言い換えれば，貸付資金の需要曲線は右下がりであり，貸付資金の供給曲線は右上がりである．

　図11-1は，貸付資金需要と貸付資金供給が等しくなる利子率を示している．この図で示された均衡点では，利子率は5％であり，貸付資金需要量と貸付資金供給量はどちらも1兆2000億ドルである．

　利子率の均衡水準への調整は，通常の理由によって起こる．利子率が均衡水準よりも低ければ，貸付資金供給量は貸付資金需要量を下回るはずである．その結果，貸付資金は不足するので，貸し手の課す利子率が上昇する．この利子率の上昇は貯蓄の増加（すなわち貸付資金供給量の増加）を促し，投資意欲の減退（すなわち貸付資金需要量の減少）を促す．反対に，利子率が均衡水準よりも高ければ，貸付資金供給量は貸付資金需要量を上回るはずである．貸し手は希少な借り手を求めて争うので，利子率は低下するはずである．このように，利子率は，貸付資金需要量と貸付資金供給量がちょうど釣り合

図11-1 貸付資金市場

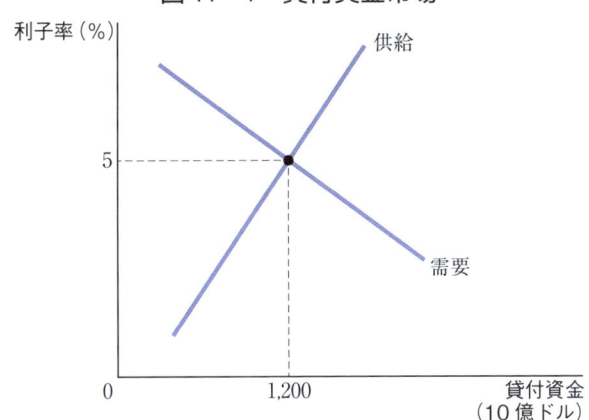

（一国）経済における利子率は, 貸付資金の需要と供給が釣り合うように調整される. 貸付資金の供給は, 民間貯蓄と政府貯蓄の両方をあわせた国民貯蓄から生じる. 貸付資金の需要は, 投資資金を借りたい企業と家計から生じる. この図では, 均衡利子率は5％であり, 1兆2000億ドルの貸付資金需要と貸付資金供給がある.

う均衡水準に近づいていく.

　経済学者は実質利子率と名目利子率を区別することを思い出そう. 名目利子率は, 日常的に発表される利子率であり, 貯蓄に対する金銭的な報酬であるとともに, 借入れの金銭的な費用でもある. 実質利子率は, 名目利子率からインフレーションの影響を除去したものであり, 名目利子率からインフレ率を差し引いた値に等しい. インフレーションは貨幣の価値を時間の経過とともに減らしてしまうので, 実質利子率は, 貯蓄による実質的な収益や借入れの実質的な費用をより正確に反映する. したがって, 貸付資金の需要と供給は, （名目利子率ではなく）実質利子率に依存する. そして, 図8-1における均衡点は, 経済における実質利子率を決定していると解釈すべきである. この章でこれ以降「利子率」という言葉が出てきたときには, 実質利子率について述べていることを覚えておこう.

　貸付資金の需要と供給のモデルは, 金融市場が経済の他の市場と非常によく似た動きをすることを示している. たとえば, 牛乳の市場では, 牛乳の需要量と供給量が等しくなるように牛乳の価格が調整される. このようにして, 見えざる手は, 酪農家の行動と牛乳を飲む人々の行動とを調整する. 貯蓄が

貸付資金供給を表し，投資が貸付資金需要を表すということさえわかれば，見えざる手がどのように貯蓄と投資を調整するかが理解できる．貸付資金市場における需要と供給が一致するように利子率が調整されることにより，貯蓄をしたい人々（貸付資金の供給者）の行動と投資をしたい人々（貸付資金の需要者）の行動が調整されるのである．

貸付資金市場の分析を使うことによって，いまや政府の政策が経済全体の貯蓄と投資にどのような影響を与えるかを検討することができる．このモデルはまさにある特定の市場の需要と供給を表しているので，第4章で検討した3段階アプローチを使うことによって，どのような政策も分析できる．以下では，第1に，その政策が需要曲線と供給曲線のどちらをシフトさせるかを決定する．第2に，その曲線のシフトの方向を決定する．第3に，需要と供給の図を用いて，均衡がどのように変化するのかを理解する．

●政策1：貯蓄インセンティブ

多くの経済学者や政策立案者は，人々に貯蓄を増やすよう奨励してきた．この主張は単純なものである．第1章で学んだ経済学の十大原理の一つは，「一国の生活水準は，財・サービスの生産能力に依存している」というものであった．しかも，前章で論じたように，貯蓄は一国の長期の生産性の重要な決定要因である．アメリカが貯蓄率を他の先進国並みの水準に引き上げることができれば，より多くの資源を資本蓄積のために振り向けることが可能となり，アメリカのGDPはより速く成長し，アメリカ国民はより高い生活水準を享受できるようになるはずである．

経済学の十大原理には，「人々はさまざまなインセンティブに反応する」というものもある．多くの経済学者は，この原理を用いて，貯蓄率の低さは，貯蓄インセンティブ（意欲）を減退させる税法に少なくとも部分的には帰着できることを示唆してきた．アメリカの連邦政府は，多くの州政府と同様に，利子所得や配当所得を含む所得に税金をかけて収入を得ている．この政策の影響をみるために，年率9％の利子を約束した30年満期の債券を1000ドルで買って貯蓄しようとしている25歳の若者を考えてみよう．もし税金がなければ，この1000ドルは，彼が55歳になる30年後には1万3268ドルになる．しかし，この利子にたとえば33％の税金がかかると，税引き後の利子率はたった

6％にしかならない. 6％の利子率では, 1000ドルは30年経っても5743ドルにしかならない. このように, 利子所得に税金がかかると, 現在の貯蓄からの将来収益は大幅に減少し, その結果, 人々の貯蓄意欲は減退する.

この問題に対して, 多くの経済学者や立法者は, 税法を改革して貯蓄を奨励するように提案してきた. たとえば, 一つの提案は個人退職口座（IRA：Individual Retirement Accounts）のような特定口座を利用して人々の貯蓄に税金からの逃げ場を提供することである. 図11-2 に示されているように, そのような貯蓄奨励策が貸付資金市場に与える効果について考察してみよう. 先の3段階に従う形でこの政策を分析することにする.

まず, この政策は需要曲線と供給曲線のどちらの曲線に影響を与えるだろうか. 税制の変更は, それぞれの所与の利子率の下での家計の貯蓄意欲を変化させるので, それぞれの利子率における貸付資金の供給量に影響を与えるはずである. したがって, 貸付資金の供給曲線はシフトする. 税制の変更は借り手がそれぞれの所与の利子率の下で借りたい金額に直接の影響は与えないので, 貸付資金に対する需要量は変化しない.

次に, 供給曲線はどちらの方向にシフトするだろうか. 貯蓄に対する課税は現在の税法よりも軽くなるので, 家計は所得のなかから消費にまわす分を減らすことによって貯蓄を増加させるはずである. 家計は, この追加的な貯蓄を使って銀行預金や債券の購入を増やすはずである. その結果, 貸付資金供給は増え, 供給曲線は, 図11-2 に示されるように, S_1 から S_2 へと右方にシフトするはずである.

最後に, 元の均衡点と新しい均衡点とを比較しよう. この図では, 貸付資金供給の増大によって, 利子率は5％から4％に低下する. 利子率の低下によって, 貸付資金需要量は1兆2000億ドルから1兆6000億ドルに増加する. すなわち, 供給曲線のシフトによって, 市場均衡は需要曲線上を動く. 借入費用が低下するので, 家計や企業は, より多くの投資をするためにお金を借りようとする. したがって, 税制の改革によって貯蓄が増加すると, その結果として利子率が低下し, 投資が増加する.

この貯蓄増大効果に関する分析は経済学者の間では広く受け入れられているが, どのような種類の税制改革を実施すべきかについては, あまり意見が一致していない. 多くの経済学者は, 投資と成長を刺激するために, 貯蓄の

図11-2　貯蓄インセンティブの高まりは，貸付資金供給を増加させる

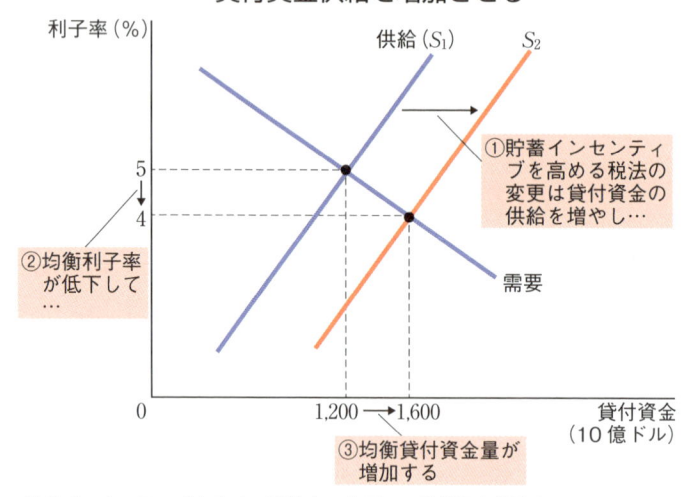

貯蓄インセンティブを高める税法上の変更は，貸付資金供給を S_1 から S_2 へと右方にシフトさせる．その結果，均衡利子率は低下し，利子率の低下が投資を刺激する．この図では，均衡利子率は5％から4％に低下し，均衡貸付資金量（貯蓄および投資）が1兆2000億ドルから1兆6000億ドルへと増加している．

増大を目的とした税制改革を支持している．しかし，一部の経済学者は，このような税制改革が国民貯蓄に多大な効果をもたらすという意見に対して懐疑的であり，貯蓄の増大を目的とした税制改革の公平性に対しても疑問を投げかけている．そのような税制改革の便益は，多くの場合，主に減税の必要が最も少ない富裕層に発生するというのが彼らの主張である．

●政策2：投資インセンティブ

　議会で，投資促進を目的とした税制改革が決まったとしよう．要するに，このことは，議会がたびたび行ってきた投資税額控除（EITC）の立法化に相当する．**投資税額控除**とは，新しい工場を建設したり，新しく設備を購入したりする企業に対して税制上の優遇措置を与えるものである．図11-3を用いて，この税制改革が貸付資金市場に与える影響について考察してみよう．

　第1に，この法律は，需要と供給のどちらに影響を与えるだろうか．投資税額控除によって，企業は新しい借入れや資本への投資を行うようになるは

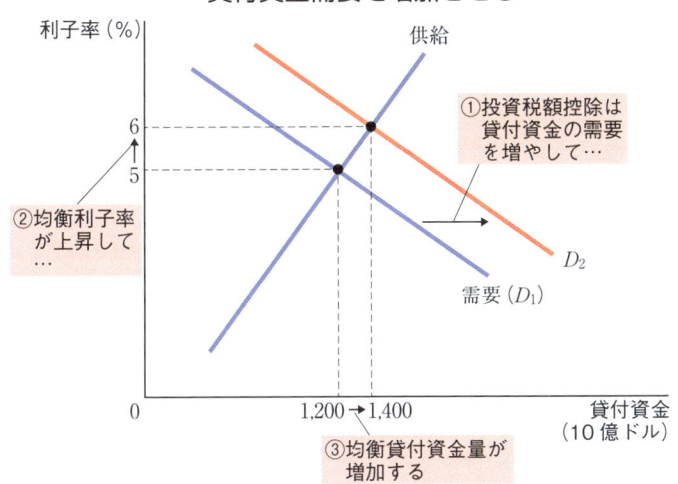

図 11-3　投資インセンティブの高まりは,
貸付資金需要を増加させる

投資税額控除案が議会を通過して企業の投資意欲を高めると, 貸付資金需要が
増大する. その結果, 均衡利子率は上昇し, 利子率の上昇が貯蓄を刺激する.
この図では, 需要曲線が D_1 から D_2 にシフトすることによって, 均衡利子率
が 5 ％から 6 ％に上昇し, 均衡貸付資金量 (貯蓄および投資) は 1 兆2000億ド
ルから 1 兆4000億ドルへと増加している.

ずなので, それぞれの所与の利子率の下で投資を変化させ, 貸付資金需要を
変化させる. 対照的に, この投資税額控除は, それぞれの所与の利子率の下
での家計の貯蓄量には影響を与えないはずなので, 貸付資金供給には影響を
与えない.

　第 2 に, 需要曲線はどちらの方向にシフトするだろうか. 企業は投資意欲
を増大させるので, 貸付資金需要量はどのような所与の利子率の下でも増加
する. したがって, 貸付資金需要曲線は, 図に示された D_1 から D_2 へと右
方にシフトする.

　第 3 に, 均衡点がどのように変化するかを考察しよう. 図11-3に示され
ているように, 貸付資金需要の増大により, 利子率は 5 ％から 6 ％に上昇し,
この上昇によって家計は貯蓄量を増やすので, 貸付資金供給量は 1 兆2000億
ドルから 1 兆4000億ドルに増加する. 家計行動の変化は, ここでは均衡点が
供給曲線上を動くことで表されている. したがって, 税制改革によって投資

が増加すると，その結果，利子率が上昇し，貯蓄が増加する．

●政策3：政府の財政赤字と財政黒字

　政府の財政状態は，政治論争の絶え間ないトピックである．財政赤字は，政府支出が税収を上回っている状態であることを思い出そう．政府は，債券市場からの借入れによって財政赤字をまかなう．そして，過去の政府借入れの累積は，政府負債と呼ばれる．財政黒字は，税収が政府支出を上回る状態であり，政府負債の一部を償還するために使うことができる．もし，政府支出と税収がちょうど等しければ，政府は，財政収支均衡を達成しているといわれる．

　財政収支均衡を達成している政府が，政府支出の増加によって財政赤字になりはじめるとしよう．このような財政赤字の影響は，図11-4に示されているように，貸付資金市場における3段階アプローチで分析することができる．

　第1に，政府の財政が赤字になりはじめると，どちらの曲線がシフトするだろうか．国民貯蓄，すなわち貸付資金供給の源泉は，民間貯蓄と政府貯蓄で構成されていることを思い出そう．財政収支の変化は，政府貯蓄の変化を意味し，したがって，貸付資金供給の変化を意味する．財政赤字は，家計や企業がそれぞれの所与の利子率の下で投資資金として借り入れたいと考える量に影響を与えないので，貸付資金需要曲線は変化しない．

　第2に，供給曲線はどちらの方向にシフトするだろうか．財政赤字が発生すると，政府貯蓄はマイナスになり，そのため国民貯蓄が減少する．言い換えれば，政府が財政赤字を埋め合わせるために資金を借り入れると，家計や企業の投資に利用可能な貸付資金供給が減少する．したがって，財政赤字は，図11-4に示されるように，貸付資金供給曲線を S_1 から S_2 へと左方にシフトさせる．

　第3に，元の均衡点と新しい均衡点を比較する．この図では，財政赤字によって貸付資金供給が減少すると，利子率は5％から6％に上昇する．利子率の上昇は，貸付資金市場に参加している家計と企業の行動に変化をもたらす．とくに，貸付資金の多くの需要者は，利子率の上昇によって投資意欲を失う．その結果，家を建てる家計の数も新しい工場を建てようとする企業の数も減少する．このように，政府の借入れによって投資が減少することを，

図11-4 政府の財政赤字の効果

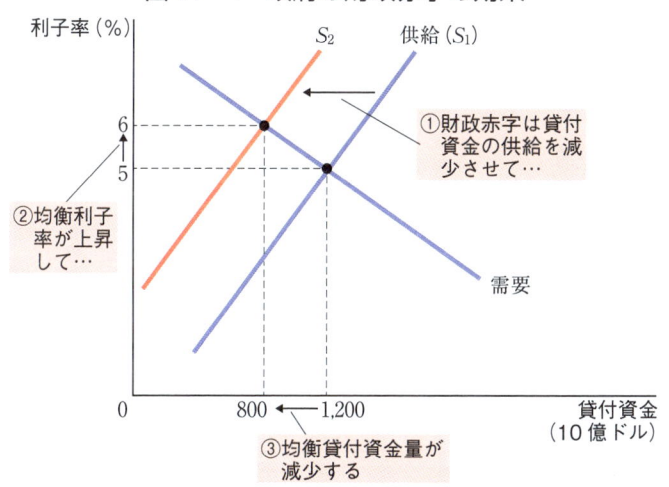

政府が税収以上に支出をすると，財政赤字が発生し，国民貯蓄の減少をもたらす．貸付資金供給は減少し，均衡利子率が上昇する．したがって，政府が財政赤字の穴埋めのために資金を借り入れると，投資資金を借り入れるはずだった家計と企業をクラウド・アウトする（押しのける）．この図では，供給曲線が S_1 から S_2 にシフトすることによって，均衡利子率が5％から6％に上昇し，（貯蓄および投資される）均衡貸付資金量は1兆2000億ドルから8000億ドルに減少する．

クラウディング・アウトと呼ぶ．この図では，クラウディング・アウトは，需要曲線上の移動によって投資が1兆2000億ドルから8000億ドルに減少する形で表されている．すなわち，政府が財政赤字を穴埋めするために借入れを行うと，投資をするために借入れを行おうとする民間部門が押しのけられるのである．

したがって，財政赤字に関する最も基本的な教訓は，貸付資金の需要と供給への影響から直接導かれる．すなわち，政府が財政赤字を発生させて国民貯蓄を減少させると，利子率が上昇し，投資が減少する．投資は，長期的な経済成長にとって重要なものなので，政府の財政赤字は，経済の成長率を低下させる．

ここで，なぜ財政赤字が貸付資金需要ではなく貸付資金供給に影響を与え

クラウディング・アウト crowding out：政府借入れによって（民間）投資が減少すること．

るのかと疑問に思うかもしれない．結局のところ，政府は，債券を売ること
によって，したがって民間セクターからの借入れによって財政赤字をまかな
うことになるからである．それでは，政府の借入れの増大はなぜ供給曲線を
シフトさせ，民間の投資主体による借入れ増大は需要曲線をシフトさせるの
だろうか．この質問に答えるためには，貸付資金の意味についてもう少し詳
細に検討する必要がある．ここで提示されているモデルは，この用語を民間
投資に融資するために利用可能な資金の流れを意味するものとして使ってい
る．したがって，政府の財政赤字は，貸付資金供給を減少させる．代わりに，
貸付資金という用語を民間貯蓄から利用可能な資金の流れと定義すると，政
府の財政赤字は，供給を減少させるよりも，むしろ需要を増大させる．用語
の解釈を変えてしまうとモデルを定義する方法の意味は変わってくるが，分
析の基底部分は同じはずである．したがって，どちらの場合でも，財政赤字
は利子率を上昇させ，その結果，民間投資プロジェクトをまかなう際に金融
市場に依存している民間の借り手をクラウディング・アウトする．

　ここまでは，政府支出の増大によって起こる赤字予算について吟味してき
たが，減税によって起こる赤字予算も同じような効果をもたらす．減税は，
政府貯蓄 $T-G$ を減らす．T が減るので民間貯蓄 $Y-T-C$ は増えるかも
しれないが，家計部門が減税に反応して消費をより増やせば C が増えるの
で，民間貯蓄の増大分は政府貯蓄の減少分を下回る．その結果，政府貯蓄と
民間貯蓄の合計である国民貯蓄（$S=Y-C-G$）が減る．ここでも，赤字
予算は貸付資金の供給を減らし，利子率を上昇させ，資本投資を行おうとす
る借り手をクラウディング・アウトする．

　以上で財政赤字のインパクトを理解したので，次に，分析の視点を変えて
財政黒字が今までとは反対の効果を持つことをみてみよう．政府が支出する
以上の税金を集めると，政府は，未払い債務の一部を償還してその差額を貯
蓄する．この政府の財政黒字（あるいは政府貯蓄）は，国民貯蓄に寄与する．
したがって，財政黒字は，貸付資金供給を増加させて利子率を低下させ，投
資を刺激する．投資の増加は，より大きな資本蓄積とより速い経済成長を意
味する．

財政政策と貯蓄

「税収を維持したまま貯蓄率を下げる形で消費を喚起させる財政支出を増やす政策は，長期の生活水準を低下させる傾向がある.」

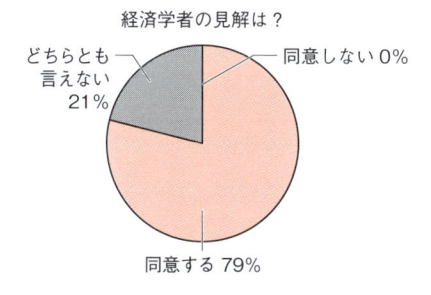

経済学者の見解は？

どちらとも言えない 21%
同意しない 0%
同意する 79%

（出所） IGM Economic Experts Panel, July 8, 2013.

アメリカにおける政府負債の歴史

　アメリカ政府はどれだけの負債を負っているだろうか．この質問への答えは，時間とともに相当に変化している．図11-5には，アメリカ連邦政府の負債がGDPに対する比率で示されている（日本の政府負債は図11-5′）．この図によれば，政府負債は，1836年のゼロから1945年の107％に至るまで変動している．

　政府負債の対GDP比率の動きは，政府の財政に何が起こっているかを示す一つの指標となっている．GDPは政府の税収基盤の大まかな測定値なので，政府負債の対GDP比率の低下は，税収能力に比べて政府負債が相対的に減少していることを意味する．このことは，政府がある意味では分相応に運営されていることを示している．対照的に，政府負債の対GDP比率の上昇は，税収能力に比べて政府負債が相対的に増大していることを意味する．このような状況は，通常は，財政政策（政府支出と税収）の運営が現状のレベルでは長期的に維持できないことを意味すると解

図 11-5　アメリカの政府負債

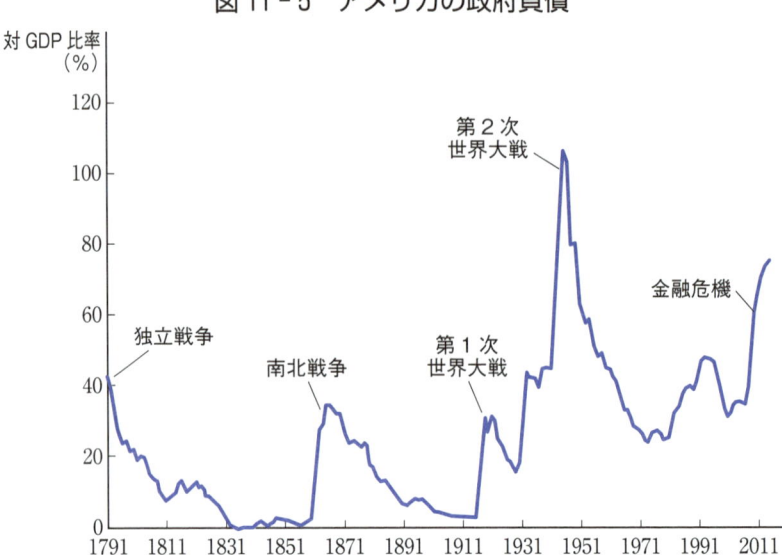

（出所）　アメリカ財務省，アメリカ商務省，T. S. Berry, "Production and Population since 1789," Bostwick Paper No. 6, Richmond, 1988.

対 GDP 比で示されたアメリカ連邦政府の負債は，歴史の中で変動してきている．戦時下の支出は，典型的には政府負債の顕著な増大と結びついている．

釈されることが多い．

　歴史を振り返ってみると，政府負債変動の主要な要因は戦争である．戦争が起こると，兵士や軍事設備への支払いによって，国防のための政府支出が大きく増大する．税収も増大することもあるが，支出の増大にははるかに及ばない．その結果，財政赤字になり，政府負債が増大する．戦争が終わると政府支出が減少し，政府負債の対 GDP 比率も低下しはじめる．

　戦費は負債で調達するのが望ましいと信じられているのには，二つの理由がある．一つの理由は，政府が長期にわたって税率をなめらかにできるためである．負債による調達がなされないと，戦争中に税率が急激に上昇しなければならないはずであるが，そうなると，経済効率の大幅な低下を引き起こすことになる．もう一つの理由は，戦費の負債による調達は，戦争のための費用の一部を，政府負債を償還しなければならない将来世代に転嫁するためである．この方法は，ほぼ間違いなく負担の公平な分配方法

図 11 - 5′　日本の政府負債

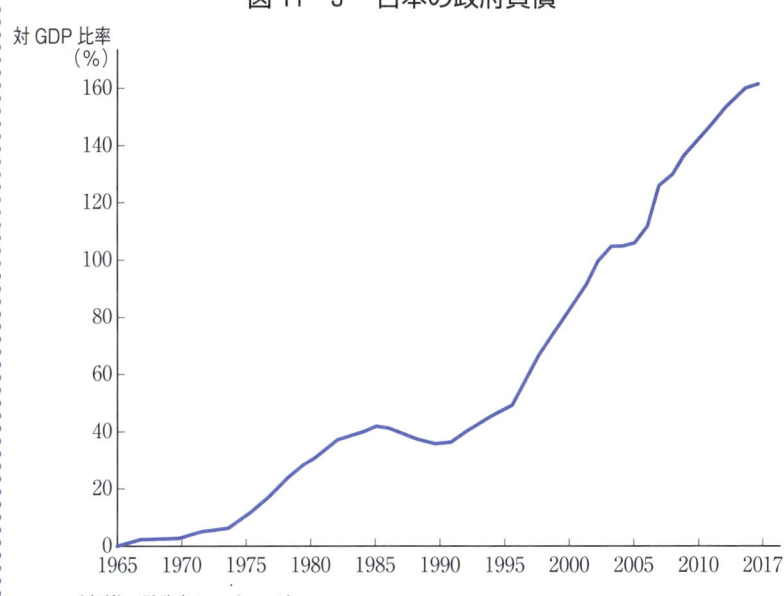

（出所）　財務省ウェブページ.

この図は, 1965年以降の日本政府の負債（国債残高）が GDP に占める割合を示したものである. 日本政府の負債の比率は, 第 1 次石油ショック直後の1975年以降急増した. 1980年代後半に一時的にその比率は低下したが, 1990年代に再び上昇傾向に転じている.

となる. というのは, 将来世代は, 現世代が外国の侵略者から自国を守るために戦ってくれることで, ある程度の便益を受けるからである.

　戦争では説明できない政府負債の大きな増大が, 1980年代初めに起こった. ロナルド・レーガン大統領が1981年に政権に就いた際に, 彼は小さな政府と減税とを約束した. ところが, その後, 彼は政府支出の削減が減税に比べて政治的により難しいものであることを知った. その結果, 政府が大きな財政赤字を抱える時代が始まり, そのような状況が, レーガン政権の時期のみならず, その後も長年続くことになった. 実際, 政府負債は, 対 GDP 比率でみると, 1980年の26％から1993年には48％にまで上昇した.

　先に検討したように, 財政赤字は国民貯蓄や投資を減少させ, 長期的な経済成長を減速させたため, 1980年代における政府負債の増大により数多くの経済学者や政策担当者は悩むことになった. ビル・クリントンが1993

年に大統領に就任した際，財政赤字削減こそが彼の最初の主要な目的であった．同様に，共和党が1995年に議会の多数派を占めた際には，財政赤字削減が法案議題のなかでも高い優先順位となった．両党の努力によって政府の財政赤字は縮小し，最終的には財政は黒字に転換した．加えて，1990年代後半における好景気により，さらに税収が増えた．その結果，連邦政府予算は赤字から黒字に転換し，政府負債の対 GDP 比率が数年の間に大きく減少した．

しかしながら，このような政府負債の対 GDP 比率の低下は，ジョージ・W・ブッシュ政権の間に止まってしまい，政府予算は黒字から赤字に逆戻りした．財政黒字から財政赤字になってしまったためである．この変化には，三つの理由があった．第 1 の理由は，ブッシュ大統領が，2000年の大統領選のキャンペーン中に約束していた減税法案に署名したためである．第 2 の理由は，2001年にアメリカ経済が景気後退（経済活動の停滞）を経験したためである．この景気後退により，自動的に税収が減少し，政府支出が増大した．第 3 の理由は，2001年 9 月11日の同時多発テロに対応する形で自国防衛のための支出や引き続き起こったイラク・アフガニスタン戦争のための政府支出が増大したからである．

政府負債の対 GDP 比率の真に劇的な増大は，2008年から始まった．アメリカ経済が，金融危機と深刻な不況を経験することになったためである（この話題については本章のコラムで簡単に説明するが，残りのいくつかの章でより詳細に言及する）．この不況により，財政赤字は自動的に拡大した．そして，ブッシュ政権とオバマ政権が不況への対処を狙って導入したいくつかの政策によって税収の低下が起こり，政府支出がさらに増大した．2009年から2012年の間には，連邦政府の財政赤字は GDP の約 9 ％と第 2 次世界大戦後の最大値を記録した．この財政赤字をまかなうための借入れによって政府負債の対 GDP 比率の増加率は2008年の39％から2012年には70％まで激増した．2012年以降，経済が回復すると，財政赤字は縮小し，政府負債の対 GDP 比率の増加率は低下している．

【小問】 ●「宵越しの銭は持たない」という生活をするアメリカ人の数が増えると，アメリカの貯蓄や投資，利子率にはどのような影響が出るか．

コラム 金融危機

　2008年と2009年に,アメリカ経済およびその他の世界中の数多くの主要国経済は,経済活動の大きな沈滞につながることになった金融危機を経験した.本書では,この金融危機について後ほど詳細に検討するが,この章では金融システムの紹介をしているので,簡単に金融危機の重要な出来事について検討してみたい.

　金融危機の1番目の出来事は,いくつかの資産価格の大きな下落である.2008年と2009年には,そのような資産は不動産だった.2000年代前半に不動産ブームを経験した後,住宅価格が数年間で約30%も下落した.そのような不動産価格の大きな下落は,1930年代以降アメリカではみられていなかった.

　金融危機の2番目の出来事は,金融機関において広範囲にわたる債務超過が起きたことである(企業は,その負債が自己の資産価値を上回るときに債務超過状態になる).2008年と2009年に,多くの銀行やその他の金融機関は,事実上,不動産を担保にした住宅融資を行う形で不動産価格の賭けに興じていた.住宅価格が下落すると,大多数の住宅所有者がローンの支払いを停止した.これらの債務不履行により,いくつかの大手金融機関が破産に追い込まれた.

　金融危機の3番目の出来事は,金融機関に対する信用の低下である.政府の政策により銀行預金の一部には保険がかけられていたが,すべての預金にかけられていたわけではない.債務超過が山のように溜まってきたため,すべての金融機関が次の破産候補になった.このような金融機関において保険でカバーされない預金を保有していた個人や企業は,彼らのお金を引き出した.取付け騒ぎに直面した銀行は,(ときには「焼け残り品」的な低い価格で)保有資産の売却を始め,新規貸出を削減した.

　金融危機の4番目の出来事は,クレジット・クランチ(融資の引締め)である.多くの金融機関が危機に瀕したため,資金を借りたがっていた主体は,有望な投資プロジェクトを抱えていたとしても融資を受け

られなくなった．金融システムが，預金者の資産を最高の投資機会を持つ借り手に振り向けるという通常の機能を果たせなくなってしまった．

金融危機の5番目の出来事は，経済の停滞である．人々が新しい投資プロジェクトへの融資を獲得できなくなったため，財・サービスに対する全体の需要も減退した．その結果，本書で後ほどより詳細に議論する理由によって，国民所得は低下し，失業が増大した．

金融危機の6番目の出来事は，悪循環である．経済の停滞によって多くの企業の採算性や資産価値が低下した．したがって，最初のステップに戻ってしまい，金融システムの問題と経済の停滞とが互いに強めあうようになった．

2008年と2009年のような金融危機は，深刻な帰結をもたらしうる．幸運なことに，危機は実際に去った．金融機関は，おそらく政府の政策によってある程度助けられて，最終的には地に足の着いた状態に戻り，通常の金融仲介機能を取り戻した．

 ## 4　結論

シェークスピアの『ハムレット』のなかで，ポローニアスは息子に「借りてもいかん，貸してもいかん」とアドバイスしている．もしすべての人がこのアドバイスに従っていれば，この章は必要なかったはずである．

ポローニアスに同意する経済学者はほとんどいない．経済においては，人々はしばしば貸し借りを行い，その理由も通常はきちんとしたものである．あなたも，ある日自分でビジネスを始めたり，あるいは家を買ったりするために，お金を借りるかもしれない．そして人々は，あなたが支払う利子によって，引退後の生活を充実させられるという希望を抱いて，あなたにお金を貸すかもしれない．金融システムは，このような貸し借りの行動をすべて調整する機能を持っている．

金融市場は，経済における他の市場と多くの点で似ている．貸付資金の価格，すなわち利子率は，経済における他の価格と同じく需要と供給の力に支配されている．金融市場における需要と供給のシフトは，他の市場と同じ方

法で分析することができる. 第１章の経済学の十大原理の一つは, 「通常, 市場は経済活動を組織する良策である」というものであった. この原理は, 金融市場にも同様に当てはまる. 金融市場は, 貸付資金の需要と供給を一致させることで, 経済における希少な資源が最も有効に利用できるように配分する.

しかしながら, ある面においては, 金融市場は特殊である. 他のほとんどの市場とは異なり, 金融市場は現在と将来とを結びつけるという重要な役割を果たしているからである. 貸付資金の供給者, つまり預金者が貯蓄をするのは, 現在の所得を将来の購買力に転換したいからである. 一方, 貸付資金の需要者, つまり借り手が借りるのは, 将来に財・サービスを生産するための追加的な資本を獲得するために現時点で投資したいからである. したがって, 金融市場がうまく機能することは, 現役世代はもちろん, 結果的にそれらの便益を数多く受け継ぐことになる将来世代にとっても重要なのである.

要約

- アメリカの金融システムは, 債券市場, 株式市場, 銀行, 投資信託といった多くの種類の金融制度で構成されている. これらはすべて, 所得の一部を貯蓄したいと考えている家計の資金を, 借りたいと考えている家計や企業に振り向ける役割を果たしている.
- 国民所得勘定の恒等式は, マクロ経済変数間の重要な関係を明らかにしている. とくに, 閉鎖経済においては, 国民貯蓄は投資に等しい. 金融制度は, 経済システムにおいて, ある人の貯蓄と他の人の投資とを結びつける機能を果たしている.
- 利子率は, 貸付資金市場の需要と供給によって決まる. 貸付資金の供給は, 所得の一部を貯蓄して貸し付けたい家計が生み出す. 貸付資金の需要は, 投資のために借入れをしたい家計や企業が生み出す. 政策や出来事が利子率にどのような影響を与えるかを分析するためには, それらが貸付資金の需要と供給にどのような影響を与えるかを考察しなければならない.
- 国民貯蓄は, 民間貯蓄と政府貯蓄の合計である. 財政赤字は負の政府貯蓄

を意味するので，国民貯蓄を減らし，投資に利用可能な貸付資金の供給を削減する．財政赤字によって投資のクラウディング・アウトが発生すると，生産性と GDP の成長が低下する．

確認問題

1.　エレーヌはアイスクリーム販売用トラックを買って商売をしたいが，そのようなビジネスをはじめるための資金を持ち合わせていない．そこで彼女は，友達のジョージから 1 万ドルを借りて，彼に 7 ％の利子を支払うことを約束し，さらに友達のジェリーからも利潤の 3 分の 1 を渡すことを約束してもう 2 万ドルを獲得する．このような状況を最もうまく説明しているのはどれか．

　　a.　ジョージは株主で，エレーヌは社債保有者である．

　　b.　ジョージは株主で，ジェリーは社債保有者である．

　　c.　ジェリーは株主で，エレーヌは社債保有者である．

　　d.　ジェリーは株主で，ジョージは社債保有者である．

2.　もし政府が支出するより多く税収を確保しようとし，家計部門は税引き後の所得よりも多く消費するとしよう．このとき，どのようなことが起こるか．下記から選びなさい．

　　a.　民間貯蓄と政府貯蓄がどちらもプラスになる．

　　b.　民間貯蓄と政府貯蓄がどちらもマイナスになる．

　　c.　民間貯蓄はプラスになるが，政府貯蓄はマイナスになる．

　　d.　民間貯蓄はマイナスになるが，政府貯蓄はプラスになる．

3.　ある閉鎖経済において，1000 ドルの所得，200 ドルの政府支出，150 ドルの税収，250 ドルの投資があるとする．このとき，民間貯蓄はいくらになるか．

　　a.　100 ドル

　　b.　200 ドル

　　c.　300 ドル

　　d.　400 ドル

4.　資産管理に関して人気の TV 番組が，アメリカ人は退職後に備えても

っと貯蓄をするべきだとキャンペーンしたとする. このとき, 均衡利子率
は (　　) して貸付資金の (　　) 曲線をシフトさせるはずである.

a. 上昇, 供給

b. 下落, 供給

c. 上昇, 需要

d. 下落, 需要

5. もし実業界が資本収益性に関してより楽観的になるとすると, 均衡利子
率が (　　) して貸付資金の (　　) 曲線をシフトさせるはずである.

a. 上昇, 供給

b. 下落, 供給

c. 上昇, 需要

d. 下落, 需要

6. 2008年から2012年にかけてアメリカの政府債務の対GDP比率はどうな
ったか.

a. 著しく増大した.

b. 著しく減少した.

c. 歴史的な高い水準で安定していた.

d. 歴史的な低い水準で安定していた.

復習問題

1. 金融システムの役割とは何か. 経済において, 金融システムの一部を構
成する二つの金融市場を挙げ, それらの特徴を述べなさい. また二つの金
融仲介機関を挙げ, それらの特徴を述べなさい.

2. 株式や債券を保有する人々にとって, なぜそれらを分散化して保有する
ことが重要なのか. どのようなタイプの金融機関が, そのような分散化を
より容易にしてくれるか.

3. 国民貯蓄とは何か. 民間貯蓄とは何か. 政府貯蓄とは何か. これらの三
つの変数はどのような関係にあるか.

4. 投資とは何か. 閉鎖経済において, 投資は国民貯蓄とどのような関係に
あるか.

5. 民間貯蓄を増加させるような税法上の変更を述べなさい．このような政策が実施されると，貸付資金市場にはどのような影響が出るか．

6. 政府の財政赤字とは何か．財政赤字は，利子率，投資，経済成長にどのような影響を及ぼすか．

応用問題

1. 以下の債券の各々の組合せの中では，どちらの債券により高い利子が支払われると予想されるか．説明しなさい．

   a. アメリカの政府債と東ヨーロッパの政府債

   b. 2020年に元金支払いを約束している債券と2040年に元金支払いを約束している債券

   c. コカ・コーラ社の社債とあなたがガレージで経営しているソフトウェア会社の社債

   d. 連邦政府が発行している債券とニューヨーク州が発行している債券

2. 多くの労働者は，自分が働いている企業が発行した株式を大量に保有している．なぜ企業はこうした行動を奨励するのか．自分が働いている企業の株式を保有したくない人がいるのはなぜか．

3. マクロ経済学者の定義による貯蓄と投資の違いを説明しなさい．以下の状況はそれぞれ貯蓄と投資のどちらにあたるか．説明しなさい．

   a. 両親が住宅ローンを借りて新しい家を購入する．

   b. 200ドルの給料で AT&T 社の株式を購入する．

   c. ルームメイトが100ドルを稼いで自分の銀行口座に預金する．

   d. ピザ宅配ビジネスで使う車を買うために銀行から1000ドルを借りる．

4. GDP が8兆ドル，税収が1.5兆ドル，民間貯蓄が0.5兆ドル，政府貯蓄が0.2兆ドルだとする．この経済が閉鎖経済だと仮定し，消費，政府支出，国民貯蓄，投資の額を計算しなさい．

5. 閉鎖経済であるファンランディア国（Funlandia）の経済学者たちが，ある年の経済について次のような情報を集めた．

$$Y = 10,000$$

$$C = 6,000$$

$T=1,500$

$G=1,700$

経済学者たちは, また次のような投資関数も推定している.

$I=3,300-100r$

上式の r は, この国のパーセント表示の実質利子率である. 民間貯蓄, 政府貯蓄, 国民貯蓄, 投資, ならびに均衡実質利子率を計算しなさい.

6. インテル社が新しいチップ製造工場の建設を考えているとする.

   a. インテル社が債券市場からの資金調達を必要としていると仮定した場合, なぜ利子率の上昇は工場を建設するか否かというインテル社の決定に影響を及ぼすのか.

   b. インテル社が新しい工場を建設する際に借入れを必要としないほど十分な資金を持っている場合でも, 利子率の上昇は, 工場を建設するか否かについてのインテル社の決定に影響を及ぼすか. 説明しなさい.

7. 3名の学生が, 各々1000ドルの貯金を持っているとする. 各自には2000ドルまで投資可能な機会がある. 各学生の投資プロジェクトの収益率は下記のようになっている.

ハリー	5％
ロン	8％
ハーマイオニー	20％

   a. 貸し借りが禁じられているとすると, 各自は自分の投資プロジェクトをまかなうために自分の貯蓄だけしか使えないが, 各自はプロジェクトの収益として1年後にどれだけ獲得しているか.

   b. この学校において, 利子率 r で貸し借りが可能な貸付資金市場が開かれたとする. この市場で貸し手になるか, それとも借り手になるかは何によって決まるか.

   c. 7％の利子率の場合, この3名の学生のなかでは, 貸付資金の供給量と需要量とはどうなるか. 10％の利子率ではどうなるか.

   d. この3名の学生間で生じる貸付資金市場はどのような利子率で均衡するか. その利子率では, どの学生が借り手となり, どの学生が貸し手となるか.

   e. 均衡利子率では, それぞれの学生は, 投資プロジェクトが収益を生み,

貸付金が返却される1年後にどれほど収益を獲得するか．この質問の答えをaの答えと比較しなさい．貸付資金市場の存在によって誰が便益を得るか．借り手か，それとも貸し手か．状況が悪化する学生はいるか．

8. 来年の政府の借入れが今年よりも200億ドル増加すると想定する．

   a. 需要と供給の図を用いてこの政策を分析しなさい．利子率は上昇するか，それとも低下するか．

   b. 投資には何が起こるか．民間貯蓄には何が起こるか．政府貯蓄には何が起こるか．国民貯蓄には何が起こるか．これらの変化の大きさを200億ドルの政府追加借入れと比較しなさい．

   c. 貸付資金市場の供給弾力性は，これらの変化の大きさにどのような影響を及ぼすか．

   d. 貸付資金市場の需要弾力性は，これらの変化の大きさにどのような影響を及ぼすか．

   e. 政府の借入れが増加すると，政府負債を相殺するため税率が将来引き上げられると家計が信じているとする．この信念は，今日の民間貯蓄や貸付資金市場の供給にどのような効果を及ぼすか．それは，問aや問bであなたが論じた効果を増大させるか，あるいは減少させるか．

9. この章では，民間貯蓄に対する課税の引下げや政府の財政赤字削減のどちらによっても投資を増やすことができると説明されている．

   a. この二つの政策を同時に実施することはなぜ難しいのか．

   b. この二つの政策のうちどちらが投資の増大により効果的かを判断するためには，民間貯蓄についてどのような情報を知る必要があるか．

第11章 付論1

貨幣システム

Keywords

貨幣 money
交換手段 medium of exchange
計算単位 unit of account
価値貯蔵手段 store of value
流動性 liquidity
商品貨幣 commodity money
不換紙幣 fiat money
連邦準備（制度） Federal Reserve, Fed
中央銀行 central bank
貨幣供給 money supply
金融政策 monetary policy

　食事をするためにレストランに入ると，満腹という価値を手に入れる．このサービスに対して代価を支払うには，レストランの経営者に対して，よれよれの緑色がかった（奇妙なシンボルや政府のビルや過去の有名なアメリカ人の顔などが描かれた）紙（ドル紙幣のこと）を数枚渡す．あるいは，銀行の名前と自分のサインを書いた紙切れ（小切手のこと）を1枚渡すこともできる．またはプラスチックのカードを見せて小さな紙切れにサインをすることもできる．現金で支払っても小切手で支払ってもデビットカードで支払っても，レストラン経営者は，そうした紙切れと引換えにあなたの食欲を満たすべく喜んで働く．紙切れそのものには本来は価値がないにもかかわらずである．

　現代社会に暮らす人々にとっては，こうした社会的習慣はおなじみのことである．紙幣そのものには本源的な価値はないが，将来，自分の欲しいものと引換えに第三の人が紙幣を受け取ってくれることをレストラン経営者は確信しているのである．そして，その第三の人も誰か他の人が紙幣を受け取ってくれることを確信しており，その人もまた誰か他の人が紙幣を受け取ってくれると知っており，……と続いていく．レストラン経営者や社会の人々にとって，あなたの差し出す現金や小切手やデビットカードのレシートは，将来における財・サービスへの請求権を表しているのである．

　取引において貨幣を使うという社会的習慣は，大規模で複雑な社会においてはきわめて有益である．財・サービスと交換に広く受け取ってもらえるものがない場合を想像してみよう．その場合，人々は自分の必要とするものを獲得するために，物々交換（一つの財・サービスと別の財・サービスとの交換）に頼らざるをえない．たとえば，レストランで食事をするためには，レストランの経営者にとって価値がある何かをその場で提供しなければならない．皿洗いをしたり芝刈りをしたり，ミートローフの秘伝のレシピを渡したりしなければならないのである．物々交換に依存する経済は，希少な資源を効率よく配分することができない．そうした経済においては，交換のためには欲求の二重の一致が必要だからである．2人の人がお互いに相手の欲しい財・サービスを持っているという，あまり起こりそうにない状況である．

　貨幣の存在は交換を容易にする．レストランの経営者は，自分にとって有益な財・サービスをあなたが生み出せるかどうかなど，気にもかけない．彼

は喜んであなたの持っている貨幣を受け取る．彼に対しても，他の人々が同じように対応してくれることを知っているからである．そうした慣習によって，取引はメリーゴーラウンドのようにぐるぐる回ることができる．レストランの経営者は，あなたから貨幣を受け取り，雇っているシェフに給料を支払う．シェフは，自分の子どもを保育園に預けるのにその給料（貨幣）を使う．保育園は，その保育料（貨幣）を使って，保育士に給料を支払う．保育士は，あなたを雇って芝刈りをさせるためにそれを使う（これで一回りである）．貨幣が経済のなかを1人の人から次の人へと流れていくことによって，生産や交換が促進される．それによって，個々の人々が得意の仕事に特化できるようになり，すべての人々の生活水準が高まるのである．

① 貨幣の意味

　貨幣とは何か．この問いは馬鹿げたものに聞こえるかもしれない．「億万長者のマーク・ザッカーバーグはお金をたくさん持っている」という文の意味は明らかである．彼は非常に裕福であり，欲しいものはほとんど何でも買うことができる．この文では，お金（貨幣）という言葉は富を意味している．

　しかしながら，経済学者は貨幣という言葉をより限定的な意味で使う．経済学者の言葉では，貨幣とは，人々が互いに財・サービスを購入するときに通常用いる，経済における諸資産の集合である．財布のなかの現金は貨幣に含まれる．現金を使えば，レストランで食事をしたり衣料品店で衣服を買うことができるからである．しかし，あなたがフェイスブック社の株式の相当部分を（マーク・ザッカーバーグと同じように）所有していれば裕福には違いないが，その資産（株式）は貨幣の一形態ではない．その資産（株式）をまず現金に換えなければ，シャツを買ったり外食をすることはできないからである．経済学者の定義では，貨幣に含まれるのは，財・サービスと交換に売り手が通常受け取るような数種類の資産だけである．

貨幣 money：経済において人々が他の人々から財・サービスを購入する際に通常使用される資産.

●貨幣の機能

　貨幣は経済のなかで三つの機能を果たしている．貨幣は，交換手段であり，計算単位であり，価値貯蔵手段である．これらの三つの機能が合わさることによって，貨幣は他の資産（株式や債券，不動産や美術品，あるいはベースボール・カードなど）と区別され，異なる独自のものとなる．これらの機能を順にみていこう．

　交換手段とは，買い手が財・サービスを購入するときに売り手に渡すものである．衣料品店に行ってシャツを買うと，店側はあなたにシャツを渡し，あなたは店側に自分の貨幣を渡す．貨幣がこのように買い手から売り手に手渡されることで，取引が可能となる．店に入るとき，あなたは販売されている品物と交換に（自分の持っている）貨幣を店側が受け取ることを確信している．なぜならば，貨幣は一般に受け入れられている交換手段だからである．

　計算単位とは，価格を表示したり借金の記録をしたりするときに人々が使う尺度のことである．買い物に行くと，シャツの値段が50ドル，ハンバーガーの値段が5ドルと表示されているのをみることができるだろう．確かに，シャツの値段はハンバーガー10個分であり，ハンバーガーの値段はシャツ10分の1枚分であるということもできる．しかし，値段は決してそのようには表示されない．銀行から借金をするときも同じである．将来の返済の大きさは，金額（ドル）で表示され，財・サービスの量の単位では表示されない．経済的な価値を測ったり記録したりするときには，貨幣を計算単位として用いるのである．

　価値貯蔵手段とは，購買力を現時点から将来時点に移すために人々が用いるもののことである．売り手が現在，財・サービスと交換に貨幣を受け取ると，その売り手は貨幣を保有しておいて，他の時点に他の財・サービスの買い手になることができる．貨幣だけが経済における価値貯蔵手段ではない．株式や債券のような非貨幣的な資産を保有することによっても，購買力を現

交換手段 medium of exchange：財・サービスの購入にあたって，買い手が売り手に与えるもの．
計算単位 unit of account：人々が価格を表示したり借金を記録するときの尺度．
価値貯蔵手段 store of value：人々が購買力を現在から将来に移転するときに使用するもの．

時点から将来時点に移すことができる．富という言葉は，貨幣資産と非貨幣資産の双方を含む価値貯蔵手段すべてを表す言葉として使われる．

　経済学者は，流動性という用語を用いて，資産がどれだけ簡単に経済の交換手段に変換されるかを示す．貨幣は経済の交換手段そのものなので，これ以上に流動的な資産はない．他のいろいろな資産は，流動性に関してまさしく多様である．株式や債券の多くは，わずかの費用で簡単に売却できるので，かなり流動的な資産である．対照的に，家屋，レンブラントの絵画，1948年のジョー・ディマジオのベースボール・カードなどは，売却に時間も労力もかかるので流動性の低い資産である．

　どのような形態で資産を保有するかを決めるときには，候補となる各資産の流動性と価値貯蔵手段としての有用性とを比較考量しなければならない．貨幣は最も流動的な資産ではあるが，価値貯蔵手段としては完璧にはほど遠い．物価が上昇すると貨幣の価値は減少してしまうからである．つまり，財・サービスが高価になると，財布のなかの貨幣で買える量は減ってしまう．貨幣の価値と物価水準との間の相互関係は，貨幣が経済に対して与える影響を理解するうえでの鍵となるものであり，次章で検討を始めよう．

●貨幣の種類

　本源的な価値を持つ商品の形態をとる貨幣のことを商品貨幣と呼ぶ．本源的価値という用語は，貨幣として使われなくてもそのものが価値を持つ場合を指す．商品貨幣の一つの例は金である．金は，工業においても使われるし，装身具の作成にも使われるので本源的価値を持っている．現在では金は貨幣としては使われないが，歴史的にみると，金は広く貨幣として使われてきた．持ち運び，重さの計測，純度の確認などが比較的容易だったからである．経済が金（あるいは金と即時に兌換可能な紙幣）を貨幣として使っているとき，その経済は金本位制の下にあるという．

　商品貨幣のもう一つの例はたばこである．第2次世界大戦中の捕虜収容所では，捕虜が財・サービスを互いに交換した．その交換においては，たばこが価値貯蔵手段，計算単位，交換手段として使われた．同様に，1980年代末

流動性 liquidity：資産が経済の交換手段に変換される容易さ．
商品貨幣 commodity money：本源的価値を持つ商品の形態をとる貨幣．

にソビエト連邦が崩壊しつつあったとき，モスクワではたばこのほうがルーブルよりも人気のある通貨となった．どちらのケースにおいても，非喫煙者までもが交換の際にたばこを喜んで受け取った．そのたばこを使えば，他の財・サービスを買うことができると知っていたからである．

本源的価値を持たない貨幣のことを （法定）不換紙幣（fiat money）と呼ぶ．"fiat" とは命令や宣言のことであり，不換紙幣は政府の宣言によって貨幣となったものである．たとえば，あなたの財布のなかの（アメリカ政府によって発行された）ドル紙幣と，モノポリー・ゲームで使われる（パーカー・ブラザーズ社が印刷した）紙幣とを比べてみよう．レストランでの支払いに，前者の紙幣が使えて後者の紙幣が使えないのはなぜだろうか．その答えは，アメリカ政府がそのドルを有効な交換貨幣として宣言したからにほかならない．財布のなかにあるドル紙幣は1枚1枚に，「この券は，公私を問わず，すべての負債に対する正式の支払手段である」と書かれているのである．

不換紙幣を創設し，規制する（偽札製造者に対する処罰など）中心は政府であるが，そのような貨幣システムが成功するためには他の要因も必要である．ほとんどの場合，不換紙幣の受取りは，政府の宣言だけでなく予想や社会的習慣にも同じくらい依存している．1980年代のソ連は，ルーブルを公式通貨の位置から外さなかった．しかしながら，モスクワ市民は，財・サービスと交換にたばこ（あるいは米ドル紙幣）を受け取るほうを好んだ．そうした代替的な貨幣のほうが将来他の人々に受け入れられるだろうという確信を持っていたからである．

【小問】　●貨幣の三つの機能を列挙して，説明しなさい．

2 中央銀行

アメリカ経済のように，経済が不換紙幣システムを利用している場合には，必ずそのシステムの規制を担当する組織が必要である．アメリカの場合，その組織は連邦準備制度であり，しばしば Fed と略称される．ドル紙幣のい

（法定）不換紙幣 fiat money：政府の宣言によって貨幣として用いられる本源的価値を持たない貨幣．

ちばん上の部分をみれば，ドル紙幣が「連邦準備券」と呼ばれていることがわかるだろう．連邦準備は中央銀行の一つである．中央銀行は，銀行システムを監督し，経済のなかの貨幣量を調節するためにつくられた組織である．他の主要諸国の中央銀行としては，イングランド銀行（BOE）や，日本銀行（BOJ：Bank of Japan），欧州中央銀行（ECB）などがある．

　中央銀行は，二つの互いに関連する職務を担っている．第1の職務は，銀行を規制し，銀行システムの健全性を維持することである．連邦準備において，この責務は，主に地区連銀によって果たされている．とくに，地区連銀は各銀行の財務内容を監視し，小切手の決済システムを提供することで銀行間の取引を容易にしている．また，中央銀行は銀行の銀行でもある．つまり，民間銀行そのものが借金したい場合には，中央銀行から借り入れるのである．財務内容の悪化した銀行が現金の不足（資金繰り問題）に直面すると，中央銀行は最後の貸し手として行動する．他から借金することのできない借り手に対する貸し手の機能を果たすことで，銀行システム全体の安定性を保つのである．

　中央銀行の第2の職務は，より重要なものである．経済において利用可能な貨幣量，すなわち貨幣供給を調節するのである．政策立案者による貨幣供給に関する意思決定が金融政策を形づくっている．連邦準備において，金融政策は連邦公開市場委員会（FOMC）によって決定されている.[1]FOMCは，ほぼ6週間ごとにワシントンD. C.で会合を開き，経済情勢判断を議論し，金融政策の変更を検討する．

　FOMCの決定を通じて，連邦準備は経済のなかのドルの量を増減させることができる．単純化したたとえ話としては，連邦準備がドル紙幣を印刷し

連邦準備（制度）Federal Reserve, Fed：アメリカの中央銀行．日本では連邦準備，連銀などと略称されることがある．本書でも連邦準備と呼ぶことにする．
中央銀行 central bank：銀行システムを監督し経済における貨幣量を調節する組織．
貨幣供給 money supply：経済において利用可能な貨幣の量．
金融政策 monetary policy：中央銀行の政策立案者による貨幣供給の調節．

1)　日本銀行の場合，金融政策は金融政策決定会合によって，ほぼ毎月決められている．この9名の役員は，衆参両議院の同意を得て内閣が任命する（それぞれの任期は5年）．政策委員会は，金融政策について審議・決定を行う「金融政策決定会合」（原則月2回開催）と金融政策以外の重要事項を審議する「通常会合」（原則週2回開催）の2種類の会合を行う．金融政策決定会合については，「透明性」の確保のためにさまざまな情報が公表されている．日本銀行のウェブページ（http://www.boj.or.jp）を参照してほしい．

てヘリコプターを使って全国にばらまいていると想像してもかまわない．同様に，連邦準備が巨大な掃除機を使って，人々の財布からドル紙幣を吸い取っていると想像してもかまわない．実際に貨幣供給を増減させる方法は，もっと複雑で精巧なものである．しかし，ヘリコプターと掃除機のたとえは，金融政策の意味を理解するための第一歩として有用である．

　連邦準備が貨幣供給を現実に変化させる方法については本章の後半で論じるが，連邦準備の主要な政策手段が公開市場操作（国債の売買）であることは，この段階でも知っておいたほうがいい（国債とは，一国の中央政府の借用証書であることを思い出そう）．FOMCが貨幣供給を増やすことを決めると，連邦準備はドル紙幣を印刷して，国内債券市場において国債を民間から買い入れることに使う．連邦準備による買入れのあとでは，ドル紙幣は民間の手中にある．したがって，公開市場における連邦準備の国債買入れ（買いオペレーション）は貨幣供給を増加させる．逆に，FOMCが貨幣供給を減らすことを決めると，連邦準備は保有資産（ポートフォリオ）のなかの国債を，国内債券市場において民間に対して売却する．売却のあとでは，国債の代価として連邦準備が受け取ったドル紙幣は民間の手中にはない．したがって，連邦準備による公開市場における国債売却（売りオペレーション）は，貨幣供給を減少させる．

　貨幣供給は経済に対して大きな影響を与えることができるので，中央銀行は重要な組織である．第1章で紹介した経済学の十大原理の一つには，「政府が紙幣を印刷しすぎると，物価が上昇する」というものがあった．同じ十大原理には，「社会は，インフレと失業の短期的トレードオフに直面している」というものもあった．中央銀行の影響力は，この二つの原理に基づいている．中央銀行の政策決定は，長期においては一国経済のインフレ率に，短期においては一国経済の雇用や生産に重要な影響を及ぼす．実際，連邦準備理事会の議長は，アメリカで2番目に力を持つ人間ともいわれている．

【小問】　●中央銀行の主要な機能は何だろうか．中央銀行は，どのようにして経済のなかの貨幣供給量を増やすのだろうか．

貨幣の需給とインフレーションの古典派理論

Keywords

貨幣数量説　quantity theory of money
名目変数　nominal variables
実質変数　real variables
古典派の二分法　classical dichotomy
貨幣の中立性　monetary neutrality
貨幣の流通速度　velocity of money
（貨幣）数量方程式　quantity equation

　今日では，アイスクリームを買うには，少なくとも１～２ドル必要である．しかし，いつでもそうであったわけではない．1930年代に私の祖母が経営していたニュージャージー州トレントンの駄菓子屋では，アイスクリームのサイズは２種類あった．「小」は３セントで，空腹の客向けの「大」は５セントであった．

　アイスクリームの価格が上昇したことは，さほど驚くべきことではないかもしれない．現代の多くの経済では，ほとんどの価格が上昇する傾向にあるからである．このような一般物価水準の上昇のことをインフレーションと呼ぶ．本書の前のほうでは，経済学者がインフレーションをどのように測るのかを調べた．具体的には，消費者物価指数（CPI），GDP デフレーター，あるいはその他の全般的な物価指数の変化率として測定する．それらの物価指数をみると，アメリカにおける物価はこの80年間に平均して年率約3.6%で上昇してきたことを示している．それだけ長期間続くと，年率3.6%のインフレーションでも物価水準は17倍になる．

　現代のアメリカに生まれ育った人間にとっては，インフレーションは自然で避けられないものに思われるだろう．しかし，インフレーションは避けられないものではない．19世紀には，一般物価水準が下落するデフレーションと呼ばれる現象が長期間にわたって生じた．アメリカ経済の一般物価水準は，1880年から1896年にかけて23%も下落した．1896年の大統領選挙では，このデフレーションが焦点となった．農家は多額の負債を抱えていたが，農産物価格の下落によって所得が減少し，負債を返済することが困難になっていた．彼らはデフレーションからインフレーションへと転換させる政策を支持した．

　より最近の歴史においては，インフレーションは当たり前のことになっているが，それでも物価上昇率には顕著な変化があった．2005～15年において，物価は平均して年率1.2%で上昇した．対照的に，1970年代には，物価上昇率は年率7.8%であった．1970年代の10年間で物価水準はほぼ２倍になったのである．一般の人々は，そのような高率のインフレーションを重要な経済問題とみなすことが多い．実際，1980年にジミー・カーター大統領が再選を目指して出馬すると，挑戦者であったロナルド・レーガンは，高率のインフレーションをカーターの経済政策の失敗の一つと指摘した．

　世界のデータをみると，インフレーションに関してもっと多様な経験が観

察できる．2015年，アメリカのインフレ率は約0.1％であったが，中国では1.5％，インドでは4.9％，ロシアでは15％，そしてベネズエラでは84％であった．しかし，ロシアやベネズエラの高インフレ率でさえ，別の基準からみると大したものではない．2008年 2 月のジンバブエではインフレ率が 2 万4000％に達したと，中央銀行が公表した．他の独立した機関によれば，インフレ率はさらに高いと推定されている．こうした異常に高い率のインフレーションは，ハイパーインフレーションと呼ばれる．

　経済がインフレーションを経験するかどうか，またどれだけのインフレ率を経験するのかは，何によって決まるのだろうか．この章では，貨幣数量説を用いてこの問題を考えてみよう．第 1 章では，この理論を要約して「政府が紙幣を印刷しすぎると，物価が上昇する」とし，経済学の十大原理の一つにあげた．経済学の歴史において，この理論は伝統として長い間尊重されてきた．貨幣数量説は，18世紀の有名な哲学者で経済学者でもあったデービッド・ヒュームが論じ，最近では傑出した経済学者であるミルトン・フリードマンが提唱した．この理論を用いると，アメリカが経験している穏やかなインフレーションも，ハイパーインフレーションも説明できるのである．

　この付論では，インフレーションに関する学習として，貨幣数量説を展開する．この理論は初期の経済思想家たちによって，開発されたので，しばしば「古典派」理論と呼ばれる．今日でもほとんどの経済学者は，物価水準やインフレ率の長期的な決定要因を説明する際にこの理論を用いている．

1　貨幣の価値と金融政策

●物価水準と貨幣の価値

　アイスクリームの価格が，ある期間に 5 セントから 1 ドルに上昇したことが観察されたとしよう．人々がこれほど高い代金をアイスクリームに支払うことから，どのような結論が引き出されるだろうか．（どこかの化学者が魔法のようなフレーバーを開発したなどの原因で）人々が以前よりもアイスクリームを好むようになった可能性もないわけではない．しかし，その推論はおそらく正しくないであろう．アイスクリームに対する嗜好はほとんど変化

していないが，アイスクリームを買うのに使う貨幣の価値が，時間の経過とともに減少した可能性のほうが高い．実際，インフレーションに関する第1の洞察は，財の価値ではなく貨幣の価値に関するものである．

この洞察は，インフレーションの理論化への道を拓くものである．消費者物価指数やその他の一般物価水準の尺度が上昇すると，評論家は物価指数を構成する個々の価格に目を向けがちになる．「消費者物価指数は先月3％上昇しました．コーヒーの価格が20％上昇し，暖房用灯油の価格が30％上昇したためです．」このアプローチは，経済で何が起こっているかについて，興味深い情報をもたらすが，肝心なポイントが欠落している．すなわち，インフレーションは経済全体に関わる現象であり，何よりも経済の交換手段の価値に関わるものであるという点である．

経済の一般物価水準の上昇は，2通りに解釈することができる．本書ではこれまで，物価水準を財・サービスを組み合わせたバスケットの価格として扱ってきた．物価水準が上昇すると，人々が購入する財・サービスに対する支払いは増加する．それに対してもう一つの見方は，物価水準を貨幣の価値の尺度と考えることである．物価水準の上昇は貨幣価値を減少させる．なぜならば，手持ちの現金1ドル当たりで買える財・サービスの量が，以前よりも少なくなるからである．

このことを理解するためには，数学的に表現するとわかりやすいだろう．消費者物価指数やGDPデフレーターなどで測られる物価水準をPで表すとしよう．すなわちPは，財・サービスのバスケットを買うのに必要なドル紙幣の枚数を示している．ここで，この考え方を逆転させてみよう．1ドル札で購入できる財・サービスの量は$1/P$に等しい．言い換えると，Pが貨幣で測った財・サービスの価格であるとすると，$1/P$は財・サービスで測った貨幣価値である．

この数式は，一つの財しか生産しない経済において，最もすっきりと理解できる．その一つの財がたとえばアイスクリームだとすると，Pはアイスクリームの価格である．アイスクリームの価格(P)が2ドルであれば，ドルの価格$(1/P)$はアイスクリーム半分となる．価格(P)が3ドルに上がれば，ドルの価格$(1/P)$はアイスクリームの3分の1に低下する．現実の経済においては多数の財・サービスが生産されているので，一つの財の価格の代わりに

物価指数を用いる．それでも，同じ論理が当てはまる．つまり，一般物価水準が上昇すれば，貨幣価値が減少するのである．

●貨幣需要，貨幣供給と貨幣市場の均衡

貨幣の価値を決めるのは何だろうか．この問いに対する答えは，経済学ではよくあるように需要と供給である．バナナの需要と供給がバナナの価格を決めるのとまったく同様に，貨幣の需要と供給が貨幣の価値を決める．貨幣数量説を展開する第2段階として，貨幣需要と貨幣供給を検討しよう．

まず，貨幣供給について考察しよう．前章では，どのようにして中央銀行が銀行システムとともに貨幣供給を決定するのかを論じた．中央銀行が，公開市場操作で債券を売ると，代価として貨幣を受け取るので，貨幣供給を縮小させる．中央銀行が国債を買うと，その代価として貨幣を支払うので，貨幣供給を増加させる．さらに，そうしたドルが少しでも銀行に預金されると，銀行は一部を準備として保有し残りを貸し出すので，貨幣乗数が働くこととなり，公開市場操作はより大きな影響を貨幣供給に及ぼす．ここでは，本章の目的にあわせて，銀行システムの導入に伴う詳細をほとんど無視し，貨幣供給を中央銀行が直接調節できる政策変数であると単純化して考えることにする．

次に，貨幣需要について考察しよう．最も根本的なレベルでいえば，貨幣需要は，どれだけの富を流動性の高い形態で保有したいと人々が考えるかに依存する．貨幣需要量に影響を及ぼす要因は数多くある．たとえば，財布のなかにどれだけの貨幣を入れておくかは，クレジットカードを使うかどうか，ATMが簡単に見つかるかどうかなどに依存する．貨幣需要量は利子率にも依存する．利子率は，貨幣を財布のなかやほとんど利子のつかない小切手勘定に置いておく代わりに，利子のつく債券を購入した場合に稼ぐことができる収益率だからである．

貨幣需要量に影響を与える要因は多いが，そのなかでもとりわけ重要なのが，経済の一般物価水準である．人々が貨幣を保有するのは，貨幣が交換手段だからである．債券や株式といった他の資産と異なり，貨幣は買い物リストに載っている財・サービスの購入に使うことができる．そのためにどれだけの貨幣を保有するかは，そうした財・サービスの価格に依存する．物価が

高ければ，平均的な取引に必要な貨幣の量は多くなる．そのため，人々が財布や小切手勘定に保有する貨幣量も増大する．つまり，物価が上昇すれば（貨幣価値が減少すれば），貨幣の需要量は増大する．

中央銀行が供給する貨幣量と人々が需要する貨幣量が等しくなることを保証するものは何だろうか．その答えは，考察対象期間の長さに大きく依存する．短期においては，本書の後の部分で検討する際に明らかになるように，利子率が重要な役割を果たす．しかし，長期における答えははるかに単純である．長期においては，貨幣の需要と供給が一致するように物価水準が調整される．物価水準が均衡水準よりも高ければ，人々が保有したいと思う貨幣量は，中央銀行の供給量よりも多くなるであろう．そのために，物価水準は下落し，需要と供給は等しくなる．物価水準が均衡水準よりも低ければ，人々が保有したいと思う貨幣量は，中央銀行の供給量よりも少なくなるであろう．そのために，物価水準は上昇し，需要と供給は等しくなる．均衡物価水準においては，人々が保有したい貨幣量と中央銀行が供給する貨幣量が正確に一致する．

図11A-1は，いまの考え方を図示したものである．横軸は貨幣量を表し，左側の縦軸は貨幣価値（$1/P$）を示し，右側の縦軸は物価水準（P）を示している．物価水準の軸が逆目盛りになっていることに注意しよう．低い物価水準が右側の軸の上方に，高い物価水準はこの軸の下方に示されている．（左側の縦軸に上方に示される）高い貨幣価値が，（右側の縦軸の上方に示される）低い物価水準を意味することを，上下逆転した右側の縦軸が表している．

この図の2本の曲線は，貨幣需要曲線と貨幣供給曲線である．貨幣供給曲線は，中央銀行が人々に利用可能な貨幣量を固定しているので，垂直である．貨幣需要曲線は右下がりである．貨幣価値が低い（物価水準が高い）ときに，人々は財・サービスを購入するためにより多くの貨幣量を需要するからである．均衡点は，図のA点で示されている．A点では，貨幣の需要量と供給量とが一致している．この貨幣需要と貨幣供給との均衡点において，貨幣価値と物価水準が決定される．

今度は，金融政策の変更の影響を検討してみよう．そのために，経済が均

●貨幣注入の影響

今度は，金融政策の変更の影響を検討してみよう．そのために，経済が均

図 11A - 1 貨幣の需要と供給はどのように均衡物価水準を決定するか

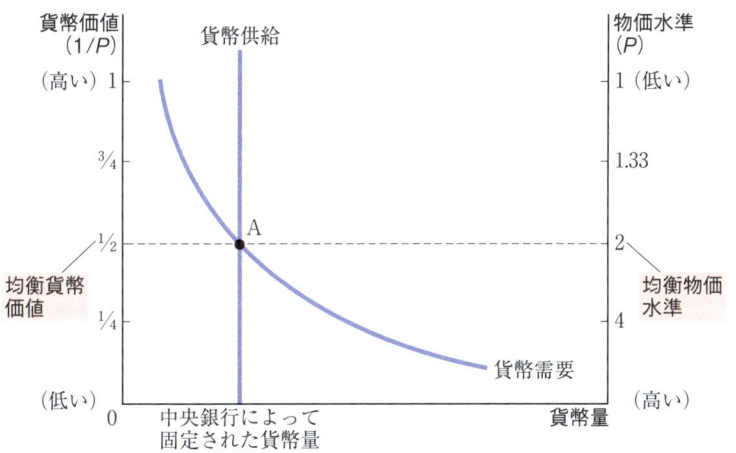

横軸は貨幣量を表す. 縦軸の左目盛は貨幣価値を表し, 右目盛は物価水準を表す. 貨幣供給量は中央銀行によって固定されているので, 貨幣供給曲線は垂直である. 1ドルで買える量が減少すると望ましい保有貨幣量は増加するので, 貨幣需要曲線は右下がりである. 均衡点である A 点において, 貨幣価値（左目盛）と物価水準（右目盛）は, 貨幣需要量と貨幣供給量が一致するように調整される.

衡にある状態において, 突然中央銀行がヘリコプターで紙幣を国中にばらまいて, 貨幣供給量を倍増させるとどうなるかを考えてみよう（ドラマチックではないが, より現実的な想定として, 中央銀行が公開市場操作によって民間から国債を購入し, 貨幣を注入すると考えてもよい）. 貨幣注入によって何が起こるだろうか. 新しい均衡と元の均衡を比べるとどうだろうか.

　図11A-2は何が起こるかを示している. 貨幣注入によって, 供給曲線は MS_1 から MS_2 へと右方にシフトする. そして, 均衡点は A 点から B 点へと移動する. その結果, （左側の縦軸に示されている）貨幣価値は, 1/2から1/4に減少し, （右側の縦軸に示されている）物価水準は2から4に上昇する. つまり, 貨幣供給の増大によって紙幣が豊富になると, その結果, 物価水準は上昇し, 紙幣1枚当たりの価値は減少する.

　物価水準の決定とその変動に関するこの考え方は, 貨幣数量説と呼ばれている. 貨幣数量説では, 経済に流通している貨幣量が貨幣価値を決定し, 貨

図11A-2　貨幣供給量の増大

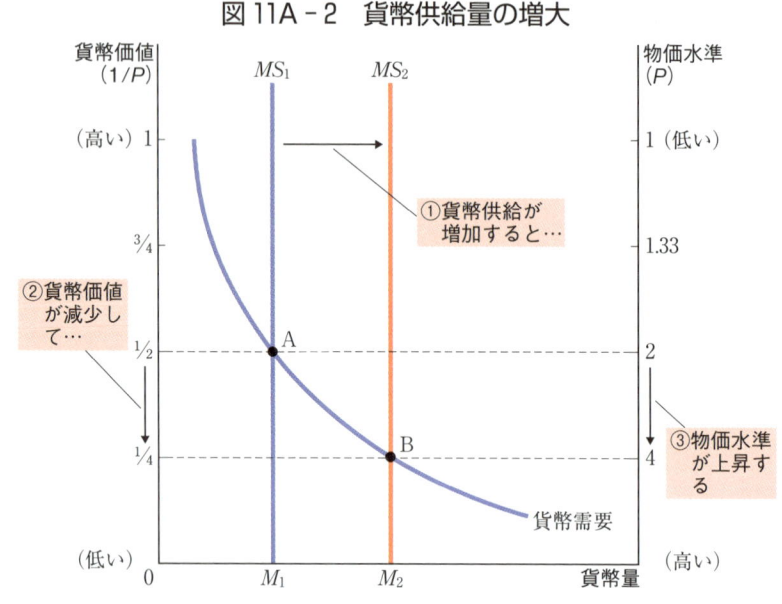

中央銀行が貨幣供給を増加させると，貨幣供給曲線は MS_1 から MS_2 へとシフトする．貨幣価値（左目盛）と物価水準（右目盛）は，需要と供給が再び一致するように調整される．均衡は A 点から B 点へと移動する．したがって，貨幣供給の増加によって紙幣の量が増えると，物価水準は上昇し，個々の紙幣の価値は減少する．

幣量の成長がインフレーションの主原因になる．経済学者のミルトン・フリードマンは，かつて次のように述べた．「インフレーションは，いつの時代でも，どこにおいても，貨幣的現象である．」

●調整過程の概略

　これまでは，元の均衡と貨幣注入後の新しい均衡を比べてきた．それでは経済は，元の均衡点から新しい均衡点へとどのように移行するのだろうか．この問題に対して完璧に答えるには，短期における経済変動を理解することが必要である．だが，それは本書の後の諸章で扱うテーマである．ここでは，貨幣供給の変化によって生じる調整過程について，簡単に考察してみよう．

貨幣数量説 quantity theory of money：利用可能な貨幣量が物価水準を決定し，利用可能な貨幣量の成長率がインフレ率を決定するという理論．

　貨幣注入の直接の効果は，貨幣の超過供給を生み出すことにある．貨幣注入の前には，経済は均衡（図11A-2の A 点）にあった．そのときの物価水準では，人々は欲しいだけの貨幣をちょうど保有していた．しかし，ヘリコプターによってばらまかれた新しい紙幣を道路で拾ったあと，人々は財布のなかに余分な貨幣を保有している．そのときの物価水準では，貨幣供給が貨幣需要を上回っているのである．

　人々は，この余分な貨幣供給をさまざまな方法で使ってしまおうとする．余分な貨幣で財・サービスを買う人もいるだろう．債券の購入や貯蓄性預金口座への預金を通じて，他の人々にお金を貸す人もいるだろう．この貸付けは，他の人々が財・サービスを購入するのに使われる．どちらの場合においても，貨幣注入は財・サービスの需要を増加させる．

　しかし，財・サービスを生産する経済の能力は変化していない．生産や成長の章で学んだように，経済の財・サービスの生産量を決定するのは，利用可能な労働量や物的資本，人的資本，天然資源や技術知識などである．貨幣の注入はそれらをまったく変化させない．

　したがって，財・サービスの需要の増加は，財・サービスの価格の上昇をもたらす．そして，物価水準が上昇することによって，貨幣需要が増加する．すべての取引において，人々はより多くの貨幣を使うからである．最終的に，経済は新しい均衡（図11A-2の B 点）に到達する．新しい均衡点では，再び貨幣需要と貨幣供給が等しくなっている．このように，財・サービスの一般物価水準が調整されることによって，貨幣需要と貨幣供給が等しくなるのである．

2　貨幣数量説

　これまでは，貨幣供給の変化によって，財・サービスの平均的な価格水準がどのように変化するのかを学んだ．それでは，貨幣量の変化は，他の経済変数，すなわち生産，雇用，実質賃金，実質利子率などにどのような影響を及ぼすだろうか．この問題は長年にわたって，18世紀のデービッド・ヒュームも含めた多くの，経済学者をとりこにしてきた．

●古典派の二分法と貨幣の中立性

　ヒュームと同時代の学者たちは，経済変数を二つのグループに分けるべきであると考えた．第1のグループは**名目変数**（貨幣単位で測られた変数）であり，第2のグループは**実質変数**（物質的な単位で測られた変数）である．たとえば，トウモロコシ農家の所得は，金額で測られているので名目変数である．他方，彼らが生産するトウモロコシの量はブッシェル（重量）単位で測られているので実質変数である．同様に，名目 GDP は経済の財・サービスの生産を金額で測っているので名目変数である．実質 GDP は財・サービスの生産の総量を測定しているので実質変数であり，それらの財・サービスの現在の価格によって影響されない．実質変数と名目変数との分離は，**古典派の二分法**と呼ばれている（**二分法**とは，二つのグループへの分離であり，**古典派**とは，初期の経済学者たちを意味する）．

　古典派の二分法を価格に適用するのは，少し注意を要する．ほとんどの価格は貨幣単位で測られているので，名目変数である．トウモロコシが1ブッシェル当たり2ドルであるとか，小麦が1ブッシェル当たり1ドルであるなどという場合は，どちらの価格も名目変数である．しかし，相対価格，すなわち他の財の価格と比べたときのある財の価格はどうだろうか．この例では，トウモロコシ1ブッシェルの価格は小麦2ブッシェルである，ということもできる．この相対価格は貨幣単位で測られていない．二つの財の価格を比較すると，貨幣単位（ドルや円）は相殺されてしまうので，計算された数値は物量単位で測られることになる．したがって，貨幣単位で測られた価格は名目変数であるが，相対価格は実質変数であるということが重要なポイントである．

　この点は，他の多くにも適用できる．たとえば，実質賃金（インフレーションを調整した名目賃金）も実質変数である．実質賃金は，1単位の労働に対してどれだけの財・サービスが交換可能かという比率を表しているからで

名目変数 nominal variables：貨幣単位で測られる変数．
実質変数 real variables：物質的な単位で測られる変数．
古典派の二分法 classical dichotomy：理論上，変数を名目変数と実質変数の2種類に分類すること．

ある．同様に，実質利子率（インフレーションを調整した名目利子率）も実質変数である．実質利子率は，今日生産された財・サービスと将来生産される財・サービスの交換比率を示しているからである．

なぜ，このように，経済における諸変数を二つのグループに分けるのだろうか．古典派の二分法が有用なのは，実質変数と名目変数とで影響を受ける要因が異なるからである．古典派の考え方によると，名目変数は経済の貨幣システムにおける出来事に強く影響されるが，実質変数は貨幣システムにはほとんど影響を受けないとされる．

長期の実物経済に関する本書のこれまでの議論には，このアイディアが暗黙のうちに活用されていたことに注意しよう．これまでの章では，実質GDP，貯蓄，投資，実質利子率，失業といった諸変数の決定を検討してきたが，貨幣の存在にはまったく触れなかった．それらの分析では，一国経済の財・サービスの生産は，生産技術と生産要素の供給に依存しており，実質利子率が調整されて貸付資金の需要と供給が一致し，実質賃金が調整されて労働の需要と供給が一致する．実質賃金が均衡水準よりも高い水準にとどまると，失業が発生する．これらの結論には，貨幣供給は関係しない．

古典派の考え方では，貨幣供給の変化は名目変数には影響を及ぼすが，実質変数には影響を与えない．中央銀行が貨幣供給を2倍にすると，物価水準が2倍となり，名目賃金も2倍となり，他のすべての金額も2倍になる．しかし，生産，雇用，実質賃金，実質利子率といった実質変数は変化しない．このように，貨幣量の変化が実質変数と無関係であることを，**貨幣の中立性**と呼ぶ．

貨幣の中立性という概念の意味を理解するために，次のようなアナロジーを考えてみよう．貨幣は計算単位であり，経済的取引を測る尺度であることを思い出そう．中央銀行が貨幣供給を2倍にすると，すべての価格が2倍になり，計算単位の価値は半分に低下する．同じことは，政府が1ヤードを36インチから18インチに変更したときにも生じる．新しい尺度の下で，すべての測定された距離（名目変数）は2倍になるが，現実の距離（実質変数）は変化しない．ドル（円）は，ヤードと同じで測定単位でしかない．したがっ

貨幣の中立性 monetary neutrality：貨幣供給の変化は実質変数に影響を与えないという主張.

て，その価値が変化しても，実物面には変化をもたらさないのである.

だが貨幣の中立性は，現実的だろうか.その答えは，完璧な描写ではない，ということになる.1ヤードが36インチから18インチに変更されても，長期的には大した問題にはならないだろう.しかし，短期的に混乱やさまざまな失敗を引き起こすだろう.同様に，今日の多くの経済学者は，（約1〜2年の）短期においては，貨幣量の変化が実質変数に影響を及ぼすと信じている.またヒューム自身も，貨幣の中立性が短期に当てはまるかについては，疑いを抱いていた（短期における貨幣の非中立性については後の章で扱う.非中立性を学ぶことは，中央銀行が貨幣供給を変化させる理由を理解するのに役立つ).

それでも，古典派の理論は長期における経済に当てはまると考えている.10年ぐらいの時間が経過すれば，貨幣量の変化は，（物価水準のような）名目変数のみに重大な影響を与え，（実質GDPのような）実質変数にはほとんど影響を与えないだろう.経済の長期的な変化を研究する際には，貨幣の中立性が世界の仕組みを上手に描写してくれるのである.

●貨幣の流通速度と（貨幣）数量方程式

貨幣数量説を新たな視点から眺めてみよう.次のような問題を考える.紙幣は，新しく生産された財・サービスを買うために1年間に平均何回ぐらい使われるのだろうか.この問題に対する答えは，貨幣の流通速度という変数によって与えられる.物理学では，「速度」（velocity）という用語は，物質が移動するスピードを意味する.経済学では，貨幣の流通速度という用語は，紙幣が経済のなかで財布から財布へと渡っていく平均的なスピードを意味する.

貨幣の流通速度を計算するには，名目の産出総額（名目GDP）を貨幣量で割ればよい.Pを物価水準（GDPデフレーター），Yを生産量（実質GDP），Mを貨幣量とすると，流通速度（V）は，

$$V = \frac{P \times Y}{M}$$

で表される.なぜこうなるのかを理解するために，ピザだけを生産する簡単

貨幣の流通速度 velocity of money：貨幣の所有者が代わる頻度.

な経済を想像してみよう．この経済では，1年間に100枚のピザが生産される．ピザ1枚は10ドルであり，経済の貨幣量は50ドルである．このとき，貨幣の流通速度は，

$$V = 10(ドル) \times \frac{100}{50(ドル)}$$

$$= 20$$

となる．この経済においては，人々は1年当たり1000ドルをピザに使っている．50ドルの貨幣量で1000ドル分の買物を実行するには，紙幣の所有者が20回代わらなければならない．

この方程式は，少し代数的に変形して，次のように書き直すことができる．

$$M \times V = P \times Y$$

この方程式は，貨幣量(M)と流通速度(V)の積が，財の価格(P)と生産量(Y)の積に等しいことを意味している．この方程式は **(貨幣) 数量方程式** と呼ばれている．この式が貨幣量(M)と名目の生産額($P \times Y$)の関係を表しているからである．(貨幣) 数量方程式は，経済における貨幣量の増大が他の三つの変数のどれかに反映されなければならないことを意味している．すなわち，貨幣量が増加すると，物価水準が上昇するか，生産量が増加するか，あるいは貨幣の流通速度が低下しなければならない．

多くの場合，貨幣の流通速度は比較的安定している．図11A-3は，1960年以降のアメリカ経済における，名目GDPと（M2で測った）貨幣量と貨幣の流通速度を示している（日本については図11A-3'）．貨幣供給と名目GDPはこの間に30倍以上に増加した．対照的に，貨幣の流通速度は完全に一定ではないが，大きくは変化していない．したがって，分析目的によっては，貨幣の流通速度を一定と仮定することも悪くないのである．

これで，均衡物価水準とインフレ率の説明に必要な道具立てがすべて揃った．まとめると次のようになる．

1. 貨幣の流通速度は，時間を通して，比較的安定している．
2. 貨幣の流通速度は安定しているので，中央銀行が貨幣量(M)を変化

(貨幣) 数量方程式 quantity equation：方程式 $M \times V = P \times Y$ は，貨幣数量，貨幣の流通速度と経済における財・サービスの産出の名目金額とを関係づけている．

図11A-3　名目GDP，貨幣量，貨幣の流通速度（アメリカ）

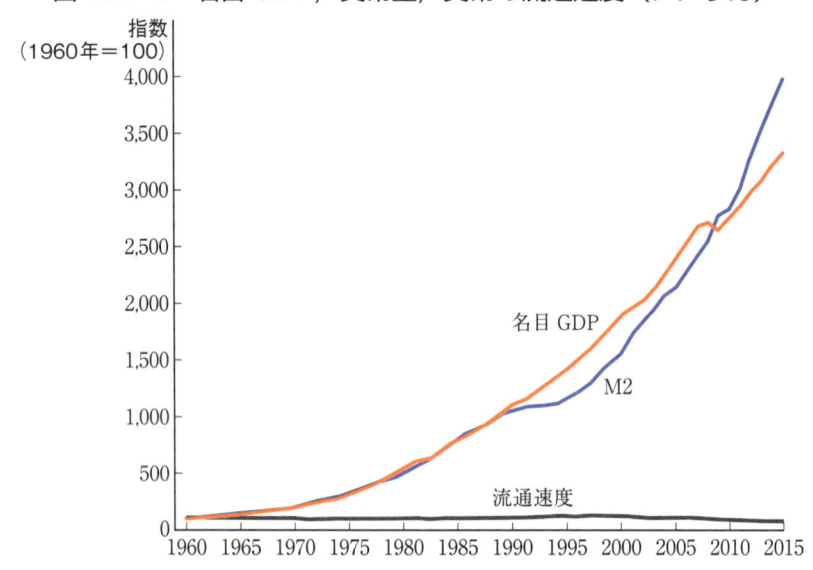

（出所）　アメリカ商務省，連邦準備制度理事会.

この図は，名目 GDP で測った産出物の名目価値，M2で測った貨幣量，それらの比率として計算した貨幣の流通速度を表している．比較の便宜のため，各統計は1960年を100として基準化してある．名目 GDP と貨幣量はこの期間に急激に増加したが，流通速度は比較的安定している．

　　させると，生産の名目金額 $(P \times Y)$ はそれに比例して変化する．

3．経済全体における財・サービスの生産量 (Y) は，生産要素（労働，物的資本，人的資本，および天然資源）の供給と利用可能な生産技術によってほぼ決定される．貨幣は中立なので，生産に影響を与えない．

4．生産 (Y) が生産要素の供給と技術によって決定されるため，中央銀行が貨幣供給 (M) を変化させることによって，生産額 $(P \times Y)$ を同じ割合だけ変化させると，その変化は物価水準 (P) に反映される．

5．したがって，中央銀行が急激に貨幣供給を増やすと，その結果高率のインフレーションが発生する．

以上の五つのポイントが，貨幣数量説のエッセンスである．

図 11A - 3′　名目 GDP，貨幣量，貨幣の流通速度（日本）

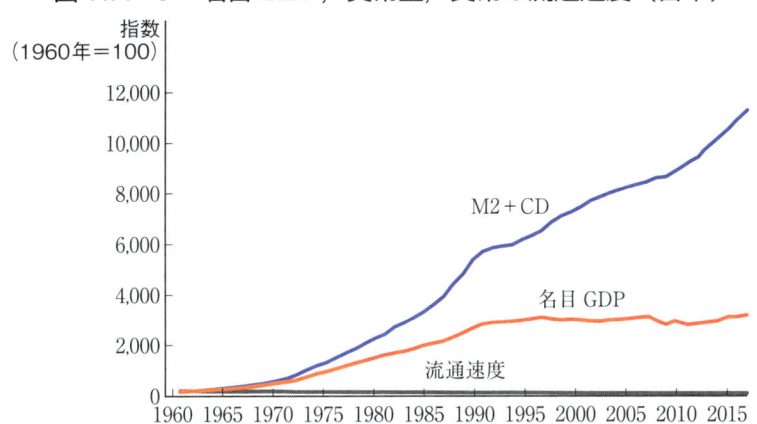

（注）　2009年以降はマネーストック統計の M2を用いて計算した.
（出所）　日本銀行 時系列統計データ検索サイト，内閣府「国民経済計算」.

この図は，日本経済について，名目 GDP で測った産出物の名目価値，M2
＋CD で測った貨幣量，および貨幣の流通速度を表している．比較の便宜のた
め，各統計は1960年を100として基準化してある．日本経済において，名目
GDP と貨幣量は急速に増加したが，流通速度は比較的安定している．また，
1990年代には，名目 GDP とともに，貨幣量の成長率も減速した.

第12章

総需要と総供給

Keywords

景気後退　recession

不況　depression

総需要と総供給のモデル　model of aggregate demand
and aggregate supply

総需要曲線　aggregate-demand curve

総供給曲線　aggregate-supply curve

自然産出量水準　natural level of output

スタグフレーション　stagflation

　経済活動は毎年変動する．ほとんどの年には，財・サービスの生産が増加する．労働力の増加や資本ストックの増加，および技術進歩によって，時間を通じて経済の産出量は増加する．経済成長によって，誰もが生活水準を向上させることができる．過去半世紀を通じたアメリカ経済の産出量は，実質GDP で測ると平均して年率約 3 ％で成長してきた．

　しかしながら，経済が成長ではなく収縮を経験した年もある．企業は財・サービスの売れ残りに気づき，産出量を縮小する．労働者は解雇され，失業が増加し，工場の操業が停止する．経済の財・サービスの産出量が減少すると，実質 GDP も他の尺度で測った所得も減少する．このような所得減少や失業増加の時期は，比較的軽微であれば景気後退と呼ばれ，厳しければ不況と呼ばれる．

　このような景気後退は2008年と2009年に起こった．2007年第 4 四半期から2009年第 2 四半期にかけて，アメリカ経済の実質 GDP は4.2%縮小した．失業率は2007年 5 月に4.4%だったものが，2009年10月には10.0%（ここ四半世紀における最高水準）まで上昇した．当然のことながら，この間に卒業した学生が希望の職に就くことは難しかった．

　経済活動の短期の変動を引き起こすものは何だろうか．公共政策は所得の減少と失業の増加の時期を防ぐために何ができるだろうか．景気後退や不況が発生したときに，政策立案者はどうすれば早くそこから回復し，その深刻さを緩和できるだろうか．これらの問題をここからは取り上げていこう．

　以下の章で学ぶ変数は，GDP，失業，利子率，物価水準といったように，ほとんどがこれまでの章に出てきたものである．政府支出，税，貨幣供給といった政策手段もおなじみのものである．ただこれまでの分析と異なるのは，分析の時間的視野である．これまでの目的は，長期におけるこれらの変数の動向を説明することであった．ここからの目的は，経済の長期趨勢からの短期的乖離を説明することである．つまり，世代にわたる経済成長を説明する要因に焦点を当てるのではなく，年々の経済変動を説明する要因を分析しようとするのである．

　どのようにしたら短期的変動を最もよく分析できるかについては，経済学

景気後退 recession：実質所得が減少し，失業が増加する時期．
不況 depression：厳しい景気後退．

者の間でも論争がある．しかし，ほとんどの経済学者は，**総需要と総供給のモデル**を利用する．このモデルの利用方法を学習してさまざまな出来事や政策の短期的影響を分析することが，これからの主な課題である．この章では，モデルの二つの構成要素である総需要曲線と総供給曲線を紹介する．モデルの説明に入る前に，まず経済の変動を説明する重要な事実のいくつかを確認しよう．

 ## 経済変動に関する三つの重要な事実

経済活動の短期的変動は歴史を通じてすべての国で発生してきた．毎年の変動を理解する際の出発点として，短期的変動の最も重要な特徴を議論しよう．

●事実１：経済変動は不規則で予測不可能である

経済の変動はしばしば**景気循環**（business cycle）と呼ばれる．この用語が示唆するように，経済変動はビジネスの状況の変化に一致する．実質GDP が急成長するときには，ビジネスは好調である．このように経済が拡張しているときには，多くの企業は顧客にあふれ，利潤も伸びる．実質GDP が減少するときには，ビジネスはうまくいかなくなる．このように経済が縮小しているときには，多くの企業の販売高と利潤は減少する．

「景気循環」という用語には，誤解を招く部分がある．というのも，経済変動が規則的で予測可能なパターンに従うことが示唆されるからである．実際には，経済変動はまったく規則的ではなく，正確に予測することはほとんど不可能である．図 12-1 のパネル(a)は，1972年以降のアメリカ経済の実質GDP を示している（日本の実質 GDP 等については図 12-1′）．アミのかかった部分は景気後退の時期を表す．図 12-1 が示すように，景気後退は不規則な間隔で現れる．1980年と1982年の景気後退のように，景気後退はすぐに訪れることもあれば，何年も現れないときもある．アメリカの歴史上景気後退が最も長い間現れなかったのは，1991年から2001年にかけての経済拡張期であった．

図 12 - 1　短期の経済変動の概観（アメリカ）

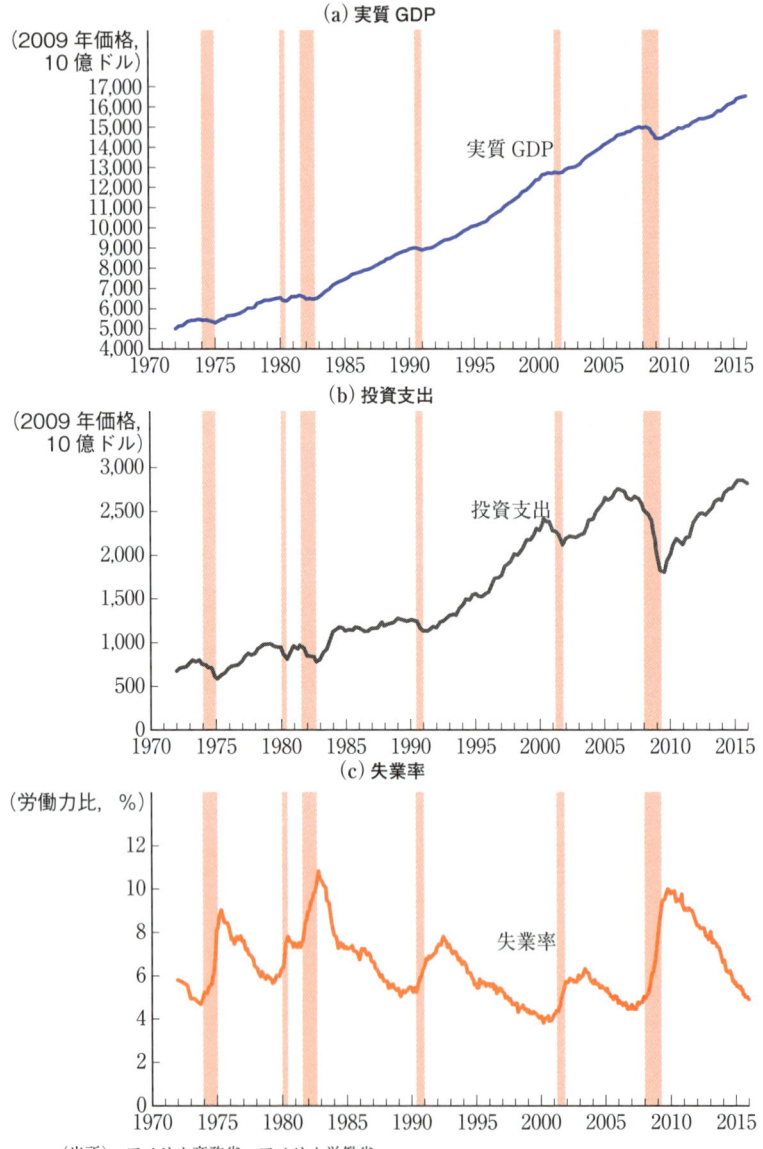

この図は，アメリカ経済の実質 GDP（パネル(a)），投資支出（パネル(b)），失業率（パネル(c)）を示している．景気後退はアミのかかった部分で示されている．景気後退時には実質 GDP と投資支出が減少し，失業率が上昇することに注意しよう．

図 12 - 1′　短期の経済変動の概観（日本）

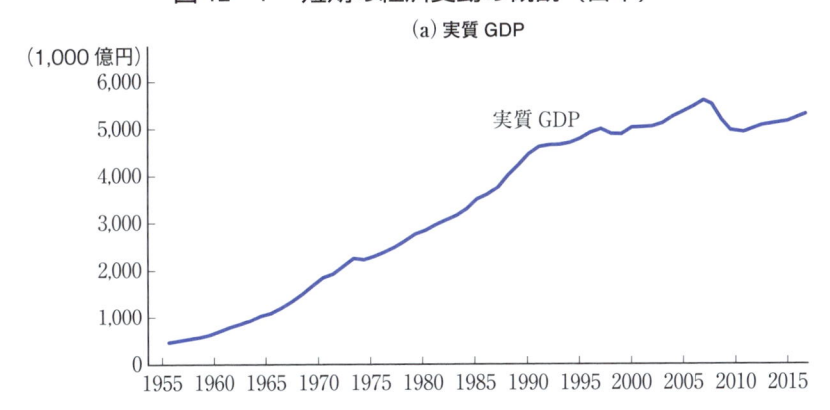

（a）実質 GDP

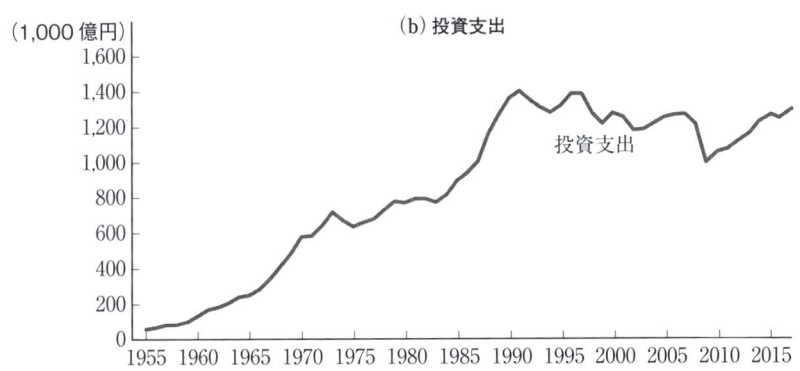

（b）投資支出

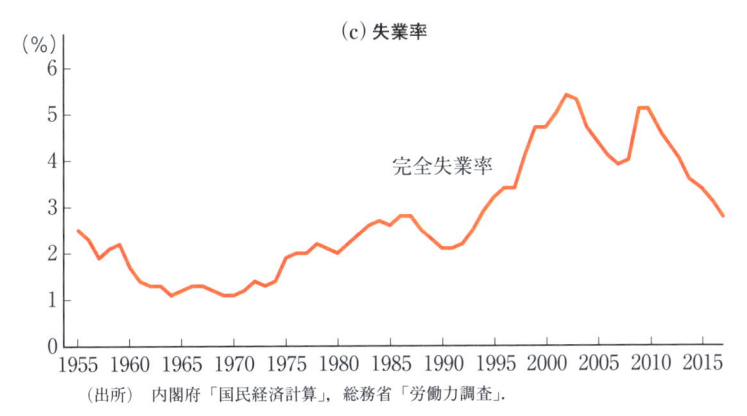

（c）失業率

（出所）　内閣府「国民経済計算」，総務省「労働力調査」．

●事実2：ほとんどのマクロ経済の数量は同じように変動する

　実質GDPは，経済活動の最も総合的な尺度であるため，経済の短期的変化を監視する際に最もよく利用される変数である．実質GDPは，ある所与の期間に生産されたすべての最終財・サービスの価値を測るものであり，また，（インフレ調整した）経済のすべての人の総所得を測るものである．

　しかしながら，短期的変動を監視するという点において，どの経済活動の尺度を利用するかは本当は問題ではない．ある種の所得，支出，あるいは生産を測るマクロ経済変数は，そのほとんどが同じように変動するからである．景気後退期に実質GDPが減少するときには，個人所得，企業利潤，消費支出，投資支出，工業生産，小売販売，住宅販売，自動車販売なども同様に減少する．景気後退は経済全体の現象なので，多くのマクロ経済データに現れる．

　多くのマクロ経済変数は同じように変動するが，変動の大きさは異なる．とくに，図12-1のパネル(b)が示すように，投資支出は景気循環を通じて大きく変動する．投資は平均するとGDPの約7分の1を占めるが，景気後退期には投資の減少がGDPの減少の約3分の2を占める．言い換えれば，経済の状況が悪化するときには，その原因の大半は新しい工場と住宅と在庫への支出の減少に帰せられる．

●事実3：産出量が減少すると失業が増加する

　経済の財・サービスの産出量の変化は，経済の労働力の利用の変化と強く相関する．つまり，実質GDPが減少するときには，失業率が上昇する．この事実は少しも驚くべきことではない．企業が財・サービスの産出量を減少させるときには，労働者を解雇し，その結果，失業者が増大するからである．

　図12-1のパネル(c)は，1972年以降のアメリカの失業率を示している．この図でも，図のアミのかかった部分は景気後退期を示している．この図は，景気後退が失業に与える影響を明白に示している．どの景気後退期をみても，失業率は大きく上昇している．景気後退が終わり，実質GDPが拡大を始めると，失業率はしだいに低下する．どんな時でも職をやめて次の職を探している労働者は存在するため，失業率は決してゼロには近づかず，約5％から6％の自然失業率の周辺を変動する．

【小問】 ●経済変動に関する重要な事実を三つ挙げ，論じなさい．

 ## 2 短期の経済変動の説明

　経済に起こったことを指して，「経済は時間を通じて変動する」ということは簡単である．難しいのは，何がこれらの変動を引き起こすかを説明することである．実際これまでの章で学んできたトピックスに比べると，経済変動の理論は議論の余地が多く残っている．本章では，ほとんどの経済学者が経済活動の短期の変動を説明する際に利用するモデルを展開する．

●古典派経済学の諸仮定

　これまでの章では，長期においては何が最も重要なマクロ経済変数を決定するのかを説明するために理論を展開してきた．第10章では，生産性および実質 GDP の水準や成長を説明した．第11章では，どのように金融システムが機能し，そしてどのようにして実質利子率が貯蓄と投資を均衡させるように調整されるかを説明した．第10章付論では，なぜ経済につねに失業が存在するのかを説明した．第11章付論 1，付論 2 では，貨幣システムについて説明し，貨幣供給の変化が物価水準とインフレ率と名目利子率にどのような影響を及ぼすかを説明した．そしてこの後に続く第13章では，貿易収支と為替相場を説明するためにこの分析を開放経済に拡張する．

　これまでの分析はすべて，古典派の二分法と貨幣の中立性という二つの関連する考えに基づいていた．古典派の二分法とは，変数を実質変数（数量や相対価格を測る変数）と名目変数（貨幣で表される変数）に分割することであることを思い出してほしい．古典派マクロ経済理論に従えば，貨幣供給の変化は名目変数には影響を及ぼすが，実質変数には影響を及ぼさない．貨幣の中立性の結果，第10章と第10章付論では，名目変数（貨幣供給や物価水準）を使うことなく，実質変数（実質 GDP や実質利子率や失業率）の決定要因を考察できた．

　ある意味で貨幣は古典派の世界では重要ではない．もし経済のなかの貨幣量が 2 倍になれば，すべての価格が同じように 2 倍になり，すべての人の所得も 2 倍になるだろう．だがそれは何を意味するのか．この変化は，（「実質

を伴わない」という標準的な意味によって）名目的であろう．人々が本当に気にすることは，職があるかないか，どれだけの財・サービスを買う余裕があるのかなどであり，この部分はまったく変わらないのである．

この古典派的な考え方は，ときに「貨幣はヴェールである」という格言によって表現されることがある．すなわち，名目変数は，経済変数がしばしば貨幣の単位で表されるために経済を観察するときに最初に目にするものである．しかし，重要なことは，実質変数とそれらを決定する経済の諸要因である．古典派理論によれば，これらの実質変数を理解するためにヴェールの奥をみる必要がある．

●短期的変動の現実

古典派マクロ経済理論におけるこれらの仮定は，われわれが暮らしている世界に当てはまるのだろうか．この質問に対する答えは，どのように経済が動いているのかを理解するためにはきわめて重要である．ほとんどの経済学者は，古典派理論は短期ではなく長期の世界を描写していると考えている．

もう一度貨幣の経済に及ぼす影響を考えてみよう．古典派理論がいうように，数年間という単位でみると，貨幣供給の変化は，物価や他の名目変数には影響を及ぼすが，実質GDPや失業率などの実質変数には影響を及ぼさないとほとんどの経済学者は考えている．しかし経済の毎年の変化を学ぶ場合には，貨幣の中立性の仮定はもはや適さなくなる．短期においては実質変数と名目変数は複雑に絡みあっている．そして，貨幣供給の変化は，長期趨勢の周囲で一時的に実質GDPを増大させる．

デービッド・ヒュームのような古典派の経済学者でさえ，古典派経済理論が短期において成立しないことは認識していた．18世紀のイギリスで暮らしていたヒュームは，金鉱の発見後，貨幣供給が拡大したときに価格が上昇するのにある程度の時間を要したこと，そして，その間に経済が高い雇用と生産を享受したことを観察した．

短期において経済がどのように動くのかを理解するには，新しいモデルが必要である．新しいモデルは，これまでの章で展開した多くの分析用具を利用して構築することができるが，古典派の二分法と貨幣の中立性を放棄しなければならない．これまでのように，産出量や雇用といった実質変数に関す

る分析を，貨幣や物価水準といった名目変数に関する分析から分離させるのではなく，新しいモデルにおいては実質変数と名目変数がどのように相互作用するかに焦点を当てる．

●総需要と総供給のモデル

短期的経済変動モデルは二つの変数の動きに焦点を当てる．第1の変数は実質 GDP で測った経済の財・サービスの産出量である．第2の変数は CPI（消費者物価指数）や GDP デフレーターで測った平均物価水準である．産出量は実質変数であり，物価水準は名目変数であることに注意しよう．この二つの変数の関係に焦点を当てることによって，実質変数と名目変数を別々に学ぶ古典派の二分法の仮定から離れることになる．

ここでは総需要と総供給のモデルを使って経済全体の変動を分析する．このモデルは図 12-2 に示されている．縦軸は経済の一般物価水準である．横軸は，経済で生産された財・サービスの総量である．総需要曲線は家計と企業と政府と海外の顧客がそれぞれの物価水準において買いたい財・サービスの量を示す．総供給曲線は企業がそれぞれの物価水準において生産・販売する財・サービスの量を示す．このモデルによると，物価水準と産出量は総需要と総供給が均衡するように調整される．

総需要と総供給のモデルは，第4章で導入した市場需要と市場供給のモデルを大きくしたにすぎないと思うかもしれない．しかし，実際にはこのモデルは第4章のモデルとはまったく異なる．アイスクリームなど特定の市場の需要と供給を考えるときには，売り手と買い手の行動は資源が市場間を移動する能力に依存する．アイスクリームの価格が上昇すると，買い手はアイスクリーム以外の生産物を買うことに所得を使うので，アイスクリームの需要量が減少する．同様に，アイスクリームの価格が上昇すると，アイスクリームを生産する企業は，経済の他の場所から労働者を雇い入れて生産を増加さ

総需要と総供給のモデル model of aggregate demand and aggregate supply：長期趨勢を取り巻く経済活動の短期的変動を説明する際にはほとんどの経済学者が利用するモデル.
総需要曲線 aggregate-demand curve：それぞれの物価水準の下で家計と企業と政府と海外の顧客が買いたい財・サービスの量を示す曲線.
総供給曲線 aggregate-supply curve：それぞれの物価水準の下で企業が生産・販売する財・サービスの量を示す曲線.

図 12 - 2　総需要と総供給

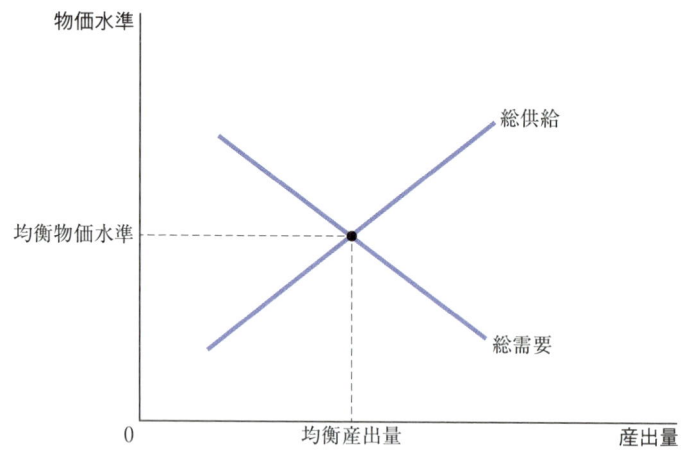

経済学者は総需要と総供給のモデルを利用して，経済変動を分析する．縦軸には一般物価水準がとられ，横軸には経済の財・サービスの総産出量がとられている．産出量と物価水準は，総需要曲線と総供給曲線の交点に調整される．

せるので，アイスクリームの供給量が増加する．しかし，経済全体を分析するときには，このような市場間におけるミクロ経済学でいうところの代替性は不可能である．結局，われわれのモデルが説明しようとしている実質GDP は，経済のすべての市場においてすべての企業によって生産される財・サービスの総量を意味する．なぜ総需要曲線が右下がりであり，総供給曲線が右上がりであるのかを理解するには，財・サービスの総需要量と財・サービスの総供給量を説明するマクロ経済学の理論が必要である．そのような理論を展開することが次の課題である．

【小問】　●短期における経済活動は，長期における経済活動とどのように異なるか．

　　　　●総需要と総供給のモデルを描きなさい．縦軸と横軸にはどのような変数をとればよいか．

3 総需要曲線

　総需要曲線は，所与の物価水準における経済のすべての財・サービスの需要量を意味する．図12-3に示されるように，総需要曲線は右下がりである．このことは，他の条件が等しければ，一般物価水準が（たとえば P_1 から P_2 へ）下落すると，財・サービスの需要量が（Y_1 から Y_2 へ）増加する傾向にあることを意味する．逆に，物価水準の上昇は財・サービスの総需要量を減少させる．

●なぜ総需要曲線は右下がりなのか

　なぜ物価水準が変化すると，財・サービスの需要量が反対方向に変動するのだろうか．この質問に答えるために，経済の GDP（Y）が消費（C）と投

図 12 - 3　総需要曲線

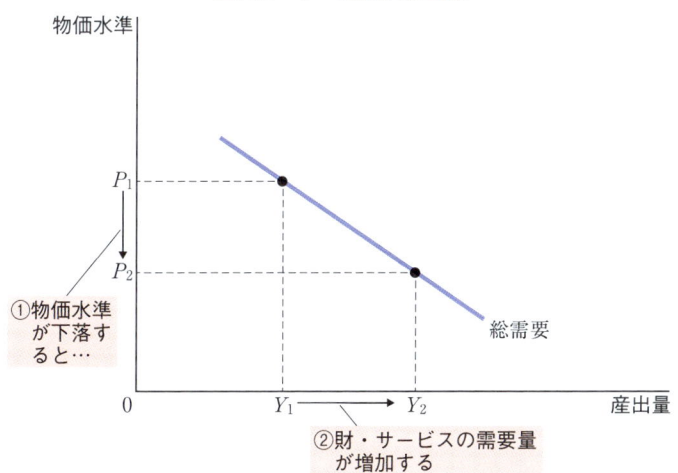

物価水準が P_1 から P_2 に下落するにつれて，財・サービスの需要量は Y_1 から Y_2 に増加する．物価水準と産出量が負の関係になるのには三つの理由がある．物価水準が下落すると，資産の実質価値が増加し，利子率が低下し，そして為替相場が減価する．これらの影響は，消費と投資と純輸出への支出を刺激する．これらの産出量の構成要素のうちのどれでもあるいはすべてへの支出が増加することは，財・サービスの需要量が増加することを意味する．

資（I）と政府支出（G）と純輸出（NX）の合計であることを思い出そう.

$$Y = C + I + G + NX$$

この四つの構成要素は,いずれも財・サービスの総需要に寄与している. 政府支出は固定された政策変数であると仮定する. 他の三つの支出の構成要素,すなわち消費と投資と純輸出は,経済状況,とりわけ物価水準に依存する. したがって,総需要曲線の傾きが右下がりであることを理解するには,物価水準が消費と投資と純輸出という財・サービスの需要量にどのような影響を及ぼすかを考察しなければならない.

物価水準と消費：資産効果　あなたの財布のなかや銀行口座にあるお金（貨幣）について考えてみよう. この貨幣の名目価値は固定されている. すなわち,1ドルはいつも1ドルの価値を持つ. しかし,1ドルの実質価値は固定されていない. もしキャンディ・バーの価格が1ドルならば,1ドルは1本のキャンディ・バーの価値を持つ. もしキャンディ・バーの価格が50セントに下落したら,1ドルは2本のキャンディ・バーの価値を持つ. このように,物価水準が下落すると,持っているお金の価値が増し,実質資産が増加し,同じ金額のドルで買うことができる財・サービスの量は増加する.

　この論理が,総需要曲線が右下がりとなる第1の理由である. 物価水準の下落によって,貨幣の実質価値が増加し,消費者はこれまでよりも豊かになったように感じ,支出を増やそうとする. 消費支出の増加は,財・サービスの需要量の増加を意味する. 逆に,物価水準の上昇によって,貨幣の実質価値が減少し,消費者はこれまでよりも貧しくなったように感じ,消費支出および財・サービスの需要量を減らす.

物価水準と投資：利子率効果　物価水準は貨幣需要量の決定要因の一つである. 物価水準が下落すればするほど,家計が購入したい財・サービスを買うのに必要な貨幣保有量は減少する. それゆえに,物価水準が下落すると,家計は保有貨幣の一部を貸し出して貨幣保有量を減少させようとする. たとえば,家計は余分な貨幣を利用して,利付き債券を買うかもしれない. あるいは,余分な貨幣を利子の付く貯蓄性預金に預け,銀行はその資金を利用して融資を増やすかもしれない. いずれの場合も,家計は貨幣の一部を利子の

付く資産に換えようとすることから，利子率が低下する（次章においてこの過程をもっと詳細に分析する）．

　さらに利子率は財・サービスへの支出に影響を及ぼす．利子率の低下によって借入費用が低下するために，新しい工場や機械に投資したいと考えている企業や，新しい住宅を購入したいと考えている家計は借入れを促進する（利子率が低下すると，消費支出，とくに自動車のようにローンで購入することが多い大きな耐久財への支出も刺激されるかもしれない）．このように利子率が低下すると，財・サービスの需要量が増加する．

　この論理は，総需要曲線が右下がりの第2の理由である．**物価水準が下落すると，利子率が低下し，投資財への支出が増大するので，財・サービスの需要量が増加する．逆に，物価水準が上昇すると，利子率が上昇し，投資支出を抑制し，財・サービスの需要量が減少する．**

　物価水準と純輸出：為替相場効果　いま議論したように，アメリカの物価水準が下落すると，アメリカの利子率は低下する．利子率の低下に反応して，アメリカの投資家のなかには，外国に投資してより高い収益を得ようとする人も出てくるだろう．たとえば，アメリカの国債の利子率が低下すると，投資信託はアメリカの国債を売ってドイツの国債を買うかもしれない．投資信託がドイツの国債を買うためにドルをユーロに換えると，外国為替市場におけるドルの供給が増加する．

　ユーロに交換されるドルの供給が増加すると，ドルはユーロに対して減価する．このことによって国内財と外国財との相対価格である実質為替相場が変化することになる．1ドルで買える他の通貨が減少するため，この減価の結果，外国財の価格は国内財に比べて割高になる．

　そして，相対価格の変化が自国と外国の両方で支出に影響を及ぼす．外国財の価格が上昇するので，アメリカ人は外国から購入する量を減らすため，アメリカの財・サービスの輸入量が減少する．同時に，アメリカの財の価格が安くなるので，外国人はアメリカから購入する量を増やすため，アメリカの輸出が増加する．純輸出は輸出から輸入を差し引いたものなので，これらの両方の変化によってアメリカの純輸出は増加する．このようにして，ドルの実質為替相場価値が下落すると，財・サービスの需要量が増加することに

なる.

　この論理は，総需要曲線が右下がりである第3の理由である．アメリカの物価水準が下落すると，アメリカの利子率が低下し，外国為替市場においてドルの実質価値が減少する．この減価によって，アメリカの純輸出が刺激され，それによって財・サービスの需要量が増加する．逆に，アメリカの物価水準が上昇し，アメリカの利子率が上昇すると，ドルの実質価値が増価し，そして，この増価によってアメリカの純輸出と財・サービスの需要量が縮小する.

　要約　このように，物価水準の下落によって財・サービスの需要量が増加することには，それぞれ異なるが関連する三つの理由がある.

1.　消費者が豊かになったように感じることによって，消費財需要が刺激される.
2.　利子率が低下することによって，投資財需要が刺激される.
3.　通貨が減価することによって，純輸出需要が刺激される.

　これらの三つの効果は物価水準が上昇する場合には逆に作用する．物価水準が上昇すると，資産が減少するので消費者が支出を抑制する．利子率が上昇することによって投資支出が減退する．そして，通貨が増価することによって純輸出が減少する.

　これらの効果についてのあなたの直観を明確にするために，簡単な実験を使って考えてみよう．ある朝目覚めたら，ある謎の理由からすべての財・サービスの価格が半分に下落し，お金の価値が2倍になったと想定してみよう．つまり，昨晩，寝る前に持っていたお金の価値が朝には2倍になったと考えるのである．あなたはその増えたお金で何をするだろうか．好きなレストランで食事をして，消費支出を増やすことができる．（債券を購入したり，銀行に預金をしたりすることによって）お金を運用することもできる．そうすると，利子率が低下し，投資支出が増加するだろう．あるいは，（国際的な投資信託に出資することによって）海外に投資することもできる．そうすると，ドルの実質為替相場価値が減少して，純輸出が増加する．これらの三つ

の対応のどれを選ぼうと，物価水準の低下によって財・サービスの需要量が
増加することになる．このようにして総需要曲線は右下がりとなる．

　総需要曲線が（すべての需要曲線と同様に）「他の条件が等しい」とした
まま描かれているのを覚えておくことは重要である．とくに，総需要曲線が
右下がりであることを示す三つの説明では，貨幣供給が固定されていること
が仮定されている．すなわち，経済の貨幣量を一定に維持したままで，物価
水準の変化が財・サービスの需要にどのような影響を及ぼすかを考察してき
たのである．これからみるように，貨幣量の変化は総需要曲線をシフトさせ
る．この段階では，総需要曲線が一定の貨幣供給量の下で描かれていること
を覚えておこう．

●なぜ総需要曲線はシフトするのか

　右下がりの総需要曲線は，物価水準の下落によって財・サービスの総需要
量が増加することを示している．しかしながら，物価水準が一定であっても，
財・サービスの需要量に影響を及ぼす要因は他にも数多く存在する．それら
の要因が一つでも変化すると，所与の物価水準における財・サービスの需要
量が変化し，総需要曲線はシフトする．

　総需要曲線をシフトさせる出来事をいくつか示そう．支出のどの構成要素
が最も直接的に影響を受けるかによって，それらを分類することができる．

　消費の変化によるシフト　アメリカ人が突然，退職後の貯蓄に対する関心
を強め，その結果，現在の消費を減少させたとしよう．どの物価水準におい
ても財・サービスの需要量が減少するので，総需要曲線は左方にシフトする．
反対に，株価高騰によって人々の資産が増加し，貯蓄意欲が減退したとしよ
う．その結果生じる消費支出の増加は，所与の物価水準の下で需要される
財・サービスの量が増加することを意味する．したがって，総需要曲線は右
方にシフトする．

　このように，所与の物価水準の下で消費したい量を変化させるどのような
出来事も総需要曲線をシフトさせる．この効果をもたらす政策変数の一つに
課税水準がある．政府が減税すると，人々の支出は増加し，総需要曲線は右
方にシフトする．政府が増税すると，人々は支出を削減して，総需要曲線は

左方にシフトする.

　投資の変化によるシフト　所与の物価水準の下で企業が投資したい量を変化させるどのような出来事も，総需要曲線をシフトさせる．たとえば，コンピュータ産業において，より高速のコンピュータ製品が開発されたので，多くの企業が新しいコンピュータ・システムに投資するとしよう．どの物価水準においても財・サービスの需要量が増加するので，総需要曲線は右方にシフトする．反対に，もし企業が将来の事業環境に対して悲観的となれば，企業は投資支出を削減するかもしれず，その場合には総需要曲線は左方にシフトする．

　租税政策は投資を通じても総需要に影響を及ぼしうる．たとえば，投資税額控除（企業の投資支出に関連した税金の払戻し）は，所与の利子率の下で企業が需要する投資財の量を増加させる．そのため，投資税額控除は総需要曲線を右方にシフトさせる．投資税額控除が廃止されると，投資が減少し，総需要曲線は左方にシフトする．

　投資と総需要に影響を及ぼしうるもう一つの政策変数は貨幣供給である．貨幣供給を増加させると短期的に利子率が低下する．この利子率の低下は借入費用を低下させ，投資支出を刺激し，それによって総需要曲線を右方にシフトさせる．反対に，貨幣供給が減少すると，利子率が上昇し，投資意欲が減退し，それによって総需要曲線は左方にシフトする．多くの経済学者は，アメリカの歴史を通じて，金融政策の変更は総需要曲線のシフトの重要な原因であったと考えている．

　政府支出の変化によるシフト　政策立案者が総需要曲線をシフトさせる最も直接的な方法は，政府支出を使うことである．たとえば，議会が新しい武器の購入を削減することを決定したとしよう．どの物価水準においても財・サービスの需要量が減少するので，総需要曲線は左方にシフトする．反対に，もし州政府が高速道路の工事を拡張すると，その結果として，どの物価水準においても財・サービスの需要量が増加するので，総需要曲線が右方にシフトする．

表12-1 総需要曲線：要約

総需要曲線が右下がりである理由

1. 資産効果：物価水準が下落すると，資産の実質価値が増加し，消費支出を刺激する．
2. 利子率効果：物価水準が下落すると，利子率が低下し，投資支出を刺激する．
3. 為替相場効果：物価水準が下落すると，実質為替相場が減価し，純輸出への支出を刺激する．

総需要曲線がシフトする理由

1. 消費の変化によるシフト：所与の物価水準の下で消費支出を増加させる出来事（減税，株価高騰）は，総需要曲線を右方にシフトさせる．所与の物価水準の下で消費支出を減少させる出来事（増税，株価下落）は，総需要曲線を左方にシフトさせる．
2. 投資の変化によるシフト：所与の物価水準の下で企業の投資を増加させる出来事（将来に対する楽観，貨幣供給の増加による利子率の低下）は，総需要曲線を右方にシフトさせる．所与の物価水準の下で企業の投資を減少させる出来事（将来に対する悲観，貨幣供給の減少による利子率上昇）は，総需要曲線を左方にシフトさせる．
3. 政府支出の変化によるシフト：財・サービスの政府支出の増加（国防費や高速道路建設費の増加）は，総需要曲線を右方にシフトさせる．財・サービスの政府支出の減少（国防費や高速道路建設費の削減）は，総需要曲線を左方にシフトさせる．
4. 純輸出の変化によるシフト：所与の物価水準の下で純輸出への支出を増加させる出来事（海外の好況，為替相場の減価を引き起こす投機）は，総需要曲線を右方にシフトさせる．所与の物価水準の下で純輸出支出を減少させる出来事（海外の景気後退，為替相場の増価を引き起こす投機）は，総需要曲線を左方にシフトさせる．

純輸出の変化によるシフト 所与の物価水準の下で純輸出を変化させるどのような出来事も総需要曲線をシフトさせる．たとえば，ヨーロッパが景気後退に陥ると，ヨーロッパにおけるアメリカ製品の輸入量が減少する．このことによって，所与の物価水準におけるアメリカの純輸出は減少し，アメリカ経済の総需要曲線は左方にシフトする．ヨーロッパが景気後退から回復すると，ヨーロッパがアメリカの財を再び買いはじめるため，総需要曲線は右方にシフトする．

国際的な投機家が為替相場を変化させるために，純輸出が変化することがある．たとえば，これらの投機家が外国経済に対して懐疑的になったため，

彼らの資産の一部をアメリカ経済へ移動させたいと考えたとしよう．その過程で，彼らは外国為替市場で米ドルを増価させる．ドルの増価によってアメリカの財の価格は外国財に比較して高くなるので，純輸出が抑制され，総需要曲線が左方にシフトする．反対に，投機によってドルの価値が減価すると，純輸出が刺激され，総需要曲線が右方にシフトする．

　要約　『マンキュー経済学Ⅱマクロ編（第4版）』第16章では総需要曲線をより詳細に考察する．とくに金融政策と財政政策が総需要をどのようにシフトさせるのか，政策立案者はそのためにどのような手段を用いるのかを考察する．しかし，この段階では，なぜ総需要曲線は右下がりなのか，そしてどのような種類の出来事や政策がこの曲線をシフトさせるかについてある程度理解できればよい．表12-1はこれまで学んだことを要約したものである．

【小問】 ●総需要曲線が右下がりである理由を三つ説明しなさい．
　　　　　●総需要曲線をシフトさせる出来事の例を挙げなさい．その出来事によって曲線はどちらの方向にシフトするか．

4　総供給曲線

　総供給曲線は，ある所与の物価水準において企業が生産・販売する財・サービスの量を示している．総需要曲線がつねに右下がりであるのとは異なり，総供給曲線が示す物価と総供給量との関係は，考察対象となる期間の長さに大きく依存する．**総供給曲線は，長期においては垂直であり，短期においては右上がりである．**経済の短期的変動を理解し，短期の経済活動が長期の経済活動からどのように乖離するかを理解するには，長期の総供給曲線と短期の総供給曲線の両方を考察する必要がある．

●なぜ総供給曲線は長期において垂直なのか

　長期における財・サービスの供給量を決定するものは何だろうか．本書の前半で経済成長の過程を分析した際に，すでにこの疑問には暗黙のうちに答えている．**長期においては，経済の財・サービスの産出量（経済の実質GDP）は，資本と労働と天然資源の供給と，これらの生産要素を財・サー**

図 12 − 4　長期の総供給曲線

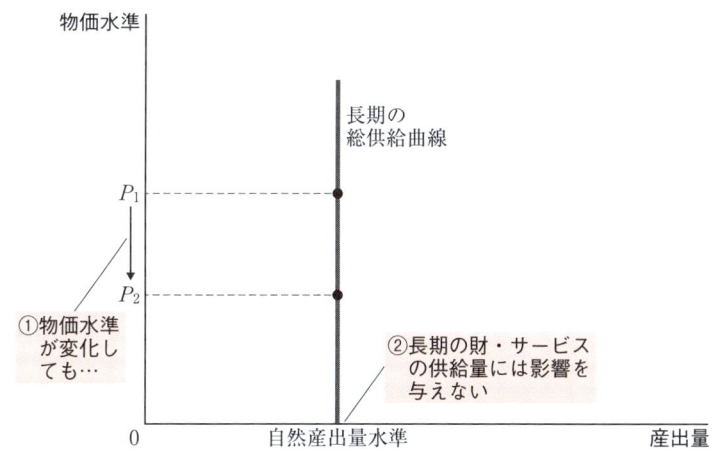

長期においては，産出量は経済の資本量，労働量，天然資源，さらにこれらの投入物を産出物に変換する技術に依存する．供給量は一般物価水準には依存しないために，長期の総供給曲線は自然産出量水準で垂直になる．

ビスに変換する利用可能な技術に依存する．

　長期の成長に影響を及ぼす要因を分析したときは，一般物価水準に言及する必要がなかった．物価水準については別の章で考察し，物価水準が貨幣量によって決定されることを理解した．同じ二つの経済について，もし一方の流通貨幣量が他方の2倍だったならば，貨幣量の多い経済の物価も2倍になるだろうということを学んだ．しかし，貨幣量は技術や労働や資本や天然資源の供給に影響を及ぼさないことから，その二国の財・サービスの産出量は同じであると考えられた．

　物価水準はこうした実質 GDP の長期の決定要因には影響を及ぼさないので，図12-4に示されるように長期の総供給曲線は垂直である．言い換えると，長期においては，経済の資本と労働と天然資源と技術が財・サービスの総供給量を決定する．そして，物価水準に何が起こってもこの供給量は変化しない．

　垂直な長期の総供給曲線は，古典派の二分法と貨幣の中立性を図に表現したものである．すでに議論したように，古典派のマクロ経済理論は，実質変数が名目変数に依存しないという仮定によっている．長期の総供給曲線は，

産出量（実質変数）が物価水準（名目変数）に依存しないことを意味するので，この考え方と整合的である．先に注意したように，ほとんどの経済学者は，この原理は数年にわたる経済を研究するときにのみ機能し，毎年の変化を研究するのには役に立たないと考えている．したがって，総供給曲線は長期においてのみ垂直である．

●なぜ長期の総供給曲線はシフトするのか

ある経済において長期的に生産される財・サービスの産出量は古典派のマクロ経済理論から予測できるため，長期の総供給曲線の位置も予測できる．長期の生産水準は，潜在産出量あるいは完全雇用産出量と呼ばれることがある．より正確には，この産出量水準は，失業が自然失業率（つまり正常な率）であるときの経済の産出量を示すので，自然産出量水準と呼ぼう．自然産出量は，長期において経済が収斂する生産水準である．

自然産出量を変えるような変化が起こると，長期の総供給曲線はシフトする．古典派モデルの産出量は，労働，資本，天然資源，技術知識に依存するので，長期総供給曲線のシフトはこの四つのうちどの原因から生じるかで分類できる．

労働の変化によるシフト　ある経済において，移民が増加したとしよう．移民によって労働者数が増加するため，財・サービスの供給量は増加する．その結果，長期の総供給曲線は右方にシフトすると考えられる．反対に，もし多くの労働者がその経済を去って外国に行くと，長期の総供給曲線は左方にシフトする．

長期の総供給曲線の位置も自然失業率に依存する．そのため，自然失業率が変化すると，長期の総供給曲線はシフトする．たとえば，議会が最低賃金を大幅に引き上げようとすると，自然失業率が上昇し，財・サービスの生産量は減少するだろう．その結果，長期の総供給曲線は左方にシフトする．反対に，失業保険制度が改正されて失業者が新しい職を一生懸命に探すようになれば，自然失業率が低下し，長期の総供給曲線は右方にシフトする．

自然産出量水準 natural level of output：失業がその正常率にある長期において経済が達成する財・サービスの生産量.

資本の変化によるシフト　経済の資本ストックが増加すると，生産性が上昇し，財・サービスの供給量が増加する．その結果，長期の総供給曲線は右方にシフトする．反対に，経済の資本ストックが減少すると，生産性が低下し，長期の総供給曲線は左方にシフトする．

機械や工場などの物的資本であろうと大学の学位などの人的資本であろうと，同じ論理が適用されることに注意しよう．どのタイプの資本が増加する場合も，経済の財・サービスの生産能力は上昇する．そのため，長期の総供給曲線は右方にシフトする．

天然資源の変化によるシフト　ある経済における生産は，土地や鉱物，天候などの天然資源に依存する．新しく鉱床が発見されると，長期の総供給曲線は右方にシフトする．気候のパターンが変化して農業に悪影響が生じると，長期の総供給曲線は左方にシフトする．

多くの国では，重要な天然資源が輸入されている．これらの資源の利用可能性が変化すると，総供給曲線がシフトする可能性がある．詳しくは本章の後半で議論するが，世界の石油市場でこれまで起こった出来事は，アメリカや他の石油輸入国にとって総供給曲線のシフトの重要な原因となってきた．

技術知識の変化によるシフト　今日の経済の産出量が一世代前より増加した最も重要な理由は，おそらくわれわれの技術知識が進歩したためである．たとえば，コンピュータの発明によって，同じ労働量，資本量，天然資源量から生産できる財・サービスの量は増大した．コンピュータの利用が経済全体に行きわたると，長期の総供給曲線は右方にシフトした．

文字どおりに技術的というわけではないが，技術の変化と同じように影響する出来事も他にたくさんある．たとえば，経済が開放されて国際貿易が行われるようになると，より生産性の高い産業に特化することができるために，新しい生産過程を発明することと同様の効果がもたらされ，長期の総供給曲線は右方にシフトする．反対に，もし政府が，労働者の安全や環境への影響を考慮するなどして，いくつかの生産方法を利用することを禁止する新しい規制を採用すると，その結果，長期の総供給曲線は左方にシフトする．

要約　長期の総供給曲線は，これまでの章で展開した古典派の経済モデル
を反映しているために，これを利用して，われわれがこれまでに説明したこ
とについて新たに説明することができる．すなわち，これまでの章で説明し
てきた実質 GDP を増加させるいかなる政策や出来事も，財・サービスの供
給量を増加させ，長期の総供給曲線を右方にシフトさせるものと考えること
ができる．同様に，これまでの章でみてきた実質 GDP を減少させるいかな
る政策や出来事も，財・サービスの供給量を減少させ，長期の総供給曲線を
左方にシフトさせるものと考えることができる．

●総需要と総供給を利用して長期の成長とインフレーションを描写する

　経済の総需要曲線と長期の総供給曲線を導入したことで，経済の長期趨勢
を表す新しい方法が手に入った．図12-5は，経済に生じた変化を10年ごと
に表したものである．両方の曲線がシフトしていることに注意しよう．長期
的に経済に影響を及ぼし，理論的にこのようなシフトをもたらす要因は数多
く存在するが，実際に最も重要な要因は技術と金融政策の二つである．技術
進歩は経済の財・サービスの生産能力を高め，その結果，産出量が増大し，
持続的に長期の総供給曲線を右方にシフトさせた．同時に，連邦準備が時間
を通じて貨幣供給を増加させたために，総需要曲線も右方にシフトした．図
に示されるように，その結果は，（Y の増加で示される）産出量の持続的成
長と（P の上昇で示される）持続的なインフレーションである．これは，こ
こまでの章で行ったインフレーションと成長の古典的分析を表すもう一つの
方法にすぎない．

　しかしながら，総需要と総供給のモデルを展開する目的は，私たちの先の
長期の結論の装いを新たにすることではない．これからみていくように，短
期的分析にフレームワークを提供することである．短期モデルを展開すると
きには，図12-5においてこれらのシフトによって示される持続的成長とイ
ンフレーションを省くことで分析が簡単になる．しかし，長期趨勢は，短期
的変動がその上に重ねあわされる背景であることをつねに頭の中に入れてお
こう．産出量と物価水準の短期的変動は，産出量成長とインフレーションの
持続的な長期趨勢からの乖離と考えなければいけない．

図 12 - 5　総需要と総供給のモデルにおける長期成長とインフレーション

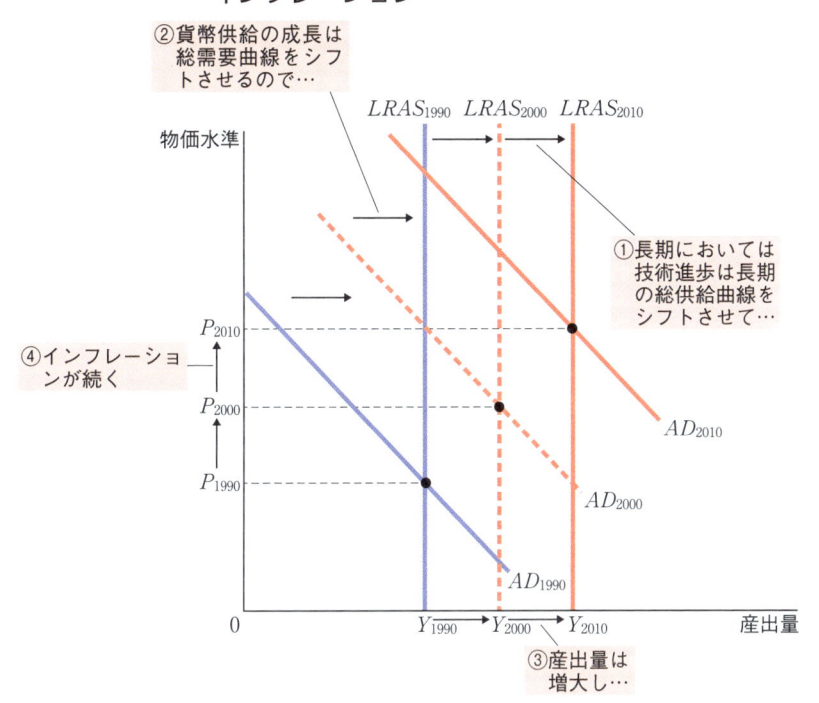

時間を通じて経済の財・サービスの生産能力が上昇したので，技術進歩を主な原因として総供給曲線は右方にシフトした．同時に，連邦準備は貨幣供給を増加させたので，総需要曲線も右方にシフトした．この図では，産出量は Y_{1990} から Y_{2000}，Y_{2010} へと，物価水準は P_{1990} から P_{2000}，P_{2010} へと成長している．このように，総需要と総供給のモデルは成長とインフレーションの古典派の分析に新しい描写方法を提供する．なお，図の $LRAS$ は長期の総供給（Long-Run Aggregate Supply），AD は総需要（Aggregate Demand）の略である．

●なぜ短期の総供給曲線は右上がりなのか

　短期と長期における経済の重要な相違は総供給の動きである．長期の総供給曲線は垂直である．その理由は，長期においては，一般物価水準は経済が財・サービスを生産する能力に影響を及ぼさないからである．対照的に，短期においては，物価水準は経済の産出量に影響を及ぼす．すなわち，1～2年程度の期間では，一般物価水準の上昇は財・サービスの供給量を増加させ

図 12-6　短期の総供給曲線

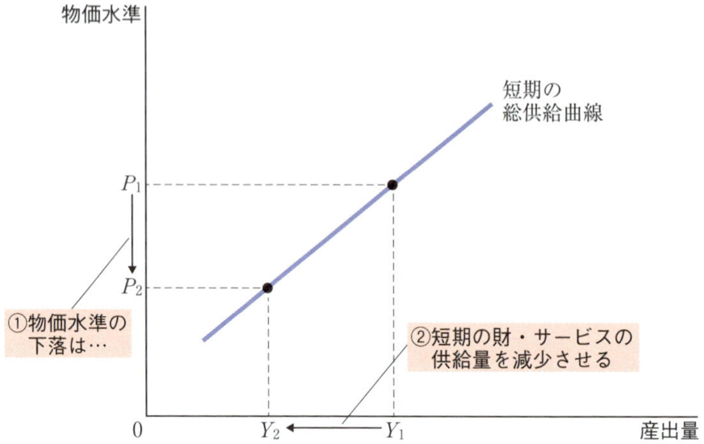

物価水準

短期の
総供給曲線

P_1

P_2

①物価水準の
下落は…

②短期の財・サービスの
供給量を減少させる

0　　　Y_2 ⟵　Y_1　　　　産出量

短期においては，物価水準が P_1 から P_2 に下落すると，産出量は Y_1 から Y_2 に減少する．物価水準と産出量の正の関係は，硬直賃金，硬直価格，誤認に起因する．時間を通じて，賃金と物価と認識が調整されるので，この正の関係は一時的にすぎない．

る傾向にある．そして，一般物価水準の下落は，財・サービスの供給量を減少させる傾向にある．その結果として，図 12-6 に示されるように，短期の総供給曲線は右上がりである．

　なぜ物価水準の変化は短期において産出量に影響を及ぼすのだろうか．マクロ経済学者は短期の総供給曲線が右上がりである理由について，三つの理論を提示してきた．どの理論も，経済の供給側の行動が短期と長期とで異なる原因として，ある特定の市場の不完全性を挙げている．以下に紹介する理論は，詳細においては異なるが，共通のテーマを持っている．それは，経済における実際の物価水準が人々の期待する物価水準から乖離すると，供給量は長期的水準，つまり「自然」水準から乖離する，というものである．物価水準が期待水準を超えて上昇すると，産出量は自然産出量を超えて増加する．物価水準が期待水準を下回って下落すると，産出量は自然産出量を下回って減少する．

　硬直賃金理論　右上がりの短期の総供給曲線についての最初の説明は，硬直賃金理論である．この理論は，総供給の三つのアプローチのなかで最も単

純であり，経済学者のなかには，短期における経済が長期における経済と異なる最も重要な理由であると考える者もいる．したがって，これが本書で強調する短期の総供給の理論である．

この理論によれば，名目賃金は，変化する経済条件に対してゆっくりとしか調整されないために，短期の総供給曲線は右上がりになる．換言すれば，賃金は短期において「硬直的」である．名目賃金の調整が遅い理由は，労働者と企業の間で名目賃金を決める契約が時には3年に及ぶ長期契約になることである程度説明される．さらに，調整が長引く原因としては，賃金設定に影響を及ぼす社会的規範や公正の概念がゆっくりとしか変化しないことも挙げられるかもしれない．

一つの例を用いて，硬直的な名目賃金によってどのように短期の総供給曲線が右上がりとなりうるかを説明しよう．1年前に企業が今日の物価水準を100であると期待したとしよう．そしてこの期待に基づいて，たとえば時給20ドルを労働者に支払う契約に署名した．だが実際には，物価水準 P は95にしかならなかった．物価水準が期待以下に下落したために，企業の収益は販売した生産物1単位当たり期待よりも5％少なかったが，生産のために利用した労働の費用は時給20ドルでとどまっていた．今や生産の利潤は小さくなったので，企業は雇用する労働者を減らし，産出量を減らした．時間が経つにつれて，労働契約が期限となり，企業は労働者の賃金を価格が下落したために受け入れ可能な賃金水準にまで低下させようと再交渉するだろう．しかし，しばらくは雇用と生産は長期水準以下にとどまることが予想される．

同じ論理は逆にも働く．物価水準が105になったが，賃金は20ドルにとどまっていた．企業は，労働費用は変わらないのに1単位当たりの収益の金額が5％上昇したことに気づく．それに反応して，企業は雇用する労働者を増やし，供給量を増加させる．最終的には，労働者は，物価水準の上昇を補うために名目賃金の上昇を要求するであろうが，しばらくの間，企業は雇用を増やし，長期水準を超えて産出量を増加させることによって利潤を得ることができる．

つまり，名目賃金は期待物価水準に基づいたものであって，実際の物価水準が期待した水準と異なることが判明しても即座には反応しないという硬直賃金理論に従って，短期の総供給曲線は右上がりである．賃金が硬直的であ

ることから，企業は，物価水準が期待水準を下回ると産出量を減少させるインセンティブを持ち，物価水準が期待水準を上回ると産出量を増加させるインセンティブを持つ．

硬直価格理論 経済学者のなかには，右上がりの短期の総供給曲線に関して別の見方をする人たちがいる．それは，硬直価格理論と呼ばれるものである．いま議論したように，硬直賃金理論は，名目賃金が時間を通じてゆっくりと調整されることを強調する．硬直価格理論は，一部の財・サービスの価格もまた経済の状況の変化に対してゆっくりと調整されると主張する．価格調整が遅れる理由の一つに，価格調整にいわゆるメニューコストがかかることがあげられる．メニューコストには，カタログの印刷・配達の費用や値札を変えるのに要する時間が含まれる．これらの費用があるため，物価は賃金同様，短期においては硬直的である可能性がある．

硬直価格がどのように右上がりの総供給を説明するかを理解するために，各企業が今後数年において経済状況を予想し，それに基づいてあらかじめ価格を公表すると考えよう．さらに，価格が公表されたあとで，経済が予想外の貨幣供給の収縮を経験したとする．このことは，（すでに学んだように）長期においては一般物価水準を下落させる．では短期では何が起こるだろうか．経済の状況の予想されない変化に即座に反応して価格を引き下げられる企業もあるだろうが，多くの企業は追加的なメニューコストをかけたくないと考えるだろう．その結果として，多くの企業は一時的に価格引下げを遅らせる．価格変更を遅らせた企業の価格は高すぎることになるので，その企業の販売量は減少する．販売量が減少すると，企業は生産と雇用を削減する．言い換えると，すべての価格が経済の状況の変化に即座に反応するわけではないので，予想外の物価水準の下落があった場合，望ましい水準よりも高い価格をつける企業が出てくることになる．望ましい水準よりも価格が高いため，その企業の販売高は減少し，その企業は財・サービスの生産量を減少させる．

反対に，企業が当初，価格を設定した際に期待した水準を，貨幣供給と物価水準が上回ったときにも，同じ論法が適用できる．企業のなかには新しい経済環境に反応して即座に物価を引き上げる企業もあれば，反応が遅れて，

望ましい水準より低い水準で価格を維持する企業もある．これらの低い価格に顧客はひきつけられ，これらの企業は雇用と生産を増加させることになる．このようにして，こうした遅れた行動をとる企業が以前の価格で営業する間は，一般物価水準と産出量との間に正の関係が存在する．この正の関係は，右上がりの短期の総供給曲線によって現れる．

　誤認理論　右上がりの短期の総供給曲線を説明する第3の見方は，誤認理論である．この理論では，一般物価水準が変化した際に，供給者は生産物市場で価格の変化が起こっていると一時的に誤認する可能性があると考える．短期的な誤認の結果，供給者は物価水準の変化に反応するため，総供給曲線が右上がりとなる．

　誤認理論の作用を具体的に理解するために，一般物価水準が供給者の期待する水準を下回って下落したと考えよう．供給者は生産物価格が下落するのをみて，相対価格が下落したと誤認するかもしれない．すなわち，経済の他の価格と比較して自分たちの価格が低下したと考えるかもしれない．たとえば，小麦生産農家は，消費者として自分も買う多くの商品の価格が下落したのに気づかずに，小麦の価格の下落だけに気がつくかもしれない．小麦生産農家は，それをみて小麦生産の報酬が一時的に低くなっていると考え，小麦の供給量を減少させるかもしれない．同様に，労働者は自分が購入する財の価格も下落したのに気づかずに，名目賃金が低下したことだけに気がつくかもしれない．労働者は労働の報酬が一時的に低くなっていると考え，労働供給量を減少させるかもしれない．どちらの場合も，物価水準の下落によって相対価格が誤認され，誤認した供給者は物価水準の下落に反応して財・サービスの供給量を減少させる．

　物価水準が期待水準を上回るときにも，同様の誤認が起こる．財・サービスの供給者が自分たちの産出物の価格が上昇していることに気づいたときに，相対価格が上昇していると誤って推測するかもしれない．生産するによい時だと結論するであろう．その誤認が修正されるまで，より高い価格水準に反応して，財・サービスの供給量を増加させる．この行動によって短期の供給曲線が右上がりとなる．

　要約　右上がりの短期の総供給曲線については三つの代替的な説明がある．それらは，(1) 硬直賃金，(2) 硬直価格，(3) 相対価格に関する誤認である．経済学者はこれらの理論のうちどれが正しいかを議論しているが，それぞれに真理の一部が含まれると考えるのがいちばん妥当だろう．本書の目的にとっては，理論の相違点よりも類似点のほうが重要である．三つの理論はどれも，実際の物価水準が，人々が支配すると期待した物価水準から乖離すると，産出量が短期において自然水準から乖離することを示唆している．これは次式のように数式で表せる．

　　　産出物の供給量＝自然産出量水準＋a（実際の物価水準
　　　　　　　　　　　　　　　　　　　－期待物価水準）

ただし，a は予想外の物価水準の変化に反応してどれだけ産出量が変化するかを決定する係数である．

　この三つの短期の総供給曲線の理論はどれも，一時的である可能性を強調していることに注意しよう．右上がりの総供給曲線が硬直賃金と硬直価格と誤認のどれに起因するものであっても，そのような状況は永久には続かない．結局は，名目賃金が動き出し，そして価格が動き出し，そして相対価格に関する誤認が修正される．長期においては，賃金と価格は硬直的ではなく伸縮的であり，そして，人々は相対価格について混乱しないと仮定することが理にかなっている．このように，なぜ短期の総供給曲線が右上がりになるかを説明するいくつかの適当な理論はみな，垂直の長期の総供給曲線と整合的である．

●なぜ短期の総供給曲線はシフトするのか

　短期の総供給曲線は，所与の物価水準における財・サービスの短期的供給量を示す．この曲線は長期の総供給曲線と同じように考えることができるが，硬直賃金や硬直価格や誤認の存在があるため，その形状は垂直ではなく右上がりである．したがって，何が短期の総供給曲線をシフトさせるかを考えるときには，長期の総供給曲線をシフトさせるすべての変数を考慮しなければならない．加えて，硬直的である賃金や硬直的である価格や間違いのもとになるかもしれない相対価格に関する認識に影響を及ぼす新しい変数として，期待物価水準も考察しなければならない．

長期の総供給曲線についてわかっていることから始めよう．すでに議論したように，長期の総供給曲線のシフトは通常，労働，資本，天然資源，技術知識の変化から生じる．これらの変数は短期の総供給曲線も同じようにシフトさせる．たとえば，経済の資本ストックの増加によって生産性が上昇すると，その経済は産出量を増やすことができ，短期の総供給曲線は長期の総供給曲線と同様に右方にシフトする．最低賃金の引上げによって自然失業率が上昇すると，その経済は労働者の雇用量と産出量を減らし，短期の総供給曲線は長期の総供給曲線と同様に左方にシフトする．

短期の総供給曲線の位置に影響を及ぼす新しい重要な変数は，人々が期待する物価水準である．これまで議論してきたように，財・サービスの供給量は，短期においては硬直賃金と硬直価格と誤認に依存する．しかし，賃金と物価と相対価格の認識は，期待物価水準に基づいて設定される．したがって，人々が物価水準への期待を変化させると，短期の総供給曲線がシフトする．

この考えをもっと具体的にするために，総供給の理論として，硬直賃金理論について考察しよう．この理論によれば，労働者や企業が物価が高くなると期待すると，交渉で高い名目賃金水準を決める可能性が高くなる．高賃金は企業の費用を増加させる．所与の実際の物価水準における費用の増加は財・サービスの供給量を減少させる．したがって，期待物価水準が上昇すると，賃金が上昇し，費用が増加し，所与の実際の物価水準の下で企業が生産する財・サービスの量は減少する．こうして，短期の総供給曲線は左方にシフトする．反対に，期待物価水準が下落すると，賃金が低下し，費用が減少し，所与の物価水準の下での企業の産出量は増加し，短期の総供給曲線は右方にシフトする．

総供給のそれぞれの理論に対して，同様の論理が適用できる．一般的な教訓は以下のとおりである．期待物価水準が上昇すると，財・サービスの供給量が減少し，短期の総供給曲線は左方にシフトする．期待物価水準が下落すると，財・サービスの供給量が増加し，短期の総供給曲線が右方にシフトする．期待が短期の総供給曲線の位置に影響を及ぼすことは，経済がどのように短期から長期へ移行するかを説明するうえで重要な役割を果たす．短期においては期待が固定され，経済は総需要曲線と短期の総供給曲線との交点に位置する．長期においては，人々が物価水準が期待した水準と異なることを

表12-2　短期の総供給曲線：要約

短期の総供給曲線が右上がりである理由
1. 硬直賃金理論：予想外の低い物価水準によって実質賃金が上昇するため，企業は労働者の雇用を減らし，財・サービスの生産量を減らす．
2. 硬直価格理論：予想外の低い物価水準によって企業は望ましい価格よりも高い価格を維持するため，販売量が減少し，生産が削減される．
3. 誤認理論：予想外の低い物価水準によって供給者は相対価格が下落したと誤認し，生産を減少させる．

短期の総供給曲線がシフトする理由
1. 労働の変化によるシフト：（おそらく自然失業率の低下によって）利用可能な労働量が増加すると，総供給曲線は右方にシフトする．（おそらく自然失業率の上昇によって）利用可能な労働量が減少すると，総供給曲線は左方にシフトする．
2. 資本の変化によるシフト：物的資本や人的資本が増加すると，総供給曲線は右方にシフトする．物的資本や人的資本が減少すると，総供給曲線は左方にシフトする．
3. 天然資源の変化によるシフト：天然資源の利用可能性が高まると，総供給曲線は右方にシフトする．天然資源の利用可能性が低下すると，総供給曲線は左方にシフトする．
4. 技術の変化によるシフト：技術知識の進歩によって総供給曲線は右方にシフトする．（おそらく政府の規制によって）利用可能な技術が減少すると，総供給曲線は左方にシフトする．
5. 期待物価水準の変化によるシフト：期待物価水準が下落すると，短期の総供給曲線は右方にシフトする．期待物価水準が上昇すると，短期の総供給曲線は左方にシフトする．

観察した場合，期待が調整され，短期の総供給曲線がシフトする．このシフトの結果，経済は最終的には総需要曲線と長期の総供給曲線の交点に位置するようになる．

　これで，なぜ短期の総供給曲線が右上がりか，そして，どのような出来事や政策によってこの曲線がシフトしうるかを理解できたはずである．表12-2はこれまでの議論を要約したものである．

【小問】　● なぜ長期の総供給曲線が垂直なのか説明しなさい．
　　　　　● なぜ短期の総供給曲線が右上がりなのかを示す三つの理論を説明しなさい．

● 長期総供給曲線と短期総供給曲線をシフトさせるのはどの変数か.

● 短期総供給曲線をシフトさせるが，長期総供給曲線をシフトさせ
ないのはどの変数か.

5 経済変動の二つの原因

　総需要と総供給のモデルを導入することによって，経済活動の短期的変動
を分析するのに必要な基本的な分析用具が用意できた．とくに，総需要と総
供給について学んできたことを利用して，短期的変動の二つの基本的な原因，
すなわち総需要のシフトと総供給のシフトについて考察することができる.

　単純化のために，図12-7に示されるように，経済は最初に長期均衡にあ
ると仮定する．産出量と物価水準は総需要曲線と長期の総供給曲線の交点
（図のA点）によって決定される．A点では，産出量は自然水準にある．経
済はつねに短期の均衡にあるために，短期の総供給曲線がこの点を通ること
は，期待物価水準がこの長期均衡に調整されることを示唆している．すなわ
ち，経済が長期均衡にあるときには，総需要と短期の総供給との交点が総需

図 12 - 7　長期均衡

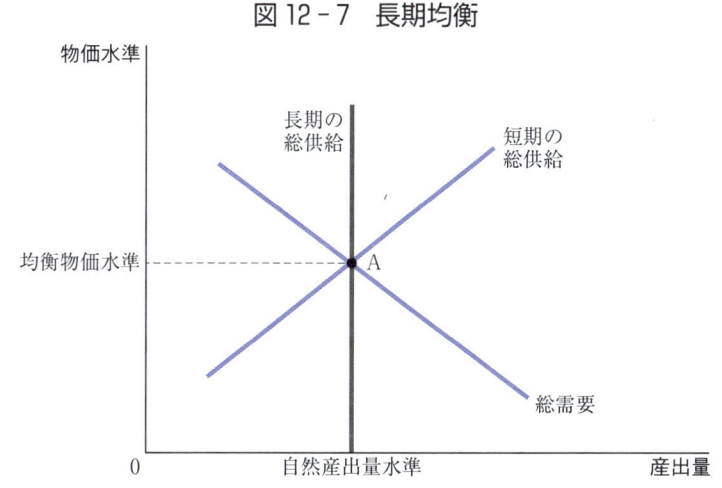

経済の長期均衡は，総需要曲線と長期の総供給曲線との交点 A で示される.
経済が長期均衡に達すると，期待物価水準が実際の物価水準に等しくなるよう
に調整されるであろう．その結果として，短期の総供給曲線もこの交点を通る.

要と長期の総供給との交点と同じになるように，期待物価水準が実際の物価
水準に等しくならなければならない．

●総需要曲線のシフトの影響

悲観主義の波が突然経済を襲ったとしよう．その原因はホワイトハウスの
スキャンダルかもしれないし，株式市場の大暴落や海外での戦争勃発かもし
れない．こうした出来事により，多くの人々が将来に対して悲観的になり，
計画を変更する．家計は支出を切り詰めて大きな購入計画を先に延ばし，企
業は新しい設備の購入を延期する．

悲観主義の波がマクロ経済に与える影響はどのようなものだろうか．この
問題に答えるときに，第4章で特定の市場における需要と供給を分析したと
きに利用した3段階アプローチに従うことができる．第1に，その出来事が
総需要と総供給のどちらに影響を及ぼすかを決定する．第2に，その曲線が
どちらの方向にシフトするかを決定する．第3に，総需要と総供給の図を利
用して，最初の均衡と新しい均衡を比較する．新しい点は，第4段階を加え
る必要があるということである．それは，新しい短期均衡と新しい長期均衡
とそれらの間の移行をみることである．表12-3にはこの4段階アプローチ
が要約されている．

第1段階と第2段階は簡単である．第1に，悲観主義の波が支出計画に影
響するために，総需要曲線に影響を及ぼす．第2に，どの物価水準において
も，家計や企業は財・サービスの購入量を減らそうとするために，その出来
事によって総需要が減少する．図12-8が示すように，総需要曲線は AD_1 か
ら AD_2 へと左方にシフトする．

表 12 - 3　マクロ経済変動分析のための4段階

1. 出来事によって総需要曲線あるいは総供給曲線のどちら（あるいはたぶん両方）
   がシフトするかを決める．
2. 曲線がシフトする方向を決める．
3. 総需要曲線と総供給曲線の図を利用して，短期における産出量と物価水準に対
   する効果を決める．
4. 総需要曲線と総供給曲線の図を利用して，経済が新しい短期の均衡から新しい
   長期の均衡へどのように移動するかを分析する．

図 12 - 8　総需要の縮小

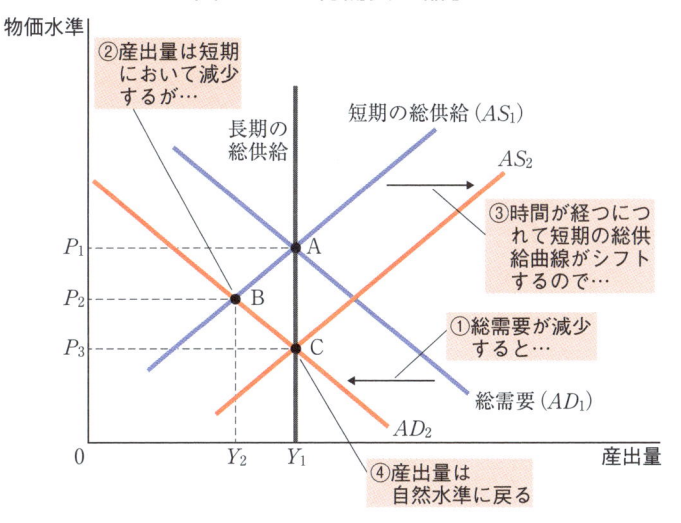

悲観主義の波などによって経済の総需要の減少が生じると，総需要曲線は AD_1 から AD_2 へと左方にシフトする．短期においては，経済は A 点から B 点に移動する．産出量は Y_1 から Y_2 に減少し，物価水準は P_1 から P_2 に下落する．時間が経つにつれて，期待物価水準が調整され，短期の総供給曲線は AS_1 から AS_2 へと右方にシフトする．経済は新しい総需要曲線が長期の総供給曲線と交差する C 点に到達する．長期においては，物価水準は P_3 に下落し，産出量は自然産出量 Y_1 に戻る．

　この図を使って三つの段階を示すことができる．最初の均衡と新しい均衡を比較することによって，総需要の減少の影響をみることができる．短期においては，経済は元の短期の総供給曲線 AS_1 上を A 点から B 点へと移動する．経済がこれらの二つの点を移動するのに伴って，産出量は Y_1 から Y_2 へと減少し，物価水準は P_1 から P_2 へと下落する．産出量水準の低下は，経済が景気後退期にあることを示唆する．この図には示されていないが，企業は生産と販売の減少に対応して雇用を減少させる．このように，悲観主義が総需要曲線のシフトを引き起こすことには，ある程度自己実現的な面がある．すなわち，将来に対する悲観主義によって，所得の減少と失業の増加がもたらされるのである．

　次に，第4段階，すなわち，短期の均衡から新しい長期の均衡への移行が起こる．総需要の減少のために，物価水準が最初に P_1 から P_2 へ下落する．

こうして，物価水準は，総需要が突然減少する前に人々が期待していた水準（P_1）を下回る．人々は短期においては驚くだけであるが，驚いたままではない．時間の経過とともに，期待がこの新しい現実に追いつき，期待物価水準も低下する．期待物価水準の低下によって賃金と価格と認識が変更され，それが短期の総供給曲線の位置に影響を及ぼす．たとえば，硬直賃金理論によれば，いったん労働者と企業が期待物価水準を引き下げると，名目賃金を低下させる交渉を始める．労働費用の低下によって企業は雇用する労働者を増やし，どの所与の物価水準でも生産を拡大する．こうして，期待物価水準の低下によって短期の総供給曲線は図 12-8 のように AS_1 から AS_2 へと右方にシフトする．このシフトによって経済は時間をかけて，総需要曲線（AD_2）と長期の総供給曲線との交点 C に近づいていく．

　新しい長期均衡である C 点では，産出量は自然水準に戻る．経済は自ら元の産出量に戻ったのである．政策立案者による行動がなくても，産出量の減少は長期においては反転する．悲観論の波によって総需要は減少するが，物価水準が十分に（P_3 まで）下落することによって，総需要曲線のシフトが相殺され，人々はこの新しい低い価格水準を期待するようになったからである．このように，長期においては，総需要のシフトは物価水準のみに反映され，産出量水準にはまったく反映されない．言い換えれば，総需要のシフトの長期的影響は名目的変化であり（物価水準の低下），実質的変化ではない（産出量は同じ）．

　総需要の突然の縮小に直面したときに，政策立案者は何をすべきだろうか．上述の分析において，政策立案者は何もしないことを仮定した．もう一つの可能性は，経済が景気後退に向かう（A 点から B 点へ移動する）や否や，政策立案者は総需要を増加させる措置を講じることである．先に注意したように，政府支出や貨幣供給量が増加すると，どの物価水準においても財・サービスの需要量が増加し，総需要曲線は右方にシフトする．もし政策立案者が十分な速さと正確さをもって行動することができれば，総需要曲線の最初のシフトを相殺して，総需要曲線を AD_1 に戻し，経済を A 点に戻すことができる．もしその政策が成功するならば，産出量と雇用が減退する苦しい時期を，その長さや深刻さにおいて軽減することができる．次章では，金融政策と財政政策が総需要に影響を及ぼす方法を，これらの政策手段を利用する

コラム 貨幣の中立性をもう一度考える

　古典派経済理論に従えば，貨幣は中立的である．すなわち，貨幣量の変化は，物価水準のような名目変数に影響を及ぼすが，産出量のような実質変数には影響を及ぼさない．本章の前半において，ほとんどの経済学者が，長期における経済には当てはまるが，短期における経済には当てはまらないと考えていることを述べた．総需要と総供給のモデルを利用して，この結論をもっと詳しく説明することができる．

　連邦準備が経済の貨幣量を減少させると想定しよう．この変化はどんな効果をもたらすだろうか．ここまで議論してきたように，貨幣供給は，総需要の一つの決定要因である．貨幣供給の減少によって，総需要曲線が左方にシフトする．

　分析は図12-8に示されたとおりになる．総需要のシフトの原因は異なるが，産出量と物価水準に対する効果は同じである．短期においては，産出量と物価水準の両方が低下し，経済は景気後退を経験する．しかし，時間の経過とともに，期待物価水準も低下する．企業も労働者もこの新しい期待に対応するようになり，たとえば，名目賃金を引き下げることに合意する．企業と労働者がそのように反応することから，短期の総供給曲線は右方にシフトする．最終的に，経済は長期の総供給曲線に戻ることになる．

　図12-8では，どんなときに貨幣が実質変数にとって重要であり，どんなときに重要でないかをみることができる．長期において，点Aから点Cへ経済が移動することによって示されるように，貨幣は中立的である．しかし，短期においては，点Aから点Bへ経済が移動することによって示されるように，貨幣供給の変化は実質的効果をもたらす．古い格言がこの分析を要約している．「貨幣はヴェールであるが，ヴェールがはためくと，実質産出量が音を立てる．」

上での実践上の問題点とあわせてより詳細に議論する．

　要約すると，総需要のシフトについての上記の話は，三つの重要な意味合

いを持つ.

● 短期においては，総需要のシフトによって経済の財・サービスの産出量の変動が生じる.

● 長期においては，総需要のシフトは全般的な物価水準には影響を及ぼすが，産出量には影響を及ぼさない.

● 総需要に影響を及ぼすことができるため，政策立案者は潜在的に深刻な経済変動を軽減することができる.

二つの大きな総需要曲線のシフト：大恐慌と第2次世界大戦

　この章の初めにおいて，われわれは1972年以降のデータをみることによって，経済変動に関する三つの重要な事実を確認した．ここでもう少し長い期間について，アメリカの経済の歴史をより詳細にみよう．図12-9は，1900年以降について，3年前と比べた実質GDPの変化率を示したものである（日本について，1959年以降における3年前と比べた実質GDPの変化率は図12-9′）．3カ年平均でみると，実質GDPは約10%成長しており，年率に直すと3%強になる．しかしながら，景気循環が存在するため，この平均を中心として変動がみられる．1930年代初頭のGDPの大きな急落と1940年代初頭の実質GDPの大幅な増加という二つのエピソードがとくに重要である．これらの出来事はどちらも総需要のシフトが原因と考えられる.

　1930年代初頭の経済の惨事は大恐慌（Great Depression）と呼ばれており，アメリカの歴史上最大の経済停滞である．実質GDPが1929年から1933年にかけて27%減少し，失業率は3%から25%に上昇した．同時に，物価水準はこの4年間に22%下落した．この時期には他にも多くの国々が同様の産出量と物価の下落を経験した.

　経済史家は大恐慌の原因について論争を続けているが，そのほとんどが総需要の大きな減少を説明の中心にしている．議論が分かれているのは，総需要が収縮した原因は何かというところである.

　多くの経済学者は貨幣供給の減少を主犯とみなしている．貨幣供給は，

図 12-9　1900年以降のアメリカの実質 GDP

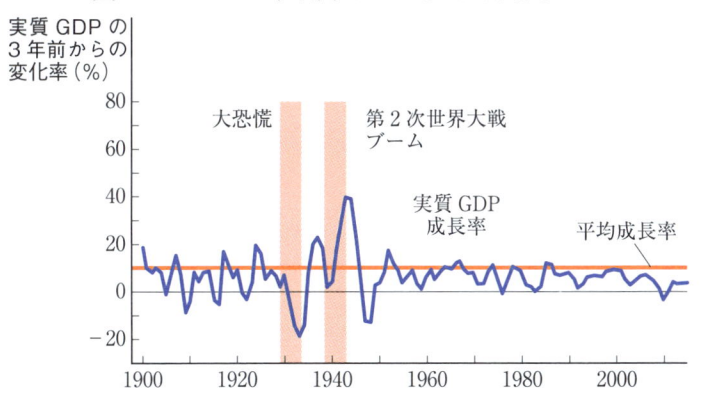

（注）　実質 GDP 成長率は 3 年前からの実質 GDP 成長率.

（出所）　Louis D. Johnston and Samuel H. Willamson, "Annualized Growth of Various Historical Economic Series," Economic History Services, November 2008, http//www.measuringworth.com/growth/index.php, アメリカ商務省経済分析局.

アメリカの歴史を通じて，二つの変動がとくに大きく目立つ．1930年代初頭には，経済は大恐慌に向かい，財・サービスの生産が急減した．1940年代初頭には，アメリカは第2次世界大戦に参戦し，経済は生産の拡大を伴って急激に拡張した．どちらの出来事も通常は総需要の大幅なシフトで説明される．

図 12-9′　1959年以降の日本の実質 GDP

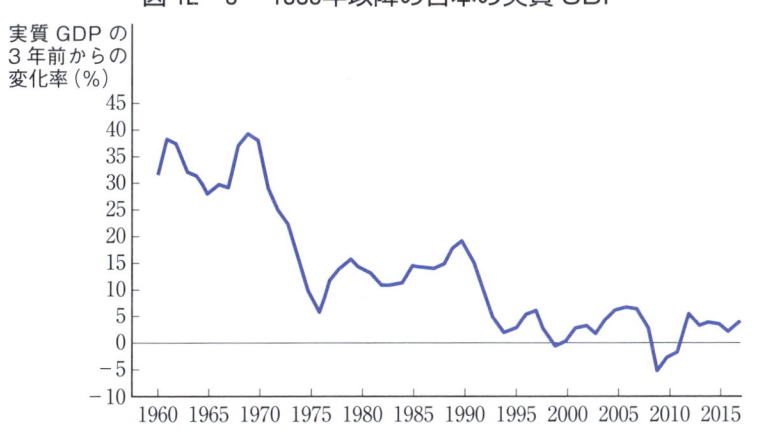

（注）　実質 GDP 成長率は 3 年前からの実質 GDP 成長率.

（出所）　内閣府「国民経済計算」.

日本においては，石油ショックの発生した1970年代と，1990年代前半において，とくに実質 GDP の成長率が低下していたことがわかる．

1929年から1933年にかけて28％減少した．貨幣システムに関する議論を思い出せばわかるだろうが，この貨幣供給の減少は銀行システムの問題によるものであった．家計は財務的に不安定な銀行から預金を引き出し，銀行家はより慎重になって準備保有量を増やしはじめたため，部分準備銀行制度の下における貨幣創造の過程が逆回転した．その間，連邦準備は貨幣乗数の下落を相殺するために拡張的な公開市場操作を用いることができなかった．その結果，貨幣供給は減少した．多くの経済学者は，大恐慌の厳しさの責任は連邦準備が行動できなかったことにあると考えている．

　他の経済学者は，総需要の崩壊について他の理由を示唆している．たとえば，株価がこの期間に約90％下落し，家計の富が縮小したため，消費支出が縮小した．さらに，銀行問題のために企業は新規プロジェクトや事業拡大に必要な資金を調達することができず，このことが投資支出を抑制した可能性がある．もしかすると，これらの要因がすべてあわさって，大恐慌のときに総需要が収縮したのかもしれない．

　図12-9における第2の重要なエピソードである1940年代初頭の経済ブームの説明はもっとやさしい．この出来事の原因は明らかに第2次世界大戦であった．アメリカが海外で戦争を始めたので，連邦政府はより多くの資源を軍事に向けた．財・サービスへの政府支出は1939年から1944年にかけて約5倍に増加した．この総需要の巨大な拡張は，経済の財・サービスの生産量を約2倍に拡大し，物価水準は20％上昇した（ただし，政府の広範な価格管理が物価上昇を抑制した）．失業率は1939年の17％から1944年には約1％に低下した．これはアメリカの歴史上最低水準である．

ケース・スタディ　2008〜2009年の大不況（Great Recession）

　2008〜2009年に，アメリカ経済は，金融危機と厳しい経済活動の悪化を経験した．多くの点でそれはこの半世紀以上において最悪のマクロ経済の出来事であった．

　この景気悪化の話は，その数年前の広範な住宅市場ブームから始まった．そのブームの原因の一部は，低い利子率である．2001年の景気後退の余波において，連邦準備は利子率を歴史的に低い水準に引き下げた．この低い

利子率によって経済は回復したが，住宅ローンを借り入れて，住宅を購入する費用を低下させることによって住宅価格の上昇にも寄与した．

　低い利子率に加えて，住宅ローン市場におけるさまざまな発展によってサブプライムローンの借り手——所得と信用の履歴に基づいた債務不履行のリスクが比較的高い借り手——が住宅を購入するために住宅ローンを借り入れることが容易となった．一つの発展は，証券化であった．証券化とは，金融機関（とくに住宅ローンの元受金融機関）が貸出しをして，そしてその後（投資銀行の力を借りて）住宅ローンを束ねて，住宅抵当担保証券と呼ばれる金融手段をつくりあげることである．これらの住宅抵当担保証券は，（銀行や保険会社などの）他の機関にも販売されたことから，これらの証券のリスクは完全には認識されていなかったのかもしれない．経済学者のなかには，これらの高いリスクの貸出しに対する不適切な規制を非難する者もいる．また，政府の誤った政策を非難する者もいる．すなわち，この高いリスクの貸出しを奨励して，持ち家を取得することが低所得の家族にも到達可能としてしまう政策がいくつもあった．同時に，これらの多くの要因によって住宅需要と住宅価格が高まった．1995年から2006年にかけて，アメリカの平均住宅価格は2倍以上に上昇した．

　しかし，この高い住宅価格は，持続可能ではないことが明らかとなった．2006年から2009年にかけて，全国の住宅価格は，およそ30％下落した．このような価格変動は，必ずしも市場経済の問題ではないはずである．結局，価格は，市場が需要と供給を均衡させるために変動するからである．しかし，この場合，価格下落は，相当規模の総需要の縮小を引き起こすことになる二つの関連した反作用をもたらした．

　第1の反作用は，住宅ローンの債務不履行と住宅ローン担保差押えの大きな増加であった．住宅ブームの時期には，多くの借り手が，ほとんどを借入資金によって，最少の頭金で住宅を購入した．住宅価格が下落すると，これらの住宅保有者は担保割れとなった（住宅ローンが住宅の価値を上回った）．これらの多くの住宅保有者はローン返済をやめた．住宅ローンを提供した銀行は，住宅ローン担保の譲渡抵当実行手続きにおいて住宅を差し押さえ，そしてその後，売却することによってこれらの債務不履行に対応した．銀行の目的は，不良貸出先からできるだけのものを取り返すこと

であった. 需要と供給に関する学習から予見できるように, 住宅販売数の増加によって住宅価格がさらに下落するという悪循環は激化した.

第2の反作用は, 住宅抵当担保証券を保有していたさまざまな金融機関が巨額の損失を被ったことである. 本質的に, これらの会社は, 住宅価格の上昇に賭けて多額の資金を借り入れて, 高いリスクの住宅ローンに運用していたのであろう. しかし, この賭けが失敗すると, まさに破産寸前となった. これらの大きな損失のために, 多くの金融機関は貸し出す資金がなくなり, 資金を最も効率的に利用することができる者へ資金を流す能力が損なわれた. 担保なしでも借り入れられる, 十分に信用のある顧客でさえ借り入れて投資支出や資金調達を行うことができなくなった.

こうした出来事の結果, 経済は総需要の大きな収縮を経験した. 実質GDPと雇用の両方が急激に縮小した. 本章の導入ですでにこれらの数字が引用されたが, 繰り返し示すことには意義がある. 実質GDPは2007年第4四半期から2009年第2四半期にかけて4.2%縮小し, 失業率は2007年5月の4.4%から2009年10月には10.1%まで上昇した. この経験から, それらによって起こる深刻な景気下降や人々の困窮は歴史の遺物ではなく, 現代経済でも絶えず続くリスクであることがわかる.

危機が展開するにつれて, アメリカ政府はさまざまな方法で対応した. なかでも総需要を以前の水準に回復させることを目指した三つの政策措置に最も注目すべきである. 第1に, 連邦準備は, フェデラル・ファンド・レートを2007年9月の5.25%から2008年12月のほぼゼロへその目標を引き下げた. 連邦準備は, 住宅抵当担保証券や他の民間のローンを公開市場操作で購入しはじめた. これらの証券を銀行システムから購入することによって, 連邦準備は, 銀行が容易にローンを行えるようになることを期待して, 銀行に追加的に資金を供給したのである.

第2に, 2008年10月, 議会は, 財務省が金融制度を救済するために7000億ドルを支出することを承認した. この資金の大半は銀行への資本注入であった. すなわち, 財務省は銀行が貸付を行い, 正常な業務を続けることができるように銀行システムに資金を注入したのである. これらの資金と交換に, アメリカ政府は, 少なくとも一時的にこれらの銀行の一部を所有することとなった. この政策の目的は, ウォールストリートの金融危機を

くい止め，貸付が容易に行われるようにすることであった．

最後に，2009年1月バラク・オバマの大統領就任後，最初の主要なイニシアティブとして，政府支出を大きく増加させた．その立法の形に関する比較的短い議会における論争の後，新しい大統領は，2009年2月17日に7870億ドルの景気刺激法案に署名した．この政策の動きは，次章で財政政策が総需要に及ぼす影響を考察するときにより詳細に議論しよう．

この大不況からの回復は正式には2009年6月に始まった．しかし，歴史的にみると，それは小さい景気回復であった．2009年第2四半期から2015年第4四半期にかけての実質GDP成長率は平均で年率2.1%であり，過去半世紀における約3%の平均成長率を下回っていた．2015年末までに失業率は5.0%へ低下したが，その減少の大半は，職探しをやめて労働力から外れたことが原因であった．2015年12月には，雇用の対人口比率が大不況における谷よりもわずかに1.3%ポイント高く，景気後退が始まった前よりも3%ポイント以上低かった．

ではこれらの多くの政策のうち，どれが景気後退をとめるために最も重要であったのだろうか．力強い経済回復を進めるためにはどんな政策がとられなければならなかったのだろうか．その点については，マクロ経済歴史学者が今後論争するであろう．

●総供給曲線のシフトの影響

長期均衡にある経済についてもう一度考えてみよう．突然，いくつかの企業の生産費用が上昇したとする．たとえば，農業国で悪天候から凶作が起こり，食料品の生産費用が上昇したり，あるいは，中東で戦争が起こったことによって原油の輸送に支障が生じ，石油製品の生産費用が上昇するといったことである．

このような生産費用の上昇によるマクロ経済的影響とは何かを分析するためには，これまで分析してきたように四つの段階でみていけばよい．まず第1に，どちらの曲線に影響を及ぼすのか．生産費用が財・サービスを供給する企業に影響を及ぼすために，生産費用の変化は総供給曲線の位置を変える．第2に，その曲線はどちらの方向にシフトするか．生産費用が上昇すると，どの物価水準の下でも，企業は財・サービスの供給量を減らす．したがって，

図 12 - 10 総供給の好ましくないシフト

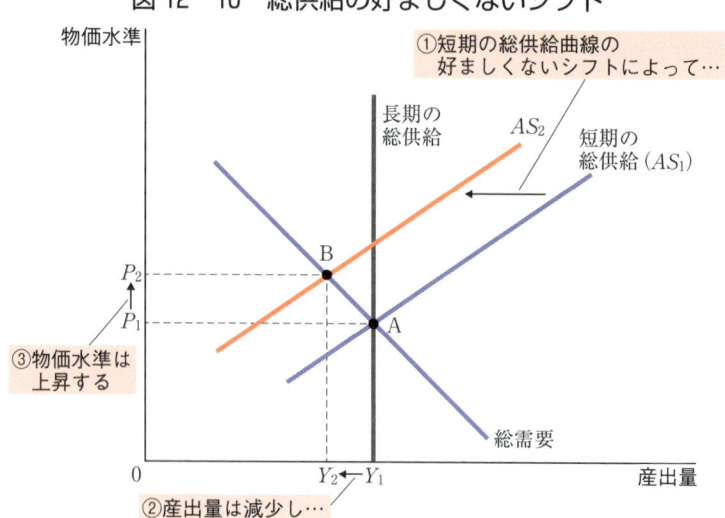

何らかの出来事によって企業の費用が上昇すると，短期の総供給曲線は AS_1 から AS_2 へと左方にシフトし，経済は A 点から B 点に移動する．その結果，産出量が Y_1 から Y_2 に減少し，物価水準が P_1 から P_2 に上昇して，スタグフレーションが発生する．

図12-10が示すように，短期の総供給曲線は AS_1 から AS_2 へと左方にシフトする（起こったことによっては，長期の総供給曲線もシフトするかもしれない．しかし，単純化のために，ここでは長期の総供給曲線はシフトしないと仮定する）．

図12-10を使って，最初の均衡と新しい均衡を比較するという三つめの作業をすることができる．短期においては，経済は現在の総需要曲線上を A 点から B 点へと移動する．経済の産出量は Y_1 から Y_2 に減少し，物価水準は P_1 から P_2 に上昇する．経済が不況（**スタグネーション**，産出量の減少）と**インフレーション**（物価の上昇）を同時に経験することから，このような状況は**スタグフレーション**と呼ばれることがある．

次に，第4段階——短期の均衡から長期の均衡への移行——を考えよう．硬直賃金理論によれば，重要な問題は，どのようにスタグフレーションが名

スタグフレーション stagflation：産出量が減少し，物価が上昇する時期．

図 12−11 総供給の好ましくないシフトへの対応

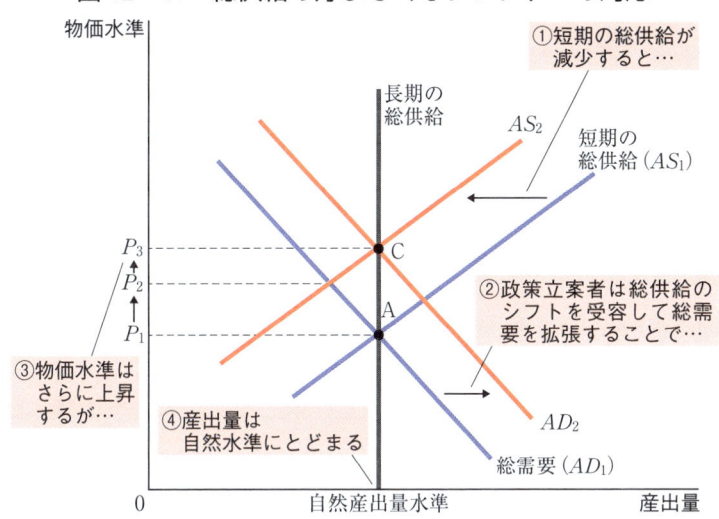

総供給が AS_1 から AS_2 へと好ましくない方向にシフトすると，総需要への影響力を持つ政策立案者は，総需要曲線を AD_1 から AD_2 へと右方にシフトさせようとするかもしれない．その場合，経済は A 点から C 点に移動する．この政策は，短期において総供給が産出量を減少させる方向にシフトすることは抑えるが，物価水準は P_1 から P_3 に上昇したままになる．

目賃金に影響を及ぼすかである．まず，企業と労働者は，期待物価水準を高めて，名目賃金を高く設定することによって物価水準の上昇に反応するかもしれない．この場合には，企業の生産の費用はさらに上昇し，短期の供給線がさらに左方にシフトし，スタグフレーションをさらに悪化させる．物価が上昇すると賃金が上昇し，さらに物価が上昇するという現象は，**賃金・物価スパイラル**と呼ばれることがある．

　ある点でこの物価・賃金の永久の上昇スパイラルは速度を弱めるだろう．失業率が高いときには労働者の交渉力が弱いために，産出量と雇用の低い水準は，労働者の賃金に対して下方圧力をかけると考えられるからである．名目賃金が低下するにつれて，財・サービスの生産の利潤が増大し，短期の総供給曲線が右方にシフトする．短期の総供給曲線がシフトして AS_1 まで戻るにつれて物価水準が低下し，産出量は自然水準に近づく．長期においては，経済は，総需要曲線と長期の総供給曲線の交点である A 点に戻る．

コラム　総需要と総供給のモデルの起源

　総需要と総供給のモデルを予備的に理解したところで，そこから少し距離を置いて，このモデルの歴史を考察してみよう．この短期的変動のモデルはどのように発展したのだろうか．答えをいうと，このモデルの大部分は1930年代の大恐慌の副産物である．当時の経済学者と政策立案者は，この惨事を引き起こした原因を特定できず，対処の方法に確信を持てなかった．

　1936年に，経済学者ジョン・メイナード・ケインズは『雇用・利子および貨幣の一般理論』という題名の本を出版し，短期的な経済変動一般，とりわけ大恐慌を説明しようと試みた．ケインズの主な主張は，財・サービスの総需要が不十分であるために景気後退と不況が発生するということであった．

　ケインズは，（本書の前のほうで検討した理論である）古典派の経済理論を批判しつづけた．古典派の理論は政策の長期的な影響しか説明できなかったからである．『一般理論』を出版する数年前に，ケインズは古典派の経済学について以下のように書いた．

　　「長期を強調しすぎると，現在を見誤まる．長期においては，われわれはみんな死ぬ．大荒れの季節に嵐が過ぎ去れば大洋は平穏になるとしかいえないのであれば，経済学者はあまりにも単純で，あまりにも役に立たない仕事をしている．」

　ケインズの主張は，経済学者と同時に政策立案者にもねらいを定めたものである．世界中の経済が高い失業を抱えているなかで，ケインズは公共事業への政府支出を含む政策によって総需要を増加させることを主張した．

　本章の分析は，ジョン・メイナード・ケインズの遺産に大いに負っている．

　しかし，この最初の均衡に戻る移行は，総需要がその過程を通じて一定のままであることを仮定したものである．だが現実の世界ではそれは正しくないかもしれない．金融政策と財政政策を運営する政策立案者は，総需要曲線をシフトさせることによって，短期の総供給曲線のシフトの影響の一部を相殺しようとするかもしれない．この可能性は，図12-11に示されている．この場合には，政策の変更によって総需要曲線は AD_1 から AD_2 へ，つまり総供給がちょうど産出量に影響を与えないようになるまでシフトする．経済はA点からC点に直接移動する．産出量は自然水準のままだが，物価水準は P_1 から P_3 に上昇する．この場合，政策立案者は，総供給のシフトに受容的であるといわれる．受容的な政策は，産出量と雇用のより高い水準を維持するために恒久的により高い物価水準を受けいれる．

　要約すると，総供給のシフトの話には二つの重要な教訓がある．

● 総供給のシフトによってスタグフレーションが生じることがある．スタグフレーションは，景気後退（産出量の減少）とインフレーション（物価の上昇）の組合せである．

● 総需要に影響を与えることができる政策立案者は，インフレーション問題を悪化させることを犠牲にさえすれば，産出量に対する悪影響を軽減することができる．

石油と経済

　1970年以降のアメリカ経済における大きな経済変動のなかには，中東の油田が原因だったものもある．原油は，多くの財・サービスの生産における重要な投入物であり，世界の石油の多くはサウジアラビア，クウェートその他の中東諸国で産出される．何らかの出来事が発生して（その原因は通常は政治的なことである）この地域から産出される原油の供給量が減少すると，石油価格は世界中で上昇する．ガソリン，タイヤ，その他の多くの石油関連の生産物を生産するアメリカ企業の費用は上昇し，いかなる所与の物価水準においても財・サービスの産出量を供給することによる利潤が減少することに気づく．その結果，総供給曲線は左方にシフトし，さらにはスタグフレーションが発生する．

　この種のエピソードは，1970年代半ばに初めて起こった．大量の石油が埋蔵されている国々は，石油輸出国機構（OPEC）に加盟・集結した．OPEC はカルテルである．すなわち，価格を引き上げるために競争を抑制し，生産を削減しようとする売り手の集団である．そして実際に石油価格は大きく上昇した．1973年から1975年にかけて，石油価格はおよそ2倍に上昇した（第1次石油ショック）．世界中の石油輸入国は，インフレーションと景気後退を同時に経験した．アメリカでは，消費者物価指数で測ったインフレ率が数十年ぶりに10%を超えた．失業率は1973年の4.9%から1975年には8.5%に上昇した．

　数年後にほとんど同じことが起こった．1970年代末に，OPEC 諸国は価格を引き上げるために再び石油の供給を制限した．1978年から1981年にかけて，石油価格は2倍以上に上昇した．その結果は再度のスタグフレーションであった．インフレ率は，第1次石油ショック後にいくらか沈静化していたが，再び年率10%以上に上昇した．しかし連邦準備は，インフレ率の大幅な上昇に対応しようとしなかったので，まもなく景気後退が発生した．失業率は1978年と1979年の6%から，数年後にはおよそ10%に上昇した．

　一方で，石油の世界市場は，総供給の好ましいシフトの源泉になることもある．1986年，OPEC 加盟国の間で仲間割れが起こり，加盟国は石油生産の制限に関する同意を破棄した．原油の世界市場においては，価格は約半分に下落した．石油価格の下落によって，アメリカ企業の費用は低下し，いかなる所与の物価水準においても財・サービスを供給することの利潤が増えたことに気づいた．その結果として，総供給曲線は右方にシフトし，アメリカ経済は，スタグフレーションと反対のことを経験した．産出量が急速に増加し，失業率が低下し，インフレ率がここ数十年のなかで最低水準に達した．

　近年，石油の世界市場はアメリカ経済の変動の重要な原因ではなくなった．その理由の一つに，資源保護の努力や技術の変化によって経済の石油依存度が低下したことがある．実質 GDP 1単位の生産に使用される石油の量は1970年代の OPEC ショック以降，50%以上減少した．その結果，石油価格の変化のアメリカ経済への経済的効果は，過去と比べると今日で

はだいぶ小さくなっている．もちろん，石油の輸出が主要な収入源となっている国もあり，それらの国にとっては石油価格はきわめて重要であるが，それはまた別の問題である．

【小問】 ● 人気のある大統領候補が選挙で選ばれて，突然人々の将来に対する期待が高まったとしよう．総需要と総供給のモデルを利用して，経済に与える影響を分析しなさい．

6 結論

　この章では二つの目的を達成した．第1に，経済活動の短期的変動に関する重要な事実のいくつかを議論した．第2に，変動を説明するための基本モデルとして，いわゆる総需要と総供給のモデルを導入した．

要約

● すべての社会は，長期趨勢を取り巻く短期の経済変動を経験する．短期の変動は不規則であり，たいていは予測不可能である．景気後退が起こると，実質 GDP をはじめとした所得・支出・生産の尺度は減少し，失業が増加する．

● 古典派経済理論は，貨幣供給と物価水準のような名目変数が産出量や雇用量に影響しないという仮定に基づいている．ほとんどの経済学者は，この仮定は長期においては正しいが，短期においては正しくないと考えている．経済学者は総需要と総供給のモデルを利用して短期的経済変動を分析する．このモデルによると，財・サービスの産出量と一般物価水準は，総需要と総供給が均衡するように調整される．

● 総需要曲線は三つの理由により右下がりである．第1は資産効果である．すなわち，物価水準の下落は家計の貨幣保有残高の実質価値を高め，消費支出を刺激する．第2は利子率効果である．すなわち，物価水準の下落は家計の貨幣需要量を減少させる．家計が貨幣を利子の付く資産に換えようとするので，利子率が低下し，投資支出を刺激する．第3は為替相場効果

である．すなわち，物価水準の下落によって利子率が低下するので，外国為替市場においてドルが減価し，純輸出を刺激する．

● 所与の物価水準の下で消費，投資，政府支出，純輸出を増加させる出来事や政策が起こると，総需要が増加する．所与の物価水準の下で消費，投資，政府支出，純輸出を減少させる出来事や政策が起こると，総需要が減少する．

● 長期の総供給曲線は垂直である．長期においては，財・サービスの供給量は経済の労働と資本と天然資源と技術に依存するが，一般物価水準には依存しない．

● 短期の総供給曲線の傾きが右上がりであることを説明する三つの理論が存在する．硬直賃金理論によれば，予想外の物価水準の下落によって一時的に実質賃金が上昇し，企業は雇用と生産を減少させる．硬直価格理論によれば，予想外の物価水準の下落が生じると，企業は高すぎる価格を一時的に維持したまま販売を減少させ，生産を削減する．誤認理論によれば，物価水準の予想外の下落によって，供給者は相対価格が下落したと誤認し，生産を減少させる．三つの理論はどれも，実際の物価水準が人々の期待した物価水準から乖離するために，産出量が自然産出量水準から乖離すると考える．

● 労働，資本，天然資源，技術の変化のような経済の生産能力を変える出来事によって，短期の総供給曲線はシフトする（長期の総供給曲線もシフトすることがある）．さらに，短期の総供給曲線の位置は期待物価水準に依存する．

● 経済変動の一つの原因として考えられるのは総需要のシフトである．たとえば，総需要曲線が左方にシフトすると，産出量と物価は短期において下落する．時間が経つにつれて期待物価水準が変化して，賃金と物価と認識が調整されるので，短期の総供給曲線は右方にシフトする．このシフトによって，経済は自然産出量に戻り，新しい物価水準は元の物価水準よりも低くなる．

● 経済変動の原因としてもう一つ考えられるのは，総供給のシフトである．短期の総供給が左方にシフトすると，産出量が減少し物価が上昇する，いわゆるスタグフレーションが起こる．時間を通じて，賃金と物価と認識が

調整されると，短期の供給曲線が右方に戻り，物価水準と産出量は元の水準まで回復する.

確認問題

1. 景気が後退すると，実質 GDP は（　　　）し，失業が（　　　）する.
   a. 増加，増加
   b. 増加，減少
   c. 減少，増加
   d. 減少，減少

2. 株式市場の突然の急落は何をシフトさせるか.
   a. 総需要曲線
   b. 短期の総供給曲線．長期の総供給曲線はシフトしない.
   c. 長期の総供給曲線．短期の総供給曲線はシフトしない.
   d. 短期と長期の両方の総供給曲線

3. 予想物価水準の変化は何をシフトさせるか.
   a. 総需要曲線
   b. 短期の総供給曲線．長期の総供給曲線はシフトしない.
   c. 長期の総供給曲線．短期の総供給曲線はシフトしない.
   d. 短期と長期の両方の総供給曲線

4. 財・サービスに対する総需要が増加すると，（　　　）には産出量に大きな効果をもたらし，（　　　）には物価水準に対して大きな効果をもたらす.
   a. 短期的，長期的
   b. 長期的，短期的
   c. 短期的，短期的
   d. 長期的，長期的

5. スタグフレーションは何によって発生するか．次から選びなさい.
   a. 総需要曲線の左方シフト
   b. 総需要曲線の右方シフト
   c. 総供給曲線の左方シフト

d. 総供給曲線の右方シフト

6. 景気の下降は財・サービスに対する総需要が不十分であることから発生するという考えは，誰の著作より導かれたものか．

a. アダム・スミス

b. デービッド・ヒューム

c. デービッド・リカード

d. ジョン・メイナード・ケインズ

復習問題

1. 経済が景気後退に入ったときに減少するマクロ経済変数を二つ挙げなさい．景気後退期に上昇するマクロ経済変数を一つ挙げなさい．

2. 総需要，短期の総供給，長期の総供給を図に描きなさい．軸も正しくとりなさい．

3. 総需要曲線が右下がりである理由を三つ説明しなさい．

4. 長期の総供給曲線が垂直である理由を説明しなさい．

5. 短期の総供給曲線が右上がりである理由について，三つの理論を説明しなさい．

6. 総需要曲線を左方にシフトさせるものは何か．総需要と総供給のモデルを利用して，このようなシフトが産出量と物価水準に対して及ぼす短期と長期の影響を図に描きなさい．

7. 総供給曲線を左方にシフトさせるものは何か．総需要と総供給のモデルを利用して，このようなシフトが産出量と物価水準に対して及ぼす短期と長期の影響を図に描きなさい．

応用問題

1. 経済が長期均衡にあると想定しよう．

a. 経済の状況を図に描いて示しなさい．その際，必ず総需要と短期の総供給と長期の総供給を示しなさい．

b. 株価暴落によって総需要が減少したとしよう．図を利用して，短期的

に産出量と物価水準がどうなるかを示しなさい．失業率はどうなるだろうか．

c. 総供給の硬直賃金理論を利用して，（政策の変更がないことを仮定して）長期的に産出量と物価水準がどうなるかを説明しなさい．その調整において期待物価水準はどのような役割を果たすだろうか．図を利用して示しなさい．

2. 以下の出来事はそれぞれ長期の総供給を増加させるだろうか，減少させるだろうか，それとも影響を及ぼさないだろうか．説明しなさい．

a. アメリカ（自国）への移民が急増する．

b. 議会が最低賃金を時給15ドルに引き上げる．

c. インテルが新しい強力なコンピュータ・チップを発明する．

d. 猛烈なハリケーンによって東海岸の工場が被害を受ける．

3. 経済が長期の均衡にあると想定しよう．

a. 総需要と総供給のモデルを利用して，最初の均衡（A 点）を描きなさい．短期の総供給と長期の総供給の両方を必ず描き入れなさい．

b. 中央銀行が 5 ％貨幣供給を増加させるとしよう．図を使って，経済が最初の均衡点から新しい短期の均衡点（B 点）へ移動するにつれて，産出量と物価水準はどうなるかを示しなさい．

c. 新しい長期の均衡点（C 点）を示しなさい．何が起こると，経済は B 点から C 点に移動するか．

d. 総供給の硬直賃金理論によれば，A 点の名目賃金を B 点の名目賃金と比較すると，どうだろうか．A 点の名目賃金を C 点の名目賃金と比較すると，どうだろうか．

e. 総供給の硬直賃金理論によれば，A 点の実質賃金を B 点の実質賃金と比較すると，どうだろうか．A 点の実質賃金を C 点の実質賃金と比較すると，どうだろうか．

f. 名目賃金と実質賃金に対する貨幣供給の影響から判断すると，この分析は，貨幣が短期においては実質効果を持つが，長期には中立的であるという命題と整合的だろうか．

4. 1939年，アメリカ経済が大恐慌からまだ完全に回復していなかったときに，ルーズベルト大統領は感謝祭の日を例年よりも 1 週間早めると宣言し，

クリスマス前の買い物期間を長くした．総需要と総供給のモデルを利用して，ルーズベルト大統領が達成しようとしていたことを説明しなさい．

5. 以下の文章が誤っている理由を説明しなさい．

a. 「総需要曲線は，個々の財の需要曲線を水平に足したものなので，右下がりである．」

b. 「経済の諸力は長期の総供給に影響を及ぼさないので，長期の総供給曲線は垂直である．」

c. 「もし企業が毎日価格を調整すれば，短期の総供給曲線は水平になる．」

d. 「経済が景気後退に入るときには，長期の総供給曲線は必ず左方にシフトする．」

6. 右上がりの短期の総供給曲線を説明する三つの理論それぞれについて，以下の点に注意して説明しなさい．

a. 政策介入が行われない場合，経済はどのようにして景気後退から回復して長期均衡に戻るだろうか．

b. 回復の速度を決定するものは何か．

7. 最初，経済は長期均衡にある．ある日，大統領が新しい連邦準備制度理事会議長を任命した．この新しい議長はインフレーションが経済にとって主要な問題ではないという考えを持っていることで有名である．

a. このニュースは，人々が期待する物価水準にどのように影響を及ぼすか．

b. この期待物価水準の変化は，労働者と企業が新しい労働契約において同意する名目賃金にどのように影響を及ぼすか．

c. この名目賃金の変化は，所与の物価水準で財・サービスを生産することの利潤にどのように影響を及ぼすか．

d. この利潤の変化は，短期の総供給曲線にどのように影響を及ぼすか．

e. もし総需要が一定のままであるならば，この総供給曲線のシフトは，物価水準と産出量にどのように影響を及ぼすか．

f. この連邦準備制度理事会議長への任命はよかったのかどうか考えなさい．

8. 以下の出来事がそれぞれ短期の総供給曲線や総需要曲線をシフトさせる

かどうか説明しなさい．曲線をシフトさせる出来事については，図を用い
て経済に対する影響を示しなさい．

- a. 家計が所得に占める貯蓄の割合を高めることにした．
- b. フロリダで氷点下の気候が長く続き，オレンジの果樹園が被害を受け
  た．
- c. 海外での就職の機会が増えたために，多くの人が外国へ移動した．

9. 以下の出来事のそれぞれについて，政策立案者は何も行動しないことを
   仮定して，産出量と物価水準に対する短期的影響と長期的影響を説明しな
   さい．
   - a. 株価が急落して，消費者の富が減少する．
   - b. 連邦政府が国防費を増加させる．
   - c. 技術進歩によって生産性が上昇する．
   - d. 海外で景気後退が生じたため，外国人がアメリカの財の購入量を減ら
     す．

10. 企業が将来の景気について楽観的となり，新しい資本設備に多額の投資
    を行うとしよう．
    - a. 総需要と総供給の図を利用して，この楽観主義が経済に及ぼす短期的
      影響を示しなさい．物価と実質産出量の新しい水準を示しなさい．なぜ
      供給される総産出量が変化するかを言葉で説明しなさい．
    - b. 問 a の図を利用して，経済の新しい長期均衡を示しなさい（さしあ
      たり長期の総供給曲線は変化しないものと仮定する）．なぜ短期と長期
      で需要される総産出量が変化するかを言葉で説明しなさい．
    - c. 投資ブームは長期の総供給曲線にどのような影響を及ぼすか説明しな
      さい．

11. 経済 A では，すべての労働者があらかじめ，雇用者が支払う名目賃金
    に合意する．経済 B では，労働者の半分がこれらの名目賃金契約を交わ
    す一方，残りの半分の労働者が，物価水準と連動して賃金が変化する物価
    スライド制の雇用契約を交わす．総供給の硬直賃金理論に従えば，どちら
    の経済のほうが短期の総供給曲線の傾きが急となるだろうか．5％の貨幣
    供給の増加による産出量への効果が大きいのはどちらの経済だろうか．物
    価水準に対する効果が大きいのはどちらの経済だろうか．説明しなさい．

第13章

開放マクロ経済学：基本的概念

Keywords

閉鎖経済 closed economy
開放経済 open economy
輸出（品）exports
輸入（品）imports
純輸出 net exports
貿易収支 trade balance
貿易黒字 trade surplus
貿易赤字 trade deficit
貿易収支均衡 balanced trade
純資本流出 net capital outflow
名目為替相場 nominal exchange rate
増価 appreciation
減価 depreciation
実質為替相場 real exchange rate
購買力平価 purchasing-power parity, PPP

あなたがもし自動車を購入することになったら，フォードとトヨタの最新のモデルを比較するかもしれない．また，次の休暇をとるときには，フロリダとメキシコのどちらの浜辺で休暇を過ごそうかと考えるかもしれない．退職後に備えて貯蓄を始めるときには，アメリカ企業の株式を組み入れた投資信託と外国企業の株式を組み入れた投資信託のどちらかから選択するかもしれない．これらのどのケースにおいても，あなたはアメリカ経済のみならず，世界中の経済に参加しているのである．

自由に国際貿易を行えることには明らかに便益がある．すなわち，貿易が行われると，人々は最も上手に生産できるものだけを生産し，世界中で生産されるさまざまな財・サービスを消費できる．実際，第1章で強調した経済学の十大原理の一つは，「交易はすべての人々をより豊かにする」ということであった．国際貿易が行われると，各国が比較優位のある財・サービスを生産することに特化できるので，すべての国の生活水準が上昇する．

これまで展開してきたマクロ経済学では，一国の経済と世界中の他の経済との相互作用のほとんどが無視されてきた．マクロ経済学のほとんどの問題にとって，国際問題は重要ではない．たとえば，自然失業率を議論したり，インフレーションの原因を議論した際には，国際貿易の影響は無視しても差し支えなかった．実際，マクロ経済学では，これらのモデルを簡単にしておくために，閉鎖経済という，外国経済と相互作用のない経済がしばしば仮定される．

しかし，マクロ経済学者が，開放経済という外国経済と自由に相互作用が働く経済を研究しようとすると，たくさんの新しい争点にぶつかる．したがって，この章と次の章では，開放マクロ経済学を紹介する．まずこの章では，世界市場における開放経済の相互作用を表す重要なマクロ経済変数について議論する．ニュースの中で，輸出，輸入，貿易収支，為替相場などといったマクロ経済変数について語られていることに気づくかもしれない．ここでの最初の作業は，これらのデータが何を意味するのかを理解することである．次の章では，これらの変数がどのように決定されるのか，そして，これらの変数がさまざまな政府の政策からどのような影響を受けるのかを説明するモ

閉鎖経済 closed economy：外国の経済とお互いに取引が行われない経済.
開放経済 open economy：外国の経済と自由にお互いに取引が行われる経済.

デルを展開する．

 財と資本の国際フロー

　開放経済では，次の二つの方法で外国経済との相互作用が働く．まず，世界の生産物市場で財・サービスが売買される．そして，世界の金融市場で株式や債券といった資本資産が売買される．ここでは，この二つの活動と両者の密接な関係について議論する．

●財のフロー：輸出，輸入，および純輸出

　輸出は，国内で生産された財・サービスが外国で販売されることであり，**輸入**は，外国で生産された財・サービスが国内で販売されることである．アメリカの航空機メーカーのボーイングが航空機を製造し，それをエール・フランスに販売すると，その販売はアメリカにとっては輸出となり，フランスにとっては輸入となる．スウェーデンの自動車メーカーのボルボが自動車を生産し，それをアメリカの居住者に販売すると，その販売はアメリカにとっては輸入となり，スウェーデンにとっては輸出となる．

　ある国の**純輸出**は，輸出額と輸入額の差額である．

$$純輸出＝輸出額－輸入額$$

ボーイングの航空機の販売はアメリカの純輸出を増加させ，ボルボの自動車の販売はアメリカの純輸出を減少させる．純輸出は，その国が総合的にみて財・サービスの世界市場で売り手であるか，それとも買い手であるかを示すので，**貿易収支**とも呼ばれる．ある国の純輸出が正であれば，輸出が輸入よりも大きく，その国は財・サービスを外国から買う金額よりも財・サービス

輸出（品） exports：国内で生産され，海外で販売される財・サービス．
輸入（品） imports：海外で生産され，国内で販売される財・サービス．
純輸出 net exports：ある国の輸出の価値から輸入の価値を差し引いたもの．貿易収支とも呼ばれる．
貿易収支 trade balance：ある国の輸出額から輸入額を差し引いたもの．純輸出とも呼ばれる．

を外国に売る金額のほうが大きいことを示している．この場合，その国は貿易黒字を計上するという．逆にその国の純輸出が負であれば，輸出が輸入よりも小さく，その国は財・サービスを外国から買う金額よりも財・サービスを外国に売る金額のほうが小さいことを示している．この場合には，その国は貿易赤字を計上するという．もし純輸出がゼロであれば，輸出額と輸入額がちょうど等しく，その国は貿易収支均衡の状態にあるという．

　次章では，経済の貿易収支を説明する理論を展開するが，いまの段階では，ある国の輸出と輸入と純輸出に影響を及ぼしそうな多くの要因について考えるほうが簡単である．その要因としては以下のものが挙げられる．

- 国内財と外国財に対する消費者の嗜好
- 国内財と外国財の価格
- 国内通貨と交換に外国通貨を買う際の為替相場
- 自国と外国の消費者の所得
- 国境を越えた財の輸送費
- 国際貿易に対する政府の政策

これらの変数は変化するので，それによって国際貿易額も変化する．

 ## アメリカ経済の増大する開放度

　たぶん，過去60年間のアメリカ経済における一つの劇的な変化は，国際貿易や国際金融の重要性が増大したことである．この変化は，図13-1に図示されている．図13-1は，外国へ輸出された財・サービスの総額と外国から輸入された財・サービスの総額を，GDPに対する比率で示している（日本の輸出入は図13-1'）．1950年代には，財・サービスの輸入と輸出は典型的にGDPの4％から5％だった．近年では，その比率は約3倍になった．アメリカの貿易相手国は，多様なグループの国で構成されている．

貿易黒字 trade surplus：輸出が輸入を超過すること．
貿易赤字 trade deficit：輸入が輸出を超過すること．
貿易収支均衡 balanced trade：輸出と輸入が等しい状況．

図 13 - 1　アメリカ経済の国際化

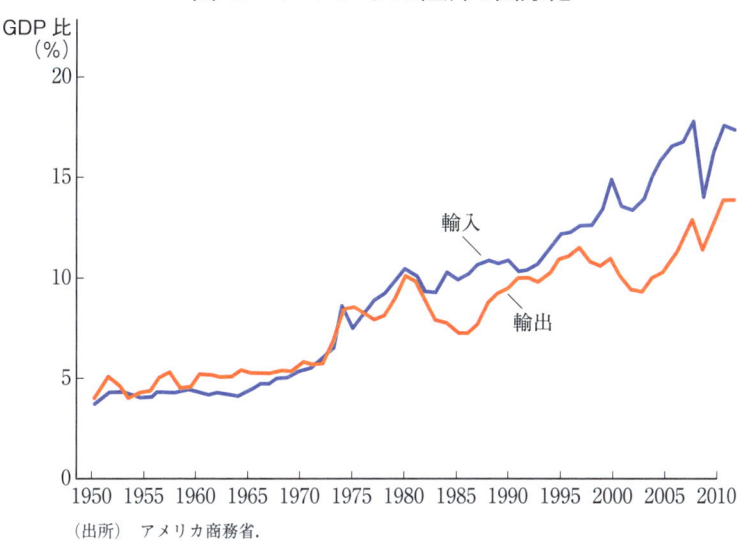

（出所）　アメリカ商務省.

この図は，1950年以降におけるアメリカ経済の輸出と輸入の対 GDP 比を示している．時間とともに輸出と輸入が大幅に増加しており，国際貿易・金融の重要性が高まったことがわかる．

図 13 - 1′　日本経済の国際化

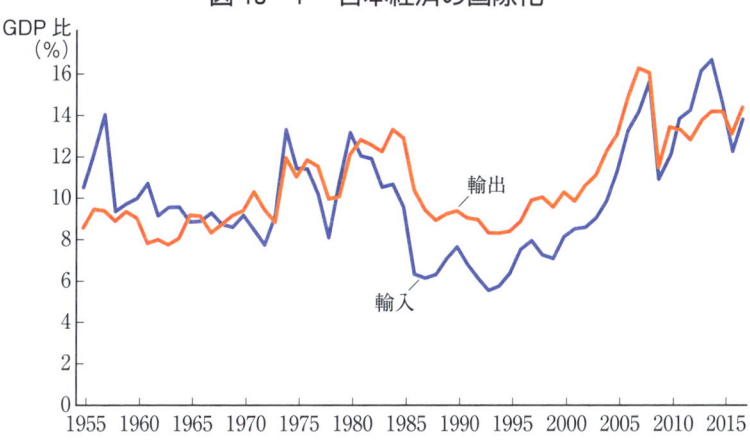

（出所）　財務省「貿易統計」，内閣府「国民経済計算」.

この図は，1955年以降における日本経済の輸出と輸入の対 GDP 比を示している．日本経済においては，輸出と輸入の対 GDP 比が1955年以降一貫して，10%前後にある．しかし，1990年代には輸出・輸入ともに若干低下している．

2015年については，輸出と輸入の合計でみたときの最大の貿易相手国は中国であり，次いでカナダ，メキシコ，日本，ドイツ，韓国，イギリスであった．

　過去数十年にわたる国際貿易の増加の一因は，輸送手段の改善にある．1950年には，平均的な商船は1万トン以下の貨物しか輸送できなかった．今日では，多くの商船は10万トン以上の輸送能力を持つ．長距離ジェット機が1958年に導入され，さらに1967年には広胴ジェット機が導入されたことで，航空輸送の費用は以前よりも大きく低下した．これらの発展によって，かつては国内で生産しなければならなかった財は，いまでは世界中で貿易されるようになった．イスラエルで生産された切り花は空輸されてアメリカで売られている．アメリカでは夏にしか育たない生鮮野菜や果物も，南半球の国々から輸送できるようになったために，冬でも消費できるようになった．

　国際貿易の増加は電気通信技術の進歩にも影響を受けてきた．電気通信技術の進歩によって，海外の顧客とビジネスを行うことも容易になった．たとえば，大西洋を横断する通信ケーブルは，1956年に初めて敷設された．1966年になっても，北アメリカとヨーロッパとの間は，同時に138回線しか会話ができなかった．今日ではeメールがこのような共通のビジネス通信手段となったために，街の顧客と同様に世界中の顧客と容易に連絡をとることができる．

　技術進歩は，経済が生産する財の種類を変えることによっても国際貿易を促進してきた．（鉄鋼のような）かさばる原材料と（食料品のような）腐りやすい財が世界の生産物の大半を占めていたときには，財の輸送費はしばしば高くつき，なかには輸送が不可能なものもあった．対照的に，現代の技術で生産された財は，ほとんどが軽く，輸送も容易である．たとえば，民生用電子機器は，1ドル当たりの重量が軽い．そのため，ある国で生産して他の国で売るということも容易である．もっと極端な例として映画産業がある．一度ハリウッドのスタジオで映画がつくられると，費用をほとんどかけずに世界中にその映画のコピーを送ることができる．実際，映画はアメリカの主要な輸出品である．

　政府の貿易政策も，国際貿易を増加させる要因の一つである．本書の前

のほうやⅠ巻ミクロ編で議論したように，経済学者は，国と国との間の自由貿易は相互に利益をもたらすと長く信じてきた．時間が経つにつれて，世界中のほとんどの政策立案者も，そうした結論を受け入れるようになった．北米自由貿易協定（NAFTA：North American Free Trade Agreement）や関税と貿易に関する一般協定（GATT：General Agreement on Tariffs and Trade）のような国際協定は，関税や輸入割当てのような貿易障壁を徐々に引き下げてきた．本書が出版される段階では，アメリカは新しい貿易協定（TPP：環太平洋パートナー協定）を批准するかどうか，オバマ政権の代表が他の11の環太平洋諸国と交渉していた．図13-1に示されている貿易増加のパターンは，ほとんどの経済学者や政策立案者が支持し，奨励している現象である．

●金融資源のフロー：純資本流出

これまでは，開放経済の居住者が財・サービスの世界市場にどのように参加するかを議論してきた．その一方で，開放経済の居住者は，金融の世界市場にも参加している．2万5000ドルを所有しているアメリカの居住者は，そのお金でトヨタの自動車を買えるが，自動車ではなくトヨタの株式を買うこともできる．前者の取引は財のフローを表し，後者の取引は資本のフローを表す．

純資本流出という用語は，国内居住者による外国資産の購入と非居住者による国内資産の購入との差額を表す．

$$純資本流出＝国内居住者による外国資産の購入$$
$$－非居住者による国内資産の購入$$

アメリカの居住者がブラジルの石油会社であるペトロブラス社の株式を購入すると，その購入によってこの式の右辺の第1項が増加し，アメリカの純資本流出が増加する．日本の居住者がアメリカ政府の発行した債券を購入すると，その購入によってこの式の右辺の第2項が増加し，アメリカの純資本流

純資本流出 net capital outflow：国内居住者による外国資産の購入から非居住者による国内資産の購入を差し引いたもの．

出が減少する.

　アメリカ経済と外国との間の資本のフローは二つの形態をとる．もしマクドナルドがロシアにファストフード店を開店すれば，それは対外直接投資の例である．一方，もしアメリカ人がロシアの企業の株式を購入すれば，それは対外証券投資の例である．前者の場合には，アメリカにいる所有者（マクドナルドの会社）はその投資先企業を積極的に経営することになる．一方，後者の場合には，アメリカにいる所有者（株主）の役割はもっと受動的になる．どちらの場合においても，アメリカの居住者は外国に存在する資産を購入している．したがって，どちらの場合もアメリカの純資本流出は増加する．

　純資本流出（対外純投資とも呼ばれる）は，正のときもあれば負のときもある．それが正のときは，国内居住者は，非居住者が国内資産を購入している金額よりも多額の外国資産を購入しており，資本がその国から流出しているといわれる．純資本流出が負のときは，国内居住者が外国資産を購入している金額が，非居住者が国内資産を購入している金額よりも小さく，資本がその国へ流入しているといわれる．すなわち，純資本流出が負のときは，その国は資本流入を経験している．

　次の章では，純資本流出を説明する理論を展開する．ここでは，純資本流出に影響を与える変数のなかでも，比較的重要な変数のいくつかについて，簡単に考察しよう．

- 外国資産に支払われる実質利子率
- 国内資産に支払われる実質利子率
- 外国資産を保有することによる経済的・政治的リスク
- 外国人による国内資産の所有に影響を与える政府の政策

　たとえば，アメリカの投資家がメキシコの国債とアメリカの国債のどちらを購入するかを決めようとしているとしよう（債券は，実際には発行者の借用証書であることを思い出そう）．意思決定を行うにあたって，アメリカの投資家はこの二つの債券に付される実質利子率を比較する．実質利子率の高い債券のほうが魅力的だからである．しかしながら，このような比較を行う一方で，アメリカの投資家は，これらの政府の一方が債務不履行（デフォル

ト）に陥る（支払期日に金利や元本を支払わない）リスクや，メキシコ政府
が外国投資家に対して現在課している制限，あるいは将来に課すかもしれな
い制限も考慮に入れるにちがいない．

●純輸出と純資本流出の均等

これまで，開放経済が財・サービスの世界市場と金融の世界市場という二
つの方法で外国と相互作用することをみてきた．純輸出と純資本流出は，ど
ちらもこれらの市場における一種の不均衡を表している．純輸出は，ある国
の輸出と輸入との間の不均衡を表している．純資本流出は，国内居住者が購
入した外国資産額と外国人によって購入された国内資産額との間の不均衡を
表している．

重要だが，わかりにくい複式簿記のルールによると，ある経済全体でみる
と，純資本流出（NCO）はつねに純輸出（NX）に等しくなければならない．

$$NCO = NX$$

この式が成立するのは，この式のどちらかに影響を及ぼす取引はすべて，反
対側にまったく同額の影響を及ぼすためである．この式は，恒等式である．
すなわち，定義式であったり，複式簿記によって測られているために，この
式はつねに成立しなければならない．

この会計上の恒等式が正しいことを理解するために，例を用いて考察しよ
う．あなたがアメリカに居住しているコンピュータ・プログラマーだとしよ
う．ある日，あなたはソフトウェアを作成して，日本の消費者に1万円で売
る．ソフトウェアの販売は，アメリカの輸出であるため，アメリカの純輸出
が増加する．この恒等式が成立することを保証するために，ほかに何が起こ
るだろうか．答えは，あなたが受け取った1万円で何をするかに依存する．

初めに，あなたはただマットレスの下にその1万円を隠すと想定しよう
（あなたが円を円の形のままで持つと言うべきかもしれない）．この場合，あ
なたは自らの所得を日本経済に投資している．つまり，国内居住者（あな
た）は外国資産（日本の通貨）を購入しているのである．アメリカの純輸出
の増加は，アメリカの純資本流出の増加と一致する．

しかしながら，もっと現実的には，もし日本の経済に投資したいならば，
日本の通貨をただ保有するのではなく，1万円を使って日本の企業の株式を

購入したり，日本の国債を購入したりするだろう．それでも，その意思決定の結果は，同じである．結局は，国内居住者が外国資産を獲得したことになる．アメリカの純資本流出の増加（日本の株式や債券の購入）は，アメリカの純輸出（ソフトウェアの販売）の増加とちょうど等しい．

例を変えてみよう．1万円を使って日本の資産を購入する代わりに，日本で生産された財（ソニーのテレビ）を購入することにその1万円を使うとしよう．テレビの購入によって，アメリカの輸入は増加する．そしてソフトウェアの輸出とテレビの輸入によって貿易が均衡する．輸出と輸入が同額増加するために，純輸出は変わらない．この場合には，アメリカ人は外国資産を獲得せず，また非居住者もアメリカの資産を獲得しないため，アメリカの純資本流出には何も影響を及ぼさない．

最後の可能性は，あなたが地元の銀行に行って，1万円を米ドルと交換することである．しかし，これで状況が変わるわけではない．というのは，銀行もこの1万円で何かしなければならない，という点ではあなたと同じだからである．銀行は日本の資産を買うことができる（この場合はアメリカの純資本流出の増加）し，日本の財を買うこともできる（この場合はアメリカの輸入の増加）．あるいは，このような取引を行いたい他のアメリカ人に円を売ることもできる．結局は，アメリカの純輸出はアメリカの純資本流出に等しくなるのである．

この例のすべては，アメリカのプログラマーが外国にソフトウェアを販売することで始まった．しかし，アメリカ人が他の国から財・サービスを購入しても話は同じである．たとえば，もしウォルマートが中国から5000万ドルの衣類を購入して，アメリカの消費者に販売するならば，その5000万ドルに何かが起こらなければならない．一つの可能性は，中国がその5000万ドルを使って，アメリカの経済に投資することだろう．この中国からの資本流入は，中国によるアメリカ国債の購入の形をとるかもしれない．この場合には，衣類の販売によってアメリカの純輸出が減少し，そして，債券の販売によってアメリカの純資本流出が減少する．あるいは，中国が5000万ドルを使って，アメリカの航空機製造会社のボーイングから飛行機を購入することもできる．この場合には，アメリカの衣類の輸入額がアメリカの飛行機の輸出額と等しくなり，純輸出も純資本流出も変化しない．すべての場合において，取引は，

純輸出と純資本流出に対して同じ効果をもたらす.

経済全体としてこれらの結論を要約することができる.

- ある国が貿易黒字を計上しているとき $(NX>0)$，財・サービスを外国人に販売する金額のほうが外国人から購入する金額を上回る. このとき，外国への財・サービスの純販売額から受け取る外国通貨はどうしているのかというと，それを使って外国の資産を購入しているに違いない. このとき，資本は，その国から流出している $(NCO>0)$.
- ある国が貿易赤字を計上しているとき $(NX<0)$，外国人から財・サービスを購入する金額が外国人に販売する金額を上回る. これらの財・サービスの純購入額は世界市場においてどのように調達しているかというと，外国に資産を販売しているに違いない. このとき，資本は，その国に流入している $(NCO<0)$.

このように，財・サービスの国際的フローと資本の国際的フローは，１枚のコインの表と裏の関係にある.

●貯蓄，投資，およびこれらの国際的フローの関係

ある国の貯蓄と投資は長期経済成長にとって欠くことのできないものである. 本書のこれまでの章で理解してきたように，閉鎖経済では貯蓄と投資は等しい. しかし，開放経済では問題はそれほど単純ではない. そこで，貯蓄と投資が，純輸出と純資本流出によって測られる財と資本の国際的フローとどのような関係があるかを考えてみよう.

純輸出という用語は，本書ではGDPの構成要素を議論したときに最初に現れた. 経済のGDP (Y) は，四つの構成要素，すなわち消費 (C) と投資 (I) と政府支出 (G) と純輸出 (NX) に分けられる. このことを式で表すと次式のとおりになる.

$$Y = C + I + G + NX$$

生産物に対する総支出は，消費と投資と政府支出と純輸出という支出の合計である. 支出はこの四つの構成要素のうちどれかに分類されるので，この式は会計上の恒等式である. 恒等式は，定義式であるとか，複式簿記に基づ

いているなどの理由で，必ず成立しなければならない式である．

　国民貯蓄が，国民所得から現在の消費と政府支出を差し引いた残りであることを思い出そう．国民貯蓄 (S) は $Y-C-G$ に等しい．このことを踏まえてこの式を書き直すと，次式が得られる．

$$Y-C-G=I+NX$$
$$S=I+NX$$

純輸出 (NX) は純資本流出 (NCO) にも等しいため，この式は次式のように書ける．

$$S（貯蓄）＝I（国内投資）＋NCO（純資本流出）$$

　この式は，国民貯蓄が国内投資と純資本流出の和に等しくなければならないことを示している．言い換えれば，アメリカの国民は，将来のために所得の一部を貯蓄し，その貯蓄は，国内資本の蓄積のための資金調達や，あるいは外国資本の購入に充てることに利用される．

　この式には見覚えがあるはずである．本書ではすでに，金融システムの役割を分析したときに，閉鎖経済という特殊ケースにおいてこの恒等式を考察した．閉鎖経済では，純資本流出はゼロ $(NCO＝0)$ であり，したがって，貯蓄は投資に等しい $(S＝I)$．一方，開放経済では，貯蓄には国内投資と純資本流出という2通りの利用方法がある．

　これまでと同様に，金融システムはこの恒等式の両辺の間に介在するものとみなすことができる．たとえば，ガルシア家が退職後に備えて所得の一部を貯蓄することを決めるとする．この意思決定は，国民貯蓄，すなわち上記の式の左辺に関係する．もしガルシア家が貯蓄を投資信託に預けるならば，投資信託はその貯蓄の一部を使って，ゼネラル・モーターズが発行した株式を購入し，ゼネラル・モーターズはその収益を利用して，オハイオに工場を建てるかもしれない．さらに，投資信託は，ガルシア家の預金の一部を利用して，トヨタが発行した株式を購入し，トヨタはその収益を使って大阪に工場を建てるかもしれない．これらの取引は式の右辺に現れる．アメリカの会計の視点からは，ゼネラル・モーターズの新工場への支出は国内投資であり，アメリカの居住者によるトヨタの株式の購入は純資本流出である．このように，アメリカ経済の貯蓄はすべて，アメリカ経済への投資か，あるいはアメリカの純資本流出として現れる．

　要点は，貯蓄と投資と国際資本フローは密接に関係しているということである．ある国の貯蓄がその国内投資を超過するときには，その純資本流出が正となり，その国がその貯蓄を使って，外国の資産を購入していることを示す．ある国の国内投資がその貯蓄を超過するときには，その純資本流出が負となり，外国人が国内資産を購入することによってこの投資の一部に資金融通していることを示す．

●要約

　表13-1は，本章でこれまでに紹介した多くの考えを要約したものである．この表は，開放経済にとっての三つの可能性を表している．すなわち，貿易赤字の国，貿易収支均衡の国，そして，貿易黒字の国である．

　最初に，貿易黒字の国を考察しよう．定義によって，貿易黒字は輸出額が輸入額を超過することを意味する．純輸出は輸出から輸入を差し引いたものなので，純輸出 NX は正である．そのため，所得 $Y = C + I + G + NX$ は国内支出 $C + I + G$ よりも大きくなければならない．しかし，所得 Y が国内支出 $C + I + G$ よりも大きいならば，貯蓄 $S = Y - C - G$ は，投資 I を上回らなければならない．その国の貯蓄が投資よりも大きいために，その貯蓄の一部は海外に行っているにちがいない．すなわち，純資本流出は正でなければならない．

　貿易赤字の国（たとえば，近年におけるアメリカ経済）にも同じ論理が適用される．定義によって，貿易赤字は輸出額が輸入額よりも小さいことを意味する．純輸出は輸出から輸入を差し引いたものなので，純輸出 NX は負である．したがって，所得 $Y = C + I + G + NX$ は国内支出 $C + I + G$ より

表13-1　財と資本の国際収支：要約

貿易赤字	貿易収支均衡	貿易黒字
輸出＜輸入	輸出＝輸入	輸出＞輸入
純輸出＜0	純輸出＝0	純輸出＞0
$Y < C + I + G$	$Y = C + I + G$	$Y > C + I + G$
貯蓄＜投資	貯蓄＝投資	貯蓄＞投資
純資本流出＜0	純資本流出＝0	純資本流出＞0

この表は開放経済における三つの可能な結果を示している．

も小さくなければならない．しかし所得 Y が支出 $C+I+G$ よりも小さいならば，貯蓄 $S=Y-C-G$ が投資 I よりも小さくなければならない．その国の投資が貯蓄よりも大きいために，資産を外国に売って国内投資の一部をまかなわなければならない．すなわち純資本流出は負でなければならない．

　貿易均衡の国は，これらのケースの中間にある．輸出と輸入が等しいため，純輸出はゼロである．所得は国内支出に等しく，そして，貯蓄は投資に等しい．純資本流出はゼロになる．

ケース・スタディ　アメリカの貿易赤字は国家的問題か

　新聞でアメリカのことを「世界最大の債務国」と呼んでいるのをみたことがあるだろうか．アメリカという国家は，巨額の貿易赤字の資金調達のために，過去30年間にわたって世界の金融市場で多額の借入れを行ってきたため，そのように書かれたのである．なぜアメリカはそうなったのか，そして，このことはアメリカ人にとって心配の種となるものなのだろうか．

　これらの質問に答えるために，マクロ経済の会計上の恒等式から，アメリカ経済について何がわかるのかみてみよう．図13-2のパネル(a)は，1960年以降のアメリカ経済の国民貯蓄と国内投資を GDP 比で示したものである（日本については図13-2′）．パネル(b)は，純資本流出（すなわち貿易収支）を GDP 比で示したものである．恒等式であることから，純資本流出はつねに国内貯蓄から国内投資を差し引いたものに等しい．この図をみると，国民貯蓄と国内投資の対 GDP 比はかなり変動してきたことがわかる．1980年以前は，国民貯蓄と国内投資はきわめて接近していた．そのため，純資本流出は小さかった（GDP の−1％から1％）．しかしながら，1980年以降，国民貯蓄が減少して国内投資を大きく下回るようになり，大きな貿易赤字となり，資本が大きく流入した．つまり，純資本流出が大きく負の値となった．

　図13-2の変動を理解するために，これらのデータを越えて，国民貯蓄と国内投資に影響を及ぼす政策や事象を議論する必要がある．歴史を見ると貿易赤字の原因は一つだけではない．ここで，三つの歴史的なエピソードを紹介しよう．

図13-2 国民貯蓄と国内投資と純資本流出（アメリカ）

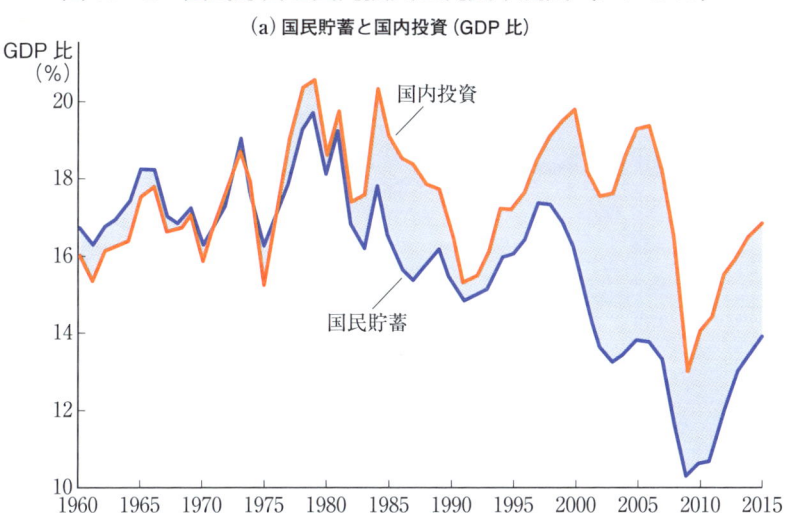

(a) 国民貯蓄と国内投資（GDP 比）

(b) 純資本流出（GDP 比）

（出所）　アメリカ商務省.

パネル(a)は，国民貯蓄と国内投資の対 GDP 比を示している．パネル(b)は，純資本流出の対 GDP 比を示している．この図から，1980年以前に比べると，1980年以降のほうが国民貯蓄が減少していることがわかる．この国民貯蓄の減少は，国内投資の減少よりも純資本流出の減少に主として反映された．

図 13 - 2′ 国民貯蓄と国内投資と純資本流出（日本）

（a）国民貯蓄と国内投資（GDP 比）

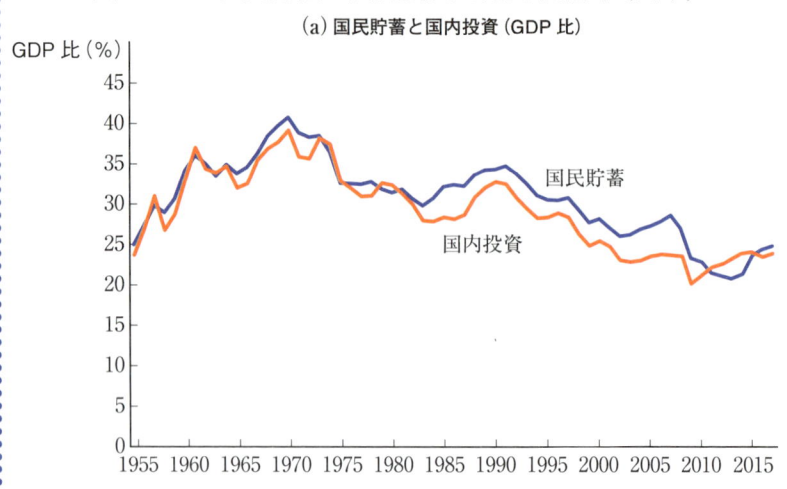

（b）純資本流出（GDP 比）

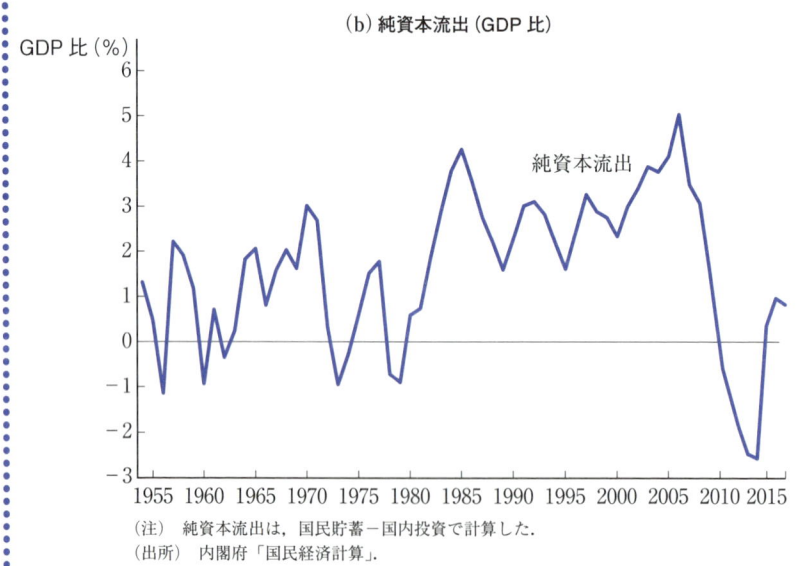

（注）　純資本流出は，国民貯蓄－国内投資で計算した．
（出所）　内閣府「国民経済計算」．

不均衡な財政政策　1980年から1987年にかけて，アメリカへの資本流入は GDP 比0.5%から3.0%に上昇した．この2.5%ポイントの変化のうち，2.7%ポイントは貯蓄の減少によって説明される．この国民貯蓄の減少は，一部は政府貯蓄の減少，すなわち政府の財政赤字の増加に起因する．ロナ

ルド・レーガン大統領が減税と防衛費の増大を行う一方，防衛費以外の支出を想定した通りに削減できなかったためにこれらの財政赤字が増大した．

投資ブーム　次の10年間で生じた貿易赤字はまた別の理由から説明される．1991年から2000年にかけて，アメリカへの資本流入は GDP 比0.5%から3.7%に上昇した．この3.2%ポイントの変化は，まったく貯蓄の減少に起因しない．実際に，政府は財政赤字から財政黒字に転じたため，貯蓄はこの期間を通じて増加した．しかし，経済が情報技術（IT）のブームを享受し，多くの企業がハイテク投資を行うことに熱心だったことから，投資が GDP 比15.3%から19.8%に上昇したのである．

景気後退と回復　2000年から2015年までの期間に，アメリカへの資本流入は大きかった．しかしながら，この変数の一貫した動向は，貯蓄と投資の大きな変化と対照的であった．2000年から2009年にかけて，両方が6%ポイント縮小した．深刻な経済状況によって資本蓄積の利潤が下がったために，投資が減少した．一方，政府が景気悪化に対して巨額の財政赤字を計上しはじめたために国民貯蓄が減少した．2009年から2015年には景気回復につれてこれらの動きが反転し，貯蓄と投資の両方が3%ポイント増加した．

　このような貿易赤字と国際資本移動はアメリカ経済にとって問題だろうか．これは簡単には答えられない問題であり，状況を判断し，答えの選択肢を評価しなくてはならない．

　最初に，1980年代に起こったような，貯蓄の減少によって生じた貿易赤字を考察しよう．貯蓄の減少は，国民が所得のなかから将来のために蓄える分を減らすことを意味する．しかしながら，いったん国民貯蓄が減少すると，その結果生じる貿易赤字をとがめる理由はない．もし貿易赤字を伴わずに国民貯蓄が減少するのであれば，アメリカの投資が減少しなければならない．投資の減少は，今度は，資本ストックの成長，労働生産性，実質賃金に悪影響を及ぼすであろう．言い換えれば，アメリカの貯蓄が減少したことを所与とすれば，外国人がアメリカ経済にまったく投資しないよりは投資してもらうほうがよいのである．

　今度は，1990年代のように投資ブームによって生じた貿易赤字を考察しよう．この場合には，アメリカ経済は，新しい資本財の購入資金を調達するために外国から借入れを行っている．もし，この資本の増加によって

財・サービスの生産の増大という形のよい収益が得られるならば，アメリカ経済は累積した債務を処理できるはずである．一方，もし投資プロジェクトが期待収益を生み出すことができなければ，少なくとも後から考えてみる限り，その債務はあまり望ましくないだろう．

　個人とまったく同様に，国家も慎重に行動して債務者となることもあれば，放蕩して債務者となることもある．貿易赤字そのものは問題ではないが，問題の兆候となることがある．

【小問】　●純輸出と純資本流出を定義しなさい．これらがどのような関係にあるかを説明しなさい．

 貿易収支と貿易交渉

　「貿易黒字を増加させる（あるいは貿易赤字を減少させる）政策を実施することによって，典型的な国は国民の厚生を増加させることができる．」

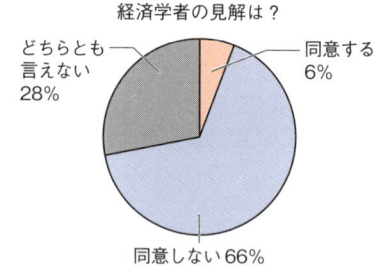

経済学者の見解は？

どちらとも言えない 28%
同意する 6%
同意しない 66%

　「ミシガンとオハイオの多くの労働者が近年において失業した理由のうち最も重要なものは，アメリカの政権が30年にわたって貿易交渉において十分に粘りある交渉をしていなかったからである．」

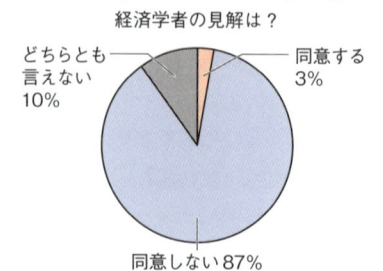

経済学者の見解は？

どちらとも言えない 10%
同意する 3%
同意しない 87%

（出所）　IGM Economic Experts Panel, December 9, 2014 and March 22, 2016.

2 国際取引にとっての価格：
実質為替相場と名目為替相場

これまでは，国境を越えた財・サービスのフローと資本のフローの測定について議論してきた．マクロ経済学者は，これらの量的変数に加えて，国際取引が行われる際の価格を測定する変数も研究している．どの市場の価格も，その市場における売り手と買い手を調整するという重要な役割を演じるのと同様に，国際的な価格も，世界市場が相互作用するように生産者と消費者の意思決定を調整するのに寄与する．ここでは，二つの最も重要な国際価格である，名目為替相場と実質為替相場について議論する．

●名目為替相場

名目為替相場とは，ある国の通貨を他の国の通貨と取引できる相場のことである．たとえば，銀行へ行ったら，為替相場が1ドル＝100円と表示されていたとする．もしそこであなたが銀行に1ドルを渡せば，銀行は100円をあなたに差し出すだろう．逆にもしあなたが銀行に100円を渡せば，銀行はあなたに1ドルを渡すだろう（実際には，銀行は，円の買い値と売り値で少しだけ異なる価格を提示する．この差が銀行がこのサービスを提供することで得る利益である．本書の目的からみて，ここではこの差は無視できる）．

為替相場はつねに2通りに表現できる．もし為替相場が1ドル＝100円であれば，それはまた1円＝1/100（0.01）ドルということでもある．本書では，名目為替相場は，1ドル＝100円というように，1ドルの価値をドル以外の通貨単位で表現することにする．

もし為替相場が変化し，1ドルで買えるドル以外の通貨が増加すると，その変化はドルの**増価**と呼ばれる．もし為替相場が変化し，1ドルで買えるドル以外の通貨が減少すると，その変化をドルの**減価**と呼ぶ．たとえば，為替相場が1ドル＝100円から1ドル＝110円に上昇すると，ドルは増価したとい

名目為替相場 nominal exchange rate：ある国の通貨を他の国の通貨と取引する際の相場．
増価 appreciation：ある通貨の価値をその通貨で買える外国通貨の量によって測ったとき，その通貨の価値が増加すること．
減価 depreciation：ある通貨の価値をその通貨で買える外国通貨の量によって測ったとき，その通貨の価値が減少すること．

コラム　ユーロ

　フランス・フランやドイツ・マルク，イタリア・リラのような通貨を
かつて聞いたり，あるいは見たことがあるかもしれない．これらの通貨
はもはや存在しない．1990年代に多くのヨーロッパ諸国が自分の国の通
貨を捨てて，代わりにユーロと呼ばれる共通通貨を利用することを決め
た．ユーロの流通は2002年1月1日に始まった．その時は12カ国がユー
ロを公式の通貨として使用し始めた．2016年には，19カ国でユーロが利
用されていた．イギリスやスウェーデンやデンマークのようないくつか
の国はユーロ圏に加わることをせず，自国通貨を使用し続けている．

　ユーロ圏の金融政策は，いまや，すべての参加国からの代表で構成さ
れる欧州中央銀行（ECB）によって運営されている．連邦準備がアメ
リカ経済のドルの供給を管理するように，ECBは，ユーロを発行し，
貨幣供給を管理する．

　なぜ，これらの国は共通通貨を採用したのか．共通通貨の一つの便益
は，貿易を容易にすることである．アメリカの50州のそれぞれで異なる
通貨が使われていると想像してみよう．州境を越えるたびに貨幣を交換
し，本文中で議論した類いの為替相場の計算を行う必要がある．これは
不便であり，他の州から財・サービスを購入することの妨げとなるかも
しれない．ヨーロッパ諸国は，経済の統合が進んでいるので，この不便
さを回避するほうがよいと決心した．

　ヨーロッパにおける共通通貨の採用は，経済学的な関心からなされた
決定というよりむしろ政治的決定という意味合いが強かった．ユーロの
主張者は，国家主義的感情を減じ，ヨーロッパの人々に彼らの共有した
歴史と運命をより十分に認識させたがっており，大陸の多くの国にとっ
て単一貨幣はこの目的を達成することに役立つと議論された．

　しかしながら，共通通貨を選択することの費用が存在する．もしヨー
ロッパ諸国が一つの貨幣しか持たないならば，彼らは一つの金融政策し
か持ちえない．もしどんな金融政策が最もよいかについて合意が得られ
なくても，各国とも自国のやりたい金融政策を独自にとることはできず，

どこかの時点で妥協し，合意しなければならないだろう．単一貨幣を採用することは便益と費用の両方をもたらすために，ヨーロッパのユーロの採用がよい意思決定であったかどうかについては経済学者の間でも論争がある．

　2010年から2015年にかけて，多くのヨーロッパ諸国がさまざまな経済の困難に直面したことからユーロ問題に関する議論が再燃した．とくに，ギリシャは，巨額の政府債務を抱え，債務不履行の可能性に直面した．その結果として，大きな増税と政府支出削減が行われなければならなかった．もし政府が金融政策という追加的な手段を持っていたならば，これらの問題への対処はもっと容易であっただろうと示唆する者もいた．ギリシャがユーロ圏から離脱して，自らの通貨を再び導入する可能性さえ議論された．結局はそのような結果とはならなかったが，将来にその可能性が残された．

う．同時に，円で買えるアメリカ通貨が減少するので，円は減価したという．逆に為替相場が1ドル＝100円から1ドル＝90円に下落するときには，ドルが減価したといい，円が増価したという．

　ドルが「強い」とか「弱い」というメディアの報道を聞いたことがあるかもしれない．これらの表現は通常，名目為替相場の直近の変化をさしている．通貨が増価するときには，その通貨で買える外国通貨が増加するので，「強まる」といわれる．同様に，通貨が減価するときには，「弱まる」といわれる．

　どの国においても，多くの名目為替相場が存在する．米ドルは，日本円，英ポンド，メキシコ・ペソなどを購入するのに使える．経済学者は為替相場の変化を研究するときに，しばしばこれらの多くの為替相場を平均した指数を利用する．消費者物価指数を用いると経済の多くの価格が物価水準という単一の尺度に変わるように，為替相場指数を用いると，多くの為替相場が通貨の国際的な価値という単一の尺度に変わる．したがって，経済学者がドルの増価や減価について話すときには，しばしば多くの個別の為替相場を考慮に入れた為替相場指数に言及する．

●実質為替相場

実質為替相場は，ある国の財・サービスと他の国の財・サービスを取引する際の相場である．たとえば，買い物に出かけたら，スイスのチーズ1ポンドの値段がアメリカのチーズ1ポンドの値段の2倍だったとしよう．このとき，実質為替相場は，アメリカのチーズ1ポンド当たりスイスのチーズ1/2ポンドである．名目為替相場と同様に，実質為替相場は，国内品目1単位当たりの外国品目の単位数として表されることに注意しよう．ただし，この例ではその品目は通貨ではなく財である．

実質為替相場と名目為替相場には密接な関係がある．その関係を理解するために，例を用いて考えよう．1ブッシェル[1]のアメリカ米が100ドルで売られていて，1ブッシェルの日本米が2万円で売られているとする．このとき，アメリカ米と日本米との間の実質為替相場はどれだけだろうか．この質問に答えるためには，最初に名目為替相場を使って，価格を共通の通貨に換算しなければならない．もし名目為替相場が1ドル＝100円であれば，1ブッシェル当たり100ドルというアメリカ米の価格は，1ブッシェル当たり1万円に等しい．アメリカ米の価格は日本米の価格の半分である．実質為替相場は，アメリカ米1ブッシェル当たり日本米1/2ブッシェルとなる．

実質為替相場についてのこの計算は，次式のように要約できる．

$$実質為替相場＝\frac{名目為替相場×国内価格}{外国価格}$$

いまの例の数字を使うと，この式は次式のように応用できる．

$$実質為替相場$$

$$＝\frac{(100円/ドル)×(アメリカ米100ドル/ブッシェル)}{日本米20,000円/ブッシェル}$$

$$＝\frac{アメリカ米10,000円/ブッシェル}{日本米20,000円/ブッシェル}$$

$$＝\frac{1/2ブッシェルの日本米}{アメリカ米1ブッシェル}$$

実質為替相場 real exchange rate：ある国の財・サービスを他の国の財・サービスと取引する際の相場．

1) ブッシェルとは穀類等の重量単位．たとえば小麦の場合，アメリカでは60ポンド，27.22kgに相当する．

このように，実質為替相場は，名目為替相場と，それぞれの国内通貨で測られた2国の財の価格に依存する．

なぜ実質為替相場が重要なのだろうか．想像がつくかもしれないが，実質為替相場はある国の輸出量と輸入量の重要な決定要因だからである．たとえば，アンクル・ベン社が米を販売するにあたって，アメリカ米と日本米のどちらを仕入れるかを決めようとしているとする．そのときアンクル・ベン社は，どちらの米が安いかを問題にするだろう．実質為替相場を用いるとその答えが得られる．もう一つの例として，あなたが休暇をとるにあたって，フロリダのマイアミの海辺で過ごすか，それともメキシコのカンクンの海辺で過ごすかを決めようとしているとしよう．あなたは旅行代理店にマイアミのホテルの（ドル建ての）室料とカンクンのホテルの（ペソ建ての）室料を尋ね，ペソとドルとの間の為替相場を尋ねるかもしれない．もしあなたが費用を比較してどこで休暇を過ごすかを決めるのであれば，実質為替相場に基づいて決定していることになる．

マクロ経済学者は，経済全体を研究するときに，個別の品目の価格ではなく全体の物価に焦点を当てる．そのため，実質為替相場を測る際には，経済学者は財・サービスの価格を測る消費者物価指数のような物価指数を利用する．アメリカのバスケットの物価指数 (P)，外国のバスケットの物価指数 (P^*)，そしてドルと他の国の通貨との間の名目為替相場 (e) を利用すると，次式のようにアメリカと他の国との間の全体の実質為替相場を計算することができる.[2]

$$実質為替相場 = \frac{e \times P}{P^*}$$

この実質為替相場は，外国で利用可能な財・サービスの組合せ（バスケット）と比較したときの，国内で利用可能な財・サービスの組合せ（バスケット）の価格を測る尺度となる．

詳しくは次章で説明するが，ある国の実質為替相場は，財・サービスの純輸出の重要な決定要因である．アメリカの実質為替相場の減価（下落）は，

---

[2] 為替相場 e は，通常米ドルの価値を他の国の通貨で表すために，自国をアメリカとした場合には，実質為替相場は $e \times P/P^*$ と表される．しかし，アメリカ以外の国の人々からみれば，実質為替相場は $e \times P^*/P$ と表される．

アメリカの財が他の国の財に比べて安くなったことを意味する．この変化によって，アメリカと他の国の両方の消費者がアメリカの財をより多く購入するようになり，他の国の財を購入する量が減少する．その結果，アメリカの輸出は増加し，アメリカの輸入は減少する．これらの変化によってアメリカの純輸出は増加する．逆に，アメリカの実質為替相場の増価（上昇）は，アメリカの財の価格が他の国の財に比べて高くなったことを意味し，アメリカの純輸出が減少する．

【小問】　● 名目為替相場と実質為替相場を定義し，これらがどのような関係にあるかを説明しなさい．

　　　　　● 名目為替相場が1ドル100円から120円に変化したとすると，ドルは増価したのだろうか，それとも減価したのだろうか．

3　為替相場決定の最初の理論：購買力平価

　為替相場は時間の変化につれてかなり変動する．1970年には，1ドルで3.65マルクが買えて，627リラが買えた．ところが，1998年には，1ドルで1.76マルクしか買えないが，1737リラも買えるようになった．言い換えれば，この期間を通じて，ドルの価値はマルクに対して半分以下に下落したが，リラに対しては2倍以上になったのである．

　これらの大きくて相反する変化はどのように説明できるだろうか．経済学者は，為替相場がどのように決定されるかを説明するために，多くのモデルを発展させてきた．それらのモデルは，それぞれ多くの要因のなかの一部の要因を取り上げ，それが為替相場に影響を及ぼしていることを強調するものであった．ここでは，購買力平価（PPP）と呼ばれる，最も単純な為替相場の理論を展開する．この理論によると，いかなる通貨も，すべての国で1単位当たり同じ量の財を買うことができる．多くの経済学者は，購買力平価が長期における為替相場の決定要因を表すと信じている．ここでは，この為替相場の長期理論の基礎となる論理を学習し，その意味合いと限界をあわせて考察する．

購買力平価 purchasing-power parity, PPP：どの通貨でもその1単位ですべての国において同じ量の財を買うことができるという為替相場決定の理論．

●購買力平価の基本論理

　購買力平価説は，一物一価の法則と呼ばれる原理に基づいている．この法則は，同じ財はあらゆる場所で同じ価格で売られるはずであると仮定する．もしそうでなければ，利用されずにいる利潤機会が存在することになる．たとえば，ダラスよりもシアトルのほうがコーヒー豆が安いとしよう．シアトルで1ポンド当たり4ドルでコーヒー豆を買えて，ダラスでそのコーヒー豆を5ドルで売ることができれば，価格差から1ポンド当たり1ドルの利潤を得られる．このような異なる市場の同じ商品の価格差を利用する取引のことを裁定という．いまの例でいえば，人々はこの裁定機会を利用して，シアトルにおけるコーヒー豆の需要が増加し，ダラスにおけるコーヒー豆の供給が増加するだろう．（需要の増加に反応して）シアトルにおけるコーヒー豆の価格が上昇し，（供給の増加に反応して）ダラスにおけるコーヒー豆の価格が下落するだろう．この取引が続き，最終的に二つの市場のコーヒー豆の価格は同じになる．

　ここで，どのようにすれば一物一価の法則を国際市場に応用できるのかを考えてみよう．もし日本よりもアメリカのほうが1ドル（あるいは他の通貨）で買えるコーヒー豆が多ければ，商社はアメリカでコーヒー豆を買い，日本でコーヒー豆を売ることによって利潤を得られる．アメリカから日本にコーヒー豆が輸出されることによって，アメリカのコーヒー豆の価格が引き上げられ，日本のコーヒー豆の価格が引き下げられるだろう．逆に，もしアメリカよりも日本のほうが1ドル（あるいは他の通貨）で買えるコーヒー豆が多ければ，商社は日本でコーヒー豆を買い，アメリカでコーヒー豆を売って利潤を得ることができる．日本からアメリカにコーヒー豆が輸入されることによって，アメリカのコーヒー豆の価格が引き下げられ，日本のコーヒー豆の価格が引き上げられるだろう．最終的には，一物一価の法則によって，すべての国において1ドルで同じ量のコーヒー豆を買えるはずである．

　この論理から，購買力平価説が導かれる．購買力平価説に従えば，通貨はすべての国で同じ購買力を持つはずである．すなわち，アメリカと日本は1ドルで同じ量の財を買えるはずであり，1円で同じ量の財を買えるはずである．実際に，この説の名前はこのことを表している．「平価」は均等を意味

し，「購買力」は買うことができる数量で測った貨幣の価値を表している．「購買力平価」という名称には，ある通貨1単位はすべての国において同じ実質価値を持つはずであるということが示されている．

●購買力平価の意味合い

購買力平価説から，為替相場についてどのようなことがいえるだろうか．購買力平価説は，二つの国の通貨の間の名目為替相場が，これらの国の物価水準に依存することを示している．（価格が円建てである）日本と（価格がドル建てである）アメリカで，1ドルで同じ量の財が買えるのであれば，1ドル当たりの円の価値は，アメリカと日本の財の価格を反映しなければならない．たとえば，もしコーヒー豆1ポンドの価格が日本では500円で，アメリカでは5ドルならば，名目為替相場は1ドル＝100円（500円/5ドル＝100円/ドル）でなければならない．そうでなければ，ドルの購買力はこの2国で同じにならないだろう．

多少数学を利用すると，このことがどのように作用するかをきちんと理解しやすい．P はアメリカの財のバスケットの（ドル建ての）価格であり，P^* は日本の財のバスケットの（円建ての）価格であり，e は名目為替相場（1ドルで買える円の量）であるとする．いま，アメリカと日本において1ドルで買える財の量を考えよう．アメリカでは物価水準は P であり，アメリカにおける1ドルの購買力は $1/P$ である．すなわち，1ドルで $1/P$ の量の財を買うことができる．日本では，1ドルは e 単位の円に交換でき，1ドルの日本における購買力は e/P^* である．1ドルの購買力が両国で同じであるためには，次式が成立しなければならない．

$$\frac{1}{P} = \frac{e}{P^*}$$

この式は次式のように書き換えられる．

$$1 = \frac{eP}{P^*}$$

この式の左辺は定数であり，右辺は実質為替相場であることに注意しよう．このように，もしドルの購買力がつねに自国と外国で同じであれば，実質為替相場，すなわち国内財と外国財の相対価格は変化しえない．

　名目為替相場にとってのこの分析の意味合いを理解するために，上の式を書き換えると，名目為替相場について解くことができる.[3]

$$e = \frac{P^*}{P}$$

すなわち，名目為替相場は（自国通貨単位で測った）自国物価水準に対する（外国通貨単位で測った）外国物価水準の比に等しい. 購買力平価説に従えば，2国の通貨の間の名目為替相場は，これらの国の物価水準を反映するはずである.

　購買力平価説が持つ重要な意味合いは，物価水準が変化すると名目為替相場も変化するということである. 前章で理解したように，いかなる国の物価水準も貨幣需要量と貨幣供給量が均衡するように調整される. 名目為替相場は物価水準に依存するので，名目為替相場は各国の貨幣需要と貨幣供給にも依存する. いかなる国においても，中央銀行が貨幣供給を増加させて物価水準を上昇させると，外国通貨に対してその国の通貨を減価させることになる. 言い換えれば，中央銀行が大量の貨幣（紙幣）を印刷すると，その貨幣は，その貨幣で買える財・サービスと，その貨幣で買える外国通貨のどちらに対しても価値を減らすことになる.

　これで，この節の初めに提示した質問に答えられる. なぜドルの価値がマルクに比べて減り，リラに比べてその価値を増したのだろうか. その答えは，ドイツがアメリカよりもインフレ抑制的な金融政策を実施し，イタリアがインフレ促進的な金融政策を実施したからである. 1970年から1998年にかけてのアメリカのインフレ率は，年率5.3%であった. 一方，ドイツではインフレ率は3.5%であり，イタリアでは9.6%であった. アメリカの物価がドイツの物価よりも上昇したので，ドルはマルクに対して減価した. 逆に，アメリカの物価はイタリアの物価に比べると下落したので，ドルはリラに対して増価した.

　ドイツとイタリアでは現在，共通通貨ユーロ（euro）が採用されている. このことは，この二つの国が共通の金融政策を有することと，この二つの国

---

3) 2)と同様に，為替相場 e は通常，米ドルの価値を他の国の通貨で表すために，自国をアメリカとした場合には $e = P^*/P$ と表現される. しかし，アメリカ以外の国の人々からみれば，$e = P/P^*$ と表現される.

のインフレ率が密接に関係することを意味する．しかし，リラとマルクの歴史上の教訓は，ユーロにも適用されるだろう．20年後に米ドルがユーロと交換される額が今日よりも増えるか減るかは，欧州中央銀行がアメリカの連邦準備よりも高いインフレ率を発生させるか，低いインフレ率を発生させるかに依存する．

ケース・スタディ ハイパーインフレーション期における名目為替相場

マクロ経済学者は，管理実験をめったに行うことができない．そのため，歴史上で経験した自然実験から情報を集めなければならないことが非常に

図13-3 ドイツのハイパーインフレーション期の貨幣と物価と名目為替相場

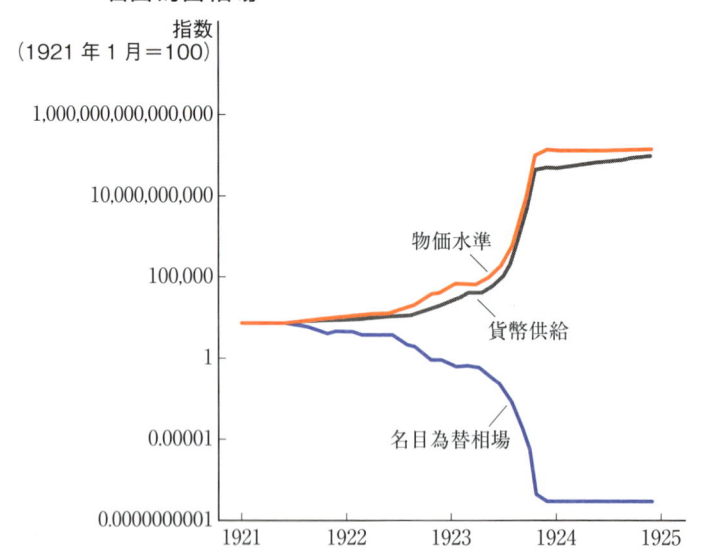

(出所) Thomas J. Sargent, "The End of Four Big Inflations," in Robert Hall, ed., *Inflation*, Chicago: University of Chicago Press, 1983, pp. 41-93.

この図は，1921年1月から1924年12月までのドイツのハイパーインフレーション期における貨幣供給と物価水準と為替相場（1マルク当たりの米セント）を示している．三つの変数がきわめてよく似た動きをしていることに注目しよう．貨幣供給が急速に成長しはじめると，物価水準がそれに続き，そして，マルクがドルに対して減価した．ドイツの中央銀行が貨幣供給を安定化させると，物価水準と名目為替相場も同様に安定した．

多い．自然実験の一例として，ハイパーインフレーションがある．ハイパーインフレーションとは，政府が多額の政府支出を補填するために印刷機に頼るときに生じる高いインフレーションである．ハイパーインフレーションはとても極端な状況であるために，いくつかの基本的な経済原則が明快に示される．

　1920年代初頭のドイツのハイパーインフレーションについて考察しよう．図13-3は，その時期におけるドイツの貨幣供給，ドイツの物価水準，そして（マルクに対する米セントとして測られた）名目為替相場を示している．これらの系列がほとんど一緒に動いていることに注意しよう．貨幣供給が急速に成長しはじめると，物価水準も急上昇し，マルクが減価する．貨幣供給が安定しているときには，物価水準も名目為替相場も安定している．

　この図で示されるパターンは，すべてのハイパーインフレーションでみられる．貨幣と物価と名目為替相場の間に基礎的な関係があることは，疑う余地もない．前章で議論した貨幣数量説は，どのように貨幣供給量が物価水準に影響を及ぼすかを説明している．ここで議論した購買力平価説は，物価水準が名目為替相場にどのような影響を及ぼすかを説明する．

●購買力平価の限界

　購買力平価から，為替相場がどのように決定されるかを説明する単純なモデルが得られる．多くの経済現象を理解するのに，購買力平価説はよく当てはまる．とくに，マルクに対するドルの減価やリラに対するドルの増価といった多くの長期的趨勢を説明できる．また，ハイパーインフレーション期に起こる為替相場の主要な変化も説明できる．

　しかしながら，購買力平価説は完全に正確ではない．すなわち，為替相場はつねに1ドルの価値がすべての国で同じであることを保証するように変動するわけではない．購買力平価説が実際にはいつも成立するとはかぎらない理由は二つある．

　第1の理由は，容易に貿易できない財が多くあることである．たとえば，ニューヨークよりもパリのほうが散髪代が高いとしよう．世界を旅する旅行者はパリでは散髪しないかもしれないし，理髪店のなかにもニューヨークか

らパリに移住する人がいるかもしれない．しかし，このような裁定はあまりにも限られていて，価格差をなくすほどではないだろう．そうであれば，購買力平価からの乖離は持続し，1ドル（や1ユーロ）で行える散髪の回数は，ニューヨークよりもパリのほうが少ないままだろう．

購買力平価が必ずしもつねに成立しない第2の理由は，貿易が可能な財でさえ，異なる国で生産されたものが必ずしも完全代替財となるわけではないからである．たとえば，消費者のなかには，ドイツの自動車を好む人もいれば，アメリカの自動車を好む人もいる．さらに，消費者の嗜好は時間がたつにつれて変化する．もしドイツの自動車の人気が突然高まれば，需要の増大によってドイツの自動車の価格はアメリカの自動車に比べて上昇する．二つの市場の間にこのような価格差があるにもかかわらず，消費者はこの二つの自動車を同じものとみなさないために，利益をもたらす裁定の機会は存在しない．

このように，財のなかには貿易できない財があったり，また貿易が可能な財のなかにも外国の財と完全代替ではない財があるために，購買力平価は完全な為替相場決定理論とはならない．そのため，実質為替相場は実際には時間の変化とともに変動する．だがそうはいっても，購買力平価説は，為替相場を理解するのに役に立つ第一歩となる．その基本的な論理には説得力がある．すなわち，実質為替相場が購買力平価によって予測される水準から乖離すると，国境を越えて財を移動させるインセンティブが高まるのである．たとえ購買力平価の影響力では実質為替相場が完全に固定されなくても，ほとんどの場合，実質為替相場が変化したとしても，その変化は小さいか，あるいは一時的であると期待できる．その結果，典型的には，名目為替相場は，自国と外国の物価水準の変化を反映して，大きくかつ永続的に変動する．

ケース・スタディ　ハンバーガー基準

経済学者が購買力平価の理論を適用して，為替相場を説明するときに，さまざまな国の利用可能な財のバスケットの価格に関するデータを必要とする．この種の分析は，国際的なニュース雑誌である『（ロンドン）エコノミスト』によって行われている．『エコノミスト』は，「2枚の100％ビ

国	ビッグマックの価格	予測為替相場	実際の為替相場
インドネシア	30,500ルピア	6,187ルピア/ドル	13,947ルピア/ドル
韓国	4,300ウォン	872ウォン/ドル	1,198ウォン/ドル
日本	370円	75円/ドル	119円/ドル
メキシコ	49ペソ	9.9ペソ/ドル	17.4ペソ/ドル
スウェーデン	45クローナ	9.1クローナ/ドル	8.6クローナ/ドル
ユーロ圏	3.72ユーロ	0.75ユーロ/ドル	0.93ユーロ/ドル
イギリス	2.89ポンド	0.59ポンド/ドル	0.68ポンド/ドル

ーフのパティと特別のソースとレタスとチーズとピクルスと玉葱とゴマ付きパン」から構成される財のバスケットに関するデータを定期的に集めている．その財のバスケットは「ビッグマック」と呼ばれ，世界中のマクドナルドで売られている．

　それぞれの国内通貨建てで表示された二つの国のビッグマックの価格がわかると，購買力平価の理論によって予測される為替相場を計算することができる．予測される為替相場は，両国におけるビッグマックの費用を等しくするものである．たとえば，ビッグマックの価格がアメリカで5ドルであり，日本では500円ならば，購買力平価から1ドル/100円の為替相場が予測される．

　ビッグマックの価格を用いた場合，購買力平価はどれくらい当てはまるだろうか．上の表は2016年1月に掲載された記事の例である．当時，アメリカのビッグマックの価格は4.93ドルであった．

　予測された為替相場と実際の為替相場がまったく同じではないことがわかるだろう．結局のところ，ビッグマックにおける国際的裁定は容易ではないのである．だが，二つの為替相場は通常，大体同じところにある．購買力平価説は為替相場の正確な理論ではないが，第1次近似としてはおおむね妥当であるといえる．

【小問】　●過去20年間にわたってメキシコでは高インフレであり，日本では低インフレであった．このとき，1円で買えるメキシコ・ペソの量に何が起こってきたと推測できるだろうか．

4 結論

　この章の目的は，マクロ経済学者が開放経済を研究するために利用するいくつかの基本的概念を展開することであった．一国の貿易収支がどのように国際資本移動に関係するか，そして，国民貯蓄が開放経済においてどのようにして国内投資と異なりうるかを理解できたことだろう．ある国が貿易黒字を計上しているときにその国は資本を流出させているに違いないこと，そして，貿易赤字を計上しているときに資本流入を経験していることを理解できただろう．また，名目為替相場と実質為替相場の意味，そして，為替相場決定理論としての購買力平価の意味合いと限界についても理解できたはずである．

- ●純輸出は，外国に販売された国内の財・サービスの価値（輸出）から国内で販売された外国の財・サービスの価値（輸入）を差し引いたものである．純資本流出は，国内居住者による外国資産の取得（資本流出）から外国人による国内資産の取得（資本流入）を差し引いたものである．すべての国際取引は財・サービスと資産の交換を伴うので，ある経済の純資本流出はつねに純輸出に等しい．

- ●一国経済の貯蓄は，国内投資の資金調達や海外資産の購入に利用される．したがって，国民貯蓄は国内投資と純資本流出の和に等しい．

- ●名目為替相場は2国の通貨の相対価格である．実質為替相場は2国の財・サービスの相対価格である．名目為替相場が変化して，1ドルで買える外国通貨が増加することをドルが増価する，あるいは強まるという．名目為替相場が変化して，1ドルで買える外国通貨が減少することをドルが減価する，あるいは弱まるという．

- ●購買力平価説に従えば，すべての国において，1ドル（あるいは1単位の他のいかなる通貨）で同じ量の財を購入できるはずである．つまり，この

説は，２国の通貨間の名目為替相場がこれらの国の物価水準を反映するはずであるということを意味する．その結果として，相対的にインフレ率の高い国の通貨は減価するはずであり，相対的にインフレ率の低い国の通貨は増価するはずである．

確認問題

1. 今日のアメリカ経済を1950年代のアメリカ経済と比較すると，GDP 比率でみると，どのようなことが見出されるか．次から選びなさい．
   a. 輸出と輸入の両方が増加した．
   b. 輸出と輸入の両方が減少した．
   c. 輸出が増加し，輸入が減少した．
   d. 輸入が減少し，輸出が増加した．
2. 開放経済において，国民貯蓄と等しくなるのは以下のどれか．
   a. 国内投資＋対外資本純流出
   b. 国内投資－財・サービスの純輸出
   c. 国内投資＋財政赤字
   d. 国内投資－対外証券投資
3. ある国の輸入額が輸出額を超過しているとき，正しくないものはどれか．
   a. 純輸出は負である．
   b. GDP は，消費と投資と政府支出の合計よりも小さい．
   c. 国内投資は国民貯蓄よりも大きい．
   d. その国は，資本の純流出を経験している．
4. ある国の通貨が外国為替市場で２倍の価値になったら，その通貨は，
   （　　　　）為替相場の変化を反映して，（　　　　）する．
   a. 名目，増価
   b. 実質，増価
   c. 名目，減価
   d. 実質，減価
5. コーヒー１杯がパリで２ユーロ，ニューヨークで６ドルだとしよう．購買力平価が成立するならば，為替相場はどうなるか．

- a. 1/4ユーロ/ドル
- b. 1/3ユーロ/ドル
- c. 3ユーロ/ドル
- d. 4ユーロ/ドル

6. 購買力平価説によると，インフレーションの高い国の通貨は，（　　　）して，（　　　）為替相場は変化しない．
- a. 増価，名目
- b. 増価，実質
- c. 減価，名目
- d. 減価，実質

復習問題

1. 「純輸出」と「純資本流出」を定義しなさい．これらはどのような関係があるのか，またそれはなぜなのかを説明しなさい．
2. 貯蓄と投資と純資本流出との間の関係を説明しなさい．
3. 日本車の価格が150万円であり，同じクラスのアメリカ車の価格が3万ドルであるとする．もし1ドルで100円を買えるとすると，名目為替相場と実質為替相場はいくらになるか．
4. 購買力平価説の経済的論理を述べなさい
5. もし連邦準備が大量のドル紙幣を印刷しはじめると，1ドルで買える日本円の量に何が起こるか．その理由も説明しなさい．

応用問題

1. 以下の各取引はアメリカの輸出と輸入と純輸出にどのような影響を及ぼすだろうか．
- a. アメリカの美術の教授が夏にヨーロッパで美術館めぐりをする．
- b. パリの学生がハリウッドの最新の映画を観に押し寄せる．
- c. （アメリカに住む）あなたの叔父さんがボルボの新車を購入する．
- d. 英国オックスフォード大学の生協がこのテキストを1冊売る．

　　e. カナダ国民がカナダの売上税を避けるために，（アメリカの）バーモント州北部の店で買い物をする.

2. 以下の各取引は，純輸出に含まれるか，それとも純資本流出に含まれるか. 増加か減少かもあわせて答えなさい.

　　a. アメリカ人がソニーのテレビを買う.

　　b. アメリカ人がソニーの株式を買う.

　　c. ソニーの年金基金がアメリカ財務省証券を買う.

　　d. 日本にあるソニーの工場の労働者がアメリカの農家からジョージア産の桃を買う.

3. 対外直接投資と対外証券投資の違いを述べなさい. 企業と個人投資家では，どちらがより対外直接投資を行うと考えられるだろうか. 対外証券投資はどうだろうか.

4. 以下の各取引はアメリカの純資本流出にどのような影響を及ぼすだろうか. また，それぞれについて，直接投資であるか証券投資であるかを述べなさい.

　　a. アメリカの携帯電話会社がチェコ共和国に事務所を設立する.

　　b. ロンドンのハロッズ社が株式をゼネラル・エレクトリック（GE）の年金基金に販売する.

　　c. ホンダがオハイオ州メリースビルの工場を拡張する.

　　d. フィデリティ投資信託がフランスの投資家にフォルクスワーゲンの株式を販売する.

5. もしドルが増価すると，以下のグループの人々は幸せだろうか，あるいは不幸せだろうか. 説明しなさい.

　　a. アメリカの国債を保有しているオランダの年金基金

　　b. アメリカの製造業

　　c. アメリカへの旅行を計画しているオーストラリア人

　　d. 海外の資産を購入しようとしているアメリカ企業

6. 以下の各状況において，アメリカの実質為替相場には何が起こるだろうか. 説明しなさい.

　　a. アメリカの名目為替相場は変わらないが，アメリカの物価が外国よりも急上昇する.

　b.　アメリカの名目為替相場は変わらないが，外国の物価がアメリカよりも急上昇する.

　c.　アメリカの名目為替相場が下落し，アメリカも外国も物価が変わらない.

　d.　アメリカの名目為替相場が下落し，外国の物価がアメリカよりも急上昇する.

7.　ソーダ1本の価格は，アメリカでは1.25ドルであり，メキシコでは25ペソである. 購買力平価が成立しているとすれば，ペソとドルの為替相場（1ドルのペソ建て価格）はいくらになるだろうか. もし拡張的な金融政策によってメキシコのすべての価格が2倍になり，ソーダも50ペソに上昇すると，ペソとドルの為替相場に何が起こるだろうか.

8.　本章のケース・スタディでは，ビッグマックの価格を利用して，いくつかの国の購買力平価を分析した. ここではもう少し国を増やして，データをみてみよう.

国	ビッグマックの価格	予測為替相場	実際の為替相場
チリ	2,100ペソ	＿＿＿ペソ/ドル	715ペソ/ドル
ハンガリー	900フォリント	＿＿＿フォリント/ドル	293フォリント/ドル
チェコ共和国	75コルナ	＿＿＿コルナ/ドル	25.1コルナ/ドル
ブラジル	13.5レアル	＿＿＿レアル/ドル	4.02レアル/ドル
カナダ	5.84カナダドル	＿＿＿カナダドル/ドル	1.41カナダドル/ドル

　a.　各国について，米ドルに対する各国通貨の予測される為替相場を計算しなさい（ビッグマックの米ドルの価格が4.93ドルであることを思い出そう）.

　b.　購買力平価に従うと，ハンガリー・フォリントとカナダドルの間の為替相場はいくらと予測できるか. 実際の為替相場はいくらか.

　c.　購買力平価説は為替相場をどの程度説明しているだろうか.

9.　購買力平価がエクテニアとウィクナムの2カ国の間で成立している. ただし，唯一の商品がスパム（ランチョンミートの缶詰）である.

　a.　2015年にスパム缶詰の価格がエクテニアで4ドル，ウィクナムで24ペソであった. エクテニア・ドルとウィクナム・ペソの為替相場はどれほ

どか.

b. 今後20年間でインフレ率がエクテニアで年率3.5％，ウィクナムで年率7％であるとしよう．このとき，2035年のスパム缶詰の価格はどうなるか，また為替相場はどうなるか．

c. これらの2カ国のうち，名目金利が高くなりそうなのはどちらか．その理由も説明しなさい．

d. あなたの友人が次のような儲け話を提案した．名目金利の低い国から借金をして，名目金利の高い国へ投資し，その金利差から利益を得る．このアイディアに潜在的な問題点はあるか．説明しなさい．

訳者あとがき

　本書の元となった『マンキュー経済学』の第4版（原著第8版）は，第2版や第3版と比べてみても，全体の構成に変更はない．現時点における「経済学原理」の完成形が示されているともいえるだろう．Ⅰ巻ミクロ編では，効用関数を用いない直観的な説明を整合的に展開し，Ⅱ巻マクロ編では，長期の均衡分析を説明した後に短期の景気変動を取り扱うことで，短期均衡から長期均衡への収束を説明できている．「わかりやすく，簡潔に」という，『マンキュー経済学』の最大の特徴は変わっていない．

　第3版は，世界金融危機の後の改訂であったために，世界金融危機とその後の持続的な景気低迷に関連する項目が，数多く導入された．効率的市場の考え方と金融規制，銀行自己資本とレバレッジ，中央銀行の金融危機対応，住宅価格の高騰・急落の影響，などである．それらは，今回の改訂においても残されている．最終章（Ⅱ巻マクロ編第18章）で論じられる主要なマクロ経済政策論争のなかにも，景気後退期における政府支出増大の可否，金融政策目標としてのゼロ・インフレの可否，など，世界金融危機と関連の深い項目が入っている．金融危機は，その後の回復が遅く先進各国においてまだ途上であるうえに，経済学者に取り組むべき多くの課題を提示することとなった．大学院レベルの標準的マクロモデルとなった動学的確率一般均衡（DSGE）モデルにも，金融仲介機関が導入されて，その景気変動への影響が検討されている．

　日本経済は，他の先進諸国に先駆けて，1990年代初頭のバブル崩壊を経験し，その後，経済停滞が長く続いた．その間，金融政策はゼロ金利が常態化し，国債などの諸資産大量購入（量的緩和）といった非伝統的政策手段も工夫され，実施されてきた．景気が弱含むたびに財政刺激が繰り返し実施されてきたし，将来の高齢化に備えた税率引上げは先送りされてきたので，公債残高がGDPの200%を超えるという記録的な水準に到達している．アベノミクスや異次元金融緩和といった財政金融政策によって，ようやくデフレーションを脱することができたが，金融政策の目標とされた2%インフレはな

かなかに実現できていない.

　デフレ下では，インフレ下の常識が必ずしも通用しない．本書でも検討されているように，インフレ下ではCPIの変動に比べてGDPデフレーターの変動のほうが小さい．値上がりした商品の購入量を減らす消費者行動が原因なのだが，同じ行動がデフレ下では全く逆の結果をもたらしてしまう．消費者が値下がりした商品の購入量を増やすので，GDPデフレーターのほうが大きく動くのである．また，原油価格上昇などの供給ショックが国内のインフレをもたらすことも世界の常識であるが，最近の日本では通用しない．GDPの計算において，原油などの輸入品目はマイナス項目なので，原油価格上昇は単独ではGDPデフレーターを下げてしまう．通常なら，原油を原材料として使用する諸財の価格がおしなべて上昇するので，このマイナス影響は圧倒されてしまい，GDPデフレーターは高まるのである．しかし，デフレ下の日本では，諸財の価格が十分に値上げされないので，マイナス影響のほうが優ってしまい，2007年前後の原油価格上昇時にGDPデフレーターは実際に低下した．

　長期停滞，デフレ（低インフレ）下での物価変動などは，先進諸国に共通したきわめて重要な研究・政策課題となっており，多くの経済学者がその解明に取り組んでいる．「ミネルバのフクロウは夜に鳴く」と言われる．本書で経済学のおもしろさに目覚めた学生諸君が，日本の現実を分析して世界に発信する日の来ることを期待したい.

　『マンキュー入門経済学（第3版）』の翻訳は，第2版と同じ6名のチームで実施した．それぞれの担当は下記のとおりである．足立英之：第5章，第5章付論，第8～第10章，石川城太：第6章，小川英治：第12章～第13章，地主敏樹：第1章～第4章，第11章付論1，付論2，中馬宏之：第10章付論，第11章，柳川隆：第6章付論，第7章．また，日本のデータを用いた図表は，一橋大学大学院経営管理研究科の山崎邦利氏が担当してくれた．

　2019年6月

訳者一同（文責　地主）

G L O S S A R Y

ア行

アドバース・セレクション（逆選択，逆淘汰） adverse selection：複数の観察できない属性の混合状態が，情報を保有していない集団の観点からは望ましくないものになる傾向.

アローの不可能性定理 Arrow's impossibility theorem：ある仮定された条件の下では，個人の選好を集計して一連の妥当な特徴を持つ社会の選好を導き出す仕組が存在しないことを示す数学的な結果.

一括税 lump-sum tax：すべての人が同額を支払う税.

意欲喪失労働者 discouraged workers：働きたいにもかかわらず職を探すことをあきらめてしまった人のこと.

インセンティブ（誘因） incentive：人々に何らかの行動を促す要因.

インフレーション（インフレ） inflation：経済において価格が全体として上昇すること.

インフレ税 inflation tax：紙幣の増刷によって得られる政府の収入.

インフレ率 inflation rate：物価指数の前期からの変化率.

エージェント（代理人） agent：プリンシパル（依頼人）と呼ばれる他人のために行動する人物.

応益原則 benefits principle：政府によるサービスから受ける便益に応じて税を支払うべきだという考え方.

応能原則 ability-to-pay principle：各人が税をどれだけ負担できるかに応じて課税されるべきだという考え方.

カ行

会計上の利潤 accounting profit：総収入から明示的総費用を差し引いたもの.

外部性 externality：ある人の行動が周囲の人の経済厚生に，金銭の補償なく影響を及ぼすこと.

外部性の内部化 internalizing the externality：人々が自分の行動の及ぼす外部効果を考慮に入れるように，インセンティブを変えること.

開放経済 open economy：外国の経済と自由にお互いに取引が行われる経済.

価格差別 price discrimination：同じ財を異なる顧客に異なる価格で売る商慣行.

価格の下限（規制） price floor：ある財を販売できる価格の法的最低限度の設定.

価格の上限（規制） price ceiling：ある財を販売できる価格の法的最高限度の設定.

貸付資金市場 market for loanable funds：貯蓄をする人々が資金を供給し，投資するために資金を必要とする人々が借り入れる市場.

寡占 oligopoly：ほんの少数の売り手が類似あるいは同一の製品を提供する市場構造.

価値貯蔵手段 store of value：人々が購買力を現在から将来に移転するときに使用するもの.

株式 stock：企業の所有権の一部に対する請求権.

貨幣 money：経済において人々が他の人々から財・サービスを購入する際に通常使用される資産.

貨幣供給 money supply：経済において利用可能な貨幣の量.

貨幣乗数 money multiplier：銀行システムが準備1ドルにつき創出する貨幣の量.

貨幣数量説 quantity theory of money：利用可能な貨幣量が物価水準を決定し，利用可能な貨幣量の成長率がインフレ率を決定するという理論.

貨幣の中立性 monetary neutrality：貨幣供給の変化は実質変数に影響を与えないという主張.

貨幣の流通速度 velocity of money：貨幣の所有者が代わる頻度.

可変費用 variable costs：生産量の変化につれて変わる費用.

カルテル cartel：一体となって行動する企業の集団.

関税 tariff：海外で生産されて国内で販売される財に課される税.

完全代替財 perfect substitutes：無差別曲線が直線になるような二つの財.

完全補完財 perfect complements：無差別曲線が直角になるような二つの財.

機会費用 opportunity cost：あるものを手に入れるためにあきらめなければならないもの.

企業特殊リスク firm-specific risk：ある一企業のみに影響を及ぼすリスク.

技術知識 technological knowledge：財・サービスを生産する最善の方法に関する社会の知識.

希少性 scarcity：社会の資源に限りがあるという性質.

犠牲率 sacrifice ratio：インフレ率が1％ポイント低下する過程で年間の産出量が何パーセント失われるかを示す数字.

ギッフェン財 Giffen good：価格の上昇によって需要量が増加する財.

規範的な主張 normative statements：世界がどのようにあるべきかを規定しようという主張.

規模に関して収穫一定 constant returns to scale：生産量が増加しても長期の平均総費用が変化しない性質.

規模の経済 economies of scale：生産量が増加するにつれて長期の平均総費用が減少する性質.

規模の不経済 diseconomies of scale：生産量が増加するにつれて長期の平均総費用が増大する性質.

逆進税 regressive tax：高所得の納税者のほうが低所得の納税者よりも税が所得に占める割合が小さい税.

キャッチアップ効果 catch-up effect：貧しい状態から出発した国のほうが，豊かな状態から出発した国よりも速く成長するという性質.

供給曲線 supply curve：ある財の価格と供給量の関係を表す図.

供給ショック supply shock：企業の原価や価格に直接的に影響し，一国経済の総供給曲線ならびにフィリップス曲線をシフトさせるような出来事.

供給の価格弾力性 price elasticity of supply：ある財の供給量がその財の価格の変化にどれくらい反応するかを測る尺度であり，供給量の変化率を価格の変化率で割ることによって計算される.

供給表 supply schedule：ある財の価格と供給量の関係を表す表.

供給法則 law of supply：他の条件が一定であれば，ある財の価格が上昇するときに供給量が増加すること.

供給量 quantity supplied：売り手が売りたいと思い，かつ売ることのできる財の量.

矯正税 corrective tax：民間の意思決定者が，負の外部性から生じる社会的費用を考慮に入れるよう促すことを意図する税.

競争市場 competitive market：多数の売り手と買い手が存在し，特定の売り手や買い手が市場価格に与える影響が無視できる市場.

共謀 collusion：ある市場にいる企業の間で，生産量や価格に関して結ばれる協定.

共有資源 common resources：消費において競合的ではあるが，排除可能ではない財.

共有地の悲劇 Tragedy of the Commons：社会全体の観点からみて，なぜ共有資源が望ましい量以上に利用されるのかを説明する比喩.

均衡 equilibrium：需要量と供給量が等しくなる水準に価格が到達した状況.

均衡価格 equilibrium price：需要量と供給量が釣り合っているときの価格.

銀行資本 bank capital：銀行のオーナーが銀行の資本金として注入した資金.

均衡取引量 equilibrium quantity：均衡価格における需要量と供給量.

金融市場 financial markets：貯蓄をする人が借り手に資金を直接提供できる市場.

金融システム financial system：経済において，ある人の貯蓄と別の人の投資を結びつける手助けをする機関と市場の集合体.

金融政策 monetary policy：中央銀行の政策立案者による貨幣供給の調節.

金融仲介機関 financial intermediaries：貯蓄をする人が借り手に間接的に資金を提供できる金融機関.

靴底（シューレザー）コスト shoeleather costs：インフレーションによって人々が手持ちの現金を減らすために生じる資源の浪費.

クラウディング・アウト crowding out：政府による借入れの結果，投資が減少すること.

クラウディング・アウト効果 crowding-out effect：拡張的な財政政策によって利子率が上昇し，それによって投資支出が減少するため総需要の増加が相殺されること.

クラブ財 club goods：排除可能であるが，消費において競合的でない財.

景気後退 recession：実質所得が減少し，失業が増加する時期.

景気循環 business cycle：雇用や生産といった経済活動の変動.

経済学 economics：社会が希少な資源をいかに管理するのかを扱う学問.

経済学上の利潤 economic profit：総収入から明示的費用と潜在的費用を含む総費用を差し引いたもの.

計算単位 unit of account：人々が価格を表示したり借金を記録するときの尺度.

ゲーム理論 game theory：戦略的な状況で，人々がどのような行動をとるかの研究.

減価 depreciation：ある通貨の価値をその通貨で買える外国通貨の量によって測ったとき，その通貨の価値が減少すること.

限界収入 marginal revenue：1単位多く販売することによる総収入の変化分.

限界生産物 marginal product：投入物を1単位多くすることにより生じる生産の増加分.

限界生産物逓減 diminishing marginal product：投入物の量が増加するにつれて，投入物の限界生産物が減少するという性質.

限界生産物の価値 value of the marginal product：投入物の限界生産物に生産物価格を掛けたもの.

限界生産力逓減 diminishing returns：投入量が増加するに従って，1単位の投入の追加による利益が減少するという性質.

限界税率 marginal tax rate：1ドルの所得の増加に対する税の増加分.

限界代替率 marginal rate of substitution：消費者が一つの財を他の財と交換してもよいと

思う比率.

限界的な変化 marginal changes：行動計画に対する微調整.

限界費用 marginal cost：1単位多く生産することによる総費用の増加分.

現在価値 present value：一般的な利子率を用いて，ある所与の将来の金額を生み出すのに必要な現在の金額を計算したもの.

現物給付 in-kind transfers：現金ではなく現物（財・サービス）の形で与えられる給付.

コアCPI core CPI：食料とエネルギーを除く消費者財・サービスの全般的な費用（日本では，食料を除いたものをコアCPI，さらにエネルギーも除いたものをコアコアCPIと呼ぶこともある）.

公開市場操作 open-market operations：中央銀行による国債の売買.

交換手段 medium of exchange：財・サービスの購入にあたって，買い手が売り手に与えるもの.

公共財 public goods：排除可能でなく，かつ消費において競合的でない財.

恒常所得 permanent income：人の通常の所得.

厚生経済学 welfare economics：資源配分が経済厚生に与える影響を研究する分野.

構造的失業 structural unemployment：ある労働市場における求人数が不十分なために，その職につきたいと思っているすべての労働者に不十分な職数しか提供できないことによって発生する失業.

公定歩合 discount rate：中央銀行が銀行に貸し出す際の利子率.

行動経済学 behavioral economics：心理学の洞察をとり入れた経済学の一分野.

購買力平価 purchasing-power parity：どの通貨でもその1単位ですべての国において同じ量の財を買うことができるという為替相場決定の理論.

公平（性） equality：経済的な繁栄が社会の構成員の間にバランスよく分配されている状態.

効用 utility：幸福や満足度の尺度.

功利主義 utilitarianism：政府は社会におけるすべての人の総効用を最大化する政策を選択すべきであるという政治哲学.

効率市場仮説 efficient markets hypothesis：ある資産の価格はその資産価値に関するすべての公開された情報を反映しているという理論.

効率（性） efficiency：社会が希少な資源から最大限のものを得ている状態.

効率賃金 efficiency wages：労働者の生産性を高めるために，企業が均衡水準以上の賃金を支払うこと.

効率的規模 efficient scale：平均総費用を最小にする生産量.

合理的期待 rational expectations：人々が将来を予測する際に，政府の政策に関する情報を含めた保有するすべての情報を最適に利用するという理論.

合理的な人々 rational people：自分たちの目的を達成するために，与えられた条件の下で，手立てを整えてベストを尽くす人々.

国内総生産 gross domestic product, GDP：一定期間において，一国で生産されるすべての最終的な財・サービスの市場価値.

国民貯蓄（貯蓄） national saving (saving)：経済の総所得のうち，消費と政府支出以外の部分.

コースの定理 Coase theorem：もし民間の当事者たちが資源の配分について費用をかけることなく交渉できるならば，外部性の問題を自分たちで解決できるという命題.

固定費用 fixed costs：生産量が変化しても変わらない費用.

古典派の二分法 classical dichotomy：理論上，変数を名目変数と実質変数の2種類に分類

すること.

コンドルセのパラドックス Condorcet paradox：過半数原則の多数決制が推移性を満たす社会選好を生み出すことに失敗すること.

サ行

債券 bond：負債の証明書.

財政赤字 budget deficit：政府の支出が収入を上回っている状態.

財政黒字 budget surplus：政府の収入が支出を上回っている状態.

財政政策 fiscal policy：政府の政策立案者による政府支出・課税水準の設定.

差別 discrimination：人種，民族，性別，年齢などの個人的属性が異なるというだけの理由で，同じような個人に提供される就業機会が異なること.

サンクコスト（埋没費用） sunk cost：すでに支払うことが決まっており，回収できない費用.

死荷重 deadweight loss：税などの市場の歪みから生じる総余剰の減少.

シグナリング（情報発信） signaling：情報を保有している集団が情報を保有していない集団に対して私的情報を明らかにするためにとる行動.

自己資本比率規制 capital requirement：銀行資本の最低水準を決めている公的規制.

市場 market：特定の財・サービスを扱う売り手と買い手の集まり.

市場経済 market economy：市場において財・サービスをやりとりする多くの企業や家計による，分権的な意思決定を通じて資源が配分される経済.

市場支配力 market power：1人もしくは数人の小集団が市場価格に対して実質的に持っている影響力.

市場の失敗 market failure：市場が自分の力で資源を効率的に配分するのに失敗した状態.

市場リスク（マーケット・リスク） market risk：株式市場のすべての会社に共通するリスク.

自然産出量水準 natural level of output：失業率が正常な水準となる長期において経済が達成する財・サービスの生産量.

自然失業率 natural rate of unemployment：その周辺を失業率が変動する正常な水準の失業率.

自然失業率仮説 natural-rate hypothesis：失業率は最終的には，インフレ率に関係なく正常な（または自然な）水準に戻るという主張.

自然独占 natural monopoly：一つの企業が，二つまたはそれ以上の企業よりも低い費用で市場全体に財やサービスを供給できることから生じる独占.

失業保険 unemployment insurance：労働者が失業したときに部分的に所得を保障する政府のプログラム.

失業率 unemployment rate：労働力に占める失業者の割合.

実質為替相場 real exchange rate：ある国の財・サービスを他の国の財・サービスと取引する際の相場.

実質GDP real GDP：一定価格で評価した財・サービスの生産.

実質変数 real variables：物質的な単位で測られる変数.

実質利子率 real interest rate：インフレーションの影響を補正した利子率.

実証的な主張 positive statements：世界がどのようなものであるかを叙述しようとする主張.

GDPデフレーター GDP deflator：名目GDPと実質GDPの比率を100倍して計算した物

価水準の尺度.

私的財 private goods：排除可能であり，かつ消費において競合的である財.

自動安定化装置 automatic stabilizers：経済が景気後退に入ったときに，政策立案者が意図的な行動を何もとらなくても，総需要を刺激するように財政政策が変更されること.

支配戦略 dominant strategy：ゲームにおいて，他のプレイヤーによって選ばれる戦略に関係なく，あるプレイヤーにとって最適な戦略.

支払許容額 willingness to pay：買い手が財に対して支払ってもよいと思う最大額.

資本 capital：財・サービスの生産に使用される設備や建造物.

資本逃避 capital flight：ある国の資産に対する需要が，突然大きく減少すること.

社会保険 social insurance：人々を困難に陥るリスクから保護する目的を持つ政府の政策.

自由至上主義（リバタリアニズム） libertarianism：政府は罪を罰し，自発的な同意を守らせるべきだが所得を再分配すべきではないという政治哲学.

囚人のジレンマ prisoners' dilemma：相互に利益が得られるときでさえ，なぜ協調を維持することが困難であるかを例示する，2人の囚人の間の特定の「ゲーム」.

需要曲線 demand curve：ある財の価格と需要量の関係を表す図.

需要と供給の法則 law of supply and demand：ある財の需要量と供給量が釣り合うようにその財の価格が調整されるという主張.

需要の価格弾力性 price elasticity of demand：ある財の需要量がその財の価格の変化に対してどれくらい反応するかを測る尺度であり，需要量の変化率を価格の変化率で割ることによって計算される.

需要の交差価格弾力性 cross-price elasticity of demand：ある財の需要量が他の財の価格の変化に対してどれくらい反応するかを測る尺度であり，第1財の需要量の変化率を第2財の価格の変化率で割ることによって計算される.

需要の所得弾力性 income elasticity of demand：ある財の需要量が消費者の所得の変化にどれくらい反応するかを測る尺度であり，需要量の変化率を所得の変化率で割ることによって計算される.

需要表 demand schedule：ある財の価格と需要量の関係を表す表.

需要法則 law of demand：他の条件が一定であれば，ある財の価格が上昇するときに需要量が減少すること.

需要量 quantity demanded：買い手が買いたいと思い，かつ買うことのできる財の量.

循環的失業 cyclical unemployment：自然失業率から乖離した失業.

純資本流出 net capital outflow：国内居住者による外国資産の購入から非居住者による国内資産の購入を差し引いたもの.

準備 reserves：銀行が預金として受け入れるが貸出にまわさない残高.

準備率 reserve ratio：銀行が保有する準備の預金総額に対する比率.

純輸出 net exports：外国人による国内生産財への支出（輸出）から国内居住者による外国財への支出（輸入）を差し引いたもの. 貿易収支とも呼ばれる.

乗数効果 multiplier effect：拡張的な財政政策によって所得が増加し，それによって消費支出が増加するために総需要がさらに増加すること.

消費 consumption：新築住宅の購入を除く，家計の財・サービスへの支出.

消費者物価指数 consumer price index, CPI：典型的な消費者が購入した財・サービスの総合的な費用の尺度.

消費者余剰 consumer surplus：買い手の支払許容額から実際に支払った金額を差し引いた額.

消費における競合性 rivalry in consumption：ある人が利用すると他の人の利用できる量が減少するという財の性質.

商品貨幣 commodity money：本源的価値を持つ商品の形態をとる貨幣.

情報の効率性 informational efficiency：資産価格がすべての利用可能な情報を合理的に反映する状況.

将来価値 future value：現在の金額が将来いくらになるのかを所与の一般的な利子率を用いて計算したもの.

職探し job search：労働者が自分の好みや熟練度にふさわしい仕事を見つけるまでのプロセス.

所得効果 income effect：価格の変化によって消費者が下方あるいは上方の無差別曲線へ移動することによる消費の変化.

所有権 property rights：個人が希少な資源を所有し，自由にコントロールできるようにする権利.

人的資本 human capital：教育，訓練，経験を通じて労働者が獲得する知識と技能.

垂直的公平 vertical equity：高い支払能力を持つ納税者ほど多くの金額を支払うべきだという考え方.

水平的公平 horizontal equity：同じような支払能力を持つ納税者は同じ金額を支払うべきだという考え方.

(貨幣) 数量方程式 quantity equation：方程式 $M \times V = P \times Y$ は，貨幣数量，貨幣の流通速度と経済における財・サービスの産出の名目金額とを関係づけている.

スクリーニング (振分け) screening：情報を保有していない集団が情報を保有している集団に情報を自発的に明らかにさせるためにとる行動.

スタグフレーション stagflation：産出量が減少し，物価が上昇する時期.

ストライキ strike：労働組合による労働者の組織的な就業拒否.

生活保護 (生活扶助) welfare：生活困窮者の所得を補塡する政府のプログラム.

生産可能性フロンティア production possibilities frontier：利用可能な生産要素と生産技術が与えられている場合に，その経済が生産可能な生産物のさまざまな組合せを描いたグラフ.

生産関数 production function：ある財の生産に使用される投入物の量とその財の生産量との関係.

生産者物価指数 producer price index：企業が購入した財・サービスのバスケットの費用の尺度.

生産者余剰 producer surplus：売り手が受け取った金額から売り手の費用を差し引いた額.

生産性 productivity：労働者が 1 人 1 時間当たりに生産する財・サービスの量.

生産要素 factors of production：財・サービスの生産に使用される投入物.

政治経済学 political economy：経済学の分析方法を用いた政府の分析.

正常財 normal good：他の条件が一定のときに，所得の増加によって需要量が増加する財.

税の帰着 tax incidence：税の負担が市場の参加者に割り振られる方法.

政府支出 government purchases：地方自治体，州政府，連邦政府による財・サービスへの支出.

政府貯蓄 public saving：政府が税収から支出を支払ったあとに残る額.

世界価格 world price：世界市場で成立している財価格.

絶対優位 absolute advantage：ある財の生産性に基づく生産者間の比較.

潜在的費用 implicit costs：企業からのお金の支出がない投入費用.

増価 appreciation：ある通貨の価値をその通貨で買える外国通貨の量によって測ったとき，その通貨の価値が増加すること．

総供給曲線 aggregate-supply curve：それぞれの物価水準の下で企業が生産・販売する財・サービスの量を示す曲線．

総収入 total revenue：ある財の買い手が支払い，売り手が受け取る合計金額．その財の価格に販売量を掛けることによって計算される．

総需要曲線 aggregate-demand curve：それぞれの物価水準の下で家計と企業と政府が買いたい財・サービスの量を示す曲線．

総需要と総供給のモデル model of aggregate demand and aggregate supply：長期趨勢を取り巻く経済活動の短期的変動を説明する際にほとんどの経済学者が利用するモデル．

総費用 total cost：企業が生産に要する投入物の市場価値．

タ行

代替効果 substitution effect：価格の変化によって消費者が所与の無差別曲線上を新しい限界代替率の点へ移動することによる消費の変化．

代替財 substitutes：片方の財の価格が上昇すると，もう片方の財の需要が増大する関係にある二つの財．

団体交渉 collective bargaining：労働組合と企業が雇用条件について合意に至るまでのプロセス．

弾力性 elasticity：需要量あるいは供給量が，その決定要因の一つの変化に反応する度合いを測る尺度．

中位投票者定理 median voter theorem：有権者全員で直線上の１点を選び，各有権者はその点が自分の最も望ましい点と最も近くなることを願うとき，過半数原則の多数決制では，中位投票者が最も好む点を全員で選ぶ点としてとりあげることになることを示す数学的結果．

中央銀行 central bank：銀行システムを監督し経済における貨幣量を調節する組織．

通貨（現金通貨） currency：一般の人々が所有している紙幣と硬貨．

天然資源 natural resources：土地，河川，鉱床のように，自然が供給する財・サービスの生産への投入物．

投資 investment：企業資本，住宅資本，在庫への支出．

投資信託 mutual fund：大衆に自社株式を販売し，その資金を使って株式と債券のポートフォリオを購入する機関．

独占（者） monopoly：密接な代替財のない製品の唯一の販売者である企業．

独占的競争 monopolistic competition：類似しているが同質ではない製品を多くの企業が販売している市場構造．

取引費用 transaction costs：当事者たちが契約に合意し，それを遂行する過程で負担する費用．

ナ行

ナッシュ均衡 Nash equilibrium：相互作用をする経済主体がそれぞれ，他のすべての主体が選んだ戦略を所与として，自己の最適な戦略を選ぶ状況．

ハ行

排除可能性 excludability：他の人が利用できないようにすることができるという財の性質.

比較優位 comparative advantage：ある財の機会費用に基づく生産者間の比較.

費用 cost：財を生産するために売り手が放棄しなければならないすべてのものの価値.

費用−便益分析 cost-benefit analysis：公共財の供給における社会的な費用と便益とを比較する研究.

比例税 proportional tax：高所得の納税者も低所得の納税者も所得の同じ割合を支払う税.

貧困ライン poverty line：連邦政府が個々の家族規模に応じて設定した，それを下回るとその世帯は貧困であるとみなされる絶対的な水準.

貧困率 poverty rate：世帯所得が貧困ラインと呼ばれる絶対的な水準を下回る人口の比率.

ファイナンス finance：人々が時間を通じて資源を配分し，リスクをコントロールするにあたってどのように意思決定を行うかを研究する学問.

ファンダメンタル分析 fundamental analysis：企業の会計報告書や将来の見通しから企業価値を決定する研究.

フィッシャー効果 Fisher effect：インフレ率の変化に対し，名目利子率の変化が1対1の関係で調整されること.

フィリップス曲線 Phillips curve：インフレ率と失業率の短期的なトレードオフ関係を示す曲線.

フェデラル・ファンド・レート federal funds rate：銀行などが相互に翌日までの資金を貸し借りするときの利子率.

(法定) 不換紙幣 fiat money：政府の宣言によって貨幣として用いられる本源的価値を持たない貨幣.

不況 depression：厳しい景気後退.

複利 compounding：銀行預金のように，稼いだ利子がそのまま口座に残り，将来さらに利子を稼ぐという形でお金の合計が蓄積されていくこと.

不足 (超過需要) shortage（excess demand）：需要量が供給量よりも多い状況.

物価スライド制 indexation：法律や契約により，インフレーションの影響に対して貨幣金額を自動的に修正すること.

物的資本 physical capital：財・サービスの生産に用いられる設備と建造物のストック.

負の所得税 negative income tax：高所得の家計から収入を得て低所得の家計に給付を与える税制.

部分準備銀行制度 fractional-reserve banking：銀行が預金の一部だけを準備として保有する銀行システム.

フリーライダー (ただ乗り) free rider：ある財に対する対価を支払わずに，その便益だけを享受する人.

プリンシパル (依頼人) principal：エージェント（代理人）と呼ばれる人物に自分のために行動してもらう人物.

フロー循環図 circular-flow diagram：家計と企業の間で，市場を通じてお金がどのように流れるかを示した視覚的な経済モデル.

分散 diversification：単一のリスクをそれよりも小さな複数のリスクに置き換えることでリスクを減少させること.

平均可変費用 average variable cost：可変費用を生産量で割ったもの.

平均固定費用 average fixed cost：固定費用を生産量で割ったもの.

平均収入 average revenue：総収入を販売量で割ったもの.

平均税率 average tax rate：支払われる総税額を総所得で割ったもの.

平均総費用 average total cost：総費用を生産量で割ったもの.

閉鎖経済 closed economy：外国の経済とお互いに取引が行われない経済.

貿易赤字 trade deficit：輸入が輸出を超過すること.

貿易黒字 trade surplus：輸出が輸入を超過すること.

貿易収支 trade balance：ある国の輸出額から輸入額を差し引いたもの. 純輸出とも呼ばれる.

貿易収支均衡 balanced trade：輸出と輸入が等しい状況.

貿易政策 trade policy：ある国の財・サービスの輸出や輸入に直接的に影響を及ぼす政府の政策.

法定準備制度 reserve requirements：銀行が保有する預金に対して最低限積まなければいけない準備量に対する規制.

補完財 complements：片方の財の価格が上昇すると，もう片方の財の需要が減少する関係にある二つの財.

補償賃金格差 compensating differential：仕事の金銭以外の属性の違いを埋め合わせるために生じる賃金の格差.

マ行

マクシミン原則 maximin criterion：政府は社会において最も悪い状況にある人の福祉を最大化しようとするべきであるという主張.

マクロ経済学 macroeconomics：インフレーション，失業，経済成長など，経済全体に関わる現象を研究する学問.

摩擦的失業 frictional unemployment：労働者が自分たちの好みや熟練度に最も適合する職を探すのに時間がかかることによって発生する失業.

ミクロ経済学 microeconomics：家計や企業がどのように意思決定を行い，それらが相互にどのように関わりあうかを研究する学問.

民間貯蓄 private saving：家計の所得のうち，税金の支払いと消費に使ったあとに残る額.

無差別曲線 indifference curve：消費者の満足度を同じ水準に保つ消費の組合せを示す曲線.

明示的費用 explicit costs：企業からのお金の支出がある投入費用.

名目為替相場 nominal exchange rate：ある国の通貨を他の国の通貨と取引する際の相場.

名目GDP nominal GDP：その期の価格で評価した財・サービスの生産.

名目変数 nominal variables：貨幣単位で測られる変数.

名目利子率 nominal interest rate：インフレーションの影響を補正せずに日頃発表される利子率.

メニューコスト menu costs：価格変更に伴うコスト.

モラルハザード（倫理の欠如） moral hazard：完全に監視されていない個人が正直でなかったり他の望ましくない行動に走る傾向のこと.

ヤ行

輸出（品） exports：国内で生産され，海外で販売される財・サービス.

輸入（品） imports：海外で生産され，国内で販売される財・サービス．

要求払い預金 demand deposits：預金者が（小切手を切るなどの方法で）すぐに利用できる銀行口座の残高．

予算制約線 budget constraint：消費者が購入できる消費の組合せの境界線．

余剰（超過供給） surplus（excess supply）：供給量が需要量よりも多い状況．

ラ行

ライフサイクル life cycle：一生を通した所得変化に関する通常のパターン．

ランダムウォーク random walk：ある変数の経路について，その変化が予測不可能なこと．

利潤 profit：総収入から総費用を差し引いたもの．

リスク回避 risk aversion：不確実性を嫌うこと．

リベラリズム（自由主義） liberalism：政府は「無知のベール」に包まれた公平な観察者に評価されるように，公正であるとみなされる政策を選択すべきであるという政治哲学．

流動性 liquidity：資産が経済の交換手段に変換される容易さ．

流動性選好理論 theory of liquidity preference：貨幣需要と貨幣供給が均衡するように利子率が調整されるというケインズの理論．

累進税 progressive tax：高所得の納税者のほうが低所得の納税者よりも税が所得に占める割合が大きい税．

劣等財 inferior good：他の条件が一定のときに，所得の増加によって需要量が減少する財．

レバレッジ leverage：既存資金を超えて投資するために借入金を用いること．

レバレッジ・レシオ leverage ratio：銀行資本に対する資産の割合．

連邦準備（制度） Federal Reserve, Fed：アメリカの中央銀行．

労働組合 union：賃金や労働条件について雇用主と交渉をする労働者の団体．

労働の限界生産物 marginal product of labor：労働を1単位追加することによる生産量の増加分．

労働力 labor force：雇用者数と失業者数をあわせた総労働者数．

労働力率 labor-force participation rate：成人人口に占める労働力の割合．

経済英語

K E Y W O R D S

【a】

ability-to-pay principle　→応能原則

absolute advantage　→絶対優位

accounting profit　→会計上の利潤

adverse selection　→アドバース・セレクション（逆選択，逆淘汰）

agent　→エージェント（代理人）

aggregate-demand curve　→総需要曲線

aggregate-supply curve　→総供給曲線

appreciation　→増価

Arrow's impossibility theorem　→アローの不可能性定理

automatic stabilizers　→自動安定化装置

average fixed cost　→平均固定費用

average revenue　→平均収入

average tax rate　→平均税率

average total cost　→平均総費用

average variable cost　→平均可変費用

【b】

balanced trade　→貿易収支均衡

bank capital　→銀行資本

behavioral economics　→行動経済学

benefits principle　→応益原則

bond　→債券

budget constraint　→予算制約線

budget deficit　→財政赤字

budget surplus　→財政黒字

business cycle　→景気循環

【c】

capital flight　→資本逃避

capital requirement　→自己資本比率規制

capital　→資本

cartel　→カルテル

catch-up effect　→キャッチアップ効果

central bank　→中央銀行

circular-flow diagram　→フロー循環図

classical dichotomy　→古典派の二分法

closed economy　→閉鎖経済

club goods　→クラブ財

Coase theorem　→コースの定理

collective bargaining　→団体交渉

collusion　→共謀

commodity money　→商品貨幣

common resources　→共有資源

comparative advantage　→比較優位

compensating differential　→補償賃金格差

competitive market　→競争市場

complements　→補完財

compounding　→複利

Condorcet Paradox　→コンドルセのパラドックス

constant returns to scale　→規模に関して収穫一定

consumer price index, CPI　→消費者物価指数

consumer surplus　→消費者余剰

consumption　→消費

core CPI　→コア CPI

corrective tax　→矯正税

cost　→費用

cost-benefit analysis　→費用–便益分析

cross-price elasticity of demand　→需要の交差価格弾力性

crowding out　→クラウディング・アウト

crowding-out effect　→クラウディング・アウト効果

currency　→通貨（現金通貨）

cyclical unemployment →循環的失業

【d】

deadweight loss →死荷重
demand curve →需要曲線
demand deposits →要求払い預金
demand schedule →需要表
depreciation →減価
depression →不況
diminishing marginal product →限界生産物逓減
diminishing returns →限界生産力逓減
discount rate →公定歩合
discouraged workers →意欲喪失労働者
discrimination →差別
diseconomies of scale →規模の不経済
diversification →分散
dominant strategy →支配戦略

【e】

economic profit →経済学上の利潤
economics →経済学
economies of scale →規模の経済
efficiency →効率（性）
efficiency wages →効率賃金
efficient markets hypothesis →効率市場仮説
efficient scale →効率的規模
elasticity →弾力性
equality →公平（性）
equilibrium →均衡
equilibrium price →均衡価格
equilibrium quantity →均衡取引量
excludability →排除可能性
explicit costs →明示的費用
exports →輸出（品）
externality →外部性

【f】

factors of production →生産要素
federal funds rate →フェデラル・ファンド・レート

Federal Reserve, Fed →連邦準備（制度）
fiat money →（法定）不換紙幣
finance →ファイナンス
financial intermediaries →金融仲介機関
financial markets →金融市場
financial system →金融システム
firm-specific risk →企業特殊リスク
fiscal policy →財政政策
Fisher effect →フィッシャー効果
fixed costs →固定費用
fractional-reserve banking →部分準備銀行制度
free rider →フリーライダー（ただ乗り）
frictional unemployment →摩擦的失業
fundamental analysis →ファンダメンタル分析
future value →将来価値

【g】

game theory →ゲーム理論
GDP deflator →GDP デフレーター
Giffen good →ギッフェン財
government purchases →政府支出
gross domestic product, GDP →国内総生産

【h】

horizontal equity →水平的公平
human capital →人的資本

【i】

implicit costs →潜在的費用
imports →輸入（品）
incentive →インセンティブ（誘因）
income effect →所得効果
income elasticity of demand →需要の所得弾力性
indexation →物価スライド制
indifference curve →無差別曲線
inferior good →劣等財
inflation →インフレーション（インフ

レ）

inflation rate →インフレ率

inflation tax →インフレ税

informational efficiency →情報の効率性

in-kind transfers →現物給付

internalizing the externality →外部性の内部化

investment →投資

【j】

job search →職探し

【l】

labor force →労働力

labor-force participation rate →労働力率

law of demand →需要法則

law of supply and demand →需要と供給の法則

law of supply →供給法則

leverage →レバレッジ

leverage ratio →レバレッジ・レシオ

liberalism →リベラリズム（自由主義）

libertarianism →自由至上主義（リバタリアニズム）

life cycle →ライフサイクル

liquidity →流動性

lump-sum tax →一括税

【m】

macroeconomics →マクロ経済学

marginal change →限界的な変化

marginal cost →限界費用

marginal product of labor →労働の限界生産物

marginal product →限界生産物

marginal rate of substitution →限界代替率

marginal revenue →限界収入

marginal tax rate →限界税率

market →市場

market economy →市場経済

market failure →市場の失敗

market for loanable funds →貸付資金市場

market power →市場支配力

market risk →市場リスク（マーケット・リスク）

maximin criterion →マクシミン原則

median voter theorem →中位投票者定理

medium of exchange →交換手段

menu costs →メニューコスト

microeconomics →ミクロ経済学

model of aggregate demand and aggregate supply →総需要と総供給のモデル

monetary neutrality →貨幣の中立性

monetary policy →金融政策

money multiplier →貨幣乗数

money supply →貨幣供給

money →貨幣

monopolistic competition →独占的競争

monopoly →独占（者）

moral hazard →モラルハザード（倫理の欠如）

multiplier effect →乗数効果

mutual fund →投資信託

【n】

Nash equilibrium →ナッシュ均衡

national saving（saving）→国民貯蓄（貯蓄）

natural level of output →自然産出量水準

natural monopoly →自然独占

natural-rate hypothesis →自然失業率仮説

natural rate of unemployment →自然失業率

natural resources →天然資源

negative income tax →負の所得税

net capital outflow →純資本流出

net exports →純輸出

nominal exchange rate →名目為替相場

nominal GDP →名目GDP

nominal interest rate →名目利子率

nominal variables　→名目変数
normal good　→正常財
normative statements　→規範的な主張

public goods　→公共財
public saving　→政府貯蓄
purchasing-power parity　→購買力平価

【o】

oligopoly　→寡占
open economy　→開放経済
open-market operations　→公開市場操作
opportunity cost　→機会費用

【q】

quantity demanded　→需要量
quantity equation　→（貨幣）数量方程式
quantity supplied　→供給量
quantity theory of money　→貨幣数量説

【p】

perfect complements　→完全補完財
perfect substitutes　→完全代替財
permanent income　→恒常所得
Phillips curve　→フィリップス曲線
physical capital　→物的資本
political economy　→政治経済学
positive statements　→実証的な主張
poverty line　→貧困ライン
poverty rate　→貧困率
present value　→現在価値
price ceiling　→価格の上限（規制）
price discrimination　→価格差別
price elasticity of demand　→需要の価格弾力性
price elasticity of supply　→供給の価格弾力性
price floor　→価格の下限（規制）
principal　→プリンシパル（依頼人）
prisoners' dilemma　→囚人のジレンマ
private goods　→私的財
private saving　→民間貯蓄
producer price index　→生産者物価指数
producer surplus　→生産者余剰
production function　→生産関数
production possibilities frontier　→生産可能性フロンティア
productivity　→生産性
profit　→利潤
progressive tax　→累進税
property rights　→所有権
proportional tax　→比例税

【r】

random walk　→ランダムウォーク
rational expectations　→合理的期待
rational people　→合理的な人々
real exchange rate　→実質為替相場
real GDP　→実質GDP
real interest rate　→実質利子率
real variables　→実質変数
recession　→景気後退
regressive tax　→逆進税
reserve ratio　→準備率
reserve requirements　→法定準備制度
reserves　→準備
risk aversion　→リスク回避
rivalry in consumption　→消費における競合性

【s】

sacrifice ratio　→犠牲率
scarcity　→希少性
screening　→スクリーニング（振分け）
shoeleather costs　→靴底（シューレザー）コスト
shortage（excess demand）　→不足（超過需要）
signaling　→シグナリング（情報発信）
social insurance　→社会保険
stagflation　→スタグフレーション
stock　→株式
store of value　→価値貯蔵手段
strike　→ストライキ
structural unemployment　→構造的失業

substitutes →代替財

substitution effect →代替効果

sunk cost →サンクコスト（埋没費用）

supply curve →供給曲線

supply schedule →供給表

supply shock →供給ショック

surplus（excess supply）→余剰（超過供給）

【t】

tariff →関税

tax incidence →税の帰着

technological knowledge →技術知識

theory of liquidity preference →流動性選好理論

total cost →総費用

total revenue →総収入

trade balance →貿易収支

trade deficit →貿易赤字

trade policy →貿易政策

trade surplus →貿易黒字

Tragedy of the Commons →共有地の悲劇

transaction costs →取引費用

【u】

unemployment insurance →失業保険

unemployment rate →失業率

union →労働組合

unit of account →計算単位

utilitarianism →功利主義

utility →効用

【v】

value of the marginal product →限界生産物の価値

variable costs →可変費用

velocity of money →貨幣の流通速度

vertical equity →垂直的公平

【w】

welfare economics →厚生経済学

welfare →生活保護（生活扶助）

willingness to pay →支払許容額

world price →世界価格

索引 （太字は脚注）

I　　　N　　　D　　　E　　　X

著 者 紹 介

N・グレゴリー・マンキュー（N. Gregory Mankiw）
ハーバード大学経済学部ロバート M. ベレン教授．1958年生まれ．
学生時代はプリンストン大学と MIT で経済学を学んだ．教師になってからは，マクロ経済学，ミクロ経済学，統計学，および経済学原理を教えた経験を持っている．一夏のことであったが，ロングビーチ島でヨットの指導員をしたこともある．

　学術上および政策上の論争にも頻繁に参加している．彼の著作は，*American Economic Review, Journal of Political Economy, Quarterly Journal of Economics* などの学術誌に掲載されてきたし，より一般向けの *New York Times* 紙 や *Wall Street Journal* 紙などのオピニオン欄にも載せられてきた．ベストセラーとなった中級教科書『マンキュー　マクロ経済学』（Worth 社，邦訳は東洋経済新報社）の著者でもある．通常の教育と研究および著述に加えて，全米経済研究所（NBER）の研究員，（連邦）議会予算局やボストンおよびニューヨーク連邦準備銀行の顧問，ETS（TOEFL や TOEIC などの実施機関）の経済学上級試験の開発委員なども務めてきた．

　また，2003年から2005年にかけて，大統領経済諮問委員会（CEA）の委員長でもあった．

　マサチューセッツ州ウェルズリー市に，妻であるデボラと 3 人の子ども，キャサリン，ニコラス，ピーター，そしてボーダーテリア犬のトービンとともに住んでいる．

訳 者 紹 介

足立英之（あだち　ひでゆき）
1940年広島県生まれ．1963年神戸大学経済学部卒業．1970年ロチェスター大学 Ph.D. 神戸大学名誉教授．尾道市立大学名誉教授．

石川城太（いしかわ　じょうた）
1960年千葉県生まれ．1983年一橋大学経済学部卒業．1990年ウェスタン・オンタリオ大学 Ph.D. 現在，一橋大学大学院経済学研究科教授．

小川英治（おがわ　えいじ）
1957年北海道生まれ．1986年一橋大学大学院商学研究科博士課程単位取得．一橋大学博士（商学）．現在，一橋大学大学院経営管理研究科教授．

地主敏樹（ぢぬし　としき）
1959年兵庫県生まれ．1981年神戸大学経済学部卒業．1989年ハーバード大学 Ph.D. 現在，関西大学総合情報学部教授．神戸大学名誉教授．

中馬宏之（ちゅうま　ひろゆき）
1951年生まれ．1975年一橋大学経済学部卒業．1984年ニューヨーク州立大学 Ph.D. 現在，成城大学社会イノベーション学部教授．一橋大学名誉教授．

柳川　隆（やながわ　たかし）
1959年大阪府生まれ．1984年香川大学経済学部卒業．1993年ノースカロライナ大学 Ph.D. 現在，神戸大学先端融合研究環教授．

マンキュー入門経済学（第3版）

2019 年 10 月 10 日　第 1 刷発行
2020 年 2 月 28 日　第 2 刷発行

著　　者——N・グレゴリー・マンキュー
訳　　者——足立英之／石川城太／小川英治／地主敏樹／中馬宏之／柳川　隆
発行者——駒橋憲一
発行所——東洋経済新報社
　　　　　〒103-8345　東京都中央区日本橋本石町 1-2-1
　　　　　電話＝東洋経済コールセンター　03(6386)1040
　　　　　https://toyokeizai.net/

装　　丁…………吉住郷司
印　　刷…………東港出版印刷
製　　本…………積信堂
編集担当………茅根恭子
Printed in Japan　　　　ISBN 978-4-492-31521-7